SISTEMAS CONSTITUCIONAIS COMPARADOS

1

LUCIO PEGORARO
ANGELO RINELLA

Sistemas constitucionais comparados

1

Tradução
MANUELLITA HERMES

Capítulo IX com a contribuição de
SILVIA BAGNI, SERENA BALDIN, FIORAVANTE RINALDI,
MASSIMO RINALDI, GIORGIA PAVANI

BUENOS AIRES - BOGOTÁ - PORTO ALEGRE
2021

Pegoraro, Lucio
Sistemas constitucionais comparados / Lucio Pegoraro - Angelo Rinella
1ª ed. - Cidade Autónoma de Buenos Aires: Astrea; Torino: G. Giappichelli Editore; São Paulo: Editora Contracorrente, 2021.
volume 1, 672 p.; 23×16 cm.

ISBN 9786588470428

Na capa: "Prontos para zarpar" (*Pronti a salpare*), fotografia de Federica Balzani. A imagem simboliza a esperança dos fluxos humanos que atravessam os mares em busca de um direito justo.

Astrea é indexada como Editorial de Qualidade Científica com Claro Prestígio Internacional (Fondecyt).

© Editorial Astrea SRL
Lavalle 1208 - (C1048AAF) Ciudad de Buenos Aires - Argentina
www.astrea.com.ar - editorial@astrea.com.ar

© G. Giappichelli Editore SRL
Via Po 21 - (10124) Torino - Italia
www.giappichelli.it

© Editora Contracorrente
Rua Dr. Cândido Espinheira 560, 3º andar - (CEP 05004 000) São Paulo - Brasil
www.editoracontracorrente.com.br - contato@editoracontracorrente.com.br

A edição deste trabalho foi realizada na Editorial Astrea, e impressa em abril 2021.

IMPRESSO NO BRASIL
PRINTED IN BRAZIL

Do amor à humanidade façam uma religião e sejam sempre solícitos com a necessidade e os sofrimentos de seus semelhantes [...] Amem a pátria mãe, mas lembrem que a verdadeira pátria é o mundo e em qualquer lugar que estejam seus semelhantes, eles são seus irmãos.

Pietro Benedetti, guerrilheiro da Resistência antifascista, fuzilado em Forte Bravetta (Roma) em 29 de abril de 1944.

ESCLARECIMENTOS

As notas e a bibliografia final foram elaboradas com critérios precisos: preferiu-se, contudo, não deixar o texto pesado, com intermináveis elencos obtidos na internet (como acontece com frequência), mas, sim, colocar, ao lado das referências clássicas, basilares e indispensáveis, somente os livros e artigos efetivamente utilizados, citados na versão originária ou nas eventuais traduções.

As publicações são citadas no original, na última versão disponível; as traduções (em sua maioria, ao italiano ou ao castelhano) são mencionadas quando os autores tenham feito referência a estas para a consulta.

As citações dos livros e das revistas foram uniformizadas em uma espécie de "esperanto", sem usar nem o sistema inglês, nem o italiano ou o francês; nem o alemão ou o americano ou brasileiro; nem tampouco as regras editoriais (por exemplo, usamos, para indicar as diferentes fórmulas dos idiomas referidos – como "organizado por" ou "coordenado por" –, somente "ed." ou, no plural, "eds").

As citações normativas e doutrinárias em inglês, francês, italiano e espanhol são, algumas vezes, mantidas no idioma original, sob o pressuposto de que, tratando-se de línguas veiculares, são conhecidas e que, de todo modo, as línguas neolatinas são facilmente entendidas.

Lucio Pegoraro - Angelo Rinella

ABSTRACT

Together with *La ciencia y el método*, the book *Sistemas constitucionais comparados* complements the four-volume set *Derecho constitucional comparado*. In particular, it focuses on the basic topics of comparative constitutional law, and therefore implements the methodological theories set forth in the first volume. Relevance is given to the central role of language, legal classifications, formants, legal borrowing and transplants, the relationship between law and other sciences, pluralism and the refusal of Eurocentrism.

The whole subject matter include all of the structural elements of comparative constitutional law (sources of law, rights and liberties, legal systems, "forms of State" and forms of government, federalism, constitutional adjudication, etc.). These are indeed dealt with within the context of fuzzy sets and analysed from various perspectives in order to offer different interpretations of the same subject. Notwithstanding its interdisciplinary approach, *Sistemas constitucionais comparados* applies a strictly legal method. The acceptance of non-western legal traditions implies embracing the polysemy of the term "law" across time and regions. The deconstruction of language and classes and the new proposals for legal reconfiguration are presented along with an explanation of the existing law systems and institutes and of the main legal doctrines.

***

Este volume de *Sistemas constitucionais comparados* desenvolve o primeiro, dedicado ao método, publicado em italiano e espanhol. Ao abordar os principais temas da matéria, dá aplicação às teorias metodológicas expostas no anterior sobre a importância da linguagem, as classificações, os formantes, a circulação e os transplantes, bem como quanto às relações com outras ciências, ao pluralismo e ao rechaço ao eurocentrismo.

ABSTRACT

A matéria, em sua complexidade, e todos os elementos que a compõem (as fontes, os direitos, as famílias jurídicas, as formas de Estado e de governo, o federalismo, a justiça constitucional, etc.) são tratados por meio de classificações dúcteis e principalmente baseadas na utilização de diversos elementos pertinentes, a fim de oferecer interpretações sob vários pontos de vista. A obra prioriza a abordagem interdisciplinar, mas sem enfraquecer o rigor do método jurídico. A abertura a modos não apenas ocidentais de fazer direito deve confrontar-se com a polissemia da palavra "direito" nas diversas épocas e latitudes. A desconstrução, aplicada à linguagem e às classes, e as novas propostas de sistematização são acompanhadas, por outro lado, da exposição das categorias tradicionais, além da explicação dos institutos vigentes e das teses prevalecentes.

***

Este tomo del manual de *Derecho constitucional comparado*, que continúa aquel dedicado a la metodología de la comparación constitucionalista, publicado en italiano y español, pretende ser el coherente desarrollo del primero: al tratar los temas sustantivos del Derecho constitucional comparado, da aplicaciones prácticas a las teorías expuestas en el primer volúmen –*La ciencia y el método*– sobre la importancia del lenguaje, las clasificaciones, los formantes, las circulaciones y los trasplantes, a las relaciones con otras ciencias, el pluralismo, el rechazo del eurocentrismo.

La materia en su complejidad, y los elementos singulares que la componen (las fuentes, los derechos, las familias jurídicas, las formas de Estado y de gobierno, el federalismo, la justicia constitucional, etc.) son tratados en el cauce de clasificaciones dúctiles y principalmente basadas en la utilización de diversos elementos "pertinentes", para ofrecer interpretaciones desde diversos puntos de vista. La interdisciplinariedad no disminuye el rigor del método jurídico, pero la apertura a formas de hacer Derecho no solo occidentales debe confrontarse con la polisemia de la palabra "Derecho" en sus diversas épocas y latitudes. La deconstrucción, aplicada al lenguaje y clases, acompaña por otra parte a la exposición de las categorías tradicionales, a las ilustraciones de las tesis predominantes, a las descripciones de los institutos vigentes, a la vez que a nuevas propuestas de sistematización.

***

Questo tomo di *Sistemas constitucionais comparados*, nel trattare i temi sostanziali della materia, dà applicazione alle teorie metodologiche, esposte nel primo volume dedicato al metodo, pubblicato in italiano e spagnolo, relative alla centralità del linguaggio, alle classificazioni, ai formanti, alla circolazione e ai trapianti, ai rapporti con altre scienze, al pluralismo, al rifiuto dell'eurocentrismo.

La materia nel suo complesso, e i singoli segmenti che la compongono (le fonti, i diritti, le famiglie giuridiche, le forme di Stato e di governo, il federalismo, la giustizia costituzionale, ecc.) sono trattati nell'alveo di classificazioni duttili e prevalentemente basate sull'utilizzazione di vari elementi pertinenti, per offrire interpretazioni da diversi angoli visuali. *Sistemas constitucionais comparados* predilige l'approccio interdisciplinare ma al tempo stesso non fa sconti al rigore del metodo giuridico. L'apertura a modi di fare diritto non solo occidentali deve confrontarsi con la polisemia della parola "diritto" nelle diverse epoche e latitudini. La decostruzione, applicata a linguaggio e classi, e le nuove proposte di sistemazione, si accompagnano però all'esposizione delle categorie tradizionali e all'illustrazione degli istituti vigenti e delle tesi prevalenti.

PREMISSA

Pode-se observar o direito (como o mundo) através da grade de um sótão, da janela de uma casa, da varanda de um condomínio, de cima de uma colina ou montanha, de um avião ou de uma estação espacial em órbita. Piaget escreveu páginas imprescindíveis sobre a percepção e, assim como o teste de Rorschach, são um bom exemplo de como no mesmo borrão podem ser vistas coisas distintas. Não há uma visão "correta" e uma "errada". Simplesmente, são visões diversas, que fornecem informações diversas. Aquela que é errada (cientificamente equivocada) é a pretensão de que a visão que se tem do sótão ou da janela de uma casa seja a única correta. Esta é a visão do direito comparado, que frequentemente muitos constitucionalistas "domésticos" possuem, convencidos de que, para conhecer o mundo, basta aplicar as teorias e as categorias aprendidas em casa (ou no sótão), dando a estas validade universal.

O guepardo caça sozinho, o lobo, em alcateia, e as leoas compartilham a prole; a águia é monogâmica, diferentemente de outros animais. De igual modo ocorre com as culturas e sociedades que criam as estruturas jurídicas e, por consequência, nelas implantam opções axiológicas específicas. (Primeiro o indivíduo ou a comunidade?) Ao comparatista – que não vive e aceita somente uma *Grundnorm*, a sua, diferentemente do estudioso do direito interno – não é permitido condicionar o estudo (e a estrutura de um manual) por opções preconcebidas, determinadas pela sua educação e pela sua experiência de vida historicamente condicionada. Por outro lado, deve-se perguntar se o conhecimento do que se estuda (e demonstra) pressupõe o que Silvia Bagni chama de "compaixão", ou seja, a compreensão não apenas "técnica" do outro, daquele diferente de si mesmo [cf. *All you need (to compare) is love*, in ID. (ed.) *El constitucionalismo por encima de la crisis. Propuestas para el cambio en un mundo (des) integrado*, Filodiritto, Bologna, 2016, p. 10 e ss.] ou se o estudo dos sistemas e ordenamentos distantes do seu modo de pensar possa ser o fruto de operações assépticas de descrição de realidade diversa, com a distância de um entomólogo que analisa um inseto, mas com a consciência de uma superioridade do seu próprio ponto de vista. Como será explicado no capítulo metodológico, o relativismo encontra a sua dimensão ética no respeito às escolhas alheias, cuja inspiração requer o auxílio frequente de ciências distintas da ciência jurídica, nos termos em que foi concebida somente no direito ocidental, caracterizado pelo papel hegemônico do *common law* e do *civil law*.

Privilegia-se, portanto, a abertura à pluralidade das experiências (mesmo com atenção especial predominante sobre o direito constitucional de proveniência ocidental, no mínimo porque permeável e amplamente imitado nos seus elementos formais).

Este livro sobre *Sistemas constitucionais comparados* é a tradução da versão italiana de um texto originariamente concebido e escrito para o público latino-americano. É feito em continuidade à obra dedicada à metodologia da comparação constitucionalista, da qual pretende ser o seu coerente desenvolvimento: ao tratar de temas substanciais da matéria e por tentar entender o mundo (ou melhor, o direito constitucional), este livro dá, de fato, aplicação às teorias expostas sobre a importância da linguagem, as classificações, os formantes, a circulação e os transplantes, as relações com outras ciências, o pluralismo, o rechaço ao eurocentrismo. (Cf. *Derecho constitucional comparado*, I, *La ciencia y el método*, Astrea-Unam, Buenos Aires-Ciudad de México, 2016, versão em castelhano de *Diritto pubblico comparato. La scienza e il metodo*, Bup, Bologna, 2014.)

A matéria, em sua complexidade, e os singulares elementos que a compõem (as fontes, o direito, as famílias jurídicas, as formas de Estado e de governo, o federalismo, a justiça constitucional, etc.) são tratados por meio de classificações dúcteis e principalmente baseadas na utilização dos vários elementos pertinentes, a fim de oferecer interpretações sob diversos pontos de vista. A interdisciplinaridade não enfraquece o rigor do método jurídico, mas a abertura a modos não apenas ocidentais de fazer direito deve confrontar-se com a polissemia da palavra "direito" nas diversas épocas e latitudes. A desconstrução, aplicada à linguagem e classes, acompanha, por outro lado, a exposição das categorias tradicionais, a ilustração das teses prevalecentes, a descrição dos institutos vigentes, bem como novas propostas de sistematização. Convicto de que na ausência de uma sólida base de dados empiricamente verificáveis é difícil formular teorias fiáveis e propostas sensatas, o aspecto da transmissão de conhecimento não foi de modo algum negligenciado, mas se levou em consideração a advertência de Plutarco: «Os jovens (diramos, os leitores em geral) não são vasos a preencher, mas tochas a acender».

Muitas vezes, os manuais constitucionais e comparatistas seguem divisões complexas, estruturadas segundo lógicas semelhantes às de códigos ou de Constituições: aqui, a escolha de uma sequência de capítulos "em cascata", sem posteriores subdivisões em frações mais amplas, é intencional e atribuída à concepção do direito comparado analisada na Introdução. A relevância da matéria depende do tempo e do lugar. As fontes são o fator que gera os direitos. Para algumas correntes doutrinárias, porém, os direitos preexistem às fontes. As doutrinas políticas alimentam as estruturas, os direitos, as fontes, mas as fraturas entre os diversos formantes do direito misturam os papéis. A justiça constitucional aplica a Constituição, mas se alega também que ela *é* a Constituição (e a cria). Um exemplo: o constitucionalismo (ainda que cronologicamente) vem antes das Constituições e dos direitos e, no início, o produto gerado é unívoco e compacto. As fontes são aquelas novas, os códigos; o Parlamento é o sujeito que produz as fontes; a nova classe social representada no Parlamento toma, naquela sede, os próprios direitos de autonomia (de dar-se regras), de liberdade (de ser protegida dos abusos dos Soberanos), de domínio (de usufruir da propriedade). Há uma conexão recíproca não só entre estas categorias de direito como também entre direitos, locais de produção (o Parlamento), forma de produção (a lei, o código), ideologia (liberalismo). Os vários fragmentos do direito constitucional são, em suma, fungíveis (ainda que a subdivisão escolhida para eles seja obviamente influenciada por algumas opções teóricas).

Este livro é fruto de troca de ideias, de influências recíprocas e de uma longa e profícua colaboração entre os autores, que escreveram em conjunto cada parágrafo ou linha, reciprocamente verificados, corrigidos, integrados. Foi feito uso, em grande parte, do debate e do confronto com colegas, alunos e amigos, dos quais se fará menção em breve. Apenas por razões burocráticas, os autores declaram que os capítulos lhes são atribuídos da seguinte forma: L. Pegoraro: Introdução, §§ 1-7, cap. IV, seção I e III, cap. V, cap. VII, cap. X; A. Rinella: Introdução, §§ 8-11, cap. II, cap. III, seção II, cap. V, cap. VI, cap. VIII; S. Bagni: cap. IX, seção I e muitas partes definitórias e substanciais, citadas *passim* no texto ou em nota de rodapé; S. Baldin: cap. IX seção II: F. Rinaldi: cap. IX, seção III; M. Rinaldi: cap. IX, seção IV; G. Pavani: cap. IX, seção V. Foi utilizado, em parte, o material estudado e elaborado para a preparação de outras obras publicadas no curso dos anos, dentre as quais os manuais *Diritto pubblico comparato* (5ª ed., juntamente com G. Morbidelli e M. Volpi, Giappichelli, Torino, 2016, e as primeiras quatro edições com A. Reposo), e *Derecho Constitucional Comparado* (organizado por D. López Garrido, M.F. Massó Garrote, L. Pegoraro, Tirant lo Blanch, Valencia, 2017).

Um agradecimento pelas críticas, registros, sugestões e ideias a Antonio Reposo, a Silvia Bagni, a Matteo Nicolini, bem como, pela revisão das notas de rodapé, a Tania Abbiate e a Maria Francesca Cavalcanti. E naturalmente, pela tradução, à ótima estudiosa e amiga Manuellita Hermes.

OS AUTORES

ÍNDICE GERAL

Volume 1

Esclarecimentos	VII
Abstract	IX
Premissa	XIII
Bibliografía básica	XXVII

Capítulo I
O MÉTODO COMPARATIVO: *SHORTCUT* PARA COMPREENDER O MUNDO

§ 1. Delimitar o campo: "direito"; "Constituição"; "comparar" 1
§ 2. A longa marcha do direito comparado 7
§ 3. Direito comparado, direito constitucional comparado, direito estrangeiro, direitos internos: entre pontes e abismos 13
§ 4. Os componentes visíveis e ocultos no direito comparado: formantes, criptotipos, direito mudo 18
§ 5. O direito comparado e as cicatrizes da história (as fronteiras): além de finisterrae 24
§ 6. Além do direito: ciências não jurídicas, ciências jurídicas e o conhecimento do direito comparado 29
    6.1. Linguística, tradutologia, direito 30
    6.2. História do direito, o direito como história e história das doutrinas políticas 34
    6.3. Filosofia do direito, teoria geral do direito, sociologia e antopologia jurídica 36
    6.4. Ciência política e direito comparado: entre *sein* e *sollen* 39
    6.5. Ciências sociais a serviço da comparação: economia, estatística, geografia, psicologia 41

§ 7.	Classificações, elementos pertinentes e elementos determinantes	44
§ 8.	Modelos e suas dinãmicas	48
§ 9.	Níveis de comparação	53
§ 10.	Teleologia e instrumentalidade da comparação: as funções auxiliares	55
	10.1. Compreender a si mesmo através dos outros: o estudo do próprio direito	56
	10.2. Auxiliar o legislador	57
	10.3. Construir direitos comuns: a unifição e a harmonização do direito	58
	10.4. Oferecer fundamentos ao *reasoning* judicial	60
§ 11.	As diferenças e a uniformização globalizante	64

Capítulo II

FAMÍLIAS JURÍDICAS E FORMAS DE ESTADO: DIVERSIDAD E CONVERGÊNCIAS

Premissa 70

Seção I
AS FAMÍLIAS JURÍDICAS

§ 1.	Definições e tipologias classifictórias	73
§ 2.	Raça, ideologia, tradições, religiões, estruturas jurídicas: na base das classificações de tipo absoluto	75
§ 3.	O tempo e o espaço: as famílias jurídicas segundo as classificações relativistas	77
§ 4.	Classificações *fuzzy* das famílias jurídicas	78
§ 5.	Famílias jurídicas *vs* formas de Estado: a convergência entre direito comparado e direito constitucional comparado	80

Seção II
AS FORMAS DE ESTADO

§ 1.	O conceito de forma de Estado e os critérios de classificação	85
	1.1. Definições e critérios classificatórios	85
	1.2. As classificações da forma de Estado com concentração de poder	92

§ 2.	Uma forma de Estado histórica: o Estado absolutista como primeira forma de Estado moderno; do absolutismo ao Estado de polícia	95
§ 3.	As formas de Estado advindas da revolução burguesa (e derivadas do constitucionalismo)	100
	3.1. "*La richesse et les lumières*": o papel da burguesia e a oligarquia censitária no Estado liberal	100
	3.2. O Estado democrático pluralista e o Estado social	107
	3.2.1. Democracia representativa, democracia direta e democracia participativa: a expressão do princípio democrático	112
	3.2.2. Federalismo, regionalismo: a prevalência do tipo de Estado "institucionalmente descentralizado" (remete-se a outro capítulo)	115
§ 4.	Um híbrido: incorporação das culturas autóctones no ãmbito das formas de Estado com separações dos poderes (o *Caring State*)	115
§ 5.	Ditaduras	118
§ 6.	A forma de Estado totalitária	120
§ 7.	O nacionalismo socialista árabe	122
§ 8.	A forma de Estado socialista e a nova forma de Estado chinês	128
	8.1. A forma de Estado socialista clássica	129
	8.2. A forma de Estado chinês socialista-liberal	133
§ 9.	O fator religioso na classificação das formas de Estado ...	136
	9.1. Religião e Estado	136
	9.2. A forma de Estado teocrática e a teocracia constitucional	142
	9.3. As experiências de Afeganistão e Irã; o Califado	145
§ 10.	Da colonização à globalização: as metamorfoses das formas de Estado contemporâneas	147

Capítulo III

DOUTRINAS CONSTITUCIONAIS: ALINHAMENTOS E RUPTURAS ENTRE RELIGIÃO, CULTURA, POLÍTICA E DIREITO

Premissa 151

Seção I

CONSTITUCIONALISMO E SUAS DECLINAÇÕES

§ 1. O constitucionalismo clássico 153

§ 2. O neoconstitucionalismo 159
§ 3. O *"nuevo constitucionalismo"* e o pluralismo constitucional indiano 161

Seção II
DOUTRINAS CONSTITUCIONAIS SEM CONSTITUCIONALISMO

§ 1. Constituições com constitucionalismo, Constituições sem constitucionalismo e constitucionalismo sem Constituição formal 167
§ 2. A função decorativa das Constituições nos regimes autocráticos 169
§ 3. Teorias soviéticas da Constituição: não somente *chiffon de papier* 175
§ 4. Filosofias, religiões e doutrinas políticas *vs* Constituições nos países africanos e asiáticos 178
  4.1. Um caso emblemático: "Constituições" e "constitucionalismo" com coloração chinesa 184
§ 5. Teocracia e Constituições 188

Capítulo IV
A CONSTITUIÇÃO

§ 1. "Constituição": um conceito polissêmico 193
§ 2. Classificações das Constituições: algumas propostas da doutrina 199
§ 3. Constituições e fatores dissociativos 204
§ 4. Ciclos constitucionais 207
§ 5. Constituições *leaders* e circulação dos modelos constitucionais: imposição e prestígio 209
§ 6. A legitimação das Constituições: classificações tradicionais e taxonomias modernas 216
  6.1. Interpretações diacrônicas: Rei, Estado, nação, povo ... 216
  6.2. Perspectivas contemporâneas: a dinâmica da soberania interna e externa 222
§ 7. Gênese das Constituições 226
  7.1. A aspiração ao eterno: o critério formal e o princípio de continuidade 227
  7.2. Os processos de formação das Constituições 230

§ 8.	A estructura das Constituições: consuetudinárias/escritas; unitextuais/pluritextuais	234
§ 9.	As Constituições no tempo: provisórias/estáveis	238
§ 10.	Sociedades homogêneas e sociedades divididas: flexibilidade/rigidez constitucional e a variante federal	241
§ 11.	Uma segunda recaída da complexidade social: o conteúdo das Constituições (analíticas/sintéticas; integração)	243
§ 12.	As Constituições "substanciais" e/ou "simbólicas"; preâmbulos e Declarações	250
§ 13.	A linguagem das Constituições: uma delegação a favor da evolução	258
§ 14.	Interpretar a Constituição	262

Capítulo V
AS FONTES DO DIREITO

Seção I
AS FONTES NO DIREITO COMPARADO E NOS DIREITOS NACIONAIS

§ 1.	Definições dogmáticas e definições teóricas	273
§ 2.	Polimorfismo e tipologias das fontes	277

Seção II
ANTES DO DIREITO POSITIVO: AS FONTES DE LEGITIMAÇÃO

§ 1.	Premissa	281
§ 2.	"Faça como sempre fizeram os pais": tradições, usos, costumes	282
§ 3.	"Comporte-se de acordo como os pactos": as convenções e os tratados	286
§ 4.	"Obedeça a Deus": direito divino e direito com base religiosa	289
	4.1. Direito hebraico	292
	4.2. Direito canônico	290
	4.3. Direito muçulmano	294

§ 5. "Siga a razão": o direito jurisprudencial ... 296
5.1. Os pareceres dos doutos (direito romano, Islã, direito hindu) ... 296
5.2. "Senhores do direito": os juízes e a interpretação ... 300
5.3. Direito transnacional ... 303
5.4. Em especial: o *common law* ... 304
    5.4.1. As origens ... 305
    5.4.2. A jurisdição de *equity* ... 307
    5.4.3. Circulação do modelo ... 310
    5.4.4. Precedente judiciário e *stare decisis* ... 312
    5.4.5. *Statute law* e interpretação no *common law* ... 315
§ 6. Modelos hegemônicos: *common law* vs direito codificado ... 316
§ 7. "Respeite a vontade do chefe político": o direito dos Parlamentos e dos Governos (mas também dos *leaders* tribais e dos ditadores); o direito ideológico ... 318
7.1. O *civil law*, da grande codificação ao *Welfare State* ... 320
7.2. S*oft law*: um "não direito" entre conselhos e comandos .. 326
7.3. A produção normativa em situações de crise ... 328

Seção III
FONTES-ATO DO DIREITO OCIDENTAL

§ 1. Premissa: Estado social e rigidez constitucional ... 331
§ 2. A Constituição como metafonte ... 334
§ 3. A lei (em geral e no *common law*) ... 335
3.1. A reserva de lei ... 338
3.2. "Administrativização" da lei e leis formais ... 340
3.3. O procedimento de formação ... 341
    3.3.1. A ativação do procedimento: a iniciativa legislativa ... 342
    3.3.2. A fase constituitiva e o papel das comissões ... 345
    3.3.3. Monarcas e Presidentes no processo legislativo: sanção, promulgação, veto, reenvio ... 348
    3.3.4. "*Ignorantia legis non excusat*": a publicação ... 350
§ 4. A intervenção das minorias e da sociedade no processo decisório: leis complmentares, leis atípicas, leis orgânicas ... 351
§ 5. O Executivo-legislador ... 355
5.1. Exigências de coerência, técnica, organicidade: a legislação delegada ... 356
5.2. Além da emergência: medidas provisórias ... 357
5.3. *Subordinate legislation* no *common law* ... 360

§ 6. As fontes dos entes territoriais autônomos 361
  6.1. Constituições e Estatutos 362
  6.2. A repartição de competências entre centro e periferia 363
§ 7. Fontes da União Europeia e os direitos internos (remete-se a outro capítulo) 365
§ 8. A "legislação material" do Executivo: os regulamentos 366
§ 9. Outras fontes do direito 369
  9.1. Auto-organização: os regimentos das Câmaras Parlamentares 369
  9.2. Sentenças constitucionais (remete-se a outro capítulo) 371
  9.3. O povo legislador: o referendo e a "lei popular" 371
§ 10. Normas ou matrizes de normas? Os princípios do direito ... 372

Capítulo VI
DIREITOS, LIBERDADES, GARANTIAS

Seção I
DIREITOS E LIBERDADES

§ 1. Problemas definitórios, metodológicos e classificatórios 379
  1.1. Definições 379
  1.2. As classificações dos direitos e das liberdades: os elementos pertinentes 390
  1.3. Direitos e doutrinas políticas 394
§ 2. Gênese e desenvolvimento dos direitos e das liberdades fundamentais 398
§ 3. As classificações dos direitos fundamentais: o critério geracional 402
§ 4. Da "preexistência" aos processos de codificação dos direitos 410
§ 5. O caráter "não absoluto" dos direitos: os limites 421
§ 6. Dinâmicas dos direitos reivindicados 423
§ 7. Universalismo e internacionalização dos direitos 425
§ 8. Universalismo vs localismo dos direitos: em busca de um difícil equilíbrio 429
  8.1. Clonagem do universalismo: a regionalização dos direitos na Europa 430
  8.2. Uma rgionalização conflituosa e não universalista: as Cartas de direitos na América 433
  8.3. Individualismo vs comunitarismo nas Cartas Africanas 435

8.4. *Clash of interests*: a regionalização dos direitos no mundo árabe 438
8.5. Direitos do homem e valores asiáticos 442
§ 9. *Egalité*: gênese e desenvolvimento de um princípio bifronte 446

Seção II

A TUTELA DOS DIREITOS

§ 1. Os mecanismos de tutela 451
    1.1. Técnicas de garantia institucionais 452
    1.2. Remédios políticos 453
    1.3. Remédios quase-jurisdicionais: o *Ombudsman* 454
    1.4. Remédios jurisdicionais 456
§ 2. A jurisdição constitucional das liberdades 460
    2.1. *Amparo* e *Beschwerde*; nascimento e difusão 463
    2.2. Aspectos comparativos das ações diretas de tutela 467
§ 3. A tutela multinível 470
§ 4. A Corte Europeia de Direitos Humanos 473
§ 5. O Tribunal de Justiça da União Europeia 476
§ 6. A tutela supranacional dos direitos fora da Europa 479
    6.1. América 479
    6.2. África 481
    6.3. Mundo islâmico e Ásia 483

Capítulo VII

O TIPO DE ESTADO: A ORGANIZAÇÃO TERRITORIAL E A PLURINAÇÃO

§ 1. Conceitos gerais 485
§ 2. Léxico da descentralização política e administrativa 489
§ 3. Estado unitário, descentralização administrativa e autonomias locais 494
§ 4. As teorias sobre federalismo e sobre o Estado policêntrico 507
§ 5. Protótipos e modelos de Estado federal 512
§ 6. A difusão do Estado federal 520

	6.1.	Influências estadunidenses no mundo anglo-saxônico ..	521
	6.2.	(segue). ... e no *civil law*	526
	6.3.	Outros federalismos ou pseudofederalismos	529
§ 7.	O Estado regional	533
§ 8.	As (supostas) diferenças entre Estado regional e ordenamentos federais	542
§ 9.	Experiências excêntricas	545
§ 10.	Impulsos confederais e a União Europeia	549
§ 11.	Os critérios relevantes para classificações dúcteis e o caráter não ideológico das classificações; federalismos de assimilação e de reconhecimento	554
§ 12.	Territorialidade e outras autonomías	568

Capítulo VIII
AS FORMAS DE GOVERNO

§ 1.	As formas de governo: definição e relações com as formas de Estado	571
§ 2.	A monarquia absoluta como (única) forma de governo do Estado absolutista	576
§ 3.	As formas de governo nos ordenamentos sem separação dos poderes	578
	3.1. A ditadura como forma de governo do Estado autocrático: crítica	578
	3.2. As formas de governo do Estado totalitário	581
	3.3. As formas de governo do Estado socialista	583
	3.4. As formas de governo nos Estados islâmicos	585
§ 4.	O pricípio da separação dos poderes (remete-se a outro capítulo)	586
§ 5.	Formas de governo constitucionais puras e formas de governo constitucionais parlamentares: formas "dualistas" e formas "monistas" do regime parlamentar; sistemas assembleares	587
§ 6.	Principais formas de governo nas democracias contemporâneas; a incidência dos sistemas partidários	590
§ 7.	A forma de governo presidencialista dos Estados Unidos de América e a sua (anômala) circulação	592
§ 8.	Formas de governo parlamentares contemporâneas e suas variantes: em especial, a do Premier britânico (modelo fértil) e a da Chancelaria Alemã (modelo estéril)	601

	8.1. Evolução do parlamentarismo no Reino Unido	603
	8.2. A Chancelaria alemã	606
	8.3. A circulação do parlamentarismo e suas declinações ...	608
§ 9.	A forma de governo semipresidencialista: o modelo francês e suas imitações	609
	9.1. O arquétipo francês	609
	9.2. Exportação unidirecional	613
	9.3. A circulação do protótipo na Europa Centro-Oriental: da transição à consolidação	615
§ 10.	"Hipersemipresidencialismo": o sistema de governo da Federação russa	619
§ 11.	Um modelo não exportável: a forma de governo diretorial suíça	622
§ 12.	Uma tentativa abandonada: a forma de governo "semiparlamentar" (ou "do premier") em Israel; a singular experiência da África do Sul	624
§ 13.	O fortalecimento do Executivo e divisão dos poderes: direção política ativa, órgãos de garatia e equilíbrios recíprocos nas democracias contemporâneas	628
§ 14.	Classificações dúcteis: entre presidecialismo e parlametarismo (e entre formas de Estado com ou sem separações dos poderes)	631

Conteúdo do volume 2

Capítulo IX. **A organização do Estado** 1

Seção I. A organização do povo (representação, democracia direta, sistemas eleitorais, partidos políticos).. 5

Seção II. O Parlamento 101

Seção III. O chefe de Estado 143

Seção IV. O governo 173

Seção V. O poder judiciário 203

Capítulo X. **Garantias constitucionais e proteção da constituição** 265

Seção I. Justiça Constitucional 267

Seção II. Revisão constitucional 379

Seção III. Proteção ideológica da Constituição 415

BIBLIOGRAFÍA BÁSICA

DIREITO COMPARADO GERAL - MANUAIS

J.H. WIGMORE, *A Panorama of the World Legal Systems*, West Publ., Saint Paul, 1928, III; H.C. GUTTERIDGE, *Comparative Law: An Introduction to the Comparative Method of Legal Study and Research*, Cambridge U.P., Cambridge, 1946 (first paperback edition 2015), trad. fr. *Le droit comparé. Introduction à la méthode comparative dans la recherche juridique et l'étude du droit*, Lgdj, Paris, 1953; P. ARMINJON, B. NOLDE, M. WOLFF, *Traité de droit comparé*, 3 vols., Lgdj, Paris, 1950-1951; M. ANCEL, *Utilité et méthodes du droit comparé. Éléments d'introduction générale à l'étude comparative des droits*, Ides et Calendes, Neuchâtel, 1971, trad. it. *Utilità e metodi del diritto comparato: elementi d'introduzione generale allo studio comparato dei diritti*, Jovene, Napoli, 1978; L.-J. CONSTANTINESCO, *Einführung in die Rechtsvergleichung*, I, *Rechtsvergleichung*, Heymanns, Köln, 1971, trad. esp. *Introducción al Derecho comparado*, in *Tratado de Derecho comparado*, I, Tecnos, Madrid, 1981, trad. fr. *Introduction au droit comparé*, in *Traité de droit comparé*, Lgdj, Paris, 1972, I, trad. it. *Introduzione al diritto comparato*, Giappichelli, Torino, 1996, e ID., *Die rechtsvergleichende Methode*, II, *Rechtsvergleichung*, Heymanns, Köln, 1972, trad. it. *Il metodo comparativo*, Giappichelli, Torino, 2000; A. PIZZORUSSO, *Corso di diritto comparato*, Giuffrè, Milano, 1983; ID., *Sistemi giuridici comparati*, 2ª ed., Giuffrè, Milano, 1998; K. ZWEIGERT, H. KÖTZ, *Einführung in die Rechtsvergleichung*, I, *Grundlagen*, Mohr-Siebeck, Tübingen, 1971, trad. it. da 3ª ed. (Tübingen, 1984), *Introduzione al diritto comparato*, I, *Principi fondamentali*, Giuffrè, Milano, 1998, trad. esp. *Introducción al derecho comparado*, Oxford U.P., México, 2002, e *Einführung in die Rechtsvergleichung*, II, *Institutionen*, 2ª ed., Mohr-Siebeck, Tübingen, 1984, trad. it. *Introduzione al diritto comparato*, II, *Istituti*, Giuffrè, Milano, 1995; G. GORLA, *Diritto comparato e diritto comune europeo*, Giuffrè, Milano, 1981; E. AGOSTINI, *Droit comparé*, Puf, Paris, 1988; J. VANDERLINDEN, *Comparer les droits*, Story-Scientia, Diegem, 1995; U. MATTEI, P.G. MONATERI, *Introduzione breve al diritto comparato*, Cedam, Padova, 1997; R.B. SCHLESINGER, H.W. BAADE, M.R. DAMASKA, P.E. HERZOG, *Comparative Law*, 6ª ed., Foundation, Mineola, 1998; M.G. LOSANO, *I grandi sistemi giuridici. Introduzione ai diritti europei ed extraeuropei*, nova ed., Laterza, Roma-Bari, 2000; M. LUPOI, *Sistemi giuridici comparati*, Esi, Napoli, 2001; B. MARKESINIS, *Comparative Law in the Courtroom and Classroom: The Story of the Last Thirty-Five*

Years, Hart, Oxford-Portland, 2003, trad. it. *Il metodo della comparazione. Il retaggio del passato e le sfide del futuro*, Giuffrè, Milano, 2004; L. Moccia, *Comparazione giuridica e diritto europeo*, Giuffrè, Milano, 2005; F. de Franchis, *Il diritto comparato dopo la riforma*, Giuffrè, Milano, 2006; A. Somma, *Introducción crítica al Derecho Comparado*, Ara, Lima, 2006; Id., *Introduzione al diritto comparato*, 2ª ed., Giappichelli, Torino, 2019; R. Seroussi, *Introduction au droit comparé*, 3ª ed., Dunod, Paris, 2008; C. Sirvent Gutiérrez, *Sistemas jurídicos contemporáneos*, 15ª ed., Porrúa, México, 2012; R. Hirschl, *Comparative Matters: The Renaissance of Comparative Constitutional Law*, Oxford U.P., Oxford, 2014; H.P. Glenn, *Legal Traditions of the World*, 5ª ed., Oxford U.P., Oxford, 2014, trad. it. da 2ª ed. *Tradizioni giuridiche nel mondo. La sostenibilità della differenza*, il Mulino, Bologna, 2011; M. Siems, *Comparative Law*, Cambridge U.P., Cambridge, 2014; V. Varano, V. Barsotti, *La tradizione giuridica occidentale. Testo e materiali per un confronto civil law e common law*, 5ª ed., Giappichelli, Torino, 2014; J. Husa, *A New Introduction to Comparative Law*, Hart, Oxford, 2015; R. David, C. Jauffret-Spinosi, M. Goré *Les grands systèmes de droit contemporains*, 12ª ed., Dalloz, Paris, 2016, trad. esp. *Los grandes sistemas jurídicos contemporáneos*, Unam, México, 2010, trad. it. *I grandi sistemi giuridici contemporanei*, 5ª ed., Cedam, Padova, 2004; L. Acquarone, F. Annunziata, R. Cavalieri, G.F. Colombo, M. Mazza, A. Negri, L. Passanante, G. Rossolillo, L. Sempi, *Sistemi giuridici nel mondo*, 2ª ed. organizada por A. Negri, Giappichelli, Torino, 2016; G. Ajani, D. Francavilla, B. Pasa, *Diritto comparato*, Giappichelli, Torino, 2018; R. Sacco, P. Rossi, *Introduzione al diritto comparato*, 7ª ed., Utet, Torino, 2019 [in R. Sacco (ed.), *Trattato di diritto comparato*].

Direito comparado geral - obras coletivas

M. Rotondi (ed.), *Buts et méthodes du droit comparé*, Cedam, Padova, 1973; K. Baele-Woelki, F.W. Grosheide, E.H. Hondius, G.J.W. Steenhoff (eds), *Comparability and Evaluation*, Kluwer Norwell, 1994; G. Alpa (ed.), *Corso di sistemi giuridici comparati*, Giappichelli, Torino, 1996; V. Grosswald Curran (ed.), *Comparative Law: An Introduction*, Carolina Academic Press, Durham, 2002; A. Harding, E. Örücü (eds), *Comparative Law in the 21st Century*, Kluwer, The Hague, 2003; P. Legrand, R. Munday (eds), *Comparative Legal Studies: Traditions and Transitions*, Cambridge U.P., Cambridge, 2003; J.M. Serna de la Garza (ed.), *Metodología del derecho comparado. Memoria del Congreso Internacional de Culturas y Sistemas Jurídicos Comparados*, Unam, México, 2005; M. Reimann, M. Zimmermann (eds), *The Oxford Handbook of Comparative Law*, Oxford U.P., New York, 2006, 2ª ed. 2019; E. Örücü, D. Nelken (eds), *Comparative law: A Handbook*, Hart, Oxford-Portland, 2007; Gambaro, R. Sacco (eds), *Sistemi giuridici comparati*, 3ª ed., Utet, Torino, 2008; L. Antoniolli, G.A. Benacchio, R. Toniatti (eds), *Le nuove frontiere della comparazione*, Un. degli studi di Trento, Trento, 2012; M. Bussani, U. Mattei (eds), *The Cambridge Companion to Comparative Law*, Cambridge U.P., Cambridge, 2012; P.G. Monateri (ed.), *Methods of Comparative Law: An Intellectual Overview*, Elgar, Cheltenham-Northampton, 2012; M. Adams, J. Bomhoff (eds), *Practice and Theory* in *Comparative Law*, Cambridge U.P., Cambridge, 2012; M. ROSENFELD, A. SAJO (eds), *The Oxford Handbook of Comparative Constitutional Law*, Oxford U.P., Oxford, 2012.

DIREITO COMPARADO GERAL - MANUAIS POR ÁREAS OU FAMÍLIAS JURÍDICAS

G. AJANI, *Fonti e modelli nel diritto dell'Europa orientale*, Un. degli studi di Trento-Dip. di scienze giuridiche, Trento, 1993; ID., *Il modello post-socialista*, 3ª ed., Giappichelli, Torino, 2008; M. GUADAGNI, *Il modello pluralista*, Giappichelli, Torino, 1996; J. HATCHARD, M. NDULO, P. SLINN, *Comparative Constitutionalism and Good Governance in the Commonwealth: An Eastern and Southern African Perspective*, Cambridge U.P., Cambridge, 2004; W.F. MENSKI, *Comparative Law in a Global Context: The Legal Systems of Asia and Africa*, 2ª ed., Cambridge U.P., Cambridge, 2006; G. AJANI, A. SERAFINO, M. TIMOTEO, *Diritto dell'Asia orientale*, Utet, Torino, 2007; F. CASTRO, *Il modello islamico*, Giappichelli, 2ª ed., Torino, 2007; P.G. MONATERI, A. SOMMA, *Il modello di* civil law, 4ª ed., Giappichelli, Torino, 2016; U. MATTEI, E. ARIANO, *Il modello di* common law, 5ª ed., Giappichelli, Torino, 2018.

DIREITO COMPARADO PÚBLICO E CONSTITUCIONAL - TEXTOS METODOLÓGICOS

G. LOMBARDI, *Premesse al corso di diritto pubblico comparato. Problemi di metodo*, Giuffrè, Milano, 1986; G. BOGNETTI, *Introduzione al diritto costituzionale comparato (Il metodo)*, Giappichelli, Torino, 1994; L. PEGORARO, A. RINELLA, *Introduzione al diritto pubblico comparato. Metodologie di ricerca*, Cedam, Padova, 2002, trad. esp. parcial, *Introducción al Derecho publico comparado*, Unam, México, 2006, e Palestra, Lima, 2006; ID., *Diritto pubblico comparato. Profili metodologici*, Cedam, Padova, 2007; ID., *Diritto costituzionale comparato. Aspetti metodologici*, Cedam, Padova, 2013; R. SCARCIGLIA, *Introduzione al diritto pubblico comparato*, il Mulino, Bologna, 2006, trad. esp. *Introducción al derecho constitucional comparado*, Dykinson, Madrid, 2010; ID., *Metodi e comparazione giuridica*, Wolters Kluwer, Milanofiori Assago, 2016; L. PEGORARO, *Derecho constitucional comparado. Itinerarios de investigación*, Fundap, Querétaro, 2011, e Un. Libre, Bogotá, 2012; ID., *Diritto costituzionale comparato. La scienza e il metodo*, Bup, Bologna, 2014, trad. esp. *Derecho constitucional comparado*, I, *La ciencia y el método*, Astrea-Unam, Buenos Aires-Ciudad de México, 2016; A. GUARNIERI, *Lineamenti di diritto comparato*, Cedam, Padova, 2016; o *Ann. dir. comp. st. leg. 2013*, "Diritto comparato e sistemologia: le nuove sfide".

DIREITO COMPARADO PÚBLICO E CONSTITUCIONAL - MANUAIS

P. BISCARETTI DI RUFFIA, *Introduzione al diritto costituzionale comparato. Le "forme di Stato" e le "forme di governo". Le costituzioni moderne*, 6ª ed. modificata, Giuffrè, Milano, 1988, trad. esp. *Introducción al Derecho Constitucional Comparado. Las "formas de Estado" y las "formas de gobierno". Las Constituciones modernas*, Fondo de Cultura Económica, México, 2000; S. ORTINO, *Introduzione al diritto costituzionale federativo*,

Giappichelli, Torino, 1993; ID., *Diritto costituzionale comparato*, il Mulino, Bologna, 1994; S. GAMBINO, *Diritto costituzionale italiano e comparato. Lezioni*, Periferia, Cosenza, 2002; G. DE VERGOTTINI, *Diritto costituzionale comparato*, II, 6ª ed., Cedam, Padova, 2004; ID., *Diritto costituzionale comparato*, I, 10ª ed., Cedam, Padova, 2019, trad. esp. da 6ª ed. *Derecho Constitucional Comparado*, Unam, México, 2004, e Un. de Buenos Aires, Buenos Aires, 2005; G. ROLLA, *Elementi di diritto costituzionale comparato*, Giuffrè, Milano, 2010; F. PALERMO, J. WOELK, *Diritto costituzionale comparato dei gruppi e delle minoranze*, 2ª ed., Cedam, Padova, 2011; P. CARROZZA, A. DI GIOVINE, G.F. FERRARI (eds), *Diritto costituzionale comparato*, 2ª ed., Laterza, Roma-Bari, 2014; G. MORBIDELLI, L. PEGORARO, A. REPOSO, M. VOLPI, *Diritto pubblico comparato*, 4ª ed., Giappichelli, Torino, 2012; E. PALICI DI SUNI, *Diritto costituzionale dei paesi dell'Unione europea*, 4ª ed., Wolters Kluwer-Cedam, Milano, 2021; G. MORBIDELLI, L. PEGORARO, A. RINELLA, M. VOLPI, *Diritto pubblico comparato*, 5ª ed., Giappichelli, Torino, 2015.

REVISTAS

Com contribuições em diferentes idiomas, a *Revista General de Derecho Público Comparado* (Iustel, Madrid, on line, www.iustel.com). Em castelhano, ainda, *La Albolafia. Revista de Humanidades y Cultura* (Instituto de Humanidades de la Un. Rey Juan Carlos, Madrid, www.albolafia.com), e *Revista de Derecho Político* (Uned, Madrid). Em francês, *Revue internationale de droit comparé* (Société de Législation Comparée, Paris); *Pouvoirs* (Seuil, Paris); *Revue du droit public et de la science politique en France et à l'étranger* (Lgdj, Paris); *Revue internationale de droit comparée* (Société de législation comparée, Paris); *Revue de droit international et de droit comparé* (Bruylant, Bruxelles). Em inglês, *ICON-International Journal of Constitutional Law* (Oxford U.P., Oxford); *American Journal of Comparative Law* (The American Society of Comparative Law, EUA); *International & Comparative Law Quarterly* (Cambridge U.P., Cambridge); *Comparative Law Review* (Associazione di Diritto Comparato, Perugia). Em italiano, *Diritto pubblico comparato ed europeo* (Giappichelli, Torino; desde 2015, il Mulino, Bologna); *Annuario di diritto comparato e di studi legislativi* (Esi, Napoli); apesar do título circunscrito, há contribuições gerais de documentação de direito comparado também em *Federalismi.it*, telemática. Em alemão, *Archiv für öffentliches Rechts* (Mohr, Tübingen). Na América Latina, *Boletín Mexicano de Derecho Comparado* (Unam, México); *Revista de Derecho Comparado* (Rubinzal-Culzoni, Buenos Aires); *Anuario de Derecho Constitucional Latinoamericano* (Fundación Konrad Adenauer, Un. del Rosario, Bogotá). Em vários idiomas, *NAD. Nuovi Autoritarismi e Democrazie: Diritto, Istituzioni, Società* é uma revista *open-access* da Universidade de Milão, dedicada especialmente a ordenamentos com democracias não estáveis (https://riviste.unimi.it/index.php/NAD).

ENCICLOPÉDIAS

M.T. KAMMINGA (ed.), *Elgar Encyclopedia of Comparative Law*, 2ª ed., Elgar, Cheltenham-Northampton, 2014. Verbetes comparatistas em: *Enciclope-*

dia del diritto (Giuffrè, Milano); *Novissimo digesto italiano* (Utet, Torino); *Digesto delle discipline pubblicistiche* (Utet, Torino); *Enciclopedia giuridica* (Istituto dell'Enciclopedia italiana, Roma). Em especial: M. ROTONDI, *Diritto comparato*, in *Nss. dig. it.*, V, 1960, reimpr. 1981; G. GORLA, *Diritto comparato e straniero*, in *Enc. giur.*, XI, 1989; A. GAMBARO, P.G. MONATERI, R. SACCO, *Comparazione*, in *Dig. priv., Sez. civ.*, III, 1988.

COLEÇÕES

Em italiano, *Si governano così*, dirigida por C. Fusaro (il Mulino, Bologna); *Diritto pubblico contemporaneo. Gli ordinamenti costituzionali*, dirigida por N. Olivetti Rason e L. Pegoraro (Giappichelli, Torino); *Ricerche di diritto pubblico comparato*, dirigida por L. Pegoraro (Bup, Bologna); *Oltre finisterrae. Collana di studi comparatistici*, dirigida por L. Pegoraro e A. Rinella (Filodiritto, Bologna); *Costituzionalismi difficili*, dirigida por M. Carducci (Pensa, Cavallino – Lecce). A título de divulgação, em francês, muitos volumes das coleções (não apenas jurídicas) *Que-sais-je?* (Puf, Paris), e *Collection 128* (Colin, Paris); em inglês, *Very Short Introductions* (Oxford U.P., Oxford), e *Constitutional Systems of the World*, dirigida por P. Leyland e A. Harding (Hart, Oxford); em alemão, *C.H. Beck Wissen* (Beck, München).

SUBSÍDIOS E TRATADOS

Dicionários e glossários: J.R. FOX, *Dictionary of International and Comparative Law*, Oceana, Dobbs Ferry, 2003; L. PEGORARO (ed.), *Glossario di Diritto pubblico comparato*, Carocci, Roma, 2009 (em espanhol, *Glosario de Derecho Público Comparado*, ed. organizada por E. FERRER MAC-GREGOR, M. NUÑEZ, C. ASTUDILLO, G. ENRÍQUEZ FUENTES, P. TORRES ESTRADA, Porrúa, México, 2012); D. DIMOULIS (ed.), *Dicionário Brasileiro de Direito Constitucional*, 2ª ed., Saraiva, São Paulo, 2012.

Compilação de materiais: M. CARDUCCI, *Atlante normativo di diritto costituzionale*, Giuffrè, Milano, 1999; ID., *Tecniche costituzionali di argomentazione formazione comparazione*, Pensa multiMedia, Lecce, 2003; G. AJANI, P.G. MONATERI, *Casi e materiali di Sistemi giuridici comparati*, Giappichelli, Torino, 1998; R. TARCHI, *Corso di Diritto comparato. Casi e materiali*, Giuffrè, Milano, 1999; G. AJANI, M. ANDERSON, E. ARROYO AMAYUELAS, B. PASA, *Sistemas jurídicos comparados. Lecciones y materiales*, Un. de Barcelona, Barcelona, 2010; G.F. FERRARI (ed.), *Atlante di Diritto pubblico comparato*, Utet, Torino, 2010; G. AJANI, B. PASA, *Diritto comparato. Casi e materiali*, Giappichelli, Torino, 2013; S. BAGNI, G. PAVANI, M. NICOLINI, F. ROSA, *Materiali essenziali per un corso di Diritto costituzionale comparato*, Filodiritto, Bologna, 2016.

Tratados: *Trattato di diritto pubblico comparato*, organizado por G.F. FERRARI, trilíngue (italiano, espanhol, inglês), Wolters Kluver-Cedam, Milano; Inap, Madrid; Brill, Leiden.

Capítulo I

O MÉTODO COMPARATIVO: *SHORTCUT* PARA COMPREENDER O MUNDO

Sumário: 1. Delimitar o campo: "direito"; "Constituição"; "comparar". – 2. A longa marcha do direito comparado. – 3. Direito comparado, direito constitucional comparado, direito estrangeiro, direitos internos: entre pontes e abismos. – 4. Os componentes visíveis e ocultos no direito comparado: formantes, criptotipos, direito mudo. – 5. O direito comparado e as cicatrizes da história (as fronteiras): além de finisterrae. – 6. Além do direito: ciências não jurídicas, ciências jurídicas e o conhecimento do direito comparado. – 6.1. Linguística, tradutologia, direito. – 6.2. História do direito, o direito como história e história das doutrinas políticas. – 6.3. Filosofia do direito, teoria geral do direito, sociologia e antropologia jurídica. – 6.4. Ciência política e direito comparado: entre *sein* e *sollen*. – 6.5. Ciências sociais a serviço da comparação: economia, estatística, geografia, psicologia. – 7. Classificações, elementos pertinentes e elementos determinantes. – 8. Modelos e suas dinâmicas. – 9. Níveis de comparação. – 10. Teleologia e instrumentalidade da comparação: as funções auxiliares. – 10.1. Compreender a si mesmo através dos outros: o estudo do próprio direito. – 10.2. Auxiliar o legislador. – 10.3. Construir direitos comuns: a unificação e a harmonização do direito. – 10.4. Oferecer fundamentos ao *reasoning* judicial. – 11. As diferenças e a uniformização globalizante.

§ 1. Delimitar o campo: "direito"; "Constituição"; "comparar"

O direito constitucional é, em primeiro lugar, uma variável da palavra "direito". Como adverte H.P. Glenn, «L'histoire de la notion de droit comparé est très liée à l'histoire du droit occidental. Dans les autres traditions juridiques du monde, la notion de droit comparé n'existe pas»[1]. O direito constitucional

---

[1] H.P. Glenn, *Vers un droit comparé intégré?*, in *Rev. int. dr. comp.*, n. 4, 1999, p. 841.

comparado é, então, em primeiro lugar, uma variável da palavra "Direito". É necessário um esforço a mais para os comparatistas/constitucionalistas ocidentais e liberal-democratas: aceitar e aprender conceitos que são alheios à sua cultura, como *"amae"* (harmonia) no direito japonês; *"hexie"* (de novo, harmonia) no direito chinês; *"dharma"* (aproximadamente: dever) no direito hindu; *ubuntu* ou *"fanahy maha-olona"* (princípio de existência) no direito africano; *"sumak kawsay"* ("bom viver") no idioma quíchua; etc., que não só condicionam pré-juridicamente, mas estruturam o modo de compreender aquilo que entre nós é denominado de "direito". Isso, porém, sem renunciar ao método jurídico como concebido na nossa cultura jurídica, sob pena de se aprofundar em ciências consideradas autônomas e distintas, como a sociologia ou a antropologia[2].

Tudo isso vale quando o objeto de análise é o mundo na sua globalidade ou partes do mundo que não aceitam, ou aceitam só em parte, concepções ocidentais de "direito". Quando a pesquisa comparatista refere-se a estas, o problema não se apresenta, uma vez que há concordância sobre a existência de um método jurídico ou, pelo menos, há ideias compartilhadas para compreender o que é ou não direito (não obstante áreas de indiferença ou áreas consideradas híbridas, que caracterizam cada ordenamento: em alguns países pode ser considerado jurídico aquilo que em outro não é)[3].

---

[2] A doutrina sobre método é imensa: além do clássico K. LARENZ, *Methodenlehre der Rechtswissenschaft*, Springer, Berlin-Göttingen, 1960 (trad. it. *Storia del metodo nella scienza giuridica*, Giuffrè, Milano, 1966), cf. o magnífico verbete *Metodo giuridico* de U. SCARPELLI na *Enc. Feltrinelli Fisher, Diritto 2* (organizado por G. CRIFÒ), Milano, 1972, p. 411 e ss. (também em ID., *L'etica senza verità*, il Mulino, Bologna, 1982, p. 179 e ss.); F. BYDLINSKI, *Juristische Methodenlehre und Rechtsbegriff*, 2ª ed., Springer, Wien, 1991; K. LARENZ, C.W. CANARIS, *Methodenlehre der Rechtswissenschaft*, 3ª ed., Springer, Berlin-Heidelberg-New York, 1995; F. MÜLLER, R. CHRISTENSEN, *Juristische Methodik*, 8ª ed., Duncker & Humblot, Berlin, 2002; E. KRAMER, *Juristische Methodenlehre*, Stæmpfli, Bern, 1998; H.M. PAWLOWSKI, *Methodenlehre für Juristen. (Zu den Implikationen der juristischen Arbeitsmittel)*, 3ª ed., Müller, Heidelberg, 1999.

[3] Cf. A. PROCIDA MIRABELLI DI LAURO, *Prefazione* a L.-J. CONSTANTINESCO, *Introduzione al diritto comparato* (trad. it. coordenada por A. PROCIDA MIRABELLI DI LAURO E R. FAVALE do livro de L.-J. CONSTANTINESCO, *Einführung in die Rechtsvergleichung*, I, *Rechtsvergleichung*, Heymanns, Köln, 1971), Giappichelli, Torino, 1996, p. XXXV: «La nozione occidentale di diritto si

É, ademais, uma variável de "Constituição". O adjetivo "constitucional" deriva do substantivo "Constituição". Os vários significados desta expressão –formal, substancial, material– serão mostrados mais adiante[4].

O direito comparado estuda as Constituições (o direito constitucional), inclusive com referência a ordenamentos onde não havia ou não há a disciplina acadêmica (por exemplo, a Espanha franquista, na qual se ensinava *"Derecho político"*[5]); a ordenamentos que não têm Constituições formalizadas, ainda que adiram a valores do constitucionalismo (por exemplo, o Reino Unido); a ordenamentos que têm Constituições formalizadas, mas com conteúdos totalmente diferentes das ideologias liberal ou liberal-democratas (por exemplo, os ordenamentos do socialismo real); a ordenamentos que não possuem nem Constituição em sentido formal, nem compartilham os princípios do constitucionalismo.

Seja aceitando, seja refutando as concepções substancialistas de "Constituição", quem estuda as Constituições sob a perspectiva comparada as associa não raramente ao estudo do constitucionalismo ou, em verdade, das doutrinas liberais que reivindicavam uma Constituição liberal nos séculos XVIII e XIX. Demais disso: os comparatistas estudam, a título de direito constitucional comparado, além das doutrinas constitucionais inspiradoras, também a história dos vários sistemas e, muitas vezes, o contexto socioeconômico. O adjetivo "consti-

---

rivela insufficiente a promuovere un'indagine effettivamente macro-comparatistica, idonea ad individuare gli archetipi categoriali». E, em comentário a um caso apreciado por uma Corte de *common law*, no qual eram envolvidos o conceito de amizade e a simbologia do sangue na celebração de um contrato, P. Goodrich, Interstitium *and Non-Law*, in P.G. Monateri (ed.), *Methods of Comparative Law: An Intellectual Overview*, Elgar, Cheltenham-Northampton, 2012, p. 227: «The Western concept of friendship does not seem directly applicable and so immediately, straight off, first line of the opinion, the juridical paradigm, the legal decision, has to be supplemented, confronted, aligned to disciplines and knowledges other than law».

[4] Cf. cap. IV, § 1.
[5] Sobre as raízes da denominação, Ó. Alzaga Villaamil, I. Gutiérrez Gutiérrez, F. Reviriego Picón, M. Salvador Martínez, *Derecho Político Español, según la Constitución de 1978*, I, *Constitución y fuentes del Derecho*, 5ª ed., Areces-Uned, Madrid, 2011, p. 35 e ss.

tucional", se associado a "direito", tem, então, um sentido ainda mais amplo que poderia decorrer unicamente do substantivo "Constituição".

Finalmente, direito constitucional comparado é uma variável de "comparar".

"Comparar", na linguagem comum e na científica, significa "cotejar", "confrontar"[6]. Supõe-se, exprimindo o juízo de valor sobre o confronto (ou cotejo), com eventuais expressões de um juízo/valoração de preferência, baseado em variados objetivos e subjetivos (por exemplo, no caso de duas esmeraldas, a grandeza, a luz, a pureza, o corte, o preço, a relação qualidade/preço, etc.)[7].

---

[6] Confira-se, por enquanto, N. JANSEN, *Comparative Law and Comparative Knowledge*, in M. REIMANN, M. ZIMMERMANN (eds), *The Oxford Handbook of Comparative Law*, Oxford U.P., New York, 2006, p. 306. Para S. MCEVOY, *Descriptive and Purposive Categories of Comparative Law*, in P.G. MONATERI (ed.), *Methods of Comparative Law*, cit., p. 145, «Comparative law means firstly or usually the comparison between two or several more or less distinct and different legal 'systems' or the laws of those systems on the same particular issues», mas esta definição é restritiva em relação a concepções mais amplas. Uma tentativa definitória (ou melhor, a dificuldade de definir) pode ser extraída da leitura do livro de V.C. JACKSON, M. TUSHNET, *Defining the Field of Comparative Constitutional Law*, Praeger, Westport-London, 2002.

[7] Sobre as definições de "direito comparado", confiram-se: M. ROTONDI, verbete *Diritto comparato*, in *Nss. dig. it.*, V, Utet, Torino, 1960, reimpr. 1981, p. 819 e ss.; G. GORLA, verbete *Diritto comparato e straniero*, in *Enc. giur.*, XII, Ist. enc. it., Roma, 1989, p. 1 e ss.; A. GAMBARO, P.G. MONATERI, R. SACCO, verbete *Comparazione*, in *Dig. priv., Sez. civ.*, III, Utet, Torino, 1988, p. 48 e ss. Sobre o aspecto metodológico da comparação, confiram-se os manuais (especialmente de direito privado) elencados na bibliografia geral; entre os comparatistas/constitucionalistas que se interessaram pelo método, cf. os seguintes autores italianos: G. LOMBARDI, *Premesse al corso di diritto pubblico comparato. Problemi di metodo*, Giuffrè, Milano, 1986; G. BOGNETTI, *Introduzione al diritto costituzionale comparato (Il metodo)*, Giappichelli, Torino, 1994; L. PEGORARO, A. RINELLA, *Introduzione al diritto pubblico comparato. Metodologie di ricerca*, Cedam, Padova, 2002, trad. esp. parcial, *Introducción al Derecho Publico Comparado*, Unam, México, 2006, e Palestra, Lima, 2006; ID., *Diritto pubblico comparato. Profili metodologici*, Cedam, Padova, 2007; ID., *Diritto costituzionale comparato. Aspetti metodologici*, Cedam, Padova, 2013; R. SCARCIGLIA, *Introduzione al diritto pubblico comparato*, il Mulino, Bologna, 2006, trad. esp. *Introducción al derecho constitucional comparado*, Dykinson,

Na metalinguagem universitária, foi desenvolvido também um sentido de "direito constitucional comparado", que não leva em consideração a etimologia e o senso comum da palavra: em uma primeira (e imprópria) acepção, o significado parece ser mais extenso: inclui operações comparativas, mas *também* é um sinônimo de "direito estrangeiro". Isso, sem dúvidas, está relacionado à exigência de estudar o direito constitucional, o administrativo ou o penal, e assim por diante, desde uma perspectiva mais ampla do que a nacional. Em uma segunda (e correta) acepção, comparar significa –depois de ter analisado o *comparandum*, é dizer, aquilo que se assume como objeto de análise– fazer os confrontos com todas premissas, as consequências, as implicações, os problemas e as escolhas valorativas que isso implica[8].

Madrid, 2010; ID., *Metodi e comparazione giuridica*, Wolters Kluwer, Milanofiori Assago, 2016; L. PEGORARO, *Derecho constitucional comparado. Itinerarios de investigación*, Fundap, Querétaro, 2011, e Un. Libre, Bogotá, 2012 (esp. partes I e II); ID., *Le categorie civilistiche e il parassitismo metodologico dei costituzionalisti nello studio del diritto comparato*, in *Ann. dir. comp. st. leg.* 2013, p. 305 e ss., trad. esp. *Comparación y globalización (las categorías del Derecho civil y el parasitismo metodológico de los constitucionalistas en el estudio del Derecho comparado)*, in L.R. GONZÁLEZ PÉREZ, D. VALADÉS (eds), *El Constitucionalismo Contemporáneo. Homenaje A Jorge Carpizo*, Unam-Iij, México, 2013, p. 265 e ss., e in *Rev. gen. der. públ. comp.*, n. 14, 2013, p. 1 e ss.; diversos ensaios compilados em ID., *Teoría y modelos de la comparación. Ensayos de Derecho constitucional comparado*, Olejnik, Santiago de Chile, 2017. Entre os franceses, prevalece a união com a teoria geral ou com a ciência política. Também entre os constitucionalistas alemães contemporâneos (Häberle, von Bogdandy e outros), tende-se a uma abordagem teórico-geral. Na Espanha, a disciplina é quase ausente nas Universidades. (Cf. J.F. DÍAZ REVORIO, *Il diritto comparato in Spagna: una scienza senza disciplina accademica (nonostante l'apertura al mondo)*, in *Dir. pubbl. comp. eur.*, n. 2, 2019, p. 653 e ss.) Veja, porém, a *Revista general de Derecho público comparado*, Iustel, Madrid. Na América Latina, publicam-se frequentemente ótimos trabalhos comparatistas, mas quase nenhum texto metodológico. (Cf., de qualquer modo, no México a revista *Isotimia*, n. 4, 2011, monográfico, "Estudios sobre metodología del Derecho Comparado".) Sobre a situação dos estudos constitucional-comparatistas, cf. os números monográficos de *Rev. gen. der. públ. comp.*, n. 14, 2014, e de *Ann. dir. comp. st. leg. 2013*.

[8] Segundo A. WATSON, *Society and Legal Change*, Scottish Academic Press, Edinburgh, 1977, 2ª ed., trad. it. *Evoluzione sociale e mutamenti del diritto*, Giuffrè, Milano, 2006, exatamente o estudo do *legal borrowing*

Naturalmente, a atividade comparativa –em qualquer campo, das joias ao direito– engloba o conhecimento dos objetos considerados (aqui, o direito estrangeiro) de estudo. Há, por essa razão, o problema de saber se o estudo de cada um dos objetos específicos é também parte da comparação, ou melhor, de uma ciência, de um método, de uma disciplina acadêmica denominada "comparação", nas suas várias facetas (anatomia comparada ou direito constitucional comparado)[9].

O direito constitucional é estudado pelos estudiosos internos (os juristas dogmáticos, do direito nacional) com diferentes sensibilidades, que dependa da relevância dada a um ou outro sentido da expressão "Constituição". Dificilmente, contudo, até o mais formalista dos constitucionalistas renunciará a explicar a origem histórico-política das normas, a considerar as praxes aplicativas, a denunciar a diferença entre o léxico constitucional (a forma) e aquilo que ocorre (a substância, a matéria); de igual modo, o mais tenaz dos substancialistas/materialistas/realistas não poderá distanciar-se do texto[10].

---

representa não apenas o objeto, mas também o critério orientador da análise comparatista, em polêmica com a visão descritivista de C. DONAHUE, *Comparative Legal History in North America*, in *Tijdschrift voor Rechtsgeschiedenis*, n. 65, 1997, p. 1 e ss. (neste sentido, M. SERIO, *Presentazione* da tradução italiana, p. XII).

[9] Sobre a comparação nas ciências sociais, N.J. SMELSER, *Comparative Methods in the Social Sciences*, Prentice Hall, Englewood Cliffs, 1976, trad. it. *La comparazione nelle scienze sociali*, il Mulino, Bologna, 1982; G. SARTORI, I. MORLINO (eds), *La comparazione nelle scienze sociali*, il Mulino, Bologna, 1991. Cf. também G. GANGEMI, *Il metodo della comparazione: un percorso storico*, in *Quad. soc.*, n. 33 (7), 1987, p. 131 e ss.

[10] Exemplos deste modo de compreender a comparação são encontrados também em obras famosas e importantes: desde as de A. POSADA, *Tratado de Derecho Político*, II, *Derecho Constitucional Comparado de los principales Estados de Europa y de América*, Librería General de Victoriano Suárez, Madrid, 1893-1894, e de M. GARCÍA PELAYO, *Derecho Constitucional Comparado*, 4ª ed., Alianza, Madrid, 1984, ao tratado de P. ARMINJON, B. NOLDE, M. WOLFF, *Traité de droit comparé*, 3 vols., Lgdj, Paris, 1950-1952. Testemunham o uso amplo da palavra "direito público comparado", também no campo da docência universitária, as obras que atestam o interesse dos docentes de diversos países pelos ordenamentos estrangeiros, embora mais recorrente no âmbito dos ensinos rigorosamente denominados *Direito constitucional* (ou, em castelhano, "*Derecho constitucional*"). Cf., por ex., os volumes de J. TAJADURA TEJADA,

§ 2. A LONGA MARCHA DO DIREITO COMPARADO

«A ciência do direito comparado é um produto das ciências jurídicas modernas». Desse modo Kohler introduzia, no Congresso de Paris de 1900, a questão relativa à gênese do direito comparado. Todavia é inegável que desde a Antiguidade é possível vislumbrar indícios de comparação jurídica no interesse voltado ao conhecimento do direito estrangeiro, na curiosidade científica que induz a olhar além do próprio direito.

Aristóteles, no tratado sobre *A Política*, desenvolve as suas reflexões e articula suas classificações com base no estudo comparado de mais de 150 Constituições de cidades gregas ou bárbaras[11]. Assim, segundo uma interpretação da doutrina, o próprio *jus gentium* seria o produto de um processo comparativo com os direitos estrangeiros. Na Idade Média, o direito romano confronta-se com os costumes locais, evidenciando, em alguma medida, um problema de comparação. Trata-se, contudo, de formas embrionárias de comparação, bem distantes da configuração de um método científico em sentido próprio.

El Derecho Constitucional y su enseñanza, Grijley, Lima, 2001, e de C. BLANCO DE MORAIS, *Direito Constitucional*, II, *Relatório*, in *Rev. Fac. Dir. Un. Lisboa*, Coimbra ed., Lisboa, 2001. Nos manuais, quase todos aqueles de direito constitucional (ou público) interno contêm amplas premissas gerais, históricas e comparatistas: por exemplo, entre os vários, no Brasil, A. RAMOS TAVARES, *Curso de Direito Constitucional*, 17ª ed., Saraiva, São Paulo, 2019; no Peru, C. HAKANSSON NIETO, *Curso de Derecho Constitucional*, 3ª ed., Palestra, Lima, 2019; na Argentina, A.R. DALLA VIA, *Manual de Derecho Constitucional*, Lexis Nexis Argentina, Buenos Aires, 2004; em Portugal, os clássicos J.J. GOMES CANOTILHO, *Direito Constitucional e Teoria da Constituição*, 7ª ed., 11ª reimpr., Almedina, Coimbra, 2012, e J. MIRANDA, *Manual de Direito Constitucional*, 4 vols., Coimbra ed., Coimbra (vários anos de edição); C. BLANCO DE MORAIS, *Curso de Direito Constitucional*, I, Coimbra ed., Coimbra, 2008; etc.

[11] Referem-se a esta circunstância R. DAVID, C. JAUFFRET-SPINOSI, *Les grands systèmes de droit contemporains*, 11ª ed., Dalloz, Paris, 2002, trad. it. *I grandi sistemi giuridici contemporanei*, 5ª ed. coordenada por R. SACCO, Cedam, Padova, 2004, p. 1 (ed. atualizada, R. DAVID, C. JAUFFRET-SPINOSI, M. GORÉ, *Les grands systèmes de droit contemporains*, 12ª ed., Dalloz, Paris, 2016); *A Política*, de Aristóteles, depois dos dois livros sobre o Estado ideal, apresenta, nos livros IV-VI, um exame das formas constitucionais emergentes da história constitucional das cidades gregas.

Em uma fase precedente ao século XIX, alguns grandes juristas, com os seus estudos e elaboração de conceitos jurídicos novos, ainda que sem conhecimentos históricos exatos, contribuem de alguma forma ao nascimento do direito comparado, podendo ser considerados de igual modo precursores[12]. Entre eles é necessário recordar *Sir* John Fortescue, que, na sua obra mais conhecida, o *De laudibus legum Angliae*, dedica-se à comparação das mais relevantes instituições políticas e judiciárias da Inglaterra com o direito continental francês[13]. Mesmo carecendo de um método e de uma visão objetiva, este texto representa uma primeira tentativa de confronto entre ordenamentos e leis, bem como foi seguido como exemplo nos séculos seguintes por outros juristas ingleses, como William Fulbecke, Francis Bacon, John Selden, até *Lord* Mansfield[14].

O interesse pelo direito estrangeiro manifesta-se, outrossim, nos Estados Unidos, onde a tensão das colônias pela independência colocou em primeiro plano a questão do modelo jurídico

---

[12] Para um panorama exaustivo dos precursores do direito comparado, ver L-.J. CONSTANTINESCO, *Introduzione al diritto comparato*, cit., p. 49 e ss.

[13] Cf. E.F. JACOB, *Sir John Fortescue and the Law of Nature*, Manchester U.P., Manchester, 1934; E. HEYMANN, *Fortescue's "De Laudibus Legum Angliae"*, in AA.Vv., *Festschrift Ulrich Stutz zum siebzigsten Geburtstag dargebracht von Schülern, Freunden und Verehrern*, Böhlau, Weimar, 1938, p. 58 e ss.; S.B. CHRIMES, *Sir John Fortescue: De Laudibus Legum Angliae*, Cambridge U.P., Cambridge, 1942.

[14] W. FULBECKE, *A Parallele or Conference of the Civil Law, the Canon Law and the Common Law of this Realme of England*, Company of Stationers, London, 1602-1618. Nesta obra, o autor compara o *common law* ao direito romano e ao direito canônico. Cf. W.S. HOLDSWORTH, *A History of English Law*, 7ª ed., Methuen & Co., London, 1956, I, p. 266 e ss. Sir Francis Bacon (1561-1626) propõe nos seus textos a formação de um sistema de justiça universal que, partindo da comparação entre os direitos vigentes, permita o seu progresso e consequente aprimoramento. A ideia é desenvolvida em *De dignitate et augmentis scientiarum*, Cambridge, 1623. John Selden (1584-1654), ao sublinhar a centralidade da comparação no estudo do direito, ressalta a abordagem histórica, observando a evolução dos direitos estrangeiros, em particular dedicando-se ao estudo das influências do direito romano no ordenamento inglês. As obras principais de J. SELDEN são *Table Talk*, Smith, London, 1689, e *Ad Fletam Dissertatio* (1647), Cambridge U.P., Cambridge, 1925. Ver, a propósito, A. HUG, *The History of Comparative Law*, in *Harvard L.R.*, n. 45, 1932, p. 1027 e ss. Sobre a contribuição de *Lord* Mansfield, veja-se C.H.S. FIFOOT, *Lord Mansfield*, Clarendon, Oxford, 1936.

a inspirar o sistema jurídico nascente. Sabe-se que Thomas Jefferson, pai da Declaração de independência da Filadélfia de 1776, aspirava à incorporação do modelo jurídico francês[15].

Em seguida, entre os franceses, além de Tocqueville ressalta-se a obra de Montesquieu, que contribui de modo determinante à passagem dos estudos de direito comparado do âmbito interno do direito francês ao âmbito externo. Sobretudo no *Esprit des lois*, demonstra uma aptidão especial na comparação das leis e dos costumes dos povos. Não se limita a salientar as diferenças entre os direitos, mas tenta expor as causas de tais diferenças, pesquisando-as nas diversas estruturas sociais, na política, no costume, na religião. Montesquieu intui que o conjunto destes fatores é a única explicação das peculiaridades das leis e das regras de cada país, cujo conhecimento seria totalmente insuficiente se fosse limitado ao confronto dos textos legais[16].

Entre os precursores devem ser incluídos, ainda, estudiosos do calibre de Hugo Grotius (1583-1645), cuja cultura enciclopédica lhe permitia colocar em confronto os diversos direitos dos povos nas distintas suas fases históricas; Gottfried Wilhelm Leibniz (1646-1716), que, partindo de uma visão universal da história, rejeitava considerar o direito romano como única fonte e via a história dos direitos dos povos como base do estudo do direito comparado; Giovanni Battista Vico (1668-1744), que defendia a ideia de uma unidade entre direito natural e princípios jurídicos positivos, a qual era possível trazer à luz por meio da comparação jurídica.

As profundas alterações na concepção do direito provocam renovada atenção nos confrontos dos direitos estrangeiros, mui-

---

[15] V. J.N. HAZARD, A. SCHLADITZ, *Le développement du droit comparé aux État-Unis d'Amérique*, in AA.Vv., *Livre du Centenaire de la Société de Législation comparée*, II, *Évolution internationale et problèmes actuels du droit comparé*, Lgdj, Paris, 1971, p. 338 e ss.; R. POUND, *Comparative Law in the Formation of American Law*, in *Am. L.R.*, n. 1, 1928, p. 183 e ss.

[16] Sobre a obra de Montesquieu (1689-1755), vide atos do congresso *II Centenaire de l'Esprit des lois de Montesquieu*, Delmas, Bordeaux, 1949. Em especial, as intervenções de A. MASSON, *Naissance et fortune de "L'Esprit des lois"*, p. 20 e ss.; G. DAVY, *Montesquieu et la Science politique*, p. 128 e ss.; M. DUVERGER, *Montesquieu et notre temps*, p. 232 e ss. Mais recentemente, R. LAUNAY, *Montesquieu, The Spectre of Despotism and the Origins of Comparative Law*, in A. RILES (ed.), *Rethinking the Masters of Comparative Law*, Hart, Oxford-Portland, 2001, p. 22 e ss.

tas vezes para buscar em outros lugares inovações e soluções jurídicas a serem importadas mediante profundas reformas. De igual maneira, contribuem neste processo evolutivo as ideias dirigidas a um direito universal e as sugestões derivadas de outras ciências nas quais, com o método da comparação, conseguem-se resultados de grande sucesso. (Pense-se na anatomia e na linguística comparada.)

Na primeira metade do século XIX, a pesquisa no campo dos direitos estrangeiros difunde-se na comunidade dos juristas europeus. Junto a abordagens de natureza teórica, concede-se espaço também à exigência de utilizar o estudo do direito estrangeiro em função de uma política legislativa interna que almejava consolidar-se no plano das reformas. A força expansiva dos estudos desenvolvidos na Alemanha (escola histórica: de Savigny a Eichhorn e Puchta, e escola de Heidelberg: Thibaut, Zachariæ, Gans y Mittermaier) consegue penetrar também na cultura jurídica francesa[17]; na Grã-Bretanha, o estudo dos direitos estrangeiros responde nesta fase a exigências estritamente pragmáticas, vinculadas à expansão do império colonial britânico[18]. Nos Estados Unidos, por outro lado, as primeiras aproximações em direção ao estudo do direito comparados são alimentadas pelos poucos que se opõem ao direito inglês e aspiram a se libertar da influência cultural da Grã-Bretanha[19].

[17] Para uma visão geral da problemática, cf. P. Koschaker, *L'histoire du droit et le droit comparé surtout en Allemagne*, in Aa.Vv., *Introduction à l'étude du droit comparé: Recueil d'études en l'honneur d'Edouard Lambert*, Sirey-Lgdj, Paris, 1938, I, p. 274 e ss., e, especialmente, o grande livro de F. Wieacker, *Privatrechtsgeschichte der Neuzeit unter besonderer Berücksichtigung der deutschen Entwicklung*, II, Vandenhoeck u. Ruprecht, Göttingen, 1967, trad. it. *Storia del diritto privato moderno con particolare riguardo alla Germania*, II, Giuffrè, Milano, 1980; M. Serio, *Nuove, condensate riflessioni sull'apporto della comparazione alla scienza giuridica*, in *Comparazione e dir. civ.*, n. 1, 2020.

[18] Em 1839, W. Burge publica os seus *Commentaries on Colonial and Foreign Laws*, Saunders & Benning, London. A partir desta obra, foi coordenada uma nova edição, em cinco volumes, dentro do período 1907-1928, editada por A. Renton, G.G. Phillimore, Sweet & Maxwell-Stevens & Sons, London. Para algumas observações sobre o conteúdo da obra de Burge, cf. A. Hug, *The History of Comparative Law*, cit., p. 1064, nota 160.

[19] J. Kent, *Commentaries on American Law*, 4 vols., Halsted, New York, 1826-1830 (15ª ed. organizada por J. Roland, 1997-2002).

Os estudos comparatistas retomam vigor na segunda metade do século xix como efeito do fenômeno de circulação dos modelos de códigos, especialmente do modelo francês, nos países da Europa oriental e da América do Sul. Neste período, os estudos dirigem-se principalmente à "legislação comparada", é dizer, ao conhecimento das leis e dos códigos estrangeiros, sob a convicção –típica da época das grandes codificações– de que o direito inteiro esteja contido em textos legislativos. Prevalece, portanto, uma comparação que não consegue ir além da justaposição dos textos e não distingue o estudo do direito estrangeiro do estudo do direito comparado[20].

Com o início do século xx, marcado de forma indelével pelo já citado Congresso Internacional de Direito Comparado realizado em Paris em 1900, os estudiosos da comparação focam o dilema sobre a natureza e a identidade da sua disciplina: indagam-se se seria um método ou uma ciência autônoma e adverte-se a necessidade de individualizar o objeto, as condições e o modo de condução do direito comparado.

No curso do século xx, a doutrina comparatista toma consciência da relevância do direito comparado no panorama das ciências jurídicas e dá início a uma reflexão e a uma discussão em escala internacional. O centro de referência para os estudiosos do direito comparado é a França, onde se observa este filão de investigações jurídicas com destacados propósitos práticos. Isto é, observam-se as utilidades que, em termos de política legislativa e de reforma do ordenamento jurídico, podem ser extraídas do estudo de ordenamentos estrangeiros, desde que conduzido com sistematicidade e rigor metodológico. Nesta perspectiva, destaca-se a concepção prática do direito

---

[20] Exatamente este aspecto –destaca A. Somma, *Introduzione al diritto comparato*, Laterza, Roma-Bari, 2014, p. 51, recordando É. Lambert, *La fonction du droit comparé*, Giard & Brière, Paris, 1903, p. 8 e ss.– «venne stigmatizzato in coincidenza con la nascita del diritto comparato come scienza autonoma, che doveva finalmente assumere compiti diversi da quelli in qualche modo affidati alla materia dai cultori di altri campi del sapere giuridico. Ai comparatisti si chiedeva infatti di informare circa il tenore di leggi straniere, ad esempio quelle di interesse per le Corti in virtù dei rinvii disposti dal diritto internazionale privato, oppure quelle utili agli operatori economici interessati a conoscere le regole concernenti il funzionamento dei mercati esteri». Observações adicionais na 2ª ed., Giappichelli, Torino, 2019, p. 53 e ss.

comparado, ou seja, aquela concepção que põe em evidência a utilidade no cenário das disciplinas jurídicas e no campo da jurisprudência. Esta orientação abarca na França duas linhas de pensamento: de um lado, aqueles que, como Lambert, veem no direito comparado principalmente um instrumento de educação jurídica; do outro, a segunda corrente –encabeçada principalmente por Saleilles, mas que já tinha sido proposta no passado por Feuerbach e Mittermaier– que entende o direito comparado não como um instrumento de especulação científica centrado nas observações de natureza histórica, sociológica, etnológica dos fenômenos jurídicos, mas, ao contrário, como um sofisticado instrumento de política legislativa, que, através da análise dos modelos estrangeiros, permita orientar a uma melhor evolução do direito nacional e da política jurisprudencial.

Na Inglaterra, pelo menos até a metade do século xx, prevalece a orientação que destina ao direito comparado um papel empírico e marginal no panorama das ciências jurídicas (Maine, Holland, Bryce e Salmond).

Como demonstrado nas opiniões supracitadas, a ideia de que a comparação deve ter, em primeiro lugar, um valor metodológico é extremamente difundida. Pense-se em Rabel e em Kaden. Porém, após a Segunda Guerra, destacam-se ainda mais as propostas de Gutteridge, David e Zweigert, os quais ainda hoje mostram a sua relevância. A ideia, contudo, que, no curso do século xx, foi afirmada com força foi a da necessidade de uma abordagem comparativa do direito para permitir um conhecimento mais amplo e uma compreensão profunda da dimensão jurídica. Diversamente, a ciência do direito correria o risco de ser confinada nas estreitas fronteiras nacionais.

Hoje, entre os comparatistas constitucionalistas, a doutrina é rica e importante, assim como são numerosos, em muitos países, os ensaios e monografias de direito constitucional em sentido estrito que categorizam institutos, identificam modelos, põem em cotejo dois ou mais ordenamentos e seus componentes; a produção científica orientada à identificação e à solução de problemas metodológicos e teóricos é escassa, contudo. Nos próprios cursos universitários –ensina a experiência– poucos docentes antecedem ao ensinamento de temas substanciais aqueles indispensáveis suportes metodológicos que constituem a mesma razão de ser da comparação jurídica; os debates gerais –apresentados, entre os privatistas, por trabalhos monumentais como os tratados ou manuais de Sacco, Gorla, Ancel, David, Gutteridge, Zweigert e Kötz, Markesinis, Constantinesco, Arminjon, Nolde, Wolff, e ainda outros–, são ausentes, com raras exceções, no ramo do direito público e constitucional[21].

No direito constitucional comparado, é necessário, então, fazer referência às criações dos comparatistas de matriz civilista, pelo menos nos setores de interesse comum: método, fontes, famílias e sistemas jurídicos, classificações, macrocomparação em geral[22].

§ 3. *Direito comparado, direito constitucional comparado, direito estrangeiro, direitos internos: entre pontes e abismos*

Ainda que este livro seja dedicado ao direito *constitucional* comparado, os problemas definitórios (ciência ou método?) referem-se, em primeiro lugar, à comparação jurídica em geral. Com efeito, poucos perguntaram-se sobre o problema do direito *constitucional* comparado como ciência e/ou como método,

[21] Cf. a bibliografia básica.
[22] Para os aspectos históricos e fundamentos da comparação, entre as coletâneas mais significativas: em italiano, L. Antoniolli, G.A. Benacchio, R. Toniatti (eds), *Le nuove frontiere della comparazione*, Un. di Trento, Trento, 2012. Na literatura em outras línguas: M. Rotondi (ed.), *Buts et méthodes du droit comparé*, Cedam, Padova, 1973; K. Baele-Woelki, F.W. Grosheide, E.H. Hondius, G.J.W. Steenhoff (eds), *Comparability and Evaluation*, Kluwer, Norwell, 1994; V. Grosswald Curran (ed.), *Comparative Law: An Introduction*, Carolina Academic Press, Durham, 2002; P. Legrand, R. Munday (eds), *Comparative Legal Studies: Traditions and Transitions*, Cambridge U.P., Cambridge, 2003; A. Harding, E. Örücü, *Comparative Law in the 21st Century*, Kluwer, The Hague, 2003; M. van Hoecke (ed.), *Epistemology and Methodology of Comparative Law*, Hart, Portland, 2004; J.M. Serna de la Garza (ed.), *Metodología del derecho comparado. Memoria del Congreso Internacional de Culturas y Sistemas Jurídicos Comparados*, Unam, México, 2005; M. Reimann, M. Zimmermann (eds), *The Oxford Handbook of Comparative Law*, cit.; E. Örücü, D. Nelken (eds), *Comparative law: A Handbook*, Hart, Oxford-Portland, 2007; M. Bussani, U. Mattei (eds), *The Cambridge Companion to Comparative Law*, Cambridge U.P., Cambridge, 2012; P.G. Monateri (ed.), *Methods of Comparative Law*, cit.

enquanto desde sempre todos preocuparam-se com a tomada de posição acerca do dilema de saber se o direito comparado *tout-court* seria uma e/ou a outra coisa (ou em negar a importância do problema).

L.-J. Constantinesco, por ex., resume a questão deste modo: de uma parte, estão os autores (do passado e do presente) que, com diferentes argumentos, ou por simples falta de curiosidade, negam qualquer interesse na questão, dando-lhe um valor meramente acadêmico: entre eles, sobretudo, os anglo-saxões (os nomes citados são os de McDougal e Gutteridge, convencidos *a priori* de que a comparação seja um método e que, portanto, não valha a pena aprofundar a questão), mas também famosos estudiosos alemães e franceses, entre os quais Zweigert e Ancel[23].

Uma segunda (e majoritária) posição, cujos defensores são, entre outros, Lambert, Kaden, Jescheck, Pollock e David, além do mesmo Gutteridge, é a que afirma que o direito comparado é um simples método[24].

Enfim –à parte quem sustenta a existência de uma "ciência comparativa geral", a serviço do direito e de outras ciências (Rabel, Rothacker, Ficker)–, um setor da doutrina é convencido de que o direito comparado seja *também* uma ciência autônoma do direito (Lambert, De Solá Cañizares, Saleilles, Raul de la Grasserie, Lévy-Ullmann, Sauser-Hall, Egon Weiss, Sarfatti, Martínez Paz, Riese, Arminjon-Nolde-Wolff, unidos pelo *Tratado*, Balogh, Neuhaus, Dölle, Rothacker, Ficker, Otetelisano, Fontana, Rotondi). Ao lado estaria quem acredita que o direito comparado seja um método suscetível de se transformar em uma ciência, como Blagojevic. O próprio Constantinesco chega à curiosa conclusão de que o direito comparado é ciência, quando estuda os grandes sistemas e suas relações, e é método quando faz microcomparação[25].

---

[23] L.-J. CONSTANTINESCO, *Einführung in die Rechtsvergleichung*, I, *Rechtsvergleichung*, Heymanns, Köln, 1971, trad. esp. *Introducción al Derecho comparado*, in *Tratado de Derecho comparado*, I, Tecnos, Madrid, 1981, trad. fr. *Introduction au droit comparé*, in *Traité de droit comparé*, Lgdj, Paris, 1972, I, trad. it. *Introduzione al diritto comparato*, cit., p. 177 e ss.

[24] Vide a relação de F. POLLOCK, in AA.VV., *Congrès international de droit comparé. Procès-verbaux des séances et Documents*, Lgdj, Paris, 1905-1907, I, p. 60.

[25] Vide L.-J. CONSTANTINESCO, *Introduzione al diritto comparato*, cit., p. 221 e ss.

Certamente, a comparação é um método, se entendido que "método" é um «modo de proceder, sistemático e funcional, em uma atividade teórica ou prática, tendente a garantir a consecução de um fim pré-definido», e também «um procedimento racional a seguir na estruturação e na solução dos problemas», ou, em sentido amplo, o proceder com «sistematicidade, ordem e rigor na estruturação de uma determinada atividade»; mas, com certeza, é ciência, se com a palavra "ciência" entende-se «um complexo orgânico e sistemático de conhecimentos, determinado por um princípio rigoroso de verificação de sua validade»[26]. Há mais dúvidas se é ciência o direito constitucional comparado, porque talvez os comparatistas constitucionalistas ainda não colocaram bases "especializadas", orgânicas, uniformes, metodologicamente autônomas, para estudar o objeto da sua pesquisa: a Constituição.

Há algo que une quem estuda o próprio direito constitucional a quem estuda um ou mais direitos estrangeiros; e há algo que os distingue de quem estuda o direito constitucional comparado: para todas as três categorias, o objeto de investigação é igual –a Constituição–, mas apenas em parte, pois, para o comparatista, o estudo refere-se a *várias* Constituições. Nas duas primeiras categorias, objetivos e métodos coincidem; entre as duas primeiras e a terceira são distintos tanto os objetivos quanto o método.

Em qualquer caso, a abordagem cultural é profundamente diferente: o constitucionalista e, em geral, o juspublicista "doméstico" movem-se em um quadro dado, que é interpretado com operações conceituais exclusivamente internas (em suma, o seu trabalho é *top-down*, não diversamente daquele desenvolvido por juízes e advogados), ao contrário do comparatista, que, partindo de uma análise empírica, constrói categorias conceituais que lhe permitem classificar e identificar analogias e diferenças (o seu trabalho é, então,

---

[26] Cf. por ex. as definições de G. Gabrielli, *Grande dizionario illustrato della lingua italiana*, 2 vols, Mondadori, Milano, 1989, II, p. 2182 e p. 3335. Vide, a propósito, M. Nuñez Torres, *El método comparado como estrategia epistemológica del institucionalismo jurídico iberoamericano*, in S. Bagni, G.A. Figueroa Mejía, G. Pavani (eds), *La ciencia del derecho constitucional comparado. Estudios en homenaje a Lucio Pegoraro*, 3 vols, Tirant lo Blanch-México, México, 2017, I, p. 321 e ss.

bottom-up), às quais são subsumidos, se oportuno, os casos concretos[27].

O importante é não confundir as duas coisas. O comparatista não pode ter a ambição de conhecer *todos* os direitos internos, poderá penetrar em alguns, além do próprio, ao ponto de talvez conhecer os seus aspectos profundos. Mas de qualquer modo terá necessidade de contribuição dos estudiosos dos diferentes direitos internos, que são especializados e conhecedores das estruturas e do funcionamento de cada ordenamento. Como um monte de tijolos que servem à construção de uma casa ainda não é uma casa, e a obra do pedreiro não é a do arquiteto, o comparatista precisa das informações e reconstruções dos estudiosos nacionais para construir ou reconstruir o seu edifício científico. A dificuldade para os comparatistas publicistas consiste não apenas em apropriar-se das noções, mas, sobretudo, em penetrar na *mentalidade* com a qual a doutrina sistema os estudos relativos a qualquer ordenamento. Mentalidade às vezes condicionada por peculiares perspectivas filosóficas e metodológicas, e pela sensibilidade para o emprego de ciências não jurídicas (em especial a filosofia e a sociologia, mas não apenas).

Uma das clássicas distinções mencionadas pelos mestres do direito comparado é a feita entre direito estrangeiro e direito comparado, advertindo que o estudo do direito estrangeiro –ou seja, outro, diferente do próprio ordenamento estatal ao qual pertence o autor, considerado, portanto, conhecido– é pressuposto da comparação (o meio em relação ao fim), mas com esta não se confunde. O exame comparado do direito, de fato, segue a fase do conhecimento do direito estrangeiro (desconhecido) e concretiza-se com a comparação com outro direito (geralmente, o direito do autor), a fim de observar as semelhanças e as diferenças (e extrair outras consequências)[28].

---

[27] Está convencida da impossibilidade de se poder ser, ao mesmo tempo, comparatista e estudioso do direito interno B. FAUVARQUE-COSSON, *Development of Comparative Law in France*, in M. REIMANN, M. ZIMMERMANN (eds), *The Oxford Handbook of Comparative Law*, cit., p. 61 («it is impossible to be both a comparatist and a good French lawyer»).

[28] Vejam-se os textos de G. GORLA, *Prolegomeni a una storia del diritto comparato europeo*, in *Foro it.*, 1980, parte V, col. 14 e ss., e de R. SACCO (ed.), *L'apporto della comparazione alla scienza giuridica*, Giuffrè, Milano, 1980, p. 267 e ss. A constatação é tão generalizada na doutrina que é sur-

O estudo do direito estrangeiro representa a *condição lógica* da comparação. Não é comparação em sentido próprio e completo, porém. Ao contrário, esta fase do estudo de um dos marcos da comparação apresenta obstáculos notáveis: pense-se no perigo de transferir ao direito estrangeiro os estilos (os conceitos, os modos, as atitudes mentais) do próprio direito de origem[29]. Muitos estudos na área de direitos e liberdades são um exemplo disso: na maior parte dos casos, os constitucionalistas ocidentais continuam a aplicar as suas categorias na interpretação das disposições e dos sistemas que nunca elaboraram doutrinas e teorias dos direitos individuais.

As operações conceituais feitas por um constitucionalista interno, que estuda o ordenamento onde nasceu e/ou vive e trabalha, são idênticas àquelas feitas por um estudioso de direito estrangeiro. A mentalidade é a mesma, com uma exceção que vale para ambos: se o estudo do próprio direito, ou mesmo de um direito estrangeiro, é pré-ordenado a classificá-los em categorias mais amplas a serem utilizadas como parâmetros de comparação, então se trata de uma fase para fazer um *verdadeiro* direito comparado. De outra maneira, o único comparatista que resta não é o professor, mas o leitor, ao qual são entregues as operações conceituais de comparação[30].

---

preendente que alguém ainda pense o contrário e confunda as duas coisas. (Vide por ex., no sentido do texto, G. GORLA, verbete *Diritto comparato*, in *Enc. dir.*, XII, Giuffrè, Milano, 1964, p. 391 e ss.) «L'équation selon laquelle 'droit étranger = droit inconnu et droit interne = droit connu'» é contestada por M.-C. PONTHOREAU, *Le droit comparé en question(s) entre pragmatisme et outil épistémologique*, in *Rev. int. dr. comp.*, n. 1, 2005, p. 13.

[29] Sobre a dificuldade de padronizar sistemas jurídicos, institutos e culturas estrangeiras, v., por ex., R.A. POSNER, *Foreword: A Political Court*, in *Harvard L.R.*, n. 119, 2005, p. 31.

[30] Como afirma S. MCEVOY, *Descriptive and Purposive Categories of Comparative Law*, cit., p. 151, «A comparison, as in comparative law, may have no other purpose than to state the similarity of the terms or their difference». Segundo U. HEIDMANN, *Épistémologie et pratique de la comparaison différentielle*, in M. BURGER, C. CALME (eds), *Comparer les comparatismes*, Edidit-Arehè, Paris, 2006, p. 156, «é o registro das diferenças entre fatos e objetos a comparar que frequentemente é negligenciado ou omitido a favor de uma observação apressada do que parece *similar* e, por extensão, *universal*». Corretamente, J.H. MERRYMAN, apresentando o volume de J.H. MERRYMAN, D.S. CLARK, J.O. HALEY, *The Civil Law Tradition: Europe, Latin America, and East Asia*, Michie Co., Charlottesville, 1994,

Como lembra Sacco, entre um estudioso de direito estrangeiro e um comparatista há a mesma diferença verificada entre um poliglota e um linguista: «Il poliglotta conosce molte lingue, ma non sa misurarne le differenze, né quantificarle, cose che, tutte, il linguista sa fare. Così il comparatista possiede un insieme di nozioni e di dati appartenenti a diversi sistemi giuridici, e sa inoltre porli a confronto, misurandone le diversità o somiglianze»[31].

§ 4. OS COMPONENTES VISÍVEIS E OCULTOS NO DIREITO COMPARADO: FORMANTES, CRIPTOTIPOS, DIREITO MUDO

A teoria dos formantes põe em destaque a exigência de se liberar das categorias monolíticas na comparação do direito. A expressão "formantes do ordenamento" foi proposta por Rodolfo Sacco para indicar os diferentes conjuntos de regras e proposições que, no âmbito de um ordenamento, contribuem a gerar a ordem jurídica do grupo em um determinado lugar e em um determinado tempo. A ideia que domina o jurista positivo que opera no interior de cada ordenamento é a de pesquisar «la sola verità giuridica, la quale ha la sua fonte nella legge e viene fedelmente ricostruita dalla dottrina e applicata dalla giurisprudenza»; em outras palavras, o princípio da unidade da regra do direito cria no jurista o convencimento de que a regra legal, a regra doutrinária e a regra jurisprudencial possuem o mesmo conteúdo e são, por isso, intercambiáveis. Onde fosse perceptível uma deformidade, esta seria imputada a

---

p. 1, sustenta que «Most comparative law teaching and scholarship could more accurately be called 'foreign law' since its principal aim is to describe foreign legal systems». Na nossa opinião, isso vale mais para os estudos de direito constitucional que para os de direito civil. Segundo G. GORLA, verbete *Diritto comparato e straniero*, cit., p. 2 e ss., além da «ricerca e l'accertamento delle differenze e/o delle somiglianze tra ordinamenti giuridici messi a confronto, o fra loro norme o istituti giuridici», as fases posteriores são a explicação de tais semelhanças ou diferenças e a valoração dos direitos colocados em cotejo. Significativo o título de um ensaio de P. LEGRAND, *The Same and the Different*, in P. LEGRAND, R. MUNDAY (eds), *Comparative Legal Studies*, cit., p. 240 e ss.

[31] R. SACCO, *Introduzione al diritto comparato*, 5ª ed., Utet, Torino, 1992, in ID. (ed.), *Trattato di Diritto comparato*, p. 17, nota 34 (7ª ed. R. SACCO, P. ROSSI, *Introduzione al diritto comparato*, Utet, Torino, 2019).

um erro do intérprete[32]. Mas –observa Sacco– este *iter* lógico não é suscetível de se estender à análise comparativa do direito. O comparatista que se coloca de frente ao direito estrangeiro não tem o pleno domínio dos instrumentos culturais e jurídicos para descartar eventuais interpretações equivocadas; em verdade, a consideração de outros sistemas jurídicos mostra como os formantes, no interior de cada sistema, comportam-se de maneira distinta. Não se pode limitar a comparar apenas as leis sem o conhecimento dos dados oferecidos pelo contexto, como, por exemplo, a tendência da jurisprudência, as diversas concepções às quais está sujeita e as orientações da doutrina. Nem muito menos sem os dados do contexto extrajurídico: a cultura, a economia, os movimentos sociais, etc.

Nos ordenamentos contemporâneos, os formantes principais são a lei (em sentido amplo), a doutrina e a jurisprudência; vale dizer, o conjunto das disposições adotadas pelo Legislativo; o conjunto das opiniões expressas pelos doutos das leis; e o conjunto das decisões dos juízes. Sacco destaca que no interior de cada ordenamento, regras legais, proposições doutrinárias, súmulas jurisprudenciais, mas também criptotipos[33], representam os diferentes conjuntos aos quais o jurista positivo recorre para determinar a regra do caso concreto; o direito vivo, pois, é extraído dos diversos formantes.

É necessário distinguir os principais formantes de acordo com o seu papel em cada ordenamento. Por "formantes ativos" ou dinâmicos", entende-se a série de fenômenos jurídicos –atos ou eventos– que produzem diretamente direito autoritativo (no Ocidente, a legislação e, com várias distinções relativas à família jurídica em que se opera, a jurisprudência), que, junto com a doutrina (ou, de forma mais geral, com a "cultura") e os outros formantes explícitos ou não verbalizados (criptotipos), concorrem na construção dos ordenamentos jurídicos.

Na construção do direito, a doutrina contribui para a alimentação dos formantes dinâmicos, mas, hoje, no mundo ocidental, não produz diretamente direito autoritativo. Entretanto, não foi sempre assim no passado nem é hoje em todo lugar.

---

[32] R. Sacco, *Legal Formants: A Dynamic Approach to Comparative Law*, in *Am. journ. comp. law*, n. 2, 1991, p. 343 e ss.; Id., *Introduzione al diritto comparato*, cit., p. 43 e ss.

[33] *Infra*, neste §.

Deve-se, então, ter atenção na hora de distinguir os formantes ativos ou dinâmicos dos demais e desvincular-se da visão do positivismo legislativo –profeta da "exclusividade da regra"– a favor de uma visão (também positivista) do direito que dê a cada um o seu papel, a depender do tempo e do lugar. No direito romano e até a Revolução Francesa (ou até mesmo mais tarde, na Alemanha, graças ao estímulo do Pandectismo, e, em Andorra, até 1993), a doutrina também criava o direito: a manifestação mais clara disso foi a célebre *Lei das citações*, com a qual, em 426 d.C., Teodósio II criou uma espécie de *Stufenbau* (pirâmide hierárquica) das opiniões dos juristas, em cujo vértice da hierarquia estavam Paulo, Ulpiano, Gaio, Modestino e outros, e critérios para resolver antinomias. O direito hindu baseia-se ainda mais amplamente (mesmo que de forma recessiva) na interpretação dos doutos, compiladas entre os séculos XII e XVII nos *nibandhas*, comentários de *Manusmrti* ou *Código de Manu*[34]. O direito muçulmano, que vincula 1300 milhões de pessoas, tem entre suas fontes a ijma, é dizer, a opinião consensual da comunidade (sunita, não xiita) dos juristas-teólogos ou pelo menos dos juristas mais influentes, desde que seja muito difundida e claramente formulada[35].

---

[34] Uma síntese eficaz das fontes do direito hindu é encontrada em D. AMIRANTE, verbete *Diritto indù e diritto indiano*, in L. PEGORARO (ed.), *Glossario di diritto pubblico comparato*, Carocci, Roma, 2009, p. 97 e ss., trad. esp. *Glosario de Derecho público comparado*, ed. coordenada por E. FERRER MAC-GREGOR, M. NUÑEZ, C. ASTUDILLO, G. ENRÍQUEZ FUENTES, P. TORRES ESTRADA, Porrúa, México, 2012, p. 116 e ss. Bibliografia mais extensa *infra*, cap. V, seção II, § 4, nota 38.

[35] Cf. M.G. LOSANO, *I grandi sistemi giuridici. Introduzione ai diritti europei ed extraeuropei*, nova ed., Laterza, Bari, 2000, p. 387 e ss. Como nos lembra M. OLIVIERO, verbete *Diritto islamico*, in L. PEGORARO (ed.), *Glossario di diritto pubblico comparato*, cit., p. 99 e ss., «La scienza del diritto islamico (*ilm' al-fiqh*), è divisa in due grandi partizioni. Da un lato essa comprende le "radici" (*usūl al-fiqh*) e spiega per mezzo di quali procedimenti e quali fonti sono state reperite l'insieme delle disposizioni che costituiscono la *Sharì'a*. Sono considerate "radici" nell'ordine: il Corano (*Qur'ān*), la sunna (*sunnat al-nābī*), il consenso (*iğmā*) e l'analogia (*qiyās*). Dall'altro essa è costituita dai "rami" (*furū al-fiqh*) della giurisprudenza. I *furū*, considerati dai dottori della legge (*'ulamā*) derivati dalla prima partizione, comprendono alcune materie che, utilizzando le moderne categorie giuridiche occidentali, costituiscono il diritto privato, il diritto penale, il diritto processuale e parte del diritto pubblico».

A distinção entre os formantes ativos e os outros é uma variante de famílias e épocas: só na interpretação *juriciste* do positivismo legalista que a lei é a única fonte, o juiz é a *bouche de la loi* e a doutrina, o conjunto de estudiosos. O comparatista, por isto, perscruta o objeto do seu estudo também através das linhas de evolução da jurisprudência, da praxe administrativa, das orientações da doutrina, como também por meio de outros elementos que entenda úteis, mas que não são limitados à superfície do fenômeno jurídico estudado, ainda quando isso implique recorrer a categorias e instrumentos de análise próprios de outras ciências.

O terreno do direito constitucional comparado apresenta alguns aspectos peculiares. Em primeiro lugar, as normas de nível constitucional exprimem frequentemente uma escolha de fundo do ordenamento a que pertencem, ou seja, as características que determinam a sua identidade: forma de Estado, direitos fundamentais, divisão dos poderes, forma de governo, descentralização ou centralização do poder político representam questões que encontram na Constituição uma resposta, em termos jurídicos, a uma opção política basilar. Trata-se, então, não de uma solução jurídica informada apenas por critérios de eficiência e eficácia, mas, de uma resposta que identifica uma precisa escala de valores civis e políticos nos quais o grupo social e a comunidade política reconhecem a matriz da própria identidade e as razões da sua unidade. O direito constitucional, além de ser direito da organização constitucional e direito das liberdades, é também direito do fato político, destinado a incidir e a dar voz ao disciplinado desenvolvimento da ação política.

A comparação no direito constitucional implica o estudo do direito vigente em conjunto com o direito vivente. O conhecimento profundo deste exige do comparatista adentrar terrenos não especificamente jurídicos, com uso de instrumentos emprestados de outras ciências. Enquanto a expressão "circulação entre formantes" refere-se à forma em que se relacionam doutrina, legislação e jurisprudência, assim como todos eles com um *habitat* pré-jurídico –constituído pela cultura em geral– e com outro, jurídico –representado pela cultura (e pela mentalidade) jurídica–; "dissociação entre formantes" alude ao fenômeno por meio do qual regra, princípios, aplicação jurisprudencial e opiniões doutrinárias não convergem em direção a um mesmo resultado[36].

No direito constitucional, o mesmo fenômeno dissociativo, menos advertido em outros ramos do direito, às vezes dá origem a variantes curiosas. A afirmação da "dignidade", por exemplo, pode conduzir por lei (ou pela ausência de lei) a resultados diferentes *temporalmente* (ontem o casamento homossexual era um delito, depois, vira um direito); *espacialmente* (Nova York o admite, ao passo que outros Estados, não; e na Itália, à espera da lei nacional, algumas Regiões e alguns Municípios tentaram reconhecer pelo menos a união de fato); *setorialmente* (no direito de família, o resultado pode ser o reconhecimento ou não do casamento homossexual, em nome da dignidade da pessoa humana; em outros campos, o mesmo princípio pode justificar normativas anti-interceptação ou mesmo o direito de retificação, a anulação de uma demissão, etc.). Sobretudo, o mesmo princípio vago pode ser lido por distintos legisladores, juízes e estudiosos como fundamento de um direito ou como justificação da sua negação: por exemplo, o direito da mulher de escolher a maternidade ou a total proibição do aborto. Jurisprudência e doutrina contribuem, juntamente com a lei, para dar corpo às palavras vagas das Constituições.

Em segundo lugar, no direito constitucional existe, mais que em outros ramos, um formante vazio, constituído pelas disposições (que existem formalmente) inaplicadas ou inaplicáveis, por escolha (ou incapacidade de escolha) dos legisladores. À parte os casos de aplicação direta dos direitos (*Drittwirkung*), muitas disposições constitucionais que preveem a instituição dos órgãos ou a ativação de procedimentos e, até mesmo, dos direitos, são munidas apenas de sanções políticas e, onde prevista, a inconstitucionalidade por omissão não consegue colmatar todas as lacunas. É necessário, então, lidar com a pulsão contínua entre as disposições não implementadas e a veleidade jurisprudencial (ou doutrinária) para concretizá-las. Estas disposições, em alguns casos, são como não existissem. Pense-se em uma Constituição que preveja a instituição de um Tribunal Constitucional, cuja forma de composição deva ser objeto de lei específica, mas o legislador não a adota. Em outros

---

[36] Desde já remetemos a U. MATTEI, P.G. MONATERI, *Introduzione breve al diritto comparato*, Cedam, Padova, 1997, *passim*.

casos, a jurisprudência pode colmatar as lacunas (como ocorre às vezes com alguns direitos sociais).

Em terceiro lugar, frequentemente no direito constitucional a Constituição é totalmente silente e nem mesmo o legislador preocupa-se em preencher com suas regras o formante normativo. Emblemático o caso da eutanásia, disciplinada apenas em poucos países, ao passo que em vários outros são os juízes que dita não só as regras do caso concreto, mas também os princípios (tanto que no campo da bioética frequentemente o direito é de base jurisprudencial também nos ordenamentos de *civil law*). Ou também a sujeição dos juízes ao precedente: mesmo nos sistemas de *civil law* os juízes seguem quase sempre os precedentes judiciais, ainda que nenhuma regra assim determine. Mas como considerar esta "atitude" dos juízes? Que tipo de formante é? Com certeza, não é verbalizado (e deveria ser considerado um criptotipo). Todavia, vive na realidade judiciária e influencia bastante.

Existem formantes que, diferentemente dos acima mencionados, não são expressamente enunciados. "Criptotipos" são aqueles modelos implícitos, presentes nos diversos sistemas jurídicos, que agem de forma persuasiva e penetrante na demonstração e na determinação de questões jurídicas. Ainda que não expressamente enunciados, são percebidos e transmitidos entre as gerações dos juristas; assumem, para o jurista que os utiliza, o caráter de uma coisa óbvia. «Normalmente, um jurista pertencente a um determinado sistema sente maior dificuldade para se liberar do conjunto dos criptotipos presentes no seu sistema do que para abandonar as regras das quais seja plenamente consciente. Esta sujeição aos criptotipos constitui a mentalidade do jurista de um país específico. E a diferença de "mentalidade" representa o principal obstáculo à compreensão entre juristas de proveniência territorial distinta; ela pode ser superada apenas com o exercício da comparação, no plano sistemológico e institucional»[37]. Os criptotipos permeiam o direito em todas as suas dimensões, ainda que algumas leituras do positivismo legislativo tenham reduzido o seu estudo e os relegado ao nível do juridicamente irrelevante. São importantes para a compreensão de um direito interno e, mais

---

[37] R. Sacco, *Introduzione al diritto comparato*, cit., p. 128.

ainda, para a análise comparativa dos ordenamento e dos institutos que os compõem.

A expressão "direito mudo" designa, na feliz terminologia de Sacco, «as regras que existem e são relevantes, mas que o operador não formula (e que, mesmo querendo, não saberia formular)»; regras «que o homem segue sem que tenha plena consciência». O conhecimento tácito representa um campo de análise interdisciplinar que não é relacionado apenas à epistemologia, à psicologia e à economia, mas, obviamente, também, ao direito. Neste existem de igual modo "regras opacas", formas de agir automáticas, como andar de bicicleta ou distinguir um vinho do outro[38].

§ 5. O DIREITO COMPARADO E AS CICATRIZES DA HISTÓRIA (AS FRONTEIRAS): ALÉM DE FINISTERRAE

Como escrito, para infringir o mito da "exclusividade da regra", o direito comparado «constitue une menace pour toute la science juridique» e desempenha uma «fonction subversive»[39].

Existem duas consequências desta função subversiva: encaminhando ao próximo § o tema das relações entre direito comparado e outras ciências, o primeiro refere-se à sua natureza "transfronteiriça", que ultrapassa o direito ocidental. No passado, a comparação podia restringir-se principalmente ao confronto entre *common law* e *civil law*, sendo o resto do mundo (de fato, todo colonizado) indiferente às necessidades práticas dos comércios (e, por conseguinte, da ciência), salvo a exigência, também pragmática, de compreender os direitos indígenas para os harmonizar com o direito dominante[40].

---

[38] Vide R. CATERINA, *Il crittotipo, muto e inattuato*, in L. ANTONIOLLI, G.A. BENACCHIO, R. TONIATTI (eds), *Le nuove frontiere della comparazione*, cit., p. 85, e agora R. SACCO, *Il diritto muto. Neuroscienze, conoscenza tacita, valori condivisi*, il Mulino, Bologna, 2015.

[39] Veja-se H. MUIR WATT, *La fonction subversive du droit comparé*, in *Rev. int. dr. comp.*, n. 3, 2000, p. 503 e ss.; ademais, G.P. FLETCHER, *Comparative Law as a Subversive Discipline*, in *Am. journ. comp. law*, n. 4, 1988.

[40] Sobre a extensão da comparação para além dos confins do constitucionalismo e com foco nas tradições jurídicas, H.P. GLENN, *Legal Traditions of the World: Sustainable Diversity in Law*, 5ª ed., Oxford U.P., Oxford, 2014, trad. it. da 2ª ed. *Tradizioni giuridiche nel mondo*, il Muli-

Isso evoca o tema das analogias e das diferenças. O que se pode comparar? O que é similar ou o que diferente? O dado da comparabilidade, entendida como condição da comparação, nasce da observação das profundas diferenças que podem ser depreendidas entre ordenamentos jurídicos. Naturalmente, as diferenças representam a razão mesma da comparação. Existem, contudo, distâncias entre ordenamentos jurídicos que, se mal ponderadas, poderiam frustrar os objetivos jurídicos da pesquisa.

A doutrina comparatista tem, do mesmo modo, geralmente considerado como uma condição de comparabilidade a homogeneidade entre ordenamentos ou entre institutos pertencentes a ordenamentos diversos. Isso, entretanto, refere-se apenas a um nível de comparação, é dizer, à micro[41]. A etimologia das duas palavras (micro e macrocomparação) já faz intuir a diferença entre os dois tipos de atividade. O que caracteriza a macrocomparação é a exigência de agrupar ordenamentos/sistemas homólogos em classes distintas a partir de suas diferenças. A microcomparação tem como objeto institutos específicos, atos, procedimentos, funções, entes, direitos, poderes, deveres, etc., que operam ou são previstos em dois ou mais ordenamentos jurídicos diversos[42]. O pressuposto para a verificação de analogias e de diferenças é a consciência de que o objeto de estudo pode ser comparado. Por isso, em primeiro lugar, é necessário ter pelo menos um conhecimento superfi-

---

no, Bologna, 2011; M.A. GLENDON, M.W. GORDON, P.G. CAROZZA, *Comparative Legal Traditions*, 3ª ed., West Group, St. Paul, 2008. Cf. também M. GANINO, *Appunti e spunti per una ricerca di diritto costituzionale su Paesi "altri"*, in M. D'AMICO, B. RANDAZZO (eds), *Alle frontiere del diritto costituzionale. Scritti in onore di V. Onida*, Giuffrè, Milano, 2011, p. 817 e ss.; ID., *Ancora in tema di studi di diritto costituzionale su paesi "altri"*, in S. BAGNI, G.A. FIGUEROA MEJÍA, G. PAVANI (eds), *La ciencia del derecho constitucional comparado*, cit., I, p. 263 e ss. Para a abertura da disciplina em direção a outras culturas e tradições jurídicas, v. também a nota 46 neste capítulo.

[41] Veja-se V.C. JACKSON, *Comparative Constitutional Law: Methodologies*, in M. ROSENFELD, A. SAJÓ (eds), *The Oxford Handbook of Comparative Constitutional Law*, Oxford U.P., Oxford, 2012, p. 54 e ss. Sobre diferenças e semelhanças, v., também, R.B. SCHLESINGER, *Past and Future of Comparative Law*", in *Am. journ. comp. law*, n. 43, 1995, p. 477 e ss.

[42] V. L.-J. CONSTANTINESCO, *Introduzione al diritto comparato*, cit.

cial da matéria, idôneo a incitar a atenção do estudioso, mas também suficiente para não o induzir ao erro de comparar coisas não comparáveis.

Em linhas gerais, «tutti i sistemi possono essere comparabili fra loro, a patto di comprenderne, prima che le analogie, le differenze di fondo»[43]. Estas teses pressupõem que qualquer microcomparação aborde, primeiramente, um estudo macrocomparativo sobre a comparabilidade. Isso geralmente não ocorre, dado o esforço e os imensos conhecimentos que requer. O estudo microcomparativo não exclui que a pesquisa possa avançar *além* da forma de Estado ou da família jurídica, ainda que, comumente, em tal caso a sensibilidade do estudioso deva ser maior. De qualquer modo, partindo-se de um conhecimento primordial (que, como dito, permite iniciar a pesquisa com a consciência de comparar coisas comparáveis), uma vez identificadas as origens comuns (linguísticas, estruturais, funcionais), buscar-se-á não só a confirmação das similitudes, mas, sobretudo, das divergências que se registram e das diferenças em seus desenvolvimentos (legislativos, jurisprudenciais, etc.), à luz do contexto global dos ordenamentos nos quais atua o instituto investigado.

O instrumento que remunera cientificamente uma pesquisa comparativa é representado pelo chamado *tertium comparationis* ou modelo de referência do juízo comparativo. Uma vez que a comparação implica uma operação intelectual que, segundo uma lógica determinada, desenvolve a análise de regras ou institutos pertencentes a ordenamentos diversos, faz-se necessário determinar um modelo de referência que funcione como *tertium comparationis* no cotejo entre *comparatum* e *comparandum*. Trata-se, em palavras mais simples, da "ideia" daquilo que une em confronto com a pesquisa daquilo que divide. Com um exemplo: a) temos ideia de que uma Ferrari e uma Ford Escort sejam unidas por características comuns, que fazem de ambos um automóvel; b) mas existem diferenças: de potência, de carroceria, de acessórios, de preço, etc.[44]

---

[43] G. Lombardi, *Premesse al corso di diritto pubblico comparato*, cit., p. 38. Sobre a tutela da identidade, v. A. Somma, *Introduzione al diritto comparato*, cit., p. 71 da 2ª ed.

[44] N. Jansen, *Comparative Law and Comparative Knowledge*, cit., p. 312 e ss.

Como no exemplo dado, o *tertium comparationis* é implícito, fruto de noções comuns ou de pesquisas precedentes que definiram seus contornos; o modelo implícito é objeto de verificação e justamente o resultado de uma pesquisa às vezes leva à mudança de seus aspectos.

«Le pluralisme et le relativisme: tels sont les premiers enseignements qu'un cours de droit comparé doit dispenser» –nos lembra Bénédicte Fauvarque-Cosson[45]. Cientificidade significa verificabilidade (também interna ou, em verdade, da exatidão das operações lógicas) e, portanto, o rechaço a incluir na pesquisa e na análise de dados preconceitos e elementos não neutros, usando como parâmetro de avaliação fatores religiosos, políticos ou extrinsecamente éticos.

Qualquer postura apriorística de uma perspectiva axiológica induz, de fato, a misturar juízos de fato e juízos de valor, incita a omitir o estudo das conotações de valor no uso dos termos utilizados ("democracia", "Constituição", "direitos", "liberdade", "igualdade", "guerra santa", etc.), e não a revelá-las; obsta uma sistematização dos termos de todo discurso jurídico. O *a priori* jusnaturalista, a escolha de campo ideológica, a opção investigativa não corroborada por categoria cientificamente elaboradas conduz ao "choque de civilizações", sobre o qual raciocina Huntington, não através da análise científica, mas através da renúncia consciente ou inconsciente de realizar as pesquisas com método. Tem-se o resultado não só de produzir pesquisas construídas sobre a areia, mas também de dar força a quem usa tais pesquisas para endossar operações de exportações de valores, assim como superestruturas culturais para impor novas ordens globais insensíveis a qualquer história, a qualquer cultura, a qualquer sociedade e a qualquer civilização.

A expansão geopolítica do constitucionalismo –muitas vezes em nível puramente epidérmico– enceta um paralelo crescimento de investigações a seu respeito. Mas a grosseria da conquista frequentemente se une a uma igual superficialidade no enquadramento doutrinário dos fenômenos: o "imperialismo cultural", que nivela em estilos ocidentais categorias de culturas diferentes, paga preços elevados (também nas traduções

---

[45] B. Fauvarque-Cosson, *L'enseignement du droit comparé*, in Rev. int. dr. comp., n. 2, 2002, p. 308.

e nas classificações), como consequência da escassa atenção dirigida às outras culturas[46].

A doutrina comparatista busca dar novas leituras globais aos fenômenos, pesquisando os elementos unificadores. «Comparison becomes the law», diria P. Goodrich[47]. Contudo, as novas teorias partem, muitas vezes, de cima, como o neoconstitucionalismo, e não de uma análise empírica[48]. Em suma, *antes*, vem uma individualização dos elementos irrenunciáveis (dignidade, pessoa, processualismo, direitos humanos, etc.), propostos de forma genuinamente ocidental; *depois*, a sua aplicação aos casos. A "irresistível expansão do constitucionalismo", sinalizada por quase todos estudiosos, é assim também porque a doutrina apoia a ideia da sua superioridade em relação a outras formas de organizações constitucionais (em sentido substancial). Há quem diga que direito constitucional é somente o ocidental. O resultado às vezes é o de usar como parâmetro de confronto não modelos reais (*recte*, extraídos da realidade), mas modelos ideais. A comparação absorve, assim, uma função extrinsecamente ética ao invés de um papel científico, ético intrinsecamente.

Enquanto isso, no Ocidente, com frequência se leem os direitos (em sentido objetivo) "diferentes" com os termos de medida domésticos, ao passo que dentro do nosso direito (ocidental) um uso impreciso de ciências diversas para explicar o direito constitucional representa (muitas vezes) só um hábil atalho para justificar o afastamento das regras (e dos sinais

---

[46] Sobre a existência de uma tradição jurídica ocidental, H.J. BERMAN, *Law and Revolution: The Formation of the Western Legal Tradition*, Harvard U.P., Cambridge, 1983, trad. it. *Diritto e rivoluzione. Le origini della tradizione giuridica occidentale*, il Mulino, Bologna, 1998; J.M. KELLY, *A Short History of the Western Legal Theory*, Clarendon, Oxford, 1992. Sobre constitucionalismo e a sua difusão, v. *infra*, cap. III, seção I.

[47] P. GOODRICH, Interstitium *and non-law*, cit., p. 229.

[48] Para um exemplo de pesquisa "comparatista" desde cima, v. S. CASSESE, *Sulla diffusione nel mondo della giustizia costituzionale. Nuovi paradigmi per la comparazione giuridica*, in S. BAGNI, M. NICOLINI, E. PALICI DI SUNI, L. PEGORARO, A. PROCIDA MIRABELLI DI LAURO, M. SERIO (eds), *Giureconsulti e giudici. L'influsso dei professori sulle sentenze*, 2 vols., Giappichelli, Torino, 2016, I, *Le prassi delle Corti e le teorie degli studiosi*, p. 84 e ss. Sobre neoconstitucionalismo, veja *infra*, cap. III, seção I, § 2.

linguísticos que as enunciam). No estudo de outros sistemas, a sua utilização parece uma modalidade indispensável para descrever e interpretar a fenomenologia jurídica, que não é fornecida, como na forma de Estado liberal-democrática, delimitando-se previamente qual é a esfera do direito e qual a das outras ciências, por meio de institutos como o *rule of law*, o conceito de divisão dos poderes, o reconhecimento dos direitos individuais, etc. Dentro e fora da democracia liberal, impõe-se, por isso, a questão de como se servir de tais ciências. A exatidão da sua utilização pode, de fato, conduzir à afirmação de uma ciência do direito constitucional comparado cujos resultados sejam verificáveis, que seja autônoma (e então afastada das construções teóricas pertinentes a cada ordenamento interno) e tenha características próprias em relação a outras ciências jurídicas e até mesmo a outros setores da comparação jurídica. O objeto do direito constitucional comparado apresenta, na verdade, suas especificidades, que requerem também metodologicamente uma aproximação de disciplinas diferentes e sua utilização de uma forma peculiar, típica somente da comparação juspublicista.

§ 6. *ALÉM DO DIREITO: CIÊNCIAS NÃO JURÍDICAS, CIÊNCIAS JURÍDICAS E O CONHECIMENTO DO DIREITO COMPARADO*

O primeiro ponto a ser enfrentado por um comparatista é como usar de modo instrumental ciências diferentes da jurídica. No direito constitucional comparado, é frequente que a insatisfação com os resultados de uma pesquisa meramente formal induza a usar dados (e métodos) de outras ciências, sem que sejam respeitadas as pré-condições indispensáveis para desenvolver uma investigação jurídica. Os estudos comparatistas tocam, de fato, a filosofia, a linguística, a história, a história das doutrinas políticas, a ciência política, a sociologia, a antropologia, a etnologia, a economia, a geografia, a estatística, às vezes a matemática e, em alguns casos, mas geralmente em razão do objeto, algumas ciências da natureza (além de ciências jurídicas diferentes da comparatista). Em todos estes casos, para o comparatista se trata de estudar matérias que não são suas e que nem sempre possui, estando alerta para o "amadorismo sabichão". Cuida-se do que G. Crespi Reghizzi denomina "áreas incontroláveis"[49], que dizem respeito, em particular, a regras *efetivamente* aplicadas, cujo estudo foi reservado ou atribuído a estudiosos de ciências distintas do direito. Primeiramente, é necessário, porém, indagar: «mas o que é o Direito?». De fato, «le droit n'apporte sur le droit aucun éclairage»[50].

6.1. Linguística, tradutologia, direito

Em primeiro lugar, o direito comparado é forçado a se confrontar com a linguística, já que o objeto de pesquisa são códigos legais diferentes daqueles usados corriqueiramente, dos quais o comparatista deve apoderar-se para poder manejá-los em sua estrutura profunda[51]. As temáticas gerais da linguagem apresentam ulteriores e maiores estímulos[52] aos comparatistas, obrigados a lidar com idiomas diferentes.

---

[49] G. Crespi Reghizzi, *La comparazione giuridica estrema: l'Est europeo, l'Estremo Oriente, l'Africa e l'India*, in L. Antoniolli, G.A. Benacchio, R. Toniatti (eds), *Le nuove frontiere della comparazione*, cit., p. 244.

[50] P. Legendre, *L'Autre Bible de l'Occident: le monument romano-canonique*, Fayard, Paris, 2009, p. 488. Indaga-se «¿Porqué no existe acuerdo sobre la definición del concepto de Derecho?» G. Robles Morchón, *Teoría del derecho. Fundamentos de Teoría comunicacional del Derecho*, I, 2ª ed., Civitas, Madrid, 2006, trad. it. *Teoria del diritto. Fondamenti di Teoria comunicazionale del diritto*, I, Giappichelli, Torino, 2007, p. 1. Não dão respostas convincentes à pergunta –também porque transitam em contextos limitados ao direito ocidental– as teorias institucionalistas de M. Hauriou, *Aux sources du droit: le Pouvoir, l'Ordre et la Liberté*, Bloud & Gay, Paris, 1933 (reimpr. 1986), Paris, 1933, trad. it. (com outros textos) in Id., *Teoria dell'istituzione e della fondazione*, Giuffrè, Milano, 1967, ou de S. Romano, *L'ordinamento giuridico. Studi sul concetto, le fonti e i caratteri del diritto*, Spoerri, Pisa, 1918, reimpr. Sansoni, Firenze, 1962.

[51] Cf., em geral, W.V.O. Quine, *Word and Object*, Mit Press, Cambridge, 1960; N. Chomsky, *New Horizons in the Study of Language and Mind*, 4ª ed., Cambridge U.P., Cambridge, 2002.

[52] Sobre linguagem jurídica, P. Goodrich, *The role of Linguistics in Legal Analysis*, in *Modern L.R.*, n. 47, 1984, p. 523 e ss. Do mesmo autor, cf. também *Legal Discourse: Studies in Linguistics, Rhetoric and Legal Analysis*, Macmillan, London, 1987; D. Kurzon, *"Legal Language": Varieties, Genres, Registers, Discourse*, in *Int. journ. of appl. linguistics*, n. 7, 1997, p. 119 e ss.; V. Grosswald Curran, *Comparative Law and Language*, in M. Reimann, M. Zimmermann (eds), *The Oxford Handbook of Comparative Law*, cit., p. 675 e ss.; H.E.S. Mattila, *Comparative Legal Linguistics*:

A aproximação à linguística leva à demarcação de uma importante linha de limite entre comparatistas e estudiosos dos direitos internos. Uma diferença que é não só quantitativa, imputável à maior dificuldade de gerir os materiais, mas também qualitativa, já que pressupõe também a percepção das diversas implicações que revestem os sinais linguísticos (e a linguagem em geral) em cada comunidade.

Aos problemas comuns ao direito comparado geral e à linguística jurídica associam-se aqueles específicos da esfera do direito constitucional[53]. O tema principal continua sendo o das traduções, nas suas variadas declinações: de traduzibilidade dos termos, do objeto de tradução, de tradução originada do direito e tradução originada da língua, de definições, das chamadas noções superabstratas, de nomes e categorias, de dados extralinguísticos, de homologações[54].

Language of Law, Latin and Modern Lingua Francas, 2ª ed., Routledge, London-New York, 2013; M. NICOLINI, *From Hard-Copy to Digital Law via "Illustrated Courtrooms": Visualising the History of English Legal Language*, in *Pólemos. Journ. of law, literat. and culture*, n. 11, 2017. Sobre "Historical Linguistics: Searching Genetic Relations", v. o § assim intitulado de N. JANSEN, *Comparative Law and Comparative Knowledge*, cit., p. 320 e ss.; U. SCARPELLI, *Contributo alla semantica del linguaggio normativo*, nova ed. organizada por coordenada por A. PINTORE, Giuffrè, Milano, 1985; J. VISCONTI (ed.), *Lingua e diritto. Livelli di analisi*, Lel, Milano, 2010; H.J. BERMAN, *Law and Language: Effective Symbols of Community* (ed. J. WITTE, JR.), Cambridge U.P., Cambridge, 2012.

[53] Entre os constitucionalistas, D. VALADÉS, *La lengua del derecho y el derecho de la lengua*, Unam, México, 2005.

[54] Sobre a tradutologia, em geral e no campo jurídico, v., na imensa literatura, pelo menos E. NIDA, *Toward a Science of Translating*, Brill, Leiden, 1964; J. CUNNISON CATFORD, *A Linguistic Theory of Translation: An Essay in Applied Linguistics*, Oxford U.P., Oxford, 1965; G. TOURY, *Descriptive Translations Studies – and Beyond*, ed. rev., Benjamins, Amsterdam, 2012, além de muitos outros defensores da *"skopos theory"*; U. ECO, *Dire quasi la stessa cosa. Esperienze di traduzione*, Bompiani, Milano, 2004. Para as traduções jurídicas, o n. 28 (4), de *Le cahiers de droit*, 1987, dedicado a "La traduction juridique"; M. MORRIS (ed.), *Translation and the Law*, Benjamins, Amsterdam-Philadelphia, 1995; R. SACCO, verbete *Traduzione giuridica*, in *Dig. priv., Agg.*, Utet, Torino, 2000, p. 722 e ss.; ID., *La traduzione giuridica*, in U. SCARPELLI, P. DI LUCIA (eds), *Il linguaggio del diritto*, Led, Milano, 1994, p. 475 e ss.; F. MEGALE, *Teorie della traduzione giuridica fra diritto comparato e "translation studies"*, Ed. Scientifica, Napoli, 2008; C.-G. GÉMAR (ed.), *Langage du droit et traduction: essais de*

Primeiramente, na esfera do público, as dificuldades de tradução eram de qualquer modo em parte mitigadas pela base comum do constitucionalismo e pela continuidade ideal entre cultura e estruturas linguísticas. O problema principal era representado pelas dinâmicas "verticais" da linguagem, ou seja, a sua transformação no tempo, em cada ordenamento ou também em ordenamentos de origem constitucional parecida. Hoje, não só o Ocidente, sobre as estruturas basilares comuns, continua a experimentar soluções organizativas novas e variadas, na busca de modelos institucionais capazes de sustentar a corrida da economia e da globalização econômica (e isso obriga o comparatista a achar novas fórmulas de tradução). Ademais, confronta-se com realidades jurídico-institucionais contrapostas, que exigem ser estudadas (e traduzidas) em linguagens raramente propensas a absorvê-las (devido ao *gap* cultural e seu consequente rechaço). Finalmente, os sistemas que formalmente adotam a liberal-democracia ocidental, ainda que continuando a se alimentar de criptotipos que sobrevivem, apresentam problemas específicos.

Alguns termos podem ser usados pelo juscomparatista depois que tenham circulado na linguagem comum, através da intermediação das linguagens especializadas; no entanto, a operação é, na maior parte das vezes, raramente científica quando implique conotações de valor que um pesquisador de formação analítica é chamado a revelar. Lembre-se, enfim, em relação ao entrelaçamento de formantes, de que um aspecto de notável impacto linguístico é representado pelo papel dos

---

jurilinguistique – *The Language of the Law and Translation: Essays on Jurilinguistics*, Linguatech, Montréal, 1982; J. Gaakeer, *Iudex Translator: The Reign of Finitude*, in P.G. Monateri (ed.), *Methods of Comparative Law*, cit., p. 252 e ss.; J.B. White, *Justice as Translation: An Essay in Cultural and Legal Criticism*, Un. of Chicago Press, Chicago, 1990.

Sobre a tradutologia e as traduções em âmbito europeu: R.L. Creech, *Law and Language in the European Union, The Paradox of a Babel 'United in Diversity'*, Europa Law, Groningen, 2005; B. Pozzo, V. Jacometti (eds), *Multilingualism and the Harmonisation of European Law*, Kluwer, The Netherlands, 2006; B. Pozzo, M. Timoteo (eds), *Europa e linguaggi giuridici*, Giuffrè, Milano, 2008; E. Ioratti Ferrari, *Interpretazione comparante e multilinguismo europeo*, Cedam, Padova, 2013; sobre a Itália, B. Pozzo, F. Bambi (eds), *L'italiano giuridico che cambia*. *Atti del convegno, Firenze, 1° ottobre 2010*, Accademia della Crusca, Firenze, 2012.

tratados (ou das fontes comuns) no processo *bottom-up* e *top-down* de construção e de aplicação da linguagem em comum que comportam. Neste aspecto, possui particular relevância a linguagem do direito europeu. Neste caso, não se trata de transpor o sentido das palavras de outra língua na própria, mas, em primeiro lugar, de individualizar palavras e enunciados que signifiquem, nos vários idiomas envolvidos, coisas idênticas (o que nem sempre é possível, mudando os contextos linguísticos e extralinguísticos de aplicação); e depois, na fase seguinte, de lhes dar significados homólogos.

Dois exemplos sobre dificuldade de tradução: o primeiro é a palavra eslava *"narod"*, que pode significar tanto "povo", como (às vezes) "nação". Parte das traduções dos artigos de várias Constituições dedicadas a individualizar a matriz da soberania declaram que esta "pertence ao (ou emana do) povo", outras que "pertence à (ou emana da) nação". Todos sabem o quão diferentes são estas duas concepções próprias do constitucionalismo ocidental, e, de tempos em tempos, seria necessário analisar quais tenham sido, na Constituição a ser traduzida, as influências e as consequentes escolhas políticas. Para não dizer que, em outras linguagens e culturas (pense-se em uma parte do direito público africano), ambos os conceitos são desprovidos ou quase desprovidos de raízes culturais, ainda que sejam incluídos, em um sentido ou em outro, nas Constituições dos vários Estados.

O segundo: ao se falar de "direitos", apesar da circulação dos modelos, apenas, ou sobretudo, o constitucionalista europeu tenderá a se ancorar nas teorias amadurecidas a partir do Iluminismo, como também na divisão dos poderes que a acompanha, diferentemente do britânico ou do estadunidense, para não mencionar de ordenamentos mais distantes. Seja qual for o ordenamento de origem, o estudioso do direito interno (ainda que acredite ser um comparatista) extrairá do termo analisado uma explicação ou um enquadramento mais ou menos sensível –mas, de todo modo, sensível– aos estilos do direito do sistema a que pertença. Inelutavelmente, o objeto do seu estudo será condicionado pela forma como foi desenvolvida em seu ordenamento aquela "coisa" que está convencido que seja "direito" e que foi batizada com este apelativo. Dois terços da humanidade baseiam-se em concepções sociais que não deri-

---

3. Pegoraro, 1.

vam dos direitos individuais, mas da comunidade ou do dever interior, ou ainda das visões transcendentes dos indivíduos[55].

6.2. HISTÓRIA DO DIREITO, O DIREITO COMO HISTÓRIA E HISTÓRIA DAS DOUTRINAS POLÍTICAS

Entre as disciplinas históricas que têm como objeto o direito (ou jurídicas que se valham do método histórico), a mais relevante para os estudos comparados é a história do direito. A esta acresce-se, por certos aspectos, a história das doutrinas políticas[56].

A história alimenta transversalmente os estudos comparatistas e o seu uso é por ela imprescindível, em especial a história do direito. «A história do direito é a principal disciplina da qual devemos esperar o verdadeiro e inteligente conhecimento do fenômeno jurídico», que «nos colocou em condição de penetrar na alma dos sistemas normativos de tantos povos, captando a viva realidade de seu desenvolvimento histórico». A sensibilidade pela história do direito pressupõe «a vontade de

---

[55] Cf. L. PEGORARO, *Direito constitucional comparado y uso conotativo dos direitos (e dos adjetivos que o acompanham)*, in *Rev. bras. est. const. – RBEC*, n. 12, 2009, p. 93 e ss., trad. esp. *Derecho Constitucional Comparado y uso connotativo de la palabra "derechos" (y de los adjetivos que la acompañan)*, in *An. iberoamer. der. const.*, n. 14, 2010, p. 347 e ss. e in L. GONZÁLEZ PLACENCIA, J. MORALES SÁNCHEZ (eds), *Derechos Humanos en perspectiva: actualidad y desafíos en el siglo XXI*, 2 vols., Fontamara, México, 2012, I, p. 39 e ss., trad. it. *Diritto costituzionale comparato e uso connotativo di "diritti" (e degli aggettivi che li accompagnano)*, in AA.VV., *Studi in onore di Claudio Rossano*, Jovene, Napoli, 2013, I, p. 421 e ss. (Aa.Vv., também *infra*, cap. VI, seção I, § 1.) P.G. MONATERI, *Voice, Incarnation and the United States Supreme Court*, in *Pólemos. Journ. of law, literat. and culture*, n. 9, 2015, p. 341 e ss., examina as disposições sobre soberania como "voz" do povo.

[56] Inclusive como especialização da história do direito, da história constitucional. Cf. por exemplo: J. VARELA SUANZES-CARPEGNA, *Tres Ensayos sobre Historia Constitucional*, Un. Inca Garcilaso de la Vega, Lima, 2008, p. 57 e ss.; ou, para a história da Constituição alemã, H.W. KOCH, *A Constitutional History of Germany in the Nineteenth and Twentieth Centuries*, Longman, London, 1984; R. WEBER-FAS, *Deutschlands Verfassung: vom Wiener Kongress bis zur Gegenwart*, Bouvier, Bonn, 1997; para a espanhola, através da leitura das Constituições, F. FERNÁNDEZ SEGADO, *Las Constituciones históricas españolas (Un análisis histórico-jurídico)*, 4ª ed., Civitas, Madrid, 1992.

reconstruir os episódios jurídicos», seja «na direção das raízes de inspiração ideal que estão nas suas bases», seja «também na direção das relações com os fatos políticos, sociais, econômicos que, de perto ou de longe, exerceram influências»[57].

Alguns autores costumam distinguir a comparação sincrônica (quando são confrontados ordenamentos próximos no tempo ou contemporâneos, ainda que distantes no espaço) da diacrônica (com a qual se desenvolve uma pesquisa comparativa entre direitos distantes no tempo, mas no âmbito do mesmo ordenamento), e evidencia-se «a natureza comum de comparação [que] liga fortemente a pesquisa comparatista à histórica»[58]. Esta distinção pode ser relacionada àquela entre o direito comparado e a história do direito: objeto de ambas as disciplinas são, de fato, os fenômenos jurídicos; todavia, o historiador propõe desenvolver narrações e descrições de fatos ou eventos singulares no contexto dinâmico dos fluxos gerais (mesmo sem excluir generalizações e classificações), mas não se serve deste conhecimento para realizar confrontos, no que consiste o objetivo da comparação jurídica. Em verdade, o comparatista propõe-se como finalidade instrumental o conhecimento da evolução de um ordenamento ou instituto.

O estudo histórico, por outro lado, é fundamental à análise destinada à comparação, uma vez que só aprofundando as pesquisas na história é possível averiguar as raízes dos institutos e disciplinas, revelar os criptotipos, compreender analogias e diferenças. A história jurídica, em suma, cumpre uma função ancilar em relação ao fim principal da comparação. Em particular, no setor do direito constitucional (sobretudo se aberto a modos não liberal-democráticos de produzir o direito, mas

---

[57] G. BOGNETTI, *Introduzione al diritto costituzionale comparato*, cit., p. 27. Similarmente, G. GORLA, *Diritto comparato*, cit., p. 930. V., ainda, os 17 escritos de F. CALASSO, *Storicità del diritto*, Giuffrè, Milano, 1966, esp. p. 91 e ss., 173 e ss. Monumentais exemplos de história jurídica são as famosas obras de F.W. MAITLAND, *The Constitutional History of England* (1908), Cambridge U.P., Cambridge, 1920, e de F. POLLOCK, F.W. MAITLAND, *The History of English Law before the Time of Edward I*, 2ª ed., 2 vols., Cambridge U.P., Cambridge, 1898. Ademais, para a proposta de um método que usa a exegese conceitual ao lado da observação etnográfica, o clássico H. SUMNER MAINE, *Ancient Law: Its Connection with Early History of Society and its Relation to Modern Ideas*, Murray, London, 1861.

[58] M.G. LOSANO, *I grandi sistemi giuridici*, cit., p. 447 e ss.

ainda dentro da democracia liberal), apenas o estudo histórico pode iluminar a gênese e a evolução dos institutos, permitindo que se evitem mal-entendidos.

Não de modo distinto da história do direito, a história das doutrinas políticas, seja entendida como «a análise do pensamento político de uma determinada série de pensadores cronologicamente concatenados uns aos outros», ou também estudada «na relação em que elas [as doutrinas políticas] se encontrem com um determinado período histórico e uma particular situação econômica, política, moral, social»[59]. Ela permite não apenas revelar o contexto dos quais são geradas e nos quais operam as instituições de cada ordenamento singular, mas também extrair a evolução global do pensamento, justificando as diferentes evoluções, além das analogias e diferenças.

6.3. FILOSOFIA DO DIREITO, TEORIA GERAL DO DIREITO, SOCIOLOGIA E ANTROPOLOGIA JURÍDICA

A filosofia geral criou, em seu seio, a partir do início do século XIX, uma especialização dedicada à filosofia do direito: esta, seja querendo-se considerá-la ciência filosófica ou ciência jurídica, tem, não diferentemente da teoria geral do direito[60], intensas relações com o direito comparado. Desde uma perspectiva prática, os estudos comparatistas são orientados precisamente pelas visões filosóficas que permeiam cada pesquisador. Não nos referimos somente à dicotômica contraposição entre positivismo e jusnaturalismo, mas também a todo o papel atribuído às metodologias, à percepção do direito como ideia, como fato ou como linguagem, à abordagem estruturalista ou funcionalista da pesquisa comparatista, ou mesmo às vezes idealista, e aos vários corolários que decorrem disto[61].

---

[59] E. OPOCHER, *Lezioni di storia delle dottrine politiche*. *Parte generale*, Cedam, Padova, 1963.

[60] Sobre as relações da teoria geral com o direito comparado, v. O. PFERSMANN, *Le droit comparé comme interprétation et comme théorie du droit*, in *Rev. int. dr. comp.*, n. 2, 2001, p. 275 e ss.

[61] Sobre filosofia do direito, G.W.F. HEGEL, *Grundlinien der Philosophie des Rechts oder Naturrecht und Staatswissenschaft im Grundrisse* (1820-21), reimpr. Suhrkamp, Frankfurt a.M., 1970, trad. it. *Lineamenti di filosofia del diritto*. *Diritto naturale e scienza dello Stato in compendio*, Laterza, Roma-Bari, 1991; G. PECES-BARBA MARTÍNEZ, *Introducción a la Fi-*

O direito comparado deve unir-se ao estudo da teoria geral do direito: as duas ciências alimentam-se reciprocamente, já que a pesquisa empírica das soluções permite formular conceitos e classes, certamente não "absolutas" no tempo e no espaço, mas, pelo menos, gerais e duradouras. Por outro lado, tais classes e modelos viabilizam a racionalização do que existe no âmbito científico e cognitivo, prestando-se também a utilizações práticas em sede normativa ou jurisprudencial.

Duas disciplinas que utilizam uma metodologia indutiva e empírica –sociologia do direito e antropologia jurídica– possuem especial relevância para os comparatistas constitucionalistas que ambicionem a não prender suas pesquisas nas fronteiras do mundo homogeneizado plasmado na forma de Estado liberal-democrática. A ciência comparatista deve referir-se a ambas, sobretudo ao realizar classificações ou macrocomparações estendidas a regiões jurídicas heterogêneas. Ademais, a sociologia –assim como a antropologia– apresenta notáveis conexões com a comparação também no plano interno do padrão habitual de referência ou, em verdade, o direito, por assim dizer, evoluído.

Esta influenciou de forma particularmente penetrante os estudos jurídicos, efetivamente orientando importantes correntes e por isso provocando críticas dos defensores do método jurídico: dirigidas não à ciência em si, mas à utilização de metodologias e objetivos estranhos à análise jurídica. A sociologia jurídica, disciplina que tem por objeto as relações recíprocas

---

losofía del Derecho, Debate, Madrid, 1983; M. TROPER, *La philosophie du droit*, Puf, Paris, 2003, trad. it. *Cos'è la filosofia del diritto*, Giuffrè, Milano, 2003; em perspectiva histórica, G. FASSÒ, *Storia della filosofia del diritto*, 3 vols., Laterza, Roma-Bari, 2012, e, mais sinteticamente, M. BARBERIS, *Breve storia della filosofia del diritto*, il Mulino, Bologna, 2004. Distintas visões da filosofia do direito são oferecidas por J. AUSTIN, *Lectures on Jurisprudence: Philosophy of Positive Law*, Holt & Co., New York, 1875; A. Ross, *On Law and Justice*, Stevens & Sons, London, 1958, trad. esp. *Sobre el Derecho y la Justicia*, Eudeba, Buenos Aires, 1970, trad. it. *Diritto e giustizia*, Einaudi, Torino, 1965; H.L.A. HART, *The Concept of Law*, Clarendon, Oxford, 1961, trad. esp. *El concepto de Derecho*, Abeledo Perrot, Buenos Aires, 1963; S. COTTA, *Giustificazione e obbligatorietà delle norme*, Giuffrè, Milano, 1978; N. BOBBIO, *Giusnaturalismo e positivismo giuridico*, Laterza, Roma-Bari, 1963; A. FALZEA, *Introduzione alle scienze giuridiche. Il concetto del diritto*, Giuffrè, Milano, 2008; além de, naturalmente, Kelsen, Scarpelli e outros autores nas várias obras citadas *passim*.

entre direito e sociedade[62], útil para os estudiosos do direito interno e indispensável alimento da política do direito, permite, no ramo do direito comparado, a verificação da aderência dos esquemas jurídicos a dados empiricamente verificáveis. Por isto, funciona para os comparatistas como elemento de reflexão para não basear as investigações jurídicas em preconceitos separados da realidade e, ao mesmo tempo, como fator de verificação dos conhecimentos. Induz a refletir sobre a aplicabilidade das interpretações do direito aceitas em determinados contextos, mas inaplicáveis a outros. Incita, em suma, uma abordagem crítica de toda construção universal do direito, enfatizando o pluralismo expresso pela e *pelas* sociedades[63].

A antropologia jurídica –dedicada ao estudo da cultura jurídica das comunidades humanas–, por sua vez, representa uma perspectiva essencial para compreender os fenômenos da sociedade fundamentados nas concepções não ocidentais do direito. O.W. Holmes observava, no final do século xix, que, quando se estuda o direito, o caminho conduz inelutavelmente à antropologia, e que o direito resolve-se em um grande documento antropológico[64]. A antropologia, por sua própria natureza, não é uma ciência eurocêntrica[65]: desloca as fronteiras da comparação, rejeitando constrangê-la nos confins do Estado li-

---

[62] R. Treves, *Introduzione alla sociologia del diritto*, 2ª ed., Einaudi, Torino, 1977.

[63] Sobre sociologia jurídica, E. Ehrlich, *Grundlegung der Soziologie des Rechts*, Duncker & Humblot, München-Leipzig, 1913, trad. it. *I fondamenti della sociologia del diritto*, Giuffrè, Milano, 1976; sobre relações com a comparação, J. Carbonnier, *L'apport du droit comparé à la sociologie juridique*, in Aa.Vv., *Livre du Centenaire de la Société de législation comparée*, I, *Un siècle de droit comparé en France. Les apports du droit comparé au droit positif français*, Lgdj, Paris, 1969, p. 78 e ss.

[64] O.W. Holmes, *Law in Science and Science in Law*, in *Harvard L.R.*, n. 12, 1899, p. 443. Sobre antropologia jurídica, R. Sacco, *Antropologia giuridica. Contributo a una macrostoria del diritto*, il Mulino, Bologna, 2007. Para um exemplo de análise antropológica do direito, v. L. Favali, R. Pateman, *Blood, Land, and Sex: Legal and Political Pluralism in Eritrea*, Indiana U.P., Bloomington, 2003, trad. it. *Sangue, terra e sesso: Pluralismo giuridico e politico in Eritrea*, Giuffrè, Milano, 2007.

[65] V., por exemplo, L. Mair, *An Introduction to Social Anthropology*, Oxford U.P., 1965, trad. it. *Introduzione all'antropologia sociale*, Feltrinelli, Milano, 1970, p. 5 e ss.

beral-democrático ou da visão ocidental do direito. Útil tanto aos civilistas como aos constitucionalistas, a antropologia serve também para estudar o pluralismo interno de cada ordenamento, alimentado pela presença de grupos minoritários não integrados e claramente evidenciados pelos fluxos migratórios das últimas décadas.

6.4. CIÊNCIA POLÍTICA E DIREITO COMPARADO: ENTRE SEIN E SOLLEN

A ciência política não tem como objeto de estudo as normas, mas, em verdade, os fenômenos que as inspiram ou os resultados que elas determinam. Ciência do *sein* (ser), e não do *sollen* (dever ser), a ciência política utiliza predominantemente o método empírico; não põe no centro da sua especulação as prescrições normativas e a linguagem na qual são formuladas, e se interessa apenas em parte pela relação entre elas e a sua concreta realização, com vantagem deste segundo elemento. Existem, contudo, áreas de sobreposição, que às vezes dão vida a inquietantes hibridismos, mesmo quando é evidente a intenção de escrever obras de direito comparado[66]. Isto é verificado especificamente nos estudos de direito constitucional comparado que têm como objeto as formas de governo. Quando estudadas, analisadas e classificadas, pode ser criada uma certa confusão ao se usar, conjuntamente, as classes prescritivas do direito constitucional e os modelos politológicos extraídos do funcionamento dos sistemas políticos. O risco é

[66] Cf., por exemplo, para os Estados Unidos, entre os precursores, J.W. BURGESS, *Political Science and Comparative Constitutional Law*, Ginn & Co., Boston-London, 1891, trad. esp. *Ciencia política y Derecho constitucional comparado*, La España moderna, Madrid, 1893, reimpr. Hein, Buffalo, 2000; para a França, M. DUVERGER, *Institutions politiques et droit constitutionnel*, 11ª ed., Puf, Paris, 1970 (e P. BASTID, *Cours de droit constitutionnel comparé*, Les Cours de droit, Paris, 1957); para o Reino Unido, M. LOUGHLIN, *Public Law and Political Theory*, Oxford U.P., Oxford, 1992, e C. HARLOW, R. RAWLINGS, *Law and Administration*, 2ª ed., Butterworths, London, 1977. Um sintoma da hibridização é o *Prefácio* de J. BARTHÉLÉMY na 6ª ed. (del 1914) do célebre volume de A. ESMEIN, *Elements de droit constitutionnel français et comparé*, agora reimpressa (com *avant-propos* de D. CHAGNOLLAUD), Ed. Panthéon Assas, Paris, 2001: «il a pris sans retard sa place définitive parmi les quelques livres que tous ceux qui s'intéressent à la science politique doivent toujours avoir à portée de main».

bidirecional, ainda que mais raramente os politólogos sejam atraídos pelas sereias das codificações e da jurisprudência no momento em que analisam, empiricamente e indutivamente, a realidade social. Em muitos ordenamentos didáticos, por outro lado, o ensinamento é conjunto, assim como em muitos manuais há títulos mistos.

Na vertente dos constitucionalistas, quem acentua o verbo da Constituição corre o concreto perigo de descrever algo que está só sobre o papel, pois, na realidade, algumas disposições ficam desaplicadas, alguns fenômenos assumem uma relevância despropositada em relação à intenção do constituinte e ao texto, a jurisprudência reformula o significado de palavras e enunciados, as convenções mudam as relações entre poderes e órgãos, instauram-se regras não escritas e cogentes que não se limitam a interpretar a Constituição, mas também a integrá-la e modificá-la. Quem, de outro modo, considera os problemas de linguagem «elegâncias supérfluas e talvez nocivas», e, por isso, apoia-se apenas ou predominantemente na descrição fotográfica da realidade, desinteressando-se (ou quase se desinteressando) pelo dado textual e pelo fato de que também as palavras das Constituições e das leis, por serem vagas e adaptáveis, contornadas por aspectos cinzentos, exprimem áreas de significado consagrado pelo uso, contribui para enfraquecer o papel mesmo do direito, reduzindo a ciência comparatista e, assim, a constitucionalista, a critério ordenador das experiências, e a Constituição (formal) a pedaço de papel suscetível de qualquer derrogação ou violação. Incita até mesmo o declínio da eticidade do direito, não como portador deste ou daquele valor, desta ou daquela ideologia ou visão do mundo, mas exatamente enquanto direito, chamado a regular o comportamento dos homens e não a ser regulado pelo arbítrio de quem lhe é submetido (U. Scarpelli). Em qualquer caso, no tocante ao tema que nos interessa, desvaloriza a ciência jurídica, reconduzindo-a a disciplinas diversas, como a história, a sociologia, ou, enfim, a ciência política.

Esta consideração necessita, por outro lado, de uma contextualização no caso de formas de produção jurídica alheias ao esquema liberal-democrático, ancoradas em diversos critérios de legitimação. Ao se estudar a organização (jurídica) do poder em ordenamentos distintos daqueles de referência habitual, deve-se prestar atenção especial ao entrelaçamento entre os signos das Constituições e das leis e aqueles comportamentos «che abbiano valore di segni, o siano accompagnati da segni esprimenti l'assunzione della regolarità a regola direttiva della condotta»[67], os quais exprimem regras diferentes daquelas codificadas. Pense-se em práticas que caracterizam, por exemplo, o direito público chinês nas relações entre entes e órgãos, mas também no direito socialista, que só pode ser estudado com base na sua efetividade e não limitando a análise ao dado textual. Por outro lado, onde se afirma o império da Constituição e das regras derivadas, a ciência política é manejada com cautela e apenas subsidiariamente para denunciar a diferença, onde exista, entre *law in the books* e realidade efetiva do ordenamento. Também por isso –repita-se– a relação com a ciência política caracteriza (quase) só os estudos comparatistas de natureza juspublicista e ainda menos (ou nada) os dos privatistas.

6.5. CIÊNCIAS SOCIAIS A SERVIÇO DA COMPARAÇÃO: ECONOMIA, ESTATÍSTICA, GEOGRAFIA, PSICOLOGIA

Entre as ciências sociais que por vezes tangenciam o direito constitucional comparado, incluem-se também a economia, a estatística, a psicologia, às quais se acrescenta a geografia.

Quaisquer que sejam as convicções de alguém sobre as relações entre economia e direito, os estudos econômicos revelam-se de interesse para os comparatistas constitucionalistas, na via de investigações macro, de forma não menos importante que os estudos históricos, antropológicos, sociológicos (a fim de enquadrar em molduras mais amplas as classificações dos ordenamentos, os elementos determinantes, as transições), mas também em alguns casos, para pesquisas mais circunscritas, quando como por objeto existam normativas e *policies* condicionadas diretamente por fatores econômicos. Hoje mesmo, seguindo a experiência de alguns países emergentes, propõem-se classificações jurídicas fincadas em valores econômicos, como as que individualizam, nos estreitos parentescos econômicos entre Brasil, Rússia, Índia, China e África do

---

[67] Para as citações, cf. U. SCARPELLI, verbete *Metodo giuridico*, cit., *passim*.

Sul (os chamados Brics), uma classe que mereça consideração autônoma[68].

Prescindindo da utilização dos dados econômicos nas pesquisas jurídicas e fora do caso de específicos estudos dedicados ao direito da economia, a análise econômica do direito configura-se, por sua vez, como disciplina autônoma nas universidades americanas e, também na Europa, são cada vez mais numerosos os seus conhecedores. Esta disciplina propõe-se objetivos e vale-se de critérios diferentes daqueles empregados pelos juristas (baseando-se na verificabilidade e no rendimento dos resultados, o que não pertence aos enunciados deônticos e, apenas em parte, à ciência jurídica geral), razões pelas quais os seus conhecedores não deveriam ser enumerados entre os juristas[69].

No direito constitucional comparado, o emprego da estatística, ainda que não limitado, não é frequente em relação a alguns setores de investigação. Na reconstrução de esquemas e modelos, a parte descritiva de muitas pesquisas deve, de fato, contar com os dados verificáveis através de métodos estatísticos. Sob a condição de conhecer as suas bases, o uso da estatística é útil sobretudo no estudo do direito eleitoral (comparado), mas também do procedimento legislativo ou dos institutos de democracia direta. Presta-se, outrossim, às investigações relativas ao discurso jurídico dos legisladores e das Cortes, às pesquisas de direito administrativo comparado em matéria de serviços, de funções, de estruturas, e a muitos outros setores[70].

[68] Sobre os Brics, cf. desde uma perspectiva econômica, C.N. MCNALLY, *How Emerging Forms of Capitalism Are Changing the Global Economic Order*, in Asia Pacific Issues, n. 107, 2013, p. 1 e ss., e, em ótica jurídica, L. SCAFFARDI (ed.), *BRICS: Paesi emergenti nel prisma del diritto comparato*, Giappichelli, Torino, 2012; ID., *The Brics Group in the Spotlight: An Interdisciplinary Approach*, Esi, Napoli, 2015.

[69] V., sobre o tema, R.A. POSNER, *Economic Analysis of Law*, Little & Brown, Boston, Toronto, 1972; W.Z. HIRSCH, *Law and Economics: An Introductory Analysis*, Academic Press, New York et al., 1979; D.D. FRIEDMAN, *Laws' Order: What Economy Has to Do with Law and why It Matters*, Princeton U.P., Princeton, 2000, trad. it. *L'ordine del diritto. Perché l'analisi economica può servire al diritto*, il Mulino, Bologna, 2004. Em abordagem comparada, G. DE GEEST, R. VAN DEN BERGH (eds), *Comparative Law and Economics*, Elgar, Cheltenham-Northampton, 2004.

[70] Sobre a análise quantitativa do direito, v. o *Ann. dir. comp. st. leg. 2012*, intitulado "Misurare il diritto".

O tema das relações entre geografia e direito –frequentemente ignorado na doutrina ou, no mínimo, não aprofundado– incita interessantes ideias em relação à circulação de modelos e formantes. Já Montesquieu tinha enfatizado os vínculos entre geografia, clima e produção normativa, e é de todo evidente que a conformação do território influencia tanto no direito internacional quanto no interno: por ex., orografia e hidrografia deixam indícios importantes tanto sobre a evolução da linguagem quanto sobre os costumes. Conexa à delimitação geográfica, existe uma cultural, que se liga às técnicas de comparação. As relações entre geografia e comparação jurídica constitucionalista apresentam aspectos muito peculiares, que apenas em parte se sobrepõem a aqueles que caracterizam as matérias de direito interno e que nem sequer coincidem por completo com as dos privatistas[71]. Calha ressaltar também as conexões entre geografia e antropologia (como também os seus reflexos sobre a repartição territorial –em nível regional e local– e sobre variações territoriais).

A referência à psicologia na comparação jurídica não é frequente: não obstante, o direito comparado também pode valer-se da contribuição desta ciência em relação a algumas temáticas e filões de pesquisa. A psicologia pode revelar-se útil (com muita cautela) para explicar em perspectiva microcomparativa, por exemplo, alguns processos de validação ou justificação das decisões políticas ou das judiciárias no âmbito dos estudos sobre os discursos dos Tribunais e dos legisladores e, em geral, da argumentação[72]. Estudos que, contudo, estão

---

[71] Sobre geopolítica, P.G. MONATERI, *Geopolitica del diritto. Genesi, governo e dissoluzione dei corpi politici*, Laterza, Roma-Bari, 2013; M. LOSANO, *La geopolitica del Novecento. Dai Grandi Spazi delle dittature alla decolonizzazione*, Mondadori, Milano, 2011.

[72] V. CH. PERELMAN, L. OLBRECHTS-TYTECA, *La nouvelle rhétorique. Traité de l'argumentation*, 5ª ed., Puf, Paris, 1958, trad. esp. *Tratado de la argumentación: la nueva retórica*, Gredos, Madrid, 1989, trad. ingl. *The New Rhetoric: A Treatise on Argumentation* (organizado por J. WILKINSON, P. WEAVER), Un. of Notre Dame Press, Notre Dame, 1969; CH. PERELMAN, P. FORIERS (eds), *La motivation des décisions de justice: études*, Bruylant, Bruxelles, 1978. Entre os estudos de linguistas que se dedicam ao discurso político ou jurídico, v. D.R. MILLER, N. VASTA (eds), *Il discorso persuasivo*, Cedam, Padova, 1996; ID., *La costruzione linguistica della comunicazione politica*, Cedam, Padova, 1997; M.M. MECHEL, N. VASTA, C. CHIARUTTINI LEGGERI (eds), *Rappresentazioni dell'identità: la dimensione linguistica del conflitto*, Cedam, Padova, 1998.

ao lado da verdadeira pesquisa jurídica, ainda que iluminem as razões (ou pelo menos algumas razões) das escolhas realizadas e, de vez em quando, das confirmações ou mudanças de rota, seja em nível individual ou colegiado. Bem mais relevante aparece a ajuda da psicologia em relação a fenômenos como a propaganda política ou em campos de limite com o direito constitucional, como o consumo ou a marginalidade. Se os conhecimentos da psicologia revelam-se essenciais na disciplina normativa destes setores, como também na solução dos casos concretos, igualmente o são no âmbito da reconstrução científica e da elaboração teórica.

§ 7. CLASSIFICAÇÕES, ELEMENTOS PERTINENTES E ELEMENTOS DETERMINANTES

Por que classificar?

«Quanto à infinita variedade da experiência, que se desenvolve por processos e entes individualizados e irrepetíveis, a capacidade humana de abstrair, ao criar conceitos e classes lógicas nas quais podem figurar processos e entes considerados da mesma natureza, constitui, a um só tempo, uma grande possibilidade e um enorme perigo. É por esta via, e somente por esta via, que os seres humanos colocam ordem no seu mundo, distinguindo ou estabelecendo, entre processos e entes designados com o mesmo nome e identificados pelo mesmo conceito, relações empíricas ou normativas e valorativas, como são as relações de igualdade. Pensar, falar por conceitos e normas gerais é capturar a experiência mediante uma rede, na qual cada malha captura aquilo que a sua dimensão permite, ao passo que todo o resto flui. Podemos modificar a rede, fazer malhas menores ou maiores, mas não podemos passar com a razão [...] por debaixo da rede. Por debaixo da rede passam apenas a intuição sensível e o amor. Amar consiste essencialmente em encontrar a individualidade do amado na sua irrepetibilidade: o homem que ama uma mulher, ou vice-versa, não tem mais perante si uma mulher, ou vice-versa, mas algo único que excede qualquer categorização conceitual»[73].

[73] U. SCARPELLI, *Classi logiche e discriminazioni fra i sessi*, in *Lavoro e dir.*, n. 4, 1988, p. 615 e ss.

A utilidade das classificações reside no seu potencial analítico: elas aumentam a compreensão dos fenômenos complexos, simplificando os dados do mundo real mediante esquemas conceituais que dão vida a modelos gerais e abstratos. As classificações efetivamente significativas são aquelas que permitem propor-se hipóteses, em relação às classes introduzidas, mais interessantes e gerais que aquelas referidas a cada objeto tomado separadamente, oferecendo o máximo de informações com o mínimo de esforço cognitivo possível[74].

Os mesmos objetos observados podem ser classificados com grelhas de diferentes espessuras. Maquiavel, por exemplo, afirmava que as organizações políticas eram Principados ou Repúblicas; Aristóteles individualizava três formas puras e três distorcidas. Hoje, na doutrina constitucionalista, reconhece-se a tendência a dividir o mundo em duas classes: a democracia (os bons) e todos os outros (os maus). É evidente que o simplismo classificatório não ajuda a compreender a realidade. É como dividir as cores em duas categorias: as claras e as escuras. Doutra banda, tampouco servem as classificações muito detalhadas. Nenhuma gota é igual à outra, nem nenhuma folha. Ao insistir-se muito nas diferenças, não se faz classificação alguma, ao descrever-se cada objeto de investigação de forma sequenciada, perde-se a oportunidade de racionalizar a experiência. O arco-íris é um bom exemplo de classificação (trazido da verificação empírica): reduz a infinita variedade de cores a sete: nem muito, nem muito pouco, ainda que cada cor dissipe-se na outra.

Segundo a lógica tradicional, «uma boa classificação apresenta duas propriedades do ponto de vista lógico. As categorias identificadas devem, sobretudo, ser reciprocamente excludentes, ou seja, deve ser possível proceder à classificação do

---

[74] Sobre classificações, E. Rosch, B.B. Lloyd (eds), *Cognition and Categorization*, Lawrence Erlbaum Associates, Hillsdale, 1978; A. Marradi, *Classificazioni, tipologie, tassonomie*, in *Enc. sc. soc.*, II, Treccani, Roma, 1992, p. 22 e ss.; sobre as jurídicas, Ch. Eisenmann, *Quelques problèmes de méthodologie des définitions et des classifications en science juridique*, in *Arch. phil. dr.*, n. 11, 1966; M. Troper, *Les classifications en droit constitutionnel*, in *Rev. dr. publ. sc. pol.*, n. 4, 1989, p. 925 e ss., trad. it. *Le classificazioni nel diritto costituzionale*, in Id., *Per una teoria giuridica dello Stato*, Guida, Napoli, 1998, p. 233 e ss.

conjunto dos objetos de modo que nenhum elemento seja enquadrado simultaneamente em várias categorias [...]. As categorias precisam, ademais, ser exaustivas, no sentido de não deixar nenhum objeto classificável de fora [...]». Enquanto estas duas primeiras propriedades são objetivas, uma terceira –a pertinência– é subjetiva e depende das finalidades da pesquisa comparativa[75]. Para classificar, é necessário servir-se de elementos pertinentes subjetivos, mas importantes, de agregação. Não teria sentido classificar os ordenamentos jurídicos com base na cor predominante da pele dos habitantes ou os sistemas de justiça constitucional com fulcro na altura média dos juízes.

O conceito não é o mesmo que aqueles que L.J. Constantinesco denomina "elementos determinantes"[76]. Segundo este autor, um ordenamento é determinado pela soma das normas, dos princípios, dos conceitos jurídicos e dos institutos que regulam as relações de um grupo social. Os componentes do ordenamento são como células de um organismo; são as "partículas jurídicas elementares" que normalmente os juristas consideram como unidade de igual valor. Para conhecer um ordenamento não é suficiente somar o conhecimento, por minucioso que seja, das partículas singulares que o compõem; deve-se compreender o papel e a posição que algumas destas partículas possuem no interior do ordenamento. De fato, as partículas jurídicas elementares são articuladas em uma ordem que não é igualitária e horizontal, mas hierárquica e vertical. Tal ordem tem a sua matriz no sistema de valores que está na base do ordenamento jurídico e que se reflete mais comumente naquelas que, em razão disto, compõem a estrutura fundamental do ordenamento, a sua estrutura genética, isto é, aquela parte que dita os traços de identidade (a "ideologia" e a doutrina, a concepção e o papel do direito, a ideia dominante relativa às funções do Estado, etc.)[77]. Ao redor deles existem

---

[75] G. Tusseau, verbete *Classificazioni*, in L. Pegoraro (ed.), *Glossario di Diritto pubblico comparato*, cit., p. 29 e ss.

[76] A teoria dos elementos determinantes é de J.-L. Constantinesco, *Einführung in die Rechtsvergleichung*, I, *Rechtsvergleichung*, cit., e Id., *Die rechtsvergleichende Methode*, II, *Rechtsvergleichung*, Heymanns, Köln, 1972, trad. it. *Il metodo comparativo* (organizada por A. Procida Mirabelli di Lauro), Giappichelli, Torino, 2000.

[77] *Infra*, cap. II, seção I, § 1.

todos os outros componentes do ordenamento, uma multidão de partículas que o autor denomina "elementos fungíveis".

Todos estes elementos devem integrar-se entre si e a ausência de um só faz ruir a classificação através da qual se pode perceber a verdadeira natureza dos ordenamentos jurídicos. Esta teoria, se aplicada ao direito constitucional, pode conduzir-nos a dizer, por exemplo, que, considerando que na China liberalismo econômico e liberalismo político são dissociados, a China não pertence à classe dos ordenamentos socialistas e está inserida em uma nova classe própria.

A pesquisa de um ou mais elementos (pertinentes ou "determinantes") para fazer classificações rígidas nem sempre dá os resultados esperados. A *fuzzy sets theory*, elaborada pelo matemático Lofti Asker Zadeh em 1965 e conhecida também como "teoria dos conjuntos desfocados", baseia-se em classes com contornos vagos e na ideia de que os objetos pertencem a classes apenas em certa medida, matizando o resultado dicotômico perseguido pelas teorias clássicas: usando estas últimas, na tentativa de conseguir a precisão, pode-se perder de vista o significado. «Os conjuntos *fuzzy* concebem o posicionamento incerto, ampliando o paradigma do pertencimento mediante a noção de "grau de pertencimento", nos casos em que o tradicional estudo dos conjuntos, por outro lado, estabelece um nível exato que determina se um objeto pode ou não pertencer a uma classe»[78].

Um primeiro método, tradicional, que se pode usar para classificar é um "recorte conceitual", quando se presume que um objeto possa mover-se ao longo de uma escala de generalidade articulada em modo sempre mais estreito, respeitando os critérios de exaustividade e exclusividade. Um exemplo é re-

---

[78] S. BALDIN, *Riflessioni sull'uso consapevole della logica* fuzzy *nelle classificazioni fra epistemologia del diritto comparato e interdisciplinarietà*, in *Rev. gen. der. públ. comp.*, n. 10, 2012, que faz referência a A. SANGALLI, *L'importanza di essere* fuzzy. *Matematica e computer*, Bollati Boringhieri, Torino, 2000, p. 23; ID., *The Fuzzy Logic and the Fuzzy Approach: A Comparative Law Perspective*, in S. BAGNI, G.A. FIGUEROA MEJÍA, G. PAVANI (eds), *La ciencia del derecho constitucional comparado*, cit., I, p. 128 e ss. Sobre *fuzzy sets theory* v. também E. ROSCH, *Principles of Categorization*, in B. AARTS ET AL. (eds), *Fuzzy Grammar: A Reader*, Oxford U.P., Oxford, 2004, p. 91 e ss.

presentado, na zoologia, pelo gênero à espécie, ou pela reclassificação das cores atribuídas à classe verde em "verde ervilha", "verde oliva", "verde esmeralda", etc. O conjunto dos atributos que definem as qualidades necessárias para pertencer a uma classe é denominado "intensão", e a classificação em tais casos é definida "intensional"[79]. A sua vantagem consiste na simplicidade e na clareza das classes criadas, às quais podem ser facilmente e inequivocamente destinados novos elementos[80].

Um segundo método, mais inovador, consiste no agrupamento indutivo de objetos pertencentes a um conjunto em subconjuntos homogêneos em relação a algumas de suas propriedades. O objetivo é o de maximizar a sua semelhança, ao mesmo tempo que se enfatiza a diversidade no tocante às outras classes. As classificações assim produzidas denominam-se "extensionais". As vantagens das classificações "extensionais" são que as classes são mais fiéis à realidade empiricamente observável, contêm um elevado número de informações e apresentam menores riscos de exclusões arbitrárias, enquanto os limites entre as respectivas classes não são rígidos[81].

§ 8. MODELOS E SUAS DINÂMICAS

O produto da classificação como síntese da complexidade através de categorias lógicas é o estudo dos modelos (a "modelística"). Um modelo pode ser compreendido como *Rechtstypus* (tipo jurídico), isto é, individualizado por meio da comparação, e, então, porta consigo as características comuns a vários ordenamentos; ou como *Rechtsideal* (tipo ideal ou ideal jurídico), é dizer, aquele modelo que responde aos arquétipos ideais, a "aquilo que deve ser"[82].

---

[79] A. MARRADI, *Classificazioni, tipologie, tassonomie*, cit., p. 22 e ss.

[80] T. BRENNAN, *Classification: An Overview of Selected Methodological Issues*, in *Crime and Justice*, n. 9, 1987, p. 215.

[81] R. NEEDHAM, *Polythetic Classification: Convergence and Consequences*, in *Man*, n. 3, 1975, p. 356. Ver, também, C. PIGNATO, verbete *Classificazioni politetiche*, in U. FABIETTI, F. REMOTTI (eds), *Dizionario di antropologia*, Zanichelli, Bologna, 1997, p. 172.

[82] Sobre os modelos: E. DI ROBILANT, *Modelli nella filosofia del diritto*, il Mulino, Bologna, 1968; D. HELD, *Models of Democracy*, Cambridge U.P., Cambridge, 1987; A. LIJPHART, *Patterns of Democracy, Government*

A partir dos anos 60, na linguagem dos juristas e, sobretudo, dos filósofos do direito, foi-se difundindo o recurso ao termo "modelo", utilizado em referência a diversos objetos e diversas esferas da pesquisa jurídica (modelos de direito, modelos de ordenamento, modelos da norma, etc.). O termo "modelo", também em relação ao seu uso que se pode fazer na linguagem comum, evoca por si só a ideia de uma classificação, de uma síntese da complexidade por meio de categorias lógicas; isso, em outras palavras, revela por si só um estreito liame com os problemas ligados aos procedimentos da pesquisa e não menos com aqueles próprios da pesquisa jurídica comparada. O uso do termo "modelo" é entendido no sentido de representação sintética dos fenômenos da realidade político-constitucional, combinada com a ideia de "forma exemplar" e, por isso, a ser imitada (mesmo que existam modelos "negativos", como a Alemanha do III *Reich*).

O estudo dos modelos assume especial relevância em relação à sua dinâmica[83]. Há quem afirme que «the transplanting of legal rules is socially easy»[84]. Outros, ao contrário, negam

---

Forms and Performance in Thirty-Six Countries, 2ª ed., Yale U.P., New Haven-London, 2012.

[83] Sobre a dinâmica dos modelos: E. AGOSTINI, *La circulation des modèles juridiques*, in Rev. int. dr. comp., n. 3, 1990, p. 461 e ss.; E. ÖRÜCÜ, *Law as Transposition*, in Int. comp. law quart., n. 51, 2002, p. 51 e ss.; o "Symposium: Constitutional Borrowing", in *Int. journ. const. law*, n. 1, 2003, p. 177 e ss.; S. CHOUDHRY (ed.), *The Migration of Constitutional Ideas*, Cambridge U.P., New York, 2006; R. TONIATTI, *La circolazione del diritto costituzionale: note sul metodo comparato*, in Rass. dir. pubbl. eur., n. 2, 2012, p. 115 e ss.; M. CARDUCCI, *I "flussi giuridici" tra complessità transdisciplinare e geopolitica*, in Rev. gen. der. públ. comp., n. 14, 2014, p. 1 e ss.; ID., *Euristica dei "flussi giuridici" e comparazione costituzionale*, in Ann. dir. comp. st. leg. 2013, p. 337 e ss.; L. PEGORARO, *Estudio introductorio. Trasplantes, injertos, diálogos. Jurisprudencia y doctrina frente a los retos del derecho comparado*, in E. FERRER MAC-GREGOR, A. HERRERA GARCÍA (eds), *Diálogo jurisprudencial en Derechos Humanos entre Tribunales Constitucionales y Cortes Internacionales*, Tirant Lo Blanch México, México, 2013, p. 33 e ss.

[84] A. WATSON, *Legal Transplants: An Approach to Comparative Law*, Scottish Academic Press, Edimburgh, 1974, 2ª ed., Un. of Georgia Press, Athens, 1993, trad. it. *Il trapianto di norme giuridiche*, Esi, Napoli, 1984, p. 95 da ed. de 1974; v., também, ID., *The Making of the Civil Law*, Harvard U.P., Cambridge, 1981.

totalmente (refutando pressupostos positivistas) a possibilidade de transplantes, devido, sobretudo, ao papel dissuasivo da cultura, que –diversamente das normas– não pode ser transplantada: em contextos diversos qualquer lei será sempre uma lei diferente[85].

Frequente no que concerne aos transplantes é a metáfora do jardim, que D.E. Cooper resume assim: «a feature which, in one garden, is relevant to a certain appreciation may, in another garden, either be irrelevant, or relevant to a very different appreciation»[86]. Especialmente atentos a tais implicações deveriam ser os constitucionalistas, chamados a avaliar a qualidade do terreno onde ocorrem os transplantes (em termos de cultura jurídica e também de cultura). No direito constitucional comparado, a existência de modelos que se configuram como formas exemplares postula por si só a circulação dos modelos mesmos: as, assim chamadas, Constituições modelos são consideradas como tais porque amplamente imitadas.

A circulação-imitação dos modelos jurídicos pode ser consequência da imigração de um povo a um outro território (transplante), de uma conquista (imposição), de uma ação voluntária (recepção). No direito constitucional, a forma de transplante é hoje amplamente regressiva. Frequentemente, contudo, fala-se genericamente de transplantes para indicar qualquer modalidade de circulação; como lembra Chen Lei, muitas vezes se usam termos como (em inglês): *"transposition"*, *"borrowing"*, *"migration"*, e até mesmo *"legal tourism"*, assim como *"cross fertilization"*[87].

No seu significado mais estrito, um transplante pressupõe primeiramente um "explante". Em nível macro, quase nunca, em nossos dias, verificam-se grandes migrações de povos a outros territórios de modo a acarretar o cancelamento de todo o direito preexistente; muito menos uma migração que tenha

---

[85] P. LEGRAND, *The Impossibility of Legal Transplants*, in *Maastricht journ. eur. and comp. law*, n. 4, 1997, p. 111 e ss., e in *Ankara L.R.*, n. 2, 2007, p. 177 e ss. De P. LEGRAND, cf., ademais, *Le droit comparé*, Puf, Paris, 1999 (3ª ed. mise à jour, 2009).

[86] D.E. COOPER, *A Philosophy of Gardens*, Clarendon, Oxford, 2006, p. 57.

[87] C. LEI, *Contextualizing Legal Transplant: China and Hong Kong*, in P.G. MONATERI (ed.), *Methods of Comparative Law*, cit., p. 192.

como consequência a sobreposição de uma organização constitucional inteira em uma outra (ainda que sejam difundidos fenômenos de anulação de culturas jurídicas autóctones na sequência de colonizações econômicas e culturais em vastas áreas do planeta, ou mesmo em nível estatal). O transplante pode dar-se, porém, em nível micro, em relação a institutos singulares ou valores ou princípios, como no caso de uma particular visão da igualdade entre homem e mulher dentro de uma comunidade de migrantes, que levam o seu direito, reconhecido e admitido como "estatuto pessoal" da comunidade mesma, nos limites do quanto isso pode ser tolerado pelo direito constitucional do país de destino. É –o tema do conflito entre valores constitucionais e entre direitos individuais e direitos comunitários– um dos temas mais delicados do moderno constitucionalismo.

O caso que de forma natural traz à memória a imitação por imposição é a difusão dos modelos jurídicos europeus nas colônias (ainda que a descolonização tenha aberto recorrentemente o caminho para fenômenos de aplicação generalizada de modelos jurídicos europeus por assimilação voluntária por parte dos governos locais, uma vez independentes: por ex., a experiência ibero-americana). Pense-se também no modelo que, *ratione imperii*, começa a circular após a Segunda Guerra entre os países europeus comunistas: o chamado modelo normativo soviético, consolidado em trinta anos de experiência[88].

Mas também são importantes as recepções voluntárias, que compreenderiam todas as formas de circulação residuais. Neste plano, manifestam-se na experiência: imitações legais, quando o legislador imita diretamente o modelo produzido por outro legislador (exemplo típico é a frequente imitação das codificações francesas e alemães); imitações doutrinárias, as quais ocorrem em nível tipicamente teórico. Enfim, as imitações judiciais, diretas ou por meio de intermediários (como as jurisdições supranacionais ou sobretudo a doutrina)[89]. Na imitação de institutos constitucionais, algumas vezes prevaleceria o prestígio do modelo; em outras, ao invés, a eficácia do modelo em relação aos fins perseguidos. Às vezes, os dois

---

[88] Sobre circulação na Europa Oriental, v. a bibliografia citada *infra*, cap. II, seção II, § 8.1.
[89] Vide § 10.

elementos que estão presentes na visão dicotômica mais recorrente –imposição e prestígio– confrontam-se, dando vida a monstros, híbridos, nos quais é difícil entender onde termina o prestígio e onde começa a imposição. Nenhum texto constitucional, como também nenhuma revisão constitucional, se igualmente limitada, é totalmente imune às influências externas, dificilmente agrupáveis só como imposição ou só como prestígio[90].

Quanto à imposição, a circulação dos modelos *ratione imperii*, devida a atos de pura força, é fenômeno frequente na história. Mas não necessariamente a imposição implica meros atos de força em sentido estrito; a circulação de um modelo pode derivar, de fato, do grau de capacidade de influência política e econômica –que às vezes pode ser dominante–, como também de pressões de um determinado ordenamento (estatal ou internacional) sobre outros. No que concerne ao prestígio, a história do constitucionalismo demonstra os influxos culturais que caracterizaram o surgimento das Constituições em todas as épocas e em todas as latitudes: a sua história é a mesma da circulação das ideias, devido ao prestígio dos modelos mais influentes[91]. Não é simples distinguir sempre as escolhas autônomas das pressões internacionais ou de potências específicas, como emerge claramente no caso das Constituições do Leste Europeu, adotadas entre o fim dos anos 80 e 2000. As duas categorias –imposição e prestígio– não são definidas. Um caso emblemático foi verificado nos anos 2000 também com revisões constitucionais em matéria de equilíbrio de orçamento[92].

Estamos, então, frente a casos nos quais a influência cultural que caracteriza muitos fenômenos dissolve-se em "imposição" e em aceitação passiva. Dificilmente, se não se baseia em dados meramente formais –como a nacionalidade do órgão que delibera uma Constituição ou uma reforma–, o resultado

---

[90] M. Graziadei, *Comparative Law as the Study of Transplants and Receptions*, in M. Reimann, M. Zimmermann (eds), *The Oxford Handbook of Comparative Law*, cit., p. 458, admite que «dominance and prestige are often joined», embora «there are many examples of legal imitation driven by prestige alone».

[91] Vide cap. IV, § 5.

[92] E. Álvarez Conde, C. Souto Galván (eds), *La constitucionalización de la estabilidad presupuestaria*, Idp, Madrid, 2012.

pode ser dicotômico. Ao contrário, quase todas as Constituições (ou pelo menos as mais recentes) aparecem hoje como fruto de processos de imitação e de processos derivados de imposição que precedem a fase formal de aprovação ou processos de revisão, que em alguma medida tocaram informalmente o núcleo originário.

§ 9. Níveis de comparação

A investigação comparativa pode ser conduzida em diferentes níveis[93]:

a) uma primeira distinção diz respeito ao objeto e incide sobre qual ramo do direito versa a pesquisa: direito em geral, direito privado, direito constitucional, etc.;

b) do ponto de vista temporal, as pesquisas podem ser sincrônicas (quando confrontam ordenamentos próximos no tempo ou contemporâneos, ainda que distantes no espaço) ou diacrônicas (com as quais se desenvolve uma pesquisa comparativa entre direitos distantes no tempo, mas no âmbito do mesmo ordenamento). Tais distinções, como dito, podem levar àquela entre o direito comparado e a história do direito. Normalmente, na abordagem microcomparativa, as pesquisas são sincrônicas (mesmo que elas não possam evitar o recurso ao estudo histórico das instituições pesquisadas); não faltam, contudo, exceções;

c) do ponto de vista da dimensão (número de ordenamentos analisados) e das finalidades, a principal distinção é a entre macrocomparação (entre os elementos basilares da estrutura de sistemas jurídicos diversos) e microcomparação (entre cada segmento particular dos ordenamentos colocados em confronto). O que caracteriza a macrocomparação é a exigência de ordenar (todos) os ordenamentos/sistemas em classes com elementos semelhantes, para agrupar, e com diferentes, para dividir: para os privatistas, no centro é posto o conceito de família jurídica; para os constitucionalistas, o de forma de Estado. No cam-

---

[93] Sobre os diversos níveis de comparação, W. Konijnenbelt, *Discours de la méthode en droit public comparé*, in K. Baele-Woelki, F.W. Grosheide, E.H. Hondius, G.J.W. Steenhoff (eds), *Comparability and Evaluation*, cit., p. 121 e ss.

po publicista, com a progressiva dissolução da estatalidade e as novas erosões da soberania, poderiam merecer o *nomen* "macro" também as comparações que confrontam grandes setores qualificantes do direito, prescindindo das análises globais dos ordenamentos estatais: classificações de direitos, de sistemas organizativos territoriais, de modelos organizativos orgânicos, etc.

As pesquisas podem ser objetos de divisão em outras subcategorias:

a) podem desenvolver-se em ordenamentos soberanos distintos (ou em aspectos deles), mas também em ordenamentos não soberanos (ou apenas nominalmente soberanos), como os Estados-membros de uma federação ou de um Estado regional ou autonômico, como Itália ou Espanha (pesquisa interna)[94];

b) uma pesquisa micro pode analisar ordenamentos (ou seus aspectos) de mesmo nível ou de nível diferente (vertical). Por exemplo, podem constituir objeto de investigação os direitos individuais (ou um direito específico), assim como codificados nas Constituições de alguns Estados soberanos, ou se pode comparar, por ex., o direito de associação no ordenamento da União Europeia e nos dos Estados-membros; o *habeas corpus* na Constituição Federal e nas dos Estados federados; ou enfim –mas o caso é diferente– o mesmo direito no ordenamento canônico e no italiano. É interessante estudar a circulação dos direitos de cima para baixo e/ou vice-versa e/ou "horizontalmente", nos ordenamentos descentralizados (federais ou regionais, ou também em nível local)[95].

---

[94] Tais são, por exemplo, pesquisas que comparem os sistemas de justiça constitucional nos diversos Estados mexicanos (ou em outro ordenamento federal): por exemplo, C.I. Astudillo Reyes, *Ensayos de justicia constitucional en cuatro ordenamientos de México: Veracruz, Coahuila, Tlaxcala y Chiapas*, Unam, México, 2004, e (em parte) G.A. Figueroa Mejía, *Las sentencias constitucionales atípicas en el Derecho comparado y en la acción de inconstitucionalidad mexicana*, Porrúa-Imdpc, México, 2011. Vejam-se, também, como exemplos, alguns manuais de direito regional italianos ou espanhóis, como L. Paladin, *Diritto regionale*, 7ª ed., Cedam, Padova, 2000; T. Martines, A. Ruggeri, C. Salazar, A. Morelli, *Lineamenti di diritto regionale*, 10ª ed., Giuffrè-Lefebvre, Milano, 2019; E. Álvarez Conde, A. García-Moncó, R. Tur Ausina, *Derecho autonómico*, Tecnos, Madrid, 2013.

[95] Por exemplo, L. Pegoraro, S. Ragone, *Los derechos regionales en el sistema constitucional italiano con especial referencia a su regulación*

§ 10. TELEOLOGIA E INSTRUMENTALIDADE DA COMPARAÇÃO: AS FUNÇÕES AUXILIARES

A finalidade principal do direito público comparado é organizar sistematicamente o conhecimento no setor que lhe compete, pesquisando analogias e diferenças; sua missão não se exaure, porém, na investigação pura, com meros fins especulativos: o resultado da pesquisa pode ser utilizado também em nível prático.

Em primeiro lugar, é útil aos estudiosos de direito interno na análise dos próprios ordenamentos e nas tarefas coligadas "de verificação"[96]. Normalmente, então, os constituintes, os legisladores e os juízes de vários países (especialmente os supremos ou constitucionais) têm presente o que acontece fora das próprias fronteiras, mesmo que nem sempre possuam as coordenadas jurídicas para a análise. Entre as chamadas funções práticas da comparação, há precisamente a de oferecer ao legislador e aos juízes o material comparativo comentado, ordenado, classificado, para que possam utilizá-lo com pleno conhecimento. Ademais, a comparação é indispensável para preparar tratados e convenções internacionais.

Exatamente por esta razão costuma-se, entre os comparatistas, falar-se em funções subsidiárias, práticas ou ulteriores da comparação, as quais, sem pretensão de exauri-las, passamos a enumerar[97].

---

estatutaria, in J.C. GAVARA DE CARA (ed.), *Los derechos como principios objetivos en los Estados compuestos*, Bosch, Barcelona, 2010, p. 89 e ss., e L. PEGORARO, G. PAVANI, *La implementación y desarrollo normativo y jurisprudencial de los derechos en el sistema regional italiano*, nesta obra, p. 121 e ss. E especialmente A. MOMIROV, A. NAUDÉ FOURIE, *Vertical Comparative Law Methods: Tools for Conceptualising the International Rule of Law*, in *Erasmus L.R.*, n. 3, 2009, p. 291 e ss.

[96] G. DE VERGOTTINI, *Diritto costituzionale comparato*, I, 9ª ed., Cedam, Padova, 2013, p. 21 e ss. Cf. também D.J. GERBER, *Globalization and Legal Knowledge: Implications for Comparative Law*, in *Tulane L.R.*, n. 75, 2001, p. 969 e ss., para o qual uma das principais funções do direito comparado é fornecer informações sobre outras culturas jurídicas diferentes [e adesivamente O. MUIR WATT, *Globalization and Comparative Law*, in M. REIMANN, M. ZIMMERMANN (eds), *The Oxford Handbook of Comparative Law*, cit., p 604].

[97] Cf. M. ANDENAS, D. FAIRGRIEVE, *Intent on Making Mischief: Seven Ways of Using Comparative Law*, in P.G. MONATERI (ed.), *Methods of Comparative Law*, cit., p. 25 e ss.

10.1. COMPREENDER A SI MESMO ATRAVÉS DOS OUTROS: O ESTUDO DO PRÓPRIO DIREITO

A comparação é útil, ou melhor, é muitas vezes indispensável também ao estudo do direito interno, sob a condição de estar-se consciente de qual é o seu uso correto e, sobretudo, de qual é a sua finalidade neste caso. Uma finalidade que não é aquela própria da nossa ciência (construção de modelos e classes, estudo da circulação dos institutos, exposição crítica das analogias e das diferenças, e assim por diante), mas, sim, a de olhar para fora para compreender melhor o *próprio direito*.

Eis a primeira distinção fundamental: em um caso, a comparação representa o fim da pesquisa; no outro, é instrumental ao conhecimento do direito nacional. Isso traz como consequência também enfoques metodológicos diferentes: na comparação "pura", a abordagem é empírica, plural, dirigida a revelar um *tertium comparationis* no qual subsumir os fenômenos; a comparação "instrumental" representa um mero auxílio a estudos dogmáticos, elaborados com abordagens *top-down*, nos quais há a exigência de enquadrar um fenômeno na moldura de *um* ordenamento.

O direito comparado, então, pode ser usado instrumentalmente para iluminar o conhecimento de um direito nacional. O domínio dos seus métodos é sempre mais indispensável com o crescimento das circulações dos institutos nos formantes dinâmicos. Constituintes e legisladores importam institutos, na jurisprudência circulam modelos e padrões de decisão sobre temas que, em pouco tempo, são entendidos de forma igual ou similar em muitos lugares[98]. São sempre mais numerosos os estudos que vão além das fronteiras territoriais. Ainda mais em uma fase histórica na qual cessões de soberania em favor de entidades supranacionais facilitam a construção de categorias comuns, que depois "voltam para casa", impondo-se ao direito interno enriquecer-se com as contribuições de outras culturas jurídicas.

---

[98] J.M. SMITS, *Comparative Law and Its Influence on National Legal Systems*, in M. REIMANN, M. ZIMMERMANN (eds), *The Oxford Handbook of Comparative Law*, cit., p. 513 e ss.

10.2. Auxiliar o legislador

Antes de tudo, os resultados dos estudos comparativos são úteis para a elaboração legislativa. Junto a todas as Assembleias Parlamentares (além de junto aos Executivos e, muitas vezes, a Assembleias de entes territoriais menores) existem departamentos especializados em direitos estrangeiros e muitos projetos de lei são redigidos levando em consideração experiências amadurecidas alhures. Não raramente, tais departamentos preparam um dossiê específico para o uso dos parlamentares, com os textos normativos de referência, em algumas ocasiões dotados de comentários ou de apresentações ilustrativas. São necessários sólidos conhecimentos comparativos para compreender as afinidades e as diferenças, a fim de evitar transplantes ineficazes ou, pior, danosos, e para entender se o "caldo de cultura" do ordenamento receptor de uma normativa estrangeira é fecundo ou estéril[99].

A elaboração e a modificação de textos constitucionais também requerem, por sua vez, uma destacada sensibilidade comparativa. Com o advento das novas ondas de constitucionalismos no continente europeu nos anos 70 (Constituições grega, sueca, portuguesa, espanhola) e depois na América Latina e na Europa do Leste entre os anos 80 e 90, assistiu-se a uma grande troca de experiências e de conhecimento (em grande parte unidirecional), revelada útil para a redação de novos textos constitucionais em ordenamentos liberados de decênios de ditadura. Na América Latina, nos anos mais recentes, o *nuevo constitucionalismo* circulou internamente, com processos de imitação que interessaram ordenamentos inspirados nas mesmas visões políticas e culturais (ex.: Bolívia/Equador e, com ressalvas, Colômbia e Venezuela). Ao mesmo tempo, está suscitando interesse também fora do continente[100].

A função de auxílio à redação de atos normativos assume crescente importância em razão da globalização e da interação

---

[99] Sobre diálogo interparlamentar, C. DECARO, N. LUPO (eds), *Il "dialogo" tra parlamenti: obiettivi e risultati*, Luiss U.P., Roma, 2009; L. SCAFFARDI (ed.), *Parlamenti in dialogo. L'uso della comparazione nella funzione legislativa*, Jovene, Napoli, 2011.

[100] Vide cap. III, seção I, § 3.

entre as experiências jurídicas, especialmente no âmbito da União Europeia, e entra em contato com uma função seguinte: a de uniformização do material normativo.

10.3. CONSTRUIR DIREITOS COMUNS: A UNIFICAÇÃO E A HARMONIZAÇÃO DO DIREITO

O estudo e o confronto entre as diversas normativas permitem aos operadores preparar o material necessário para elaborar textos jurídicos comuns, individualizando os fatores de contato e de conflito, a fim de alcançar normativas homogêneas ao máximo possível. A história do direito comparado é também a história da ilusão *ratione imperii*, no pressuposto iluminista da razão como inspiradora da codificação ou –na versão atualizada dos constitucionalistas– da universalidade de alguns princípios. Funcionalmente, é a história da pesquisa de regras comuns para facilitar o comércio e, em matéria constitucional, para impor um marco comum especialmente em matéria de direitos.

Deve-se distinguir o campo das regras neutras ou quase-neutras das outras. Uma coisa é dizer de uma vez que com o semáforo verde deve-se passar, enquanto que com o vermelho parar, outra é ditar a regra unificada em matéria de prisão de pessoas investigadas[101]. As regras neutras também possuem um preço, contudo: inverter o lado de condução do esquerdo para o direito, para países como o Reino Unido ou o Japão, onde dirige-se à esquerda, significaria reestruturar a indústria automobilística e os sinais de trânsito, renovar a frota dos ônibus colocando as portas no outro lado, etc. Nem sempre unificar uma normativa neutra em nível mundial ou regional (por ex., União Europeia) é mais fácil que uniformizar uma normativa com implicações ideológicas e políticas.

Isso se liga a uma segunda importante distinção no que atine aos modos de uniformizar. Pode-se uniformizar impondo

---

[101] Observa R. SACCO, *Introduzione al diritto comparato*, cit., p. 142, que «nenhum grupo social terá liberdade para permitir que os veículos circulem nas ruas à direita ou à esquerda. Mas qualquer grupo social será livre para escolher a direita ou a esquerda como lado para circular. A escolha de classe, a ideologia, o valor, não liberam o grupo social das necessidades organizacionais que o dominam, e tampouco o condicionam a preferir uma solução a outra».

um modelo ou concordando, com recíprocas concessões, com uma normativa uniforme. Não significa, porém, que o êxito de uma normativa uniformizada represente sempre o ponto de equilíbrio entre diversas instâncias: como dito, imposição e prestígio muitas vezes se confundem. Deve-se distinguir, então, se há uma verdadeira e própria unificação ou harmonização: ou seja, tornar homogêneas e coerentes disciplinas antes muito diferenciadas (por ex., em matéria fiscal); ademais, se a normativa unificada (ou harmonizada) é estabelecida por uma fonte externa (ex.: órgãos da União Europeia) ou interna dos Estados que aceitam o convite de conformar as próprias normativas a um esquema compartilhado[102].

A unificação consiste na adoção de normativas iguais em ordenamentos diversos e comumente é obtida atribuindo a uma fonte superior o poder de ditar a disciplina unificada. Em alguns casos, não se tem novação da fonte e, com base em acordos, os sujeitos implicados empenham-se em adotar a disciplina concordada. Isso acontece mais frequentemente quanto se trata de harmonizar, deixando, todavia, uma margem de adaptação aos atores envolvidos. É emblemático o caso das diretivas da União Europeia[103].

O êxito das uniformizações e das harmonizações depende seja da capacidade por parte de um ordenamento de impor aos outros uma solução comum, seja do compartilhamento das soluções propostas por parte dos sujeitos aderentes. Isso muitas vezes implica uma base jurídica comum, a ausência de estratificações jurídicas refratárias a mudanças, baixos custos (também econômicos) das mudanças. Precisamente aqui entra em jogo a comparação, que ajuda a entender a receptibilidade das normas comuns e a evitar crises de rejeição ou, de todo modo, a evitar o risco de pagar custos muito elevados, tanto em termos culturais quanto organizativos e monetários.

---

[102] A. ROSETT, *Unification, Harmonization, Restatement, Codification, and Reform in International Commercial Law*, in *Am. journ. comp. law*, n. 40, 1992, p. 683, nota que «unification does not always produce harmonization, and that codification can be the enemy of reform and substantive improvement in the quality of justice». Outros termos utilizados são "uniformização", "aproximação", "coordenação": cf. G. DE VERGOTTINI, *Diritto costituzionale comparato*, I, cit., p. 36. V., também, A. SOMMA, *Introduzione al diritto comparato*, 2ª ed., cit., p. 155 e ss.

[103] V. *infra*, cap. VII, § 10.

A unificação normativa forçada é a negação do direito comparado, porque não leva em consideração a cultura, a história, a sociedade. Unificação e harmonização dão bons resultados (frequentemente) onde não incidam sobre sedimentações muito profundas e se conduzidas através de progressivas implementações. Obviamente, se a imposição é apoiada por um aparato de força que consegue sustentá-la, pode criar raízes em pouco tempo: o III *Reich* conseguiu impor as suas leis nos territórios conquistados, mas a longo prazo a reação produziu –felizmente– o resultado de anulá-las. Por trás do tema da unificação estão, portanto, desafios culturais de grande monta, que possuem reflexos práticos. A disputa é mesmo entre quem pensa que se possa (transplantar e) uniformizar e quem nega esta possibilidade[104]. Quer se trate da construção de regras ou de sua aplicação, como também do funcionamento das instituições ou da implementação dos direitos, os processos de uniformização do direito exigem tempos mais longos do que aqueles certificados pelos atos de adesão.

10.4. Oferecer fundamentos ao reasoning judicial

Uma outra função acessória do direito comparado é a ajuda na seara interpretativa. A circulação das soluções jurídicas (e dos princípios e das ideias) ocorre hoje em grande medida pela via jurisprudencial, graças sobretudo à contribuição das Cortes Constitucionais e das Cortes internacionais ou transnacionais[105]. De uma parte, elas recebem, por meio de juízes de diversas áreas geográficas e culturais, as contribuições das várias doutrinas e culturas nacionais, unificando-as nos veredi-

---

[104] G. Watt, *Comparison as Deep Appreciation*, in P.G. Monateri (ed.), *Methods of Comparative Law*, cit., p. 97 e ss.

[105] Cf., por exemplo, Aa.Vv., *The International Judicial Dialogue: When Domestic Constitutional Courts Join the Conversation*, in *Harvard L.R.*, n. 114, 2001, p. 2049 e ss.; A.-M. Slaughter, *A Typology of Transjudicial Communication*, in *Un. of Richmond L.R.*, n. 29, 1994, p. 99 e ss.; Id., *40th Anniversary Perspective: Judicial Globalization*, in *Virginia journ. int. law*, n. 40, 2000, p. 1103 e ss.; Id., *A Global Community of Courts*, in *Harvard int. L.J.*, n. 44, 2003, p. 191 e ss.; Cl. L'Heureux-Dubé, *The Importance of Dialogue: Globalization and the International Impact of the Rehnquist Court*, in *Tulsa L.J.*, n. 34, 1998, p. 15 e ss.; M. Claes et al. (eds), *Constitutional Conversations in Europe: Actors, Topics and Procedures*, Intersentia, Cambridge-Antwerp-Portland, 2012.

tos; de outra, restituem-nas, por assim dizer, aos vários ordenamentos nacionais às quais se aplicam obrigatoriamente ou em direção aos quais possuem um forte efeito persuasivo[106].

As citações de direito da União Europeia ou de direito internacional na jurisprudência nacional às vezes simbolizam, à guisa de *obiter dictum*, um referente cultural, não diferentemente das referências de direito comparado na jurisprudência europeia. Mais frequentemente, a *ratio* das referências internacionais é claramente diferente das comparativas: uma coisa é argumentar com base no respeito a um tratado, a uma convenção ou a uma diretiva comunitária. (Como pode realmente o juiz constitucional ignorar tais fontes, em sede interpretativa ou aplicativa, para decidir um caso que as envolve?)

---

[106] Sobre circulação pela via judicial: U. DROBNIG, S. VAN ERP (eds), *The Use of Comparative Law by Courts*, Anais do XIV Congrès international de droit comparé, Kluwer, The Hague-London-Boston, 1999; M.-C. PONTHOREAU, *Le recours à "l'argument de droit comparé" par le juge constitutionnel. Quelques problèmes théoriques et techniques*, in F. MÉLIN-SOUCRAMANIEN (ed.), *L'interprétation constitutionnelle*, Dalloz, Paris, 2005, p. 168 e ss.; A. SOMMA, *L'uso giurisprudenziale della comparazione nel diritto interno e comunitario*, Giuffrè, Milano, 2001; G. CANIVET, M. ANDENAS, D. FAIRGRIEVE (eds), *Comparative Law Before the Courts*, British Inst. of Int. and Comp. Law, London, 2004; B. MARKESINIS, J. FEDTKE, *The Judge as Comparatist*, in *Tulane L.R.*, n. 80, 2005, p. 11 e ss.; ID., *Judicial Recourse to Foreign Law: A New Source of Inspiration?*, Ucl Press, London, 2006; G. ALPA (ed.), *Il giudice e l'uso delle sentenze straniere. Modalità e tecniche dell'interpretazione giuridica*, Giuffrè, Milano, 2006; G.F. FERRARI, A. GAMBARO (eds), *Corti nazionali e comparazione giuridica*, Esi, Napoli, 2006; D. MAUS, *Le recours aux précédents étrangers et le dialogue des cours constitutionnelles*, in *Rev. fr. dr. const.*, n. 2, 2009, p. 675 e ss.; G. DE VERGOTTINI, *Oltre il dialogo tra le Corti. Giudici, diritto straniero, comparazione*, il Mulino, Bologna, 2010; H. NOGUEIRA ALCALÁ (ed.), *El diálogo transjudicial de los Tribunales Constitucionales entre sí y con las Cortes Internacionales de Derechos Humanos*, Librotecnia, Santiago de Chile, 2012; E. FERRER MAC-GREGOR, A. HERRERA GARCÍA (eds), *Diálogo jurisprudencial en Derechos Humanos entre Tribunales Constitucionales y Cortes Internacionales*, cit.; T. GROPPI, M.-C. PONTHOREAU (eds), *The Use of Foreign Precedents by Constitutional Judges*, Hart, Oxford, 2013; T. GROPPI, *El uso de precedentes extranjeros por parte de los tribunales constitucionales*, in S. BAGNI, G.A. FIGUEROA MEJÍA, G. PAVANI (eds), *La ciencia del derecho constitucional comparado*, cit., II, p. 953 e ss.; M. ANDENAS, D. FAIRGRIEVE (eds), *Courts and Comparative Law*, Oxford U.P., Oxford, 2015; G.F. FERRARI (ed.), *The Use of Foreign Law in Contemporary Constitutional Systems*, Brill, Leiden, 2019.

Outra é citar as normativas estrangeiras como *argumentum quoad auctoritatem* para acolher ou rejeitar uma certa solução: são de interesse comparativo normas e sentenças europeias ou internacionais sempre que o juiz interno possa decidir sem o seu uso, mas, mesmo assim, as leve em consideração no próprio *reasoning* a fim de reforçar com argumentos influentes o próprio *iter* argumentativo[107]. Válido destacar, contudo, que o direito estrangeiro não é capaz por si só de determinar uma orientação jurisprudencial nos Tribunais; em verdade, é utilizado como um auxílio a mais para reforçar uma (já) determinada tomada de posição[108].

À parte do direito internacional ou do europeu, que demonstra um problema de circulação "vertical" da atividade interpretativa, o direito comparado pode desenvolver uma importante função auxiliar para a jurisprudência também em nível horizontal. Assim advertiu claramente a Constituição da África do Sul, aberta ao direito internacional e ao estrangeiro como instrumentos interpretativos da Carta dos direitos: o cap. 2, s. 36, e, especialmente, s. 39, afirma que, ao interpretar o *Bill of Rights* cada Corte, Tribunal ou Fórum «(b) must consider international law», e «(c) may consider foreign law».

Os estudos dedicados ao uso complementar do direito estrangeiro e, em particular, aos usos das sentenças estrangeiras

---

[107] Cf. L. PEGORARO, *La Corte costituzionale e il diritto comparato nelle sentenze degli anni '80*, in Quad. cost., n. 3, 1987, p. 601 e ss.; ID., *L'argomento comparatistico nella giurisprudenza della Corte costituzionale italiana*, in G.F. FERRARI, A. GAMBARO (eds), *Corti nazionali e comparazione giuridica*, cit., p. 477 e ss.; ID., *La Corte costituzionale italiana e il diritto comparato: un'analisi comparatistica*, Clueb, Bologna, 2006; L. PEGORARO, P. DAMIANI, *Il diritto comparato nella giurisprudenza di alcune Corti costituzionali*, in Dir. pubbl. comp. eur., n. 1, 1999, p. 411 e ss., trad. ingl. *Comparative Law in the Judgments of Constitutional Courts*, in A.M. RABELLO, A. ZANOTTI (eds), *Developments in European, Italian and Israeli Law*, Giuffrè, Milano, 2001, p. 131 e ss., trad. esp. *El Derecho comparado en la jurisprudencia de los Tribunales Constitucionales*, in Rev. jur. Castilla-La Mancha, n. 26, 1999, p. 209 e ss., e em L. PEGORARO, *Ensayos sobre justicia constitucional, la descentralización y las libertades*, Porrúa, México, 2006, p. 145 e ss.

[108] A. GERBER, *Der Einfluss des ausländischen Rechts in der Rechtsprechung des Bundesgerichts*, in AA.VV., *Perméabilité des ordres juridiques*, Schulthess, Zürich, 1992, p. 141 e ss.

na jurisprudência, foram desenvolvidos sobretudo pelos conhecedores do direito privado e insistem no comportamento das Cortes ou Tribunais ordinários, no diálogo entre eles, alguns dos quais (é dizer, nos ordenamentos de *common law* e mistos, onde o Tribunal Supremo é também uma Corte Constitucional) devem deparar-se também com problemas de constitucionalidade. Os resultados alcançados atestam que: as Cortes de *common law* e mistas utilizam bastante a argumentação comparativa; há uma evolução oscilante em outros ordenamentos, explicada por razões diferentes, mas principalmente de ordem histórico-cultural; há uma progressiva expansão das citações estrangeiras em todos os ordenamentos.

O fato de os juízes da área de *common law* recorrerem ao direito comparado com frequência maior em relação aos colegas de *civil law* é explicado seja pela irrelevância substancial das barreiras linguísticas, seja pelo papel político e cultural revestido pela praxe aplicativa, «avvezza ad esercitare coscientemente il proprio ruolo di protagonista delle evoluzioni dell'ordinamento» (A. Somma). Igualmente, a comparação parece ser mais utilizada nos ordenamentos com dimensões reduzidas, nos democraticamente jovens, nos multilinguísticos, tais como a Suíça, nos quais vários sistemas convivem. Nestes últimos –além do Canadá, incluem-se Israel e África do Sul– a jurisprudência constitucional é rica de citações comparadas, atentas não apenas a sentenças de *common law* invocadas como precedentes, mas também à legislação e à doutrina, seja anglófona, seja de outras proveniências.

Os países exportadores de modelos não possuem uma propensão ao uso do direito comparado menor que a dos países importadores, os quais, em teoria, prestam mais atenção às experiências estrangeiras: de fato, a França, país "exportador", usa pouco a comparação, mas a Alemanha, muito; os Estados Unidos fazem um uso moderado, assim como a Itália, a Bélgica e a Espanha, todos países importadores de modelos, contudo[109].

---

[109] Vide L. PEGORARO, obras cit. na nota 107; para a África do Sul, A. RINELLA, *La Corte costituzionale del Sudafrica: il contributo del diritto comparato al consolidamento della democrazia*, in G.F. FERRARI, A. GAMBARO (eds), *Corti nazionali e comparazione giuridica*, cit., p. 379 e ss.

§ 11. AS DIFERENÇAS E A UNIFORMIZAÇÃO GLOBALIZANTE

A globalização –vocábulo particularmente ambíguo– não é um fenômeno apenas econômico e compreende ou implica múltiplos aspectos jurídicos: «el *crecimiento* constante del listado universal de los derechos mediante interacciones recíprocas de las sucesivas declaraciones de derechos [...]; la revisión de la idea de *soberanía nacional* [...]; una suerte de nuevo *Derecho de gentes* (*law of nations, jus gentium*) [...]; una estrategia de *prevención de las violaciones* de derechos mediante diversas organizaciones supranacionales [...]; se reclama incluso por algunos autores una "*dimensión transnacional del Derecho Procesal Constitucional*" [...]»[110]; a ela associa-se também a globalização cultural. Muitas vezes, porém, os formantes não viajam na mesma velocidade, pois a economia é rápida; o direito, lento; a cultura, lentíssima; e quando, para seguir a economia, o direito destrói culturas alheias, as recepções são bastante difíceis[111].

A morte do direito comparado no mundo globalizado, conjecturada nas visões de Fukuyama, é um *refrain* comum[112]: o risco é que a globalização anule as diferenças e que, por este

---

[110] J. GARCÍA ROCA, *La interpretación constitucional de una declaración internacional, el Convenio Europeo de Derechos Humanos, y bases para una globalización de los derechos*, in *Rev. iberoam. der. proc. const.*, n. 5, 2006, p. 168 e ss.

[111] Sobre globalização: P. DE CRUZ, *Comparative Law in a Changing World*, Cavendish, London, 1995; I. EDGE (ed.), *Comparative Law in Global Perspective*, Transnational, Ardsley, 2000; W. TWINING, *Globalisation & Legal Theory*, Cambridge U.P., Cambridge, 2000; S. CASSESE, *Lo spazio giuridico globale*, Laterza, Roma-Bari, 2003; ID., *Il diritto globale*, Einaudi, Torino, 2009; F. DE SOUZA DE BRITO, *Motivações e tendências pós-modernas do Direito Comparado e as filosofias da globalização*, Ui Ed. Internacional, Lisboa, 2004; B. DE SOUSA SANTOS, C.A. RODRÍGUEZ-GARAVITO (eds), *Law and Globalization from Below: Towards a Cosmopolitan Legality*, Cambridge U.P., Cambridge, 2005; P. HAYDEN, *Cosmopolitan Global Law*, Ashgate, Aldershot, 2005; o n. 6, 2016 de *Albolafia*, "La globalización: un análisis global", coordenado por A. DE PRADA GARCÍA.

[112] Sobre a morte do direito comparado (com o apoio de teses diferentes), cf. F. FUKUYAMA, *The End of History and the Last Man*, Hamish Hamilton, London, 1992, trad. it. *La fine della storia e l'ultimo uomo*, Rizzoli, Milano, 1996; M. REIMANN, *The End of Comparative Law as an Autonomous Subject*, in *Tulane eur. and civil law forum*, n. 11, 1996, p. 49 e ss.;

motivo, a ciência comparativa seja destinada a morrer, como muitos imaginam, preconizando a sua suposta irrelevância diante da convergência transnacional, da harmonização e do progressivo compartilhamento de um só direito comum[113]. Em particular, a globalização corrói a ideia mesma de direito: caem as barreiras entre público e privado, e este furta-se aos imperativos "westfalianos" e às regras de um direito internacional que vale, onde vale, algumas vezes apenas para o direito público; o *soft-law* deixa margens e abre espaços; nem as fontes privadas nem as públicas conseguem disciplinar as atividades dos atores privados na economia global. Mas o temor é provavelmente infundado se tão-somente for considerada a refratariedade à mudança gerada pelas resistências das culturas jurídicas (e da cultura) e –com reflexos importantes no âmbito constitucional– a reivindicação de modelos de organização constitucional alternativos aos ocidentais. No que concerne à cultura jurídica, assim como a luz de uma supernova permanece visível à distância por milhões de anos, as reconstruções jurídicas da doutrina e os modelos por ela criados continuam a produzir efeitos (e a serem evocados) nos formantes dinâmicos (e às vezes também no mesmo formante).

O desafio continuará sendo –além das unificações e harmonizações formais– aceitar e, se for o caso, enfatizar as diferenças, por parte dos formantes dinâmicos, e analisar a dissociação entre os formantes, por parte da doutrina. E restarão as seguintes perguntas: como a cultura pode dissociar-se do brutal positivismo da força e do objetivo que, paradoxalmente em nome de visões jusnaturalistas, pretende impor como absolutos valores que são, ao invés, gerados por difíceis conquistas históricas? Como a cultura pode favorecer o respeito às cultu-

---

M. Siems, *The End of Comparative Law*, in *Journ. comp. law*, n. 2, 2007, p. 133 e ss.

[113] Sobre o debate, cf. H. Muir Watt, *Globalization and Comparative Law*, cit., p. 579 e ss., que destaca o nexo entre o papel da comparação no mundo globalizado e os esforços para harmonizar o direito, começados no século xx, à época do Congresso de Paris (p. 581), e se questiona se a comparação pode ainda ser possível no mundo globalizado (p. 583 e ss). Vide também M. Graziadei, *The Many Voices of the Law in a Globalised World: Legal Monism, Legal Pluralism, and the New Tasks of Comparative Law*, in S. Bagni, G.A. Figueroa Mejía, G. Pavani (eds), *La ciencia del derecho constitucional comparado*, cit., I, p. 289 e ss.

ras (ou seja: pela autodeterminação de cada povo em dar-se ou manter uma cultura) e o respeito de cada comunidade cultural inclusive dentro das fronteiras dos ordenamentos liberal-democráticos?[114]

No âmbito do direito comparado (mas também em outros setores do direito), o eurocentrismo e o ocidentalismo que ainda hoje caracterizam a produção comparativa devem lidar com a progressiva força de expansão do constitucionalismo e com a permeabilidade dos ordenamentos antigos e modernos às suas sugestões. Isso, contudo, não retira a necessidade de prestar-se atenção, distintamente, às estruturas sedimentadas dos vários ordenamentos: daqui deriva a exigência de aprofundar o estudo de cada um deles antes de fazer uma comparação por meio de analogias e diferenças, antes de exprimir um juízo de valor, antes de sugerir recepções, importações ou exportações de institutos e disciplinas; daqui, também, a oportunidade de liberar-se de esquemas simplistas ancorados em núcleos essenciais construídos com geometrias variáveis, a depender de quem as proponha.

Até mesmo o interesse reputado merecedor de tutela muda: para a feminista ocidental, essencial é a igualdade de gênero,

---

[114] Observa que a globalização pode, aliás, enfatizar as diferenças R. Sacco, *Il diritto nel futuro*, in S. Bagni, M. Nicolini, E. Palici di Suni, L. Pegoraro, A. Procida Mirabelli di Lauro, M. Serio (eds), *Giureconsulti e giudici. L'influsso dei professori sulle sentenze*, I, cit., p. 79 e ss. Para uma abordagem multicultural, cf. na já ampla literatura, também desde uma perspectiva sociológica e/ou politológica, além de Kymlicka cit. na nota 42 do cap. VII, pelo menos C. Taylor, J. Habermas, *Multiculturalism and the Politics of Recognition*, Princeton U.P., Princeton, 1994, trad. it. J. Habermas, C. Taylor, *Multiculturalismo. Lotte per il riconoscimento*, Feltrinelli, Milano, 1998; B. Parekh, *Rethinking Multiculturalism: Cultural Diversity and Political Theory*, Columbia U.P., Ithaca, 2000; N. Glazer, *We are All Multiculturalists Now*, Harvard U.P., Cambridge, 1997; C. Galli (ed.), *Multiculturalismo. Ideologie e sfide*, il Mulino, Bologna, 2006, e, outrossim, em abordagem crítica, C. Kukathas, *The Liberal Archipelago: A Theory of Diversity and Freedom*, Oxford U.P., Oxford, 2003, bem como, sobre a passagem posterior ao interculturalismo, S. Bagni, *Estudio introductorio sobre el deslinde conceptual del Estado intercultural*, in Id. (ed.), *Lo Stato interculturale: una nuova eutopia? – The Intercultural State: A New Eutopia? – El Estado intercultural: una nueva eutopía?*, AlmaActa, Bologna, 2017. Ampla bibliografia em E. Ceccherini, verbete *Multiculturalismo*, in *Dig. pubbl.*, Agg., Utet, Torino, 2008, p. 486 e ss.

ainda que isso implique demolir a estrutura de sociedades milenares residuais, como demonstra a conflitualidade que contrapôs, no Canadá, homens e mulheres da etnia inuit em relação à aceitação da Carta Canadense de Direitos e Liberdades. Para o partidário da democracia militante, a defesa contra a propaganda de ideologias que negam o seu valor faz parte do núcleo essencial da própria democracia; para o religioso, o limite deste núcleo pode incluir o repúdio à eutanásia, que, para o laico, ao invés, pertence à esfera da máxima explicação da liberdade, e assim por diante.

Nas palavras de Horatia Muir-Watt, «Constructs purporting to be of universal value, such as the rule of law, or constitutionalism, or due process, or human dignity are touted as being foundational to a new world order. However well-meaning the effort, and indeed however important such values have proved to be in various contexts, subversive comparison must ask to what extent these 'new universals' are projections or offshoots of cultural representations of law, and how far they are instrumentalized, say by international financial institutions, to ensure political sway to a given economic world-view. A case in point is the rule of law itself, as promoted by the Washington consensus»[115].

A doutrina tem a tarefa de sinalizar os riscos a legisladores e juízes; estes, de traduzir em preceitos legislativos e decisões judiciais as sugestões da doutrina (não o contrário, então!).

---

[115] H. MUIR WATT, *Further Terrains for Subversive Comparison: The Field of Global Governance and the Public/Private Divide*, in P.G. MONATERI (ed.), *Methods of Comparative Law*, cit., p. 273 e ss. Cf. também a aprofundada análise e as propostas reconstrutivas de E. ÁLVAREZ CONDE, *El Derecho constitucional y la crisis*, in *Rev. der. pol.*, n. 88, 2013, p. 83 e ss.

Capítulo II

FAMÍLIAS JURÍDICAS E FORMAS DE ESTADO: DIVERSIDADE E CONVERGÊNCIAS

Sumário: Premissa. – Seção I: As famílias jurídicas: 1. Definições e tipologias classificatórias. – 2. Raça, ideologia, tradições, religiões, estruturas jurídicas: na base das classificações de tipo absoluto. – 3. O tempo e o espaço: as famílias jurídicas segundo as classificações relativistas. – 4. Classificações *fuzzy* das famílias jurídicas. – 5. Famílias jurídicas *vs* formas de Estado: a convergência entre direito comparado e direito constitucional comparado. – Seção II: As formas de Estado: 1. O conceito de forma de Estado e os critérios de classificação. – 1.1. Definições e critérios classificatórios. – 1.2. As classificações da forma de Estado com concentração de poder. – 2. Uma forma de Estado histórica: o Estado absolutista como primeira forma de Estado moderno; do absolutismo ao Estado de polícia. – 3. As formas de Estado advindas da revolução burguesa (e derivadas do constitucionalismo). – 3.1. *"La richesse et les lumières"*: o papel da burguesia e a oligarquia censitária no Estado liberal. – 3.2. O Estado democrático pluralista e o Estado social. – 3.2.1. Democracia representativa, democracia direta e democracia participativa: a expressão do princípio democrático. – 3.2.2. Federalismo, regionalismo: a prevalência do tipo de Estado "institucionalmente descentralizado" (remete-se a outro capítulo). – 4. Um híbrido: a incorporação das culturas autóctones no âmbito das formas de Estado com separações dos poderes (o *Caring State*). – 5. Ditaduras. 6. A forma de Estado totalitária. – 7. O nacionalismo socialista árabe. – 8. A forma de Estado socialista e a nova forma de Estado chinês. – 8.1. A forma de Estado socialista clássica. – 8.2. A forma de Estado chinês socialista-liberal. – 9. O fator religioso na classificação das formas de Estado. – 9.1. Religião e Estado. – 9.2. A forma de Estado teocrática e a teocracia constitucional. – 9.3 As experiências do Afeganistão e do Irã; o Califado. – 10. Da colonização à globalização: as metamorfoses das formas de Estado contemporâneas.

Premissa

As Cartas Constitucionais –seja quando haja uma ruptura com o ordenamento anterior, seja no caso em que representem uma evolução– refletem (no todo ou em parte) os traços caracterizadores do sistema jurídico em cujo contexto erigem-se como parâmetro supremo de referência. As ideias e os valores que inspiram o advento de uma Constituição mudam em relação ao regime antigo; contudo, a Constituição nova deve necessariamente inserir-se em um quadro jurídico de relações, vínculos, faculdades, liberdades, obrigações, etc., que, em geral, sobrevivem ao nascimento da nova Constituição. A Constituição desenha relações entre autoridade e liberdade; dita os aspectos organizativos fundamentais do arranjo das autoridades públicas e formula os princípios e os critérios para salvaguardar as liberdades dos indivíduos[1]. Para o restante, enquadra-se em um contexto jurídico muito distante de uma *tabula rasa*. A Constituição nova deve lidar com o sistema jurídico preexistente: este em parte resistirá ao advento de uma nova ordem constitucional (na medida em que resultará compatível com ele); em parte enfrentará derrogações por incompatibilidade ou, pelo menos, reinterpretações.

Esta constatação insta a avaliar, em primeiro lugar, os elementos de cada sistema jurídico que principalmente –por sua própria natureza– oferecem importantes referências para uma classificação das Constituições: em especial as formas de Estado, vale dizer, o conjunto de princípios, institutos e disposições de nível e relevância constitucional que qualificam a relação entre governantes e governados[2]. Mas, sobretudo, nos induz a prestar atenção também ao quadro de referência no qual a Constituição se insere. Isso se refere –além dos dados histórico-políticos e econômicos– também aos elementos jurídicos em sentido amplo, à cultura jurídica dominante, à tradição jurídica, ao papel do direito naquela sociedade, aos fatores de relação entre a realidade civil, política e econômica e o sistema de regras jurídicas que a disciplina, e assim sucessivamente. Em síntese, trata-se de prestar atenção ao sistema jurídico em sentido amplo no qual a Constituição é posta.

[1] Vide cap. IV.
[2] Seção II deste capítulo.

Os elementos determinantes identificados por L. Constantinesco para classificar as famílias jurídicas são aqueles utilizados habitualmente nas propostas tipológicas mais modernas[3]. Muitos de tais elementos são referentes ao direito público/constitucional e foram assim individualizados: a) a concepção e o papel do direito no âmbito do ordenamento considerado; b) a ideologia e a doutrina, oficiais ou não, que incidem sobre o direito e determinam as suas relações com o poder; c) as relações entre o dado (a realidade sócio-econômico-político-histórica) e o construído (o edifício jurídico que as sobrepõe); d) a Constituição econômica vigente no ordenamento jurídico, que domina os problemas da propriedade, da livre circulação dos bens, da autonomia privada, da liberdade de iniciativa econômica, dos contratos e das obrigações; e) a concepção e o papel do Estado –este elemento integra-se com o próximo–, é dizer, f) a ideia dominante referente às funções do Estados, às suas relações com o direito, ao princípio da unidade e da pluralidade do poder, à relação entre autoridade e liberdades fundamentais; enfim, a forma de Estado; g) o sistema das fontes do direito; h) a interpretação das leis e do direito, a posição do juiz e o seu papel na interpretação; i) as noções e as categorias fundamentais, como as que distinguem os ordenamentos de *civil law* dos de *common law*.

Isso justifica a interseção, que ocorre com frequência, mas não sempre, entre as duas categorias: famílias jurídicas, de um lado, e formas de Estado, de outro. Examinaremos, na seção I, as teorias sobre a base das quais se distinguiram os sistemas jurídicos segundo sua classificação em famílias jurídicas; em seguida, na seção II, as formas de Estado.

[3] *Supra*, cap. I, § 7.

Seção I

AS FAMÍLIAS JURÍDICAS

§ 1. Definições e tipologias classificatórias

Por "família jurídica" entende-se uma classe homogênea na qual se agrupam, para finalidades heurísticas, ordenamentos jurídicos que apresentam traços comuns relevantes. A expressão "sistema jurídico" pode definir o ordenamento jurídico em sentido estrito (que frequentemente no direito ocidental moderno identifica-se com o Estado) ou em sentido amplo, que compreende aqueles fatores que "fazem sistema" com a estrutura mais exatamente normativa e interagem/interferem com ela (fatores sociais, políticos, econômicos, históricos, culturais, religiosos, etc.)[4]. Nestas páginas, utilizaremos esta expressão com o seu significado mais amplo[5]. Alguns elementos que estas classificações fazem emergir, enquanto caracterizam determinados ordenamentos jurídicos, apresentam pontos de convergência com os elementos dos ordenamentos constitucionais em sentido estrito.

As classificações das famílias jurídicas até agora feitas pela doutrina podem ser diferenciadas de acordo com os elementos determinantes utilizados para agrupar os diversos ordenamentos jurídicos: a) as classificações que assumem um parâmetro absoluto e exclusivo; b) as classificações que intro-

---

[4] Cf. A. de Prada García (ed.), número monográfico de *La Albolafia* "Entre filosofía, política y religión", n. 4, 2015.

[5] Sobre as famílias jurídicas e suas classificações, cf. os manuais (especialmente de direito privado) citados na bibliografia de base. Em especial, em espanhol, C. Sirvent Gutiérrez, *Sistemas jurídicos contemporáneos*, 15ª ed., Porrúa, México, 2012.

duzem o parâmetro da relatividade, mas que conservam como atributo deste a exclusividade; c) as classificações que, mesmo sendo enquadráveis entre as do tipo relativista, contemplam os critérios de prevalência e da não exclusividade.

No primeiro caso, estamos de frente a classificações que constroem classes rígidas, cristalizadas, impermeáveis; no segundo, as classificações mostram sensibilidade aos fatores de contexto que interagem com o ordenamento jurídico, mas não renunciam à tentativa de elaborar classes de modo geral exaustivas e exclusivas; no terceiro e último caso, o agrupamento dos ordenamentos jurídicos em famílias responde a um parâmetro dúctil: escolhem-se os traços mais significativos e verifica-se sua posição nos diversos ordenamentos; os ordenamentos nos quais os traços parecem receber uma posição prevalente são reunidos em famílias jurídicas com contornos "sutis", é dizer, sem pretensão de exclusividade[6].

A globalização dos fenômenos sociais, econômicos e políticos contaminou também os fenômenos jurídicos. De fato, a velocidade com que se verificam transplantes jurídicos e se difunde a circulação de modelos legais torna sempre mais permeáveis as paredes que separam os vários sistemas jurídicos. Desse modo, as classificações são obrigadas a recorrer a parâmetros capazes de capturar fenômenos dotados de crescente flexibilidade e dinamicidade que determinam o caráter "misto" de numerosos ordenamentos jurídicos. Na medida em que as classificações no campo do direito comparado vão perdendo qualquer ambição axiológica, ainda conservam sua significativa utilidade científica, oferecendo ao pesquisador um mapa dos fenômenos jurídicos que o orienta no abarrotado e confuso entrelaçamento da experiência jurídica.

A teoria das famílias jurídicas foi elaborada graças à obra de comparatistas como David, Arminjon, Nolde, Wolff, Zweigert, Kötz e outros, com o escopo de oferecer uma classificação dos ordenamentos jurídicos vigentes mediante seu agrupamento, justamente, em "famílias". Na base desta teoria está a exigência de dar ordem a uma quantidade expressiva de experiências jurídicas bem diversificadas entre si, embora portadoras de características detectáveis em mais de uma delas. Evi-

---

[6] Vide cap. I, § 7.

dentemente, uma classificação válida ajuda significativamente a realização da pesquisa comparativa. Prova disso é que o debate entre "sistemólogos" não se dedica tanto à utilidade de classificar os ordenamentos jurídicos em família[7], mas, acima de tudo, aos critérios com base nos quais se poderia enquadrar este ou aquele ordenamento nesta ou naquela família jurídica.

§ 2. *Raça, ideologia, tradições, religiões, estruturas jurídicas: na base das classificações de tipo absoluto*

As teorias que ilustraremos sinteticamente neste § possuem em comum o fato de terem como ponto de partida a determinação de um parâmetro absoluto que sirva de base para proceder à classificação. A tentativa feita pelos estudiosos que as propõem foi de determinar um critério ou um conjunto de critérios úteis a distinguir e, então, classificar os ordenamentos jurídicos. O pressuposto central destas teorias –que, ao mesmo tempo, representa o seu calcanhar de Aquiles– é estabelecer um critério (ou um conjunto de critérios) de classificação determinado e absoluto; como se a realidade jurídica fosse simplificável e pudesse ser sintetizada em parâmetros certos e determinados, que, uma vez dados, mantenham-se fechados e com caráter exclusivo.

A. Esmein, em 1900, distinguia os ordenamentos jurídicos em cinco grupos: romanístico, germânico, anglo-saxão, eslavo e islâmico. A finalidade era de classificar a legislação e os costumes jurídicos de povos diferentes com base no critério da originalidade do ordenamento jurídico e da sua história. Cerca de vinte anos depois, H. Lévi-Ullmann, baseando a sua classificação no valor distinto das fontes de direito dentro de cada ordenamento, distinguia um grupo continental, um grupo de países anglófonos e um grupo de países islâmicos. Uma abordagem antropológica, contudo, é encontrada na tentativa feita no início de 1900 por G. Sauser-Hall de distinguir os ordenamentos jurídicos com base na raça humana, ancorando-se no pressuposto de que a evolução jurídica de um ordenamento apresenta peculiaridades próprias em relação às características

---

[7] Salvo algumas vozes isoladas que a colocam em dúvida: cf. M. Lupoi, *Sistemi giuridici comparati*, Esi, Napoli, 2001, p. 107 e ss.

culturais de cada raça. Distinguia, então, uma família jurídica indo-europeia, uma semítica, uma mongol e uma dos povos ainda mais primitivos. No interior de cada família, propunha consequentes subgrupos: hinduísta, iraniano, céltico, greco-latino, germânico, anglo-saxão e letão-eslavo, com enfoque muito próximo ao da linguística evolucionista e comparada[8].

Nos anos 50, P. Arminjon, B.B. Nolde e M. Wolff criticam o recurso a critérios externos de classificação. Ao contrário, propõem uma classificação fundada em critérios intrínsecos aos ordenamentos jurídicos. Segundo esta perspectiva, devem ser esquecidos fatores não diretamente qualificáveis como jurídicos, como a raça ou a geografia, e devem-se observar os traços próprios de cada ordenamento que resultam de um estudo conduzido com os instrumentos próprios das ciências jurídicas. Consequentemente, chegam a propor uma classificação em sete grupos: francês, germânico, escandinavo, inglês, russo, islâmico e hinduísta[9].

A posição de R. David é conhecida em todo o mundo. Ele critica as doutrinas precedentes pelo fato de não oferecerem critérios classificatórios realmente persuasivos. Os únicos elementos que, no seu ponto de vista, podem ser utilizados para uma classificação em famílias jurídicas são o critério ideológico e o técnico-jurídico. O primeiro critério leva em consideração o fator religioso e filosófico próprio de cada ordenamento, além da estrutura social, política e econômica; o segundo observa aspectos mais tipicamente jurídicos. David considera o primeiro critério como o determinante. Na sua opinião, o fator técnico-jurídico incide apenas na classificação; bem mais amplos significados assumem elementos como a visão filosófica dominante ou a concepção de justiça radicada neste ordenamento. Com base nesta ordem de ideias, distingue

[8] Ver, a respeito: A. ESMEIN, *Éléments de droit constitutionnel français et comparé*, 6ª ed., 1914, reed. Panthéon-Assas, Paris, 2001; H. LÉVY-ULLMANN, *Éléments d'introduction générale à l'étude des sciences juridiques*, Sirey, Paris, 1917; L.-F. JULLIOT DE LA MORANDIÈRE, M. ANCEL, *L'oeuvre juridique de Levy-Ullmann: contribution a la doctrine moderne sur la Science de droit et le droit comparé*, Éd. de L'épargne, Paris, 1955; G. SAUSER-HALL, *Fonction et méthode du droit comparé: Leçon inaugurale, faite le 23 octobre 1912*, Kundig, Genève, 1913.

[9] P. ARMINJON, B.B. NOLDE, M. WOLFF, *Traité de droit comparé*, cit., I, p. 49 e ss.

inicialmente cinco famílias jurídicas (direitos ocidentais, direitos soviéticos, direito muçulmano, direito hinduísta e direito chinês); sucessivamente, restringe as classes a quatro: a família romano-germânica, a família de *common law*, a família dos países socialistas, e, sob a etiqueta "outros sistemas", agrupa os ordenamentos de direito muçulmano, de direito hinduísta, de direito do extremo Oriente, além daqueles em via de desenvolvimento no continente africano[10].

§ 3. *O TEMPO E O ESPAÇO: AS FAMÍLIAS JURÍDICAS SEGUNDO AS CLASSIFICAÇÕES RELATIVISTAS*

Mais recentemente (é dizer, nos anos 80 do século passado), K. Zweigert e H. Kötz salientaram que na identificação dos diversos ordenamentos no mundo contemporâneos devem ter-se presentes dois princípios: o princípio da relatividade por matéria e o princípio da relatividade temporal.

Com base no primeiro, a validade das classificações em família deve somente se referir aos diversos ramos do direito. Assim, sob a perspectiva do direito privado, um ordenamento pode ser inserido em uma dada família jurídica, ao passo que, quanto ao direito constitucional, o enquadramento classificatório pode ser outro. O princípio da diversidade temporal, por sua vez, implica a necessidade de considerar o contexto histórico, de modo que um certo ordenamento pode mudar o seu enquadramento desta para aquela família em relação ao tempo e às circunstâncias históricas que o atravessam. Em outros termos, Zweigert e Kötz afirmam a necessidade de relativizar cada classificação em famílias jurídicas, esvaziando-as de pretensões absolutistas e axiológicas.

No que concerne à classificação, os autores consideram que se deve realçar os "estilos jurídicos" de cada ordenamento e que o estudo do direito comparado teria como objeto precípuo exatamente a individualização do estilo jurídico de cada ordenamento. O conceito de "estilo", tomado das ciências linguísticas e das artes figurativas, transladado ao terreno jurídico concretiza-se através de alguns fatores relevantes em cada ordenamento; a análise destes elementos e o reconhecimento

---

[10] R. DAVID, C. JAUFFRET-SPINOSI, *I grandi sistemi giuridici contemporanei*, cit., p. 15 e ss.

de seus traços peculiares permite determinar o estilo jurídico próprio do ordenamento.

Os fatores determinantes, segundo Zweigert e Kötz, são cinco: a origem histórica e a evolução de um ordenamento jurídico; o modo de pensar predominante e característico dos juízes; os institutos jurídicos caracterizantes; as fontes do direito e a sua interpretação; os fatores ideológicos. Com base em tais elementos, é proposta uma classificação em oito famílias jurídicas: a) família romanística, b) família germânica, c) família escandinava, d) família de *common law*, e) família socialista, f) família do extremo Oriente, g) família islâmica, h) família hinduísta. A estas famílias seriam acrescidos posteriormente diversos sistemas híbridos, não classificáveis, como Quebec, Luisiana, Escócia, Israel, etc.[11]

§ 4. CLASSIFICAÇÕES FUZZY DAS FAMÍLIAS JURÍDICAS

U. Mattei, por volta de meados dos anos 90, desenha uma nova hipótese de classificação em famílias jurídicas com base nas recentes aquisições da ciência do direito comparado. O autor parte do pressuposto de que cada organização social, ainda que primitiva, é uma organização jurídica. O caráter da juridicidade realmente prescinde da existência da escritura, da existência do legislador, do juiz ou do jurista. Além disso, destaca a necessidade de abandonar uma visão eurocêntrica dos ordenamentos; de reconhecer a diversidade entre as organizações sociais sem nenhum predomínio das concepções ocidentais; de abandonar uma concepção unitária de regra jurídica, como há tempo Rodolfo Sacco sugeriu.

A hipótese que Mattei propõe, então, prevê que os sistemas jurídicos possam ser agrupados, com base no critério de prevalência (*fuzzy*), em três principais famílias jurídicas: a) a família da hegemonia profissional (*rule of professional law*); b) a

---

[11] K. ZWEIGERT, H. KÖTZ, *Einführung in die Rechtsvergleichung*, I, *Grundlagen*, Mohr-Siebeck, Tübingen, 1971, trad. it. da 3ª ed. (Tübingen, 1984), *Introduzione al diritto comparato*, I, *Principi fondamentali*, Giuffrè, Milano, 1998, p. 76 e ss., trad. esp. *Introducción al derecho comparado*, México, Oxford U.P., 2002. Sobre a convivência, inclusive na Índia, de um direito anglo-hindu ao lado de um direito anglo-muçulmano, vide A. BORRONI, M. SEGHESIO, *Comparing Hybrid Legal Systems in India: Similarities in Diversity*, in Ann. dir. comp. st. leg. 2016.

família da hegemonia política (*rule of political law*); c) a família da hegemonia tradicional (*rule of traditional law*). Trata-se de uma tripartição não rígida, baseada em um juízo completo de "prevalência" ou de "hegemonia"; em outras palavras, as características próprias de cada ordenamento poderiam ser reconduzidas a mais de uma família, mas se escolhe a característica ou as características predominantes nele para determinar o seu enquadramento classificatório.

A primeira família, fundada na *rule of professional law*, exprime a tradição jurídica ocidental e inclui os dois tradicionais grupos de *civil law* e *common law*. A tradição jurídica ocidental apresenta uma matriz unitária fundada em duas características de base: a) o componente técnico-jurídico diferencia-se do componente político; b) a estrutura conceitual do direito e amplamente secularizada. Em outras palavras, o direito é concebido como um corpo autônomo em relação à religião, à moral, às regras sociais; é funcional no que atine à organização social e à resolução das controvérsias; estas últimas são compostas com base em regras preexistentes, gerais e abstratas; tanto os governantes quanto os governados são submetidos à lei.

A família da hegemonia política (*rule of political law*) representa uma classe destinada a agrupar temporariamente os ordenamentos jurídicos que conhecem uma fase de evolução ou transição. Trata-se de ordenamentos nos quais os momentos político e jurídico não são separados; é dizer, não ocupam esferas autônomas. As escolhas políticas ficam nas mãos do poder político e as soluções técnico-jurídicas dependem da influência do poder político. Os ordenamentos pertencentes a esta família parecem ser uma experiência orientada a lograr um objetivo político e, por isso, estão em fase de transição. A classificação é marcada por esta condição temporal.

Enfim, a família da hegemonia tradicional (*rule of traditional law*) reúne todos os ordenamentos jurídicos nos quais não há separação entre direito e tradição religiosa ou filosófica. Trata-se prevalentemente dos ordenamentos pertencentes à área oriental, nos quais, ao lado de uma organização social juridicamente estruturada, existe uma esfera muito relevante de relações jurídicas reguladas por regras diferentes das jurídicas[12].

---

[12] U. Mattei, *Verso una tripartizione non eurocentrica dei sistemi giuridici*, in Aa.Vv., Scintillae iuris. *Studi in memoria di Gino Gorla*, 3 vols.,

A riqueza dos elementos trazidos à luz pelos sistemólogos do direito comparado mostra o quanto é relevante o dado oferecido pelo pluralismo dos modelos jurídicos; mas a tentativa de oferecer classificações –ainda que lacunosas– parece ainda hoje relevante. Estas naturalmente não possuem valor em si mesmas, mas sim pela funcionalidade de acrescentar ao conhecimento comparativo. Onde se revelassem inúteis sob este aspecto, perderiam sua razão de ser.

§ 5. FAMÍLIAS JURÍDICAS VS FORMAS DE ESTADO: A CONVERGÊNCIA ENTRE DIREITO COMPARADO E DIREITO CONSTITUCIONAL COMPARADO

As classificações em famílias jurídicas possuem, geralmente, um valor relativo à finalidade cognoscitiva que se busca. Por exemplo, a distinção entre *common law* e *civil law* perde a sua plena potencialidade explicativa se empregada no campo do direito público comparado. Trata-se de uma distinção, enfocada nos estudos de direito civil comparado, que oferece numerosas perspectivas para o enquadramento de questões comparativas; contudo, no plano do direito público comparado, esta distinção oferece principalmente ideias úteis na análise das fontes do direito, mas não têm a mesma utilidade em relação a outras áreas de pesquisa. O percurso de hibridização desenvolvido há tempo entre os modelos de *civil law* e de *common law* assume um significado de envergadura diferente na esfera do direito civil comparado, onde serve para enquadrar muitos institutos privados, e na do direito público, onde em geral se limita a registrar, de um lado, o crescimento do papel e do espaço da legislação nos ordenamentos de matriz anglo-saxã e, do outro, uma certa evolução no valor da jurisprudência nos ordenamentos continentais[13].

Zweigert e Kötz, como foi visto, oportunamente salientam a necessidade de levar-se em consideração na sistemologia comparativa o princípio de relatividade por matérias. No campo do direito público comparado, então, pode resultar mais

---

Giuffrè, Milano, 1994, I, p. 775 e ss., p. 36 e ss.; ID., *Three Patterns of Law: Taxonomy and Change in the World's Legal Systems*, in Am. journ. comp. law, n. 45, 1997, p. 5 e ss.; U. MATTEI, P.G. MONATERI, *Introduzione breve al diritto comparato*, cit., p. 56 e ss.

[13] Vide cap. V, seção III, § 3.

profícua uma classificação dos ordenamentos jurídicos com base na forma de Estado, isto é, com base em elementos jurídicos que qualificam a relação entre governantes e governados, entre autoridade e liberdade, e tem-se em mira o conhecimento e a classificação dos modelos constitucionais contemporâneos à luz dos recentes processos de circulação de modelos constitucionais e das dinâmicas de revitalização ou marginalização de características tradicionais (religiosas e/ou filosóficas). Quanto ao último ponto, basta pensar, de um lado, nos países de crença islâmica, onde o fator religioso está em forte ascensão; e, do outro, nos de cultura oriental, como China e Japão, onde as concepções tradicionais dão gradualmente passagem ao fator jurídico-político.

O conceito de família jurídica não é suficiente para explicar todas as realidades e, em particular, não explica a classe das democracias liberais, que compreende tanto o *common law* quanto o *civil law*, como também outras famílias[14]. Parece compartilhável a crítica de Ancel, segundo a qual não se pode agrupar uma família "de direito ocidental", em nível comparado geral, porque muitas diferenças seriam relegadas ao esquecimento. Mas isso não vale para a comparação constitucional, onde as similitudes transversais às famílias superam e ofuscam outras diferenças mais radicais em relação às taxonomias propostas e aos elementos determinantes encontrados. Isso significa que um estudioso que queira aprofundar-se nas relações entre autoridade e liberdade –no que está o elemento determinante do conceito de "forma de Estado"– pode deixar de lado (se não serenamente ignorar) a distinção entre direito codificado e direito jurisprudencial, concentrando-se no êxito das respectivas produções normativas ou, em verdade, a disciplina dos direitos e das relações entre sociedade e poder, prescindindo da sua origem (legislador ou juiz, formação acadêmica, etc.)[15].

[14] Sobre a aproximação entre as duas famílias, cf. V. VARANO, V. BARSOTTI, *La tradizione giuridica occidentale. Testo e materiali per un confronto civil law e common law*, 5ª ed., Giappichelli, Torino, 2014, e E.A. IMPARATO, *Common law v civil law. Tra formanti, canoni ermeneutici e giurisprudenza quali contaminazioni?*, in Federalismi.it, n. 4, 2016 e in S. BAGNI, G.A. FIGUEROA MEJÍA, G. PAVANI (eds), *La ciencia del derecho constitucional comparado*, cit., I, p. 571 e ss.

[15] No entanto, o pertencimento a uma ou a outra família é importante nos estudos constitucionais históricos, como também naqueles de-

Deve-se recordar, então, o papel unificador das Constituições e do direito internacional ou transnacional, que atenua ainda mais as diferenças, não só entre aquelas que até hoje representam as famílias por excelência –*common law* e *civil law*– mas também em relação a outras classes: pense-se, por exemplo, nas que Mattei agrupa no "*political law*", ou de Vergottini (classificando as formas de Estado), no "Estado em vias de transição" ou "da modernização" (ou outras definições). A globalização (também) jurídica tende a uniformizar o direito sobretudo nos "andares altos"; o estudo do direito comparado não pode, porém, ignorar o direito vivente, limitando-se a registrar as mudanças formais das Constituições e suas tendenciais recepções e uniformizações sob os estereótipos da democracia liberal. O conceito de família jurídica –especialmente se baseado, como em muitas propostas, não apenas no modo de produzir o direito, mas também na ideologia, no papel da religião, da cultura, etc.– oferece o quadro indispensável para delimitar as áreas de microcomparação e para analisar com profundidade a efetividade das normas no caso de comparação macro[16].

O uso do conceito de família jurídica reflete-se, em primeiro lugar, na atividade de pesquisa constitucional, sobretudo na seleção dos ordenamentos a serem investigados. Um estudo do direito de acesso aos atos que se articulem segundo a distinção *common law/civil law* não tem muito sentido: salvo se for dedicado apenas aos aspectos processuais, provavelmente não dará resultados significativos. Ainda pior, contudo, uma pesquisa que pretenda aplicar conceitos liberal-democráticos a institutos de ordenamentos que pertençam a famílias diversas (por ex., a ideia de "direitos humanos") não apenas se revelaria eurocêntrica, como haveria a prevalência da ideologia sobre a cientificidade: o conceito de família jurídica e, com isso, a compreensão das estruturas profundas dos ordenamentos,

---

dicados ao desenvolvimento ou à tutela jurisdicional dos direitos e, em geral, das relações da sociedade com o poder. O é também quando, utilizando o conceito de forma de Estado, deva-se considerar a propensão a receber as categorias liberal-democráticas por parte de ordenamentos cuja ideologia ou cultura lhes são estranhas (ex.: forma de Estado teocrática/famílias genericamente "orientais", ou direito africano ou similar, segundo as classificações).

[16] Vide cap. I, § 5.

alerta para os entusiasmos fáceis e acríticos em prol da possibilidade de exportações e recepções, e, em uma perspectiva histórica, denuncia os riscos de operações deste tipo.

Isso naturalmente vale também para os formantes dinâmicos (no mínimo o normativo), sempre e quando esteja em discussão a importação de institutos de ordenamentos enquadráveis em famílias diferentes ou, no caso dos juízes, a motivação (recorrendo ao direito comparado) de uma regra jurídica e a sua justificação. O fenômeno hoje é muito mais unidirecional, no sentido de que geralmente são os ordenamentos de base tradicional ou "orientais" que imitam os institutos ocidentais. Neste aspecto, parece emblemático o caso da China: no plano do ordenamento constitucional, este país recebeu formalmente conceitos e princípios próprios da tradição ocidental, como os de "direitos humanos" e de *rule of law*, para depois os esvaziar de qualquer valor substancial[17]. Parece, então, enfático falar de *cross-fertilization*, a não ser que por áreas (efetivamente menores que as famílias) limitadas. Por exemplo, é frequente que ordenamentos *civilian* –como os latino-americanos– importem institutos típicos do *common law* sem nem mesmo refletir sobre o problema da compatibilidade. (Os casos mais conhecidos dizem respeito à eficácia do precedente na jurisprudência.) Pelo contrário, no campo jurisprudencial o diálogo tem maiores características de bi- (ou pluri) direcionalidade[18].

---

[17] Vide seção II, *passim*; cap. III, seção II; cap. IV, § 3.
[18] Veja-se E. Cukani, M. Dicosola, M. Nicolini, G. Poggeschi, *Rischi e potenzialità del dialogo costituzionale globale. Per una costruzione di un "itinerario" geo-giuridico mediante la comparazione nel diritto pubblico*, Esi, Napoli, 2015.

Seção II

AS FORMAS DE ESTADO

§ 1. O CONCEITO DE FORMA DE ESTADO E OS CRITÉRIOS DE CLASSIFICAÇÃO

1.1. DEFINIÇÕES E CRITÉRIOS CLASSIFICATÓRIOS

Como lembra oportunamente B. Marquardt, «El ser humano ha vivido la mayor parte de su historia sin el Estado. Por lo menos el 99,5 por ciento de la misma»[19]. Quando se usa a palavra "Estado", sempre se lhe dá uma conotação moderna, identificando-o no modelo conformado –com base na experiência maturada na Europa depois da paz de Vestfália (1648)– por G. Jellinek, como ente dotado de um povo sedentário, de poder soberano e originário, ou seja, o domínio de um território por um povo[20]. Poucos duvidam que a Europa tenha in-

[19] Vide a excelente obra, em 3 volumes, de B. MARQUARDT, *Historia mundial del Estado*, I, *Sociedades preestatales y reinos dinásticos*, Temis, Bogotá, 2012, p. 19.

[20] Os três elementos –povo, território, governo– são identificados por G. JELLINEK in *Allgemeine Staatslehre* (1905), 7ª ed., Gentner, Bad Homburg vor der Höhe, 1960, p. 433, trad. esp. *Teoría General del Estado*, Fondo de Cultura Económica, México, 2000, trad. it. *La dottrina generale del diritto dello Stato*, Giuffrè, Milano, 1949, e sobre estes baseia-se a conhecida teoria sociológica de M. WEBER, *Wirtschaft und Gesellschaft. Grundriss der verstehenden Soziologie*, Mohr, Tübingen, 1922, trad. esp. *Economía y Sociedad. Esbozo de una sociología comprensiva*, 17ª ed. da 2ª ed. alemã, Fondo de Cultura Económica, México, 2008, p. 1047 e ss., trad. it. *Economia e società*, 4 vols., Comunità, Milano, 1981, assim como, quase à unanimidade, a doutrina inteira.

ventado o Estado[21], ao menos no sentido que lhe é dado hoje[22]. Também o conceito de "forma de Estado" deve então ter fundamento no sentido comum atribuído comumente à palavra Estado, não obstante o seu eurocentrismo e a inconsistente relevância dada à ruptura entre estruturas sociais sedimentadas e persistentes (como as tribais) e "forma" de Estado que (em parte) as reúne. Emblemático o caso da Líbia, formalmente um Estado, de fato uma união de diversas tribos no interior dos limites traçados artificialmente pelo colonialismo, com um governo sobre o território que, até a intervenção ocidental para derrubar Kadafi, era assim, em ausência do elemento "povo", apenas porque se baseava no compromisso e, sobretudo, na força.

Com a expressão "forma de Estado" indica-se o conjunto dos princípios e das regras fundamentais que, no interior do ordenamento estatal, disciplina as relações entre o Estado-autoridade (é dizer, o aparato de órgãos e sujeitos públicos aos quais o ordenamento atribui o uso legítimo do poder de coerção) e a comunidade dos cidadãos, entendidos singularmente ou nas variadas formas nas quais a sociedade civil se exprime[23].

---

[21] W. REINHARD, *Geschichte der Staatsgewalt. Eine vergleichende Verfassungsgeschichte Europas von den Anfängen bis zur Gegenwart*, Beck, München, 2007, p. 15.

[22] Cf., porém, B. MARQUARDT, *Historia mundial del Estado*, I, cit., p. 7, onde lembra que «resultaría difícil comprobar que el sistema de dominio del Rey francés Luis XIV (1643 – 1715) fue más desarrollado que el del Emperador de China Kangxi (1662-1722)». Cf. também, do mesmo autor, o vol. III, *El Estado de la modernidad temprana en Asia, África y las Américas*, Temis, Bogotá, 2014, p. 7. Assim como, por exemplo, para uma abordagem anterior a Vestfália (ou seja, no século XIII, na Sicília, com Fernando II), A. NAVAS CASTILLO, F. NAVAS CASTILLO, *El Estado constitucional*, Dykinson, Madrid, 2009; além disso (com outros exemplos dos séculos antecedentes), V. GARCÍA TOMA, *Teoría del Estado y Derecho Constitucional*, 4ª ed., Adrus, Lima, 2014, p. 58 e ss.

[23] C. MORTATI, *Istituzioni di diritto pubblico*, 9ª ed., I, Cedam, Padova, 1975, p. 135, notava que a forma de Estado caracteriza «il rapporto fra chi detiene il potere e coloro che ne rimangono assoggettati, e quindi il vario modo di realizzarsi della correlazione fra autorità e libertà». Sobre as formas de Estado: C. PINELLI, *Forme di Stato e forme di governo*, Jovene, Napoli, 2009; M. VOLPI, *Libertà e autorità. La classificazione delle forme di Stato e delle forme di governo*, 6ª ed., Giappichelli,

A correlação entre autoridade e liberdade ou, se preferir, entre governantes e governados, manifestou-se no curso da história de modo diverso e articulado a depender do regime político vigente, das finalidades de caráter geral que o Estado fixava, assim como a "Constituição material", ou seja, o conjunto dos princípios e dos valores dominantes que marcam, em um dado momento histórico, o ordenamento estatal.

No estudo sobre a forma de Estado, então, o que interessa é observar o complexo de princípios e regras fundamentais que regem as relações entre as autoridades estatais dotadas de poder de império (isto é, de exercer legitimamente a coerção) e a comunidade de cidadãos, a sociedade civil, nas suas diversas articulações (do indivíduo singular às formações sociais). A depender de como tais relações estruturam-se, serão diferentes as características fundamentais do Estado, assim como serão diversas, de época em época, as finalidades que o ordenamento estatal pretende perseguir. Encontramo-nos, portanto, diante de um conceito complexo e articulado, correlato a outros conceitos fundamentais, como "regime político", "Constituição material"[24] e assim por diante, que impõe, no plano metodológico, proceder necessariamente através da individualização de fórmulas sintéticas idôneas a consentir uma classificação.

Para construir uma classificação adequada sob o ponto de vista heurístico, é necessário recorrer a modelos[25]. Os critérios que podem ser utilizados são vários; de acordo com a orientação que se prefere seguir, é interessante combinar critérios baseados na evolução histórica e, ao mesmo tempo, nas

---

Torino, 2016; C. TILLY (ed.), *The Formation of National States in Western Europe*, Princeton U.P., Princeton, 1974, trad. it. *La formazione degli stati nazionali nell'Europa occidentale*, il Mulino, Bologna, 1984; G. BURDEAU, *L'État*, Seuil, Paris, 1970, reimpr. 2009; P. LAUVAUX, *Les Grandes Démocraties contemporaines*, 3ª ed., Puf, Paris, 2004; J. CHEVALLIER, *L'État de droit*, Montchrestien, Paris, 1992.

[24] Vide cap. IV, § 1.

[25] Os modelos jurídicos representam construções artificiais destinadas, através de oportunas classificações, a facilitar o estudo e o conhecimento daqueles fenômenos da realidade jurídica que se apresentam constituídos por uma pluralidade de elementos e condicionados por fatores complexos: vide cap. I, § 8.

características constitucionalmente relevantes da relação entre governantes e governados[26].

As formas de Estado, então, podem ser ordenadas com base na combinação dos seguintes critérios: a) a relação entre economia e direito; b) as finalidades a que se propõe o Estado (explícitas, por ex., no Estado socialista, implícitas no liberal-democrático); c) o quadro dos princípios, jurídicos ou não, que inspiram a relação entre Estado e sociedade civil, entre esfera pública e privada; d) a determinação do titular do poder político e das modalidades de legitimação; e) a afirmação ou negação dos direitos de liberdade e a previsão constitucional das garantias de sua efetividade; f) a existência ou não de uma Constituição e de um quadro de limites postos aos governantes em respeito aos governados[27]. Podem ser posteriormente agrupadas segundo critérios diacrônicos ou sincrônicos. O ponto de vista espacial e o temporal muitas vezes não coincidem completamente.

A dificuldade de encaixar a evolução das formas de Estado em classes rígidas é demonstrada pelas diferentes categorizações sugeridas por historiadores, politólogos e juristas. Para alguns, o Estado de polícia é adstrito à tipologia do Estado absolutista; para outros, representa a primeira forma de Estado de direito. Alguns autores consideram o Estado social uma forma evolutiva do Estado democrático; outros, o etiquetam como "categoria inútil"[28]. Alguns estudiosos distinguem o "Estado constitucional" do "democrático de direito", outros, pelo contrário, sugerem que o primeiro seria a evolução contingente deste. E assim por diante. Isso depende, exatamente,

---

[26] Os chamados modelos constitucionais são aquelas formas exemplares que ocorrem na experiência constitucional comparada e que, por razões de natureza diferente, conhecem um processo de circulação que não raramente termina por qualificá-los como modelos dominantes: *supra*, cap. I, § 8.

[27] Cf. M. VOLPI, *Le forme di Stato*, in G. MORBIDELLI, L. PEGORARO, A. RINELLA, M. VOLPI, *Diritto pubblico comparato*, 5ª ed., Giappichelli, Torino, 2016, p. 255 e ss. (o qual, porém, não considera os dois primeiros elementos elencados no texto).

[28] M.S. GIANNINI, *Stato sociale: una nozione inutile*, in AA.VV., *Aspetti e tendenze del diritto costituzionale. Scritti in onore di C. Mortati*, 4 vols., I, Giuffrè, Milano, 1977, p. 139 e ss.

da individualização dos elementos que, de quando em quando, são examinados. Em uma sistematização diacrônica das formas de Estado, tudo se complica, porque, geralmente (a menos que existam eventos revolucionários), os vários fatores que se consideram predominantes em cada fase histórica não aparecem todos de uma vez, mas são fruto de evoluções e estratificações; e mais, não aparecem sempre, todos, no mesmo lugar. Pode ser que uma nova ordem instaure-se em um país (França, Inglaterra, Alemanha, etc.), mas que em outros lugares se estabeleça mais tarde, em razão da circulação dos modelos ou que não se estabeleça nunca. Qualquer classificação diacrônica não pode deixar de considerar também o critério espacial e vice-versa. Ademais, frequentemente uma nova ordem artificial –com a mesma ideia de "Estado"– pode ser imposta de fora (com o colonialismo ou outra forma de conquista) sobre estruturas com base tribal, pelo que se registra verifica uma flagrante dissociação entre estas e a forma de organização do poder.

Depende, além disso, de quanto se deseja simplificar a classificação: pode ser dicotômica ("forma de Estado democrática" e "todas as outras"), ou mais articulada. Por exemplo, A. Di Giovine as classifica «grosso modo, em três grandes categorias: os Estados com democracia madura, os Estados com democracia imperfeita e os Estados não democráticos»[29]. Os nomes dados às classificações das formas de Estado não de-

[29] «Na primeira categoria são enquadrados os países que satisfaçam integralmente os parâmetros daquilo que Dahl definiu como poliarquia (efetivo gozo, pelos cidadãos, das liberdades constitucionais; pluralismo partidário e de informação; eleições livres e competitivas; independência e autonomia do Poder Judiciário ...). Na segunda categoria pode ser colocado o grupo de países que foram definidos como democracias iliberais (Zakaria) ou regimes híbridos (Diamond), países nos quais se assiste ao nascimento de um novo tipo de regime autoritário, que combina práticas eleitorais (geralmente não límpidas) e um limitado pluralismo –chamada democracia de fachada– a uma contínua violação dos direitos humanos e a um monopólio do poder político nas mãos de restritas oligarquias ou mesmo de um homem só. Entre os Estados não democráticos são, enfim, indicados os com regime unipartidário, as ditaduras militares, os regimes pessoais, os comunistas, as monarquias absolutas e os regimes teocráticos»: assim A. DI GIOVINE, verbete *Forme di Stato*, in L. PEGORARO (ed.), *Glossario di Diritto pubblico comparato*, cit., p. 147.

mocráticas são vários: para alguns, a classe geral, que compreende todas as formas "não democráticas", é a dos Estados autocráticos, ao passo que o Estado autoritário –subdivisão do Estado autocrático– simbolizaria uma experiência histórica limitada ao período entre as duas guerras mundiais; o Estado autoritário, contudo, na sua versão "totalitária", seria representado apenas pelo ordenamento nacional-socialista alemão, restando excluído o fascista, que careceria de alguns elementos característicos da classe. Por sua vez, a ditadura e outros modos de exercício autoritário do poder deveriam ser enquadrados na forma de Estado autocrática, mas não na totalitária[30]. Boa parte destas divisões possuem como medida o maior ou menor distanciamento da "democracia" hodierna, única medida de comparação.

Isso torna complicado inclusive distinguir as classificações históricas das contemporâneas. Por exemplo (para usar terminologias difundidas e afirmadas), enquanto o Estado absolutista, na sua classificação clássica, é uma categoria extinta, o Estado autocrático permeia toda a história da humanidade desde a Antiguidade, pelo menos na sua versão "ditadura". Inclusive a classificação aqui proposta é por esta razão meramente indicativa, *fuzzy*, fundamentada não só nos elementos elencados acima, mas também em outros que podem ser considerados essenciais na categorização histórica, de acordo com o grau de prevalência.

Deve-se esclarecer que colocar em uma só classe residual todos os ordenamentos que não conhecem a separação dos poderes significa utilizar este único elemento para classificar as formas de Estado e deixar de lado outros, que não são menos significativos: em particular, a relação entre sociedade e instituições (e, portanto, o liame ente o poder e a sua base) e as finalidades (bastante distintas no Estado socialista, no totalitário, nas autocracias nacionalistas, nas ditaduras). A distinção das formas de Estado não se dá *somente* na linha da separação dos poderes, mas *também* na destes elementos, que induzem a considerar forma de Estado autônomas as várias fenomenolo-

---

[30] Cf. M. VOLPI, *Libertà e autorità*, cit., p. 27 e, para a exclusão do fascismo do totalitarismo, ID., *Le forme di Stato*, cit., p. 270. Cf. também *infra*, cap. VIII, § 3.1 e 3.2.

gias que dividem um elemento comum importante (a concentração do poder), mas se afastam entre si considerando outros elementos classificatórios.

Entre estes, são particularmente importantes a organização com base em elementos territoriais percebidos como pertencentes a uma comunidade estabelecida no território denominado "Estado" e o compartilhamento de uma cultura unificadora. O conceito de "Estado" no sentido ocidental pode ser entendido como uma superestrutura jamais verdadeiramente absorvida e metabolizada (como no caso da Líbia, do Iraque ou de outras regiões do Oriente Médio ou Próximo). Isso explica, sobretudo, o motivo de a autocracia que permeia alguns Estados ser interpretada (e classificada) de forma radicalmente distinta de outras formas de autocracia, justificadas com base na finalidade (ex.: forma de Estado socialista, forma de Estado totalitária) ou em exigências contingentes (ditaduras).

A forma de Estado com divisão dos poderes, da qual partem todas as classificações das formas de Estado, é o resultado de uma evolução cujos elementos principais são, de quando em quando, o Estado (e não as uniões tribais) e a adesão ou não a teorias subjacentes (como o Iluminismo e o constitucionalismo). Esta abordagem, contudo, é amplamente justificada pela *vis expansiva* que tiveram seja o conceito de "Estado", seja, mais tarde, as teorias que a fundamentaram.

Há ampla discricionariedade no criar classes e dar-lhes nomes: certamente, a forma de Estado que se pode definir mais "autocrática" abarca experiências históricas que delinearam e delineiam uma relação entre governantes e governados inspirada em critérios contrapostos aos fundantes do Estado democrático; ou melhor, o nome é correto e evocativo de um elemento significativo, que não pode ser ignorado: a concentração do poder. Para as demais subdivisões, é porém preferível distinguir entre experiências totalitárias e experiências autocráticas residuais, inclusive as autoritárias em sentido estrito –entre as quais se destaca a ditadura; ademais, ficam de qualquer modo fora de uma divisão dicotômica e genérica a forma de Estado socialista (da qual, entretanto, é distinta a forma de Estado chinesa) e a teocrática, já que apresentam características próprias que prescindem do rechaço ao modelo democrático tradicional. Assim também deve-se colocar em um conjunto independente a categoria da autocracia nacionalista. De forma embrionária, por suas características relativas à relação entre poder e sociedade, deve-se ter presente entre as formas de Estado com divisão de poderes também algumas experiências de *"Caring State"*, ainda que *in itinere*.

1.2. AS CLASSIFICAÇÕES DA FORMA DE ESTADO COM CONCENTRAÇÃO DE PODER

Enquadrar todas as experiências diferentes das modeladas pelo constitucionalismo ocidental em um *unicum* é fruto de uma visão eurocêntrica e absolutista. Não se pode, em suma, reduzir todas as variantes das "formas de Estado" sem divisão do poder em subdivisões ou na mera fórmula das "formas de governo" de uma forma de Estado genérica chamada, de vez em quando, de autoritária ou autocrática. De fato, as formas de governo, como veremos[31], são determinadas pelas relações entre os órgãos que dividem o poder. Nos casos elencados há pouco e que agora aprofundaremos, nos quais o poder é concentrado, trata-se, ao contrário, de distinguir também com base na relação entre instituições e sociedade e com base nas funções desempenhadas; o que concerne à forma de Estado.

A concentração do poder é um fenômeno difundido não só na Antiguidade e até a elaboração da divisão feita por Montesquieu, mas também na época contemporânea. Parte dos ordenamentos jurídicos do mundo rege-se, de fato, ainda hoje (e especialmente até os anos 80), por sistemas de poder que pouco tem a ver com a sua divisão. Em particular, no tempo e no espaço a versão de concentração de poder mais difundida e perene é a ditadura (que também conhece muitas variantes)[32].

Na era contemporânea, durante o século XX se desenvolvem algumas experiências de Estados em aberta contraposição aos ideais e valores do Estado liberal. Formas de Estado autocrático estabelecem-se na Europa em resposta à crise do Estado liberal; em particular, as experiências mais relevantes são representadas por alguns regimes que foram impostos entre as duas guerras mundiais: o regime da Itália fascista (1922-1945)

---

[31] Cap. VIII.
[32] Vide *infra*, § 5, e cap. VIII, § 3.1.

e o regime da Alemanha nacional-socialista (1933-1945) (aos quais são acrescidos o regime franquista na Espanha e, por certos aspectos, também o de Salazar em Portugal)[33]. A essas contrapõe-se a forma de Estado socialista em seguida à Revolução russa de 1917. A concentração do poder assume, depois, outras formas também.

O Estado totalitário –como, aliás, as ditaduras– apresenta como base social de referência a pequena burguesia (mas também a alta e, de vez em quando, latifundiários e a casta militar); inspira-se em uma ideologia não liberal e não pluralista e, no plano institucional, dá vida a um sistema de poder autoritário. Em consequência da natureza não pluralista do sistema (ou regime), a direção política do país é solidamente colocada nas mãos do chefe do Governo, seja qual for a sua denominação. O Parlamento (ou outros tipos de Assembleia representativa da sociedade) coloca-se em uma posição subordinada ao Executivo, quando não é efetivamente abolido ou suspenso: é o Governo que, em tais regimes, representa o partido no poder e, portanto, é o Governo (ou ainda a junta militar) que legifera através de decretos com força de lei ou regulamentos nas matérias reservadas a esses. A Constituição preexistente ao advento do regime permanece às vezes formalmente em vigor, mas é, de fato, gradativamente superada por um conjunto de leis e de convenções que, na versão totalitária, são fruto da integração progressiva entre Estado e partido único. Há uma forte concentração do poder no aparato central do Estado: as autonomias territoriais são suprimidas ou são presididas por órgãos monocráticos não eleitos, confiados a funcionários estatais. Neste quadro, o princípio do Estado de direito é completamente ausente, os direitos políticos são negados, as oposições reprimidas, os direitos civis fortemente limitados[34].

---

[33] F. Fernández-Crehuet López, A.M. Hespanha, *Franquismus und Salazarismus: Legitimation durch Diktatur?*, Klostermann, Frankfurt a.M., 2008; C. Molinero, *La anatomía del franquismo: de la supervivencia a la agonía, 1945-1977*, Crítica, Barcelona, 2008; J. Tussel, *Spain, from Dictatorship to Democracy: 1939 to the Present*, Blackwell, Malden, 2007; A.C. Pinto, *Salazar's Dictatorship and European Fascism: Problems of Interpretation*, Columbia U.P., New York, 1995. Veja também nota 78.

[34] Cf., por exemplo, M. Gobbo, verbete *Stato autocratico*, in L. Pegoraro (ed.), *Glossario di diritto pubblico comparato*, cit., p. 243 e ss.: «pode-se,

Também como reação à crise do Estado liberal, a Revolução Russa de 1917 e a sucessiva Constituição da União das Repúblicas Socialistas Soviéticas (URSS) de 1922, deram origem ao Estado socialista que, depois da Segunda Guerra Mundial, difundiu-se em vários países da Europa Centro-Oriental, na Ásia (República Popular da China de 1949) e em Cuba (Revolução Castrista de 1959). A queda dos regimes comunistas na Europa e a desintegração da URSS no início dos anos 90, embora tenham ressaltado todos os limites da forma de Estado socialista, não determinaram a sua extinção; de fato, o modelo é ainda difundido em alguns Estados asiáticos (China, mesmo que com importantes variantes, Vietnã, Camboja, Coreia do Norte, Laos), além da República de Cuba.

Igualmente, em conflito com a forma de Estado liberal-democrática encontra-se a forma de Estado teocrática, mas esta também tem conotações bastante peculiares, que também são apresentadas pelas autocracias nacionalistas (especialmente árabes). Desta forma, como categoria residual de forma de Estado, resta apenas a ditadura, mero exercício de poder baseado na força.

Em síntese, além das extintas, as formas de Estado que consideraremos são: a liberal, evoluída na democrático-pluralista (ou democracia liberal, ou como se queira chamar –a palavra "democrática" é a mais em voga na linguagem comum, mas também na científica, não apenas jurídica–[35]), com a variante do *"Caring State"*; a autocrática/autoritária em sentido

---

portanto, definir como "autocrático" o modelo, considerado tanto quanto às formas de Estado como quanto às formas de governo, no qual o poder: *a*) não é legitimado por uma relação de representação política; *b*) é geralmente concentrado ou gira em torno de um único sujeito institucional, seja este uma pessoa física, um órgão ou um partido político; *c*) mesmo onde adquirido de modo legítimo, é posteriormente imposto contra os governados. Em outras palavras, por autocracia entendemos o *genus* que abrange, além do autoritarismo (com o qual, em determinados aspectos, se identifica), diversas *species* distintas, como a ditadura e o totalitarismo».

[35] Para o uso das definições classificatórias onicompreensivas, vejam-se, por exemplo (com abordagem interdisciplinar do tema), A. LIJPHART, *Democracies*, Yale U.P., New Haven, 1984, trad. it. *Le democrazie contemporanee*, il Mulino, Bologna, 1988; P. LAUVAUX, *Les grandes démocraties contemporaines*, Puf, Paris, 2004. Em abordagem crítica: L. PEGORARO, *Costituzioni e democrazia: definizioni e classificazioni nel costituzionalismo*

estrito (ditaduras); a totalitária; as autocracias nacionalistas (marcadas, como veremos, por uma particular relação entre base social e autoridade, como por finalidades distintas das propostas por outras formas de Estado); a socialista clássica e a chinesa; a teocrática.

§ 2. *Uma forma de Estado histórica: o Estado absolutista como primeira forma de Estado moderno; do absolutismo ao Estado de polícia*

A análise convencional das formas assumidas pelo poder político demonstra que o Estado em sentido estrito aparece no cenário europeu apenas com o nascimento do Estado-nação, a partir da segunda metade do século xiv. É a partir deste momento que podem delinear-se as diversas formas de Estado que sucederam no tempo[36].

Na fase histórica precedente, o ordenamento feudal que invade a Europa a partir do século ix reflete a estrutura social da época: comunidades de dimensões reduzidas, de modo geral isoladas umas das outras, baseadas em uma economia agrícola autossuficiente e em um mercado de troca *in natura*. Não há o Estado porque não há um poder político em sentido próprio. A autoridade é encarnada no senhor (ou Rei) como proprietário da terra na qual se desenvolve a vida da comunidade campesina; a relação com os súditos é uma relação "patrimonial", não política. O ordenamento instaurado não busca finalidades públicas, não cuida dos interesses gerais, mas, principalmente, concretiza-se na salvaguarda da propriedade territorial do Senhor, na defesa armada contra o exterior para

---

contemporaneo, in *Rass. parl.*, aprile-giugno 2014, p. 249 e ss., e in *Rev. latino-am. est. const.*, n. 16, 2014.

[36] Para uma crítica a esta interpretação, assim como à própria natureza "absoluta" do Estado-nação, cf. B. Marquardt, *Historia mundial del Estado*, II, *El Estado judicial de la paz interna en Europa (siglos XVI - XVIII)*, Temis, Bogotá, 2013, p. 21 e ss., que duvida da validade dos modelos proposta pela "linha de autocratas" como Maquiavel, Bodin, Hobbes, e sugere interpretações mais originais, como a "civilización agraria", a introdução das armas de fogo, a "estructuración integradora de la nobleza", o "temor a amenazas militares externas", "la implosión del sistema dinástico en Europa" (p. 29 e ss.).

tutelar a segurança dos membros da comunidade e na disciplina das relações de tipo contratual privado que se instauram entre o Rei e os Senhores feudais, assim como entre estes e os súditos. Trata-se basicamente de um "ordenamento jurídico de regime patrimonial" privado do carácter da politicidade: este não se fixa no cuidado dos interesses gerais da comunidade[37]. Em um sistema deste tipo, o critério dominante que regia as relações jurídicas entre privados e, por conseguinte, as suas obrigações e pretensões, era o princípio da personalidade do direito. Cada indivíduo regulava as próprias relações jurídicas com base na regra na própria *natio*, a comunidade de origem.

Este critério foi com o tempo adequando-se ao surgimento das novas classes, especialmente com a recuperação do comércio e o nascimento das cidades: os mercadores tornam-se portadores de um direito consuetudinário (*lex mercatoria*) que ultrapassa os territórios e configura-se de modo geral como um direito universal, ao lado do *jus commune* (o direito romano reinterpretado) e do *jus proprium* (o direito dos Reinos, dos Municípios, das corporações). Portanto, a pluralidade dos ordenamentos registra-se em diversos níveis das organizações da sociedade feudal; pluralidade que, contudo, traduz-se em uma fragmentação dos centros de poder.

A partir da segunda metade do século XIV, surge no cenário europeu uma nova forma de organização social que se contrapõe à fragmentação da sociedade feudal: com o impulso dos Reis, dá-se início a um processo de unificação de amplos territórios sob o domínio de uma única autoridade soberana. Trata-se dos primeiros Estados-nação formados na Inglaterra, na França e na Espanha. Este modelo de organização contrapõe-se, em uma primeira fase, à forma de organização da sociedade de dimensões territoriais menores: a República Holandesa, a República Veneziana, os Principados, Ducados e Bispados italianos, os Reinos e Principados alemães. No século XVI, podiam ainda ser contadas na Europa cerca de 500 unidades menores, frente a poucas dezenas de Estados[38].

---

[37] C. MORTATI, *Le forme di governo. Lezioni*, Cedam, Padova, 1973, p. 9 e ss.

[38] Sobre as difundidas exceções ao Estado-nação, cf. B. MARQUARDT, *Historia mundial del Estado*, II, cit., esp. p. 47 e ss., 113 e ss., 266 e ss.

Ao final da Guerra dos Trinta Anos (1648), os Estados europeus estabelecem a paz de Vestfália; ato com o qual pela primeira vez se reconhecem reciprocamente como entes independentes uns dos outros e equivalentes, lançando-se as bases do direito internacional público. Ademais, com tal tratado afirma-se a ideia de uma organização da convivência social segundo o modelo do Estado-nação.

A forma de Estado que se delineia nesta primeira fase histórica é a do Estado absolutista, o qual se caracteriza pelos seguintes elementos: antes de tudo, a afirmação da independência frente a uma autoridade externa ao Estado (os outros Estados, o Papa, o Imperador) traduz-se –na vertente interna– no estabelecimento de um poder absoluto concentrado nas mãos do Rei: a sua autoridade é de origem divina e transmite-se por hereditariedade; ele é o titular do Poder Executivo e do Poder Legislativo. As Assembleias representativas de origem medieval desenvolvem uma função meramente consultiva; os seus membros não têm um papel comparável à representação política; em verdade, expressam interesses corporativos com base em um mandato vinculante. Os juízes, nomeados pelo Rei, administram a justiça em nome do Soberano, assegurando –ao menos para algumas matérias– uniformidade de justiça em todo o território do Estado[39].

Entretanto, a pretendida exclusividade da produção normativa e da administração da justiça por parte do Rei encontra resistências locais: em muitos lugares é ainda radicada a força do direito consuetudinário e algumas questões são confiadas à justiça administrada pelos órgãos representativos das classes e das corporações. Assim, apesar de sujeitos ao princípio da au-

---

[39] Uma síntese em A. RAMOS TAVARES, verbete *Stato assoluto*, in L. PEGORARO (ed.), *Glossario di diritto pubblico comparato*, cit., p. 243; H. PIRENNE, *Histoire de l'Europe. Des invasions au XVI siècle*, Alcan-Nse, Paris-Bruxelles, 1936, trad. it. *Storia d'Europa dalle invasioni barbariche al XVI secolo*, Sansoni, Firenze, 1956; P. ANDERSON, *Lineages of the Absolutist State*, Verso Books, London-New York, 1979, trad. esp. *El Estado absolutista*, Siglo XXI, Madrid, 1979, trad. it. *Lo Stato assoluto. Origini e sviluppo delle monarchie assolute europee*, Il Saggiatore, Milano, 2014; R. MOUSNIER, *La costituzione nello Stato assoluto. Diritto, società, istituzioni in Francia dal Cinquecento al Settecento*, Esi, Napoli, 2002; H. MÖLLER, *Stato assoluto o stato nazionale: la Germania dal 1763 al 1815*, il Mulino, Bologna, 2000.

toridade do Soberano, subsistem vários ordenamentos menores do tipo corporativo de origem medieval.

Neste cenário, gradualmente o Estado vai assumindo a conformação de um ente impessoal, que funciona sob os auspícios do Soberano, mas é distinto da sua pessoa. O Rei, ou melhor, a Coroa, é investida de um poder absoluto, perpétuo e indivisível, que Jean Bodin qualifica como "soberania" (1576). Portanto, a Coroa, órgão do Estado, distingue-se da pessoa do Rei e assume a qualidade de impessoalidade e da continuidade. Responde às leis sobre sucessão que, junto às leis naturais e de origem divina, asseguram a continuidade do trono. Leis das quais a pessoa do Rei não pode escapar, enquanto para o resto é *legibus solutus* (origem da expressão "absolutista"). O Estado absolutista, de fato, não pode de nenhum modo ser qualificado como "Estado constitucional" pelo fato que, salvo para os vínculos de sucessão, bem como de origem natural e divina, o Rei não conhece limites ao seu poder. No decorrer do tempo em que evolui o Estado absolutista, podem distinguir-se duas fases: a do absolutismo empírico e a do absolutismo iluminado[40].

O absolutismo empírico (séculos XVI-XVIII) é caracterizado por uma permanente sobreposição entre finalidades públicas e finalidades privadas do Estado; o Estado aparece ainda como entidade patrimonial ("Estado patrimonial"), na qual não existem direitos, mas pretensões de tipo privado-patrimonial a cargo de quem tem títulos de propriedade[41].

A partir do final do século XVIII, abre-se a fase denominada por alguns de absolutismo iluminado (em particular na Áustria e na Prússia), no curso da qual se estabelece uma concepção político-publicista do Estado, que põe ao centro uma relação diferente entre Monarca e aparato estatal. Bens e atividades públicas são referidos ao Estado, como entidade impessoal, sujeito artificial, virtualmente perpétuo, ao qual é imputado um complexo de funções públicas. Tais funções são preordenadas à realização de interesses públicos, destacando-se em primeiro lugar o bem-estar dos súditos: é o chamado Estado de polícia, do termo grego *pólis*.

---

[40] C. MORTATI, *Le forme di governo*, cit., p. 16.
[41] Veja-se, sinteticamente, A. RAMOS TAVARES, verbetes *Stato patrimoniale* e *Stato di polizia*, in L. PEGORARO (ed.), *Glossario di diritto pubblico comparato*, cit., p. 165 e ss.

Para alcançar tais finalidades públicas, o Estado deve dotar-se de um aparato de órgãos e estruturas que traduza em concreto as intenções do Soberano: o "Estado-aparato", que é distinto da comunidade dos súditos e, em relação a esses, articula-se em três grandes ramos: um corpo administrativo-burocrático (funcionários públicos assalariados); um exército permanente (soldados de profissão integrados de vez em quando por recrutas); um sistema articulado e territorialmente extenso para exação dos tributos, necessários para financiar os custos do aparato disposto à consecução dos interesses públicos[42].

O processo de transição que levará à consolidação do Estado liberal tem várias das suas razões nos acontecimentos econômicos e sociais dos Estados. Com o Estado absolutista, o comércio e os mercados tinham assumido uma dimensão nacional que progressivamente foi substituindo as unidades econômicas locais e autossuficientes. As novas políticas mercantilistas dos Estados e a sua intervenção na atividade econômica favoreceram o lucro dos indivíduos e o desenvolvimento de uma burguesia capitalista. A consolidação da burguesia como classe social trouxe consigo a ideia que a diferença entre os indivíduos não fosse ditada pelo *status* (pertencimento ou não à classe aristocrática), mas, dada por assumida a igualdade jurídica, a diferença derivava da condição econômica: a posse ou não de capitais. As relações na sociedade burguesa, por conseguinte, registram uma crescente competição e contraposição entre interesses econômicos, juntamente a uma gradual, mas incessante, tendência à hegemonia da mesma burguesia.

Por outro lado, a aristocracia governante do Estado absolutista teve de enfrentar uma crise financeira sem precedentes: o custo do aparato burocrático e militar, de um lado, e a resistência sempre mais marcada da burguesia a aceitar imposições tributárias sem obter em troca uma adequada tutela dos próprios interesses econômicos e participação nas decisões de governo, do outro, conduziram à crise definitiva.

[42] Cf. P. ANDERSON, *Lineages of the Absolutist State*, cit.; G. SOLARI, *La formazione storica e filosofica dello Stato moderno*, Giappichelli, Torino, 1962; M.S. GIANNINI, *Il pubblico potere. Stati e amministrazioni pubbliche*, il Mulino, Bologna, 1985; J.H. SHENNAN, *The Origins of the Modern European State: 1450-1725*, Hutchinson & Co., London, 1974.

A Revolução Americana de 1776 e a Francesa de 1789 abriram uma fase histórica que determinou o enraizamento na Europa Ocidental e nos Estados Unidos da forma de Estado liberal; fase histórica que se protrai até a segunda metade do século XIX. Naturalmente, os traços históricos, políticos, econômicos e sociais que caracterizaram este processo diferenciaram-se de Estado para Estado: as experiências do Estado liberal no Reino Unido, na França, na Alemanha e na Itália foram bastante diferentes entre si, seja sob a perspectiva temporal, seja sob a estrutural. Contudo, deve-se registrar nesta fase a consolidação do modelo estatal como forma de organização ordenada da convivência entre indivíduos, como conclusão de um processo iniciado com o advento do Estado absolutista.

§ 3. *As formas de Estado advindas da revolução burguesa (e derivadas do constitucionalismo)*

3.1. "La richesse et les lumières": *o papel da burguesia e a oligarquia censitária no Estado liberal*

«O princípio da soberania reside essencialmente na Nação. Nenhum corpo ou indivíduo pode exercer uma autoridade que não emane expressamente desta». Com estas palavras, o art. 3 da Declaração Francesa dos Direitos do Homem e do Cidadão, de 26 de agosto de 1789, atribuía a titularidade da soberania à nação em lugar da Coroa[43].

Entre as características do Estado liberal, um dos traços distintivos está na ideia de nação como entidade unitária e indivisível, que se estabelece em uma dimensão que transcende aquela dos indivíduos singulares. Representa um complexo de ideais e valores sociais comuns certamente não a todo o povo, mas a uma parte significativa dele[44]. É a burguesia, a classe

[43] Cf. uma discussão no clássico B. DE JOUVENEL, *De la souveraineté*, Génin, Paris, 1955, trad. it. *La sovranità*, Giuffrè, Milano, 1971, e as duras críticas de L. DUGUIT (que define a soberania como uma "entidade metafísica"), in *Leçons de droit public général faites à la Faculté de Droit de l'Université égyptienne (pendant les mois de janvier, février et mars 1926)*, Boccard, Paris, 1926.

[44] Cf. F. CHABOD, *L'idea di nazione*, Laterza, Roma-Bari, 1961; F. GOIO, *Teorie della nazione*, in *Quad. sc. pol.*, n. 2, 1994, p. 181 e ss.; V. CRISAFULLI,

dominante deste período histórico, que se reconhece plenamente na nação, uma vez que este conceito exprime e reflete seus valores, ideais e, em última análise, interesses próprios. Interesses que se fazem coincidir com o interesse geral da nação[45].

Parece de todo natural, em consequência, que a soberania venha imputada à nação. Tratando-se, contudo, de uma entidade abstrata, materialmente inexistente, a nação deve ser revestida a fim de que a soberania possa traduzir-se em concretos atos de governos. As articulações operativas da nação são, então, estabelecidas nos órgãos do Estado.

Em alguns ordenamentos como, por exemplo, na Alemanha e na Itália, o Estado assume uma posição central na organização da coisa pública: é dotado de personalidade jurídica e afirma-se a ideia de que o direito tenha origem no Estado (chamado direito objetivo). Neles, a soberania nacional acaba por coincidir com a soberania do Estado. Em outros ordenamentos, como na Grã-Bretanha e na França, o Parlamento, expressão da classe dominante, titular da função legislativa, assume uma posição central no interior da organização do Estado. A lei é considerada a fonte do direito por excelência; expressão da vontade geral, incarna e realiza os interesses da nação através de normas que se impõem perante todos. A onipotência da lei faz do Parlamento –órgão que elabora as leis– a máxima expressão da soberania nacional; daqui surge a afirmação da soberania do Parlamento.

Em ambas as formas de expressão da soberania da nação, o dado emergente que caracteriza a concepção liberal do Estado é a exigência de uma justificação ou de uma legitimação do

---

D. NOCILLA, verbete *Nazione*, in *Enc. dir.*, XXVII, p. 787 e ss., e Giuffrè, Milano, 1977.

[45] G. DE ROSA, *La crisi dello stato liberale in Italia*, Studium, Brescia, 1955; P. LUCAS VERDÚ, *Estado liberal de derecho y estado social de derecho*, Un. de Salamanca, Salamanca, 1955; G. MOSCA, *Il tramonto dello Stato liberale* (organizado por A. LOMBARDO), Bonanno, Catania, 1971; J. RATZINGER, J. HABERMAS, *Etica, religione e stato liberale*, Morcelliana, Brescia, 2005; M. SUÁREZ CORTINA, *La crisis del Estado liberal en la Europa del sur*, Ayuntamiento de Santander, Santander, 2000; L. SOLARTE PAZOS, *Las Evaluaciones de Políticas Públicas en el Estado liberal*, Programa Ed. Un. del Valle, Cali, Colombia, 2004; F. ARIEL DEL VAL, *La crisis de la legitimidad del estado liberal y la teoría sociológica*, Tercer Mundo, Bogotá, 1984. V. também *infra*, cap. IX, seção I, § 1.

poder público; é rejeitada qualquer forma de justificação transcendente da soberania.

No Estado liberal registra-se uma separação entre a esfera pública, ou do poder público, e a esfera privada, área reservada à autonomia dos indivíduos. Na esfera pública, os órgãos do poder público exercitam legítima e legalmente a força de império para assegurar a manutenção da ordem contra os perigos internos e externos ao Estado. A esfera privada representa, ao contrário, uma dimensão na qual o indivíduo é soberano. A visão individualista e racionalista dominante concebe o homem como um sujeito em si mesmo, merecedor de tutela enquanto indivíduo e independentemente das suas relações sociais; ele age em uma esfera privada, em relação à qual o Estado deve abster-se de qualquer interferência. O Estado liberal não busca diretamente o bem dos indivíduos, mas deixa que sejam eles mesmos que satisfaçam as próprias necessidades por meio do exercício da liberdade e da autonomia.

No plano econômico, os direitos de propriedade e as obrigações decorrentes dos contratos representam uma esfera de ação na qual se confrontam e se contrapõem os interesses econômicos dos indivíduos. Em relação a esses, o Estado assegura as regras para o desempenho ordenado das relações econômicas e sociais, confiando na eficiência própria das boas relações econômicas em um contexto de mercado livre. Neste sentido, costuma-se dizer que o Estado liberal é um Estado "não intervencionista"; vale dizer, um Estado que favorece ações voltadas a assegurar o regular desenvolvimento das dinâmicas sociais e econômicas, sem determinar os resultados; ou ações de tipo subsidiário frente aos interesses econômicos prevalecentes. Em qualquer caso, no respeito à liberdade individual.

O Estado, portanto, de modo geral "deixa fazer", mas, em caso de necessidade, não deixa de intervir através do uso legal da força (uso do qual tem o monopólio), quando isso seja imprescindível para conter as formas mais exasperadas de protestos sociais, quando se trate de limitar os direitos dos particulares em nome do interesse geral, quando se pretenda reforçar os interesses econômicos da nação também através de políticas de expansão colonial. O interesse geral coincide, nesta época histórica, com o interesse da classe burguesa[46].

No plano mais estritamente institucional, o Estado liberal caracteriza-se por pelo menos cinco traços distintivos: a Constituição, a sua sujeição ao Direito, o reconhecimento dos direitos de liberdade, a separação dos poderes e a representação política.

A Constituição representa, na visão do Estado liberal, a garantia fundamental dos direitos de liberdade e a consagração do princípio da separação dos poderes. (Segundo o art. 16 da Declaração de 1789, a sociedade na qual faltem estes dois pilares do ordenamento deve ser considerada desprovida de uma Constituição.) Nela encontram-se previstos os elementos fundamentais do ordenamento estatal: como máxima expressão da vontade geral, a Constituição representa a "lei superior". De fato, a Constituição emana de um fato constituinte imputável diretamente ao povo e por isso se impõe também sobre a lei ordinária (Constituição norte-americana de 1787; Constituições revolucionárias francesas).

A exigência do liberalismo de reconhecer a fonte de legitimação do poder estatal comporta como consequência a sujeição do Estado mesmo ao direito e a inadmissibilidade de qualquer conduta arbitrária por parte dos poderes públicos. É o conceito de "Estado de direito" que, afirmando-se pela primeira vez com a Revolução Francesa, implica, antes de mais nada, duas condições. A primeira é que qualquer limitação da liberdade e da autonomia individual só pode decorrer da lei; esta, enquanto expressão direta da vontade geral, é a única fonte legítima a estabelecer limitações à esfera privada dos indivíduos. A segunda está na possibilidade de submeter os atos das autoridades públicas ao controle dos juízes, a fim de verificar a sua conformidade à lei e a não arbitrariedade (princípio da legalidade). Trata-se de duas garantias que o ordenamento estabelece para a tutela das liberdades frente à autoridade; ou, caso prefira-se, a tutela dos governados frente aos gover-

---

[46] V. G. BOGNETTI, *Lo stato e i gruppi di interesse negli ordinamenti borghesi*, Giuffrè, Milano, 1998, e, para as premissas históricas, B. GROETHUYSEN, *Origines de l'esprit bourgeois en France*, I, *L'église et la bourgeoisie*, Gallimard, Paris, 1927, trad. it. *Le origini dello spirito borghese in Francia*, Einaudi, Torino, 1949, e Il Saggiatore, Milano, 1964.

nantes. O Estado de direito implica que os poderes públicos estejam sujeitos ao direito (conjunto de regras abstratas e gerais predeterminadas) e a afirmação do primado da lei e das garantias jurisdicionais aos direitos de liberdade, a conformidade dos atos dos poderes públicos ao princípio da legalidade[47].

No Estado liberal, a lei, fonte do direito por excelência, determina quais são os direitos e as obrigações dos cidadãos. A superação da ideia de uma legitimação transcendente aos poderes públicos concede aos indivíduos a titularidade dos direitos em condições de igualdade perante a lei. Trata-se dos direitos mais diretamente funcionais aos interesses da burguesia capitalista: as chamadas "liberdades negativas ou do Estado". O paradigma destes direitos de liberdade emana, de fato, do direito de propriedade: este se traduz essencialmente na potestade de excluir outros do gozo do bem de propriedade. Por conseguinte, os direitos de liberdade baseiam-se, nesta fase histórica, no reconhecimento pelo ordenamento de uma esfera privada do indivíduo, que não deve ser objeto de ingerência por parte de ninguém, incluindo as autoridades públicas[48]. Neste sentido, também a iniciativa econômica e capitalista pertence à esfera da autonomia individual e, portanto, de modo geral não é suscetível de ser obstaculizada pelos poderes públicos. Nem os cidadãos, contudo, gozam destes direitos de liberdade com a mesma amplitude de reconhecimento; os indivíduos pertencentes às classes subalternas frequentemente não se encontram nas condições materiais para gozar plenamente dos direitos de liberdade que lhes foram formalmente reconhecidos.

---

[47] No Reino Unido, com a afirmação do princípio do *rule of law* [A.V. DICEY, *An Introduction to the Study of the Law of the Constitution* (1885), 8ª ed., Macmillan, London, 1915, trad. it. *Introduzione allo studio del diritto costituzionale. Le basi del costituzionalismo inglese*, il Mulino, Bologna, 2003, p. 179 e ss. da ed. italiana] busca-se estabelecer a primazia da lei ordinária sobre o arbítrio, a soberania do Parlamento, a submissão dos poderes públicos à lei, a igualdade de todos perante a lei e aos Tribunais, bem como a tutela jurisdicional dos direitos.

[48] Vide cap. VI.

A cultura dos direitos de liberdade é mais sólida nos países que possuem suas raízes na tradição histórica (Reino Unido) ou nos eventos revolucionários (França e Estados Unidos) que estabeleceram a formação dos Estados: nestes ordenamentos, esses direitos são reconhecidos como "direitos naturais", preexistentes ao Estado[49]. É diferente a perspectiva dos ordenamentos onde, ao contrário, os direitos são concebidos como "direitos públicos subjetivos", admitidos pelo Estado como forma de autolimitação de si mesmo e de reconhecimento pelos poderes públicos de situações jurídicas subjetivas pertencentes aos indivíduos. Assim, os direitos de liberdade teriam razão de ser somente enquanto previstos pelo ordenamento estatal.

Em lugar da concentração do poder político, no Estado liberal afirma-se o princípio da separação dos poderes, com base no qual o Estado articula as suas funções ao redor de três diretrizes primárias: o Poder Legislativo, o Poder Executivo, o Poder Judiciário. A afirmação de tal princípio reflete a vontade da classe burguesa de infringir a estrutura monolítica do poder absoluto herdada dos regimes anteriores. Sem prejuízo da soberania da nação, o princípio da separação dos poderes garante uma articulação no exercício das funções primárias do Estado entre vários órgãos: a função legislativa ao Parlamento, dentro do qual a burguesia tem uma posição dominante; a função executiva ao Governo, cujos Ministros são expressão do Rei; a função jurisdicional às Cortes, de modo geral independentes dos outros poderes e sujeitas apenas à lei[50].

Neste quatro, as relações entre os órgãos titulares dos mencionados poderes são inspiradas por critérios de independência e, ao mesmo tempo, de equilíbrio e condicionamento recíproco. Embora em uma primeira fase a ideia da separação

---

[49] R.R. PALMER, *The Age of the Democratic Revolutions: A Political History of Europe and America 1760-1800*, 2 vols., Princeton U.P., Princeton, 1959-1964, trad. it. *L'era delle rivoluzioni democratiche*, Rizzoli, Milano, 1971.

[50] G. SILVESTRI, *La separazione dei poteri*, Giuffrè, Milano, 1979; M. TROPER, *La séparation des pouvoirs et l'histoire constitutionnelle française*, Lgdj, Paris, 1980; G. BOGNETTI, *La divisione dei poteri*, Giuffrè, Milano, 1994; R. ESTRADA MICHEL (ed.) *La división del poder público. Temas constitucionales*, Porrúa, México, 2007.

de poderes fosse entendida de uma maneira rígida, rapidamente se reconheceu que entre os três poderes poderiam existir naturais interferências funcionais: a osmose entre eles assegurava, de fato, formas de colaboração junto a mecanismos de condicionamento e controle recíproco. Dinâmicas que na experiência dos Estados Unidos traduzem-se no bem conhecido mecanismo de *checks and balances (*freios e contrapesos*)*.

A separação dos poderes, definitivamente, assegura um governo moderado fundado na dissociação do poder soberano e na distribuição dos poderes entre as diversas classes sociais antagônicas (aristocracia e burguesia); garante a estabilidade do sistema e, como consequência, as liberdades do indivíduo.

A representação política constitui outro dos pilares fundamentais do Estado liberal. Através dela, torna-se possível a participação em larga escala no governo da coisa pública; participação que, entretanto, é reservada somente a algumas classes sociais[51].

A nação não pode exercer a soberania senão por meio de representantes; dado que o fim último da nação é a realização de interesses gerais, os representantes através dos quais tal fim é perseguido desenvolvem funções de natureza política. A escolha dos representantes é feita por meio das eleições, um procedimento destinado a selecionar os melhores (*"eligere"*); os eleitos, em razão da representação política da qual são investidos, são chamados a cuidar dos interesses gerais. Vige o princípio da proibição do mandato imperativo, introduzido pela Constituição francesa de 1791 e ainda hoje vigente nos ordenamentos constitucionais contemporâneos. Em virtude de tal princípio, os eleitos não são vinculados ao mandato dos eleitores; estes representam a nação e por isso não podem agir para a satisfação dos interesses particulares[52].

A representação política que se estabelece nos ordenamentos liberais é, apesar de tudo, uma representação limitada: o sufrágio é restrito, fundado no patrimônio ou na renda dos eleitores; a maioria do povo é excluída do direito de voto (são excluídas sobretudo as mulheres); os representantes são os "no-

---

[51] Um aprofundamento exauriente no n. 3, 2004 de *Fundamentos*, dedicado a "La representación política".

[52] Vide, também, cap. IX, seção I, § 4.

táveis", ou seja, aqueles que são considerados os mais capazes e merecedores; em razão de tais virtudes lhes é conferido um mandato fiduciário para serem livremente intérpretes do bem comum e do interesse geral; expressam a vontade política geral, como dito, sem vínculo de mandato[53].

É completamente evidente que o Estado liberal é um Estado oligárquico, fundado no patrimônio, representativo de uma realidade homogênea e substancialmente de uma só classe[54].

3.2. O ESTADO DEMOCRÁTICO PLURALISTA E O ESTADO SOCIAL

As contradições ínsitas ao Estado liberal induziram a uma alteração gradual das relações entre governantes e governados até determinar o advento do Estado de democracia pluralista[55].

Em particular, os fatores que incidiram majoritariamente nesta evolução são atribuíveis, sobretudo, à estrutura socioeconômica. O Estado liberal, ao assegurar as liberdades dos indivíduos, tinha especialmente cuidado, como visto, dos interesses da burguesia capitalista. Desta forma, a ação positiva do Estado na economia era totalmente dirigida a garantir o mais amplo desenvolvimento das liberdades econômicas a favor daqueles que detinham os recursos e, ao mesmo tempo, a promover as condições idôneas a obter o máximo proveito do exercício de tais liberdades. Apenas as forças economicamente dominantes tinham efetivamente condições de exercitar as liberdades proclamadas pelo Estado liberal; grande parte da população, excluída do circuito econômico vantajoso, terminava por ser ainda estranha em relação às dinâmicas democráticas. De fato, o gozo dos direitos políticos acabava sendo privilégio da classe dominante; no entanto, as classes populares que restavam à margem dos processos democráticos tinham dado uma contribuição relevante aos movimentos de 1789 na França.

---

[53] Sobre todas estas teorias, v. o n. 1, 1998 de *Fundamentos*, sobre "Soberanía y Constitución".

[54] M.S. GIANNINI, *Diritto pubblico dell'economia*, il Mulino, Bologna, 1989, p. 26 e ss.

[55] As linhas principais da evolução são traçadas magistralmente por B. MARQUARDT, *Historia mundial del Estado. El Estado de la doble revolución ilustrada e industrial (1776-2014)*, Ecoe, Bogotá, 2014.

Estas contradições levaram rapidamente as classes subalternas e, em especial, a classe proletária, a tomar consciência das desigualdades sociais e econômicas. Frente aos privilégios da aristocracia e da burguesia capitalista, as associações operárias começaram um percurso de reivindicações dos próprios direitos em busca da atuação plena do princípio democrático, tanto no plano político quanto no econômico. Naturalmente, o processo de transformação foi gradual e nada simples.

Uma primeira fase de superação do liberalismo econômico e político é marcada pelas experiências do "neoliberalismo". Sem prejuízo da estrutura econômica do Estado liberal, em particular no que concerne ao primado da propriedade, colocam-se em prática políticas voltadas a desenvolver intervenções assistenciais em favor das classes subalternas; iniciam-se políticas salariais a favor dos operários, intervém-se para melhorar as condições de trabalho, organizam-se formas de assistência social. Desse modo, tenta-se atenuar o descontentamento social e neutralizar as pressões dirigidas a subverter o quadro socioeconômico instaurado pelo Estado liberal.

Isso não é suficiente, evidentemente, para equilibrar as contradições que o desenvolvimento do capitalismo injetou na sociedade civil; a insegurança social e as contínuas crises econômicas induzem o Estado a iniciar um processo de transformação que, ao dar plena atuação à ideologia democrática, introduza institutos e medidas de inclusão das classes sociais mantidas à margem do sistema liberal. Parte destes elementos, então, o desenvolvimento do Estado democrático-pluralístico que se consolida em particular no curso do século xx.

O princípio democrático encontra sua plena expressão no reconhecimento não só do valor da pessoa humana, mas também da sua dignidade; assim, todas as pessoas, independentemente da sua condição social ou econômica, têm direito a uma vida digna. O reconhecimento da dignidade da pessoa implica que ela não seja entendida como simples indivíduo, sujeito plasmado na esfera dos seus interesses privados; mais do que isso, a pessoa adquire relevância própria precisamente porque é parte de uma rede de relações com outras pessoas com as quais dá vida a formas de agregações sociais, das mais elementares às mais complexas. É nesta dimensão coletiva que o princípio personalista se entrelaça com o princípio solidário e o princípio da igualdade[56].

Muda, então a relação entre autoridade e liberdade: enquanto no Estado liberal a ideia de liberdade do indivíduo implicava principalmente a exclusão do Estado da esfera privada, no Estado democrático-pluralista, a liberdade explica-se principalmente na participação da pessoa na vida política do Estado. Em relação ao Estado liberal, no Estado democrático a distância entre o Estado aparato e a sociedade civil e política tende a se atenuar. Especialmente porque a comunidade dos cidadãos apresenta-se não mais fragmentada, mas organizada em grupos que são portadores de interesses diferentes e contraposto, além de visões políticas diversificadas[57]. Esta é a época na qual se vê, sobretudo na Europa, nascer os modernos partidos de massa: eles tornam-se a estrutura organizativa de base, seja da burguesia, seja da classe operária e campesina, e

---

[56] Cf. L. BOURGEOIS, *La Solidarité*, Colin, Paris, 1896; M.C. BLAIS, *La solidarité. Histoire d'une idée*, Gallimard, Paris, 2007, trad. it. *La solidarietà. Storia di un'idea*, Giuffrè, Milano, 2012; G. LOMBARDI, *Contributo allo studio dei doveri costituzionali*, Giuffrè, Milano, 1967; C. GONZÁLEZ SÁNCHEZ, *El principio de solidaridad en la Constitución española*, Ratio Legis, Salamanca, 2012; B. PEZZINI, C. SACCHETTO (eds), *Il dovere di solidarietà*, Giuffrè, Milano, 2005; D. SELBOURNE, *The Principle of Duty*, Abacus, London, 1997; S. GALEOTTI, *Il valore della solidarietà*, in *Dir. soc.*, n. 1, 1996, p. 10 e ss.; G.F. FERRARI, *Duties*, in S. BAGNI, G. FIGUEROA MEJÍA, G. PAVANI (eds), *La ciencia del derecho constitucional comparado*, cit., III, p. 541 ss. Sobre o princípio da igualdade, v. o cap. VI, seção I, § 9.

[57] Sobre o Estado democrático-social, vide, na imensa bibliografia, P. LUCAS VERDÚ, *Estado liberal de Derecho y Estado social de Derecho*, cit.; E. FORSTHOFF, *Rechtsstaat im Wandel*, Kohlhammer, Stuttgart, 1964, trad. it. *Stato di diritto in trasformazione*, Giuffrè, Milano, 1973; P. FLORA, A.J. HEIDENHEIMER (eds), *The Development of Welfare State in Europe and America*, Transaction, New Brunswick, 1998; A. GUTMANN (ed.), *Democracy and the Welfare State*, Princeton U.P., Princeton, 1988; P. SPICKER, *The Welfare State: A General Theory*, Sage, London, 2000; R. LISTER, *Building a Citizens Welfare State*, John Baillie memorial lecture, CTPI, Edinburgh, 2000; E. HUBER, J.D. STEPHENS, *Development and Crisis of the Welfare State: Parties and Policies in Global Markets*, Un. of Chicago Press, Chicago, 2010; F.G. CASTLES, S. LEIBFRIED, J. LEWIS, H. OBINGER, C. PIERSON (eds), *The Oxford Handbook of the Welfare State*, Oxford U.P., Oxford, 2012.

assumem sempre mais um papel de interlocutores dos poderes públicos[58].

A ação das novas forças políticas e sociais pressiona o Estado a tomar iniciativas destinadas a regulamentar a economia de mercado: é tutelada a liberdade de concorrência, mas, ao mesmo tempo, se quer que a iniciativa econômica privada não entre em conflito com os interesses sociais primários e garanta o respeito à dignidade da pessoa humana. Através de políticas específicas, então, o Estado fixa como objetivo a redistribuição da riqueza de modo a realizar a igualdade substancial, a justiça social, a inclusão das classes mais fracas e marginais no circuito virtuoso das vantagens econômicas e sociais. Sob esta perspectiva, o Estado democrático passa a ser qualificado como Estado de bem-estar (*Welfare State*).

O Estado social representa a cara do Estado democrático que se mostra atenta às categorias sociais economicamente mais fracas; esta atenção manifesta-se através da repartição do produto derivado dos bens econômicos diferentemente da que resultava, no Estado liberal, dos mecanismos do liberalismo econômico. O principal instrumento jurídico através do qual o Estado social realiza esta redistribuição da riqueza produzida é o sistema tributário. Por meio dele, impõem-se tributos segundo critérios de progressividade e proporcionalidade, de modo a assegurar uma redistribuição forçada de uma parte da riqueza produzida no país. É evidente que nas fases de crises econômicas, e, portanto, de contenção da riqueza produzida, as finalidades do Estado social sofrem uma frustração diretamente proporcional à redução da riqueza em si.

As políticas do Estado social estabeleceram importantes novidades no plano das dinâmicas institucionais do Estado democrático; basta pensar que as instituições democráticas representativas, das quais é demandada a gestão dos recursos financeiros imponentes que derivam da arrecadação fiscal, ao determinar as políticas a serem praticadas são sempre mais expostas às iniciativas de coalizão de interesses e grupos de pressão que interagem nos processos decisórios democráticos. Consequência direta das intervenções do Estado

[58] Vide cap. IX, seção I, § 6.

no terreno econômico é também uma hipertrófica produção legislativa[59].

O Estado democrático pluralista, não diversamente do Estado liberal, apresenta um sistema das fontes de direito cujo vértice é a Constituição. Trata-se, pois, de um Estado constitucional que estabelece na Carta fundamental os princípios e os valores em torno dos quais se reconhece a estrutura social plural. As disposições constitucionais consagram os traços fundamentais do ordenamento destinados a assegurar a convivência entre grupos sociais diversos e interesses contrastantes. Diferentemente do Estado liberal, as Constituições dos Estados de democracia pluralista tendem a se dirigir à garantia da plena atuação do princípio democrático em todos os seus componentes.

Nestas Constituições, são mais amplas as partes que reconhecem e tutelam os direitos e as liberdades fundamentais; são, além disso, mais articuladas e complexas as partes voltadas a disciplinar as relações entre os poderes públicos e o exercício das respectivas funções. Consolida-se o caráter da rigidez constitucional e, por conseguinte, o primado sobre as outras fontes do direito, através da previsão de um procedimento rigoroso para a revisão constitucional. Se é verdade que a Constituição contém o pacto entre as forças políticas e sociais que fundaram o novo ordenamento, então este pacto deve ser subtraído da disponibilidade de uma maioria parlamentar simples[60].

A mesma concepção do Estado de direito conhece uma certa evolução na transição para o Estado democrático. Tal princípio exprime uma legalidade não mais apenas em sentido formal, mas também em sentido substancial: o exercício do poder administrativo deve levar em consideração uma legislação sempre mais penetrante em relação não só à forma de exercício de tal poder, mas também, e sobretudo, em relação ao objeto e às finalidades dos atos da administração pública.

O princípio do Estado de direito, ademais, deve ser lido e interpretado igualmente em relação ao crescente papel que a

---

[59] A. ARDIGÒ, *La crisi del Welfare State: elementi per un'analisi sistemica*, in *La Ricerca Sociale*, n. 27, 1981, p. 7 e ss.
[60] *Infra*, cap. IV, § 10.

justiça constitucional veio assumindo nos Estados de democracia pluralista. Frente a uma legislação hipertrófica e ao mesmo tempo heterogênea, expressão de uma ação política compromissória, a unidade e a coerência do ordenamento jurídico não podem deixar de encontrar suporte nos princípios supremos previstos pela Constituição. Entende-se, portanto, qual papel altamente relevante foi paulatinamente atribuído às Cortes Constitucionais como guardiãs da legalidade constitucional.

3.2.1. Democracia representativa, democracia direta e democracia participativa: a expressão do princípio democrático

O advento do sufrágio universal e a consolidação do princípio de igualdade representam um dos divisores de água mais relevantes entre o Estado liberal e o Estado democrático pluralista. Este último torna-se para todos os efeitos um Estado fundado na democracia representativa; através dos órgãos e dos institutos da representação política, o povo exercita a soberania.

Portanto, aquela democracia que no Estado liberal tinha mantido um caráter predominantemente ideológico e de apenas uma classe ("monoclasse"), por efeito do sufrágio universal e do direito de voto igual, traduz-se em uma arquitetura institucional complexa que age materialmente na vida do Estado através dos seus órgãos, dando voz a uma realidade pluralista e "pluriclasse". O sufrágio universal implica que os governados exprimam o seu apoio aos governantes e que, em contrapartida, estes obtenham com a sua ação de governo o consentimento dos governados. A representação política, portanto, deve ser modulada de modo que assegure a relação com os eleitores (sistema dos partidos) e, ao mesmo tempo, o exercício eficaz do poder político (governabilidade).

No tocante ao princípio da representação política derivado do Estado liberal, o que se consolida no Estado democrático e pluralista tende a incluir uma pluralidade de classes e de grupos sociais antes mantidos à margem do sistema; o sistema eleitoral põe em competição a pluralidade dos interesses em jogo e assegura a prevalência legítima de uns sobre os outros.

Os representantes no Parlamento continuam sempre investidos da função de representação da nação, mas desta vez a nação expressa a vontade e os interesses de uma estrutura social bem mais articulada e complexa[61].

Também nos ordenamentos constitucionais dos Estados de democracia pluralista vige a proibição do mandato imperativo. Uma vez eleitos, os representantes políticos são chamados a exprimir o interesse da nação e não os interesses particulares, nem muito menos são obrigados a executar materialmente as indicações recebidas pelos eleitores. O interesse da nação não é individualizado de maneira apriorística, mas, sim, através do trabalho de uma densa rede de organismos intermediários entre os cidadãos e o Estado, entre os quais se destacam, em primeiro lugar, os partidos, que asseguram formas diversificadas de participação política dos eleitores.

Expressões do princípio democrático são, igualmente, as formas e os institutos da democracia direta. A democracia representativa, típica das sociedades complexas e pluralistas que foram configuradas com o Estado democrático, funda-se na assunção da separação entre quem governa e quem é governado, sem prejuízo de que os primeiros governem com o consentimento dos segundos. A democracia direta, ao contrário, constitui uma forma de exercício do poder político que atribui diretamente aos governados a ação de governo[62].

Os ordenamentos constitucionais democráticos preferem soluções de democracia representativa, considerando também as dificuldades práticas de ativar mecanismos da democracia direta. Contudo, para contrabalançar a criticidade que os sistemas representativos colocaram em evidência (especialmente no que atine à desconfiança do corpo eleitoral frente aos órgãos de governo e dos partidos), foram previstos, junto aos mecanismos de democracia representativa predominantes, alguns institutos de democracia direta voltados a permitir ao povo o exercício direto de funções e de poderes decisórios, cujos efeitos se produzem de forma imediata no ordenamento jurídico.

---

[61] *Infra*, cap. IX, seção I, § 4.
[62] Cf., por ora, L. VOLPE, *Potere diretto e potere rappresentativo*, Cacucci, Bari, 1992, e *infra*, cap. IX, seção I, §§ 3, 4, 7.

Enfim, são atribuíveis também ao princípio democrático as formas de democracia participativa que, sobretudo a partir dos últimos decênios do século passado, foram se difundindo nos sistemas democráticos como complemento do circuito político-representativo. O fenômeno participativo é expressão do diálogo entre as instituições e a sociedade civil que buscou momentos diversos daqueles assegurados pelo sistema dos partidos, sobretudo nos casos nos quais os partidos acabaram por se confundir com o aparato institucional. Foram, portanto, iniciadas práticas de consulta entre os órgãos constitucionais e os sujeitos representativos da sociedade civil interessados nas medidas particulares em discussão. Tais práticas resultaram relevantes não só como expressão de um reforço do princípio democrático, mas também por se revelarem úteis sob a perspectiva da qualidade das regras objeto de consulta: opiniões e informações provenientes dos destinatários das disposições permitem aos órgãos normativos uma avaliação *ex ante* da eficácia da normativa[63].

[63] As práticas que foram sendo desenvolvidas e que tornaram cada vez mais difundida a democracia participativa, até configurar uma espécie de neocorporativismo, variam sobretudo com base nos sujeitos participantes: associações sindicais e patronais, categorias do mundo do trabalho e da produção, categorias profissionais, grupos de interesse, *lobbies*, grupos de pressão, mas também entes territoriais de diversos tipos, etc. Podem, outrossim, variar a depender dos procedimentos de participação, que podem ser completamente informais, desenvolver-se de acordo com modalidades normativamente procedimentalizadas ou conforme usos mais ou menos consolidados. Em geral, as instituições de governo consultam determinados sujeitos da sociedade civil sobre a tomada de medidas normativas. As consultas são principalmente destinadas a obter informações, a apurar as reais exigências dos interessados, a avaliar a prospectivamente a eficácia da norma que se pretende adotar. Tais consultas podem resultar da iniciativa autônoma das instituições de governo [basta pensar nas *hearings* parlamentares, nas mesas de concertação (Governo - partes sociais)] ou ser previstas como obrigatórias, ainda que não vinculantes. O dado mais relevante, contudo, está no fato que, não raramente, devido à representatividade dos sujeitos participantes ou da sua capacidade de pressão e orientação da opinião pública, estes sejam capazes de influenciar na determinação dos conteúdos das medidas que as instituições de governo preparam-se para adotar. Sempre mais frequentemente, as consultas tornam-se mesas de concertação e de negociação das normativas que posteriormente os órgãos constitucionais aprovarão (E. De Marco, *La negoziazione legislativa*, Cedam, Padova, 1984, p. 38 e ss., 131 e ss.).

3.2.2. *Federalismo, regionalismo: a prevalência do tipo de Estado "institucionalmente descentralizado" (remete-se a outro capítulo)*

Nos Estados atuais de democracia pluralista, os princípios da representação política e da separação dos poderes conheceram uma evolução com a consolidação de um sistema baseado em diversos níveis de governo. Trata-se da evolução que viu os Estados nacionais europeus distribuírem gradativamente os poderes administrativos a órgãos e departamentos espalhados no território, mas hierarquicamente subordinados ao aparato central. Tratou-se, em um primeiro momento, de uma mera "descentralização burocrática", é dizer, de uma delegação da função administrativa a órgãos periféricos que estavam, em todo caso, desprovidos de poderes decisórios efetivos.

Sucessivamente, com o enraizamento da ideia de uma representação política plena, os sujeitos descentralizados no território do Estado viram crescer pouco a pouco as funções que lhes foram delegadas até assumirem um caráter sempre mais marcadamente político, tornando-se em seguida expressão democrática do corpo eleitoral localizado no território. Sobretudo após a Segunda Guerra, desenvolveram-se formas de autonomia territorial caracterizadas pela distribuição do poder político sobre o território, a favor de entes locais dotados de poderes de governo e também de funções normativas. Disto se tratará mais amplamente em capítulo específico[64].

§ 4. *Um híbrido: a incorporação das culturas autóctones no âmbito das formas de Estado com separações dos poderes (o* Caring State*)*

Distinta da democracia tradicional, mas ainda mais distante das formas de Estado autocráticas, merece ser destacada também a hipótese recentemente avançada na doutrina segundo a qual –com referência a algumas experiências constitucionais que incorporam determinadas "tradições contra-hegemônicas", com particular referência à área latino-americana– seria possível extrair do leito do Estado social de direito

[64] Vide cap. VII.

(ou *Welfare State*, ainda que os conceitos não coincidam completamente) o chamado *Caring State*. Este vem identificado pela incorporação de valores comunitários tradicionais em nível constitucional e no programa político, como se registra, por exemplo, na África do Sul, no Equador, na Bolívia, no Butão, em Madagascar, na Nicarágua[65]. A capacidade absorvente das classificações tradicionais das formas de Estado não iria

[65] A individualização do *Caring State* como forma de Estado específica é de S. BAGNI, *Dal* Welfare State *al* Caring State?, in ID. (ed.), *Dallo Stato del* bienestar *allo Stato del* buen vivir. *Innovazione e tradizione nel costituzionalismo latino-americano*, Filodiritto, Bologna, 2013, p. 19 e ss., e in *Ann. italo-iberoam. dir. cost.*, Esi, Napoli, 2014, p. 325 e ss. Em outra contribuição, S. BAGNI, *Lo Stato interculturale: primi tentativi di costruzione prescrittiva della categoria*, in S. BAGNI, G.A. FIGUEROA MEJÍA, G. PAVANI (eds), *La ciencia del derecho constitucional comparado*, cit., II, p. 111 e ss., propõe também a utilização da fórmula "Estado intercultural". Sobre os prenúncios e as características peculiares da evolução do Estado Constitucional na América Latina, cf, pelo menos, além da bibliografia citada *sub* cap. III, seção I, § 3, nota 19, B. MARQUARDT, *Los dos siglos del Estado constitucional en América Latina (1810-2010), Historia constitucional comparada*, 2 vols., I, *Metodología y 1810-1880*, y II, *1880-2010*, Un. Nacional de Colombia-Inst. Unidad de Invest. Jur.-Soc. G. Molina, Bogotá, 2011; ID., *Historia constitucional comparada de Iberoamérica. Las seis fases desde la Revolución de 1810 hasta la transnacionalización del siglo XXI*, Ibáñez, Bogotá, 2016; M. CARMAGNANI, *L'altro Occidente. L'America Latina dall'invasione europea al nuovo millennio*, Einaudi, Torino, 2003; B. DE SOUSA SANTOS, *Refundación del Estado en América Latina. Perpectivas desde una epistemología del Sur*, Inst. Int. de Der. y Soc., Lima, 2010; A.C. WOLKMER, I. FERNANDES, M. LIXA (eds), *Constitucionalismo, descolonización y pluralismo jurídico en América Latina*, Cenejus Nepe-Un. Fed. Santa Catarina, Aguascalientes-Florianópolis, 2015. Sobre as peculiaridades da experiência latino-americana e a sua configurabilidade como família autônoma, cf., também, G. MARINI, *La costruzione delle tradizioni giuridiche ed il diritto latinoamericano"*, in *Riv. crit. dir. priv.*, n. 2, 2011, p. 163 e ss.; J. CARPIZO, *Derecho constitucional latinoamericano y comparado*, in *Bol. mex. der. comp.*, n. 114, 2005, p. 949 e ss.; S. LANNI, verbete *Sistema giuridico latinoamericano*, in *Dig. priv., Sez. civ., Agg.*, Utet, Torino, 2016, p. 711 e ss.; ID., *Il diritto nell'America Latina*, Esi, Napoli, 2017; R. TONIATTI, *Il paradigma costituzionale dell'inclusione della diversità culturale in Europa e in America Latina: premesse per una ricerca comparata sui rispettivi modelli*, in S. BAGNI, G.A. FIGUEROA MEJÍA, G. PAVANI (eds), *La ciencia del derecho constitucional comparado*, cit. III, p. 1445 e ss.; N. GARAY MONTAÑEZ, *Lo decolonial y su influencia en el derecho constitucional*, nesta obra, I, p. 991 e ss.; A. COLOMER VIADEL, *Una teoría constitucional de la supervivencia para América Latina*, in *Rev. per. der. públ.*, n. 31, 2015, p. 175 e ss.; ao "direito da

desaparecer com referência às recentes experiências definidas como *"nuevo constitucionalismo andino"*, onde os termos de comparação permanecem os da autoridade política e da liberdade dos indivíduos e dos grupos; mudam, porém, significativamente os conteúdos dos princípios e das regras que os disciplinam[66]. Um exemplo significativo é dado pelo preâmbulo da Constituição boliviana: «Dejamos en el pasado el Estado colonial, republicano y neoliberal. Asumimos el reto histórico de construir colectivamente el Estado Unitario Social de Derecho Plurinacional Comunitario, que integra y articula los propósitos de avanzar hacia una Bolivia democrática, productiva, portadora e inspiradora de la paz, comprometida con el desarrollo integral y con la libre determinación de los pueblos».

A fórmula *"Caring State"* para designar esta forma de Estado parece mais feliz do que a "intercultural", que acentua um componente importante, mas não único: *Caring State* como forma de Estado absorve os vários componentes, tanto formais (Constituição de *imprinting* ocidental) quanto materiais (a tradição como parâmetro, mas não único) e procedimentais (a participação, sempre enfatizada): nas palavras de S. Bagni, é o Estado «onde o público cuida do privado, os indivíduos tomam conta uns dos outros e ambos se preocupam com o ambiente» em que vivem. Em uma perspectiva de estudo das formas de

---

América Meridional" dedica um específico capítulo M.G. LOSANO, *I grandi sistemi giuridici*, cit., p. 175 e ss.

[66] R. VICIANO PASTOR (ed.), *Estudios sobre el nuevo constitucionalismo latinoamericano*, Tirant lo Blanch, Valencia, 2012; S. BALDIN, M. ZAGO (eds), *Le sfide della sostenibilità. Il buen vivir andino dalla prospettiva europea*, Filodiritto, Bologna, 2014; R. GARGARELLA, C. COURTIS, *El nuevo constitucionalismo latinoamericano: promesas e interrogantes*, Cepal, Santiago de Chile, 2009. Sobre a Constituição equatoriana no contexto andino v. R. ÁVILA SANTAMARÍA, J.C. TRUJILLO VÁSQUEZ, *Constitución del 2008 en el contexto andino. Análisis de la doctrina y del derecho comparado*, Ministerio de Justicia y Derechos Humanos, Quito, 2008. Sobre a controversa experiência venezuelana, R. VICIANO PASTOR, R. MARTÍNEZ DALMAU, *Cambio político y proceso constituyente en Venezuela (1998-2000)*, Tirant lo Blanch, Valencia, 2001. Podem demonstrar o contexto duas publicações: C. LANDA ARROYO, *Apuntes para una teoría democrática moderna en América Latina*, Pucp Fondo ed., Lima, 1994, e o mais recente M. CARBONELL, J. CARPIZO, D. ZOVATTO (eds), *Tendencias del constitucionalismo en Iberoamérica*, Unam-Iij, México, 2009; bibliografia também *supra*, nota 65 deste §, e *infra*, nota 11 do cap. III, seção I, § 2.

Estado baseada em critérios de prevalência, o *Caring State* parece colocar-se, sob a perspectiva formal (salvo a acentuação das modalidades participativas), no leito do Estado democrático-pluralista; sob a substancial, propõe-se, ao contrário, como uma experiência nova, não correspondente a nenhuma forma de Estado tradicional.

§ 5. DITADURAS

«Por "ditadura" entende-se tradicionalmente um regime de caráter autocrático, no qual há concentração de funções em um único sujeito por um período de tempo limitado, com o escopo de enfrentar uma situação excepcional. Em outras palavras, a ditadura não representaria uma forma de Estado ou de governo em si mesma, mas constituiria, sobretudo, uma reação que qualquer modelo pode assumir frente a uma condição de crise»[67].

A origem histórica do conceito de ditadura remonta à Roma antiga. O *dictator* (V-III século a.C.) era um magistrado extraordinário nomeado por um cônsul para fazer frente a situações de emergência, como uma guerra (*dictator rei publicae gerendae causa*) ou uma revolta interna (*dictator seditionis sedandae causa*). Tratando-se de situações excepcionais, eram conferidos ao *dictator* poderes extraordinários e temporariamente limitados. Atenuava-se a distinção entre *imperium domi* (o comando soberano exercido dentro dos muros da cidade) e *imperium militiae* (o comando fora dos muros), e, sobretudo, caíam os limites que em geral acompanhavam o poder de império nas condições de governo ordinárias: eram suspensas as garantias constitucionais ordinárias. O ditador exercia os poderes plenos pelo tempo necessário a remediar a situação excepcional, de todo modo por não mais que seis meses e não além da duração do mandado do cônsul que o havia nomeado. O *dictator* repre-

---

[67] M. GOBBO, verbete *Dittatura*, in L. PEGORARO (ed.), *Glossario di diritto pubblico comparato*, cit., p. 113. Sobre a ditadura, C. SCHMITT, *Die Diktatur. Von den Anfängen des modernen Souveränitätsgedankens bis zum proletarischen Klassenkampf*, Duncker & Humblot, München-Leipzig, 1921, trad. it. *La dittatura*, Settimo sigillo, Roma, 2006. Para a América Latina, D. VALADÉS, *La dictadura constitucional en América Latina*, Unam, México, 1974.

sentava uma instituição plenamente legítima, prevista pelo ordenamento constitucional e dotado de poderes justificados pelo estado de necessidade[68]. A ditadura, portanto, deve ser entendida como uma magistratura monocrática dotada de poderes extraordinários, legítimos e limitados no tempo[69].

Na linguagem comum, porém, fala-se de ditadura também com referência ao fascismo italiano, ao nazismo alemão, ao stalinismo, ao franquismo, até ao regime dos coronéis gregos e do general Pinochet no Chile; para não mencionar, então, as "ditaduras" africanas e asiáticas. Em realidade, além da expressão que as une, estas experiências não são correspondentes às características da ditadura legítima e temporária conhecida na experiência da Roma antiga[70].

Carl Schmitt, partindo dos textos de J. Bodin, elabora uma distinção conceitual entre a perpetuidade do poder soberano e a temporariedade do poder ditatorial[71]. A ditadura tradicional atribui ao ditador funções de comissário: as garantias constitucionais são temporariamente suspensas para defender a sobrevivência da Constituição mesma. A ditadura "comissionada", pois, encontra na própria Constituição a sua legitimação. Pelo contrário, a ditadura "soberana" é diferente: segundo Schmitt, esta ditadura tem por objetivo remover e substituir o ordenamento constitucional vigente. Não pretende remediar uma crise temporária, mas busca dar vida a uma nova ordem constitucional: «O ditador comissário é constituído; o ditador soberano, constituinte. O primeiro é investido do próprio poder pela

[68] O estado de necessidade representa um fato normativo, idôneo a determinar a suspensão de uma situação jurídica ou a instaurar uma nova situação jurídica. Sobre a necessidade como fonte do direito, cf. S. ROMANO, *L'instaurazione di fatto di un ordinamento costituzionale e la sua legittimazione* (1901), in ID., *Scritti minori*, 2 vols., Giuffrè, Milano, 1990, I; T. PERASSI, *Necessità e stato di necessità nella teoria dommatica della produzione giuridica* (1917), in ID., *Scritti giuridici*, 2 vols., Giuffrè, Milano, 1958, I, p. 191 e ss.; N. BOBBIO, verbete *Fatto normativo*, in *Enc. dir.*, XVI, Giuffrè, Milano, 1967, p. 988 e ss.

[69] N. BOBBIO, *La teoria delle forme di governo nella storia del pensiero politico*, Giappichelli, Torino, 1976, p. 202.

[70] G. DE VERGOTTINI, *Diritto costituzionale comparato*, II, 6ª ed., Cedam, Padova, 2004, p. 292 e ss., retomando as teses de Schmitt distingue entre ditadura comissionada, ditadura constituinte e ditadura revolucionária.

[71] Cf. C. SCHMITT, *Die Diktatur*, cit.

autoridade constituída; o segundo é o produto de uma auto-investidura»[72]. Contudo, as ditaduras tendem a se protrair além do período de emergência e a assumir um caráter relativamente estável, muitas vezes autolegitimando-se com a desculpa de emergência contínua. A distinção fundada na legitimação e na temporariedade é, porém, atenuada: de fato, a) na maioria das vezes, quem a instaura tende a justificar a assunção do poder com base em alguma cláusula do direito vigente; b) às vezes, a individualização do caráter de uma ditadura pode ser feita apenas *ex post facto*, exatamente porque o estado emergencial prolonga-se no tempo além da permanência das condições de necessidade que o justificam. Desta forma, embora motivadas pela exigência de salvaguardar a Constituição vigente, precisamente a efetividade e o fator tempo transformam sua natureza de "comissionada" em "soberana"[73].

§ 6. A FORMA DE ESTADO TOTALITÁRIA

Ademais, a forma de Estado totalitária é caracterizada pela presença de um Estado que invade qualquer aspecto da vida social, da afirmação de uma ideologia oficial, do papel dominante do partido único, *trait d'union* entre o Estado e as massas, da mobilização destas últimas a fim de adquirir sua aprovação (característica oposta à das ditaduras), da função da propaganda política, da estrutura corporativa da vida social e econômica[74].

---

[72] N. BOBBIO, *La teoria delle forme di governo nella storia del pensiero politico*, cit., p. 207.

[73] Cf. F. RIMOLI, *Stato di eccezione e trasformazioni costituzionali: l'enigma costituente*, in *links. Zeitschrift für deutsche Literatur- und Kulturwissenschaft*, Istituti Ed. e Poligrafici Int., Pisa-Roma, http://archivio.rivistaaic.it/materiali/anticipazioni/eccezione_trasformazione/index.html.

[74] Assim, por exemplo, E. OPOCHER, *Lezioni sul totalitarismo*, Cleup, Padova, 1974; e, sobretudo, cf. H. ARENDT, *The Origins of Totalitarianism*, 3ª ed., Harcourt Brace & Co., New York, 1958; C.J. FRIEDRICH (ed.), *Totalitarianism*, Harvard U.P., Cambridge, 1954; J.L. TALMON, *The Origins of Totalitarian Democracy*, Secker & Warburg, London, 1952; G. LUCATELLO, *La fonction de la propagande politique dans l'État totalitaire et son organisation dans les États italien et allemand*, in *Rev. dr. int.*, n. 4, 1939, n. 3, 1940, n. 1 e n. 2, 1941, e in ID., *Scritti giuridici. Nuova raccolta*, organizado por A. REPOSO, N. OLIVETTI RASON, L. PEGORARO, Cedam, Padova, 1990, p. 241 e ss.; L. PEGORARO, *La propaganda política. Un test para un acercamiento*

"Totalitarismo", termo cunhado por Mussolini e G. Gentile com conotação positiva (contraposto às "demo-plutocracias"), sinalizava exatamente a união, também espiritual, entre sociedade (nação) e Estado, por meio do papel unificador do partido, órgão do Estado emanado da sociedade e com ela identificado[75].

Com esteio na experiência histórica concreta do século passado, as manifestações mais evidentes desta forma de Estado foram obtidas com o Estado fascista na Itália e o Estado nacional-socialista na Alemanha[76], e em formas mais atenuadas, com o regime franquista na Espanha[77]; segundo alguns, contíguas a esta classe poderiam ser consideradas até mesmo algumas experiências latino-americanas marcadas pelo populismo, como a ocorrida na Argentina sob a condução de Juan Perón (peronismo ou justicialismo), caracterizada pelo amplo uso da propaganda e pela ligação do *leader* com as massas, mas não por uma concentração do poder e uma constrição das liberdades comparável à dos regimes europeus[78].

---

interdisciplinario a una búsqueda de derecho comparado, in *Pensamiento const.*, n. 14, 2010, p. 141 e ss., e in *Rev. gen. der. públ. comp.*, n. 8, 2011, p. 1 e ss.

[75] Vide L. PALADIN, verbete *Fascismo*, in *Enc. dir.*, XVI, Milano, 1967, p. 887 e ss.; E. GENTILE, *La via italiana al totalitarismo, il partito e lo Stato nel regime fascista*, Carocci, Roma, 1995; A. AQUARONE, *L'organizzazione dello Stato totalitario* (1965), reimpr. Einaudi, Torino, 1995; M. PALLA (ed.), *Lo Stato fascista*, La Nuova Italia, Milano, 2001; S. CASSESE, *Lo Stato fascista*, il Mulino, Bologna, 2010, com reflexões sobre os seus elementos constitutivos e o seu caráter autoritário.

[76] F. NEUMANN, *Behemot: The Structure and Practice of National Socialism*, Gollancz, London, 1942, trad. it. *Behemot: Struttura e pratica del nazionalsocialismo*, Mondadori, Milano, 1977; também tratam do tema E. COLLOTTI, *Fascismo, fascismi*, Sansoni, Firenze, 1989; J. LINZ, *Totalitarian and Authoritarian regimes*, Lyenne Rienner, London, 2000; G. MELIS (ed.), *Lo Stato negli anni trenta: istituzioni e regimi fascisti in Europa*, il Mulino, Bologna, 2008.

[77] *Supra*, § 1.2, nota 33, e L. PALACIO BAÑUELOS (ed.), *El primer franquismo*, n. monográfico de *La Albolafia*, 1, 2014. Ademais, entre muitos, M. ENCARNA, N. MARÍN, *La libertad encadenada: España en la Dictadura Franquista 1939-1975*, Alianza, Madrid, 2005; F. GALLEGO, *El evangelio fascista: la formación de la cultura política del franquismo (1930-1950)*, Crítica, Barcelona, 2014.

[78] Sobre o peronismo, A. ITURRIETA, *El pensamiento peronista*, Cultura Hispánica, Madrid, 1990; J.P. BRENNAN, *Peronism and Argentina*, Scholary

§ 7. O NACIONALISMO SOCIALISTA ÁRABE

Na metade do caminho entre o totalitarismo e as formas autocrático-ditatoriais (onde há o poder militar, mas não a busca de uma união com as massas, e o partido único –onde exista– não funciona ao mesmo tempo como órgão do Estado e como coletor social), colocam-se as autocracias nacionalistas e socialistas, características sobretudo de algumas experiências do Oriente Médio. O Egito de Nasser e, depois, de Mubarak; o Iraque de Saddam, a Líbia de Kadafi, a Síria dos Assad, etc., representam experiências nas quais se combinam poderes pessoais (culto à personalidade, mobilização das massas), socialismo *sui generis*, unificação tribal, aspirações de pan-arabismos, tudo isto em territórios limitados por fronteiras artificiais impostas pelo colonialismo. Para melhor compreender estas autocracias, é útil tratar, em grandes linhas, das características do nacionalismo árabe nos quais se inspiraram estes Estados[79].

A partir do final do século XIX, no contexto da crise do império otomano, foi se desenvolvendo um movimento político-cultural que, apoiando-se em uma ideologia identitária, exprimia exigências de emancipação e de unidade do nacionalismo árabe. A ideia de nação era estranha à cultura árabe que, desde sempre, tinha encontrado as razões da unidade na dimensão étnica (a tribo, a família), religiosa ou territorial. Em reação ao panturquismo, que foi incitado pela relação com a cultura europeia colonial impregnada de espírito nacionalista, foi desenvolvido o arabismo como sinônimo de nacionalismo árabe. Um nacionalismo de caráter laico –pelo menos em

---

Resources, Wilmington, 1998; S. LEVITSKY, *Transforming Labor-Based Parties in Latin America: Argentine Peronism in Comparative Perspective*, Cambridge U.P., Cambridge, 2003; G.F. BENEDINI, *Il Peronismo*, Ed. Riuniti, Roma, 2007; L. ZANATTA, *Il peronismo*, Carocci, Roma, 2008.

[79] Sobre o nacionalismo árabe, A. PELLITTERI (ed.), *La formazione del pensiero nazionale arabo: matrici storico-culturali ed elementi costitutivi*, Angeli, Milano, 2012; ademais, P.J. VATIKIOTIS, *Islam and the State*, Routledge, London, 1991, trad it. *Islam: Stati senza nazioni*, il Saggiatore, Milano, 1993; R. SCHULZE, *A Modern History of the Islamic World*, Tauris, London, 2000. Sobre os pródromos, B. MARQUARDT, *Historia del Estado moderno en Asia y África del Norte (1500-2014)*, Un. Nacional de Colombia, Bogotá, 2014.

uma primeira fase– uma vez que entre os seus propulsores havia também cristãos de língua árabe.

Nas décadas entre os séculos XIX e XX, o mundo árabe recebeu da cultura europeia o conceito de Estado nacional, com os seus elementos constitutivos representados pelo território definido, um povo etnicamente homogêneo e um aparato de governo. Naturalmente, o conceito de Estado nacional foi entendido de vários modos pelos diversos povos árabes do Oriente Médio.

O movimento nacionalista árabe encontrou terreno fértil nas aristocracias religiosas de Meca (das quais descendem as dinastias Hachemitas reinantes no Iraque e na Jordânia) e nas *élites* de orientação modernizante radicadas especialmente nas cidades da Síria. Não soube, contudo, envolver as categorias sociais menores, nem promover um programa que unisse as instâncias independentistas com um plano econômico-social. Depois dos anos 30, foi aparecendo no mundo árabe o chamado "pan-arabismo", uma expressão particular do nacionalismo árabe que invocava a Constituição de um grande Estado unitário árabe durante a Segunda Guerra Mundial. O Egito assume a *leadership* do movimento pan-árabe através da Constituição da União Árabe (1942) e, sucessivamente, da Liga Árabe (1945).

Falida a tentativa de impedir o nascimento do Estado de Israel, nas duas décadas posteriores ao fim da Segunda Guerra Mundial, o pan-arabismo conheceu sua máxima afirmação, desenvolvendo duas linhas ideológicas paralelas: a conservadora, que destacou a identidade religiosa do mundo árabe, ligando o pan-arabismo ao Islã; e a radical, menos sensível à identidade religiosa, embora muito mais ativa no plano político. O partido *Ba'ath*, presente em quase todos os países árabes, representou a expressão politicamente mais ativa do pan-arabismo não confessional; nos anos 50, consolidou-se como partido *leader* na Síria e no Egito de Nasser, conduzindo os dois países a constituir, em fevereiro de 1958, a República Árabe Unida.

A prevalência dos interesses particulares levou à rápida dissolução da República Árabe Unida (fevereiro de 1961) e, nas décadas sucessivas, o pan-arabismo perdeu gradualmente terreno frente à consolidação dos novos Estados árabes, portadores de específicos interesses políticos e econômicos, e à afirmação sempre mais radical e difundida do fundamentalismo islâmico, que distorceu e contaminou os paradigmas da sua identidade cultural[80].

O caso do Egito representa uma experiência constitucional emblemática desta específica forma de Estado autocrático nacionalista. O golpe de estado conduzido em 1952 pelo Movimento dos Oficiais Livres de Gamal Abdel Nasser fez deste último o herói do nacionalismo e do socialismo árabe, em aberta contraposição à hegemonia intelectual europeia. Aliado, em um primeiro momento, aos Irmãos Muçulmanos, Nasser distanciou-se rapidamente dos princípios do Islã político. No longo período de exercício de um poder autoritário (1954-1970), impôs ao país um governo laico, fundado em um socialismo com forte marca estatal e intolerante a interferências de ordem religiosa. No entanto, Nasser considerava a religião islâmica como capaz de fornecer fundamentos éticos à visão socialista: tendo em vista que ela prega a igualdade e a justiça social, poderia ser considerada instrumental ao novo rumo econômico, cultural e jurídico do Egito.

A derrota da Guerra dos Seis Dias (5-10 de junho de 1967), conduzida por Egito, Síria e Jordânia contra Israel, e a morte de Nasser, em 1970, sinalizaram o fim da causa pan-árabe. Muhammad Anwar al-Sadat sucedeu a Nasser, iniciou uma política de modernização do país, conservando um aparato autocrático de governo. A Constituição de 1971 desenhava uma espécie de semipresidencialismo de fachada; na realidade, o Poder Executivo estava firmemente nas mãos do Presidente e nenhuma relação de responsabilidade política ligava o Executivo ao Parlamento. O sistema político era substancialmente um sistema unipartidário[81].

---

[80] Sobre a evolução da teoria política pan-arabista, cf. H. Sharabi, *Nationalism and Revolution in the Arab World*, Princeton U.P., Princeton, 1966; A. Abdel-Malek, *La pensée politique arabe contemporaine*, Seuil, Paris, 1970; C.E. Dawn, *From Ottomanism to Arabism: Essays on the Origins of Arab Nationalism*, Un. of Illinois Press, Chicago, 1973; J.P. Jankowski, I. Gershoni, *Rethinking Nationalism in the Arab Middle East*, Columbia U.P., New York, 1997; R. Pezzimenti, *Il pensiero politico islamico del '900. Tra riformismo, restaurazione e laicismo*, Rubbettino, Soveria Mannelli, 2006; A.C. Larroque, *Géopolitique des Islamismes*, Puf, Paris, 2014, trad. it. *Geopolitica dell'Islamismo*, Fuoco, Roma, 2015.

[81] Cf. C. Sbailò, *Principi sciaraitici e organizzazione dello spazio pubblico nel mondo islamico. Il caso egiziano*, Cedam, Padova, 2012; Id.,

As experiências políticas e constitucionais mais recentes mostram um Egito em fase de transição: após a revolução de 2011, o então Presidente Mubarak demitiu-se, deixando que as novas eleições presidencialistas estabelecessem como Chefe do Estado o *leader* dos Irmãos Muçulmanos, Mohamed Morsi. Este fez aprovar uma nova Constituição (2012) com inegáveis traços confessionais, que fazia dos princípios da *Shari'a* a fonte primária do ordenamento jurídico egípcio e oferecia uma leitura totalmente islâmica dos direitos e das liberdades fundamentais. As graves condições econômicas e a duradoura instabilidade política levaram a uma nova fase revolucionária, que foi concluída com o *golpe* de 1º de julho de 2013, manejado pelas forças armadas lideradas pelo general al-Sisi e com a repressão e proibição do movimento dos Irmãos Muçulmanos (já a esta altura libertados por Nasser). Em janeiro de 2014, com referendo popular, foi aprovada a nova Constituição egípcia que, em relação à precedente de 2012, atenua os traços islâmicos, sem, contudo, assumir as características de uma Constituição abertamente laica. Eleito Presidente em maio de 2014, com uma maioria de 97%, al-Sisi pode exercer, e ainda exerce, um forte poder com base em uma Constituição de emergência[82].

Outro exemplo da mesma forma de Estado é o Iraque de Saddam Hussein, que subiu ao poder em 1979 depois de o Presidente da República Ahmad Hasan Al Bakr sair de cena.

Diritto pubblico dell'Islam mediterraneo, Wolters Kluwer-Cedam, Padova, 2015; C. DECARO BONELLA (ed.), *Tradizioni religiose e tradizioni costituzionali. L'Islam e l'Occidente*, Carocci, Roma, 2013; V.M. DONINI, B. SCOLART, *La Shari'a e il mondo contemporaneo*, Carocci, Roma, 2015.

[82] Mais precisamente: após os anos de regime autoritário e repressivo de Nasser, o Egito de Anwar al-Sadat iniciou um lento e longo processo de abertura (*infitāh*) política e econômica, prosseguida por Hosni Mubarak, em direção ao Ocidente. Abertura que não pode ser equiparada a um processo de democratização, mas que deve ser lembrada pela deliberada tomada de distância do fundamentalismo islâmico. O atual Presidente al-Sīsī é intérprete desta visão: ou seja, a de um sistema laico, inimigo do fundamentalismo islâmico, atribuído aos Irmãos Muçulmanos; um sistema que prevê o multipartidarismo, mas que não permite eleições verdadeiramente livres: são, de fato, difundidos e frequentes os episódios de condicionamento do voto eleitoral. Um sistema, enfim, no qual tendem a se estabelecer formas de culto à personalidade dos *leaders* políticos.

Este se caracterizou rapidamente pela repressão feroz a qualquer um, indivíduo ou grupo, que fizesse oposição ou se mostrasse recalcitrante. *Leader* do Partido *Ba'ath*, Saddam declarava-se sempre progressista e socialista e, por isso, iniciou logo um programa de modernização e secularização do Iraque. Entre suas ações de governo, a abolição, quase imediata, da *Shari'a* e a adoção de um sistema legislativo do tipo ocidental. Já desde os primeiros anos, o *raìs* impôs um ferrenho controle no país, fundado no terror e na violência, em massacres de xiitas e curdos, sob o domínio absoluto dos sunitas, a minoria que tinha imposto o próprio poder. A repressão não poupou nem mesmo os membros do seu partido (*Ba'ath*) e da sua mesma família. A ditadura de Saddam Hussein baseava-se em uma estrutura burocrática com capilaridade, tanto civil quanto militar e policial, organizada em círculos concêntricos. Esta estrutura estava totalmente nas mãos dos membros da família ou do clã de Saddam (Takrit); os privilégios dos quais gozavam os membros desta rede de comando eram assegurados pelas rendas petrolíferas do Estado iraquiano[83].

Por sua vez, o regime líbio de Muamar Kadafi teve origem no golpe de Estado de 1969 e buscava assegurar o controle do território e da população através de algumas medidas estratégicas. Inicialmente, Kadafi garantiu o apoio das *kabile*, as tribos de origem beduína que povoam a Líbia, através das distribuições clientelistas, de cargos de prestígio e de favores e, ao mesmo tempo isolando as tribos hostis por meio da sua exclusão da divisão do poder e da riqueza. A segunda medida da qual Kadafi valeu-se para impor o seu regime foi a repressão dos opositores e de qualquer um que manifestasse a mínima contestação ao seu poder, através de um aparato extenso de *intelligence* que operava na Líbia e no exterior. Em particular, a repressão voltou-se às comunidades religiosas, a partir das mesquitas; Kadafi de fato temia que a oposição pudesse radicar-se entre os muçulmanos ortodoxos da confraternidade da Senussi, com os quais se identificava a monarquia por ele mesmo defenestrada.

---

[83] Sobre as origens do regime de Saddam Hussein, cf. H. Batatu, *The Old Social Classes and the Revolutionary Movement in Iraq*, Princeton U.P., Princeton, 1979; veja-se, também, T.A.J. Abdullah, *Dictatorship, Imperialism and Chaos: Iraq since 1989*, Fernwood, Nova Scotia, 2006.

O sistema institucional líbio baseava-se em uma Constituição impulsionada por Kadafi três meses depois da revolução de 1969, que, com os seus 37 artigos, delineava um regime fundado em três princípios cardinais: pan-arabismo, anti-imperialismo, nacionalismo. Em 1977 foi promulgada a Declaração Constitucional sobre a "Instituição da autoridade do povo", em virtude da qual se afirmava que a democracia direta deveria representar a única forma de governo da coisa pública. Assim, o povo era chamado a exercer o poder soberano por meio dos Congressos e dos Comitês: uma estrutura piramidal que partia de baixo até o vértice nacional. Como nenhum partido de oposição era tolerado, esta estrutura consentia a Kadafi monitorar a aprovação e detectar qualquer forma de dissenso. Coerentemente com os enunciados do *Livro verde*, que contém o programa político de Kadafi, não havia lugar para um Parlamento[84]. No mais, o sistema institucional da Líbia (a "Grande Jamahiriya árabe popular socialista") era todo articulado em torno da figura carismática de Muamar Kadafi em seu papel de *"Leader* supremo da revolução do Grande *Fatah"*[85].

Uma última referência deve ser feita à Síria[86] da dinastia alauita dos al-Asad. O atual Presidente, Bashar Hafiz al-Asad,

[84] O texto, de 1975, foi publicado em inglês, além de em outras línguas: cf. M. QADHAFI, *The Green Book*, Martin Brian & O'Keeffe, London, 1976.

[85] Cf. D. VANDERWALLE, *Storia della Libia contemporanea*, Salerno ed., Roma, 2007; A. VARVELLI, *L'Italia e l'ascesa di Gheddafi (1969-1974)*, Dalai, Milano, 2009; F. CRESTI, M. CRICCO, *Storia della Libia contemporanea. Dal dominio ottomano alla morte di Gheddafi*, Carocci, Roma, 2012; K. MEZRAN, A. VARVELLI, *Libia. Fine o rinascita di una nazione?*, Donzelli, Roma, 2013; C. VIMBORSATI, L. BENEDIZIONE, *La Repubblica araba di Libia: verso una costituzione?*, in C. DECARO BONELLA (ed.), *Itinerari costituzionali a confronto. Turchia, Libia, Afghanistan*, Carocci, Roma, 2013, p. 133 e ss.

[86] A. GIANNINI, *Nuove costituzioni di Stati del Vicino Oriente e dell'Africa: Siria, Libia, Giordania, Eritrea*, Giuffrè, Milano, 1954; J.E. GODCHOT, *Les constitutions du Proche et du Moyen-Orient: Afghanistan, Arabie séoudite, Égypte, Érythrée, Éthiopie, Grèce, Irak, Iran, Israël, Jordanie, Liban, Libye, Soudan, Syrie, Turquie, Yémen*, Sirey, Paris, 1957; A. ANSARI, *Einführende Bemerkungen zu den Regierungssystemen in: Aegypten, Libanon, Syrien-Irak und Jordanien*, in *Jahrbuch öff. Rechts*, [s.n.], 1972, p. 531 e ss.; veja-se, também: HUMAN RIGHTS WATCH, *No Room to Breathe: State Repression of Human Rights Activism in Syria*, in *Human Rights Watch Report*, n. 19 (6), *www.hrw.org/report/2007/10/16/no-room-breathe/state-repression-human-rights-activism-syria*, 2007.

sucedeu ao pai em 2000 e deu prosseguimento à sua política com poucos desvios da linha tradicional. A autoridade política baseia-se em um regime autoritário: a Constituição de 1973 confiava ao Partido *Ba'ath* um papel de guia na sociedade e no Estado. O Presidente da República Síria era o secretário do partido dominante; o seu mandato, com duração de sete anos, era confirmado por um referendo por sufrágio universal. Ao Presidente era conferido o poder de nomear os Ministros e os altos cargos da administração e do Exército, promulgar as leis (aprovadas pelo Conselho do Povo) e emendar a Constituição. A nova Constituição de março de 2011 admitiu a presença de outros partidos na arena política, aqueles "legalizados" pelo regime.

Atacada desde dentro por movimentos islamistas, liberais, religiosos e independentistas, mas, sobretudo, desde o exterior pelas devastadoras guerras exportadas pelo Ocidente, a forma de Estado das autocracias nacionalistas parece em fase de declínio, mas não extinta. A alternativa representada pelo "Estado islâmico"[87] e, ao mesmo tempo, a fragilidade de soluções diferentes desta não fazem excluir, ao contrário, um reaparecimento, com o apoio de muitas diplomacias, tanto ocidentais quanto, em muitos casos, árabes.

§ 8. A FORMA DE ESTADO SOCIALISTA E A NOVA FORMA DE ESTADO CHINÊS

Distante dos critérios inspiradores das Constituições liberal-democráticas é também a forma de Estado socialista, consumada, primeiramente, na Rússia[88] e, depois, a partir do final da Segunda Guerra, em outros países da Europa Oriental que se tornaram satélites da União Soviética, além da República Popular da China. Não distintamente dos regimes totalitários, o Estado socialista confia a direção do Estado ao partido único, expressão da classe operária ou campesina; o sistema econômico prevê a coletivização dos meios de produção; os direitos e as liberdades reconhecidas aos cidadãos são coerentes

---

[87] Vide *infra*, § 9.3.

[88] Logo após a Revolução de Outubro, magistralmente descrita e interpretada, de acordo com os cânones historiográficos delineados por F. Engels (e K. Marx), por L. TROTSKIJ, *Istorija russkoj revolucii* (1929-1932), trad. it. *Storia della Rivoluzione russa*, 2 vols., Newton, Roma, 1994.

com o objetivo da construção da sociedade socialista centrada na ideia da luta de classe e da ditadura do proletariado inesperada pelas teorias marxista-leninistas[89].

8.1. A FORMA DE ESTADO SOCIALISTA CLÁSSICA

Come lembra M. Ganino, «A hendíade "Estado e direito" explica a natureza de tal direito, segundo os preceitos da "teoria do Estado e do direito" desenvolvida nos países socialistas, que, por sua vez, liga-se à doutrina política elaborada por Marx e Engels e enriquecida pelos ensinamentos de Lenin, ao ponto de ser definida como "marxista-leninista". Dita teoria foi muitas vezes aperfeiçoada, seja na União Soviética, seja, com variantes significativas, nos outros países pertencentes à família dos Estados socialistas que se referiram à doutrina política marxista-leninista. Para ela, o direito é coação, segundo a imposição da classe dominante; na "base" é posta a "estrutura", é dizer, a sociedade manifestada pelas relações entre as classes –de natureza predominantemente econômica– que produz a "superestrutura", ou seja, o direito (negando-lhe a distinção entre público e privado), mas também o Estado. Com a modificação radical da estrutura, que ocorre com a substituição de uma classe por outra no poder, transformam-se também as relações econômicas e se dá vida a um Estado e a um direito completamente novos. Com efeito, quando se alteram ao mesmo tempo os pressupostos tanto políticos quanto econômicos, realiza-se uma revolução, como ocorreu em outubro de 1917. Ela ocorre sempre que se atinge, com efetivas mudanças, as duas questões fundamentais do poder e da propriedade. Nesta perspectiva, as reformas de Gorbachev introduzidas com a

---

[89] Sobre as teorias soviéticas do direito, confiram-se quatro ensaios, coletados com o título *Teorie sovietiche del diritto*, de P.I. STUČA, E.B. PAŠUKANIS, A.J. VYŠINSKIJ, M.S. STROGOVIČ, Giuffrè, Milano, 1954; assim como M. COSSUTTA, *Formalismo sovietico. Delle teorie giuridiche di Vyšinskij, Stuča e Pašukanis*, Esi, Napoli, 1992; R. DAVID, *Le droit soviétique*, I, *Les données fondamentales du droit soviétique*, Lgdj, Paris, 1954; J.N. HAZARD, *Communists and their Law: A Search for the Common Core of the Legal System of the Marxian Socialist States*, Un. of Chicago Press, London-Chicago, 1969. Sobre os aspectos institucionais, J.N. HAZARD, I. SHAPIRO, P.B. MAGGS, *The Soviet Legal System*, Oceana, New York, 1969; M. LESAGE, *Les régimes politiques de l'U.R.S.S. et de l'Europe de l'Est*, Puf, Paris, 1977.

revisão constitucional de 14 de março de 1990, eliminando o papel de liderança do Partido Comunista e introduzindo a propriedade privada dos meios de produção, pareceram revolucionárias, indo além do chamamento inicial para a construção de um "Estado socialista de direito"»[90].

As características do Estado socialista são o centralismo democrático e a dupla dependência, consequências do dogma da unidade do poder estatal. A primeira comporta a «elegibilidade de todos os órgãos do poder estatal de baixo para o alto e a sua subordinação ao povo, bem como a obrigatoriedade de cumprimento das decisões dos órgãos superiores pelos inferiores»[91]; disso decorria também o mandato imperativo (os eleitos são mandatários que deliberam sob o controle popular) e a configuração do direito de voto como direito não só de eleger e de ser eleito, mas também de revogar o mandato dos eleitos[92]. A dupla dependência traduz-se no princípio de que cada *Soviet* é responsável horizontalmente em relação aos próprios eleitores (que podem sempre revogar o mandato) e, verticalmente, em relação ao *Soviet* de nível superior (o qual pode anular os seus atos). Ademais, cada órgão da administração é responsável horizontalmente em relação ao *Soviet* que o nomeou e, verticalmente, quanto ao órgão do mesmo setor administrativo de nível superior.

De fato, os sistemas socialistas caracterizam-se também por uma fortíssima burocratização; as liberdades, muito embora declaradas, são funcionalizadas à finalidade da sociedade socialista, como também a justiça; a economia é planificada e dirigida desde cima.

As Constituições socialistas declaram o princípio da soberania popular, mas, na concepção dominante, o povo é consti-

---

[90] M. GANINO, verbete *Diritto socialista*, in L. PEGORARO (ed.), *Glossario di diritto pubblico comparato*, cit., p. 108 e ss.

[91] Art. 19 do Estatuto do PCUS. de 1919; cf. P. BISCARETTI DI RUFFIA, *1988-1990. Un triennio di profonde trasformazioni costituzionali. In Occidente, nell'URSS e negli Stati socialisti dell'Est europeo*, Giuffrè, Milano, 1991.

[92] O. BIHARI, *The Constitutional Models of Socialist State Organisation*, Akademiai Kiado, Budapest, 1979; P. BISCARETTI DI RUFFIA, G. CRESPI REGHIZZI, *La Costituzione Sovietica del 1977. Un sessantennio di evoluzione costituzionale nell'URSS*, Giuffrè, Milano, 1990; M. GANINO, *Russia*, il Mulino, Bologna, 2010.

tuído pela aliança dos operários e dos camponeses; a visão classista da sociedade e a afirmação da primazia da classe operária traduz-se, no plano institucional, na concentração dos poderes nas mãos dos órgãos do poder estatal. Negado o princípio da separação dos poderes, afirma-se, em vez, o princípio da unidade do poder estatal, que, em linha teórica, é concentrado nas mãos do órgão parlamentar, eleito pelo povo. Dado que a primazia do partido comunista é prevista expressamente pelas Constituições socialistas, as eleições não se fundam na livre concorrência entre os partidos políticos. A concentração do poder na Assembleia Popular implica que dela derivem outros órgãos da administração estatal (Poder Executivo, Poder Judiciário, Chefe do Estado).

O princípio do Estado de direito transforma-se em princípio da legalidade socialista: reconhece-se a primazia da lei, mas se remete ao partido comunista, que exerce um papel de direção, a correta interpretação e aplicação das normas. Daí resulta que os direitos civis e políticos proclamados na Constituição terminam por serem subordinados a uma leitura ideológica e a uma aplicação que exclui opositores e dissidentes. Também a afirmação da superioridade da Constituição sobre outras fontes do direito parece uma mera proclamação de princípio, não sendo apoiada por um efetivo aparato de justiça constitucional. No plano econômico, o Estado socialista contrapõe a planificação econômica e estatização dos meios de produção ao livre mercado típico do Estado liberal.

O ordenamento constitucional da União Soviética fundou-se nos princípios que acabaram de ser mencionados, elaborados pela doutrina marxista-leninista e reafirmados pelas Constituições socialistas (1924, 1936, 1977): em primeiro lugar, o reconhecimento do papel de direção do partido operário de inspiração marxista-leninista; ao partido, que permanecerá único na história da URSS, cabia a tarefa de definir a orientação política do Estado e de garantir que tal orientação fosse seguida através das leis e dos atos normativos de cada nível de governo. Para este fim, a organização do partido tinha capilaridade idônea a exercer um controle rigoroso nos variados níveis territoriais do governo. Um segundo princípio fundamental para a estrutura constitucional do Estado socialista soviético estava na supremacia da Assembleia eletiva, expressão da unidade do poder estatal, em contraposição ao princípio da divisão de poderes, típico dos sistemas de democracia ocidental. O órgão representativo era constituído pelo *Soviet* supremo, por sua vez composto de um *Soviet* da União e de um *Soviet* das Nacionalidades; órgão superior do poder estatal, gozava de uma competência geral para tudo aquilo que não fosse atribuído a órgãos que tivessem que prestar contas ao próprio *Soviet*. A este competia também o controle da observância da Constituição da URSS e da conformidade das Constituições e das leis das Repúblicas Soviéticas aos seus termos.

O modelo, experimentado primeiro na Rússia e depois na União Soviética, estendeu-se depois da Segunda Guerra Mundial a todo o Leste europeu, com algumas peculiaridades na Iugoslávia e na Albânia (desligadas da dependência de Moscou, uma propondo uma solução original temperada pelo princípio cooperativo, a outra fechando-se em um isolamento mitigado apenas por uma relação privilegiada com a China)[93]. Ademais, foi adotado em muitos países da Ásia (entre os quais o Vietnã), da África (Angola, Etiópia, etc.), das Américas, onde ainda permanece em Cuba. Aqui, a nova Constituição de 2019, diferentemente da chinesa, não cede às tentações da liberalização da economia, apesar da abertura à propriedade privada, à qual, porém, atribui a função social (como em muitas democracias europeias do pós-Guerra). Nem sequer, por outro lado, acolhe as propostas reformadoras do *buen vivir* latino-americano, salvo de modo muito brando, de forma diversa de outros Estados que foram influenciados pelas experiências do Equador e da Bolívia [ao passo que a reforma chinesa de 2018, além de salientar a harmonia (*hexie*) que deve ser instaurada nas relações entre as várias nacionalidades da China, insere no preâmbulo uma referência à "civilidade ecológica" e

---

[93] Sobre a influência do direito soviético nos países da Europa Centro-Oriental, cf., dente outros, J.N. HAZARD, *The Soviet Legal Pattern Spreads Abroad*, in *Un. of Illinois Law Forum*, College of Law-Un. of Illinois, Urbana, n. 2, 1964, p. 277; ID., *Socialist Legal Models for Africa*, in Z. PÉTERI (ed.), *Legal Theory, Comparative Law: Studies in Honour of Imre Szabó – Théorie du droit, droit comparé: études en l'honneur du professeur Imre Szabó*, Akad. Kiadó, Budapest, 1984, p. 91 e ss.; R. CHARVIN, *Les États socialistes européens*, Dalloz, Paris, 1975; P. BISCARETTI DI RUFFIA, *1988-1990. Un triennio di profonde trasformazioni costituzionali*, cit.; G. AJANI, *Fonti e modelli nel diritto dell'Europa orientale*, Un. di Trento-Dip. di scienze giuridiche, Trento, 1993.

afirma o objetivo de «construir um país socialista moderno e forte, que seja próspero, democrático, culturalmente avançado, harmonioso e belo, e que realize o grande renascimento da nação chinesa»].

8.2. A FORMA DE ESTADO CHINÊS SOCIALISTA-LIBERAL

Sob o impulso do desenvolvimento econômico e das relações econômicas internacionais, também nestes regimes, quando o colapso não foi total, foram afirmadas formas de liberalismo, dando lugar a experiências de "economia de mercado socialista"[94].

Na China, a evolução de caráter ideológico foi entrelaçando-se com a exigência de desenvolvimento econômico que abriu portas a não poucos elementos do capitalismo ocidental[95]. A China oferece um cenário constitucional bastante problemático e contraditório; a República Popular da China teve várias Constituições, sem ter nunca conhecido o constitucionalismo. Do ponto de visita do direito constitucional, a inclusão da China entre os países protagonistas da economia internacional e, mais precisamente, entre aqueles que conhecem um grau de desenvolvimento muito superior à média –os chamados países Brics– não pode ocultar o déficit democrático do sistema político chinês. Déficit democrático que é em clara contradição com a dignidade humana e com os direitos humanos proclamados pela própria Constituição chinesa após as Emendas de 2004.

A Constituição de 1982 é indiscutivelmente ideológica, cujo eixo é representado pelas teorias do marxismo-leninismo e pelo pensamento de Mao Tsé-Tung. O que, em outras palavras, significa dizer que a Constituição reflete uma abordagem ideológica dos conceitos de Estado e de direito: um Estado cujo fundamento é o sistema econômico, respeito ao qual o direito é nada mais que uma superestrutura; ou melhor, o desenvolvimento da economia mal tolera obstáculos de ordem jurídica. A relação entre governantes e governados é totalmente mediada pela

---

[94] Art. 16 da Constituição da República Popular Chinesa: cf. A. RINELLA, *Cina*, il Mulino, Bologna, 2006, p. 11 e ss.
[95] A. RINELLA, *Il "socialismo del libero mercato" nella Repubblica Popolare Cinese*, in *Quad. cost.*, n. 1, 2007, p. 199 e ss.

primazia da ideologia oficial, que se encarna no Partido Comunista Chinês: só o partido pode oferecer um futuro radiante ao povo chinês, através de um percurso que não desdenha a combinação entre as pedras angulares do pensamento comunista e o capitalismo econômico de matriz ocidental para dar vida ao "socialismo do livre mercado"[96]. O hibridismo pragmático de componentes tradicionalmente inconciliáveis –socialismo e mercado– faz com que a China ofereça várias caras: não se afigura homogênea a relação entre governantes e governados, nem parece responder a uma unidade coerente. Prevalece o pragmatismo do Partido Comunista Chinês, diante do qual a ideologia socialista, além do direito constitucional, parece maleável. A postura da forma de Estado chinês é, por conseguinte, mutável, sem, contudo, nunca ceder a fatores democráticos: a Constituição mesma parece um invólucro vazio[97].

Do ponto de vista da organização do poder, as Constituições chinesas adotadas ao longo do tempo mantiveram o esquema tradicional, baseado em uma assembleia do povo, eleita por sufrágio universal, mas em ausência de uma competição eleitoral. A Assembleia Nacional do Povo concentra em si, figurativamente, todos os poderes cujo exercício é demandado aos órgãos do Executivo (Conselho de Estado e Presidente da

[96] Sobre o tema, cf. A. Rinella, I. Piccinini (eds), *La costituzione economica cinese*, il Mulino, Bologna, 2010, e, em especial, A. Rinella, *Costituzione economica e dialogo tra sistemi giuridici. Un caso di studio: la Cina*, p. 13 e ss. Duvida da ineluctabilidade de uma evolução em direção ao direito ocidental J.-L. Rocca, *Une sociologie de la Chine*, La Découverte, Paris, 2010, trad. it. *La società cinese*, il Mulino, Bologna, 2011, p. 7 e ss.

[97] Vide F. Lin, *Constitutional Law in China*, Sweet & Maxwell Asia, Hong Kong, 2000; A.H.Y. Chen, *An Introduction to the Legal System of the People's Republic of China*, 4ª ed., Lexis Nexis-Butterworths, Hong Kong, 2011; J.A.G. Roberts, *A History of China*, 3ª ed., Macmillan, New York-London-Basingstoke, 2011. Sobre o direito constitucional chinês, v. Q. Zhang, The *Constitution of China: A Contextual Analysis*, Hart, Oxford-Portland, 2012; M. Mazza, *Lineamenti di diritto costituzionale cinese*, Giuffrè, Milano, 2006; Id. (ed.), *I sistemi del lontano Oriente*, Wolters Kluwer-Cedam, Milano, 2019, p. 23 ss. Sobre a reforma da Constituição de 2018, cf. C. Wei, *Annotated Translation: 2018 Amendment to the P.R.C. Constitution*, https://npcobserver.com/2018/03/11/translation-2018-amendment-to-the-p-r-c-constitution/; F. Spagnoli, *La riforma della Costituzione cinese: un'analisi della revisione costituzionale del 2018 e dei suoi caratteri principali*, in *Dpce online*, n. 1, 2019, p. 129 e ss.

República Popular Chinesa) e aos órgãos do aparato judiciário (Corte e Procuradorias Populares).

As reformas de 2018, dentre outros aspectos, aboliram a vedação de mais de dois mandatos para o Presidente e instituíram uma Comissão Nacional de Supervisão, com poderes de fiscalização, inspeção, investigação e sanção dos funcionários públicos. Com esta reforma, pretendeu-se reforçar dois componentes do atual sistema de governo chinês: em primeiro lugar, a figura do Chefe de Estado. Figura que as disposições constitucionais revestem de funções puramente representativas e cerimoniais, mas que, pelo fato de coincidir com o Secretário-Geral do Partido Comunista, torna-se, em realidade, indiscutivelmente o chefe do governo. Permanece estável o absoluto desconhecimento do princípio da separação dos poderes.

Em segundo lugar, a instituição de um aparato de Comissões de Supervisão (estruturado de modo a prever uma Comissão central e um aparato de Comissões nos vários níveis de governo territorial) buscou constitucionalizar a luta contra a corrupção difundida entre os oficiais públicos e os funcionários do partido, criando um sistema paralelo de justiça disciplinar.

No que concerne ao governo do território, a China é um Estado unitário, no interior do qual existem as regiões autônomas das nacionalidades étnicas minoritárias e as regiões administrativas especiais (arts. 3, 4 e 31 da Constituição). O princípio que inspira e preside a descentralização dos poderes em relação aos governos locais é o princípio do centralismo democrático, que tem base na rígida aplicação da relação hierárquica e da disciplina de partido.

Enfim, quanto aos direitos, é necessário compreender a fundo a teoria dos valores asiáticos, para melhor enquadrar a categoria dos direitos previstos na Constituição chinesa. A menção aos direitos humanos (art. 33.3 da Constituição), introduzida com a revisão constitucional de 2004, responde mais às aspectativas dos países ocidentais do que a uma mudança da visão chinesa da condição humana dos indivíduos. A previsão de vários direitos e liberdades na Constituição mostra a sua verdadeira face quando se vislumbra de forma nítida a possibilidade de serem submetidos a limitações pelos governantes sem nenhuma efetiva garantia constitucional.

§ 9. O FATOR RELIGIOSO NA CLASSIFICAÇÃO DAS FORMAS DE ESTADO

A classificação dos Estados com base na posição assumida em relação aos fenômenos religiosos foi objeto de múltiplos estudos históricos, jurídicos e políticos[98]; uma atenção especial é dedicada à relação entre religião e política e ao sistema de relações entre Estados e confissões religiosas[99]. A condição jurídica das confissões religiosas deriva do princípio que funda as relações entre o Estado e a religião.

9.1. RELIGIÃO E ESTADO

Com base na mais conhecida e difundida das classificações, deve-se distinguir entre sistemas de relações baseados no princípio da subordinação e sistemas de relações baseados nos princípios da separação e da coordenação. Os sistemas fundados no princípio de subordinação por sua vez, podem ser subdivididos entre sistemas que preveem a subordinação da Igreja ao Estado e sistemas que, ao contrário, subordinam o Estado à confissão religiosa dominante.

Inserem-se na primeira categoria o cesaropapismo e o jurisdicionalismo. O cesaropapismo funda-se na união entre poder civil e poder religioso ou, de todo modo, em um sistema no qual, por lei, o Estado predomina sobre a Igreja. Existem traços deste modelo no papel da Coroa e do Parlamento britânicos nas questões internas da religião anglicana; e, obviamente, no Estado Vaticano e na *Politeia* do monte Athos na Grécia. O jurisdicionalismo –que se difundiu na Europa na época do absolutismo e teve uma retomada na segunda me-

---

[98] Cf. J. MARTÍNEZ-TORRÓN, *Separatismo y cooperación en los acuerdos del Estado con las minorías religiosas*, Comares, Granada, 1994; F. MARGIOTTA BROGLIO, C. MIRABELLI, F. ONIDA, *Religioni e sistemi giuridici*, il Mulino, Bologna, 1997, p. 114 e ss.; G. MACRÌ, M. PARISI, V. TOZZI, *Diritto ecclesiastico europeo*, Laterza, Roma-Bari, 2006; G. MACRÌ, M. PARISI, V. TOZZI, *Diritto civile e religioni*, 2ª ed., Laterza, Roma-Bari, 2013.

[99] Vide P. NORRIS, R. INGLEHART, *Sacred and Secular: Religion and Politics Worldwide*, 2ª ed., Cambridge U.P, Cambridge, 2011, trad. it. *Sacro e secolare. Religione e politica nel mondo globalizzato*, il Mulino, Bologna, 2004; bem como P. LILLO, *Globalizzazione del diritto e fenomeno religioso*, Giappichelli, Torino, 2002.

tade do século XIX, especialmente na Itália– indica uma situação na qual as confissões religiosas são controladas pelo Estado. O Estado intervém diretamente com as próprias leis e os próprios atos administrativos na vida religiosa dos súditos, de um lado tutelando a Igreja oficial e, do outro, defendendo o Estado da ingerência das religiões na vida pública. Entre os regimes que, ao invés, subordinam o Estado a uma confissão religiosa, o exemplo mais nítido é representado pelo Estado teocrático[100].

Os sistemas fundados no princípio da separação distinguem o ordenamento do Estado das confissões religiosas; garantem a neutralidade do Estado em matéria religiosa; asseguram a independência e a autonomia das confissões religiosas; preveem um tratamento isonômico perante a lei, igual às outras formas associativas; pretendem, em geral, que as confissões religiosas não interfiram na vida pública. Tal orientação foi afirmada em alguns Estados europeus ocidentais na primeira metade do século XX. Contudo, resultou difícil manter a dimensão religiosa em uma posição alheia à vida pública: de fato, foram formados partidos coligados a confissões religiosas com o escopo de representar e defender as instâncias confessionais. Em geral, mesmo nos Estados onde o princípio da separação era e é proclamado com força, é difícil manter a dimensão religiosa fora da vida pública. (V., por ex., França, Portugal, Holanda, Irlanda, Bélgica, Áustria, Luxemburgo, Itália ...)

Os sistemas fundados no princípio de coordenação ou colaboração entre Estado e confissões religiosas preveem a existência de acordos, pactos ou convênios destinados a regular os aspectos do fenômeno religioso que possuem uma relevância no ordenamento jurídico do Estado (Itália, Alemanha, Portugal, Áustria).

Existem, enfim, Estados que mantiveram um estrito vínculo com uma determinada Igreja, sem estabelecer condições de subordinação substancial; trata-se de Estados que qualificam formalmente a Igreja majoritária e historicamente estabelecida como a Igreja nacional, oficial, dominante, de Estado, etc. (Dinamarca, Islândia, Suécia, Finlândia e Reino Unido

---

[100] *Infra*, § 9.2.

da Grã-Bretanha e Irlanda do Norte, onde, porém, a Igreja Anglicana é a Igreja oficial só na Inglaterra, não em Gales e na Irlanda do Norte; enquanto a Escócia tem a sua Igreja "nacional").

Na realidade hodierna, o quadro dos fatores que determinam as relações entre o Estado e as confissões religiosas é dado por um conjunto de elementos políticos e institucionais bastante complexos; em determinados contextos assumem relevância não só os fatores jurídicos, mas também os ideológicos, sociais, econômicos e políticos. A qualificação do Estado com referência ao sistema de relações com as confissões religiosas deriva, então, da observação dos aspectos empíricos e contingentes que caracterizam a relação entre sociedade religiosa e sociedade civil. Uma recente taxonomia dos diversos enfoques contemporâneos ao problema das relações entre religião e o Estado foi sugerida por Ran Hirschl[101]. Segundo este estudioso, é possível distinguir diversos modelos que incluem as experiências mais importantes das relações Estado-religião:

a) em primeiro lugar, o enfoque antirreligioso dos regimes comunistas, que geralmente consideram a religião, tanto na esfera privada quanto na pública, como expressão de uma falsa consciência. Como consequência, do ponto de vista ateu-comunista, o Estado deve fazer todo esforço para eliminar a religião. A República Popular da China, a partir da sua instituição em 1949, buscou erradicar a religião da vida e da cultura chinesas até a Constituição de 1982, que reconhece formalmente e garante a liberdade de religião, desde que nos limites da ordem pública e sem interferir no sistema educacional do Estado[102]. A Rússia pós-comunista manifestou orientação diferente, abandonando a postura antirreligiosa e assumindo uma atitude genericamente secular, buscando de todo modo formas diferentes de colaboração com a Igreja Ortodoxa;

b) um segundo modelo de relações Estado-religiões é dado pela *laicité* da França. Expressa-se de maneira clara na escolha de restringir radicalmente a influência religiosa no Estado,

---

[101] R. HIRSCHL, *Constitutional Theocracy*, Harvard U.P., Cambridge-London, 2010, p. 26 e ss.
[102] Art. 36 da Constituição.

prevendo no ordenamento jurídico uma absoluta uniformidade no exercício da liberdade de religião[103]. O ordenamento francês estabelece uma forma assertiva e militante de secularidade que vai bem além da simples neutralidade ou da declarada arreligiosidade (*areligiosity*); afirma explicitamente uma dimensão secular tão dominante que produz um tipo de religião cívica que se manifesta abertamente na esfera pública e termina por caracterizar a identidade coletiva do povo francês e a noção mesma de Estado moderno. Mesmo com as suas peculiaridades, a experiência da Turquia também pode ser assimilada ao modelo assertivo francês de secularismo militante. Como se sabe, a secularização da Turquia deve-se a Mustafá Kemal Ataturk, que, no século XX, realizou o exemplo mais radical de reformismo separatista, substituindo as palavras «A religião do Estado turco é o Islã», da Constituição de 1928, pela afirmação de um Estado «republicano, nacionalista, popular, estatal, laico e reformista», com a Constituição de 1937;

c) um terceiro modelo, menos assertivo, que considera o secularismo em termos de pura neutralidade, é representado pela Constituição dos Estados Unidos da América. A I Emenda da Constituição americana estabelece que o Congresso não pode fazer nenhuma lei para o reconhecimento oficial de qualquer religião ou proibir o seu livre culto. A ideia que se pretende afirmar é a de uma plena imparcialidade e neutralidade do Estado quanto ao fenômeno religioso; exatamente porque a dimensão religiosa sempre representou uma questão central na experiência cultural e social americana, o secularismo que se estabelece não é certamente um secularismo ativo. O Estado não interfere na liberdade religiosa dos seus cidadãos; assegura o livre exercício do culto em uma sociedade, como a americana, na qual a sensibilidade a Deus é certamente muito destacada. De fato, são frequentes as referências a Deus tanto na vida institucional quanto na vida cotidiana, assim como é amplamente difundida uma certa moral religiosa;

d) um quarto modelo de relações entre Estado e religiões pode ser identificado nas democracias caracterizadas por uma

---

[103] Cf. R. AHDAR, I. LEIGH, *Religious Freedom in the Liberal State*, Oxford U.P., Oxford, 2005, p. 73 e ss.; A.T. KURU, *Secularism and State Policies toward Religion: The United States, France, and Turkey*, Cambridge U.P., New York, 2009, p. 11 e ss.

"*immigrant society*", nas quais se realiza uma separação formal entre Estado e religião mais atenuada devido ao fato de ser acompanhado de políticas de apoio ao multiculturalismo e à diversidade; a este propósito, fala-se em *mosaic approach* ou *melting pot* ou *assimilationist approach*. Os exemplos mais significativos são oferecidos pelo Canadá e pela África do Sul *post-apartheid*, onde o Estado e religião são separados, mas a concepção da cidadania não é tão rigorosamente ligada ao secularismo ou à neutralidade em sentido estrito. O significado da cidadania é percebido nestes Estados em relação aos traços que unem os indivíduos sob a mesma nação e sob o mesmo Estado, mas, ao mesmo tempo, são destacadas e enfatizadas as diferenças entre cidadãos pela cultura, língua e religião;

e) um quinto modelo é dado pelos casos nos quais se prevê uma forma fraca de instituição religiosa, vale dizer, a designação de uma certa religião como "religião de Estado". Trata-se de um fenômeno difundido em alguns países como a Noruega, a Dinamarca, a Finlândia e a Islândia; ordenamentos entre os mais liberais e progressistas e, todavia, nos quais a Igreja Evangélica Luterana é designada como "Igreja do Estado". Similarmente, também a Grécia e o Chipre designam nos próprios ordenamentos constitucionais a Igreja Grega Ortodoxa como a Igreja do Estado; na Inglaterra, o Rei é o "*supreme governor*" da Igreja da Inglaterra e o "defensor da fé". Uma versão atenuada deste modelo aparece também na Alemanha, onde os aparatos institucionais das comunidades religiosas evangélica, católica e judaica são designados como corporações públicas e por isso qualificadas a receber do Estado um apoio financeiro;

f) um sexto modelo, que representa mais um modelo de fato do que um modelo jurídico, aparece nos países nos quais a separação formal entre Estado e religião é constitucionalmente garantida, mas onde uma certa hegemonia política sistemática da Igreja e uma difundida moralidade religiosa continuam a ter uma proeminência na vida constitucional. Exemplos deles podem ser verificados nos casos da Irlanda, da Polônia, mas também de Portugal, da Espanha e da Itália;

g) um modelo no qual se tenta atenuar a tensão entre secularismo e religiosidade é dado por aqueles sistemas nos quais se realiza uma espécie de institucionalização seletiva da religião em determinadas áreas da lei. Trata-se de ordenamentos nos quais, em linhas gerais, a lei é de matriz secular, mas se reconhece um certo grau de autonomia jurisdicional às comunidades religiosas, principalmente em matéria de *status* da pessoa e de educação. Exemplos deste modelo são detectáveis na Nigéria, Índia, Israel, Quênia, Indonésia, Líbano, etc. Nestes ordenamentos, frequentemente se determinam *enclaves* jurisdicionais religiosos baseados na previsão constitucional da liberdade religiosa e, ao mesmo tempo, no reconhecimento constitucional da possibilidade de aplicar em determinadas áreas do território uma jurisdição religiosa. É o caso da Nigéria e da Indonésia, países de prevalência muçulmana, nos quais se consente em algumas áreas a aplicação da *Shari'a* na via jurisdicional. Oposto ao *enclave* jurisdicional religioso é o modelo dos *enclaves* jurisdicionais seculares. Este modelo realiza-se nos ordenamentos onde se verifica uma ampla confusão entre lei do Estado e religião. Neles existem, contudo, áreas deixadas livres da religião ou da influência do direito de origem divina. Trata-se, em geral, dos princípios e normas em matéria de economia, assuntos financeiros, comércio, desenvolvimento econômico, etc., que apresentam às vezes uma maior impermeabilidade à interferência do fator religioso. Exemplos são detectáveis na Arábia Saudita, no Qatar, nas Maldivas, etc.;

h) enfim, o último modelo que Hirschl delineia e que, aliás, registra uma sempre mais ampla difusão, é representado pelos ordenamentos nos quais as relações entre Estado e religião dão vida a um sistema misto de direito religioso e princípios jurídicos gerais. Este tipo de relações caracteriza o Estado teocrático, no qual a Constituição proclama a religião do Estado, e as normas de origem divina encontram aplicação nas instituições estatais, sejam administrativas, jurisdicionais ou políticas. Enquadram-se neste modelo os casos do Afeganistão, do Iraque, do Iêmen, etc.

Tanto a classificação tradicional quanto a mais recente elaborada por Hirschl preocupam-se em sinalizar elementos de contexto político e sociológico. Trata-se de fatores que apresentam uma influência indubitável sobre a estrutura jurídica das relações Estado-religião, os quais devem ser levados em consideração também ao se delinear as características da forma de Estado teocrática[104].

9.2. A FORMA DE ESTADO TEOCRÁTICA E A TEOCRACIA CONSTITUCIONAL

Embora haja dúvidas de que as experiências dos países em vias de desenvolvimento possam ser agrupadas em uma forma de Estado[105], exatamente por serem transitórias além de heterogêneas, esta forma de Estado, também distante da tradição liberal-democrática e caracterizada pelo fato de o elemento religioso interpor-se profundamente na relação entre autoridade e liberdade, foi objeto de algumas classificações. O Estado teocrático (do grego *Theos*, Deus, e *Kratéo*, ordem) caracteriza-se precisamente pela fusão entre a esfera religiosa e a esfera civil, bem como pela prevalência da primeira sobre a segunda. Assim, a autoridade do Estado tem a sua legitimação na fé religiosa e, consequentemente, os preceitos religiosos são re-

---

[104] Para uma abordagem das soluções adotadas na União Europeia, vide G. ROBBERS (ed.), *État et Églises dans l'Union Européenne*, Nomos, Baden-Baden, 2000. Para os textos, F. CURTIT, F. MESSNER (eds), *Droits des religions en France et en Europe: Recueil de textes*, Bruylant, Bruxelles, 2008.

[105] Tal classe (da "modernização") é relevante na obra de G. DE VERGOTTINI, *Diritto costituzionale comparato*, II, cit., p. 157 e ss. O próprio autor, por outro lado, admite que «la loro riduzione ad unità è risultata impossibile»: *ibid.*, I, p. 4. Sobre o conceito de "longa duração" (*"longue durée"*) para organizar metodologicamente os estudos nas ciências sociais –cunhado por Fernand Braudel– v. F. BRAUDEL, *Histoire et sciences sociales. La "longue durée"*, e o comentário de D. TOMICH, *The Order of Historical Time: The* Longue Durée *and Micro-History*, in AA.VV., *The* Longue Durée *and World-Systems Analysis. Colloquium to Commemorate the 50th Anniversary of Fernand Braudel "Histoire et sciences sociales: La longue durée", Annales E.S.C.*, XIII, 4, 1958, October 24-25, 2008, Binghamton Un., New York, 2008, http://www2.binghamton.edu/fbc/archive/tomich102508.pdf. Para a literatura do final do século passado dedicada a específicas áreas em evolução, vide M.P. ROY, *Les régimes politiques du tiers monde*, Lgdj, Paris, 1977; F. DORÉ, *Les régimes politiques en Asie*, Puf, Paris, 1973; P.F. GONIDEC, *Les systèmes politiques africains*, I, *L'évolution, la scène politique, l'intégration nationale*, Lgdj, Paris, 1974. Uma descrição das diversas estruturas é encontrada em L. MEZZETTI, *Teoria e prassi delle transizioni costituzionali e del consolidamento democratico*, Cedam, Padova, 2003.

conhecidos pelo ordenamento como idôneos a produzir efeitos jurídicos, encontrando, assim, sua posição relevante no sistema das fontes[106]. Da forma de Estado teocrática distingue-se a sua particular expressão que exatamente se define "hierocracia" (do grego *Ierós*, sacerdote), «nos termos da qual o poder é exercido mais ou menos diretamente pelos sacerdotes. Fala-se, por outro lado, em Estado teocrático em sentido estrito quando aquele que detém o poder indentifica-se com Deus ou é reconhecido como o seu representante direto».

Mais precisamente, «no Estado teocrático, o poder político encontra-se em uma posição de subordinação em relação ao poder religioso. Por conseguinte, o Estado não pode interferir nas pessoas, nos bens, nem em tudo o que se encontra *in potestate Ecclesiae*. Ele é posto a serviço de Deus, com o fim de combater inimigos externos e assegurar a manutenção, no seu interior, da ortodoxia, através da repressão da heresia e do dissenso religioso em geral.

Na história, podem ser vistos exemplos concretos de regimes teocráticos ou hierocráticos: da organização política do Egito durante a idade faraônica aos Estados da antiga Mesopotâmia; dos hebreus durante a Idade dos Reis aos Romanos no início da Idade Régia; do Islã no tempo de Maomé e por todo o Reino dos Califas ao Peru no período inca; da China imperial ao Japão até a Segunda Guerra Mundial»[107].

Estas características são hoje típicas dos Estados islâmicos, onde geralmente a Constituição é subordinada à lei divina (*Shari'a*), vale dizer, a lei revelada e imutável que constitui o direito da comunidade muçulmana. O Islã é proclamado, nes-

---

[106] Cf. R. HIRSCHL, *Constitutional Theôcracy*, cit.; L. CATÁ BACKER, *God(s) Over Constitutions: International and Religious Transnational Constitutionalism in the 21st Century*, in *Mississippi College L.R.*, n. 27, 2008, p. 11 e ss.; ID., *Theocratic Constitutionalism: An Introduction to a New Global Ordering*, in *Indiana journ. glob. legal st.*, n. 16, 2009, p. 101 e ss.; J. TEMPERMAN, *State Religion Relationships and Human Rights Law*, Nijhof, Leiden-Boston, 2010; R. GROTE, T. RÖDER (eds), *Constitutionalism in Islamic Countries*, Oxford U.P., Oxford, 2012.

[107] M. OLIVIERO, verbete *Stato teocratico*, in L. PEGORARO (ed.), *Glossario di diritto pubblico comparato*, cit., p. 257 e ss. Ver, em geral, L. DIAMOND, M.F. PLATTNER, P.J. COSTOPOULOS (eds), *World Religions and Democracy*, Johns Hopkins U.P., Baltimore, 2005.

tes ordenamentos, religião de Estado; neste sentido se fala de Estados confessionais[108].

Nos casos em que, no seio de um Estado confessional, a máxima autoridade religiosa coincida com o ápice do governo do próprio Estado, a relação entre governantes e governados assume as características do Estado teocrático ou da "teocracia pura". Uma representação de uma experiência recente foi o regime teocrático no Sudão no século XIX.

A realidade atual mostra, entretanto, uma evolução que tende a combinar os traços do Estado confessional com alguns elementos do constitucionalismo. Tal circunstância conduziu a delinear uma nova forma de Estado denominada "teocracia constitucional". Várias experiências contemporâneas, cada uma com a sua especificidade, podem ser incluídas na forma de Estado teocrático-constitucional: Qatar (Constituição de 2003), Maldivas (Constituição de 2008), Afeganistão (Constituição de 2004), Iraque (Constituição de 2005), Iêmen (Constituição de 1991), Irã (Constituição de 1979).

A teocracia constitucional realiza, por conseguinte, uma separação formal entre *leadership* política e autoridade religiosa: o poder político é atribuído a órgãos que atuam segundo as diretrizes traçadas pela Constituição. Os aspectos que caracterizam o modelo de teocracia constitucional são os seguintes: *a)* proclamação da religião dominante como religião do Estado; *b)* reconhecimento constitucional da religião, dos seus textos sagrados, das suas prescrições e interpretações como fonte da legislação e da interpretação judicial das leis; *c)* reconhecimento na Constituição de alguns princípios fundamentais do constitucionalismo moderno, como o princípio da separação dos poderes e a previsão de formas de *judicial review*; *d)* distinção formal entre autoridade política e autoridade religiosa; *e)* presença de um nexo entre organismos religiosos como expressão da religião do Estado e Tribunais; aos primeiros são reconhecidos o *status* de jurisdições oficiais que atuam em

---

[108] Bibliografia atualizada sobre o Islã no cap. V, seção II, § 4.3, nota 47. Sobre as relações entre religiões e fontes do direito, L. DE GRAZIA, *Fonti del diritto e fattore religioso. Aspetti di diritto costituzionale comparato. Israele Iran Città del Vaticano*, Ed. Scientifica, Napoli, 2013; S.A. ARJOMAND (ed.), *Constitutional Politics in the Middle East: With Special Reference to Turkey, Iraq, Iran and Afghanistan*, Hart, London, 2008.

substituição ou em colaboração com as Cortes de direito civil. Portanto, as teocracias constitucionais mostram, obviamente, vários sinais de profunda ruptura em relação aos valores do constitucionalismo[109].

9.3. AS EXPERIÊNCIAS DE AFEGANISTÃO E IRÃ; O CALIFADO

As experiências do Afeganistão e do Irã oferecem dois exemplos da relação entre religião e Estado no mundo islâmico. Deve-se lembrar, ademais, a tentativa de instaurar, em vastas áreas dos Orientes Médio e Próximo, um "Estado Islâmico" (Califado) por parte do ISIS.

No Afeganistão, depois da derrota dos talibãs (os estudantes de teologia corânica), em janeiro de 2004 a "Grande Assembleia" constitucional aprovou uma nova Constituição que instaurava um Estado com forte marca religiosa. O Islã foi proclamado como religião de Estado, nenhuma lei poderia contrariar a *Shari'a*, os titulares dos cargos máximos do Estado deveriam pertencer à religião islâmica; não ocorria, porém, a identificação entre autoridade religiosa e autoridade política[110].

É emblemático também o caso da Constituição iraniana[111]; no preâmbulo é reconhecida a *Shari'a* como lei suprema e a origem divina da autoridade política e do sistema jurídico inteiro; destaca-se que o escopo da Constituição é criar as condições necessárias para realizar uma sociedade na qual possam ser concretizados os valores universais do Islã. Todas as

---

[109] M. OLIVIERO, *Il costituzionalismo dei paesi arabi*, I, *Le costituzioni del Maghreb*, Giuffrè, Milano, 2003; R. GROTE, T. RÖDER (eds), *Constitutionalism in Islamic Countries*, cit.

[110] K.M. ABOU EL FADL, S. ARJOMAND, *Democracy and Islam in the New Constitution of Afghanistan*, Rand, New York, 2004. Ver também M. PAPA, *Afghanistan: tradizione giuridica e ricostruzione dell'ordinamento tra Shari'a, consuetudini e diritto statale*, Giappichelli, Torino, 2006.

[111] K. SAMIH, *Iran: Political Culture in the Islamic Republic*, Routledge, New York, 1992; A. SHIRAZI, *The Constitution of Iran: Politics and the State in the Islamic Republic*, Tauris, New York, 1997; L. ROSEN, *The Justice of Islam: Comparative Perspectives on Islamic Law and Society*, Oxford U.P., Oxford, 2000; P.L. PETRILLO, *Iran*, il Mulino, Bologna, 2008; M. MOHAMMADY, *Constitutional Law in Iran*, Wolters Kluwer, New York, 2012; L. DE GRAZIA, *Costituzionalismo ed esperienze costituzionali in Iran*, in *AIC*, n. 2, 2015.

leis humanas devem estar em conformidade com os preceitos religiosos; no ápice do sistema das fontes está a lei islâmica. Onde haja um conflito entre leis religiosas e leis laicas, este deve ser resolvido com base no princípio geral da supremacia dos princípios islâmicos. Os preceitos islâmicos, então, constituem a fonte primária do ordenamento estatal; não derivam do Estado, mas constituem a fonte de legitimação dos poderes estatais. Ao mesmo tempo, confere-se ao povo o governo do Estado: é reconhecido o direito de eleger o Presidente da República Iraniana e os membros dos Conselhos Municipais; além disso, o poder de revisão da Constituição é confiado ao Conselho dos Guardiães, um órgão composto metade por religiosos (*mullhas*) e metade por juristas laicos. Decerto, esta mescla entre supremacia religiosa e soberania popular, entre teocracia e constitucionalismo, permite inserir o caso do Irã no modelo de teocracia constitucional[112].

Enfim, pertence à experiência do nosso tempo a realidade tirânica e violenta conhecida como "Estado Islâmico". Nascido na região compreendida entre o Tigre e o Eufrates, e invocando os conhecidos como "Califas bem guiados" ou, em verdade, os primeiros quatro *leaders* religiosos e políticos que sucederam a Maomé, o Estado islâmico conduz uma revolução violenta no mundo islâmico, perseguindo as minorias religiosas e os opositores, recorrendo a qualquer meio para impor o seu projeto. Um projeto de longo prazo: unificar o Islã sob o domínio sunita, expulsar os xiitas, impor a rigorosa observância da *Shari'a*. Em 29 de junho de 2014, Abu Bakr al-Baghdadi anuncia a existência de um Estado absolutista jihadista que se proclama "Califado". Com esta medida, pretende-se redesenhar a geografia do Oriente Médio, eliminando as fronteiras do Iraque e da Síria, definidas pelo Acordo Sykes-Picot de 1916, e declara-se guerra total contra os Estados pós-coloniais incluídos nos territórios de *Bilad al-Sham*, a legendária nação árabe do Levante que hoje corresponde aos territórios de Iraque, Síria, Jordânia, Israel e Autoridade Nacional Palestina. O renascimento do Califado, que se estendia de Aleppo à periferia de Bagdá, atraiu milhares de voluntários árabes, turcos, africanos, americanos, europeus, asiáticos e australianos, cegos pela fé islâmica segundo a versão

---

[112] Cf. L. FRENKEL, *La constitución de la república islámica del Irán*, in Rev. est. pól., n. 20, 1981, p. 105 e ss.

salafita-takfiri dos sunitas e animados pelo desejo da *jihad* total contra os xiitas e os regimes corruptos do mundo árabe, mas também contra os hebreus, as minorias cristãs, a Europa, os Estados Unidos e a Rússia[113]. O Estado Islâmico administra(va) os seus territórios com uma rede de instituições criadas para garantir um controle da população exercido com capilaridade. Polícia religiosa, Tribunais islâmicos e execuções públicas são instrumentos voltados a submeter de modo brutal os opositores e infiéis; para os sunitas, ao invés, o Califado distribuía água, pão e eletricidade para consolidar a aprovação popular. Com um território, no momento da máxima expansão, de 250.000 quilômetros quadrados e 10 milhões de habitantes, o Estado Islâmico chamou a atenção da comunidade internacional como a mais feroz e brutal expressão moderna do poder teocrático.

§ 10. *DA COLONIZAÇÃO À GLOBALIZAÇÃO: AS METAMORFOSES DAS FORMAS DE ESTADO CONTEMPORÂNEAS*

A colonização do mundo pelas potências europeias, já conhecida em épocas anteriores, começa de modo sistemático no século XVI, depois da descoberta da América, e terminou em várias etapas. No início do século XX, elas conseguiram controlar 85% do planeta através de *commonwealths* e *dominions*, protetorados, colônias, possessões, concessões, etc. Todas as várias fases, das inaugurais dos primeiros colonatos espanhóis, portugueses, ingleses, franceses, holandeses, às finais no curso do século XIX e logo depois (também com Estados Unidos, Alemanha, Itália), deixam marcas indeléveis na organização jurídica dos territórios conquistados e dominados.

Para cumprir a missão de "civilizar os bárbaros", as potências coloniais implantam sobre as estruturas jurídicas preexistentes o seu modo de fazer direito e de organizar a sociedade. Na primeira fase, os transplantes são concernentes sobretudo à concepção das estruturas de poder (principalmente referentes a Vice-Rei, Governadores e figuras similares), à administração

---

[113] Cf. M. MOLINARI, *Il Califfato del terrore*, Rizzoli, Milano, 2015; P. BANNIER, *L'Ètat islamique et le bouleversement de l'ordre régional*, Ed. du Cygne, Paris, 2015, trad. it. *Il ritorno del Califfato: lo Stato islamico e lo sconvolgimento dell'ordine regionale*, Fuoco, Roma, 2015; D. QUIRICO, *Il grande Califfato*, Neri Pozza, Vicenza, 2015.

da justiça, à organização territorial e aos próprios modos de produção do direito (por vezes com base jurisprudencial ou de direito "político"). Nas épocas posteriores, as ideias "constitucionais" que amadurecem na Europa têm reflexo nas colônias.

Onde se consolida uma classe dirigente local (como nos futuros Estados Unidos, além de Canadá e Oceania; e, mais tarde, na América Latina), o constitucionalismo –nas suas múltiplas evoluções– é em parte metabolizado e, uma vez alcançada a independência, permeia com muitas peculiaridades a estrutura constitucional dos novos Estados (que em geral continuam a rechaçar qualquer forma de integração dos direitos originários). Em outros lugares (África e Ásia, com parcial exceção da Índia e da África do Sul; e Oriente Médio), o sistema jurídico exportado pelo colonialismo permenece, em geral, em um estrato superficial e não penetra as raízes profundas do direito e do pensamento autóctone. De modo que a descolonização do pós-Segunda Guerra deixa como herança estruturas formais como a Constituição escrita, rígida; a divisão dos poderes; os direitos humanos; o aparato judiciário; formas de descentralização; mas não a identificação entre eles e o modo de sentir o direito "constitucional" do Ocidente colonizador.

As análises da evolução das formas de Estado examinadas nos §§ anteriores correspondem, portanto, somente a uma parte minoritária –embora hegemônica– do mundo. Ao lado das discrepâncias temporais, outros fatores marcam indelevelmente a separação. A força penetrante dos modelos hegemônicos, porém, em muitos casos deixa traços duradouros e inapagáveis mesmo depois dos processos de descolonização. A evolução permite por vezes recuperar as antigas concepções e propor soluções sincréticas, mas isto se verifica quase somente no século XXI. A isso se opõe, entretanto, a globalização, nova forma *soft* de colonialismo.

O Estado democrático pluralista e social, que conheceu uma difusão geográfica historicamente sem precedentes, mostrou, ao mesmo tempo, alguns sinais de crise que propõem hoje uma série de questionamentos[114]. Entre os fatores de crise, ocupa uma posição de destaque o fenômeno da globaliza-

---

[114] Uma síntese profunda e eficaz em A.J. PORRAS NADALES, *La acción de gobierno. Gobernabilidad, gobernanza, gobermedia*, Trotta, Madrid, 2014.

ção da economia e das comunicações. A globalização conferiu uma nova dimensão aos mercados de bens e serviços, aos mercados financeiros, aos sistemas de comunicação de multimídia e via rede; dimensão que não pode ser contida dentro do espaço de governos do Estado nacional. O que, como é evidente, coloca em grave dificuldade os mecanismos de democracia consolidados no Estado democrático pluralista[115].

O Estado não tem mais a capacidade de previsão e de controle dos fenômenos que se movem em escala mundial; os fatores econômicos internacionais são sempre mais penetrantes em relação à vida política e econômica dos Estados, ao ponto que a relação político-econômica tende a se transformar radicalmente: a economia escapa das escolhas políticas nacionais, ou melhor, ela que as influencia. O mercado global assume o papel de valor dominante: tende a evitar as regras dos Estados; confia na sua capacidade natural de se autorregular. A competição econômica no mercado global pressiona os atores a buscar fórmulas de baixar os custos de produção, seja através da atenuação dos direitos econômico-sociais, seja recorrendo à desterritorialização da atividade produtiva a favor de locais fiscal e socialmente menos exigentes.

A busca de fórmulas que assegurem um governo democrático mundial ou uma pluralidade de governos democráticos supranacionais em grau de exercer uma função reguladora e de controle do mercado global não parece ter dado resultados relevantes até o momento. Geralmente, as instituições globais existentes têm natureza econômico-financeira e agem sob o controle dos Estados mais ricos (Banco Mundial, Fundo Monetário Internacional, Organização Mundial do Comércio).

Em conclusão, se observada a relação entre governantes e governados, ou seja, a forma de Estado, o fenômeno da globalização incidiu e incide profundamente, de um lado, na prima-

---

[115] Confira-se, por exemplo, M. CROZIER, S.P. HUNTINGTON, J. WATANUKI (& TRILATERAL COMMISSION), *The Crisis of Democracy: Report on the Governability of Democracies to the Trilateral Commission*, New York U.P., New York, 1975; Y. MENY, Y. SUREL, *Democracies and the Populist Challenge*, Palgrave Macmillan, Houndmills-Basingstoke, 2001; G. SARTORI, *Homo videns. Televisione e postpensiero*, Laterza, Roma-Bari, 1999; V.C. CROUCH, *Post-Democracy*, Polity Press, Cambridge, 2004. Sobre a globalização, v. *supra*, cap. I, § 11, e notas 111 do cap. I, 65 do cap. V, seção II e 75 do cap. VI, seção I.

zia da política, que pressupõe órgãos democraticamente eleitos, titulares *pleno jure* das funções de governo; do outro, na concepção da economia e do mercado como fatores funcionais em relação ao bem comum, à dignidade da pessoa, à democracia e, consequentemente, suscetível de ser objeto de regulação e de limitações.

Capítulo III

DOUTRINAS CONSTITUCIONAIS: ALINHAMENTOS E RUPTURAS ENTRE RELIGIÃO, CULTURA, POLÍTICA E DIREITO

SUMÁRIO: PREMISSA. – SEÇÃO I: CONSTITUCIONALISMO E SUAS DECLINAÇÕES: 1. O constitucionalismo clássico. – 2. O neoconstitucionalismo. – 3. O *"nuevo constitucionalismo"* e o pluralismo constitucional indiano. – SEÇÃO II: DOUTRINAS CONSTITUCIONAIS SEM CONSTITUCIONALISMO: 1. Constituições com constitucionalismo, Constituições sem constitucionalismo e constitucionalismo sem Constituição formal. – 2. A função decorativa das Constituições nos regimes autocráticos. – 3. Teorias soviéticas da Constituição: não somente *chiffon de papier.* – 4. Filosofias, religiões e doutrinas políticas *vs* Constituições nos países africanos e asiáticos. – 4.1. Um caso emblemático: "Constituição" e "constitucionalismo" com coloração chinesa. – 5. Teocracia e Constituições.

PREMISSA

As Constituições ocidentais nascem para pôr limites ao poder político frente aos direitos e liberdades previstos a favor de quem se submete à sua autoridade; limites que são esculpidos na Constituição para evitar a tirania da maioria: nenhuma autoridade política é legitimada a violar estes limites. É evidente, então, que a classificação das formas de Estado contém em si mesma a classificação das Constituições e dos sistemas constitucionais.

A questão assume perspectivas diversas ao se tentar considerar as Constituições "sem constitucionalismo", que também possuem um papel no cenário internacional. (Pense-se na Constituição chinesa, na Constituição soviética ou nas Cartas constitucionais de outros países que não conheceram a ideologia constitucionalista.) Esta categoria de Constituições, se consideradas apenas pela sua forma, não se presta a ser absorvida na classificação tradicional das formas de Estado, porque falta na substância o nexo entre autoridade e liberdade, carece radicalmente da ideia de que o poder político possa encontrar na liberdade dos cidadãos um limite intransponível. O fato de se autoqualificarem como "Constituições" não é suficiente para reconhecê-las como tais, se adotada a acepção própria da filosofia liberal e democrática. O mesmo poder-se-ia afirmar no tocante aos países onde o fator religioso permeia tão profundamente o aparato governamental que torna confusa a distinção entre autoridade política e autoridade religiosa. Também neste caso, a liberdade dos indivíduos, colocada no centro da ideologia liberal, não representa um limite à autoridade teocrática. O que lhes falta, em relação às outras, é o *humus* subjacente: o constitucionalismo.

Seção I

CONSTITUCIONALISMO E SUAS DECLINAÇÕES

§ 1. *O CONSTITUCIONALISMO CLÁSSICO*

«El "constitucionalismo", que toma su nombre del principal documento jurídico a través del cual se expresan aspiraciones sociales y políticas del pensamiento liberal (la Constitución), se generalizó, a partir del precedente inglés, como movimiento político e ideológico en la segunda mitad del siglo XVIII con el objetivo histórico de superar los elementos constitutivos del absolutismo y con el desafío de construir no solo unos nuevos regímenes políticos sino también una nueva sociedad. Así, frente a la concentración del poder en manos del Rey que caracterizó a las Monarquías absolutas, el movimiento constitucional constituyó los tres Poderes del nuevo Estado liberal (legislativo, ejecutivo y judicial) y proclamó la necesidad de separarlos, equilibrando y coordinando sus funciones respectivas. Además, frente a los privilegios estamentales que definieron durante decenios a la sociedad del *Ancien Régime*, el constitucionalismo proclamó los derechos del hombre y del ciudadano, comenzando por el derecho que todas las personas tenían a la igualdad ante la ley»[1].

---

[1] R.L. BLANCO VALDÉS, verbete *Constitucionalismo*, in L. PEGORARO (ed.), *Glosario de Derecho público comparado*, cit., p. 40. A literatura é copiosa. Entre os muitos, ver C.H. MCILWAIN, *Constitutionalism: Ancient and Modern*, Cornell U.P., Ithaca, 1947, trad. it. *Costituzionalismo antico e moderno*, Neri Pozza, Vicenza-Venezia, 1956, e il Mulino, Bologna, 1990; F.D. WORMUTH, *The Origin of Modern Constitutionalism*, Harper & Row, New York, 1949; J.M. GOUGH, *Fundamental Law in English Constitutional History*, Clarendon, Oxford, 1955; N. MATTEUCCI, *Organizzazione del potere*

As características essenciais do constitucionalismo foram já ilustradas no capítulo dedicado às formas de Estado, razão pela qual será suficiente resumir aqui algumas noções sucintas.

Uma das vértebras da doutrina é representada pelo princípio da separação dos poderes: foi inspirado substancialmente na exigência de limitar o poder político concentrado nas mãos do Monarca e de tutelar a liberdade dos indivíduos. A distinção entre funções e competências no âmbito de uma organização complexa e de um sistema de governo da coisa pública certamente não é uma novidade na história. (Vários exemplos são oferecidos pela experiência institucional da Roma republicana.) A novidade que caracteriza o Estado moderno é a ideia de "separar" os poderes[2].

A necessidade de distinguir as funções de governo através da instituição de uma pluralidade de organismos constitucionais deriva, de um lado, do reconhecimento da pluralidade dos grupos sociais e dos interesses em jogo; do outro, da afirmação do caráter garantista do Estado. "Separar os poderes" pretendia significar uma melhor garantia dos direitos dos indivíduos contra a ação dos poderes públicos e, ao mesmo tempo, um aparato de limites ao poder público idôneo a conter de modo permanente a exposição aos perigos da arbitrariedade. Desta forma, a "distinção de funções" evolui para "separação dos poderes": trata-se de uma evolução de significado claramente político, destinada a impedir que algum dos órgãos titulares do poder soberano possa assumir uma posição de predomínio.

O primeiro a teorizar o princípio da separação dos poderes, no contexto da experiência constitucional inglesa, foi J. Locke.

---

e libertà. Storia del costituzionalismo moderno, 3ª ed., Utet, Torino, 1976; ID., verbete *Costituzionalismo*, in N. BOBBIO, N. MATTEUCCI, G. PASQUINO (eds), *Il dizionario di politica*, 3ª ed., Utet, Torino, 2004, p. 226 e ss., e em N. MATTEUCCI, *Lo Stato moderno: lessico e percorsi*, il Mulino, Bologna, 1993, p. 127 e ss.; D.S. LUTZ, *The Origin of American Constitutionalism*, Louisiana State U.P., Baton Rouge, 1988; R. JIMÉNEZ ASENSIO, *El constitucionalismo*, Ivap, Oñati, 2001. Sobre a relação com a soberania, T.E. FROSINI, *Sovranità popolare e costituzionalismo*, Giuffrè, Milano, 1997; G. TUSSEAU, *Deux dogmes du constitutionnalisme*, in AA.Vv., *Penser le droit à partir de l'individu. Mélanges Zoller*, Dalloz, Paris, 2018.

[2] Ver, ainda, G. BOGNETTI, *La divisione dei poteri*, cit., e *supra*, cap. II, seção II, § 3.1.

O constitucionalismo liberal manifestou-se na Inglaterra em duas fases: e um primeiro momento, o poder monárquico foi limitado pelo reconhecimento do papel do Parlamento; em um segundo momento, o Parlamento assumiu a supremacia sobre a monarquia. No marco desta transição constitucional está a contribuição de Locke. Ele distingue três funções fundamentais do Estado: a função legislativa, a função executiva e a função federativa. Falta alguma referência à função jurisdicional, ao passo que a função federativa é entendida como o exercício dos poderes no campo das relações internacionais (o chamado "poder exterior"). Locke atribui ao Rei o exercício da função executiva e da função federativa, enquanto a função legislativa é conferida ao Parlamento. Na sua concepção, a função executiva não era configurada como atividade de mera execução dos preceitos legislativos, mas, sobretudo, como exercício de um poder autônomo de decisão não subordinado à lei. Isto explica porque a função federativa era concedida ao Rei; também esta requeria, de fato, uma atividade decisória autônoma. Na tradição inglesa, os juízes das Cortes de *common law* contribuíam à a produção de regras jurídicas por meio do princípio da vinculação dos precedentes judiciais (*stare decisis et non quieta movere*)[3]. No vértice do sistema judiciário estava a Câmara dos *Lords*, órgão que participava da formação dos *statutes* (as leis escritas). Por conseguinte, a função jurisdicional era considerada, na experiência constitucional inglesa, como intimamente ligada à função legislativa; não sendo uma função autônoma, não pertencia a um poder separado dos outros[4].

O contexto político e social diverso e a influência da filosofia racionalista fizeram com que o princípio da separação dos poderes, consumado na França por obra de Montesquieu, assumisse um significado parcialmente diferente. Montesquieu identifica três poderes: o poder legislativo, o poder executivo e o poder jurisdicional. Trata-se dos três poderes nitidamente separados, caracterizados também por uma fonte de legitima-

[3] *Infra*, cap. V, seção II, § 5.4.4.
[4] De J. LOCKE, ver *Two Treatises of Government: An Essay Concerning the True Original, Extent and End of Civil Government*, Awnsham Churchill, London, 1689. Cf. C.B. MACPHERSON, *The Political Theory of Possessive Individualism: Hobbes to Locke*, Oxford U.P., Oxford, 1962, trad. it. *Libertà e proprietà alle origini del pensiero borghese. La teoria dell'individualismo possessivo da Hobbes a Locke*, Isedi, Milano, 1973.

ção diferente; em particular, a função legislativa funda-se na vontade popular expressa pelas Assembleias representativas; a função executiva decorre da vontade do Monarca, titular de um poder autônomo e não representativo de outros, senão de si mesmo; a função executiva consiste em preservar a ordem, tanto no interior quanto no exterior do ordenamento, no sentido de que inclui também a política externa. A função jurisdicional, enfim, remete a um poder distinto que se explica principalmente no campo do direito civil e trata da resolução das controvérsias entre privados; os juízes, na visão de Montesquieu, não possuem um papel criativo na produção de regras jurídicas[5].

Na França, manifesta-se também outro filão de pensamento que se opõe à ideia da separação de poderes; a máxima expressão desta escola é encontrada nas obras de J.J. Rousseau, o qual atribui um valor absoluto ao princípio democrático e identifica o soberano na vontade geral da coletividade. A forma de governo ideal, nesta perspectiva, consistiria em deixar confluir nas mãos da Assembleia democrática o poder legislativo e o executivo. Mas, constatado que esta solução é impraticável, Rousseau admite a distinção entre os três poderes do Estado; uma distinção puramente funcional que confere ao povo reunido em Assembleias (ou às Assembleias eleitas pelo povo) a expressão da vontade geral através das leis; os outros órgãos de governo assumem um papel meramente executivo da vontade

---

[5] De C. (DE SECONDAT) MONTESQUIEU, veja-se *L'esprit des lois*, Barrillot & fils, Genève, 1748. Como escrevia P. VERRI, *Sulla interpretazione delle leggi*, in *Il Caffè*, II (1765), fascículo XXVIII, «Se il giudice diventa legislatore, la libertà politica è annichilata; il giudice diventa legislatore sì tosto che è lecito interpretar la legge; dunque si proibisca al giudice l'interpretar la legge; dunque si riduca ad esser mero esecutore della legge; dunque eseguisca la legge nel puro e stretto significato delle parole, e nella materiale disposizione della lettera. Che il giudice, tosto che la legge è soggetta a interpretarsi più in un senso che in un altro, diventi legislatore, è cosa per sé evidente, basta per esserne convinto il riflettere che interpretare vuol dire sostituire se stesso al luogo di chi ha scritto la legge. (...) Dunque l'interpretar la legge fa diventare legislatore il giudice, e confonde le due persone del legislatore e del giudice, dalla assoluta separazione delle quali dipende essenzialmente la libertà politica d'una nazione. Dunque una nazione che cerchi la libertà politica deve proibire ad ogni giudice ogni qualunque libertà d'interpretare le leggi».

geral. Tanto é que contra as decisões dos juízes admite-se o recurso à pronúncia popular[6].

A doutrina da separação dos poderes estabelece-se no Estado democrático pluralista influenciando profundamente a sua estrutura institucional e a organização do aparato governamental. Partindo da tradicional tripartição dos poderes, a Constituição determina os sujeitos, órgãos individuais ou colegiados que, no âmbito de um complexo unitário de órgãos, exercem os poderes e as funções públicas correspondentes[7].

A função legislativa produz normas gerais e abstratas e adota, via de regra, a forma de lei; a função executiva exerce a realização dos interesses públicos e, em regra, assume a forma de decreto; a função jurisdicional, que normalmente se expressa com a sentença, resolve as controvérsias mediante a interpretação e a aplicação das normas jurídicas. Não há confusão nem entre os órgãos, nem entre as funções que lhes são atribuídas. Contudo, embora distintos e separados, tais poderes são capazes de condicionar o exercício das funções uns dos outros; trata-se dos mecanismos que as Constituições preveem de vários modos para dar lugar a um sistema de *"checks and balances"*.

No que concerne à forma de governo, o princípio da separação dos poderes conheceu sua aplicação mais coerente na Constituição dos Estados Unidos da América (1787). Nela, a forma de governo presidencialista prevê que os três poderes sejam juridicamente separados e independentes, assim como sujeitos e um sistema de limitações e controles recíprocos (*"separated institutions sharing power"*[8]). Em particular, o Pre-

[6] J.J. ROUSSEAU, *Du contract social ou principes du droit politique*, Rey, Amsterdam, 1762.

[7] Sobre as doutrinas francesas em geral, ver, *ex multis*, L. JAUME, M. TROPER (eds), *1789 et l'invention de la Constitution*, Bruylant-Lgdj, Bruxelles-Paris, 1994, p. 303 e ss.; A. SAITTA, *Costituenti e costituzioni della Francia rivoluzionaria e liberale (1789-1875)*, Giuffrè, Milano, 1975. Utile F. FURET, M. OZOUF (eds), *Dictionnaire critique de la Révolution française*, Flammarion, Paris, 1988, trad. it. *Dizionario critico della rivoluzione francese* (organizado por M. BUFFA), 2ª ed., Bompiani, Milano, 1988.

[8] R.E. NEUSTADT, *Presidential Power and the Modern Presidents: The Politics of Leadership from Roosevelt to Reagan*, 3ª ed., Wiley & Sons, New York, 1990. Sobre o constitucionalismo estadunidense, cf. S.M. GRIFFIN, *American Constitutionalism: From Theory to Politics*, Princeton U.P., Prince-

sidente e o Congresso trazem diretamente do povo a respectiva legitimação, de modo que nem o Presidente (por meio de um *impeachment*), nem o Congresso (através de voto de desconfiança) podem determinar a sorte um do outro.

Diferentemente, a experiência dos Estados de democracia plural na Europa mostra uma aplicação do princípio da separação dos poderes temperada pela consolidação da forma de governo parlamentar. Em especial no Reino Unido, a forma de governo parlamentar une de maneira significativa a sorte do Legislativo e do Executivo: o Governo deve ter a confiança do Parlamento e a moção de censura deste leva à renúncia do primeiro; a formação de uma maioria política estável no Parlamento assegura a continuidade da ação do Governo e determina um eixo político homogêneo de ligação entre os dois órgãos. A separação, em tal contexto, atenua-se e é contrabalançada pelo papel reconhecido à oposição parlamentar.

Um segundo fator caracterizador refere-se à consolidação dos direitos. Desta, já abordada nas páginas relativas à forma de Estado liberal-democrático (ou democrático-pluralista)[9], tratar-se-á amplamente no capítulo VI. O programa do constitucionalismo sofreu reações, freio, bloqueios, correções, rechaços. Como lembra R. Blanco Valdés, «No es casual, a la vista de ese contraste entre los principios proclamados y la realidad efectiva del constitucionalismo y a la vista, igualmente, del hecho de que el Estado constitucional será originariamente una realidad histórica restringida a un reducido grupo de países, que la evolución del constitucionalismo fuera a producirse durante los siglos XIX y XX en una doble dirección: por un lado, en el de la extensión geográfica del fenómeno constitucional; por el otro, en el del progresivo perfeccionamiento de los mecanismos jurídicos y políticos destinados a garantizar la eficacia de los dos principios basilares del constitucionalismo: la libertad y la igualdad»[10].

---

ton, 1996, trad. it. *Il costituzionalismo Americano. Dalla teoria alla politica*, il Mulino, Bologna, 2003. Sobre a tradição política, R. HOFSTADTER, *The American Political Tradition and the Men Who Made It* (1948), Knopf, New York, 1985, trad. it. *La tradizione politica americana*, il Mulino, Bologna, 1959.

[9] Vide cap. II, seção II, § 3.
[10] R.L. BLANCO VALDÉS, verbete *Constitucionalismo*, cit., p. 42.

§ 2. *O neoconstitucionalismo*

Para alimentar uma teoria moderna do Estado democrático, na sua versão de "Estado constitucional", surge a corrente do chamado neoconstitucionalismo. «Como teoría del derecho, el neoconstitucionalismo –en particular a partir de los principios– aspira a describir los logros de la constitucionalización, entendida como el proceso que ha comportado una modificación de los grandes sistemas jurídicos contemporáneos. Por esta razón, está caracterizado por una constitución invasora, por la positivización de un catálogo de derechos, por la omnipresencia en la constitución de principios y reglas, y por algunas peculiaridades de la interpretación y de la aplicación de las normas constitucionales respecto a la interpretación y aplicación de la ley. Se trata, en definitiva, de recuperar en sentido fuerte la idea de constitución como norma jurídica suprema del Estado y fortalecer su presencia determinadora en el ordenamiento jurídico»[11].

Com a expressão "neoconstitucionalismo", entende-se, em suma «a evolução do pensamento filosófico do constitucionalismo clássico –entendido como doutrina e instituições relativas à limitação jurídica do poder, de modo significativo no período pós-Segunda Guerra– em direção a novos conteúdos, identificados por alguns: 1) constitucionalização dos direitos, entendidos como normas jurídicas e, portanto, diretamente vinculantes tanto para os poderes públicos quanto, sempre que possível, para as relações entre privados (e não mais como meros valores ou normas programáticas); 2) judicialização dos direitos, como consequência da sua envergadura normativa; 3) supranacionalidade dos direitos, prevista a sua "constitucionalização" em cartas internacionais regionais e universais»[12]. M. Barberis

---

[11] R. Viciano Pastor, R. Martínez Dalmau, *El nuevo constitucionalismo latinoamericano: fundamentos para una construcción doctrinal*, in *Rev. gen. der. públ. comp.*, n. 9, 2011, p. 7. Veja R. Guastini, *A proposito di neo-costituzionalismo*, in *Teoria pol.*, n. 1, 2011, p. 147 e ss., com réplica de M. Barberis, *Esiste il neocostituzionalismo?*, in *Analisi e dir.*, 2011, p. 3 e ss.; S. Sastre Ariza, *Ciencia jurídica positivista y neoconstitucionalismo*, McGraw Hill, Madrid, 1999.

[12] Cf. M. Barberis, *Stato costituzionale. Sul nuovo costituzionalismo*, Mucchi, Modena, 2012, p. 18 e ss.; P. Comanducci, *Formas de (neo)constitucionalismo: un análisis metateórico*, in M. Carbonell Sánchez (ed.), *Neo-*

indica também uma outra característica importante desta nova visão, ou seja, «"uma conexão entre regras jurídicas e valores morais por meio dos princípios constitucionais"[13], que incide no debate doutrinário e nas disputas jurisprudenciais, inclusive "intra Cortes", sobre os critérios de interpretação constitucional»[14]. Os efeitos mais notáveis desta teoria são, de um lado, a não valorização das teorias normativas da Constituição[15]; de outro, uma invasiva judicialização da política e entrega aos juízes de incontroláveis funções de decisão política. Esta corrente, alimentada por estudiosos de vários países[16], presta-se bem a legitimar o "não direito" da globalização, fornecendo o suporte teórico para justificar o esvaziamento dos poderes dos Parlamentos, da democracia direta e do próprio poder de revi-

---

constitucionalismo(s), 4ª ed., Unam-Trotta, Madrid, 2009, p. 83; L. Prieto Sanchís, *Neoconstitucionalismo y ponderación judicial*, nesta obra, p. 131, identifica cinco aspectos fundamentais do neoconstitucionalismo: «más principios que reglas; más ponderación que subsunción; omnipresencia de la Constitución en todas las áreas jurídicas y en todos los conflictos mínimamente relevantes, en lugar de espacios exentos en favor de la opción legislativa o reglamentaria; omnipotencia judicial en lugar de autonomía del legislador ordinario; y, por último, coexistencia de una constelación plural de valores, a veces tendencialmente contradictorios, en lugar de homogeneidad ideológica en torno a un puñado de principios coherentes entre sí y en torno, sobre todo, a las sucesivas opciones legislativas».

[13] M. Barberis, *Stato costituzionale. Sul nuovo costituzionalismo*, cit., p. 52.

[14] S. Bagni, *Democratizzazione della giustizia costituzionale in America latina: uno sguardo da fuori*, in *Riv. trim. dir. proc. civ.*, n. 4, 2014, p. 1387 e ss., trad. esp. *Hitos de democratización de la justicia constitucional en América latina: una mirada desde afuera*, in R. Tur Ausina (ed.), *Problemas actuales de Derecho constitucional en un contexto de crisis*, Comares, Granada, 2015.

[15] Assim como configuradas entre os contemporâneos, p. ex., por E. García de Enterría, *La Constitución como norma y el Tribunal Constitucional*, 3ª ed., Civitas, Madrid, 1985, reimpr. 1988, e A. Martín De La Vega, *El concepto racional-normativo de Constitución: la precariedad de un concepto "diluido"*, in S. Bagni, G.A. Figueroa Mejía, G. Pavani (eds), *La ciencia del derecho constitucional comparado*, cit., I, p. 1099 e ss.

[16] ... e muito evocada na América Latina, para combater o modelo de *political law* que ainda caracteriza o continente. Cf. R. Sieder, L. Schjolden, A. Angell (eds), *The Judicialization of Politics in Latin America*, Palgrave Macmillan, New York, 2005.

são constitucional; em última análise, do próprio princípio da soberania popular[17].

Nas palavras de A. Reposo, «Somente uma perspectiva eurocêntrica ou americanocêntrica pode, por outro lado, equiparar o estudo do direito constitucional a um modelo garantista ou neogarantista, que não parece aplicável a todos e de modo geral, como uma espécie de multiculturalismo global que prescinde totalmente dos lugares e dos tempos, quase como se os direitos fossem os mesmos em todo lugar, de Norte a Sul e de Leste a Oeste, como a astronomia, a mecânica quântica ou a ótica, e não existisse, em verdade, um direito suíço, indiano, russo ou japonês, que organizam de modo distinto –e até mesmo oposto– a estrutura da sociedade, segundo a vontade do poder político. Tal representação, que é o pecado original do constitucionalismo, parece um tanto irrealista se colocada em confronto com o estado das Constituições e dos ordenamentos jurídicos vigentes, ou melhor, "viventes", em grande parte do mundo, da Rússia à China, da África à Ásia, onde também os acontecimentos mais recentes atestam que não existe coincidência nem unitariedade entre os chamados direitos fundamentais e, muito menos, entre as várias garantias com os quais são mais ou menos tutelados»[18].

§ 3. *O "NUEVO CONSTITUCIONALISMO" E O PLURALISMO CONSTITUCIONAL INDIANO*

O *"nuevo constitucionalismo"* não refuta o constitucionalismo, mas o transforma. «El neoconstitucionalismo es una corriente doctrinal, producto de años de teorización académica mientras que [...] el nuevo constitucionalismo latinoamericano es un fenómeno surgido en el extrarradio de la academia, producto más de las reivindicaciones populares y de los movimientos sociales que de planteamientos teóricos coherentemente armados. Y consiguientemente, el nuevo constitucionalismo

---

[17] Ver, sobre este ponto, M. SHAPIRO, A. STONE SWEET, *On Law, Politics, and Judicialization*, Oxford U.P., Oxford, 2002; R. HIRSCHL, *Towards Juristocracy*, cit.

[18] A. REPOSO, *Dal costituzionalismo al neocostituzionalismo*, in S. BAGNI, G. FIGUEROA MEJÍA, G. PAVANI (eds), *La ciencia del derecho constitucional comparado*, cit., I, p. 1260.

carece de una cohesión y una articulación como sistema cerrado de análisis y proposición de un modelo constitucional»[19].

«El *nuevo constitucionalismo* mantiene las posiciones sobre la necesaria constitucionalización del ordenamiento jurídico con la misma firmeza que el *neoconstitucionalismo* y plantea, al igual que éste, la necesidad de construir la teoría y observar las consecuencias prácticas de la evolución del constitucionalismo hacia el Estado constitucional. Pero su preocupación no es únicamente sobre la dimensión jurídica de la constitución sino, incluso en un primer orden, sobre la legitimidad democrática de la constitución. En efecto, el primer problema del constitucionalismo democrático es servir de traslación fiel de la voluntad constituyente del pueblo y establecer los mecanismos de

---

[19] R. Viciano Pastor, R. Martínez Dalmau, *El nuevo constitucionalismo latinoamericano*, cit., p. 6 e ss. V., ademais: S. Edwards, *Populismo o mercados. El dilema de América Latina*, Norma, Bogotá, 2009, e, em geral, o número monográfico da *Rev. gen. der. públ. comp.*, n. 9, 2011, cit., dedicado ao constitucionalismo na região. Ademais, entre outros, pelo menos os seguintes textos: D. Valadés, M. Carbonell (eds), *Constitucionalismo iberoamericano del siglo XXI*, Cámara de Diputados, Unam-Iij, México, 2000; D. Valadés, *El nuevo constitucionalismo iberoamericano*, in A.M. Hernández, D. Valadés (eds), *Estudios sobre Federalismo, Justicia, Democracia y Derechos Humanos: Homenaje a Pedro J. Frías*, Unam, México, 2003, p. 329 e ss.; A. Colomer Viadel, *Introducción al constitucionalismo iberoamericano*, 2ª ed., Trillas, México, 2009; R. Gargarella, C. Courtis, *El nuevo constitucionalismo latinoamericano*, cit.; R. Viciano Pastor (ed.), *Estudios sobre el nuevo constitucionalismo latinoamericano*, cit.; C. Storini, J.F. Alenza García (eds), *Materiales sobre neoconstitucionalismo y nuevo constitucionalismo latinoamericano*, Aranzadi, Cizur Menor, 2012; a parte II (p. 145-254) do livro de A. de Almeida Filho, F. Bilac Moreira Pinto Filho (eds), *Constitucionalismo e Estado*, Forense, Rio de Janeiro, 2007. Para uma abordagem geral, J. Carpizo, *Tendencias actuales del constitucionalismo latinoamericano*, in M. Carbonell, J. Carpizo, D. Zovatto (eds), *Tendencias del constitucionalismo en Iberoamérica*, cit., p. 1 e ss. e especificamente sobre os temas institucionais, Id., *Concepto de democracia y sistema de gobierno en América Latina*, Unam, México, 2007. Acrescentam-se os estudos contidos em D.A. Ortiz Gaspar, K.M. Aquize Cáceres (eds), *Tendencias actuales del Estado constitucional contemporáneo. Neoconstitucionalismo y argumentación jurídica. Constitucionalismo y principio de proporcionalidad*, Ara, Lima, 2013, a síntese de P. Pazmiño Freire, *Aproximación al nuevo constitucionalismo. Debate sobre sus fundamentos*, RisperGraf C.A, Quito, 2012, e já C. Landa Arroyo, *Apuntes para una Teoría Democrática Moderna en América Latina*, cit.

relación entre la *soberanía*, esencia del poder constituyente, y la *constitución*, entendida en su sentido amplio como la fuente del poder (constituido y, por lo tanto, limitado) que se superpone al resto del derecho y a las relaciones políticas y sociales. Desde este punto de vista, el *nuevo constitucionalismo* reivindica el carácter revolucionario del constitucionalismo democrático, dotándolo de mecanismos que pueden hacerlo más útil para la emancipación y avance de los pueblos, al concebir la constitución como mandato directo del poder constituyente y, en consecuencia, fundamento último de la razón de ser del poder constituido»[20].

A expressão *"nuevo constitucionalismo"* tem, pois, «um âmbito de aplicação como epifenômeno mais restrito, fazendo, em regra, referência à onda de Constituições adotadas na América Latina desde o início dos anos 90 (com a nova Constituição colombiana de 1991, mas alguns incluem também a brasileira de 1988) até chegar às recentes experiências equatoriana e boliviana de 2008 e 2009. Se as características teóricas do neoconstitucionalismo podem ser certamente encontradas no *"nuevo constitucionalismo"* (basta pensar na afirmação, muitas vezes salientada também pela jurisprudência constitucional de diversas Cortes, da total independência dos direitos constitucionais, por conseguinte não hierarquizáveis de modo definitivo, mas apenas ponderáveis caso a caso), os dois conceitos não são completamente coincidentes, já que as reflexões da doutrina latino-americana dos últimos anos destacaram elementos específicos do fenômeno na América do Sul»[21].

[20] Vide R. VICIANO PASTOR, R. MARTÍNEZ DALMAU, *El nuevo constitucionalismo latinoamericano*, cit., p. 7; P. PAZMIÑO FREIRE, *Aproximación al nuevo constitucionalismo*, cit.; M. CARDUCCI, *A aquisição problemática do constitucionalismo ibero-americano*, Upf, Passo Fundo, 2003. Ver, também, a seção monográfica coordenada por ID., "Il 'nuevo constitucionalismo' andino tra alterità indigenista e ideologia ecologista", in *Dir. pubbl. comp. eur.*, n. 2, 2012, p. 319 e ss. e, em especial, ID., *Epistemologia del Sud e costituzionalismo dell'alterità*, nesta *Revista*, p. 319 e ss.
[21] Cf. R. VICIANO PASTOR, R. MARTÍNEZ DALMAU, *Fundamento teórico del nuevo constitucionalismo latinoamericano*, in R. VICIANO PASTOR (ed.), *Estudios sobre el nuevo Constitucionalismo Latinoamericano*, cit., p. 21, mas, em geral, enfrentam o tema todos os participantes do volume. R. ÁVILA SANTAMARÍA, *El neoconstitucionalismo transformador. El estado y el derecho en la Constitución de 2008*, Abya Yala, Quito, 2011, em especial, à p. 237, fala, com referência específica ao constitucionalismo andino, em

Os elementos determinantes do que se classifica como nova forma de Estado, que representam, portanto, uma «evolução do Estado constitucional de direito, último produto do neoconstitucionalismo, podem ser identificados na participação popular no exercício do poder, *in primis* no mesmo processo constituinte; na interculturalidade; e na nova visão das relações entre homem e mulher, que fundamenta, em alguns casos, a (tentativa de) adesão a novos modelos econômicos»[22].

Para a Índia, certamente não se pode falar em "Constituição sem constitucionalismo" –categoria que será abordada na próxima seção–, uma vez que representa, em verdade, um excelente exemplo de sincretismo entre Oriente e Ocidente: «A característica principal do direito da Índia consiste principalmente na coexistência –em um único ordenamento– de um direito-quadro laico e autoritativo, largamente ligado aos modelos ingleses e ocidentais, e de direitos distintos, tradicionais e pessoais, originariamente confessionais, por sua vez alterados pela vontade britânica e pelas escolhas políticas do período

---

"neoconstitucionalismo transformador", tomando emprestada a expressão de B. de Sousa Santos, e reconhece que se trata de um paradigma "em construção", que não possui todas as soluções, mas que está buscando apontar novas fórmulas institucionais e novas concepções do direito.

[22] S. BAGNI, *Dal* Welfare State *al* Caring State?, cit.; ID., *Hitos de democratización de la justicia constitucional en América latina*, cit., p. 222 e ss. [e ID., *Il* sumak kawsay*: da cosmovisione indigena a principio costituzionale in Ecuador*, in S. BALDIN, M. ZAGO (eds), *Le sfide della sostenibilità. Il* buen vivir *andino dalla prospettiva europea*, cit., p. 62 e ss.]. Na sua opinião, os que segundo VICIANO PASTOR, MARTÍNEZ DALMAU, *Fundamento teórico del nuevo constitucionalismo latinoamericano*, cit., p. 36 e ss., podem ser considerados elementos formais comuns do *nuevo constitucionalismo* –originalidade, amplitude, complexidade e rigidez– não parecem nem exclusivos nem inovadores em relação ao modelo de Estado Constitucional anterior. Ver, também, S. BALDIN, *La tradizione giuridica contro-egemonica in Ecuador e Bolivia*, in *Bol. mex. der. comp.*, n. 143, 2015, p. 483 e ss.; ID., *Il* buen vivir *nel costituzionalismo andino. Profili comparativi*, Giappichelli, Torino, 2019. Cf., também, M. CARDUCCI, *La Costituzione come "ecosistema" nel* nuovo constitucionalismo *delle Ande*, in S. BAGNI (ed.), *Dallo Stato del* bienestar *allo Stato del* buen vivir, cit., p. 11 e ss.; R. ÁVILA SANTAMARÍA, *El neoconstitucionalismo transformador*, cit., p. 17, destaca, entre outros, «la noción de pluriculturalidad, interculturalidad, la pachamama y el sumak kawsay». Para as relações entre *nuevo constitucionalismo* com as formas de Estado, vide cap. II, seção II, § 4.

da independência»²³. Inclusive, ela «era acusada de escassa "originalidade", sobretudo por aqueles que a consideravam excessivamente reprodutora da mentalidade e dos institutos do constitucionalismo ocidental», enquanto que, contrariamente, «graças à sua concepção original do Estado, mas, antes mesmo, da relação entre estruturas sociais, comunidade política e normas jurídicas, o ordenamento indiano pode representar um *trait d'union* para viabilizar um diálogo mais profícuo entre o constitucionalismo ocidental e o de fora do Ocidente».

As estruturas do constitucionalismo e do direito público indiano são, pois, impregnadas de valores manifestados pela história e pela tradição, pelo «caráter intrinsecamente multifacetado e plural da [sua] civilização», além de pelas condições econômicas e pela complexa estrutura social, que impedem considerar a Índia uma anomalia no contexto asiático. Mais que um modelo para a área, a Índia é reputada um "protótipo" não facilmente imitável, devido às peculiaridades do seu contexto cultural, histórico e político, de modo que representa «um modelo para as outras nações quanto ao mérito de como enfrentar os problemas da diversidade e da diferença».

---

[23] R. Sacco, *Il diritto indiano*, in A. Gambaro, R. Sacco (eds), *Sistemi giuridici comparati*, cit., p. 486. Para as citações deste §, veja D. Amirante, *La democrazia dei superlativi. Il sistema costituzionale dell'India contemporanea*, Esi, Napoli, 2019, pp. 28-35. Bem como W. Menski, *Beyond Europe*, in E. Örücü, D. Nelken, *Comparative Law*, Hart, Portland, 2007.

Seção II

DOUTRINAS CONSTITUCIONAIS
SEM CONSTITUCIONALISMO

§ 1. *Constituições com constitucionalismo, Constituições sem constitucionalismo e constitucionalismo sem Constituição formal*

A pluralidade e a variedade das experiências constitucionais modernas mostram como podem ocorrer Constituições sem o pano de fundo ideológico, filosófico e político conhecido como constitucionalismo.

A Constituição, como veremos melhor no próximo capítulo, consiste no conjunto de regras jurídicas fundamentais que são a base do ordenamento jurídico estatal. Delineiam a identidade do Estado; traçam as características da forma de Estado, vale dizer, da relação política e jurídica que se instaura entre quem governa e, portanto, exerce o poder supremo, e quem é governado. Cada ordenamento estatal, por conseguinte, não pode deixar de ter uma Constituição própria, mas podemos dizer também um estatuto próprio, um pacto fundamental próprio ou simplesmente um ato constitutivo no qual são codificadas as características genéticas ou adquiridas que determinam a fisionomia do ordenamento estatal.

Apesar de, ao menos na perspectiva ocidental, as Constituições serem o produto do constitucionalismo (o constitucionalismo de matriz liberal-democrática), existem Constituições estabelecidas como base de ordenamentos estatais que pouco ou nada têm a ver com os princípios do constitucionalismo. Em outras palavras, existem Estados cuja *forma* tem só aparentemente (ou realmente não tem) as feições do constitucionalismo e que, mesmo assim, possuem uma verdadeira Constituição[24]. A perspectiva comparatista mostra, por conseguinte, um cenário complexo e articulado.

Vale reiterar que os valores e os princípios do constitucionalismo são consagrados na célebre fórmula do art. 16 da Declaração dos Direitos do Homem e do Cidadão, aprovada em 26 de agosto de 1789 pela Assembleia Legislativa francesa: «A sociedade em que não esteja assegurada a garantia dos direitos nem estabelecida a separação dos poderes não tem Constituição». Portanto, uma Constituição que seja o produto do constitucionalismo deve apresentar estes traços identificativos: a afirmação dos direitos humanos e a sua primazia no ordenamento estatal; a tutela dos direitos, prevista também frente ao poder público, por parte de juízes que pertencem a uma ordem independente; a separação dos poderes e a previsão de instrumentos e técnicas de limitação do poder político; todos, inclusive os poderes públicos, estão sujeitos à lei; o fundamento dos poderes soberanos está na legitimação que deriva da nação ou do povo; a adoção das decisões políticas é predominantemente fundada no princípio da maioria; a esfera da política é autônoma da esfera religiosa, o Estado e a Igreja são separados. Hoje, além disso, há o controle de constitucionalidade das leis por parte dos juízes ou por obra de Cortes ou Tribunais Constitucionais específicos. O constitucionalismo, por isso, não expressa um conceito neutro de Constituição, mas se refere a uma ordem precisa de valores constitucionais.

À parte deve ser considerado o caso do Reino Unido que, mesmo sendo a pátria (ou melhor, uma das pátrias) do constitucionalismo moderno, não possui uma Constituição escrita no sentido ocidental, mas com certeza uma Constituição substancial baseada nos princípios do constitucionalismo. Defesa das liberdades e controle/limitação do poder, como já dito e será aprofundado em seguida, não encontram expressão em um único texto, mas na estratificação histórica através de documentos,

---

[24] Vide, por exemplo, G. Rebuffa, *Costituzioni e costituzionalismi*, Giappichelli, Torino, 1990. Sobre os conflitos (e algumas propostas de composição em várias áreas do globo), veja-se H. Glaser (ed.), *Norms, Interests, and Values: Conflict and Consent in the Constitutional Basic Order*, Nomos, Baden-Baden, 2015.

convenções, jurisprudência, que se resumem no princípio do *rule of law*, consagrando a primazia do direito sobre o arbítrio.

§ 2. A FUNÇÃO DECORATIVA DAS CONSTITUIÇÕES NOS REGIMES AUTOCRÁTICOS

Apenas para exemplificar o discurso, neste parágrafo denominaremos genericamente "autocráticas" as experiências de Estados cujas feições não correspondem aos princípios do constitucionalismo, agrupando-as em uma categoria única, apesar de no cap. II, seção II, se tenha evidenciado a escassa consistência científica e a falácia metodológica e classificatória de uma dicotomia genérica entre ordenamentos "democráticos" e "todos os outros" (além da conotação positiva ou negativa das respectivas expressões)[25]. Aqui, entretanto, são reunidas experiências diferentes da "democrática" exatamente por seu contraste com esta, qualquer que seja a sua (frequentemente bastante diferente) fonte de legitimação: a pura força, a ideologia expressada por um partido hegemônico, o *Führerprinzip*, a investidura por Deus, etc. Algumas das características recorrentes em todas elas são, de fato: a) a afirmação dos direitos fundamentais do homem (quando há) não é assistida por um aparato adequado de instrumentos de garantia; b) não é contemplada uma efetiva separação dos poderes. Em alguns contextos, ademais, não é assegurada a autonomia da política em relação à religião[26]. A complexidade do fenômeno deriva do

---

[25] Veja-se o significativo título do livro de N.J. BROWN, *Constitutions in a Nonconstitutional World*, State Un. of New York Press, New York, 2002.

[26] É assegurada, por outro lado, na expressão soviética: v. G. CODEVILLA, *Lo Zar e il Patriarca. I rapporti tra trono e altare in Russia dalle origini ai giorni nostri*, La Casa di Matriona, Milano, 2008, p. 203 e ss.; para a fase pós-soviética, ver, também, ID., *Stato e Chiesa nella Federazione Russa. La nuova normativa nella Russia postcomunista*, La Casa di Matriona, Milano, 1998. Sobre o tema da laicidade, cf., entre os muitos: M. BARBIER, *La Laïcité*, L'Harmattan, Paris, 1995; M. TEDESCHI (ed.), *Il principio di laicità nello Stato democratico*, Rubbettino, Soveria Mannelli, 1996; R. RÉMOND, *Religion et société en Europe. Essai sur la secularisation des sociétés européennes aux XIX et XX siècle (1789-1998)*, Seuil, Paris, 1998; E. TORTAROLO, *Il laicismo*, Laterza, Roma-Bari, 1998; M. VENTURA, *La laicità dell'Unione europea. Diritti, mercato, religione*, Giappichelli, Torino, 2001; É. POULAT, *Notre laïcité publique*, Berg Int., Paris,

fato de que estas características, que marcam uma quebra no tocante aos ideais do constitucionalismo, não se manifestam de maneira isolada, mas, na maioria das vezes, são combinadas e entrelaçadas. Do ponto de vista da metodologia da pesquisa comparativa, podem ser feitas duas observações.

Em primeiro lugar, saindo da perspectiva dos estudos baseados nas visões eurocêntricas ou ocidentais, é possível descobrir fenômenos que nem sempre são interpretáveis com as categorias jurídicas radicadas na experiência constitucional do Ocidente[27]. Desse modo, o estudo das Constituições sem constitucionalismo (o "sem" não tem nenhuma conotação negativa, mas apenas uma constatação) requer uma abordagem relativista, é dizer, é necessário ler e interpretar o documento constitucional "em relação" aos princípios e valores que qualificam o respectivo ordenamento estatal[28].

Em segundo lugar, no estudo do direito constitucional comparado, deve-se frequentemente lidar com fenômenos de circulação de modelos jurídicos caracterizados por uma certa assimetria ou incoerência. O caso das Constituições sem constitucionalismo é exemplar. Trata-se de um fenômeno que viu circular o dado formal, a fórmula linguística "Constitui-

---

2003; P. STEFANÌ, *La laicità nell'esperienza giuridica dello Stato*, Cacucci, Bari, 2007; G. DALLA TORRE (ed.), *Lessico della laicità*, Studium, Roma, 2007; G. FORNERO, *Laicità debole e laicità forte*, Mondadori, Milano, 2008; G. ROLLA (ed.), *Libertà religiosa e laicità*, Jovene, Napoli, 2009; V.E. OROZCO SOLANO, *Laicidad y libertad de religión*, Iidh-Ubijus-Cead, México, 2015.

[27] Um exemplo desta concepção separada de perspectivas diversas está em P. HÄBERLE, *Das Menschenbild im Verfassungsstaat*, Duncker & Humblot, Berlin, 1988, trad. esp. *La imagen del ser humano dentro del Estado Constitucional*, Pucp-Fondo ed., Lima, 2001, esp. p. 121 e ss. Mas veja também a resenha crítica de C. LANDA ARROYO aos trabalhos do IX Congresso Mundial de Direito Constitucional, centrado na exportação dos valores ocidentais: *El derecho constitucional comparado en el ordenamiento constitucional nacional: a propósito del IX Congreso Mundial de Derecho Constitucional – The comparative constitutional law on national constitutional system: with regard to the IX World Congress of Constitutional Law*, in Rev. Fac. Der. Pucp, n. 75, 2015, p. 11 e ss.; enfim, M. CARDUCCI, *Eurocentrismo y comparación constitucional*, in S. BAGNI, G.A. FIGUEROA MEJÍA, G. PAVANI (eds), *La ciencia del derecho constitucional comparado*, cit., I, p. 169 e ss.

[28] Veja A. SEN, *La democrazia degli altri*, reimpr. Mondadori, Milano, 2013.

ção", o invólucro denominado "Constituição"; mas não se apropriaram dos princípios e valores que a fórmula pretendia originalmente expressar. Isso confirma, portanto, que existem fissuras que mostram a distância entre a Constituição formal e a Constituição material, entre fórmulas e regras escritas e fórmulas e regras viventes. Por outro lado, os modelos constitucionais circulam se também circulam as ideias que estão por trás das disposições normativas; do contrário, haverá apenas uma transposição de fórmulas vazias, uma quebra entre os vários formantes[29].

Mas quais razões induzem um Estado autocrático a adotar e proclamar fórmulas como "Constituição", "direitos humanos", *rule of law* e assim por diante, sem reconhecer seu valor substancial e fazê-lo seu? E quais funções uma Constituição desprovida de raízes é destinada a cumprir?[30] Por que e para qual escopo dever-se-ia empregar tempo, recursos, bem como energias políticas e intelectuais para estabelecer uma Constituição? Dado que por regime autocrático podemos entender um sistema de poder desprovido de legitimação democrática, que exerce um controle invasivo da sociedade e que não tolera limitações senão as que ele mesmo se impõe, que motivo haveria para aprovar um texto constitucional?

Evidentemente, a ideia de Constituição que se consolida nos regimes autocráticos apresenta conteúdos e finalidades diferentes das Constituições de regimes democráticos. Trata-se de um dado empírico: a fórmula linguística "Constituição" é empregada nos contextos autocráticos com significados distintos do original. O comparatista deve reconhecer a existência de uma pluralidade de significados e interpretações da palavra "Constituição"; mas, ao mesmo tempo, não pode ignorar o significado original da palavra, que se formou dentro de um con-

---

[29] Cf. *supra*, cap. I, § 8.

[30] Em geral, sobre o tema e alguns casos, cf. T. GINSBURG, A. SIMPSER (eds), *Constitutions in Authoritarian Regimes*, Cambridge U.P., New York, 2014; S. LEVITSKY, A. LUCAN, *Competitive Authoritarianism: Hybrid Regimes After the Cold War*, Cambridge U.P., New York, 2010; A. RINELLA, *Le costituzioni dei regimi autoritari*, in S. BAGNI, G.A. FIGUEROA MEJÍA, G. PAVANI (eds), *La ciencia del derecho constitucional comparado*, cit., I, p. 1265 e ss.

texto cultural, ideal e político determinado como foi o constitucionalismo de matriz liberal-democrática.

O exame das Constituições dos regimes autocráticos mostra a utilização recorrente de fórmulas típicas das Constituições democráticas; é bastante frequente encontrar autoqualificações e afirmações que reproduzem o quadro de referências normativas típicas de uma Constituição democrática[31]. Entretanto, dado que as disposições das Constituições autocráticas estão geralmente à disposição da autoridade política, a qual pode esquivar-se da sua observância ou pode introduzir derrogações e exceções com base em avaliações arbitrárias, estas mesmas Constituições acabam desempenhando uma finalidade a serviço da manutenção do próprio regime. Portanto, elas podem reproduzir uma série de anúncios ou informações, quase um tipo de *billboards* (*outdoor*) ou programas políticos, aspirações ideais (*blueprints*) que o regime entendeu por bem proclamar a fim de que os destinatários, os cidadãos, sejam informados e possam idealmente e/ou coercitivamente aderir. Trata-se, nestes casos, de "Constituições manifesto".

Algumas vezes, as previsões constitucionais não expressam nenhum entendimento político ou aspiração ideal, mas apenas e exclusivamente *ficções*; o escopo é o de disfarçar a verdadeira prática autoritária: nestas circunstâncias, a aprovação de uma Constituição corresponde a uma espécie de decoração de vitrine (*window dressing*). Dão exemplo disso os catálogos de direitos e liberdades elencados em algumas Constituições autocráticas: não representam nenhuma vinculação para o Estado ou limite para a autoridade política; trata-se de *"cheap talks"*, meras fórmulas linguísticas sem o suporte de institutos e instituições que assegurem a efetividades dos direitos e liberdades[32].

---

[31] Veja-se L. PEGORARO, S. BALDIN, *Costituzioni e qualificazioni degli ordinamenti (Profili comparatistici)*, in L. MEZZETTI, V. PIERGIGLI (eds), *Presidenzialismi, semipresidenzialismi, parlamentarismi: modelli comparati e riforme istituzionali in Italia. Atti del Convegno di Udine, 5 marzo 1997*, Giappichelli, Torino, 1997, p. 1 e ss., e em *Dir. soc.*, n. 1, 1997, p. 117 e ss.; para a análise de Constituições que definem o ordenamento "islâmico e democrático" cf. L. PEGORARO, *Costituzioni e democrazia*, cit., p. 254 e ss.

[32] Recorrem a expressões como *billboards*, *blueprints* e *window dressing* T. GINSBURG, A. SIMPSER, *Introduction*, in ID. (eds), *Constitutions in Authoritarian Regimes*, cit., p. 6. No mesmo volume, vejam-se, também, as contribuições de M. TUSHNET, *Authoritarian Constitutionalism*,

As Constituições autocráticas em geral descrevem a arquitetura institucional do aparato de poder. Deste ponto de vista, absorvem uma função de coordenação entre os componentes da *élite* no poder, de resolução de eventuais conflitos institucionais e de controle das dinâmicas de dissenso interno. Trata-se de utilidade voltada a consolidar o grupo que exerce o poder autoritário, sem que o povo seja minimamente envolvido.

A adoção de uma Constituição por um regime autocrático busca, na maioria das vezes, a exigência de obter um reconhecimento por parte da comunidade internacional e acreditar-se como sujeito de direito internacional: a proclamação de princípios como o *rule of law* e a adesão aos princípios de tutela e proteção dos *human rights* pode abrir as portas da OMC, o acesso a vantagens do comércio internacional e a capacidade de atrair investimentos estrangeiros.

Na opinião pública internacional, a adoção de uma Constituição escrita confere ao ordenamento uma confiabilidade formal que razões de natureza econômica ou geopolítica podem garantir que resultem mais que suficientes. A opinião pública internacional, então, ainda que advertida da possível quebra entre o que se proclama na Constituição e o que se pratica no regime, pressionada por outras vantagens e indiferente à sorte do povo submetido ao regime, acaba por vislumbrar na Constituição autocrática –de nova adoção ou emendada para parecer mais agradável– o sinal de uma orientação democrática (ou presumido como tal) que merece ser encorajado.

Uma função adicional que é atribuída às Constituições autocráticas é a de acalmar e aplacar as reivindicações que ocorrem no país e na população. Assim como por volta da metade do século XIX as monarquias concederam as primeiras Constituições para agradar parcialmente a burguesia emergente, de igual modo os regimes autoritários do século XX têm frequentemente feito recurso à adoção de Constituições "honestas" para tranquilizar exigências populares mais urgentes. Nestas circunstâncias, a adoção de uma Constituição não muda o caráter autoritário do regime, de modo que permanece nas mãos da autoridade política a efetiva aplicação das normas constitucionais ou a sua desaplicação.

---

p. 36 e ss.; Z. ELKINS, T. GINSBURG, J. MELTON, *The Content of Authoritarian Constitutions*, p. 141 e ss.

O recurso à adoção de uma Constituição para obter o reconhecimento da comunidade internacional ou para aplacar algumas exigências populares ou, em verdade, para atrair investimentos estrangeiros confirma a ideia de que o significado reconhecido em tais casos à fórmula "Constituição" é o originário, isto é, aquele que possui suas raízes no constitucionalismo de matriz ocidental. O regime autocrático "endossa", honestamente ou fiticiamente, uma Constituição de matriz ocidental para ser admitido na comunidade internacional ou para adquirir credibilidade e confiabilidade. Em ouras palavras, os regimes que adotam uma Constituição com a finalidade de acreditamento internacional e pacificação interna de fato reconhecem na Constituição formal os atributos que derivam do constitucionalismo de matriz democrática. Não são portadores, portanto, de uma noção originária de Constituição; apropriam-se da noção originária para acreditar-se formalmente aos olhos dos ocidentais. Olhos não raramente indulgentes, levando em consideração os interesses econômicos e geopolíticos que marcam a acreditação formal. Não se pode excluir de modo apriorístico que a adoção de uma Constituição que se aproprie fiticiamente de conotações estranhas ao regime autocrático não termine estabelecendo mecanismos de evolução em sentido democrático do próprio regime.

Segundo uma orientação doutrinária que se apoia em aspectos empíricos, mais que em implicações jurídicas, é mencionado um "constitucionalismo autoritário"[33] nos casos em que, muito embora se trate de um regime controlado por um partido dominante (que assume todas as decisões fundamentais sem que o ordenamento preveja instrumentos jurídicos para se opor às decisões tomadas), ocorram circunstâncias similares às seguintes: a) o regime não exerce uma ação repressiva arbitrária contra a oposição, mesmo podendo adotar sanções e medidas corretivas; b) o regime deixa que a oposição, embora sancionada, difunda uma certa crítica política dentro de certos limites; são desenvolvidos mecanismos que permitem a expressão de um dissenso na medida em que o regime considere conveniente (prefere-se a cooptação à exclusão); c) são previstas eleições políticas, um tipo de "autoritarismo competitivo", onde a competição é só aparente em virtude das medidas destina-

---

[33] M. Tushnet, *Authoritarian Constitutionalism*, cit., p. 45 e ss.

das a assegurar a vitória do partido dominante (definição das circunscrições eleitorais, determinação das listas eleitorais dos partidos concorrentes, etc.), apesar de o recurso à intimidação física e à fraude eleitoral seja só ocasional; d) o partido dominante mostra-se sensível à opinião pública; quando sente a força e a intensidade da tensão social, é disposto a reconsiderar suas próprias decisões políticas.

Trata-se, afinal, de uma série de fatos de relevância política que expressam um modo de interpretar a Constituição, submetido, contudo, ao arbítrio da autoridade política de plantão. Não está claro se um regime autocrático é idôneo a produzir uma ideia e uma experiência de constitucionalismo originário, precisamente definível como "constitucionalismo autoritário"; ou se, por uma série de circunstâncias políticas, o regime seja propenso a manter ocasionalmente –ou, de qualquer forma, a seu bel-prazer– condutas assemelhadas à de um regime democrático. A última perspectiva parece mais plausível; deduz-se que a construção de uma categoria conceitual como a do "constitucionalismo autoritário", fundada em posturas políticas dos regimes autocráticos que imitam algumas expressões das democracias ocidentais, não parece nada convincente.

Por outro lado, deve-se lembrar também as experiências nas quais a adoção de Constituições com forma e conteúdo de estilo ocidental –ou seja, alimentadas pelo constitucionalismo– não é direcionada a mascarar *Grundnormen* diversas por finalidades utilitaristas, mas, sim, por razões de imposição externa, imputáveis a velhos e novos colonialismos. Em tais casos, que se encontram especialmente na África e na Ásia, as concepções filosóficas e religiosas colocam no ápice da hierarquia valores nem sempre compatíveis com os das doutrinas constitucionalistas e, então, verifica-se uma contradição entre o direito constitucional formalizado e a sociedade subjacente.

§ 3. *TEORIAS SOVIÉTICAS DA CONSTITUIÇÃO: NÃO SOMENTE* **CHIFFON DE PAPIER**

Como resulta do quanto já escrito no tocante às formas de Estado[34], as teorias soviéticas da Constituição são uma conse-

[34] *Supra*, cap. II, seção II, § 8.1.

quência direta das concepções soviéticas do direito[35]. Recordar-se-á que, para esta doutrina, o direito é coação, imposição da classe dominante, para a qual as Constituições socialistas refletem o princípio do centralismo democrático e da dupla dependência, decorrente do dogma da unidade do poder estatal. No plano institucional, já foi dito que estas reafirmam o princípio da soberania popular e que o poder estatal é concentrado no Parlamento, eleito pelo povo. Contudo, dado que as Constituições socialistas preveem expressamente a primazia do partido comunista, as eleições não se baseiam na livre concorrência entre partidos políticos e a concentração do poder nas mãos da Assembleia popular implica que dela derivem os outros órgãos da administração estatal (Poder Executivo, Poder Judiciário, Chefe do Estado).

A "funcionalização" com finalidades indicadas pelo partido-guia reflete-se não só na organização dos órgãos legislativos e administrativos e nas regras relativas à planificação econômica, como também na da justiça e das penas e, sobretudo, na estruturação dos direitos. Segundo a abordagem marxista, o seu conteúdo e a sua natureza são determinados pelo desenvolvimento econômico da sociedade em relação a um dado momento histórico. A primeira categoria de restrições legítimas, portanto, deriva das condições particulares do desenvolvimento econômico. Uma segunda categoria de limites é a que decorre da política. Na base deste convencimento está a ideia de que a posse do poder político por parte do povo é a pré-condição para o gozo e o exercício dos direitos. Apenas uma po-

---

[35] I. Lapenna, *Marxism and the Soviet Constitutions*, Institute for the Study of Conflict, London, 1979; W.B. Simons, *The Constitutions of the Communist World*, Sijthoff & Noordhoff, Germantown, 1980; A.L. Unger, *Constitutional Development in the USSR: A Guide to the Soviet Constitution*, Methuen, London, 1981; P. Biscaretti di Ruffia, G. Crespi Reghizzi, *La Costituzione sovietica del 1977*, cit.; M. Ganino, *La riforma costituzionale in Unione Sovietica: la legge di revisione del 1º dicembre 1988*, Giappichelli, Torino, 1989. Para uma comparação entre Constituições socialistas e liberal-democráticas, P. Biscaretti di Ruffia, S. Rozmaryn, *La constitution comme loi fondamentale dans les états de l'Europe occidentale et dans les états socialistes*, Ljdg-Libreria scientifica, Paris-Torino, 1966; P. Biscaretti di Ruffia, *Il diverso significato e valore delle costituzioni contemporanee negli Stati socialisti e negli Stati di democrazia classica e occidentale*, in Aa.Vv., *Studi in memoria di Carlo Esposito*, 2 vols., Giuffrè, Milano, 1972, II, p. 1084 e ss.

lítica democrática, no sentido socialista da expressão, é capaz de exprimir e, ao mesmo tempo, garantir o gozo dos direitos humanos. Disso deflui que da política podem decorrer restrições legítimas ao gozo dos direitos e das liberdades. Ademais, limitações podem derivar da lei. Os direitos existem em um ordenamento apenas enquanto expressamente disciplinados pela lei; são relativos e não absolutos; é óbvio, por conseguinte, que à lei é permitido estabelecer limites ao gozo dos direitos. Em uma visão socialista, esta categoria de limites acaba por se confundir com aqueles determinados pela política. Por último, estabelece-se uma categoria de limites culturais.

Como explica M. Ganino, «A "Constituição socialista" é a lei fundamental que contém os princípios próprios da forma de Estado socialista, nascida em oposição ao moderno Estado de direito. Poderá ser uma Constituição-orçamento, como declarado por Stalin para a Constituição soviética de 1936, ou uma Constituição-programa (igualmente vinculante), como a leniniana de 1918 da Rússia ou, pelo menos em parte, a de Brežnev da URSS de 1977, mas não prevê limitações ao poder. Ela não é neutra, embora ponha na sua base a conquista do poder pelos trabalhadores; a propriedade "socialista" e a garantia "material" dos direitos fundamentais, funcionais ao socialismo; e os econômicos elencados antes dos direitos de liberdade. Em oposição à divisão dos poderes, estabelece o princípio da "unidade do poder estatal" com a subordinação de todos os órgãos estatais à Assembleia representativa (os *soviet* na Rússia-URSS) graças também ao corolário da "dupla dependência", vertical e horizontal. O "papel de liderança do partido" marxista-leninista, com o delineamento da direção política, garante, por sua vez, a coordenação de todos os órgãos estatais e é o princípio predominante de fato, não só em teoria. Permanecem subordinados ao papel diretivo do partido outros princípios como a "participação" dos cidadãos nas atividades estatais e a "colegiabilidade" da direção do Estado, que excluía, na URSS, um chefe de Estado monocrático»[36].

Todos os Estados que fizeram ou fazem referência às teorias socialistas foram dotados de uma Constituição, a cujos variados estilos e conteúdos faremos uma breve referência no

---

[36] M. Ganino, verbete *Costituzione socialista*, in L. Pegoraro (ed.), *Glossario di diritto pubblico comparato*, cit., p. 71.

capítulo VIII, dedicado às formas de governo. A matriz das doutrinas subjacentes é, não obstante, unitária e profundamente diferente daquela das Constituições que possuem por trás de si a influência das doutrinas constitucionalistas.

§ 4. FILOSOFIAS, RELIGIÕES E DOUTRINAS POLÍTICAS VS CONSTITUIÇÕES NOS PAÍSES AFRICANOS E ASIÁTICOS

Até quase o novo milênio –e somente com a exceção da Constituição sul-africana de 1997, na qual a referência às tradições indígenas é incorporada e logra em parte, se afirmar na via jurisprudencial, e de poucas outras da África Austral[37]–, a África não conseguia traduzir nas Constituições o seu grande patrimônio espiritual; pelo menos as referências a ele, que por vezes aparecem, não criam raízes. Ao lado de textos declaradamente islâmicos, na África saariana, e dos que adotam o modelo do socialismo real (como Benin em 1974 e algumas ex-colônias portuguesas), o constitucionalismo africano (ou melhor, sua elaboração formal) não consegue incorporar plenamente e tornar efetivas as visões políticas ancoradas nas tradições autóctones, não obstante algumas tentativas neste sentido.

Aludimos ao Humanismo de Kenneth Kaunda (primeiro Presidente da Zâmbia), cuja ideologia baseava-se na liberdade integral do homem africano, no seu bem-estar (entendido não em sentido material) e na sua dignidade; ao *Ujamaa* de Julius Nyerere (primeiro Presidente da Tanzânia), ancorado na ideia de antissociabilidade do acúmulo de riqueza e nos princípios de solidariedade entre os cidadãos, de ajuda recíproca e de igualdade econômica, além da política: valores, todos eles, presentes na sociedade tradicional africana antes da colonização[38];

---

[37] Vide cap. V, seção II, § 2; M. NICOLINI, *L'altra* Law of the Land. *La famiglia giuridica "mista" dell'Africa australe*, Bup, Bologna, 2016.

[38] N. KPALAINGU KADONY, *Une introduction aux relations internationales africaines*, L'Harmattan, Paris, 2007, p. 97. Para a África, vejam-se A.C. VIMBORSATI, *"Teoria" del costituzionalismo africano. Metodo, linguaggi, istituzioni*, Giappichelli, Torino, 2008; R. TONIATTI, *La razionalizzazione del "pluralismo giuridico debole": le prospettive di un nuovo modello giuridico e costituzionale nell'esperienza africana*, in M. CALAMO SPECCHIA (ed.), *Le trasformazioni costituzionali del secondo millennio. Scenari e prospet-*

enfim, ao Consciencismo e ao Pan-Africanismo do grande *leader* ganês Kwame N'krumah, fundados na concepção comunitária da África tradicional, na consciência humana e, sobretudo, africana. Para derrotar o capitalismo e anular a sua mentalidade, N'krumah negava a necessidade da luta de classes, exatamente devido à característica comunitária da sociedade africana, que desde sempre mostra este traço distintivo[39].

A parte do globo que convencionalmente chamamos de Ásia cobre um território vastíssimo, sobre o qual vivem 60% da população mundial. Estes povos e as relativas organizações sociais em forma de Estado não possuem em comum uma tradição cultural compartilhada e muito menos uma tradição jurídica comum. As religiões (judaísmo, islamismo, hinduísmo, budismo, confucionismo, catolicismo, xintoísmo) entrelaçam-se com sistemas jurídicos tradicionais ou derivados. O quadro que disto decorre é extremamente articulado e diversificado sem que seja possível pesquisar vestígios de uma tentativa de harmonização ou uniformização, porque a Ásia, diferentemente de outros continentes, não conheceu de maneira difusa e com capilaridade o fenômeno do colonialismo e a imposição de sistemas jurídicos homogêneos como consequência do domínio colonial. A filosofia e as religiões obviamente deixam traços que interferem no binômio constitucionalismo/Constituição.

A tentativa de considerar a Ásia uma realidade unitária revela uma perspectiva tipicamente eurocêntrica; «de fato, o Oriente, a direção de onde nasce o sol, foi o termo usado por muito tempo para designar a Ásia hodierna. Somente uma generalização bastante audaz pode somar tantos povos em um

---

tive dall'Europa e dall'Africa, Maggioli, Rimini, 2016, p. 449 e ss.; M. NICOLINI, Disengaging Africa from the colonial syndrome: *per una sistemologia oltre Finisterrae*, in *Dir. pubbl. comp. eur.*, n. 1, 2018.

[39] Sobre as influências filosóficas, espirituais e religiosas no pensamento africano, e sua influência sobre os programas políticos dos *leaders* mais significativos antes, durante e depois do processo de descolonização, vejam-se (nas edições italianas) M. NKAFU NKEMNKIA, *Il pensare africano come "Vitalogia"*, Città Nuova, Roma, 1997; ID., *Prospettive di filosofia africana*, Ed. Associate, Roma, 2001; ID., *Il divino nella religione tradizionale africana. Un approccio comparativo ed ermeneutico*, Città Nuova, Roma, 2011.

único grupo, visto na perspectiva de quem habita na margem europeia do Bósforo»[40]. Entre os Estados asiáticos, encontramos os últimos Estados comunistas do planeta (China, Vietnã, Laos, Coreia do Norte), um regime militar, apenas agora à procura de novas estruturas (Myanmar ou Birmânia)[41], um governo de tipo autoritário (Singapura), uma monarquia absolutista (Sultanato de Brunei), Estados que conheceram processos relativamente recentes de democratização (Filipinas, Tailândia, Taiwan, Coreia do Sul, Indonésia, Malásia, Camboja) e democracias estabilizadas (Japão). Os sistemas jurídicos destes países sofrem a influência dos modelos ocidentais, mas também dos modelos indiano, islâmico e chinês[42].

[40] A. SENN, *Human Rights and Asian Values*, Carnegie Council on Ethics and Int. Affairs, New York, 1997, trad. it. *Diritti umani e valori asiatici*, in ID., *Laicismo indiano*, Feltrinelli, Milano, 1998, p. 147.

[41] A Birmânia ou Myanmar, oficialmente República da União de Myanmar, somente com as eleições políticas de novembro de 2015 parece ter lançado as bases para o início de um processo de democratização real. Posteriormente ao golpe de Estado de 1962, a Birmânia tinha sido regida por uma ditadura militar. Contra ela lutou incessantemente o prêmio Nobel da Paz (1991) Aung San Suu Kyi, *leader* de um movimento não violento (Liga Nacional para a Democracia), invocando insistentemente o reconhecimento e a tutela dos direitos humanos do cidadãos birmaneses. Graças à pressão internacional, ao embargo e ao isolamento econômico, o regime militar começou, a partir de 2010, a conceder algumas reformas políticas destinadas a introduzir alguns mecanismos democráticos: foi inaugurado um governo civil, foram libertados os opositores políticos e convocadas as eleições políticas em 2012, mas só parcialmente livres. Com as eleições de novembro de 2015, com sistema majoritário uninominal em único turno, Aung San Suu Kyi obteve a maioria absoluta dos membros do Parlamento bicameral, enquanto 25% dos assentos continuaram reservados aos membros nomeados pelas Forças Armadas, como previsto pela Constituição de 2008. Cf. M. SIVIERI, *Viaggio in Myanmar. La Birmania dal feudalesimo alla dittatura attraverso il colonialismo*, Cleup, Padova, 2007; M. CROUCH, T. LINDSEY (eds), *Law, Society and Transition in Myanmar*, Hart, London, 2014; N. CHEESMAN, K. MIN SAN, *Not Just Defending: Advocating for Law in Myanmar*, in *Wisconsin int. L.J.*, n. 31, 2013, p. 702 e ss.; N. CHEESMAN, M. SKIDMORE, T. WILSON (eds), *Myanmar's Transition: Openings, Obstacles and Opportunities*, Iseas, Singapore, 2012. Em março de 2016 tomou posse o novo Governo, presidido por U Htin Kyaw's, que iniciou imediatamente os procedimentos de libertação dos prisioneiros políticos.

[42] Vejam-se W.C. CHANG, L.A. THIO, K. TAN, J.R. YEH, *Constitutionalism in Asia*, Hart, Oxford, 2014; G. AJANI, A. SERAFINO, M. TIMOTEO, *Diritto*

Hoje, o cenário dos países asiáticos mostra em todos os Estados a presença de Constituições ou de documentos qualificados como "constitucionais": Constituições democráticas e Constituições socialistas; Constituições heterônomas e Constituições outorgadas; Constituições compromissórias e Constituições autoritárias; Constituições estabilizadas e Constituições mais recentes. Portanto, foi introduzida na experiência destes Estados a exigência de estabelecer uma Constituição. Esta geralmente é situada no ápice do sistema das fontes, é protegida por um procedimento rigoroso de revisão constitucional, contém a proclamação de direitos fundamentais e suas garantias, assim como dita as regras fundamentais sobre organização dos poderes. Ainda assim, estes documentos frequentemente não correspondem à tábua de valores do constitucionalismo, em especial com referência aos direitos fundamentais.

No plano teórico e filosófico, os "valores asiáticos" incorporam principalmente as virtudes cardinais do confucionismo, do hinduísmo e de outras concepções filosófico-religiosas: a primazia dos interesses coletivos em relação aos individuais; a necessidade de assegurar uma harmonia social, inclusive a custo do sacrifício das expectativas dos indivíduos; a prevalência dos interesses da família, da comunidade, da nação; o respeito à ordem e à estabilidade; o valor da sobriedade e da parcimônia; a disponibilidade de sacrificar a si mesmo pelo bem da comunidade; a renúncia a um benefício presente em vista de um benefício futuro; e assim por diante[43].

Na perspectiva confuciana, o homem que tenha a intenção de cultivar as virtudes individuais tem um único caminho a percorrer: o do cumprimento dos deveres e das responsabilidades que nascem das relações com os outros indivíduos. Em

---

dell'Asia orientale, Utet, Torino, 2007; M. MAZZA (ed.), *I sistemi del lontano Oriente*, cit.

[43] A. EHR-SOON TAY, *I "valori asiatici" e il rule of law*, in P. COSTA, D. ZOLO (eds), *Lo Stato di diritto. Storia, teoria e critica*, Feltrinelli, Milano, 2002, p. 693 e ss. Sobre os valores asiáticos, veja A. SENN, *Human Rights and Asian Values*, cit.; T. GROPPI, *Costituzioni senza costituzionalismo? La codificazione dei diritti in Asia agli inizi del XXI secolo*, in *Pol. dir.*, n. 2, 2006, p. 187 e ss.; T. GROPPI, V. PIERGIGLI, A. RINELLA (eds), *Asian Constitutionalism in Transition: A Comparative Perspective*, Giuffrè, Milano, 2008. Cf., também, J.M. SERNA DE LA GARZA (ed.), *Derecho comparado Asia-México. Culturas y Sistemas Jurídicos Comparados*, Unam, México, 2007.

outras palavras, só através do adimplemento das obrigações recíprocas que incumbem aos membros da comunidade, cada indivíduo realiza plenamente a própria personalidade[44]. Também outras concepções filosóficas partem de bases análogas. De acordo com a teoria dos valores asiáticos, a concepção predominante na Ásia sobre a condição do homem concilia-se mal com os direitos humanos. A tradição asiática dá relevância aos deveres que incumbem aos indivíduos frente à coletividade; isso não é conciliável com a visão ocidental dos direitos humanos fundados no individualismo. Disso deriva que, na perspectiva de governo, o desenvolvimento econômico que pode levar avanços à inteira comunidade é de longe prevalecente sobre a tutela dos direitos civis e políticos; um governo burocrático e autoritário apresenta-se mais funcional em relação à consecução do bem-estar coletivo.

A grande maioria das Constituições nos países asiáticos incluiu nos próprios textos os catálogos dos direitos e das liberdades decorrentes do constitucionalismo ocidental. Os elementos que, sobretudo, tornam vulnerável o sistema dos direitos e das liberdades são: a presença de cláusulas de remessa ao legislador e, portanto, à maioria política do momento, do poder de limitar os direitos proclamados na Constituição; a carência de mecanismos adequados de tutela e garantia dos direitos, seja na vertente institucional, seja na vertente jurisdicional[45].

---

[44] Por esta razão é tão difícil delinear, em um ordenamento permeado por traços do confucionismo, como é a China, uma posição jurídica subjetiva individual claramente separada da coletividade. Por outro lado, a sociedade chinesa, que por muito tempo manteve uma estrutura de tipo feudal, ainda hoje apresenta os aspectos de uma dimensão hierárquica das relações, em lugar de igualitária. Combinando esta condição com a histórica falta de uma tradição democrática e com a influência do confucionismo, resulta que a consciência dos próprios direitos e das próprias liberdades individuais não tem raízes no modo de pensar da população chinesa. *Infra*, cap. VI, seção I, § 8.5.

[45] Especificamente, a revisão das normas constitucionais sobre direitos não prevê procedimentos mais complexos, nem limites à possibilidade de modificar os próprios dispositivos; não se contemplam garantias dos direitos nos casos em que seja proclamado o estado de emergência. Ademais, constatam-se a escassa adesão ao direito internacional dos direitos humanos; a presença de Cortes Constitucionais voltadas principalmente mais à regulação das relações entre poderes do que à garantia

Nisso consiste principalmente a causa da ruptura do nexo de união com o constitucionalismo ocidental de matriz liberal.

Trata-se de elementos que mostram uma concepção da Constituição bastante distante da que, a partir do final do século XVIII, estabeleceu-se na Europa e na América do Norte como instrumento de garantia dos direitos e limitação do poder político. As Constituições asiáticas reproduzem na forma as ocidentais, mas não incorporam a hereditariedade ideológica, política e jurídica presente no conceito de "constitucionalismo".

China e Índia, sozinhas, representam um pouco menos da metade da humanidade inteira. Nelas, os valores asiáticos misturam-se de modo bastante distinto com algumas formas do constitucionalismo ocidental, muito mais acentuadas na Índia devido à influência da secular dominação britânica. De fato, a China sofreu, sim, muitas influências do Ocidente, mas apenas de modo marginal, especialmente no período das "concessões" na segunda metade do século XIX, enquanto a recepção do comunismo ocorreu de forma voluntária, sem conquistas, entranhando em ordenamentos jurídicos baseados na primazia da comunidade, do dever e da harmonia, um ordenamento também delineado em termos análogos, que revela a subordinação dos direitos individuais. O comunismo na China pode funcionar justamente porque, embora combata o confucionismo, tudo em conjunto não propõe axiologias valorativas distintas.

Índia e China são *leaders* políticos e econômicos, mas, no campo jurídico-constitucional, não chegam a ser verdadeiros modelos, como no Ocidente são as Constituições britânica, estadunidense, francesa. O Oriente é muito variado para se adaptar a recepções mecânicas, ainda que, naturalmente, não faltem fortes influências. Seguiram, porém, caminhos diversos. Ambas tirando proveito do pensamento ocidental: uma aceitou um parcial "alinhamento dos formantes", levando

---

dos direitos; e a tênue independência do Poder Judiciário em relação ao poder político. Inclusive nas hipóteses em que, para fazer frente a situações de emergência, atribuem-se poderes excepcionais ao Governo, muitas vezes não são previstos, ao mesmo tempo, mecanismos de garantia, condições e tutela da esfera dos direitos e liberdades.

ao âmbito do constitucionalismo formal as expressões do pluralismo jurídico que representam a estrutura profunda do país; outra, diferentemente, rejeitou o constitucionalismo em nome da aceitação *sui generis* das teorias marxistas do Estado, utilizadas na particular leitura asiática do direito. Sobre a Índia já se disse, nas páginas dedicadas às Constituições, que –como as do *buen vivir*– aceita o constitucionalismo, mesmo integrado por visões próprias. Falta abordar a experiência chinesa.

4.1. UM CASO EMBLEMÁTICO: "CONSTITUIÇÕES" E "CONSTITUCIONALISMO" COM COLORAÇÃO CHINESA

Na China –caso que tomamos como paradigmático– só na fase mais tardia da dinastia Ch'ing (a última dinastia imperial, 1644-1911), a palavra "Constituição" (*xian*) foi utilizada com um significado bastante próximo do moderno, no sentido de lei fundamental do Estado. De fato, remonta a 1908 a adoção dos "Princípios Constitucionais", uma Carta que pretendia ser a tentativa extrema de salvar a dinastia imperial. No passado, esta mesma expressão era usada para indicar códigos (uma espécie de *summa* dos usos e das normas tradicionalmente vigentes) ou leis ordinárias.

Com a chegada do Partido Comunista ao poder, em 1949, foi adotada uma Constituição inspirada no modelo da URSS. Mao Tsé-Tung considerava, de fato, que depois de ter afirmado, inclusive através de uma revolução, a democracia, era necessário adotar uma lei fundamental na qual fosse proclamada a instauração de um regime democrático popular. Na concepção maoista, esta lei fundamental deveria ser a Constituição, vale dizer, uma Carta de caráter geral na qual fossem traçadas as linhas fundamentais do governo do Estado; mas não tanto sob a perspectiva da arquitetura quanto sob a perspectiva das opções políticas fundamentais. Portanto, um tipo de Constituição "manifesto", para ser lida e interpretada conjuntamente com (ou à luz do) estatuto do Partido Comunista Chinês e com o seu programa político. Uma Constituição que, além disso, apresenta um caráter substancialmente transitório: ela muda de acordo com a alteração das orientações políticas; é ligada a um determinado momento histórico do qual representa uma forma de equilíbrio e, ao mesmo tempo, delineia o programa político a ser executado. Após o documento constitucional de 1949, a República Popular Chinesa aprovou quatro Constituições até a atualmente vigente, adotada em 1982 e emendada cinco vezes, com a última reforma de 2018.

O pensamento jurídico-político chinês atual considera a Constituição como fonte do direito, isto é, reconhece sua natureza jurídica; todavia, a define também por outras características. De fato, é considerada: a) a lei fundamental do Estado, que determina a sua estrutura e finalidade; b) o reflexo do sistema de governo e da subdivisão em classes da sociedade chinesa, delineando um equilíbrio entre as diversas forças políticas; enfim, c) o fundamento das garantias dos direitos e das liberdades dos cidadãos[46].

a) Quanto ao primeiro aspecto, geralmente são sinalizadas pelo menos três razões para qualificar como "fundamental" a Constituição chinesa, a saber: porque define a finalidade fundamental do Estado chinês (precisamente, Constituição "manifesto"); em razão da sua superioridade em relação a todas as outras normas do ordenamento (tem o estatuto jurídico de "norma suprema", não tolera, então ser contrariada por normas de nível inferior); por causa, enfim da sua rigidez, sendo emendável apenas pela Assembleia Nacional do Povo, ou seja, o órgão representativo do povo soberano.

b) A segunda característica da Constituição está na sua natureza classista, isto é, no fato de refletir o contraste e o equilíbrio entre várias classes sociais. Hoje, a doutrina majoritária prefere referir-se a equilíbrio entre as distintas "forças políticas" presentes. No cenário chinês contemporâneo, a ideia da presença das distintas "forças políticas" não é correspondente à hipótese de um pluralismo político, sobretudo quan-

---

[46] Sobre o ordenamento constitucional chinês, além da bibliografia citada no cap. II, seção II, § 8.2, nota 98 (esp. F. LIN, *Constitutional Law in China*, cit.), vide D.C. CLARKE, *Alternative Approaches to Chinese Law: Beyond the "Rule of Law" Paradigm*, in *Waseda proceedings of comp. law*, 1999, p. 49 e ss.; R. DWORKIN, *Taking Rights Seriously in Beijing*, in *The N.Y. rev. of books*, New York, 26th september 2002, p. 64 e ss.; G. CRESPI REGHIZZI, *Verso il mercato e lo stato di diritto: recenti riforme costituzionali in Cina*, in *Dir. pubbl. comp. eur.*, n. 2, 1999, p. 485 e ss.; G. CRESPI REGHIZZI, M.E. DELMESTRO, *La Costituzione della Repubblica popolare cinese si aggiorna*, in *Dir. pubbl. comp. eur.*, n. 2, 2004, p. 575 e ss.

to à tentativa de observar o povo com um olhar mais aberto, capaz de abarcar também os componentes da sociedade civil que não são, em sentido estrito, enquadráveis no conceito de "classe". Destarte, além da agregação em classes dos diferentes interesses econômicos, pretende-se incluir também os vários partidos políticos hoje existentes (uma pluralidade de sujeitos políticos não significa necessariamente uma pluralidade de opiniões políticas) e as diferentes nacionalidades e etnias presentes na República Chinesa. Esta visão da sociedade exprime o compromisso fundamental entre as várias instâncias políticas presentes no país, as quais são todas reduzidas a unidade sob a asa onipresente do Partido Comunista. Exatamente esta ideia de um Partido Comunista depositário da matriz unitária e, ao mesmo tempo, da força unificadora das diferentes instâncias políticas em campo justificou o papel que ele assumiu em relação à Constituição. O Partido reuniu em si e em uma base de fato a tarefa de "fazer" a Constituição e de a emendar, mesmo se através de procedimentos legalmente previstos[47].

c) A terceira característica reconhecida pela Constituição é a de garantir, pelo menos com as palavras ali esculpidas, os direitos e as liberdades fundamentais dos indivíduos.

Portanto, aparentemente, o constitucionalismo não seria estranho à experiência constitucional da China. Mas se trata de qual constitucionalismo? A observação da realidade político-constitucional do país mostra uma concepção da Constituição e do constitucionalismo de marcada coloração chinesa. Coloração que transparece também do texto da própria Constituição, a qual acaba parecendo, ao observador ocidental, um tipo de declaração nacional, cujo valor jurídico parece bastante enfraquecido. Praticamente pode-se dizer que o "direito" que ela proclama é comparável ao "direito a ser feliz" inserido na Declaração de Independência americana. Mais precisamente:

a) o valor principalmente político da Constituição e a sua natureza de manifesto do pensamento político dominante retira-lhe sua força jurídica substancial. A primazia no sistema das fontes e a rigidez que a Constituição reconhece a si mesma

---

[47] A primeira Constituição do regime comunista chinês foi chamada "Programa Comum" (1949), e a última revisão constitucional (2018) foi –como as outras– a consequência das importantes novas orientações do partido.

são características que cedem diante da primazia do Partido Comunista Chinês e da prevalência dos objetivos políticos definidos em um dado momento histórico. Basta pensar que são consideradas legítimas as disposições legislativas que, mesmo violando a Constituição, são necessárias para a consecução dos objetivos políticos considerados importantes (por exemplo, o desenvolvimento econômico); são, por conseguinte, contempladas as violações legítimas à Constituição;

b) o pluralismo de fachada que a Constituição chinesa mostra é quase rudimentar. O preâmbulo da Constituição afirma o primado do Partido Comunista Chinês, único sujeito político reconhecido como idôneo a determinar o bem do povo chinês. Os outros oito partidos reconhecidos como legítimos trazem impresso no próprio estatuto o reconhecimento da primazia do Partido Comunista Chinês. Trata-se, por isso, de "vasos de flores" destinados a satisfazer as necessidades estéticas de quem quer vislumbrar vestígios de pluralismo em um ordenamento constitucional no qual esta característica está totalmente ausente;

c) as Declarações de direitos e liberdades fundamentais reproduzidas na Constituição chinesa são pontualmente acompanhadas da previsão de cláusulas de limitação à disposição do legislador ordinário. Em outras palavras, como foi visto em geral no tocante aos países asiáticos, a limitação e a suspensão do exercício dos direitos e do gozo das liberdades fundamentais fica a critério da vontade das forças políticas dominantes, sem nenhuma garantia de tipo constitucional.

Existe, em última análise, uma ruptura profunda entre a Constituição chinesa formal, aparentemente correspondente ao constitucionalismo de matriz liberal-democrática, e a Constituição material ou vivente. Esta reflete uma ideia de Constituição que é profundamente antiética não só em relação aos valores do constitucionalismo, mas também às próprias palavras empregadas pelas fórmulas constitucionais chinesas. A propósito do sistema da República Popular Chinesa, mencionar uma Constituição sem constitucionalismo revela-se demasiado elementar. Por outro lado, como se dizia, o conceito de Constituição do Estado não pode ser assimilado apenas aos valores do constitucionalismo. A Constituição de 1982 permanece ideológica, cujo eixo é representado pelas teorias do marxismo-leninismo e do pensamento de Mao Tsé-Tung.

Observou-se que as suas características denotam uma abordagem da Constituição de tipo instrumental e pragmático: portanto, na era da transição da economia planificada para a economia de mercado, a ordem constitucional, a certeza e a estabilidade das regras cedem frente às exigências da política e da ideologia[48].

Então, por que usar fórmulas constitucionais inspiradas no constitucionalismo ocidental? As reformas da Constituição de 1982 e de 2018 introduziram conceitos como liberdade econômica, *rule of law*, direitos humanos. Um tipo de "etiqueta" para poder ser aceito na OMC ou poder organizar os jogos da XXIX edição das Olimpíadas em Pequim. A comunidade internacional, surda aos gritos e às denúncias de violação dos direitos, considerou que as enormes oportunidades econômicas oferecidas pelo mercado chinês mereciam mais atenção. Ou, mas não como alternativa, entendeu que o início de um processo de liberalização dos mercados e da economia chinesa poderia ser um estímulo à democratização do país.

§ 5. TEOCRACIA E CONSTITUIÇÕES

Ao tratar da forma de Estado teocrática[49], já descrevemos sumariamente as características basilares dos ordenamentos nos quais a fé religiosa dominante é proclamada como fundamento do poder temporal; neles, os preceitos religiosos assumem, na maioria das vezes, o papel de fonte primária do direito vigente. Trata-se de características típicas dos Estados islâmicos, onde geralmente a Constituição é subordinada à lei divina (*Shari'a*), é dizer, a lei revelada e imutável que constitui o direito da comunidade muçulmana. O Islã é proclamado, nestes ordenamentos, religião do Estado; neste sentido, fala-se em Estados confessionais. É evidente a distância que separa esta visão das doutrinas do constitucionalismo e igualmente nítida é a quebra entre o continente (a Constituição, estruturada como base de todas as outras) e o conteúdo típico das concepções ocidentais[50].

---

[48] X. YU, *Legal Pragmatism in the People's Republic of China*, in *Journ. chin. law*, n. 3 (1) 1989, p. 29 e ss.

[49] Cap. II, seção II, § 9.2.

[50] E. CANAL-FORGUES, *Recueil des Constitutions des Pays Arabes*, Bruylant, Bruxelles, 2000.

O exemplo da visão que o Islã tem da Constituição é bem expressado pela teoria do Estado (teoria de *Velayat-e Faqih*) elaborada por Khomeini e concretizada na Constituição iraniana vigente, aprovada depois da revolução de 1979. Com base nela, a separação da religião em relação ao governo do Estado é considerada estranha ao Islã. O Islã, de fato, é uma religião que contém múltiplos preceitos normativos; o texto sagrado do Corão poderia, por isso, funcionar como uma Constituição. Ele, em realidade, é algo a mais, pois, além de ditar normas e princípios gerais, estabelece também normas de comportamento relativas às esferas ética, social e religiosa.

O direito islâmico requer ser não apenas estudado, mas também aplicado; por essa razão, o *ayatollah* Khomeini considerava indispensável a presença de uma Constituição e de uma estrutura estatal. Um Estado e uma Constituição, portanto, funcionais à atuação dos preceitos do Islã; desta forma, a Constituição era considerada juridicamente vinculante para todos os poderes somente enquanto fundada na lei islâmica. Tal condição tornou impossível a função de limite à ação de governo dos institutos previstos na Constituição, postos como garantia do sistema, sendo eles mesmos sujeitos aos preceitos religiosos nos quais a ação de governo deve inspirar-se. Também o reconhecimento dos direitos, ao qual a Constituição dedica um capítulo inteiro, revela-se uma exposição puramente teórica na medida em que as garantias previstas para a sua efetividade são subordinadas aos princípios islâmicos. «As disposições constitucionais não tiveram êxito no desiderato de preservar e limitar o poder religioso, fazendo o seu disciplinamento dentro das garantias constitucionais previstas, exatamente porque não é o sistema religioso que decorre do constitucional, mas este que tira a sua legitimidade do primeiro. Consequência é a previsão do Guia Supremo, vértice político e religioso do sistema jurídico iraniano, não submetido a nenhum limite ou controle»[51].

---

[51] L. DE GRAZIA, *Fonti del diritto e fattore religioso*, cit., p. 82. Cf., também, L. DIAMOND, M.F. PLATTNER, D. BRUMBERG (eds), *Islam and Democracy in the Middle East*, Johns Hopkins U.P., Baltimore, 2003, e C. SBAILÒ, *Per un approccio concreto ed ermeneuticamente orientato al costituzionalismo islamico contemporaneo*, in S. BAGNI, G.A. FIGUEROA MEJÍA, G. PAVANI (eds), *La ciencia del derecho constitucional comparado*, cit., I, p. 673 e ss.

Trata-se, pois, de um quadro que confirma a inconciliabilidade das teocracias constitucionais com o constitucionalismo de matriz ocidental; alguns elementos que pertencem à tradição do constitucionalismo democrático-liberal não parecem, de fato, suficientes a sanar a profunda quebra existente, mas desenvolvem um papel marginal no contexto analisado neste §.

Paradoxalmente, manifesta maior coerência entre forma e substância a Arábia Saudita, dotada apenas de uma Lei Fundamental outorgada pelo Rei Fahd em 1992, a qual considera como verdadeira Constituição o Corão e a *sunna*; prevê a descendência dinástica, qualificando o país como monarquia; não prevê Parlamento nem eleições (existem somente, desde 2005, eleições locais); subordina os escassos direitos à lei sacra; e não faz sequer uma menção às mulheres. Trata-se de uma monarquia absoluta fundada em 1932 por Abd al-'Azīz b. Sa'ūd, da dinastia saudita. Na base do ordenamento jurídico está a *Shari'a*; em ausência de uma Constituição, o Corão e a *sunna* fornecem as bases normativas do Estado. A própria monarquia saudita observa as linhas diretivas islâmicas sobre o tema de sucessão ao trono.

A religião oficial do Reino Árabe Saudita é o islamismo sunita, na sua versão jurídico-teológica do Wahhabismo neo-hanbalita; ou seja, uma das versões mais integralistas nas quais se inspira uma série de medidas normativas adotadas pelo Estado para garantir a rigorosa observância dos preceitos religiosos. A ausência de um Parlamento e de partidos políticos constitui elemento que evoca, pela história dos Estados ocidentais, a forma de Estado absoluto: é desconhecida a separação dos poderes; nenhuma margem é deixada à representação política e aos institutos da democracia. Mas tudo isso está em perfeita harmonia com a escolha de colocar na base do ordenamento o sacro direito islâmico. O monarca é, a um só tempo, chefe do Estado e suma autoridade religiosa do país, de modo a concentrar nas suas mãos todo o poder. Os seus atos normativos, os decretos reais, são hierarquicamente subordinados somente à *Shari'a* que, como já dito, não abrange a inteira esfera das relações jurídicas. Especialmente relevante é o papel dos juízes, que, na aplicação da *Shari'a*, preferem a interpretação mais rigorosa e tradicional. A Arábia Saudita é, em suma, uma teocracia revestida dos aspectos formais da monarquia absoluta; a autoridade política coincide com a autoridade religiosa; o direito islâmico é posto como fundamento do ordenamento jurídico do Estado[52].

---

[52] J. Wynbrandt, *A Brief History of Saudi Arabia*, Infobase, New York, 2010; J.P. Piscatory, *The Role of Islam in Saudi Arabia's political Development*, in J.L. Esposito (ed.), *Islam and Development: Religion and Socio-political Change*, Syracuse U.P., New York, 1980, p. 123 e ss.

Capítulo IV

A CONSTITUIÇÃO

SUMÁRIO: 1. "Constituição": um conceito polissêmico. – 2. Classificações das Constituições: algumas propostas da doutrina. – 3. Constituições e fatores dissociativos. – 4. Ciclos constitucionais. – 5. Constituições *leaders* e circulação dos modelos constitucionais: imposições e prestígio. – 6. A legitimação das Constituições: classificações tradicionais e taxonomias modernas. – 6.1. Interpretações diacrônicas: Rei, Estado, nação, povo. – 6.2. Perspectivas contemporâneas: a dinâmica da soberania interna e externa. – 7. Gênese das Constituições. – 7.1. A aspiração ao eterno: o critério formal e o princípio de continuidade. – 7.2. Os processos de formação das Constituições. – 8. A estrutura das Constituições: consuetudinárias/escritas; unitextuais/pluritextuais. – 9. As Constituições no tempo: provisórias/estáveis. – 10. Sociedades homogêneas e sociedades divididas: flexibilidade/rigidez constitucional e a variante federal. – 11. Uma segunda recaída da complexidade social: o conteúdo das Constituições (analíticas/sintéticas; integração). – 12. As Constituições "substanciais" e/ou "simbólicas": preâmbulos e Declarações. – 13. A linguagem das Constituições: uma delegação a favor da evolução. – 14. Interpretar a Constituição.

§ 1. *"Constituição": um conceito polissêmico*

"Constituição", em seu significado comum, quer dizer "a forma na qual uma coisa é constituída", mas este sentido amplo corresponde apenas a um dos sentidos de "Constituição" na linguagem jurídica. Exceto o significado de *constitutio* no direito romano, normalmente se entende, como significado originário desta expressão na linguagem jurídica moderna, uma organização política de tipo liberal e garantista, como a consagrada pelo célebre e já muitas vezes mencionado art. 16 da *Déclaration des droits de l'homme et du citoyen* de 1789.

(A sociedade em que não esteja assegurada a garantia dos direitos nem estabelecida a separação dos poderes "não tem Constituição".) Não só forma, portanto, mas também substância: um mero documento, que, contudo, consagra a garantia dos direitos e a divisão dos poderes[1].

A forma caracteriza um outro sentido de "Constituição", quando se faz referência a um ato documental solene, com um *nomen* frequentemente distinto de "lei" ("Constituição", "Estatuto", "Carta", *"Grundgesetz"* ou "Lei Fundamental" ou, em outras formas de Estado, "Princípios Fundamentais" ou "Programa comum", como na China), geralmente, mas não sempre, aprovado com procedimentos especiais, muitas vezes com conteúdos amplos e genéricos, que *sempre* dizem respeito a poderes e a relações entre órgãos do Estado e *quase sempre* (hoje) também às relações entre autoridade e liberdade (ou seja, direitos), com indicação das finalidades do Estado, exposição de axiologias e escolhas valorativas, etc. Como escreve R. Blanco Valdés, «En sus orígenes, la idea de Constitución remite a la realidad histórica de la Revolución. Fue, de hecho, tras las dos grandes revoluciones liberales que tuvieron lugar a finales del siglo XVIII (la norteamericana y la francesa) cuando aparecerán los primeros documentos que pueden ser denomi-

---

[1] Vide cap. II, seção. II, § 3.1, e cap. III, seção. II, § 1. Diversas definições de "Constituições" em R. Guastini, *Quindici lezioni di diritto costituzionale*, Giappichelli, Torino, 1992; H. Mohnhaupt, D. Grimm, *Verfassung: Zur Geschichte des Begriffs von der Antike bis zur Gegenwart. Zwei Studien*, 2ª ed., Duncker & Humblot, Berlin, 2002, trad. it. *Costituzione. Storia di un concetto dall'Antichità a oggi*, Carocci, Roma, 2008 (e muitos verbetes do *Glossario di diritto pubblico comparato*, várias vezes citado); G.G. Floridia, *Qu'est ce-que... la constitution?*, in Id., *Scritti minori*, Giappichelli, Torino, 2008, p. 3 e ss. Para um enquadramento geral (história do conceito, doutrinas sujacentes, teoria geral, classificações, etc.) vide C. Mortati, verbete *Costituzione (Dottrine generali)*, in *Enc. dir.*, XI, Giuffrè, Milano, 1962, p. 132 e ss.; F. Modugno, *Il concetto di costituzione*, in Aa.Vv., *Aspetti e tendenze del diritto costituzionale*, cit., I, p. 197 e ss.; P. Barile, M. Fioravanti, verbete *Costituzioni*, in *Enc. sc. soc.*, II, Ist. enc. it., Roma, 1992, p. 548 e ss.; M. Fioravanti, *Costituzione*, il Mulino, Bologna, 1999, trad. esp. *Constitución. De la Antigüedad a nuestros días*, Trotta, Madrid, 2001; J. Gil, verbete *Costituzione*, in *Enc. Einaudi*, IV, Einaudi, Torino, 1978, p. 3 e ss. Em abordagem politológica G. Sartori, *Costituzione*, in Id., *Elementi di teoria politica*, 3ª ed., il Mulino, Bologna, 1995, p. 13 e ss.

nados, con propiedad, Constituciones: normas jurídicas en las que los principios políticos fundamentales de una comunidad organizada se plasman en un código escrito –racional, ordenado y sistemático– que regula orgánica y funcionalmente el estatuto de los poderes del Estado, que emana del poder constituyente y que solo puede ser modificado expresamente a través de un procedimiento de reforma previsto en el propio texto constitucional. Con la Constitución aparecerá, por tanto, una arquitectura política y una consecuente fisiología institucional –las del Estado constitucional– destinadas a garantizar la libertad. En plena coherencia con tal finalidad, las Constituciones se caracterizarán, desde que nacen, por la combinación de dos elementos jurídico-políticos, que las convierten en un nuevo tipo de textos legales verdaderamente peculiares, para nada comparables con los que los habían precedido: por la materia que regulan y por el procedimiento con el que son elaboradas. Es decir, por su *contenido material* y por su *forma*»[2].

Há também um sentido "substancial" (e não ideológico) de "Constituição", que corresponde ao conjunto das normas consideradas fundamentais em cada ordenamento[3]. Neste sentido, por exemplo, W. Bagehot escreve *The English Constitution*, Sir I. Jennings, *The British Constitution*, e outros autores, vários manuais de *Constitutional Law* britânico (ou seja, de um ordenamento que não possui Constituição escrita)[4]. Quaisquer que sejam as doutrinas inspiradoras e os fins buscados, cada ordenamento tem uma Constituição. Entende-se por "Constituição em sentido substancial", então, o conjunto dos atos e fatos normativos aos quais a doutrina de um ordenamento reconhece relevância constitucional, incluindo, além da Constituição formal, fontes que não têm tal posição, mas que contribuem para definir a "matéria constitucional", ou seja, a estrutura fundamental de uma comunidade estatal.

---

[2] R. Blanco Valdés, verbete *Constitución*, in L. Pegoraro (ed.), *Glosario de Derecho público comparado*, cit., p. 37 s.

[3] Ver, por exemplo C. Lavagna, *Istituzioni di diritto pubblico*, 6ª ed., Utet, Torino, 1985, p. 169 e ss. (e também C. Mortati, *Istituzioni di diritto pubblico*, I, cit., p. 31).

[4] W. Bagehot, *The English Constitution*, Chapman & Hall, London, 1867, trad. it. *La Costituzione inglese*, il Mulino, Bologna, 1995; e W.I. Jennings, *The British Constitution*, Cambridge U.P., London, 1941, 5ª ed., reimpr. Un. Printing House, Cambridge, 1971.

O conceito deve manter-se distinto tanto do de "Constituição vivente", que é a Constituição interpretada e aplicada pelos variados atores político-institucionais, quanto do de "Constituição material", entendida como o conjunto de decisões políticas fundamentais que integram o texto constitucional[5]: seja no sentido de conjunto de valores fundamentais e imodificáveis de um sistema, seja no significado mais restrito de núcleo originário decorrente da vontade política, que não está submetido ao direito, mas, em verdade, dá-lhe forma[6]. Neste último sentido, os comparatistas podem usar a expressão para estudar os ordenamentos que submetem o direito à força, e não a força ao direito[7].

Sob outras perspectivas, fala-se de Constituição como «ordenamento jurídico do processo de organização estatal»[8], de «processo de comportamento»[9], de «processo de cooperação consciente, planejada e organizada»[10], de «ordem jurídica fundamental do Estado»[11], de «limitação e racionalização do po-

---

[5] C. MORTATI, *La costituzione in senso materiale*, Giuffrè, Milano, 1940. Nas suas *Istituzioni di diritto pubblico*, cit., I, p. 34, C. Mortati explica que «Non è (...) esatto ritenere che una costituzione formale, una volta entrata in vigore, assorba in essa totalmente quel complesso di elementi e di fattori che si sono inclusi nel concetto di costituzione materiale, sicché essi siano da considerare irrilevanti per lo studio del diritto, e da respingere nella sfera del pregiuridico», referindo-se ao conceito de "direito vivente" que em si (ou seja, na eficácia) encontra a legitimação.

[6] A formulação mais extrema (e conhecida) da Constituição como produto da força e dos cânones, e, por consequência, como "pedaço de papel", é de F. LASSALLE, *Über Verfassungswesen* (1862), in ID., *Gesammelte Reden und Schriften* (organizado por E. BERNSTEIN), 2 vols, Cassirer, Berlin, 1919, p. 38.

[7] Também H. KELSEN fala de Constituição material (em *Reine Rechtslehre*, Deuticke, Wien, 1960, cap. V, § 35, let. a, trad. it. *La dottrina pura del diritto*, Einaudi, Torino, 1966, p. 252), mas no sentido de regra sobre a produção de regras.

[8] R. SMEND, *Verfassung und Verfassungsrecht*, in *Staatsrechtliche Abhandlungen* (München-Leipzig, 1928), reimpr. Duncker & Humblot, Berlin, 1968, p. 189, trad. it. *Costituzione e diritto costituzionale*, Giuffrè, Milano, 1988, p. 150.

[9] D. BÄUMLIN, *Staat, Recht, und Geschichte*, Evz, Zürich, 1961, p. 17, 24.

[10] H. HELLER, *Staatslehre*, Sijthoff, Leiden, 1934, p. 228 e ss, trad. it. *Dottrina dello Stato*, Esi, Napoli, 1988.

[11] W. KÄGI, *Die Verfassung als rechtliche Grundordnung des Staates* (1945), Polygraphischer, Zürich, 1971, p. 40 e ss., trad. esp. *La Constitu-*

der e como garantia de um processo vital livre com conotação política»[12].

Muitos autores insistem no significado normativo da Constituição[13], contrapondo-o ao político, fundado em uma decisão fundamental, elaborado sobretudo por C. Schmitt[14]. De um

---

ción como ordenamiento jurídico fundamental del Estado, Dykinson, Madrid, 2005, p. 77 e ss.

[12] E. EHMKE, *Grenzen der Verfassungsänderung*, Duncker & Humblot, Berlin, 1953, p. 88 e ss. Sobre todas estas concepções, em abordagem crítica pela ausência de um *idem sentire* e pelas pressuposições que lhes são ínsitas, ver K. HESSE, *Begriff und Eigenart der Verfassung*, in ID., *Grundzüge des Verfassungsrechts der Bundesrepublik Deutschland*, 20ª ed., Müller, Heidelberg, 1999, p. 3 e ss., trad. it. *Concetto e caratteristiche della Costituzione*, in A. DI MARTINO, G. REPETTO (eds), *L'unità della Costituzione. Scritti scelti di K. Hesse*, Ed. Scientifica, Napoli, 2013, p. 63 e ss. (o qual, porém, aplica à teoria geral e à "doutrina do direito constitucional" conceitos provenientes somente da produção científica alemã).

[13] De H. KELSEN, *Allgemeine Staatslehre*, Springer, Berlin, 1925 (sobre o qual, vide A. GIOVANNELLI, *Dottrina pura e teoria della Costituzione in Kelsen*, Giuffrè, Milano, 1979), a (por exemplo) E. GARCÍA DE ENTERRÍA, *La Constitución como norma y el Tribunal Constitucional*, cit.; K. HESSE, *Die normative Kraft der Verfassung*, Mohr-Siebeck, Tübingen, 1959; P. BARILE, *La costituzione come norma giuridica*, Barbera, Firenze, 1951; E.-W. BÖCKENFÖRDE, *Staat, Verfassung, Demokratie, Studien zur Verfassungstheorie und zum Verfassungsrecht*, Suhrkamp, Frankfurt a.M., 1991, trad. it. (com outros escritos) em ID., *Stato, costituzione, democrazia. Studi di teoria della costituzione e di diritto costituzionale*, Giuffrè, Milano, 2006. Para várias concepções na doutrina francesa, profundamente influenciadas pelas raízes filosóficas, R. CARRÈ DE MALBERG, *Contribution à la Théorie générale de l'État*, 2ª ed., Sirey, Paris, 1922 (reimpr. Dalloz, Paris, 2003); M. HAURIOU, *Précis de droit constitutionnel*, 2ª ed., Sirey, Paris, 1929; B. MIRKINE-GUETZÉVITCH, *Le nouvelles tendances du droit constitutionnel*, Lgdj, Paris, 1929 (2ª ed., Giard, Paris, 1936); G. BURDEAU, *Une survivance: la notion de Constitution*, in AA.VV., *L'évolution du droit public: études offertes à Achille Mestre*, Sirey, Paris, 1956, p. 53 e ss.

[14] C. SCHMITT, *Verfassungslehre* (1928), Duncker & Humblot, Berlin, 1989, trad. it. *Dottrina della costituzione*, Giuffrè, Milano, 1984. Devem ser lembradas, a propósito, também algumas concepções "tradicionalistas" de "Constituição", estabelecidas sobretudo na época da Restauração, baseadas seja na transcendência divina da Constituição [J. DE MAISTRE, *Essai sur le principe générateur des constitutions politiques et des autres institutions humaine* (St. Petersburg, 1809; L. de Bonald, Paris, 1814), trad. it. *Saggio sul principio generatore delle costituzioni politiche*, Scheiwiller, Milano, 1978], seja no caráter constituinte das tradições e dos costumes,

ponto de vista interno, a perspectiva normativa assegura a neutralidade das escolhas por parte do poder constituído, enquanto a decisionista fecha-se às escolhas diferentes das desejadas pelas forças políticas dominantes, que determinaram os conteúdos essenciais da Constituição. A teoria da irreformabilidade do núcleo essencial é, ao fim, substancialmente schmittiana. A teoria da Constituição como norma assegura "democraticamente" cada desenvolvimento dentro de cada ordenamento; ao mesmo tempo, contudo, é ineluctavelmente obrigada a aceitar também desenvolvimentos "antidemocráticos" (além do fato de que tal teoria fundamenta-se em bases filosóficas puramente ocidentais). A teoria da Constituição como decisão política fundamental, por sua vez, permite justificar qualquer escolha constituinte, motivo pelo qual é por vezes invocada para justificar totalitarismos anteriores a guerras.

A tais acepções da Constituição tenta-se contrapor novas teorias da Constituição como tábua ou conjuntos de valores, tendo ao centro a pessoa humana[15]. Tais teorias encontram conforto no direito positivo, na medida em que reconhece, em nível nacional ou internacional, os direitos da pessoa e a sua centralidade. Deparam-se, porém: a) com uma análise científica e neutra da efetiva vigência de tais direitos, valores e princípios; b) com a ruptura evidente entre bases filosóficas que a sustentam, puramente fundamentadas em filosofias e religiões ocidentais, e as "tábuas", bem distintas, sobre as quais se apoia o direito (constitucional) de grande parte da humanidade: o dever, e não os direitos individuais; a comunidade, antes da pessoa; a harmonia, em lugar da forma e do rito; a fé religiosa, sobre os indivíduos, as sociedades e a própria Constituição. As culturas orientais «no comparten la creencia en la naturaleza aislada, atomista y competitiva del ser humano, ni en la naturaleza utilitarista del *homo economicus*, ni en el modelo social de centrifugación y gravitación, ni en la naturaleza absolutamente racional del hombre, ni en la naturaleza laica del

---

encarnado pela Constituição britânica [E. BURKE, *Reflections on the Revolution in France* (1790), reimpr. Penguin, London, 1968, e Oxford U.P., Oxford, 1993, trad. it. *Riflessioni sulla rivoluzione francese*, in ID., *Scritti politici* (organizado por A. MARTELLONI), Utet, Torino, 1963, p. 150 e ss].

[15] G. PECES-BARBA MARTÍNEZ, *Los valores superiores*, Tecnos, Madrid, 2ª ed., 1986.

mismo, ni en la naturaleza idéntica de los géneros, ni en las libertades sin virtudes, ni en el enfoque materialista y hedonista de la vida»[16].

Desde uma perspectiva comparativa, por definição "externa" aos ordenamentos singulares (dos quais o observador não participa), a análise das Constituições deve partir da efetividade das Constituições dos vários ordenamentos, do direito observado não apenas no seu formante normativo/constitucional, mas do direito (constitucional) lido nos diferentes formantes, que se justifica e tem legitimidade a partir da sua vigência, nisso expressando a sua normatividade.

Ao estudar as Constituições, o direito comparado –como ciência que observa e não pode participar, exatamente devido à pluralidade dos seus objetos de pesquisa– nem por isso torna-se cúmplice de atentados aos valores dominantes na cultura da "sua" sociedade. Sendo diferentes as axiologias de valores praticadas no mundo, os valores alegados por uma teoria comparativa da Constituição não podem ser uniformes; a ética da ciência comparativa está exatamente no reconhecimento plural das escolhas, mas também na análise das contradições intrínsecas de cada solução, na denúncia da falta de equilíbrios, no registro das rupturas entre culturas singulares e soluções normativo-constitucionais, além das análises comparadas em termos de eficiência-eficácia, à luz dos vários parâmetros (liberdades individuais e coletivas, respeito às tradições, respeito à pessoa, papel das minorias, pluralismo e decisionismo, relação entre direito e ética, concentração ou difusão do poder, controle, descentralização, percepção do ambiente e da natureza, funcionalização do proveito econômico, dependência de escolhas externas, etc.).

§ 2. *Classificações das Constituições: algumas propostas da doutrina*

Dados os diferentes significados atribuídos à expressão, as classificações das Constituições são heterogêneas. Baseiam-se, de fato, em vários critérios: temporal, conteudista, formal, etc.

---

[16] B. MARQUARDT, *Historia constitucional comparada de Iberoamérica*, cit., p. 39.

A doutrina constitucionalista que classificou as Constituições e as revisões constitucionais é ampla. Alguns exemplos trazidos pela literatura de vários países (obviamente sem pretensão de exaustão) demonstram que alguns fatores utilizados para classificar são constantes, ao passo que outros são empregados apenas às vezes[17].

A doutrina espanhola é bastante relutante a classificações sistemáticas das Constituições. As mais frequente nos manuais, para introduzir o estudo do direito interno, geralmente faz referência a ciclos temporais. Por exemplo, E. Álvarez Conde as situa no quadro da evolução das formas de Estado[18]; Blanco Valdés –sempre na perspectiva dos modelos– insiste no diferente *valor* da Constituição americana e do constitucionalismo francês: o primeiro, jurídico, e o segundo, político[19]; Fer-

[17] Para as classificações das Constituições, com base nos critérios indicados no texto, remete-se aos manuais indicados na bibliografia de base, aos manuais de direito constitucional dos diversos autores citados (assim como de outros omitidos), aos verbetes enciclopédicos. Entre os clássicos, vejam-se, de todo modo: A.V. DICEY, *An Introduction to the Study of the Law of the Constitution*, cit., e W.I. JENNINGS, *The Law and the Constitution*, Un. of London Press-Clarke, Irwing & Co., London-Toronto, 1933; ademais, S.E. FINER, *Comparing Constitutions*, Clarendon, Oxford, 1995. Para os Estados Unidos: P. RODGERS, *United States Constitutional Law: An Introduction*, McFarland & Co., Jefferson, 2011; B. DUIGNAN, *The U.S. Constitution and Constitutional Law*, Britannica Educational, New York, 2013. Entre os franceses, B. MIRKINE-GUETZÉVICH, *Les nouvelles tendances du droit constitutionnel*, cit.; em alemão, G. JELLINEK, *Gesetz und Verordnung*, Mohr, Freiburg, 1887; P. LABAND, *Das Staatsrecht des deutschen Reiches*, 5ª ed., 4 vols, Hatschek, Tübingen-Leipzig, 1911-1914; H. KELSEN, *Allgemeine Staatslehre*, cit.; C. SCHMITT, *Verfassungslehre*, cit.; entre os italianos, C. MORTATI, verbete *Costituzione*, cit.; F. MODUGNO, verbete *Costituzione*, I, Teoria generale, in *Enc. giur.*, XI, Ist. enc. it., Roma, 1989, p. 1 e ss.

[18] E. ÁLVAREZ CONDE, *Curso de Derecho Constitucional*, 5ª ed., 2 vols, Tecnos, Madrid, 2005, I, p. 17 e ss.; E. ÁLVREZ CONDE, V. GARRIDO MAYOL, R. TUR AUSINA, *Derecho Constitucional*, Tecnos, Madrid, 2011, p. 23 e ss. Para divisões temporais semelhantes (e amplamente difundidas), ver E. GONZÁLEZ HERNÁNDEZ, *Breve historia del constitucionalismo común (1787-1931). Exilio político y turismo constitucional*, Areces, Madrid, 2006.

[19] R. BLANCO VALDÉS, *El valor de la Constitución*, 3ª ed., Alianza, Madrid, 2006, p. 38. Ver, também, M. REVENGA, *Presupuestos para la enseñanza del Derecho Constitucional*, Un. Inca Garcilaso de la Vega, Lima, 2010, p. 69 e ss.

nández Rodríguez descreve as classes usando mais critérios: a natureza normativa, a tipologia, a rigidez ou flexibilidade, as funções desenvolvidas[20]. Ó. Alzaga Villaamil lembra as classificações tradicionais (outorgadas, promulgadas, reconhecidas, impostas, de derivação popular; consuetudinárias e escritas; codificadas e não codificadas; rígidas e flexíveis; analíticas e sintéticas; originárias e derivadas: além de em sentido formal ou material)[21].

Em Portugal, onde também as classificações são instrumentais ao estudo do direito interno, Gomes Canotilho, já antes de de Vergottini, classifica as Constituições –ou melhor, o sentido de "Constituição"– segundo o seu significado conceitual (como fonte, como "modo de ser da comunidade", como organização jurídica do povo, como leis fundamentais, como ordem sistemática e racional da comunidade através de um documentos escrito, como conceito ideal) e, ademais, segundo o sentido formal, normativo e material, bem como com base nas funções e na estrutura[22]. J. Miranda concentra-se também nos vários modos de entender as Constituições (institucional, material, formal, instrumental), utilizando uma divisão temporal, mas também critérios baseados na forma, legitimação e conteúdos e, naturalmente, na diferença entre Constituições rígidas e flexíveis[23].

Na Itália, Biscaretti di Ruffia as subdivide em ciclos temporais que compreendem, em uma primeira fase, as Constituições revolucionárias do século XVIII, as Constituições napoleônicas, as da Restauração, as liberais e as democráticas; depois, as que se impõem em Estados de democracia clássica, por sua vez de tipo democrático racionalizado e de tipo democrático-social, em Estados autoritários, socialistas, do chamado terceiro mundo. Em seguida, Biscaretti faz uma classificação diferente, segundo o procedimento de formação, o

[20] J.J. FERNÁNDEZ RODRÍGUEZ, Los Fundamentos del Derecho Constitucional (Derecho, Estado, Constitución), Cec, Lima, 2008, p. 95 e ss.
[21] Ó. ALZAGA VILLAAMIL, I. GUTIÉRREZ GUTIÉRREZ, F. REVIRIEGO PICÓN, M. SALVADOR MARTÍNEZ, Derecho Político Español, I, cit., p. 141 e ss.
[22] J.J. GOMES CANOTILHO, Direito Constitucional, 6ª ed., Almedina, Coimbra, 1993, p. 57 e ss.
[23] J. MIRANDA, Manual de Direito Constitucional, II, Constituição e inconstitucionalidade, 3ª ed., Coimbra ed., Coimbra, 1991, p. 7 e ss.

conteúdo, a forma[24]. De Vergottini, seguindo Gomes Canotilho, embasa sua classificação no significado da Constituição; nos procedimentos para a sua formação (consuetudinárias ou não; internas ou externas; monárquicas ou democráticas; federativas; autocráticas; provisórias); nos conteúdos, assim como nas fases temporais, evidenciadas por modelos e ciclos constitucionais (liberais, da Revolução, da Restauração, do parlamentarismo racionalizado; mas também, com relação ao conteúdo, as autoritárias e islâmicas). Morbidelli retoma amplamente as classificações anteriores, seguindo uma classificação mista com base temporal e de conteúdo: Constituições revolucionárias do século XVIII, napoleônicas, da Restauração, liberais, dos países latino-americanos, democrático-racionalizadas, democrático-sociais. Por outro lado, com base na origem, as Constituições são consideradas populares, outorgadas, promulgadas, plebiscitárias, heterônomas, condicionadas. Outra subdivisão é a entre Constituições rígidas e flexíveis. Um outro critério classificatório permite distinguir entre escritas, consuetudinárias, sintéticas, analíticas. Enfim, com relação a outros elementos, este autor agrupa as Constituições em unitextuais ou pluritextuais, em provisórias e estáveis[25].

Na doutrina inglesa, a fundamental distinção entre Constituições rígidas e flexíveis, proposta há mais de um século por Bryce,[26] constitui exemplo paradigmático e quase esgota as categorizações. Entretanto, K.C. Wheare faz sua análise também com base na natureza, no conteúdo, na força (além de outros elementos)[27], e D. Oliver, juntamente com C. Fusaro, tratando dos processos de revisão constitucional, leva em consideração outros elementos, salientando os seguintes parâ-

[24] P. Biscaretti di Ruffia, *Introduzione al diritto costituzionale comparato. Le "forme di Stato" e le "forme di governo". Le costituzioni moderne*, 6ª ed., Giuffrè, Milano, 1988, p. 600 e ss.

[25] G. de Vergottini, *Diritto costituzionale comparato*, I, cit., p. 211 e ss.; G. Morbidelli, *Costituzioni e costituzionalismo*, in G. Morbidelli, L. Pegoraro, A. Rinella, M. Volpi, *Diritto pubblico comparato*, cit., p. 154 e ss.

[26] J. Bryce, *Flexible and Rigid Constitutions*, in *Studies on History and Jurisprudence*, I, p. 145 e ss., Clarendon, Oxford, 1901, trad. it. *Costituzioni flessibili e rigide*, Giuffrè, Milano, 1998.

[27] K.C. Wheare, *Modern Constitutions*, 2ª ed., Oxford U.P., London, 1966.

metros: "common law, civil law and Nordic systems"; "directly and indirectly effective constitutional provisions"; "federal and non-federal constitutions"; "membership of a supranational legal order"; "pluri- and mono-textual constitutional arrangements"; "evolutionary and unentrenched constitutions"; "short or long, framework or details"; "level of rigidity and eternity clauses"[28].

Dalla Via, da Argentina, propõe classificações baseadas nos seguintes grupos: formais, codificadas, escritas; pluritextuais ou não escritas; rígidas, flexíveis; formais, materiais; outorgadas, promulgadas, impostas; e ainda: normativas, nominais, semânticas. O mesmo autor acrescenta que os conceitos de Constituição podem ser classificados nas seguintes tipologias: racional normativo, histórico-tradicional, sociológico[29]. Os constitucionalistas mexicanos Fix Zamudio e Valencia Carmona, por sua vez, esclarecidos os sentidos de Constituição formal e material, e de Constituição jurídica e real, agrupam as Constituições, com esteio em critérios tradicionais, em escritas e não escritas, flexíveis e rígidas, democráticas e não democráticas, originárias e derivadas, utilitaristas e ideológicas, normativas, nominais e semânticas. Para classificar, os autores utilizam também o conteúdo das Constituições, evidenciando tendências restritivas e extensivas, e distinguindo, enfim, as Constituições federais das centralizadoras[30].

Entre os constitucionalistas brasileiros, Alexandre de Moraes emprega divisões tradicionais: pelo conteúdo, entre Constituições materiais, substanciais, formais; pela forma, entre escritas e não escritas; pelo modo de elaboração, entre dogmáticas e históricas; pela origem, entre promulgadas (tanto democráticas quanto populares) e *octroyées*; pela estabilidade, entre imutáveis, rígidas, flexíveis e semirrígidas; pela extensão e finalidade, entre analíticas (ou "dirigentes") e sintéticas. Lembra, ademais, as classes de Constituições dualistas ou pactuadas, de

---

[28] D. OLIVER, C. FUSARO (eds), *How Constitutions Change: A Comparative Study*, Hart, Oxford-Portland, 2011, p. 407 e ss.

[29] A.R. DALLA VIA, *Manual de Derecho Constitucional*, cit., p. 82 e ss.; ID., *Teoría política y constitucional*, Unam, México, 2006, p. 78 e ss.

[30] H. FIX-ZAMUDIO, S. VALENCIA CARMONA, *Derecho constitucional mexicano y comparado*, 2ª ed., Porrúa-Unam, México, 2001, p. 51 e ss. (5ª ed. 2007).

Constituições nominais e das semânticas[31]. Muito parecida a classificação de André Ramos Tavares: entre Constituições formais, substanciais e materiais; escritas e costumeiras; codificadas e "legais"; entre promulgadas, outorgadas e pactuadas; e ainda entre flexíveis, rígidas, semirrígidas e super-rígidas, entre analíticas e sintéticas, entre dogmáticas e históricas; enfim, entre liberais (negativas) e sociais (dirigentes)[32].

§ 3. CONSTITUIÇÕES E FATORES DISSOCIATIVOS

Os critérios comumente acolhidos apoiam-se em modelos hegemônicos e sobre eles constroem as classificações, tanto históricas como sincrônicas, baseadas em distintos elementos analisados. Em particular, as classificações tradicionais das Constituições tendem a pressupor a força expansiva do constitucionalismo e a resumir em uma classe principal as Constituições que o aceitam, deixando à margem as que o refutam. Tendem a matizar as diferenças dentro da primeira classe e a ter como base uma concepção estatal do direito.

Em primeiro lugar, quando se faz referência a "ciclos constitucionais"[33], faz-se necessário levar em consideração que a circulação dos modelos segue cadências diferenciadas a depender das áreas culturais nas quais se impõem. Pode acontecer que um ordenamento adote um modelo muito tempo depois de sua consolidação e do seu declínio. O ciclo tem sua própria duração, mas predominantemente em contextos jurídico-culturais homogêneos. Deve-se considerar a relação espaço/tempo. Por exemplo, depois da queda do Muro de Berlim, a Lituânia retomou (ainda que apenas por poucas horas) a Constituição de 1938, que pertencia a um ciclo totalmente diferente do das novas Constituições liberal-democráticas coetâneas. As classificações baseadas em critérios temporais assumem o eurocentrismo, sem levar em consideração que a difusão dos modelos é marcada por profundas rupturas entre recepção formal e recepção substancial, que se atenuam apenas onde a cultura ju-

---

[31] A. DE MORAES, *Direito Constitucional*, 32ª ed., Atlas, São Paulo, 2016.
[32] A. RAMOS TAVARES, *Curso de Direito Constitucional*, cit., p. 87 e ss. da 10ª ed. de 2012.
[33] *Infra*, § 4.

rídica que as alimenta é a mesma (ex.: circulação dos modelos da Revolução Francesa ou da Restauração). O resto do mundo está fora destas classificações. Isso, aliás, é compreensível: o constitucionalismo é um produto do Ocidente[34].

Em segundo lugar, os critérios baseados na gênese das Constituições, no que atine à fonte de legitimação, geralmente ignoram a dinâmica dos fenômenos (ou seja, a passagem dos ordenamentos de uma classe para outra): uma classificação refere-se às Constituições sob uma perspectiva histórica (na maioria das vezes divididas em: outorgadas, pactuadas, populares), outra (quando considerada) faz a divisão entre Constituições autônomas ou heterônomas. A distinção é atenuada, pois, em ambos os casos, trata-se de individualizar a proveniência do poder: de vez em quando o Rei, o Rei com a burguesia, o povo, no primeiro caso; o povo ou outro ator político de um Estado, ou um ou mais sujeitos externos ao Estado, no segundo. Uma Constituição nascida "outorgada" pode, em seguida, obter a legitimação do povo e, depois, talvez, perdê-la, em virtude de uma modificação de algum elemento essencial em decorrência de pressões externas. De outro modo, uma Constituição inicialmente liberal pode posteriormente perder parte da sua "soberania"[35].

Em terceiro lugar, como visto no capítulo anterior, a indispensável fundamentação na história corre o fisco de ofuscar a ruptura entre forma e substância das Constituições. O invólucro que circula é geralmente parecido, mas, com exceção dos casos de manifesto repúdio ao modelo liberal ou liberal-democrático (ordenamentos socialistas, teocráticos, autocráticos), as recepções formais (isto é, as recepções dos textos) muitas vezes ocultam Constituições substanciais, viventes, materiais, muito distantes da forma dos invólucros.

Em quarto lugar, todas as classificações pagam um pedágio oneroso ao critério da estatalidade. Isso também é inelutável: as Constituições são Constituições de Estados. Mas, para classificá-las, faz-se necessário, hoje, lidar com realidades diferentes, que estão em cima, ao lado e abaixo dos Estados. Não apenas para distinguir, como no passado, as Constituições

[34] *Supra*, cap. III.
[35] *Infra*, § 6.2.

de Estados compostos das Constituições dos Estados centralizados, mas também para levar em consideração o deslocamento extraestatal da soberania (direito supranacional e transnacional) e a afirmação do reconhecimento constitucional dos sistemas jurídicos baseados nas culturas (ex.: sistemas jurídicos dos povos indígenas).

As classes entrelaçam-se e parcialmente se sobrepõem: os critérios podem permanecer diferentes, mas hoje é importante enfatizar alguns elementos. Em particular, considerando que quase todos os Estados têm uma Constituição, deve-se ter em mira os conteúdos e marcar a distinção entre o invólucro e o conteúdo (Constituição substancial); assim como quase todos os Estados possuem Constituições rígidas (ou de todo modo os Tribunais Constitucionais identificam as partes imodificáveis por lei ordinária), razão pela qual a distinção entre Constituições rígidas e flexíveis é atenuada de acordo com o grau de rigidez. Sobretudo, a grande divisão ocorre no tocante à relação entre a aceitação ou não das doutrinas do constitucionalismo, que contradiz a equação feita pelo art. 16 da Declaração de 1789: não só boa parte dos Estados do mundo são disciplinados por Constituições sem constitucionalismo, como existem também casos de ordenamentos que invocam o constitucionalismo mesmo sem uma Constituição em sentido formal (a União Europeia, o ordenamento internacional)[36]: o Tratado da União Europeia, no art. 6, faz referência às "tradições constitucionais comuns aos Estados-membros" que "fazem parte do direito da União Europeia enquanto princípios gerais"[37]. De igual modo, também o Estatuto das Nações Unidas remete aos valores do constitucionalismo clássico (como os direitos humanos): a Declaração Universal dos Direitos Humanos, aprovada

---

[36] Cf. S. DELLAVALLE, *Una costituzione senza popolo? La costituzione europea alla luce delle concezioni del popolo come "potere costituente"*, Giuffrè, Milano, 2002; em busca de analogias e diferenças, de origens, modelos de referência, influências recíprocas e peculiaridades das soluções adotadas, ver E. PALICI DI SUNI (ed.), *Diritto costituzionale dei paesi dell'Unione europea*, 3ª ed., Wolters Kluwer-Cedam, Padova, 2015.

[37] A. PIZZORUSSO, *Il patrimonio costituzionale europeo*, il Mulino, Bologna, 2002; O. POLLICINO, *Las tradiciones constitucionales comunes en la edad de la codificación (europea) de los derechos*, in S. BAGNI, G.A. FIGUEROA MEJÍA, G. PAVANI (eds), *La ciencia del derecho constitucional comparado*, cit., I, p. 1191 e ss.

em 10 de dezembro de 1948. As referências do seu preâmbulo aos "direitos humanos fundamentais" (nos quais se incluem não só os direitos previstos pela Declaração de 1789, mas também os sociais e de participação) não encontram guarida na cultura jurídica de muitos Estados signatários e isso explica a difundida atenuação e as frequentes violações à Declaração que ocorrem em muitas partes do mundo.

Cabe salientar, então, a ruptura entre formante normativo (a forma constitucional) e o jurídico-cultural que o suporta. Sem esquecer, porém, o efeito de retorno que a aceitação, ao menos formal, da ideia de Constituição determina no ordenamento, não só no que concerne aos direitos e ao *frame of government*, mas também à própria cultura jurídica.

§ 4. CICLOS CONSTITUCIONAIS

A divisão em ciclos temporais baseia-se principalmente nas Constituições que são produto do constitucionalismo francês e americano ou que, de qualquer maneira, são por ele influenciadas: os ciclos identificados em sede doutrinária sucedem-se em ritmo acelerado; no início, no espaço de poucos anos e em fases agitadas, as Constituições na Europa regulam com precisão os equilíbrios tanto entre os poderes do Estado quanto entre Estado e sociedade. Com poucas variações, destacamos:

a) as Constituições do final do século XVIII, aprovadas depois da Declaração de Independência americana de 1776, em Virgínia e em outras ex-colônias, e, depois, na Filadélfia, para os Estados Unidos, em 1787; assim como as da Revolução Francesa, após a Declaração dos Direitos de 1789: de 1791 (ainda monárquica), de 1793 (o projeto girondino, nunca aprovado), de 1793 (jacobina, imediatamente suspensa), de 1795 (a Constituição do Diretório)[38]. As Constituições da Revolução Francesa tiveram grande influência em muitos Estados e pequenas realidades da Europa, como aquelas em que, à época, a Itália se dividia. A americana, ao invés, teve reflexos importantes, tempos depois (entre 1819 e 1863), na América Latina, onde foram adotados textos constitucionais republicanos baseados na

---

[38] A. SAITTA, *Costituenti e costituzioni della Francia rivoluzionaria e liberale*, cit.

divisão dos poderes, nas garantias dos direitos, no presidencialismo e (às vezes) na organização territorial em forma federal;

b) as Constituições napoleônicas, impostas pelo exército francês nos territórios conquistados, mas que se alimentavam da cultura dos círculos iluministas que floresceram em parte dos países ocupados, como vários Estados italianos entre 1802 e 1808, e pela obra de filósofos como Beccaria, Vico, Filangieri, Muratori;

c) as Constituições da Restauração, adotadas depois da derrota de Napoleão em Waterloo, que mesmo voltadas a realizar as finalidades do Congresso de Viena, restaurando as monarquias, limitavam, contudo, os seus poderes, em parte consolidando, por conseguinte, as conquistas da Revolução (veja-se, neste sentido, as Constituições de vários Estados alemães e a Carta de Luís XVIII de 1814)[39];

d) as Constituições liberais que, a partir de 1830 (França), consolidaram-se a natureza de instrumentos pactuados, reconhecendo a primazia do Parlamento na seara da divisão dos poderes. Nos anos centrais do século, afirmaram-se em grande parte dos Estados da Europa (Espanha 1837, Itália 1848, Prússia 1850, etc., até o Japão em 1889);

e) as Constituições democráticas racionalizadas, no sentido que, em um contexto caracterizado pela ampliação do sufrágio e por um tipo diverso de representação, disciplinam a relação de fidúcia e a forma de governo: esta categoria, que se estabelece na Europa depois do fim da Primeira Guerra Mundial, na Alemanha de Weimar em 1919, e, por alguns aspectos –os direitos sociais– já no México, dois anos antes, encontra realização, nos anos 20, em vários Estados europeus (a Constituição austríaca de Kelsen e a tchecoslovaca de 1920, as da Polônia, Iugoslávia e Turquia). Muitas Constituições do período posterior à Segunda Guerra não abandonam este esquema, ainda que introduzam o controle de constitucionalidade, ampliem ou melhor definam o catálogo dos direitos, são mais cautelosas na disciplina dos estados de exceção, etc. Por esta razão, alguns autores inserem-nas em uma classe própria[40].

---

[39] M. FIORAVANTI, *Giuristi e costituzione politica nell'ottocento tedesco*, Giuffrè, Milano, 1979.

[40] Sobre os ciclos constitucionais que se sucederam no tempo, com conteúdos e perspectivas bastante distintas entre si, M. FIORAVANTI, *Ap-*

A duração, além de limitada no espaço, não oferece dados homogêneos e a sua função é apenas em termos gerais indicativa das tendências: o texto estadunidense, por exemplo, é o mesmo desde 1787, salvo o acréscimo do *Bill of Rights* e do *Civil War Amendments* e poucos outros limitados ajustes. A legislação e a jurisprudência[41] transformaram a Constituição liberal em democrática. Outros países, como a França, com frequência periódica, mudaram radicalmente as próprias Constituições; outros chegaram ao mesmo resultado por meio de uma cuidadosa atividade contínua, através de frequentes revisões (Suíça e México).

§ 5. Constituições leaders e circulação dos modelos constitucionais: imposição e prestígio

Exatamente por esta razão, é útil combinar ao estudo dos ciclos o dos modelos constitucionais, que ajuda a entender como circulam as ideias que estruturam as Constituições. As que gozam de ampla imitação, seja por prestígio, seja por imposição[42], são definidas "*leader*" ou "modelo". Sua identificação, mais que para a forma, assim como se traduz em um documento, olha para a substância, para aquilo que permanece e sabe adaptar-se com o passar do tempo.

É emblemático o caso da Constituição inglesa, cujas instituições influenciaram amplamente, no curso dos séculos, não só as colônias com composição predominantemente branca,

---

punti di storia delle costituzioni moderne, Giappichelli, Torino 1991; S. Bartole, *Riforme costituzionali nell'Europa centro-orientale. Da satelliti comunisti a democrazie sovrane*, il Mulino, Bologna, 1993; F. Fukuyama, *The End of History and the Last Man*, cit.; S.P. Huntington, *The Clash of Civilizations and the Remaking of World Order*, Simon & Schuster, New York, 1996, trad. it. *Lo scontro delle civiltà e il nuovo ordine mondiale*, Garzanti, Milano, 2000; A. Baldassarre, *Globalizzazione contro democrazia*, Laterza, Roma-Bari, 2002; Aa.Vv., *Le trasformazioni costituzionali del secondo millennio*, Maggioli, Rimini, 2016.

[41] V. G. Bognetti, *Lo spirito del costituzionalismo americano*, Giappichelli, Torino, I, *La Costituzione liberale*, 1998, e II, *La Costituzione democratica*, 2000.

[42] V. o número monográfico 2, 2000 de *Fundamentos*, sobre "Modelos constitucionales en la historia comparada", e *supra*, cap. I, § 8; *infra*, § 6 neste capítulo.

anglo-saxã, protestante e, portanto, caracterizadas por uma cultura jurídica comum (Estados Unidos 1787, Canadá 1867, Austrália 1901), mas também as do Império onde era evidente a ruptura entre tal componente e o resto da maioria da população (África do Sul 1909, Índia 1950, Nigéria 1961, etc.). A Constituição inglesa, por outro lado, exportou suas partes importantes também para outros lugares, onde o transplante não observou o direito jurisprudencial, mas somente as estruturas institucionais: em particular a organização do Parlamento e a forma de governo nas suas várias evoluções (como a de "constitucional" a "parlamentar")[43]. Deste modelo, inclusive nas ex-colônias, não prosperaram (ou foram abandonados) o princípio da superioridade do Parlamento e o rechaço a um controle de constitucionalidade; para não dizer da ideia mesma de que não se necessita de uma Constituição escrita.

A Constituição estadunidense contribuiu para complementar a Constituição inglesa como modelo *leader* exportável, mesmo com um certo atraso no tocante à data de aprovação, por motivos relacionados à excepcionalidade dos pressupostos culturais, sociais e jurídicos que a caracterizaram no início. Dela circulou amplamente o conceito de forma escrita, mas, por muitos anos (e salvo exceções esporádicas), não a ideia da rigidez. Faltava aqui, de fato, a razão que a havia determinado (a exigência de passar de uma confederação a uma federação), mais tarde adotada na Europa e em outros lugares por motivos bem distintos ou, em verdade, pela necessidade de codificar, em um pacto constitucional supraordenado, não as relações entre Estados originariamente soberanos, mas, sim, entre classes sociais opostas. Quanto aos conteúdos, impôs-se por prestígio e, sobretudo, pela influência econômica[44]. Quase todo o

---

[43] Cap. VIII, § 8.1, 8.3. Sobre a transição, cf. S.A. DE SMITH, *The New Commonwealth and Its Constitutions*, Steven & Son-Carswell, London-Toronto, 1964. Sobre a exportação do parlamentarismo, C.M. BURNS, *Parliament as an Export*, Allen & Unwin, London, 1966.

[44] Mas também militar: México, do qual uma guerra de ocupação combatida pelos Estados Unidos entre 1846 e 1847 retirou quase metade do território: cf., por exemplo, T. HALPERIN DONGHI, *Reforma y disolución de los imperios ibéricos, 1750–1850*, Alianza, Madrid, 1985; F. MARTÍN MORENO, *México Mutilado*, Santillana, México, 2004, e, desde uma perspectiva estadunidense, J.S.D. EISENHOWER, *So Far from God: The U.S. War with Mexico, 1846-1848*, Un. of Oklahoma Press, Norman, 1989.

continente americano implementou substancialmente os pilares do *frame of government*: sistema presidencialista, controle de constitucionalidade difuso, federalismo (no México, Brasil, Argentina, Venezuela). No *Commonwealth* britânico, com a descolonização, o transplante no originário (e imposto) modelo inglês traduziu-se igualmente nas disposições constitucionais sobre justiça constitucional (majoritariamente difusa) e sobre federalismo (Canadá, Índia, Nigéria e, em parte, África do Sul). A Constituição estadunidense influenciou muito menos a forma de governo, que permaneceu geralmente parlamentar, sob a imitação do sistema inglês. Por razões puramente de força, houve a exportação do Estado federal para países como a Alemanha e o Iraque, ao passo que a *debellatio* não produziu resultados similares no Japão, nem na própria Alemanha no que concerne à forma de governo presidencialista[45].

Da França, mais que os textos constitucionais identificados nos vários ciclos acima descritos, foram impostos como emblemas as doutrinas políticas, que ainda hoje permeiam as Constituições em cada continente, mesmo na ausência dos pressupostos culturais do Iluminismo. Devido ao que estava por trás dos seus textos (o jusnaturalismo da idade das luzes), a Declaração de 1789 e as Constituições francesas também alimentaram o direito internacional. Com exceção de algumas Constituições islâmicas e socialistas, normalmente a tutela dos direitos é hoje incorporada nos textos, ainda que com limitações de diferentes graus e às vezes "funcionalizando" os direitos às finalidades do ordenamento; a aceitação da divisão dos poderes, por outro lado, é manifestamente contestada pelas Constituições socialistas, autocráticas e teocráticas. Entre as Constituições históricas, o modelo atual da V República é seguido de modo duradouro e inspirou algumas Constituições do Leste Europeu (Romênia, Polônia), de algumas ex-colônias e influencia o caminho de reforma também em outros países[46].

---

[45] L. HENKIN, A.J. ROSENTHAL (eds), *Constitutionalism and Rights: The Influence of US Constitution Abroad*, Columbia U.P., New York, 1990.

[46] A. RINELLA, *La forma di governo semi-presidenziale. Profili metodologici e "circolazione" del modello francese in Europa centro-orientale*, Giappichelli, Torino, 1997; M.A. ORLANDI, *Quando il semipresidenzialismo passa all'Est*, Giappichelli, Torino, 2002.

Na seara do constitucionalismo liberal-democrático, outras Constituições converteram-se em modelo, mas geralmente por período curto (como a Constituição de Cádiz de 1812, cujos traços ainda hoje permanecem tanto na Europa como na América Latina)[47]. Mais frequente é o caso de *leadership* parcial, em relação aos institutos específicos: neste sentido, o *Grundgesetz* alemão e a Constituição italiana de 1948 foram largamente imitados devido às suas Cartas de direitos. O primeiro, também pelas fórmulas de proteção da democracia, copiada por quase todos os ordenamentos da Europa Centro-Oriental (mas não pela forma de governo de chancelaria, que permaneceu, de fato, como um protótipo)[48]; a segunda, pela formulação do princípio

---

[47] Sobre a influência da Constituição de Cádiz na América Latina, entre as contribuições, publicadas sobretudo por ocasião do bicentenário, ver, por exemplo: J.L. Cáceres Arce, *La Constitución de Cádiz y el Constitucionalismo Peruano*, Adrus, Arequipa, 2007; F.J. Díaz Revorio, M. Revenga Sánchez, J.M. Vera Santos (eds), M.E. Rebato Peño (coord.), *La Constitución de 1812 y su difusión en Iberoamérica*, Tirant lo Blanch, Valencia, 2012; D.A. Barceló Rojas, J.M. Serna De La Garza (eds), *Memoria del Seminario internacional: Conmemoración del bicentenario de la Constitución de Cádiz. Las ideas constitucionales de América Latina*, Unam, México, 2013; Aa.Vv., *México en Cádiz, 200 años después. Libertades y democracia en el constitucionalismo europeo (26 abr - 4 may. 2012 Cádiz, España)*, Trib. Electoral del Poder Judicial de la Federación, México, 2015. Sobre a sua circulação (também em direção a Portugal), cf. E. González Hernández, *Breve historia del constitucionalismo común*, cit., p. 81 e ss. Em geral, ver, também, muitos textos de J.L. Comellas, esp. *Historia de la España Contemporánea*, Rialp, Madrid, 1990.

[48] Sobre as transformações do Leste, existem centenas de publicações. Lembramos apenas algumas: em italiano, S. Bartole, *Riforme costituzionali nell'Europa centro-orientale*, cit.; S. Bartole, P. Grilli di Cortona (eds), *Transizione e consolidamento democratico nell'Europa Centro-Orientale. Élites, istituzioni e partiti*, Giappichelli, Torino, 1998; G. Ajani, *Il modello post-socialista*, 3ª ed., Giappichelli, Torino, 2008; L. Montanari, R. Toniatti, J. Woelk (eds), *Il pluralismo nella transizione costituzionale dei Balcani: diritti e garanzie*, Un. di Trento, Trento, 2010; em espanhol, vários números dos *Cuadernos constitucionales de la Cátedra Fadrique Furió Ceriol* (em especial os 26-27 e 28-29 de 1999, 41-42 e 43-44 de 2003, 45-46 de 2004); C. Flores Juberías (ed.), *La transformación de las políticas sociales en la Europa del Este*, Ministerio del Trabajo y Asuntos sociales, Madrid, 2001; Id., *Estudios sobre Europa Oriental*, Puv, Valencia, 2002; Id., *De la Europa del Este al este de Europa*, Puv, Valencia, 2006; Id., *España y la Europa oriental: tan lejos, tan cerca*, Puv, Valencia, 2009; Id., *Europa, veinte años después del Muro*, Pyv, Madrid, 2009; o suplemen-

de igualdade substancial e pela estruturação de um órgão de garantia da magistratura (imitado na Espanha, em alguns países do Leste Europeu e agora também na América Latina); ambos, pelo sistema de justiça constitucional concreto-incidental. Também a vigente Constituição espanhola, de 1978, influenciou muitas Constituições latino-americanas depois do período das juntas militares[49].

Configura-se como emblemática, mas não sujeita a imitação, a Constituição suíça, cuja forma de governo diretorial, assim como a configuração do federalismo, e mesmo o modelo de democracia participativa não encontraram imitações significativas no exterior.

---

to de *Humana Iura de derechos humanos*, n. 8-9, 1998-1999 (Navarra ed., Pamplona), "Derechos y libertades en las nuevas democracias de la Europa del Este"; o n. 16, 2015 da *Rev. gen. der. públ. comp.* "2004-2014: Diez años desde la ampliación hacia el Este de la Unión Europea: un balance multidisciplinar" (coordenado por C. FLORES JUBERÍAS); por último, A. DI GREGORIO (ed.), *I sistemi costituzionali dei paesi dell'Europa centro-orientale, baltica e balcanica*, Wolters Kluwer-Cedam, Milano, 2019.

[49] Sobre a circulação dos modelos constitucionais entre Espanha e América latina, F. FERNÁNDEZ SEGADO (ed.), *La Constitución de 1978 y el Constitucionalismo Iberoamericano*, Ministerio de la Presidencia-Secretaría General Técnica-Cepc, Madrid, 2003; J.F. PALOMINO MANCHEGO, *La Constitución Española de 1978 y su influencia en el Ordenamiento Constitucional Latinoamericano*, in J. PÉREZ ROYO, J.P. URÍAS MARTÍNEZ, M. CARRASCO DURÁN (eds), *Derecho constitucional para el siglo XXI*, Actas del VIII Congreso Iberoamericano de Derecho Constitucional (Sevilla, 3-4-5 de diciembre de 2003), 2 vols., Thomson-Aranzadi, Cizur Menor, 2006, I, p. 357 e ss.; L. PEGORARO, *Il diritto comparato e la Costituzione spagnola del 1978: recezioni ed "esportazioni"*, in F. FERNÁNDEZ SEGADO (ed.), *The Spanish Constitution in the European Constitutional Context – La Constitución Española en el Contexto Constitucional Europeo*, Dykinson, Madrid, 2003, p. 523 e ss., trad. esp. *El Derecho comparado y la Constitución española de 1978. La recepción y la "exportación" de modelos*, in *An. iberoam. just. const.*, n. 9, 2005, p. 287 e ss., e em L. PEGORARO, *Ensayos sobre justicia constitucional, la descentralización y las libertades*, cit., p. 29 e ss.; o n. 3, 2008 da *Rev. gen. der. públ. comp.*, com as palestras apresentadas no Congresso de Caserta de 29 a 30 de maio de 2008: "2007-2008. Buon compleanno, Costituzioni (La circolazione di principi e istituzioni tra Europa e America: influenze reciproche tra le Costituzioni di Stati Uniti, Messico, Brasile, Italia, Francia, Spagna)". Para a circulação doutrinária, R. SÁNCHEZ FERRIZ, M. GARCÍA PECHUÁN (eds), *La enseñanza de las ideas constitucionales en España e Iberoamérica*, Ene, Valencia, 2001.

De outro modo, o modelo soviético inaugurado pela Revolução Russa de 1917 encontrou grande difusão no âmbito da forma de Estado socialista, seguida pela quase coetânea Constituição da URSS e pouco a pouco, em razão da sua força, pelos territórios submetidos à soberania limitada da União Soviética até o fim dos anos 80 e, em virtude do prestígio, por muitos países que se inspiravam nas doutrinas socialistas para experimentar formas alternativas ao capitalismo e à democracia liberal (da China a Cuba e ao Vietnã, até vários ordenamentos da Ásia e da África)[50].

Da mesma forma, também pode representar um modelo a Constituição teocrática do Irã de Komehini (1979), na qual se inspiraram –mas sempre com instabilidade e por períodos pouco duradouros– as Constituições do Afeganistão talibã (2004) e, mais recentemente, da Somália, assim como os manifestos constitucionais de vários movimentos que invocam o Islã militante (mas com os formidáveis limites colocados por ser o Irã um Estado xiita e não sunita).

O recurso ao conceito de Constituições *leaders* (ou modelo) não deve fazer pensar que a sua imitação possa ocorrer por simples clonagem. Com efeito, não é nunca assim, pois o terreno para o qual se transplanta é sempre diferente[51]. Geralmente, os constituintes evitam recepções anastáticas, salvo em casos limitados. Uma coisa é clonar o curto art. 3 da Constituição italiana (igualdade substancial) no art. 9.2 da Constituição espanhola; outra é reproduzir o título V inteiro da Constituição francesa (relações entre Governo e Parlamento) na parte correspondente da Constituição romena (de onde, não por casualidade, foi suprimido o art. 34, relativo à competência não geral da lei); outra, ainda, é incorporar um texto inteiro.

A experiência da América Latina é emblemática da dificuldade de receber estruturas sedimentadas em outras Constituições de prestígio (na espécie, a estadunidense), dada à ausência das condições que, no ordenamento-matriz, permitem um adequado funcionamento. É um lugar comum salientar que, ao sul do Rio Grande, foi pago um alto preço ao constitucionalismo dos Estados Unidos. Já se destacou como houve uma re-

---

[50] Especificamente sobre as Constituições socialistas, ver a bibliografia *supra*, cap. II, seção II, § 8.1, e cap. III, seção II, § 3.

[51] Cap. I, §§ 4, 8.

cepção formal dos "pilares" que o caracterizam. No entanto, a forma dos textos resultantes da imitação e, sobretudo, a substância é diferente. A uma Constituição sintética (inicialmente sem um catálogo de direitos) contrapõem-se documentos longos, que, na experiência mexicana, antes de Weimar, elevam realmente à estatura constitucional os direitos sociais; ao caráter estático do texto formal norte-americano fazem contraponto repetidas ondas de novas Constituições e, sobretudo, revisões contínuas. Mesmo imitando a forma de governo, as Constituições latino-americanas inserem-se em um contexto de partidos desconhecido pelo constitucionalismo estadunidense. A *leadership* dos partidos une os Legislativos aos Executivos, mitigando a divisão de poderes e, onde há, atenuando as vantagens do federalismo; a independência da jurisdição constitucional é minada por corretivos que a desnaturam (como o cargo não vitalício dos juízes), para não mencionar o contexto subjacente, de direito codificado e não jurisdicional. A isto acresce que a heterogeneidade social e a permanência de sistemas jurídicos autóctones (que nos Estados Unidos, ao contrário, foram aniquilados desde a colonização) exigem equilíbrios e concessões; e que a cultura jurídica é marcada por um positivismo legalista que por muito tempo deixou pouco espaço para os que trabalhavam fora do binômio Legislativo/Executivo[52].

Regras formalmente muito similares podem, pois, dar resultados profundamente distintos nas Constituições-modelo e nas receptoras. Por este motivo que se falou de "constitucionalização simbólica" para identificar «realidades em que os textos constitucionais, *em sua complexidade*, apresentam duas características correlatas: a inadequada concretização jurídico-normativa e a hipertrofia na função político-ideológica[53]. A constitucionalização é simbólica quando estabelece objetivos ilusórios –viáveis em realidades sociais completamente diferentes daquela em que previstos– e, por isso, não é destinada a produzir efeitos gerais de regulação das condutas e de orien-

---

[52] Sobre as atuais tendências do constitucionalismo latino-americano, bibliografia no cap. II, seção II, § 4 (esp. as notas 65 e 66).

[53] M. NEVES, *Constitucionalização simbólica e deconstitucionalização fática*, in Rev. trim. dir. públ., n. 12, 1995, p. 156 e ss., trad. it. *Costituzionalizzazione simbolica e decostituzionalizzazione di fatto*, Pensa, Cavallino, 2004.

tação das previsões normativas, estabilizando apenas determinadas condições de poder. Por conseguinte, a Constituição (formal) comporta-se como álibi para os detentores do poder, instrumento que inviabiliza as mudanças no sistema»[54].

§ 6. A LEGITIMAÇÃO DAS CONSTITUIÇÕES: CLASSIFICAÇÕES TRADICIONAIS E TAXONOMIAS MODERNAS

Em uma perspectiva histórica, é comum distinguir as Constituições com base no poder que as originou. Contrapõem-se, neste sentido, as Constituições outorgadas às pactuadas e populares, e destaca-se o resultado da transferência da soberania, primeiramente do Monarca ao binômio Monarca/parlamento e, depois, ao povo.

6.1. INTERPRETAÇÕES DIACRÔNICAS: REI, ESTADO, NAÇÃO, POVO

Define-se "outorgada" (do francês *octroyée*) uma Constituição concedida pelo Soberano como autolimitação ao próprio poder. Trata-se de uma classificação baseada no critério da natureza do poder constituinte, que, neste caso, não é expressão de exercício de soberania popular. Típicos exemplos de Constituições outorgadas são, entre outros, o Estatuto Albertino de 1848 (Itália), a Constituição de Baiona (Espanha, 1808) e o Manifesto das Liberdades de Nicolau II, da Rússia, de 1905[55].

Define-se "pactuada" uma Constituição que encontra legitimação no acordo entre Soberano e Assembleia representativa do povo. Também nesta hipótese, a classificação é baseada no critério da natureza do poder constituinte: a Constituição pactuada representa uma forma intermediária entre as de origem popular e as outorgadas. São consideradas exemplos de Cons-

---

[54] P. LOGROSCINO, verbete *Costituzionalizzazione simbolica*, in L. PEGORARO (ed.), *Glossario di diritto pubblico comparato*, cit., p. 63.

[55] Sobre a Constituição de Baiona, v. E. ÁLVAREZ CONDE, J.M. VERA SANTOS (eds), *Estudios sobre la Constitución de Bayona*, La Ley, Madrid, 2008. Sobre o Estatuto Albertino, a obra basilar é F. RACIOPPI, I. BRUNELLI, *Commento allo Statuto del Regno*, Utet, Torino, 1909; v., também, A.C. JEMOLO, M.S. GIANNINI, *Lo Statuto albertino*, Sansoni, Firenze, 1946.

tituição pactuadas a sueca de 1809, a francesa de 1830 e a da Prússia de 1850[56].

"Populares" ou "democráticas" são, enfim, as Constituições aprovadas com base no princípio de que a soberania pertence ao povo, como, por exemplo, todas as Constituições aprovadas na Europa ocidental logo depois do fim da Segunda Guerra Mundial (Itália, França da IV República e depois Espanha, etc., mas já antes a dos Estados Unidos e também outras)[57].

Estas distinções fazem referência seja à história, seja às fórmulas de promulgação: o poder do Rei foi pouco a pouco limitado até desaparecer por completo em grande parte dos ordenamentos inspirados pelas doutrinas do constitucionalismo. Parecem fazer exceção a Constituição de 1962 do Principado de Mônaco e a do Reino da Suazilândia de 2005, entre os últimos exemplos de Constituições outorgadas[58]. Mesmo a Constituição do Marrocos, de 2011, afirma, no art. 2, que a soberania pertence ao povo e, no preâmbulo, usa a forma impessoal "o Reino", em vez de "o Rei". Outras Constituições monárquicas (Bahrein, Emirados Árabes Unidos, etc.) destacam, nas versões emendadas mais recentes, o liame entre a monarquia e o povo.

O critério utilizado, por outro lado, é predominantemente não substancial. Também as Constituições outorgadas de 1800 foram concedidas pelos Monarcas não por generosidade, mas para fazer frente às pressões da burguesia, frequentemente culminadas em distúrbios e revoltas, quando não em verdadeiras revoluções; assim como em anos recentes ocorreu na África e na Ásia. As diferentes categorias, mais que pres-

---

[56] As sintéticas definiçoes são encontradas nos verbetes de S. BAGNI, *Costituzione ottriata (o concessa)* e *Costituzione pattizia*, in L. PEGORARO (ed.), *Glossario di diritto pubblico comparato*, cit., p. 70.

[57] Além de por razões contingentes e distintas, talvez o fracasso do projeto de Constituição europeia seja imputado exatamente à ausência do fator "povo": ver, sobre este ponto, S. DELLAVALLE, *Una costituzione senza popolo?*, cit., e M. PATRONO, *Diritto dell'integrazione europea*, I, *Initium Europae. Storia delle origini e fondamenti del processo integrativo*, Cedam, Padova, 2013.

[58] Veja-se P. COSTANZO, *La Costituzione del Principato di Monaco*, 2ª ed., Giappichelli, Torino, 2004.

crever, parecem documentar, com atraso, uma evolução das relações de poder já comprometida pelas monarquias e dirigi-la às etapas posteriores. Apoiam-se, ademais, em uma concepção interna da soberania, reivindicada seja pelo Soberano, seja pelo povo (ou pela nação, como em algumas concepções do constitucionalismo francês). Distinto é o problema do deslocamento interno ou externo da soberania.

No passado, o tema de tal perfil de legitimação era posto sobretudo pelas Constituições coloniais e pelas posteriores à descolonização. Em particular, com referência ao Império Britânico, fora do caso dos Estados Unidos o processo desenvolveu-se de forma gradual: os vínculos com a pátria mãe foram pouco a pouco diminuindo, mas apenas em alguns casos esporádicos foram completamente cortados. As colônias eram regidas pelas Constituições ou por Estatutos decididos em Londres, que, na metade do século XIX, começou a lhes conceder um certo grau de *self-government*, até a transformação delas em *Dominions*, depois do célebre *Statute of Westminster* de 1931; este codificou a sua independência, de fato já em operação com base nas *conventions of the Constitution* consolidadas depois do fim da Primeira Guerra Mundial[59].

Os *Dominions* na maioria das vezes "nacionalizaram" as fontes britânicas que lhes determinavam a estrutura de governo, continuando a reconhecer o Chefe de Estado na Coroa (representada pelo Governador, que, contudo, era indicado por cada um dos Estados) e no *Judicial committee* do *Privy Council*, a máxima autoridade jurisdicional (ao passo que, pelo contrário, Legislativo e Executivo assumiram juridicamente caráter totalmente autônomo). Processo análogo de renovação das fontes constitucionais ocorreu em muitos países africanos e asiáticos depois da Segunda Guerra Mundial, como Gana

---

[59] Formalmente, os instrumentos que regiam as posses do Império tinham sido estabelecidos por dois tipos de fontes: leis do Parlamento inglês, como no caso do Canadá (1867), da Austrália (1900), da África do Sul (1909); ou *Orders in Council*. Sobre o *Statute of Westminster*, vejam-se, entre os tantos, K.C. WHEARE, *The Statute of Westminster and Dominion Status*, 5ª ed., Oxford U.P., Oxford, 1953; W.I. JENNINGS, *The British Commonwealth of Nations*, 4ª ed., Greenwood, London, 1961, reimpr. 1979; W. DALE, *The Modern Commonwealth: 1920-1980*, Butterworths, London, 1983; em francês H. GRIMAL, *De l'Empire Britannique au Commonwealth*, Colin, Paris, 1971.

(1957), Jamaica (1962), Malta (1964), Ilhas Maurício (1968), etc. Uma completa *patriation* foi conseguida pelo Canadá apenas em 1982, com a adoção pelo Parlamento inglês de uma lei que confirmava uma resolução do Parlamento canadense, que, ao aprovar a Carta dos Direitos e das Liberdades, reconhecia ao próprio Canadá plena soberania no processo de revisão constitucional. (Observe-se, contudo, que, também neste caso, a legitimação da Constituição reside em um ato britânico, como também, substancialmente, a parte orgânica da Constituição continua a ser representada pelo texto de 1867, deliberado em Londres[60].) Desta forma, pode-se dizer que, em casos como estes, a legitimação dos textos constitucionais, inicialmente externa e conectada à concessão da independência, em seguida se localiza no ordenamento constitucional[61].

São em parte distintos, pelo aspecto aqui em exame, os processos que conduziram à adoção das Constituições dos Estados que compõem o subcontinente indiano e da África do Sul. Com o *Indian Constitutional Act* de 1947, o Reino Unido reconhecia a independência da Índia, a qual se dividiu imediatamente em dois Estados (Índia e Paquistão, um hindu, o outro muçulmano) e, no ano seguinte, em três (Ceilão, hoje Sri Lanka; o Paquistão Oriental, por sua vez, transformou-se, em 1971, no atual Bangladesh), dava às novas entidades forma institucional republicana e, ao mesmo tempo, novas Constituições desvinculadas da aprovação de Westminster (mesmo mantendo-se a adesão ao *Commonwealth* e o Rei como "símbolo da li-

---

[60] Sobre a *"patriation"* do *amending power* no Canadá, vide, além da bibliografia geral sobre o federalismo cit. *sub* cap. VII, § 6, N. OLIVETTI RASON, *Manutenzione costituzionale: l'esperienza canadese*, in F. PALERMO (ed.), *La manutenzione costituzionale*, Cedam, Padova, 2007, p. 87 e ss., e em ID., *Scritti 2005-2012*, Cleup, Padova, 2014, p. 129 e ss.; ID., *Le garanzie costituzionali in Canada*, p. 109 e ss.; A. REPOSO, *Sul "rimpatrio" dell'amending power nell'ordinamento costituzionale canadese*, in AA.VV., *Studi in onore di P. Biscaretti di Ruffia*, 2 vols., Giuffrè, Milano, 1987, p. 1065 e ss.

[61] Sobre a estrutura de *Dominions*, colônias, Estados do *Commonwealth*, A.B. KEITH, *The Constitutional Law of the British Dominions*, Macmillan, London, 1933; ID., *The Dominions as Sovereign States: Their Constitutions and Governments*, Macmillan, London, 1938; S.D. BAILEY (ed.), *Parliamentary Government in the Commonwealth*, Hansard, London, 1951; L.W. WHITE, W.D. HUSSEY, *Government in Great Britain, The Empire, and The Commonwealth*, Cambridge U.P., Cambridge, 1958, p. 203 e ss.; S.A. DE SMITH, *The New Commonwealth and Its Constitutions*, cit.

vre associação de nações independentes")[62]. Quanto à África do Sul, um referendo realizado em 1960 marcou a eleição da forma republicana no lugar da monárquica estabelecida pelo *South African Act* britânico em vigor desde 1910, o que aconteceu mediante uma simples revisão de uma lei formalmente ordinária, mas com a saída da *Commonwealth* e a individualização de um Chefe de Estado eleito na República[63].

O tema da legitimação interna tomou novo vigor com o fim da Segunda Guerra Mundial e a divisão do mundo em dois blocos opostos. Com a aprovação das Constituições do chamado bloco oriental, por outro lado, o debate orienta-se mais para a perspectiva substancial: questiona-se se seria suficiente a aprovação de um texto por partes dos órgãos nacionais, para se poder falar de procedimentos "internos". As Constituições da Albânia e da Iugoslávia (1946), Bulgária (1947), Tchecoslováquia e Romênia (1948), Hungria e República Democrática Alemã (DDR, 1949), Polônia (1952) fazem eco, nas suas versões iniciais e frequentemente nas sucessivas, dos marcos do modelo soviético, não já em virtude do prestígio, mas devido a peculiares situações econômicas e políticas nas quais se encontravam os respectivos países em razão da situação internacional (o Pacto de Yalta, entre Roosevelt, Churchill e Stálin). A sujeição também pode ser apreciada de forma dinâmica, já que as adaptações, formais ou informais, seguiram (com a única exceção da Iugoslávia e da Albânia, libertadas da hegemonia

---

[62] Para uma análise histórica, D. ROTHERMUND, *A History of India*, 4ª ed., Routledge, London, 2004, trad. it. *Storia dell'India*, il Mulino, Bologna, 2007; M. TORRI, *Storia dell'India*, Laterza, Roma-Bari, 2008; D. AMIRANTE, *India*, il Mulino, Bologna, 2007; ID., *Origine, struttura e caratteri generali della Costituzione Indiana*, in D. AMIRANTE, C. DECARO, E. PFÖSTL (eds), *La Costituzione dell'Unione indiana*, Giappichelli, Torino, 2013, p. 3 e ss.; ID., *Lo Stato multiculturale. Contributo alla teoria dello Stato dalla prospettiva dell'Unione indiana*, Bup, Bologna, 2015, p. 50 e ss.; ID., *La democrazia dei superlativi*, cit.

[63] Sobre o processo de separação da metrópole, cf. a documentação de H.H. MARSHALL, *From Dependence to Statehood in Commonwealth Africa*, I, *Southern Africa, Selected Documents: World War I to Independence*, Oceana, Dobbs Ferry, 1980; P. BISCARETTI DI RUFFIA, *La Costituzione dell'Unione Sudafricana*, Sansoni, Firenze, 1946; H. JAFFE, *300 Years, a History of South Africa*, 3 vols., New Era Fellowship, Cape Town, 1952; B. LUGAN, *Afrique: L'histoire à l'endroit*, Perrin, Paris, 1989.

soviética e munidas de textos constitucionais autônomos) os acontecimentos do ordenamento *leader*: seja na fase chamada transitória, nos primeiros anos do pós-guerra, seja na fase "stalinista" (até o XX Congresso do Partido Comunista da URSS, em 1956), seja na época subsequente, de parcial "degelo". Testemunha de que as Constituições nasceram "impostas", seguindo este sentido, é, depois da repressão da revolta na Hungria em 1956, a invasão da Tchecoslováquia após doze anos[64]. O criptotipo soviético parece, contudo, novamente aflorar, depois de um quarto de século após a queda do Muro (2014), com a ocupação paramilitar da Crimeia por parte da Rússia, a repentina realização de um plebiscito, a imediata anexação à Federação Russa e a pressão militar, econômica e diplomática sobre os órgãos constitucionais da Ucrânia, inclusive com propostas de desmembramento e divisão do país. Também as Constituições da República Popular da Coreia (1972), da República Socialista do Vietnã (1960, estendida também ao Sul depois da vitória contra os Estados Unidos em 1976) e da República Popular da Mongólia (1960)[65] suscitam sérias dúvidas sobre a genuína legitimação popular interna –pelas influências não só culturais exercidas nas diversas fases respectivamente pela URSS e pela China.

O fenômeno mais gritante de origem externa –mas pouco significativo do ponto de vista do direito constitucional comparado– é, contudo, representado pelas Constituições (melhor: leis ou decretos com natureza substancialmente constitucional) de Estados-fantoche a serviço de potências de ocupação: emblemáticos são os ordenamentos de Vichy, na França, e da República Social Italiana, ambos a serviço do III *Reich* nos anos da Segunda Guerra Mundial[66].

[64] Para a bibliografia sobre o Leste Europeu, vide *supra*, no § 5, nota 48 e no cap. II, seção II, § 8.1, nota 94.
[65] Sobre o Vietnã, M. SIDEL, *The Constitution of Vietnam*, Hart, Oxford, 2009; sobre a Mongólia W.E. BUTLER, *The Mongolian Legal System*, Nijhoff, The Hague-London, 1982.
[66] Sobre a natureza da República Social Italiana, vide M.S. GIANNINI, *La R.S.I. rispetto allo Stato italiano*, in *Riv. it. sc. giur.*, n. 5, 1951, p. 330 e ss. Sobre o ordenamento de Vichy, em abordagem histórica, H. ROUSSO, *Le syndrome de Vichy de 1944 a nos jours*, Seuil, Paris, 1990, trad. it. *La Francia di Vichy*, il Mulino, Bologna, 2010; R.O. PAXTON, *La France de Vichy, 1940-44*, Seuil, Paris, 1973, reimpr. 1999; B. DURAND, J.P. LE

Caído o Muro de Berlim, hoje, do ponto de vista da legitimação popular, a globalização impõe acentuar a cisão entre forma e substância, entre soberania interna e heterodireção, que –destacada por todos para as Constituições do socialismo real– atinge também as Constituições do Ocidente. As Constituições liberal-democráticas também sofrem fortes condicionamentos externos e a soberania popular parece bastante tênue.

6.2. PERSPECTIVAS CONTEMPORÂNEAS: A DINÂMICA DA SOBERANIA INTERNA E EXTERNA

Para classificar de modo significativo as Constituições do mundo globalizado desde a perspectiva da sua legitimação interna ou externa, deve-se dar ênfase à sua natureza popular ou não (e, portanto, ao controle do povo sobre os textos), não só com referência à fase genética, mas também à da sua "manutenção" após revisões constitucionais.

Se, como afirma a maioria, mudar o "núcleo duro" de uma Constituição é exercício de poder constituinte, poder-se-ia falar unitariamente, utilizando argumentações idênticas, de "Constituição imposta" e de "revisão constitucional imposta", cada vez que a revisão toque tal "núcleo duro"[67]. Se o desaparecimento ou a modificação de um elemento determinante para a classificação em si é suficiente para deslocar um objeto de uma classe para outra, então é necessário que se pense conjuntamente em "Constituições impostas" ou "condicionadas", seja quando se refere a registros completos de um texto, seja quando se fala de mudanças limitadas sob o ponto de vista textual, mas profundamente incisivas sob o ponto de vista substancial.

CROM, A. SOMMA (eds), *Le droit sous Vichy*, Klostermann, Frankfurt a.M., 2006. Em geral sobre os governos de fato, M. DUVERGER, *Contribution a l'étude de la légitimité des gouvernements de fait*, in *Rev. dr. publ. sc. pol.*, n. 1, 1945, p. 73 e ss., e para uma tipologia, V. GARCÍA TOMA, *Teoría del Estado y Derecho Constitucional*, cit., p. 799 e ss.

[67] L. PEGORARO, *Constituciones (y reformas constitucionales) "impuestas" o "condicionadas" (para una re-clasificación interdisciplinaria de la categoría)*, in R. ESCUREDO RODRÍGUEZ, J. CANO BUESO (eds), *Crisis económica y modelo social: la sostenibilidad del Estado de bienestar (Actas del Congreso, Aguadulce, Almería, 2, 3 y 4 de Julio de 2012)*, Un. de Almería, Almería, 2013, p. 75 e ss., e em *Pensamiento const.*, n. 18, 2013, p. 331 e ss.

Ademais, se aceito o postulado de que as Constituições mudam também informalmente, a categorização diz respeito inclusive a qualquer alteração substancial das Constituições, com manutenção do texto. Em alguns casos, deve-se combinar a análise estática com a dinâmica e, para qualificar a índole das Constituições em uma certa fase histórica, levar em consideração também as revisões operadas. Em suma, uma coisa é afirmar que uma Constituição *foi* ou *não foi* imposta (ou condicionada), outra é afirmar que assim *é* ou *não é* hoje. Por exemplo: para classificar uma Constituição nascida na denominada Primavera Árabe "como é hoje", do ponto de vista das liberdades concedidas e da forma de Estado, pouco importa (ou importa relativamente) que se trate formalmente de uma nova Constituição ou de uma revisão da Constituição precedente. São importantes, sobretudo, os conteúdos, plasmados na reforma[68]. Ao mesmo tempo, para buscar a sede da soberania (e consequentemente classificar) não basta fazer referência ao núcleo originário do texto, mas deve-se compreender quem decidiu a profunda mudança: o povo? O Soberano? Potências estrangeiras?

A classe das "Constituições impostas" (ou condicionadas) é paradigmática. Tendo em mira apenas a sua origem, as Constituições que são assim classificadas pela doutrina podem ser definidas como tais não só graças a critérios formais, mas também e sobretudo substanciais (o grau de condicionamento do órgão titular da aprovação); após revisões, pode-se verificar uma alteração profunda, seja pela ação de forças internas, seja por obra de elementos externos. No segundo caso, a Constituição desloca-se de uma classe para outra, ou melhor, participa em medida mais ou menos ampla das duas classes diferentes.

A definição do que é imposto e do que não é requer a utilização de outras ciências. Não importa só a forma ou, em verdade, a "externalização" da manifestação da vontade constituinte (ou de reforma); em verdade, paradoxalmente, talvez exatamente este elemento seja o mais falaz. Importa, ao contrário, o grau de coação de tal vontade, que se pode condicionar de diferentes maneiras (as armas, as sanções e a chantagem econômica, a ameaça de desestabilização, etc.).

---

[68] Ver, sobre este ponto, T. ABBIATE, *La partecipazione popolare ai processi costituenti. L'esperienza tunisina*, Ed. Scientifica, Napoli, 2016.

Não há texto constitucional, assim como qualquer revisão da Constituição, ainda que limitada, que seja completamente imune às influências externas. Dissemos que a doutrina jurídica reputa que sejam principalmente duas as causas imediatas da imitação de um modelo: a imposição e o prestígio, e que às vezes estes dois elementos se confundem, dando vida a monstros, a hibridismos onde é difícil perceber onde termina o prestígio e onde começa a imposição[69]. No direito constitucional, onde os contornos da ciência jurídica às vezes desembocam na política e na força, a distinção não resulta suficientemente nítida.

Alguns autores tentaram combinar categorias e classes das Constituições, segundo o "grau de origem", ou melhor, de legitimação interna, a fim de estabelecer graus de seus conteúdos.

Sobre a categoria das "Constituições impostas" ou "heterônomas" –escreve G. Morbidelli– «Quando [...] a Constituição é dada por um ordenamento externo e isso ocorre como resultado de eventos bélicos ou em correlação com a concessão de independência [...], fala-se em Constituições impostas ou heterônomas»[70]. Os casos mais frequentemente citados são os da Constituição japonesa de 1946 e do *Grundgesetz* de 1949, aos quais hoje são acrescidos das Constituições do Iraque e do Afeganistão[71]. Outros exemplos são as Constituições das Repúblicas jacobinas italianas, condicionadas pela Constituição francesa de 1795, as Constituições das denominadas democracias populares depois de 1946, redigidas com base no modelo da Constituição stalinista de 1936, grande parte das ex-colônias e das possessões britânicas, cujas Constituições foram formuladas após os procedimentos adotados em Londres.

[69] Cap. I, § 8.
[70] G. MORBIDELLI, *La costituzione*, in G. MORBIDELLI, L. PEGORARO, A. REPOSO, M. VOLPI, *Diritto pubblico comparato*, 4ª ed., Giappichelli, Torino, 2012, p. 68 e ss.; similarmente, ID., *Costituzioni e costituzionalismo*, cit., p. 157.
[71] C. PINELLI, *State-Building and Constitution Law-Making: The Cases of Kosovo, Iraq and Afghanistan*, in *Dir. pubbl.*, n. 1-2, 2010, p. 299 e ss. Para a "repatriação" da legitimação na Alemanha, v. M. BONINI, *Il potere costituente del popolo tedesco. Riunificazione della Germania e integrazione europea*, Giuffrè, Milano, 2001.

Esta categoria diferencia-se daquela das Constituições "de derivação externa em virtude de acordos internacionais", como a Constituição de Weimar de 1919, obrigada a se adaptar às limitações impostas pelo Tratado de Versalhes, a Constituição do Chipre (redigida com base em um tratado entre Reino Unido, Grécia e Turquia), as da Namíbia, do Camboja, da Bósnia-Herzegovina, e talvez o *Constitutional Framework* de Kosovo[72]. Como ilustram os exemplos citados, atribuem-se a esta classe textos formalmente ditados do exterior, como igualmente textos formulados por órgãos formalmente "nacionais", cujo conteúdo, porém, é profundamente influenciado por Estados ou organismos externos, sejam nacionais, sejam internacionais.

Em geral, impostas são também as Constituições cujo conteúdo aparece externamente como fruto de uma opção livre, ainda que, em verdade, sejam marcadas por conteúdos derivados de exigências militares, econômicas, políticas. As Constituições impostas e as Constituições condicionadas caracterizam-se pelo concurso tanto de elementos formais quanto de elementos materiais. Há a possibilidade de uma Constituição passar de uma classe para outra, quando um Estado mantém seu texto anterior "heterônomo" mesmo quando poderia modificá-lo. Ao contrário, pode haver o processo oposto. Ou seja, que um texto nascido livre seja depois substancialmente modificado devido a pressões externas.

Um recente exemplo emblemático é representado pelas fortes pressões dos Chefes de Estado da Alemanha e da França e da chamada *Troika* (Fundo Monetário Internacional, Banco Europeu, Comissão Europeia: portanto, não de órgãos oficiais da União Europeia legitimados por uma cessão formal de soberania) para fazer inserir nas Constituições de alguns países pertencentes à União Europeia a regra do chamado equilíbrio orçamentário[73].

---

[72] Sobre a Bósnia v. J. WOELK, *La transizione costituzionale della Bosnia Erzegovina*, Cedam, Padova, 2008. Sobre o Kosovo, M. MAZZA, *L'ordinamento costituzionale del Kosovo*, Jovene, Napoli, 2008; R. BERMEJO GARCÍA, C. GUTIÉRREZ ESPADA, *La independencia de Kosovo a la luz del derecho de libre determinación*, Fund. Real Inst. Elcano, Madrid, 2008; F. KORENICA, D. DOLI, *Constitutional Law in Kosovo*, Wolters Kluwer, Alphen aan den Rijn, 2012.

[73] Vide L. PEGORARO, E.D. COSIMO, *La constitucionalización del equilibrio presupuestario. Reflexiones críticas*, in E. ÁLVAREZ CONDE, C. SOUTO

Melhor, então, propor classes graduais, baseadas na análise empírica do passado e do presente, para denunciar as contradições conceituais das categorias "democracias impostas" e "democracias derivadas", diferenciando os fenômenos de exportação do constitucionalismo revolucionário e oitocentista da formação heterodireta na Alemanha (e ainda mais no Japão), das formas "gradualistas" (na União Europeia), até as experiências "orientadas" de Senegal, Camarões, Costa do Marfim e, enfim, das caracterizadas pelas intervenções da comunidade internacional (Namíbia, Bálcãs, Timor Leste)[74].

À margem desta escala encontram-se, de um lado, textos imunes ou quase imunes a influências externas diferentes do prestígio (Estados Unidos, as Constituições da Revolução Francesa, Rússia de 1917, China de 1954, Cuba de 1976), do outro, textos também formalmente desprovidos de alguma legitimação interna (seja essa popular ou autoritária). As Constituições "impostas", portanto, não seriam apenas aquelas definidas como tais, onde também não faltam amplas partes autóctones, ou as Constituições cuja *origem* foi limitada por acordos internacionais (como Weimar), mas também as (ou parte das) nascidas ou revisadas nas suas partes indefectíveis após sanções (pense-se na gênese da Constituição sul-africana) ou de condições prementes colocadas pela comunidade internacional ou pela União Europeia (Leste Europeu, Grécia).

§ 7. Gênese das Constituições

Esclarecidas as diferenças entre procedimentos internos a um Estado e os condicionados pela vontade de órgãos ou potências externas ou de organismos internacionais, entre os procedimentos de formação da Constituição, os consuetudinários distinguem-se de todos os outros. Remetendo o tratamento da Constituição britânica ao § sucessivo, devem-se considerar

---

Galván (eds), *La constitucionalización de la estabilidad presupuestaria*, cit.; G. Grasso, *Il costituzionalismo della crisi. Uno studio sui limiti del potere e sulla sua legittimazione al tempo della globalizzazione*, Ed. Scientifica, Napoli, 2012.

[74] G.G. Floridia, *Il costituzionalismo "a sovranità limitata" tra paradosso e necessità*, in R. Orrù, L. Sciannella (eds), *Limitazioni di sovranità e processi di democratizzazione*, Giappichelli, Torino, 2004, p. 1 e ss.

outras classificações. A primeira refere-se a um critério formal: a distinção é entre Constituições que nascem *ex novo*, sem seguir as regras ditadas pelo ordenamento anterior, e as que as seguem. (Existem também hipóteses intermediárias.) A segunda, ao contrário, baseia-se (mais uma vez) no elemento da legitimação, para distinguir as Constituições surgidas de acordo com cânones considerados democráticos das que são concedidas ou impostas por poderes diferentes do oriundo do povo.

7.1. A ASPIRAÇÃO AO ETERNO: O CRITÉRIO FORMAL E O PRINCÍPIO DE CONTINUIDADE

Um primeiro critério baseia-se na natureza livre do poder constituinte e na intenção das Constituições de imitá-lo para o futuro, prescrevendo regras para o seu exercício[75]: isso acontece quando uma Constituição dita as modalidades da revisão total ou quando os Tribunais retiram da revisão as modificações do chamado núcleo duro da Constituição, sobretudo invocando a intangibilidade e a irrevogabilidade dos direitos e da divisão dos poderes.

Revoluções e guerras, como também muitos processos de independência sangrentos, geram normalmente Constituições que rompem com os contextos jurídicos anteriores[76]: não seguiram as regras previstas pelo regime precedente a Constituição soviética pós-revolucionária (da qual Lênin tinha reivindicado a natureza totalmente nova do elemento "povo", também para evitar compromissos internacionais contraídos pelo Czar), a da

---

[75] Sobre o tema, cf. P. HÄBERLE, *Die verfassungsgebende Gewalt des Volkes im Verfassungsstaat – eine vergleichende Textstufenanalyse*, in *Archiv öff. Rechts*, n. 82 (1), 1987, p. 54 e ss., e E.W. BÖCKENFÖRDE, *Die verfassungsgebende Gewalt des Volkes. Ein Grenzbegriff des Verfassungsrechts*, in ID., *Staat, Verfassung, Demokratie, Studien zur Verfassungstheorie und zum Verfassungsrecht*, cit., 1991, p. 90 e ss.

[76] Segundo G. MORBIDELLI, *Costituzioni e costituzionalismo*, cit., p. 150, não é o caso das Constituições francesas do período revolucionário. (Formalmente, o processo teve início, de fato, em 1789, com a convocação dos Estados Gerais do *Ancien Régime*, constituídos em Assembleia Nacional.) Veja-se F. VENTURI, *Settecento riformatore*, 5 vols., IV, *La caduta dell'Antico Regime (1776-1789)*, Einaudi, Torino, 1984. Para uma relação com a gênese da Constituição dos Estados Unidos, A. AQUARONE, *Due costituenti settecentesche. Note sulla Convenzione di Filadelfia e sull'Assemblea Nazionale francese*, Nistri Lischi, Pisa, 1959.

Iugoslávia de 1945/46, a chinesa de 1912 e de 1949 (Programa Comum), algumas latino-americanas após a liberação bolivariana, a vigente Constituição mexicana de 1917, aprovada depois da Revolução e o regime de Porfírio Diaz sem seguir o procedimento indicado pela antecedente. Como também muitas Constituições africanas e asiáticas, sejam populares, sejam, em sua maioria, autocráticas, produzidas após a descolonização.

Depois do fim do comunismo soviético, também as Constituições da Romênia (1991) e Rússia (1993) foram adotadas com uma ruptura em relação ao ordenamento anterior, tendo sido originadas de eventos revolucionários (a revolta contra o regime de Ceausescu em 1989, com assunção do poder por parte de uma Frente de Liberação Nacional, na Romênia; e, na Rússia, o ataque das forças armadas ao Parlamento, em 1993, já precedido do Decreto n. 1400/1993, para interromper a *Duma* e derrogar a Constituição anterior).

Por outro lado, mesmo quando a forma de Estado anterior muda substancialmente em algum elemento constitutivo, não é nada rara a tendência a fixar a legitimação das mudanças profundas em alguma norma do regime antigo. Assim aconteceu, no que concerne à estrutura territorial, com a Constituição da Filadélfia, que, em 1787, transformou a precedente Confederação nos hodiernos Estados Unidos. Foi aprovada com base no *New Jersey Plan*, seguindo o procedimento de emenda prevista pelos *Articles of Confederation* (ou seja, o pacto que agregava, em uma união de direito internacional, os Estados originários), e não segundo os procedimentos de revisão ilegítimos do *Virginia Plan*. Deste, porém, foi mantida a *supremacy clause*, com base na qual a Constituição é a suprema lei do país e, de fato, a soberania foi a ele delegada e o ordenamento confederal transformou-se em federal[77].

É também o caso da Constituição italiana, elaborada por uma Assembleia extraordinária convocada com base no Decreto

---

[77] Sobre a gênese da Constituição dos Estados Unidos da América: G.S. Wood, *The Creation of the American Republic, 1776–1787*, Norton & Co., New York, 1972; B. Bailyn, *The Ideological Origins of the American Revolution*, enlarged ed., Harvard U.P., Cambridge, 1992; W.P. Adams, *The First American Constitution*, Un. of North Carolina Press, Chapel Hill, 1980; N. Matteucci, *La Rivoluzione americana: una rivoluzione costituzionale*, il Mulino, Bologna, 1987. Vide, também, cap. VIII, nota 38.

Legislativo n. 98/1946, cujo *iter* formal marca uma continuidade jurídica com o anterior Estatuto Albertino, não obstante por este tenha-se passado, sem ruptura, do liberalismo ao fascismo e ao ordenamento provisório durante o período bélico[78]. Como também a da África do Sul, que em 1961 constituiu a própria República com lei sancionada pela Rainha, e a da Espanha, que passou de um ordenamento autocrático a um democrático seguindo as regras ditadas pela VIII Lei Fundamental do Regime outorgada pelo *Caudillo* Francisco Franco em 1976.

Mais recentemente, não obstante a mudança da forma de Estado –de socialista a demo-liberal–, as novas Constituições da Europa Centro-Oriental, com as únicas exceções comentadas, foram aprovadas com observância dos procedimentos de revisão previstos pelos textos precedentes. Em 1999, a Venezuela, derrogando o procedimento ordinário, convocou uma Assembleia Constituinte Extraordinária, autorizada por um referendo, que modificou profundamente o texto anterior e implementou substancialmente nos anos sucessivos, sob a marca do "chavismo", uma forma de Estado não completamente de acordo com os princípios clássicos da democracia liberal[79]. (A Bolívia, pelo contrário, dois anos depois, adotou uma nova Constituição seguindo as regras indicadas, tendo sido considerada ilegítima a convocação de uma Assembleia Constituinte Extraordinária.)

Por sua vez, a China mudou a forma de Estado (introduzindo, em 2004, a economia de mercado, ainda que *sui generis*, e inclusive a *rule of law* em lugar da legalidade socialista), respeitando as regras sobre a revisão constitucional. Isso, porém, é pouco significativo: nos ordenamentos socialistas, a forma agravada para a aprovação das leis de revisão não é obs-

---

[78] U. DE SIERVO (ed.), *Verso la nuova Costituzione*, il Mulino, Bologna, 1980; V. ONIDA (ed.), *L'ordinamento costituzionale italiano dalla caduta del fascismo all'avvento della costituzione repubblicana. Testi e documenti*, Giappichelli, Torino, 1991.

[79] Em perspectiva crítica, vide A.R. BREWER CARÍAS, *Dismantling Democracy in Venezuela: The Chavez Authoritarian Experiment*, Cambridge U.P., New York, 2010 e, sobre o subsequente referendo rejeitado pelo corpo eleitoral, ID., *La reforma constitucional en Venezuela de 2007 y su rechazo por el poder constituyente originario*, in *Rev. per. der. públ.*, n. 15, 2007, p. 13 e ss.

táculo difícil de superar e o Parlamento, que emana do partido, costuma aprovar por unanimidade tanto as leis ordinárias quanto as constitucionais.

7.2. Os processos de formação das Constituições

Fora do caso das Constituições outorgadas e das impostas ou influenciadas pelo exterior, em muitas outras circunstâncias as Constituições surgiram e surgem sem intervenção do povo ou com a sua participação meramente formal (plebiscito). É o que se tem notado em alguns países latino-americanos nos anos 60-80 do século passado, quando as juntas militares tomaram o poder constituinte, suspendendo ou modificando substancialmente as Constituições vigentes ou permitindo a sua vigência apenas na medida em que fossem compatíveis com os objetivos do novo regime: assim aconteceu no Brasil em 1964, no Chile em 1973, no Equador em 1976, no Uruguai em 1984.

Não raramente, os órgãos que assumem o poder com a força sentem a necessidade de legitimar o novo ordenamento através de uma convocação popular. O plebiscito –ainda que seja ato do povo– caracteriza-se por colocar o povo diante de uma decisão já tomada, com escassas ou nenhuma garantia de debate, controle central do procedimento, ausência de possibilidade de recursos e, frequentemente, intimidações e abusos. Os exemplos são numerosos: os plebiscitos com os quais Napoleão Bonaparte, em 1799, estabeleceu os poderes do primeiro cônsul e, em 1802, introduziu o consulado vitalício; o de Napoleão III depois do golpe de estado de 1851; em seguida, os plebiscitos que ratificaram as Constituições portuguesa de 1933, grega de 1968, chilena de 1980, etc. Plebiscitária parece ser também a natureza dos referendos que acompanharam a aprovação das Constituições francesas de 1793, de 1795 e de 1804, mas não as de 1946 (não por acaso precedida de uma "reprovação" referendária), e de 1958 (no texto elaborado pelo Governo)[80].

À forma autocrática da adoção (ou à introdução de um vínculo fictício entre *leadership* e massas populares) às vezes corresponde o conteúdo dos textos assim aprovados, voltados a

---

[80] Sobre os plebiscitos, v. cap. IX, seção I, § 2.

concentrar o poder, a anular ou restringir o papel da oposição, a esvaziar os poderes do Parlamento ou inclusive a suspender as suas funções, a vetar ou limitar os direitos individuais (especialmente de associação, de reunião, de expressão, de greve) como também a atividade dos partidos. Pelas razões explicadas nas páginas dedicadas às Constituições sem constitucionalismo, por outro lado, frequentemente as intenções autocráticas são dissimuladas.

Distintos dos procedimentos autocráticos, seja pela forma, seja pela finalidade buscada, são os mecanismos previstos pelos ordenamentos socialistas para aprovar as próprias Constituições. Trata-se de procedimentos que –diferentemente dos primeiros– conhecem uma presença ativa do povo, quer por meio do partido-guia, quer na fase de consultas à sociedade civil. Nesses, o papel fundamental é desenvolvido pelo aparato do partido, que não só assume a iniciativa, como controla as comissões especiais nomeadas pelo legislativo para a redação do texto e, por assim dizer, pilota as consultas populares que normalmente são posteriores à fase de redação. Formalmente, a decisão é sempre assumida pela Assembleia representativa (na qual, contudo, o partido único ou hegemônico assegura um resultado tido como certo, frequentemente por unanimidade ou com maiorias muito amplas). Assim se desenvolveram, por exemplo, os procedimentos de adoção das Constituições da URSS de 1936 e de 1977 e dos vários países satélites após a Segunda Guerra[81]. Só em raros casos, há um referendo após tais deliberações (DDR 1968, Cuba 1971 e 2019).

Os procedimentos democráticos em sentido estrito são os baseados no princípio da soberania popular.

O poder constituinte manifesta-se estruturalmente, via de regra, em uma Assembleia (ou Convenção) Constituinte, representativa do povo e eleita com base em regras estabelecidas por um ordenamento provisório, por um poder de fato ou, às vezes, pelo mesmo ordenamento anterior. Assim ocorreu com as Constituições dos primeiros 13 Estados americanos, com as francesas de 1848 e de 1875, com muitas das aprovadas depois da Primeira Guerra Mundial até os nossos dias (da Polônia de 1918 à Alemanha de 1949 e a variadas Constituições da Europa

---

[81] P. BISCARETTI DI RUFFIA, *Introduzione al diritto costituzionale comparato*, cit., p. 640 e ss.

Centro-Oriental). Às vezes, na fase constituinte, há várias etapas que dependem de órgãos e atividades diversos, como aconteceu para a aprovação da Constituição portuguesa de 1976, após o golpe de estado do Movimento das Forças Armadas em 1974, com a adoção de um "Programa", seguido de duas "Plataformas" de acordo com os partidos e, finalmente, da atividade da verdadeira Assembleia Constituinte[82]; ou, no caso da Constituição sul-africana de 1996, caracterizada pelo concurso do Fórum Multipartidário, do Parlamento tricameral previsto pelo texto anterior, de 1993, das Assembleias contempladas pelo ordenamento provisório e da Corte Constitucional, chamada a verificar a adesão do texto definitivo aos "princípios" antes estabelecidos provisoriamente[83].

Não é incomum que o poder constituinte seja assumido por órgãos já existentes, mas renovados (e democraticamente legitimados) na sua composição e nas funções: emblemático é o caso da Espanha (1978), onde a função foi desenvolvida pelas *Cortes*.

Em ordenamentos federais, o texto foi por vezes submetido à ratificação dos Estados-membros: isso aconteceu com a Constituição dos Estados Unidos de 1787, que entrou em vigor depois da ratificação do nono Estado entre os que a haviam redigido em Filadélfia, com o *Grundgesetz* de Bonn, promulgado depois da aprovação de 2/3 dos *Länder*, com a Constituição suíça de 1999 (que porém não pode ser considerada uma verdadeira Constituição nova[84]), mas não com as de Canadá, México, Brasil, Argentina, Índia, Austrália, Venezuela. Em ausência de um envolvimento geral dos Estados-membros nos ordenamentos comumente considerados federais, não parece, por

---

[82] Sobre a gênese da Constituição portuguesa, cf. J. MIRANDA, *A Constituição de 1976. Formação, estrutura, princípios fundamentais*, Livraria Petrony, Lisboa, 1978; ID., *A originalidade e as principais características da Constituição Portuguesa*, in L. PEGORARO (ed.), *I trent'anni della Costituzione portoghese. Originalità, ricezioni, circolazione del modello*, Clueb, Bologna, 2006, p. 11 e ss. (com ampla bibliografia adicional); F. LUCAS PIRES, *Teoria da Constituição de 1976. A transição dualista*, Almedina, Coimbra, 1988.

[83] Vide bibliografia *sub* § 9, nota 100.

[84] Ver A. REPOSO (ed.), *La revisione della Costituzione federale svizzera*, Giappichelli, Torino, 2000.

conseguinte, necessário definir uma classe de procedimentos federativos[85].

Bastante difundida nos ordenamentos compostos e nos unitários é a ratificação referendária do texto elaborado pelo poder constituinte, seja esse originado de forma extrajurídica, seja no caso de sua legitimação decorrer do ordenamento anterior (como a Constituição espanhola de 1978 ou a venezuelana de 1999). Consultas populares livres ocorreram na Suíça, em 1848 e em 1999, na Irlanda (1937), na Dinamarca (1953), na Turquia (1961), na Romênia (1991) e em outros países. Em alguns casos, o caráter genuinamente "democrático" e não plebiscitário do procedimento de consultas foi atestado exatamente pela rejeição da proposta, como na França em 1946 e no Uruguai em 1980. (Contra qualquer expectativa, sendo organizado por militares, houve neste último país a reprovação de uma proposta de Constituição. Aprovou-se, porém, o referendo de 1989.) Dignas de nota são, enfim, as teses propostas pelo *nuevo constitucionalismo* latino-americano em relação à conexão permanente com o povo e a sua participação também nos processos constituintes e de revisão constitucional (Constituições da Venezuela, do Equador, da Bolívia)[86].

Um caso que às vezes ocorre é o emblematicamente representado pela Constituição italiana, cujo conteúdo foi apenas parcialmente submetido à eleição do povo a favor da forma republicana, com o referendo de 2 de junho de 1946, mas cujo texto definitivo não foi alvo de votação popular. Limites prévios ao poder constituinte, no que concerne à forma institucional, encontram-se também nos procedimentos constituintes da Noruega (1905) e Grécia (por último, a Constituição de 1975), além do Irã (1979)[87]. Às vezes a redação do texto constitucional é precedida de referendos relativos à independência de um país ou separação de uma parte (países bálticos, ex-Iugoslávia, Geórgia, Sudão e, agora, Crimeia), mas isso não diz respeito ao procedimento constituinte em sentido estrito, mas, sim, à deli-

---

[85] Veja-se, porém, sobre os "procedimentos federativos", G. DE VERGOTTINI, *Diritto costituzionale comparato*, I, cit., p. 239 e esp. p. 242 e ss.

[86] Ver notas *sub* cap. II, seção II, § 4; cap. III, § 3; cap. IX, seção I, § 1.

[87] Para a configuração teórica do tema, vide cap. X, seção II, § 1, nota 160.

mitação territorial do Estado para o qual será posteriormente elaborada uma Constituição.

§ 8. *A ESTRUTURA DAS CONSTITUIÇÕES: CONSUETUDINÁRIAS/ESCRITAS; UNITEXTUAIS/PLURITEXTUAIS*

No moderno panorama mundial, as Constituições são escritas. Há quase uma equação entre "Constituição" e "Constituição escrita". Porém, não faltam no passado exemplos contrários, como a Constituição do Império Germânico, que baseava especialmente no direito consuetudinário a disciplina das relações entre o Império e os Estados. Sobretudo, contudo, quando se faz referência ao sentido substancial de Constituição, o exemplo que vem sempre à mente é o da Constituição britânica. Em geral, costuma ser definida como "consuetudinária", mesmo inserindo-se em um contexto de um sistema jurídico não consuetudinário, mas, sim, com base predominantemente jurisprudencial[88].

Com a expressão "Constituição consuetudinária", alude-se não já a um documento formal e solene, colocado no ápice das fontes normativas, mas ao conjunto de costumes, convenções, Declarações, leis ordinárias de especial relevância sobre a organização e distribuição dos poderes públicos e sobre os direitos de cidadãos.

No Reino Unido, recordamos entre os textos históricos documentais: a *Magna Charta libertatum*, concedida em 1215 pelo Rei João sem Terra aos seus barões, seguida, entre outras, pela *Confirmatio Chartarum* e o *Statutum de Tallagio non Concedendo* de Eduardo I (1297); a *Petition of Rights* (1628); os dois *Acts of Supremacy* (1534 e 1559); o *Habeas Corpus Act* (1679); o *Bill of Rights* (1689); o *Act of Settlement* (1701; com este, entre outras coisas, estabeleceu-se a independência da magistratura), modificado pelo *Abdication Act* (1936); o *Union Act* de 1707, que unifica o Reino e os Parlamentos da Escócia e da Inglaterra. Cerca de dois séculos depois, para configurar a nova

---

[88] Sobre o último ponto *infra*, cap. V, seção II, § 5.4; para a imensa literatura sobre a Constituição consuetudinária inglesa, além de todos os outros textos citados *passim*, D.C.M. YARDLEY, *Introduction to British Constitutional Law*, 7ª ed., Butterworths, London, 1990.

A CONSTITUIÇÃO 235

ordem constitucional, contribuíram os *Parliament Acts* (1911 e 1949) e o *Representation of the People Act* (1867), que deram estrutura definitiva à relação entre eleitores e eleitos e, depois, para as relações com o Império, o *Statute of Westminster* de 1931. Em uma terceira fase, no final do milênio passado, o *Human Rights Acts* de 1998, que configurou a nova estrutura de relações entre Reino Unido e Europa, mas, sobretudo, entre legislador e Tribunais; os *Devolution Acts* (em particular o *Scotland Act* de 1998, modificado pela última vez em 2016, que instituiu o Parlamento escocês, demolindo, em parte, os mitos da unidade do Reino e da absoluta supremacia do Parlamento de Westminster); o *House of Lords Act* de 1999, que previu, definitivamente, a marginalização da segunda Câmara, abolindo os *Lords* hereditários; a reforma da justiça (*Constitutional Reform Act 2005*), que por sua vez mitiga a concentração dos poderes (ainda que só formal), dividindo o Judiciário do Legislativo e do Executivo.

Tais documentos revelam-se, contudo, insuficientes para disciplinar completamente a complexa área do chamado *government*, ou seja, as relações entre os órgãos constitucionais titulares da função de direção política. Os documentos que compõem a Constituição britânica são, portanto, integrados por regras convencionais: a título exemplificativo, considerem a designação do Primeiro-Ministro britânico por parte do Rei ou da Rainha que, em abstrato, são livres para proceder à escolha, mas que, em realidade, devem designar, por obrigação constitucional, o *leader* do partido que obtém a maioria na Câmara dos Comuns. Igualmente, é de origem convencional o vínculo que impõe ao Rei ou à Rainha nomear membros do Governo as personalidades indicadas pelo Primeiro-Ministro. Como também, ainda, toda uma série de *prerogative powers* historicamente atribuídos à Coroa são por convenção exercidos pelo Rei ou pela Rainha de acordo com as diretivas do Gabinete. Lembre-se, outrossim, a regra convencional que, desde 1700, impede o Soberano de negar a sanção régia às leis aprovadas pelo Parlamento. O funcionamento do Parlamento, pois, além das *standing orders*, é disciplinado por regras de comportamento e outras fontes não escritas[89].

---

[89] G. MARSHALL, *Constitutional Conventions: The Rules and Forms of Political Accountability*, 2ª ed., Clarendon, Oxford, 1986, e a bibliografia

Em um nível intermediário entre as Constituições chamadas consuetudinárias e as escritas, há uma subespécie desta segunda categoria –as chamadas Constituições pluritextuais– que compartilha com a majoritária a forma (exatamente a escrita), mas não a substância. A fragmentação do texto em vários atos, de fato, elimina, ao menos em parte, o elemento espiritual, de coesão, simbólico, prospectivo que foi pesquisado e atuado pelos *framers* americanos e pelos constituintes franceses, para encarnar em um documento solene a ideia e os programas da nova soberania e para fazer da Constituição uma garantia dos direitos, um pacto entre homens livres (ou mais tarde entre forças sociais diferentes), uma regra definitiva sobre a limitação do poder.

À exceção de alguns exemplos históricos (III República Francesa, cujos três textos de 1875 diziam respeito aos poderes públicos, e Finlândia, onde de 1919 a 1999 estiveram em vigor duas leis orgânicas fundamentais dedicadas ao Parlamento e à forma de governo), os casos mais significativos são representados por Israel, pelo Canadá e pela Nova Zelândia. Portanto, três ordenamentos no passado submetidos à administração britânica, o que explica a estratificação, no curso do tempo, de leis de natureza constitucional que atualmente os compõem. (Contudo, lembrem-se, também, dos exemplos da República Tcheca e da Lituânia. Também a Áustria contempla mais textos de igual valor[90].)

Em Israel, a Declaração de Independência de 15 de maio de 1948 previa a eleição de uma Assembleia Constituinte, chamada a redigir uma Constituição escrita; de repente, porém, a mesma Assembleia, quase testemunhando o abandono do projeto, mudou o próprio nome para "Primeira *Knesset*". A ausência de uma Constituição verdadeira é devida à evidente dificuldade de «chegar a um acordo sobre os conteúdos da Constituição, principalmente devido à ruptura existente entre

---

citada *sub* cap. V, seção II, § 3. Sobre a circulação das *conventions* na área do Império britânico, cf. a pormenorizada bibliografia citada por P. BISCARETTI DI RUFFIA, *Introduzione al diritto costituzionale comparato*, cit., p. 205, nota 31.

[90] Sobre a Constituição austríaca como Constituição pluritextual, vide, por exemplo, L.K. ADAMOVICH, B.C. FUNK, G. HOLZINGER, *Österreichisches Verfassungsrecht*, I, Springer, Wien-New York, 2009.

os componentes religioso e laico da sociedade israelense»[91]. As primeiras temiam, de fato, as consequências de uma codificação dos valores sionistas e de uma Carta dos direitos, que lhes teria diminuído o poder de negociação. De 1958 a 2018, foram, porém, aprovadas 14 Leis Fundamentais, sobre todas as matérias que constituem normalmente o *corpus* de uma Constituição (desde *Knesset* ao orçamento e à defesa das liberdades pessoais). Algumas dessas contêm cláusulas de reforço e encontram-se, pois, em uma posição de nível superior em relação às leis ordinárias; a jurisprudência procedeu à declaração de nulidade de muitas leis conflitantes com uma Lei Fundamental (especialmente as sobre as liberdades)[92].

No Canadá, o art. 52.2 do *Canada Act, 1982*, especifica que a Constituição compreende um certo número de leis constitucionais, pontualmente elencadas: aparecem o *British North America Act* de 1867, as modificações e acréscimos, alguns decretos e leis ordinárias constitucionalizadas como consequência do próprio *Canada Act, 1982*. Este tem uma relevância preponderante por duas razões: obra da chamada *patriation* do *amending power* (ou seja, contém um procedimento de revisão finalmente desvinculado da autorização de Londres)[93], e mune o Canadá da Carta de Direitos e Liberdades, amplamente utilizada pelos Tribunais para realizar a *judicial review* das leis. O elenco das leis constitucionais indicadas no *Act* de 1982 não deve ser considerado exaustivo[94].

---

[91] A última Lei Fundamental: "Israel as the Nation State of the Jewish People", foi aprovada em julho de 2018. (Veja-se S. BALDIN, *Lo Stato nazione del popolo ebraico. Considerazioni sulla forma dello Stato israeliano alla luce della Legge fondamentale del 2018*, in *Rev. gen. der. públ. comp.*, n. 24, 2018.) Sobre o papel das Leis Fundamentais v. A.M. RABELLO, *Costituzione e fonti del diritto*, in A.M. RABELLO, E. OTTOLENGHI, T. GROPPI (eds), *Il sistema costituzionale dello Stato di Israele*, Giappichelli, Torino, 2006, p. 22 e ss.

[92] Sobre os precedentes e a fase instituiva do Estado de Israel, cf. E. RACKMAN, *Israel's Emerging Constitution (1948-51)*, Columbia U.P., New York, 1955, e os capítulos iniciais de: H.E. BAKER, *The Legal System of Israel*, nova ed., Israel U.P., Tel Aviv, 1968; A. BIN-NUN, *The Law of the State of Israel*, Mass, Jerusalem, 1990.

[93] *Supra*, § 6.1.

[94] J. FRÉMONT, *Le fonti del diritto costituzionale canadese*, in J. FRÉMONT ET AL., *L'ordinamento costituzionale del Canada*, Giappichelli, Torino,

Enfim, a Constituição da Nova Zelândia é composta pelo Tratado de Waitangi de 1840 (e posteriores modificações), que disciplinou as relações com os Maoris, conferiu-lhes os direitos de súditos do Reino e instituiu o *framework* institucional do país; pelas leis parlamentares mais importantes em matéria de governo; pelas *orders in Council, letters patent*, convenções e jurisprudência de relevância constitucional[95].

§ 9. AS CONSTITUIÇÕES NO TEMPO: PROVISÓRIAS/ESTÁVEIS

Ainda que, alimentado no século XVIII na Europa sobretudo por Condorcet e, na América, por Jefferson e Paine, tenha estado vivo o debate sobre o (às vezes denegado) direito de uma geração vincular as seguintes, "dos mortos de vincular os vivos", cada Constituição –salvo as transitórias– nasce com a ideia de dever durar muito também no futuro e de dever adaptar-se, por consequência, «às várias crises das experiências humanas». Por esta razão –enunciada pelo *Chief Justice* Marshall em *McCulloch vs Maryland* de 1819– as palavras usadas são frequentemente «flexíveis, logo, vagas e abrangentes». E quanto mais são assim, mais se acresce ao poder dos intérpretes, sejam eles o legislador ou os juízes. É suficiente lembrar que, no caso da Constituição americana, «pretendeu-se que o código fosse vago, indeterminado, genérico e elástico, porque, como Madison chegou a dizer no seu discurso de 26 de junho [1787], "ao se conceber um sistema que se quer que dure ao longo dos séculos, não se deve perder de vista as mutações que os séculos causarão"»[96]. Não diferentemente, as Constituições longas e detalhadas possuem aspiração de durar no tempo,

---

1997, p. 19 e ss. O texto de referência para o estudo das fontes canadenses é o capítulo do manual de P.W. HOGG, *Constitutional Law of Canada*, 5ª ed., Thomson Carswell, Ontario, 2007.

[95] Sobre a Nova Zelândia, O.P. CRAWFORD, *The Constitution of Independence*, Oxford U.P., Oxford, 2005; J.K. SCOTT, *The New Zealand Constitution*, Clarendon, Oxford, 1962; C. MORRIS, J. BOSTON, P. BUTLER (eds), *Reconstituting the Constitution*, Springer, New York, 2011.

[96] G. SACERDOTI MARIANI, *Il "verbo" della Costituzione*, in G. SACERDOTI MARIANI, A. REPOSO, M. PATRONO, *Guida alla Costituzione degli Stati Uniti d'America. Duecento anni di storia, lingua, diritto*, 2ª ed., Sansoni, Firenze, 1991, p. 33.

acompanhadas de cláusulas de revisão que permitem a sua adequação de modo formal (e não mediante atuação da jurisprudência).

A aspiração de eternidade dos vários constituintes –confirmada pela frequente adoção de *cláusulas pétreas* (ou *eternity clauses*)[97]– não significa que ela aconteça frequentemente. O caso da Constituição dos Estados Unidos permanece excepcional, ainda que também outros textos –como os de algumas monarquias constitucionais/parlamentares europeias– tenham demonstrado uma longevidade incomum na sua estrutura formal. Em sua maioria, as mudanças históricas incitam mutações constitucionais, pelas mais variadas razões: revoluções, guerras ou golpes de estado, radicais mudanças na base social, crises econômicas ou simplesmente constatações de ingovernabilidade ou de novas visões políticas oriundas de novas amplas maiorias fazem com que, frequentemente, o texto antigo seja abandonado em favor de um novo. Isso, contudo, diz respeito ao "depois". Na fase constituinte, as Constituições não põem limites temporais à própria duração, entregando a eventos extrajurídicos a possibilidade de decretar o seu fim (mesmo que algumas prevejam a revisão total).

Uma exceção é representada pelas Constituições provisórias ou transitórias. Fala-se de "Constituições provisórias" para indicar textos constitucionais que, mesmo plenamente vigentes, são destinados a serem substituídos em curto prazo por novas Cartas constitucionais com conteúdo mais aprofundado e completo ou por resultado de um processo constituinte que necessite de condições substanciais ou procedimentais não existentes à época[98]. São inúmeros os exemplos, porque nas fases constituintes, geralmente agitadas, surge com frequência a exigência de dar uma ordem provisória ao país, remetendo a tempos mais maduros a elaboração de textos mais meditados e mediatos e, portanto, teoricamente mais estáveis e duradouros.

[97] Ou seja, cláusulas de intangibilidade: *infra*, cap. X, seção II, § 4.

[98] S. BAGNI, verbete *Costituzione provvisoria*, in L. PEGORARO (ed.), *Glossario di diritto pubblico comparato*, cit., p. 70 e ss. Somente nominalmente diferente do de Constituição transitória ou provisória é o conceito de "pequena Constituição", utilizado no léxico do constitucionalismo polaco para se referir aos textos de 1919, 1947 e 1992, destinados a antecipar um documento mais estruturado e definitivo.

À exceção do caso italiano[99] e do austríaco entre 1918 e a Constituição de 1920 (famosa pela introdução do controle concentrado de constitucionalidade), são citados os casos da República Democrática do Congo (2003-2006), da Tailândia (2006-2007), do Kosovo (2001-2008). Outros ordenamentos muniram-se em tempos não distantes de textos provisórios, como a Polônia pós-comunista, a Lituânia com a Lei Fundamental de 1990 e a Albânia (onde desde 1991 foram adotadas várias Leis Fundamentais e, em especial, um projeto de Constituição aprovado apenas parcialmente na parte referente aos órgãos do Estado). Como era explicado no preâmbulo, depois da derrota de 1945, a Alemanha escolheu a expressão *Grundgesetz* (*GG*, Lei Fundamental) no lugar de *Verfassung* (Constituição) para destacar a temporariedade, à espera da reunificação.

O caso recente mais conhecido é o do *Constitution Act* da África do Sul (1993), substituído depois pelo atualmente em vigor desde 1997. Caracterizou-se pela aprovação, ao final de um complexo procedimento, de um texto no qual se previam, além das regras substanciais, um documento de 34 *Constitutional Principles* (em sua maioria imitando as estruturas das Constituições de democracia clássica), destinados a vincular a Assembleia Constitucional chamada a votar o texto definitivo, submetido ao crivo da Corte Constitucional instituída na mesma ocasião[100].

[99] O Decreto n. 151/1944, que estabelecia os procedimentos para dar ao país devastado guerra em curso uma nova estrutura constitucional, não foi entendido como Constituição provisória.

[100] Veja L. MARASINGHE, *Constitutional Reform in South Africa*, in *Int. Comp. L.Q.*, n. 42 (4), 1993, p. 827; A. RINELLA, *Il* Constitution of the Republic of the South Africa Act 1993*: una costituzione* in itinere, in *Quad. cost.*, n. 1, 1995, p. 147 e ss.; D. VAN WYK, J. DUGARD, B. DE VILLIERS, D. DAVIS (eds), *Rights and Constitutionalism: The New South African Legal Order*, Clarendon, Oxford, 1996; L. PEGORARO, A. RINELLA, *La nuova Costituzione della Repubblica del Sudafrica (1996-1997)*, in *Riv. trim. dir. pubbl.*, n. 2, 1998, p. 517 e ss.; R. ORRÙ, *La Costituzione di tutti. Il Sudafrica dalla segregazione razziale alla democrazia della "rainbow nation"*, Giappichelli, Torino, 1998, p. 65 e ss.; V. FEDERICO, C. FUSARO (eds), *Constitutionalism and Democratic Transitions: Lessons from South Africa*, Firenze U.P., Firenze, 2006; H. KLUG, *The Constitution of South Africa: A Contextual Analysis*, Hart, Oxford, 2010.

§ 10. SOCIEDADES HOMOGÊNEAS E SOCIEDADES DIVIDIDAS: FLEXIBILIDADE/RIGIDEZ CONSTITUCIONAL E A VARIANTE FEDERAL

A distinção entre Constituições rígidas e flexíveis é baseada principalmente no significado "documental" de Constituição. Neste sentido, rígida é a Constituição que prevê para a sua revisão um procedimento mais complexo do que aquele utilizado para as leis ordinárias. Flexível, ao contrário, é a Constituição (ou "Carta", ou "Estatuto") que pode ser modificada com as mesmas modalidades da lei. Com o significado acima referido, hoje quase todas as Constituições são rígidas: fazem exceção a britânica e a neozelandesa (e poucas outras, como a do Principado de Mônaco). Inclusive em Israel, a Suprema Corte estabeleceu o caráter superior de algumas Leis Fundamentais. No passado, foram flexíveis a Constituição francesa de 1799 (Consulado), as de 1814 (Restauração) e de 1830 (Luís Felipe), a Constituição espanhola de Baiona (1808), o Estatuto Albertino de 1848[101].

A rigidez do texto através de cláusulas específicas representou a exigência de compor interesses conflitantes, não sujeitos à regra usual da maioria simples do Parlamento. A flexibilidade, contrariamente, demonstra a indiferença de um poder, representado monoliticamente no Parlamento, por utilizar procedimentos distintos da lei ordinária para deliberar sobre questões políticas. Isso explica por qual razão as Constituições rígidas estabeleceram-se em dois casos: para proteger, nos ordenamentos federais, os Estados-membros de plausíveis interferências do centro, conforme feito em 1787 com a Constituição dos Estados Unidos (eis, portanto, o porquê de o procedimento prever a participação dos Estados); e para consagrar a chegada ao poder de novas classes sociais que, retirando da burguesia o monopólio da representação, pretendiam, assim, a proteção contra eventuais golpes de maiorias simples em um Parlamento não mais formado por apenas uma classe social[102]. A Constituição pactuada deve, necessariamente, ser rígida, já que estabelece as regras do jogo, e estas não podem ser altera-

---

[101] Sobre Constituições rígidas e flexíveis (tema ligado à revisão constitucional), cf. a bibliografia *sub* cap. X, seção II.

[102] *Supra*, cap. II, seção II, § 3.2.

das pelas maiorias eleitorais. Por outro lado, é verdade que, mesmo em ausência das condições acima indicadas (exigência de um pacto entre centro e periferia ou entre classes sociais), em alguns casos, o anseio de consagrar a imutabilidade dos princípios induziu os constituintes a enrijecer textos que se presumiam fossem ditados pela razão e, portanto, retirados de qualquer possibilidade de alterações de ocasião (Constituições revolucionárias francesas de 1791, 1793, 1795). De igual modo, deve-se lembrar que uma Constituição por muitos considerada flexível, como o Estatuto Albertino, definia-se como irrevogável, como se depreende da apresentação da promulgação: «Em razão da Nossa ciência certa, autoridade Régia, contando com o parecer do Nosso Conselho, encomendamos e ordenamos a título de Estatuto e de Lei Fundamental, perpétua e irrevogável da Monarquia, o seguinte [...]».

Existe, porém, um outro sentido de rigidez, proposto por J. Bryce: ao analisar as Constituições romana e britânica, ele conecta a rigidez à exigência de preservar o núcleo estratificado de regras e princípios, compartilhado, vivido e inclusive venerado pelas comunidades, suscetível a passar por lentas mudanças, mas não a subversões repentinas. Por tal razão, paradoxalmente, as Constituições mais rígidas não seriam as escritas e reforçadas por cláusulas específicas que impedem as maiorias parlamentares de realizar mudanças ao seu arbítrio, mas exatamente as que, em teoria, são por definição flexíveis, ou seja, as Constituições consuetudinárias. A referência a uma concepção substancialista de "Constituição" produz uma consequência adicional: rígidas, ou melhor, imutáveis, seriam também as Constituições que não preveem regras sobre a revisão, uma vez que em tais casos o poder constituinte as teria configurado como eternas[103]. Neste sentido, A. Pace observa que os Dez Mandamentos deveriam, assim ser considerados flexíveis, já que falta um décimo primeiro dedicado à revisão[104].

---

[103] J. Bryce, *Flexible and Rigid Constitutions*, cit. Críticas en R. Guastini, "Positivismo giuridico e interpretazione costituzionale", parte II, cap. XIII, de Id., *Discutendo*, Pons, Madrid-Barcelona-Buenos Aires-São Paulo, 2017, p. 339 ss.

[104] A. Pace, *La causa della rigidità costituzionale*, 2ª ed., Cedam, Padova, 1996.

Ainda que o sentido de Constituição rígida hoje predominantemente acolhido faça referência à Constituição documental, e não à substancial, deve-se, por outro lado, advertir que as modalidades contribuem para graduar a rigidez, assim como também outros elementos auxiliam: a forma de Estado à qual se refere a Constituição, o seu tamanho, o estilo, etc.

Em particular, as Constituições socialistas são sempre rígidas, mas, devido ao controle que o partido único ou hegemônico exerce sobre as Assembleias, de fato as maiorias necessárias para aprovar uma lei ordinária ou uma lei de revisão (para qual se exigem sempre pelo menos 2/3 dos membros) coincidem. Logo, quando a Constituição não é mais um documento que incorpora alguns princípios cardeais, mas regras minuciosas e detalhadas, as exigências concretas de atualização e de adaptação tornam inelutáveis mudanças frequentes. Por isso, insinua-se no ordenamento uma "mentalidade" propensa a considerar que as alterações constitucionais sejam coisas de todos os dias e o criptotipo favorece a aceitação da ideia de que a Constituição é (quase) uma lei como todas as outras. É o caso da Suíça ou do México, cuja Constituição –como foi calculado– foi revisada, em média, a cada seis meses.

Outros aspectos mais detalhados sobre a rigidez e a sua proteção serão tratados *infra*[105].

§ 11. Uma segunda recaída da complexidade social: o conteúdo das Constituições (analíticas/sintéticas; integração)

Em sentido técnico, a diferença entre uma Constituição sintética e uma analítica encontra-se não tanto no número de artigos, mas na "quantidade" e "qualidade" da matéria constitucional disciplinada.

A distinção liga-se principalmente a dois fatores: a concessão dos direitos como pressupostos, para os quais a relação entre poder e sociedade que eles desenham deve estar fora dos textos constitucionais; e a transformação das Constituições, de documento de um corpo representativo de uma classe a textos que estabelecem um acordo entre várias classes sociais. Por estes motivos, as Constituições sintéticas disciplinam as com-

---

[105] Cap. § X, seção II.

petências e as relações entre os órgãos constitucionais (ex.: entre Rei e Parlamento nas Constituições liberais oitocentistas) e as primeiras liberdades fundamentais. As analíticas, refletindo a evolução da sociedade, incluem também outras formas de tutela (das minorias, das autonomias) e a disciplina dos direitos (dos sociais aos de terceira geração) e, ademais, quase sempre, o governo da economia, a organização burocrática e judiciária, etc.

O tamanho de uma Constituição, em sentido comum (de quantas palavras ou artigos é composta), depende, por outro lado, de outras causas: uma cultural, o estilo da legislação; uma política, ou seja, o grau de consenso entre as forças que moldam o documento; uma técnica, isto é, a decisão de remeter parte da disciplina materialmente constitucional a fontes complementares (leis orgânicas ou ordinárias, jurisprudência).

As Constituições sintéticas são um produto da primeira fase do constitucionalismo democrático e liberal. Tanto as do ciclo revolucionário quanto as do ciclo napoleônico, da Restauração, liberal, propunham-se a missão de desenhar as relações entre o Rei e o Parlamento, codificando a sua evolução. Uma sociedade homogênea não sentia necessidade de disciplinar também as relações entre ela mesma e o Estado, dado que o encarnava nas instituições representativas (o Parlamento). Por isso, frequentemente a característica da forma sintética acompanha-se da forma flexível. Exemplos, entre os últimos, de Constituições sintéticas, são representados pelo Estatuto Albertino de 1848 e das Leis Constitucionais Francesas de 1875; sintéticas no sentido indicado é também a Constituição de Cádiz de 1812, mesmo composta de 384 artigos, dedicados quase exclusivamente às *Cortes*, à Coroa, à administração judiciária, ao território[106]. Mantêm, às vezes, características

---

[106] O texto encontra-se, por exemplo, em J.M. VERA SANTOS, *Las Constituciones de España*, Thomson-Civitas-Aranzadi, Cizur Menor, 2008, p. 107 e ss.; entre os livros mais recentes, dentre muitos, J.A. ESCUDERO (ed.), *Cortes y Constitución de Cadiz*. 200 años, Espasa, Madrid, 2011; B. PÉREZ GALDÓS, *Las Cortes de Cádiz y la Constitución de 1812*, Alianza, Madrid, 2012; AA.VV., *La Constitución gaditana de 1812 y sus repercusiones en América*, Un. de Cádiz, Cádiz, 2012; F. TOMÁS Y VALIENTE, *Génesis de la Constitución de 1812. De muchas leyes fundamentales a una sola Constitución*, Urgoiti, Pamplona, 2011; L. LÓPEZ GUERRA (ed.), *La Constitución de 1812: Edición conmemorativa del segundo centenario*, Tecnos, Madrid, 2012; F.

sintéticas algumas Constituições das monarquias europeias (Noruega, 1814; Liechtenstein, 1921), como também a austríaca de 1920, ainda vigente, mesmo frequentemente emendada (especialmente em 1933, quando o texto voltou a vigorar após o fim da Segunda Guerra Mundial), ao passo que outras, com o tempo, foram enriquecidas por catálogos de direitos mais ou menos extensos.

No momento em que as classes distintas da burguesia expressam a exigência de estabelecer em um pacto constitucional os direitos sociais e de assegurar um governo da economia não vinculado à regra do *laissez-faire*, as Constituições ampliam-se, não só com a inserção de um catálogo dos direitos sociais ao lado dos direitos civis herdados da Revolução, mas também com uma extensa disciplina do papel do Estado nos processos econômicos e da administração pública. O ano de 1848, com os movimentos que tomaram todo o continente, como a publicação do *Manifesto do Partido Comunista* e a criação, poucos anos depois, da Comuna de Paris, representa, na Europa, uma espécie de divisor de águas, ainda que os efeitos tenham sido sentidos somente mais tarde, depois do fim da Primeira Guerra Mundial. Desde aquele momento (México, 1917; Weimar, 1919), a tendência de todas as Constituições é de involucrar também as relações Estado/sociedade (forma de Estado) e não só a forma de governo.

Das Constituições federais, algumas nascem e permanecem sintéticas, como as dos Estados Unidos, da Austrália (1900) ou da Áustria (1920); outras –de épocas posteriores–, além da forma de governo e do tipo de Estado (as relações centro/periferia), incorporam também a forma de Estado (Alemanha, Índia).

A dicotomia analítica/sintética pode ser aplicada, com as devidas precauções, também às Constituições que compõem classes radicalmente diferentes, como as do socialismo real, as teocráticas e as do *nuevo constitucionalismo* latino-americano. Entre as primeiras, lembremo-nos que só em 1936 Stálin

---

FERNÁNDEZ SEGADO, *Las Constituciones históricas españolas*, cit., p. 65 e ss. Em italiano, a Constituição de Cádiz é publicada na coleção "il Monitore Costituzionale" (coordenada por A. TORRE), Liberilibri, Macerata, 2009, com ensaio introdutório de J.J. RUIZ RUIZ, *Manuale repubblicano per una nazione monarchica*.

introduziu na Constituição da União Soviética um catálogo de direitos e de deveres; assim fizeram também as Constituições dos Estados do ex-Pacto de Varsóvia, especialmente nos textos aprovados depois de 1970[107]. A vigente Constituição de Cuba de 2019, além de outras partes dedicadas à relação entre Estado e sociedade, contém também um capítulo I, título V, intitulado "derechos, deberes y garantías"[108]. Das segundas, a Constituição iraniana contém, no título III, um extenso catálogo de direitos civis, de estilo ocidental, ao passo que o título IV regula as relações socioeconômicas. São, ademais, disciplinadas no início do texto as complexas questões atinentes às relações entre religião, Estado e sociedade[109]. Também as Constituições do *nuevo constitucionalismo* são enriquecidas, à margem das partes dedicadas à forma de governo, de disposições sobre direitos derivados das relações entre indivíduo, Estado, grupos, sociedade e natureza[110].

A extensão do documento, como dito, é outra coisa: à configuração particular do texto –influenciada principalmente pelas exigências do período histórico no qual foi redigido e pelo pertencimento a uma ou a outra família jurídica– correspondem estilos diferentes de redação.

A distinção entre as Constituições dos ordenamentos de *common law* e de *civil law* (que reverbera efeitos importantes também depois da descolonização, qualquer que seja a forma de Estado escolhida pelos vários ordenamentos do mundo) faz aflorar um aspecto que merece ser lembrado, vinculado à relação mantida com as outras fontes do direito e que incide sobre a forma e o tamanho do texto: a prevalência do direito jurisprudencial, sempre assumida e não raramente re-

---

[107] Cf. P. Biscaretti di Ruffia, *Introduzione al diritto costituzionale comparato*, cit., p. 665 e ss.

[108] Sobre a anterior Constituição cubana, v. L. Pérez Hernández, M. Prieto Valdés, *Temas de Derecho Constitucional Cubano*, Varela, La Habana, 2004; H. Marcial Azcuy, *Análisis de la Constitución Cubana*, Ruth-Inst. Cubano de Inv. Cultural J. Marinello, Panamá-La Habana, 2010; sobre a nova Constituição, a seção monografica de *Dpce on-line*, n. 1, 2020.

[109] Ver, pelo menos (em perspectiva crítica) A. Gheissari, V. Nasr, *Democracy in Iran: History and the Quest for Liberty*, Oxford U.P., Oxford-New York, 2006.

[110] *Supra*, bibliografia *sub* cap. II, seção II, § 4; cap. III, seção I, § 3; cap. V, seção II, § 2.

conhecida explicitamente, influencia nos primeiros a mesma técnica redacional da Constituição (como também de outros *statutes*), compilada de forma que os seus enunciados imponham-se sem incertezas sobre o direito casuístico. Isto é ainda mais evidente em algumas Constituições federais, condicionadas pela exigência de definir com precisão as respectivas competências do centro e da periferia. Um bom exemplo é a Constituição dos Estados Unidos, bastante detalhada ao delinear a estrutura e os poderes dos órgãos, como demonstra a disciplina dos impedimentos presidenciais, ao qual se refere a Emenda XXV. Deve-se dizer, porém, que a sobriedade dos *framers* constitucionais anglo-saxões prevalece normalmente sobre a exigência de elencar os casos a serem tirados do direito dos juízes. Pelo contrário, as recentes Constituições do *civil law* enveredam quase sempre pela prolixidade, em especial na América Latina[111].

Um segundo elemento que condiciona o tamanho dos textos é dado pelo grau de consenso registrado no órgão destinado a decidir seus contornos. Uma Constituição autocrática possui normalmente poucas regras, já que não precisa buscar o consenso em fórmulas complexas, salvo quando fazem concessões à retórica. Igualmente, são sintéticas neste sentido as Constituições "monoclasse". Também a Constituição da V República Francesa, redigida por De Gaulle e pelo seu Primeiro-Ministro Debré, sem intervenções políticas, não é prolixa. Pelo contrário, o são normalmente as Constituições compromissórias: não só porque contêm Cartas de direitos e disciplina da economia, mas também porque as formulações e o estilo sofrem a exigência de encontrar mediações, de negociar cláusulas, de inserir no texto os desejos das várias forças políticas contrapostas. Contribuem, também, outros fatores, como a seleção da classe política (e dos constituintes), que em muitos casos abaixa o nível: a prolixidade não é prerrogativa dos sábios (ou, como dizia Tchekhov, «A concisão é irmã do talento»).

Enfim, e ainda mais importante, é a relevância dada pelos constituintes à noção de "matéria constitucional": ou seja, o que consideram indispensável disciplinar diretamente no texto e o que confiam a outras fontes, deixando à Constituição só a tarefa de enunciar princípios.

[111] Vide *infra*, neste cap., o § 13.

O modo mais tradicional de dar desenvolvimento à Constituição é confiar à lei a disciplina de matérias apenas definidas no texto. A distribuição pode variar, dependendo do quanto a Constituição pretenda vincular o legislador. As Constituições oitocentistas eram em sua maioria enxutas, enquanto as atuais tendem à superabundância. Sobretudo, a disciplina dos direitos enunciados em Constituições é confiada à lei através da técnica da reserva, que pode ser absoluta (apenas a lei pode tratar da matéria) ou relativa (a matéria pode ser integrada, não só pela lei, mas também por regulamentos). Às vezes, a reserva ordinária não oferece garantias suficientes de que as matérias reputadas sensíveis pelo constituinte não serão reguladas pelo golpe da maioria, como pode acontecer nos sistemas parlamentares e semipresidencialistas, tendo em vista que o Governo ali é mantido pela confiança parlamentar. Alguns ordenamentos, por conseguinte, confiam o desenvolvimento de algumas matérias (como os direitos) a leis reforçadas por mecanismos específicos: maioria qualificada, pareceres de órgãos externos, etc. Uma categoria particular de tais leis são as leis de base (na Espanha, para as autonomias) ou as orgânicas, com as quais a V República Francesa implementa a Constituição nas suas disposições dedicadas às instituições públicas, e outros textos também sobre os direitos (novamente, a Espanha)[112].

A Constituição pode ser integrada também mediante outras fontes, como os regimentos parlamentares para o que diz respeito à organização e às funções das Câmaras, em especial o procedimento de formação da lei. As Constituições mais detalhadas neste aspecto são –além de algumas do passado, como a de Cádiz– as da última geração, especialmente latino-americanas, e a francesa.

O tamanho do texto pode representar uma variável da escolha (por razões de celeridade, políticas ou técnicas) de não disciplinar diretamente na Constituição temas que também mereceriam, na opinião do constituinte, um tratamento de tal nível normativo: a Constituição italiana atribui o complemento do texto, na parte relativa à Corte Constitucional, às "leis constitucionais" com força normativa igual à da Constituição. Raramente o texto é prolixo nos temas de governo e de funcionamento do governo, confiados geralmente a regras convencio-

[112] Ver com mais detalhe no cap. V, seção III, § 4.

nais. Não faltam, contudo, normativas detalhadas, como na Constituição da Geórgia (1995).

Por trás da relação entre Constituição e fontes de atuação, existem também concepções distintas sobre a sua natureza, sobre o que e como deve ser, sobre como modificá-la: através de procedimentos formais, previstos e disciplinados, ou através da jurisprudência e as convenções constitucionais, além das outras fontes sobre as qual acabamos de falar.

Isso incita questionar se existe, no direito comparado, uma "matéria constitucional": com base na observação empírica e também conforme o sentido que se dá à palavra "Constituição", observa-se que, como já dito, as Constituições contêm as regras fundamentais relativas à finalidade do Estado, à estrutura dos órgãos e ao exercício do poder; as analíticas incluem também a relação entre autoridade e sociedade civil. A pergunta aqui está conectada à dúvida de saber se existem matérias que estão excluídas do poder constituinte ou da revisão constitucional. Para o primeiro, a resposta só pode ser "não", sendo ele totalmente livre[113]. Para o segundo, a chamada hiperconstitucionalização deixa espaço a algumas dúvidas. Se acolhida a tese, frequentemente aceita na Constituição ou na jurisprudência constitucional, de que existe um "núcleo duro" irreformável da Constituição, é possível hipotetizar a inconstitucionalidade de introduzir na Constituição, aproveitando-se do resultado de eleições especialmente favoráveis, normas de importância secundária, talvez *ad personam*, em violação ao princípio democrático, já que tais normas requerem a maioria simples dos presentes para a aprovação. Pense-se no caso de um partido que, modificada a lei eleitoral a seu favor, adquira os números suficientes para alterar também a Constituição a seu favor. A hipótese não é apenas de escola, como demonstra o caso da Hungria[114].

---

[113] Na Suíça, por exemplo, a Constituição disciplina inclusive a taxa pela utilizacão das estradas nacionais.

[114] Cf., para alguns exemplos, S. BAGNI, *Riforme costituzionali e super-maggioranze parlamentari: per un aggravamento variabile del procedimento di revisione*, in E. ÁLVAREZ CONDE (ed.), M. ÁLVAREZ TORRES (coord.), *Reflexiones y propuestas sobre la reforma de la Constitución española*, Comares, Granada, 2017, p. 471e ss. e D. BUTTURINI, M. NICOLINI (eds), *Giurisdizione costituzionale e potere democraticamente legittimato*, 2 vols., Bup, Bologna, 2017, I, *I soggetti, gli strumenti e i meccanismi del dialogo*, p. 87 e ss.

§ 12. As Constituições "substanciais" e/ou "simbólicas": preâmbulos e Declarações

Muitas Constituições são precedidas de preâmbulos, colocados antes do verdadeiro texto. Isso determinou soluções divergentes quanto à sua força normativa e à sua eficácia para fins interpretativos[115]. Outras enunciam nos primeiros artigos o que às vezes os constituintes escrevem no preâmbulo[116]. A escolha depende precisamente da percepção da Constituição como norma, como programa político ou como descrição sociológica da realidade; depende também da percepção do papel do preâmbulo na história constitucional de cada Estado e do estilo das leis (inclusive a Constituição). Por exemplo, as de *common law* são prevalentemente casuísticas (porém não a dos Estados Unidos), e isso se reflete também na escolha de integrá-las com preâmbulos. O preâmbulo une a política ao direito; pode, portanto, enunciar o que os constituintes pensam ser mais útil para buscar finalidades distintas: existem ordenamentos onde o preâmbulo é apenas uma fórmula para o *"enactment"* da Constituição (por exemplo, o Estatuto Albertino Italiano de 1848 ou a vigente Constituição grega); outros onde se incorporam princípios, objetivos, enunciam valores e

---

[115] Sobre os preâmbulos, à luz da teoria da Constituição, P. HÄBERLE, *Präambeln im Text und Kontext von Verfassungen*, in J. LISTL, H. SCHAMBECK (eds), *Demokratie in Anfechtung und Bewährung. Festschrift für J. Broermann*, Duncker & Humblot, Berlin, 1982, p. 211 e ss.; J. TAJADURA TEJADA, *El preámbulo constitucional*, Comares, Granada, 1997; J. TAJADURA TEJADA, A. TORRES DEL MORAL (eds), *Los preámbulos constitucionales en Iberoamérica*, Cepc, Madrid, 2001. No sentido de que é o preâmbulo que exprime (frequentemente, como em Weimar) a verdadeira decisão fundamental, C. SCHMITT, por exemplo, in *Verfassungslehre*, cit., cap. I, § 3, e R. SMEND, *Verfassung und Verfassungsrecht*, cit., esp. p. 198 e ss., 260 e ss. Outras contribuições úteis são: K. ROACH, *The Uses and Audiences of Preambles in Legislation*, in *McGill L.J.*, n. 47, 2001, p. 129 e ss.; A. von BOGDANDY, *The European Constitution and the European Identity: A Critical Analysis of the Convention's Draft Preamble*, in J.H.H. WEILER, C.L. EISGRUBER (eds), *Altneuland: the EU Constitution in a Contextual Perspective*, 2004, *papers* New York Un.; J.F. PALOMINO MANCHEGO (ed.), *El preámbulo dialogado*, Un. Inca Garcilaso de la Vega, Lima, 2018.

[116] Por exemplo, a Constituição italiana não possui um preâmbulo, mas, sim, o enunciado de "princípios fundamentais".

axiologias de valores (ex.: Hungria, Papua-Nova Guiné); outros, ainda, que descrevem a evolução histórica (como os das Constituições Russa, Soviética e Chinesa, assim como o iraniano, o mais longo do mundo, ou o da República Democrática do Congo) ou fazem referência ao processo de independência ou aos eventos históricos que precederam a redação da Constituição[117].

Quanto ao seu conteúdo, a doutrina distingue várias categorias de preâmbulos, de acordo com o objeto que representa o seu núcleo: a) o primeiro é o soberano. Geralmente, os preâmbulos lembram a origem da soberania. Poderia ser identificada no "povo", termo relativamente neutro, ou em um grupo nacional específico do qual a soberania deriva. Alguns preâmbulos referem-se aos órgãos representativos ou –no caso das federações– aos Estados constituintes: às vezes, enuncia-se o objetivo de reforçar a unificação do país anteriormente dividido ou a finalidade de criar uma "more perfect Union" (EUA), ou uma "União nacional" (Emirados Árabes Unidos) ou a finalidade futura de unificar um país ainda dividido (*Grundgesetz* alemão na sua versão original, agora emendada, Coreia do Norte, Paquistão); b) o segundo objeto é um relato histórico. Este concentra-se na história de um povo, de uma nação ou de um Estado e compreende as tradições, a cultura e o patrimônio que identificam aquele povo; c) o terceiro é representado pelos objetivos supremos. Frequentemente, os preâmbulos exprimem os objetivos fundamentais da sociedade, não apenas sob um ponto de vista político, mas também do ponto de vista econômico, social e moral. Às vezes, referem-se a valores universais como a fraternidade, a paz e os direitos humanos; d) o quarto tema é a identidade nacional. Os preâmbulos das Constituições incluem frequentemente uma declaração acerca da crença nacional e as aspirações, a fé constitucional ou a filosofia; e) o último é a referência a Deus e à religião. Muitas vezes os preâmbulos contêm tais referências (Irlanda, Alemanha, Grécia, Hungria, Albânia, Paraguai, Guatemala, Costa Rica, Argentina, Brasil, Honduras, Panamá, Venezuela, Canadá, etc.), ainda que na parte normativa quase sempre se encontrem disposições que proclamem a igualdade entre as confissões religiosas e a liberdade de consciência. Várias Constituições de países islâmi-

---

[117] Portugal, Albânia, Bielorrússia, Eslováquia, Japão, Alemanha, etc.

cos fazem referência a Alá (Barém, Catar, etc.) ou proclamam no preâmbulo a superioridade da *Shari'a* ou aludem ao Corão como "Lei suprema" (Mauritânia, Comores, Afeganistão) ou, ao contrário, destacam a separação entre Estado e religião ou o caráter laico do Estado (Turquia, Índia). Enfim, na Bolívia e no Equador, os preâmbulos invocam (além de Deus) *Pachamama* ou Mãe Terra, e a Indonésia lembra *Pancasila* (os princípios filosóficos do Estado). A *Charter* canadense de 1987 foi promulgada em nome de Deus e da *rule of law*!

Exatamente em relação às referências religiosas nos preâmbulos, o caso da União Europeia oferece indicações interessantes. Com exceção da Suécia[118], 10 países adotaram Constituições sem preâmbulo; os 15 remanescentes possuem Constituições com preâmbulo, mas nove deles não contêm nenhuma referência a Deus ou à religião. Restam, então, seis preâmbulos nos quais é encontrada uma referência religiosa.

De um lado estão os casos da Alemanha e da Polônia. O *Grundgesetz* de 1949 é aberto com esta afirmação: «consciente da própria responsabilidade perante Deus e os homens [...] o povo alemão adotou [...] esta Lei Fundamental». A Constituição polaca de 1997 vale-se de uma fórmula mais complexa: «nós, o povo polaco, todos os cidadãos da República, tanto aqueles que creem em Deus como fonte de verdade, justiça, bem e beleza, como os que não compartilham esta fé, mas respeitam estes valores universais [...] reconhecendo a nossa responsabilidade perante Deus e nossas consciências [...] adotamos esta Constituição». Em ambos os casos, trata-se de Constituições redigidas quando historicamente os dois países tinham acabado de sair de regimes totalitários de matriz ateia. A invocação a Deus soa também como um sinal de descontinuidade em relação ao regime precedente. No caso da Polônia, evidencia-se o conjunto de referência a Deus e, pois, aos religiosos, bem como à consciência dos indivíduos independentemente das suas crenças religiosas ou convencimento filosófico e existencial.

O segundo tipo de preâmbulos que contêm uma referência à dimensão religiosa é dado pelos casos da Eslováquia, Hungria, Grécia, Irlanda e, mais uma vez, a Polônia. A característica

---

[118] Suécia é provida de quatro leis fundamentais e não de um texto único.

destes preâmbulos é que possuem uma referência a uma religião específica. No preâmbulo da Constituição polaca, de fato, lê-se que os cidadãos polacos «gratos aos antepassados pelo seu trabalho, pela sua batalha pela independência, paga com imensos sacrifícios, pela cultura enraizada na herança cristã da Nação e nos valores humanos universais [...] aprovam esta Constituição da República da Polônia como Lei Fundamental do Estado». No preâmbulo da Constituição húngara de 2011, está escrito que «Estamos orgulhosos de que o nosso Rei Santo Estêvão tenha estabelecido o Estado húngaro sobre sólidos fundamentos há mil anos e tenha feito do nosso país parte da Europa cristã [...]. Reconhecemos o papel do cristianismo para preservar a nossa Nação. Ao mesmo tempo, apreciamos as diversas tradições religiosas do nosso país». Quanto à Constituição eslovaca de 1992, o preâmbulo assim recita: «Nós, a nação eslovaca, em memória do patrimônio político e cultural dos nossos antepassados e dos séculos de experiência de luta pela existência da nossa Nação e do nosso Estado, segundo o patrimônio espiritual de Cirilo e Metódio [...] adotamos através de nossos representantes a seguinte Constituição». Por conseguinte, os preâmbulos das Constituições polaca, húngara e eslovaca contém uma referência explícita à religião cristã que é indicada como parte da herança histórica e cultural do povo; trata-se de menções destinadas principalmente a reconstruir os elementos de uma identidade posta como fundamento da nova Constituição.

No caso das Constituições da Grécia e da Irlanda, a referência à religião cristã parece investir o próprio valor da Constituição: «Em nome da Santa e Consubstancial e indivisível Trindade"; a Constituição irlandesa, por sua vez, contém a seguinte menção: «In the Name of the Most Holy Trinity, from Whom is all authority and to Whom, as our final end, all actions both of men and States must be referred [...] Humbly acknowledging all our obligations to our Divine Lord, Jesus Christ, Who sustained our fathers through centuries of trial». Tais referências exprimem uma marcada escolha confessional, que encontra a sua origem em razões históricas precisas.

Além dos países da União Europeia, merece ser mencionada a Constituição suíça de 2000, proclamada «em nome de Deus onipotente», assim como as Constituições da Albânia e da Ucrânia, que contêm uma referência expressa a Deus. Raramente as Constituições e seus preâmbulos proclamam a laicidade do Estado. O modelo mais difundido limita-se a invocar ou mencionar o nome de Deus, sem qualificá-lo em uma perspectiva religiosa; naturalmente são exceções os países de religião muçulmana, onde a frequente menção à religião refere-se expressamente ao Islã ou ao Deus da tradição islâmica[119].

Com as próprias fórmulas de síntese, o preâmbulo expressa as ideias e as finalidades fundamentais que os pais fundadores desejaram esculpir no texto constitucional. Como consequência desta sua natureza, os preâmbulos das Constituições têm visto crescer o seu papel no contexto constitucional. Desde uma perspectiva global e comparativa, os preâmbulos são sempre mais utilizados para interpretar e fazer respeitar as regras constitucionais. Em especial, podem servir aos Tribunais para constitucionalizar direitos não enumerados.

Qualquer que seja a sua eficácia normativa (é dizer, quer o Tribunal Constitucional o incorpore no "bloco de constitucionalidade" ou não), o preâmbulo constitucional pode ser utilizado para fins interpretativos, ainda que com graus distintos. Algumas Constituições preveem expressamente o respeito ao espírito da Constituição (Leste Europeu, por exemplo, Estônia) e, por conseguinte, o próprio preâmbulo pode representar um importante elemento interpretativo[120]. Outro aspecto de interesse é que muitos preâmbulos remetem a Declarações e Cartas internacionais de direitos (especialmente os africanos). Deste modo, "externalizam", ou seja, enviam para fora do ordenamento jurídico um elemento tópico da chamada parte dogmática da Constituição. Às vezes, as Constituições afir-

---

[119] Para uma visão global, cf. A.M. VEGA GUTIERREZ (ed.), *Religión y libertades fundamentales en los países de Naciones Unidas: textos constitucionales*, Comares, Granada, 2003; S. FERRARI, *Dio, religione e Costituzione*, in *Osservatorio delle libertà e delle istituzioni religiose*, www.olir.it, 2004.

[120] Cf.: L. ORGAD, *The Preamble in Constitutional Interpretation*, in *Int. journ. const. law*, n. 8 (4), 2010, p. 714 e ss.; M. HANDLER, B. LEITER, *A Reconsideration of the Relevance and Materiality of the Preamble in Constitutional Interpretation*, in *Cardozo L.R.*, n. 12 (14), 1990-1991, p. 117 e ss.; D. HIMMELFARB, *The Preamble in Constitutional Interpretation*, in *Seton Hall const. L.J.*, n. 127, 1990-1991, p. 160 e ss.; A. WINKEL, *The Contextual Role of a Preamble in Statutory Interpretation*, in *Melbourne L.R.*, n. 1 (23), 1999, p. 184 e ss.

mam expressamente que sua interpretação deve ser feita com base no preâmbulo (ex.: a Constituição húngara de 2011), mesmo que isto seja afirmado com maior frequência pelas Cortes Constitucionais[121]. Em qualquer caso, o preâmbulo condiciona a interpretação do texto; por sua vez, a interpretação contribui para mudar o sentido das palavras do preâmbulo.

As respostas às perguntas "O preâmbulo das Constituições representa uma de suas partes indissolúveis?" e "Tem caráter normativo?"[122] variam de acordo com o ordenamento: na França, é sim[123], nos Estados Unidos, é não[124], ainda que seja admitido o seu uso com fins interpretativos[125]. Também em outros países a situação é variável. Por exemplo, na Índia, a *Supreme Court* afirma que o preâmbulo é "part of the Constitution"[126]. Também na Colômbia o preâmbulo foi incorporado entre os parâmetros de constitucionalidade[127], como na África do Sul, onde é frequentemente utilizado pelos juízes. O preâmbulo da nova Constituição do Marrocos (2011) declara, ao final: «Este preâmbulo é parte integrante da presente Constituição». Em alguns casos, a Constituição reconhece expressamente uma eficácia vinculante do preâmbulo, como a

---

[121] Exemplo: BVerfG, 2BvR 955/00, § 100, sobre o tema de responsabilidade da República Federal, o 2BvR 1481/04, em matéria de aplicação de uma sentença da Corte Europeia de Direitos Humanos; *Supreme Court* irlandesa, *Buckley vs Attorney General* [1950] IR 67, 80-81 (e vários outros casos), no sentido de que a Constituição deve realizar os objetivos do preâmbulo; Estônia (caso 3-4-1, 12.5. 2005, sobre as fronteiras estatais, e outros); Polônia (vários casos sobre "lustração", União Europeia, etc.).

[122] Sobre o valor normativo dos preâmbulos, a doutrina não é pacífica: uma resenha das posições favoráveis (entre os quais T.M. Nascimento, R. Pinto, G. Burdeau, C. Schmitt, P. Biscaretti di Ruffia, G. Ferreira) e contrárias (entre outros, J.J. Gomes Canotilho, V. Moreira, J.C. Mello Filho, C. Bastos, I. Gandra, I. Dantas, P. Ferreira) encontra-se em A. DE MORAES, *Direito Constitucional*, cit., p. 46-47 da 7ª ed., Atlas, São Paulo, 2000, que também possui posição contrária.

[123] *Conseil constitutionnel*, Dec. 71-44 DC, 16.7.1971.

[124] *Jacobsen vs Commonwealth of Massachusetts*, 197 US 11 (1905), *Coleman vs Miller*, 307 US 433 (1939).

[125] Como em *Goldberg vs Kelly*, 397 U.S. 254 (1970).

[126] Ver, sobretudo, *Kesavananda vs State of Kerala*, AIR (1973) SC 1461, 1503.

[127] Sentença T-568-99 MP.

do Nepal[128]. Contrariamente, a *Supreme Court of Canada* parece impedir a utilização do preâmbulo em vários casos relativos ao preâmbulo do *Constitution Act, 1867* e ao da *Charter* de 1982, mesmo admitindo a sua importância interpretativa[129]. A Corte Constitucional da Bósnia-Herzegovina afirmou que o preâmbulo não possui natureza normativa e, contudo, «pode servir [...] como método auxiliar de interpretação da Constituição que apresenta»[130].

Problemas análogos aos dos preâmbulos ocorrem nas Declarações de direitos, geralmente evocadas ou nos preâmbulos (como na França) ou nos textos das Constituições[131].

As Declarações do século XVIII partiam da ideia de que os direitos existem na natureza e precisamente por tal razão os Parlamentos não tinham o poder de criá-los, mas apenas de declarar o seu reconhecimento. Com exceção da França, que até 1971, por obra do *Conseil constitutionnel*, manteve fora da Constituição propriamente considerada seja a Declaração de 1789, seja a de 1946, quase nenhum ordenamento resistiu ao impulso de positivar os direitos, incorporando-os ao texto.

---

[128] Art. 116.1: «Um projeto de lei para emendar ou revogar qualquer artigo desta Constituição, sem prejudicar o espírito do Preâmbulo desta Constituição, pode ser iniciado em qualquer das Casas do Parlamento».

[129] Exemplo: *O'Sullivan vs The Queen*, (1991) F.C.J. N 803, em especial sobre a referência a Deus.

[130] 12.2.1998.

[131] Sobre as Declarações, F. BATTAGLIA (ed.), *Le Carte dei diritti (dalla Magna Charta alla Carta di S. Francisco)*, 2ª ed., Sansoni, Firenze, 1946; ID., verbete *Dichiarazioni dei diritti*, in *Enc. dir.*, XII, Giuffrè, Milano, 1964, p. 409 e ss.; G. DEL VECCHIO, *La dichiarazione dei diritti dell'uomo e del cittadino nella rivoluzione francese*, in ID., *Contributi alla storia del pensiero giuridico e filosofico*, Giuffrè, Milano, 1963 e, também, específicas em relação à França, D. FARIAS, *Le dichiarazioni costituzionali generiche e i rapporti tra Stato e diritto*, Patron, Bologna, 1969; S. RIALS, *La Déclaration des droits de l'homme et du citoyen*, Hachette, Paris, 1988; AA.VV., *La déclaration des droits de l'homme et du citoyen et la jurisprudence: colloque des 25 et 26 mai 1989 au Conseil constitutionnel*, Puf, Paris, 1989; L. JAUME (ed.), *Les Déclarations des droits de l'homme. Du Débat de 1789-1793 au Préambule de 1946*, Flammarion, Paris, 1989; M. GAUCHET, *La Révolution des droits de l'homme*, Gallimard, Paris, 1989; J. MORANGE, *La Déclaration des droits de l'homme et du citoyen*, 4ª ed., Puf, Paris, 2002; A. MARIANI MARINI, U. VINCENTI (eds), *Le carte storiche dei diritti*, Pisa U.P., Pisa, 2013.

A própria Constituição dos Estados Unidos, inicialmente sem *Bill of Rights*, o incluiu através das primeiras 10 Emendas apenas poucos anos depois da aprovação (1791). (Veja-se, porém, a República Tcheca hoje.)

A primeira Declaração moderna foi a da Virgínia de 1776, na qual se inspiram outros Estados e depois os redatores do *Bill of Rights*. Na França, à famosa Declaração de 1789 seguiram-se outras em anos imediatamente posteriores (1793, 1795, 1848): isso deveria fazer refletir sobre suas pretensões universalistas no espaço e no tempo. Só em 1831 (Constituição da Bélgica), os direitos civis anteriormente enunciados nas Declarações foram incorporados ao texto. Assim aconteceu logo em seguida com os direitos sociais, desde a Constituição mexicana 1917, dois anos antes da de Weimar. De igual modo, também a Revolução de Outubro produziu as suas Declarações: em 1917 (a Declaração dos Direitos dos Povos da Rússia) e em 1918 (Declaração dos Direitos do Povo Trabalhador e Explorado, antes da Constituição da URSS daquele ano); após houve a incorporação da Carta de direitos na Constituição de Stálin de 1936 e nas posteriores[132].

O *imprinting* jusnaturalista encontra-se também nas Cartas internacionais de direitos, que são aqui lembradas devido ao seu impacto nas Constituições nacionais[133]. Este é um tema central do constitucionalismo do século XXI. A referência, feita pelas Constituições nacionais, às Declarações de direitos, universais ou regionais (a da ONU, a Convenção Europeia dos Direitos Humanos – CEDH, a Declaração Interamericana, etc.), "nacionaliza" a fonte, leva à sujeição do ordenamento a elas. No caso de conflito entre disposições convencionais e legislativas, prevalecem as primeiras (salvo no caso de a disciplina nacional ser mais favorável aos direitos). No âmbito europeu, mas também no latino-americano, as Declarações de direitos podem ter prevalência, de acordo com a jurisprudência das Cortes transnacionais ou nacionais, inclusive sobre disposições constitucionais internas[134].

---

[132] Uma eficaz síntese histórico-jurídica das várias Declarações e Cartas ao longo dos séculos em P. BISCARETTI DI RUFFIA, *Introduzione al diritto costituzionale comparato*, cit., p. 660 e ss.

[133] Cf. cap. VI, seção I, esp. §§ 4, 8.

[134] Vide cap. VI, seção II, § 4 e ss., e seção II.

§ 13. A LINGUAGEM DAS CONSTITUIÇÕES: UMA DELEGAÇÃO A FAVOR DA EVOLUÇÃO

Em relação ao estilo no qual são formuladas, cada modelo de Constituição apresenta características diferentes: as variáveis mais significativas são representadas pela presença ou ausência de uma Carta de direitos e pela sua formulação; pelo caráter flexível ou rígido, sintético ou analítico do texto; pelo substrato jurídico no qual se insere (por vezes de *civil law*, de *common law*, de *soviet law*, etc.)[135].

As Constituições que disciplinam a organização do Estado, e só esta, certificam as relações entre órgãos; a certeza que buscam é a das competências e das relações recíprocas entre os poderes públicos. As que contêm uma Carta de direitos de qualquer forma configurada propõem, ao reconhecê-los, instituí-los e delimitá-los, a tornar mais certo o seu exercício.

Nas Constituições sintéticas, a certeza das relações entre os privados é confiada à formulações límpidas dos códigos, nos quais «a razão celebra seu esplendor»[136] (ordenamentos de *civil law*), ou à sábia estratificação da jurisprudência (nos de *common law*); por sua vez, as relações entre órgãos de governo e os indivíduos são regulamentadas por poucas disposições que

---

[135] Sobre a linguagem das Constituições: G. SILVESTRI, *Linguaggio della costituzione e linguaggio giuridico: un rapporto complesso*, in Quad. cost., n. 2, 1989, p. 229 e ss.; L. PEGORARO, *La tutela della certezza giuridica in alcune costituzioni contemporanee*, in Dir. soc., n. 1, 1994, p. 21 e ss., e em AA.Vv., *Scritti per Uberto Scarpelli*, Giuffrè, Milano, 1997, p. 705 e ss.; ID., *Il problema della certezza del diritto come problema costituzionale*, in L. PEGORARO, A. PORRAS NADALES (eds), *Qualità normativa e tecnica legislativa. Europa, Stati, enti territoriali – Calidad normativa y técnica legislativa. Europa, Estados y entitades infraestatales*, 2ª ed., Clueb, Bologna, 2006, p. 63 e ss.; ID., *Certezza del diritto e diritto costituzionale. Comparazioni diacroniche e sincroniche sui testi normativi*, in Rev. latino-am. est. const., n. 20, 2017, p. 91 ss.; F.J. DÍAZ REVORIO, *Algunas consideraciones sobre el lenguaje jurídico y el lenguaje normativo*, in S. BAGNI, G.A. FIGUEROA MEJÍA, G. PAVANI (eds), *La ciencia del derecho constitucional comparado*, cit., I, p. 209 e ss., e A. RUGGERI, *Comparazione giuridica e certezza del diritto costituzionale*, nesta obra, I, p. 371 e ss. Em relação à Constituição estadunidense, G. SACERDOTI MARIANI, *Il "verbo" della Costituzione*, cit.

[136] U. SCARPELLI, *Cos'è il positivismo giuridico*, Comunità, Milano, 1965, p. 140.

fixam os limites intransponíveis das respectivas ações (competindo à lei, protegida por numerosas reservas, completar a disciplina de cada matéria em específico). As Constituições analíticas, contrariamente, manifestam o trabalho árduo do Estado Social: estruturalmente configuradas em termos programáticos –diferentemente das Constituições "documento" dos ordenamentos socialistas– no entanto, também elas não deixam de documentar a fragmentação normativa, de consagrá-la, de lhe conferir legitimação.

Se, ainda, na flexibilidade do texto, exprime-se a expectativa iluminista de que a lei, expressão da vontade geral, seja garantia de certeza não só na sua forma e enquanto fórmula jurídica, mas também encarne a justiça, as Constituições rígidas –pelo menos as do século atual– contam com a corrosão da certeza jurídica: manifestam a consciência de que o ponto de equilíbrio entre os interesses por ela compostos não pode ser petrificado para sempre; convertem-se em instrumento de certeza, não porque certifiquem algo que presumam ser já certo (o direito natural), mas sim no sentido de que se tornam mais duradouras, mais estáveis, mais impermeáveis à mudança.

Seja flexível (em cujo caso a previsibilidade própria do direito constitucional é posta à dura prova da possibilidade perene de acréscimos ou alterações por obra da maioria parlamentar) ou rígida (e então serão mais frequentes as revisões informais, por meio da jurisprudência, os usos, as convenções, a prática, as interpretações, a própria legislação), a Constituição –como base de um novo ordenamento– identifica objetos que não existem no ato da sua aprovação. É sempre cheia de substantivos, adjetivos, verbos polissêmicos, que podem ser carregados de novos significados ulteriores, de acordo com o texto linguístico e os contextos linguísticos e extralinguísticos a que recorrem; frequentemente, o vocabulário empregado não é próprio de algum ramo do direito, ao passo que, em muitas circunstâncias, um vocábulo é empregado no sentido que a esse é dado por vezes no direito civil, penal, administrativo, etc.; são frequentes as pressuposições, as referências ao significado dado pelo legislador (ou pela jurisprudência ou pela doutrina). Inclusive nas Constituições rígidas assiste-se ao fenômeno por meio do qual um texto hierarquicamente superior à lei é, por assim dizer, flexibilizado por obra do intérprete: não só o juiz constitucional, mas o próprio legislador (ou os juízes) atribuem o significado legal às palavras da Constituição e ocorre, inclusive, que no juízo de constitucionalidade o parâmetro seja representado por uma dispositivo constitucional interpretado no significado dado pela lei (objeto do juízo) ou pela administração[137].

Quanto mais as Constituições usam uma linguagem polissêmica, mais haverá a atividade do intérprete a lhes dar sentido. A escolha deste tipo de linguagem pode ser consciente: neste caso, o constituinte sacrifica deliberadamente a certeza do direito constitucional sobre o altar da certeza assegurada pela lei e pela jurisprudência, desde que o *corpus* legislativo e/ou jurisprudencial dê suficiente confiança de estabilidade e de unidade. A flexibilidade linguística do texto reflete então a incerteza (bastante relativa) dada pelas lentas alterações de significado das palavras. Ao contrário, acontece por vezes que a opção a favor da vagueza seja imputável, ou o seja ao menos em parte, à falta de cultura jurídico-linguística, à improvisação, à superficialidade, a renúncias dos pais fundadores (ou do poder de revisão) a decidir, na presença de graves contrastes manifestados no seio do órgão constituinte (ou de reforma). Nesta circunstância, o hiato entre texto e Constituição vivente pode transformar-se em abismo; a incerteza do direito constitucional pode ser acompanhada de incerteza do direito *tout-court*, em ausência de sólidas tradições jurídicas, de princípios sedimentados na jurisprudência e perante Parlamentos fragmentados e em desacordo. A técnica redacional da Constituição, ao configurar as relações entre poder constituinte, legislador, administração e juízes, contribui para o desenho da forma de Estado de cada ordenamento.

Sob outro ponto de vista, também a ausência de regras constitucionais sobre a linguagem da lei, a técnica legislativa, a interpretação, acarreta consequências na forma de Estado e na forma de governo. Se o legislador é livre para escrever as leis como melhor lhe pareça, estará em seu poder manter por si mesmo o (ou grande parte do) poder de decidir ou de "delegá-lo" à administração e/ou aos juízes.

[137] Vide cap. X, seção I, §§ 11.2, 12.

Um sintoma da atitude no confronto destes grandes problemas é dado pela utilização, no texto constitucional, de definições estipuladoras nominais (isto é, de regras concernentes ao uso de um conceito no ato normativo em questão), que precisamente delimitam o poder do intérprete[138]. Nas Constituições de *civil law* não é frequente encontrá-las e a sua utilização parece inspirada pelas mais variadas finalidades: tornar compreensível, com a linguagem comum, o significado de uma palavra técnica[139]; com mais frequência, delimitar o significado de vocábulos vagos ou ambíguos, que aparecem em outras partes do texto, como "vacância"[140], "liberdade sindical"[141], "maioria"[142], "casamento"[143], "cidadãos"[144]. Para a relação específica entre direito jurisprudencial e *statute*, as definições são empregadas com maior insistência nas Constituições dos países de *common law*: assim, o art. 6.1 da Constituição australiana, define «A expressão "Commonwealth" significa o *Commonwealth* da Austrália, como instituído por força do presente ato normativo»[145], e prossegue indicando o que se entende por "Estados" e por "Estados originários". Por sua vez, o art. 35.2 da Constituição canadense de 1981 (Carta dos Direitos e das Liberdades) estabelece que «no presente ato normativo, "povos autóctones do Canadá" incluem os Indígenas, os *Inuit* e os Métis do Canadá», ao passo que a Constituição irlandesa define, por exemplo, as palavras "projeto de lei com relevância financeira", "impostos", "dinheiro público", "empréstimo"[146], "traição"[147].

---

[138] U. Scarpelli, *La definizione nel diritto*, in Id., *L'etica senza verità*, cit., p. 311 e ss.; sobre as definições em geral, v. Id., *Contributo alla semantica del linguaggio normativo*, cit., p. 47 e ss.; A. Belvedere, *Il problema delle definizioni nel codice civile*, Giuffrè, Milano, 1977, p. 63 e ss.; A. Belvedere, M. Jori, L. Lantella, *Definizioni giuridiche e ideologie*, Giuffrè, Milano, 1979; A. Belvedere, *I poteri semiotici del legislatore (Alice e l'art. 12 preleggi)*, in Aa.Vv., *Scritti per Uberto Scarpelli*, cit., p. 85 e ss.

[139] Como "agnático" no art. 6 da Constituição da Noruega de 1814.

[140] Art. 96.1 da Constituição da Romênia de 1991.

[141] Art. 28.1 da Constituição da Espanha.

[142] Art. 121 do *GG* alemão.

[143] Art. 46.1 da Constituição da Bulgária de 1991.

[144] Art. 52 da Constituição da República Eslovaca de 1992.

[145] Isto é, a Lei de 9 de julho de 1900.

[146] Art. 22.1 e 22.2.

[147] Art. 39.

§ 14. INTERPRETAR A CONSTITUIÇÃO

Convém esclarecer, seguindo Guastini, que, quando se fala de interpretação constitucional, refere-se (em regra indistintamente) a duas coisas distintas: a) a interpretação do texto constitucional; b) a interpretação da lei para verificar a conformidade à Constituição. É este segundo significado que suscita maiores problemas, ainda que também o primeiro provoque questões sobre quem são os órgãos autorizados; o que e como interpretar; qual a eficácia da interpretação, devido à maior discricionariedade interpretativa em relação às prescrições legislativas, dado que –como já dito– a linguagem das Constituições é frequentemente mais vaga do que a da lei. Quanto à interpretação "constitucional" da lei, mesmo concordando que nem o juízo de razoabilidade, nem a ponderação de princípios, nem o recurso aos princípios, nem a interpretação conforme são «propriamente falando uma "técnica de interpretação" da Constituição», são, contudo, mencionadas como tais[148].

[148] R. GUASTINI, "A proposito d'interpretazione costituzionale", parte II, cap. IX, de ID., *Discutendo*, cit., p. 299 e ss. Sobre interpretação constitucional, tema objeto de visões opostas, vide D. GARCÍA BELAUNDE, *La Constitución y su Dinámica*, Palestra, Lima, 2006; F.J. DÍAZ REVORIO, *La "Constitución Abierta" y su Interpretación*, Palestra, Lima, 2004, p. 160 e ss. Em geral, sobre a interpretação constitucional, ver, também do mesmo autor, *Valores superiores e interpretación constitucional*, Trib. Est. Electoral de Chihuahua, Chihuahua, 2009, e ID., *Interpretación de la Constitución y justicia constitucional*, Porrúa, México, 2009; J. WRÓBLEWSKI, *An Outline of Legal Interpretation and Constitutional Interpretation*, in Acta Un. Lodziensis, Folia Juridica, n. 32, 1987, trad. esp. *Constitución y teoría general de la interpretación jurídica*, Civitas, Madrid, 1985; C. WOLFE, *The Rise of Modern Judicial Review: From Constitutional Interpretation to Judge-Made Law*, Basic Books, New York, 1986, trad. esp. *La transformación de la interpretación constitucional*, Civitas, Madrid, 1991; E. ALONSO GARCÍA, *La interpretación de la Constitución*, Cec, Madrid, 1984; R. CANOSA USERA, *Interpretación constitucional y fórmula política*, Cepc, Madrid, 1988; M. ATIENZA, *Interpretación Constitucional*, Un. Libre, Bogotá, 2010; M. TROPER, *Le problème de l'interprétation et la théorie de la superlégalité constitutionnelle*, in AA.VV., *Recueil d'études en hommage a Charles Eisenmann*, Cujas, Paris, 1975, p. 133 e ss.; o clássico J.H. ELY, *Democracy and Distrust: A Theory of Judicial Review*, Harvard U.P., Cambridge, 1980; K. HESSE, *Verfassungsinterpretation*, in ID., *Grundzüge des Verfassungsrechts der Bundesrepublik Deutschland*, cit., p. 20 e ss., trad. it. *L'interpretazione*

O debate sobre a interpretação recebeu novo vigor com o advento das Constituições modernas. As Constituições rígidas, programáticas, ideológicas, compromissórias, polissêmicas, só em parte imediatamente preceptivas, evidenciaram novos problemas: não só relativos à interpretação de cada Constituição, mas também de interpretação de cada ordenamento como um todo. Ademais, de interpretação de cada Constituição à luz das interpretações de outras Constituições.

Os constitucionalistas evidenciaram, por conseguinte, as peculiaridades, inclusive práticas, da interpretação constitucional[149]: por exemplo, D. García Belaunde coloca entre os "critérios orientadores da interpretação constitucional" os seguintes: 1) «En la interpretación debe primar la presunción de constitucionalidad»; 2) «En caso de que surjan dudas al interior del texto constitucional, debe buscarse una concordancia de la Constitución consigo misma»; 3) «Razonabilidad, que debe primar en cada interpretación, que no es lo mismo que racional»; 4) «Previsión de consecuencias»; 5) «Preferencia por los derechos humanos»; 6) «Fórmula política».

Outros autores enfatizam elementos em parte diferentes, em parte coincidentes com os acima lembrados: por exemplo, os princípios da unidade da Constituição, da concordância prática, da eficácia integrativa da Constituição, da sua força normativa, da adaptação às circunstâncias, da eficácia, do *"in dubio pro libertate"*, da duração da Constituição, da interpretação conforme. A estes acrescem os princípios de legitimação, de motivação de competência, de formalidade, de congruência, de idoneidade, de progressividade. Para Gómez Canotilho, trata-se de aplicar os princípios da "unidade da Constituição"; do "efeito integrador"; da "máxima efetividade"; da "'justeza' ou da conformidade funcional"; da "concordância prática ou da harmonização"; da "força normativa da Constituição". García Roca lembra também a doutrina da *margen de apreciación*

---

della Costituzione, in A. DI MARTINO, G. REPETTO (eds), *L'unità della Costituzione*, cit., p. 85 e ss. Um panorama das diversas posições sobre interpretação da Constituição encontra-se em G.A. FIGUEROA MEJÍA, *Duplicidad interpretativa: Interpretación jurídica en general e interpretación constitucional en particular*, in *Díkaion*, n. 1, 2010, p. 139 e ss.

[149] Para uma resenha, v. R.G. MANCILLA CASTRO, *Derecho Adjetivo Constitucional*, Novum, México, 2012, p. 80 e ss.

nacional na interpretação dos textos europeus e internacionais, assim como a proteção efetiva dos direitos, o princípio democrático e o princípio do Estado de direito, que uma vez mais fazem aflorar as peculiaridades da interpretação constitucional[150].

Troper, por sua vez, sobretudo evidencia as consequências teóricas que derivam da presença ou não de um controle de constitucionalidade; sustenta que a Constituição não é «superior às leis e aos outros atos dos poderes públicos. Estes –autoridades jurisdicionais ou não– devem, para aplicar a Constituição, interpretá-la, é dizer, recriá-la sem ser vinculados, no exercício desta atividade, a nenhuma norma jurídica, mas sendo vinculados somente pelo sistema das relações recíprocas nas quais são inseridos»[151]. Isso demonstraria que, desde uma perspectiva positivista-realista, pode-se (ou melhor, deve-se) chegar a atribuir ao juiz constitucional a liberdade de escolha na solução das controvérsias e, em relação ao tema que aqui interessa, na ponderação de valores e na evolução da Constituição (e da sociedade). Isso –levando em consideração a posição da Constituição no sistema– autoriza propor qualquer tipo de solução.

Contrariamente, P. Häberle propõe uma visão muita mais fechada, desde o ponto de vista da substância e suas implicações. Entre os princípios delimitados para a interpretação constitucional, aparecem os da unidade da Constituição, da concordância prática (ou de equilíbrio), da interpretação conforme ao texto constitucional, da interpretação favorável ao direito internacional e ao europeu[152], de interpretação conforme ao direito comparado. Na pesquisa sobre uma "ciência da cultura", que está na base da sua ideia de Constituição aberta, opta decisivamente pelo modelo constitucional do "mundo livre", ao qual os estudiosos deveriam recorrer para manter

---

[150] A respeito, veja D. GARCÍA BELAUNDE, *La Constitución y su Dinámica*, cit., p. 88 e ss.; J.J. GOMES CANOTILHO, *Direito Constitucional*, 6ª ed., cit., p. 226 e ss.; J. GARCÍA ROCA, *La interpretación constitucional de una declaración internacional*, cit., p. 149 e ss.

[151] M. TROPER, *Le problème de l'interprétation et la théorie de la superlégalité constitutionnelle*, cit., p. 133 e ss. (e esp. § 2.2).

[152] Seguindo a linha de raciocínio de K.P. SOMMERMANN, *Völkerrechtlich garantierte Menschenrechte als Maßstab der Verfassungskonkretisierung*, in *Archiv öff. Rechts*, n. 114, 1989, p. 391 e ss.

qualquer discurso «na profundidade e no transcorrer da história». O modelo interpretativo baseia-se, na verdade, nos direitos fundamentais, deduzindo-se, a partir deles, a superioridade da Constituição sobre o Estado e do Estado constitucional inclusive sobre o Estado de direito. Böckenförde acusa esta teoria de chegar a uma dissolução completa da Constituição como norma e sustenta que, com ela, «a abertura torna-se, inclusive, "estrutura" da Constituição», a qual seria «a permanente indefinição e a mutabilidade»[153].

O debate comparatista tem interesse, sobretudo, no problema dos vínculos para o intérprete da Constituição (*recte*, o intérprete da conformidade da lei à Constituição) e, por conseguinte, no grau de sua discricionariedade e na natureza "política" das suas decisões. Na sua essência, ele diz respeito à obrigação de aderência ao texto, a princípios dele retirados ou a regras de outro tipo (como as da razão ou morais).

Essencialmente, a primeira opção ("interpretativismo") leva a que «para determinar o significado da Constituição, não se precisa fazer referência a fontes extraconstitucionais»[154], razão pela qual os juízes devem limitar-se «a dar execução somente às regras expressas ou àquelas claramente extraídas da Constituição»: segundo a conhecida fórmula de J.H. Ely,

[153] P. HÄBERLE, *Verfassungslehre als Kulturwissenschaft*, 2ª ed., Duncker & Humblot, München-Leipzig, 1998; ID., *Métodos y principios de interpretación constitucional. Un catálogo de problemas*, in *Rev. eur. dr. publ.*, n. 12 (3), 2000, e E.-W. BÖCKENFÖRDE, *Stato, costituzione, democrazia*, cit., esp. p. 79 e p. 82. Sobre interpretação nas várias teorias neoconstitucionalistas: M. CARBONELL SÁNCHEZ (ed.), *Neoconstitucionalismo(s)*, cit.; R. DWORKIN, *Taking Rights Seriously*, Harvard U.P., Cambridge, 1977, cap. V, trad. esp. *Los derechos en serio*, 2ª ed., Ariel, Barcelona, 1989, sobre o qual M. BELTRÁN, *Originalismo e interpretación. Dworkin vs Bork: una polémica constitucional*, Civitas-Fac. de Derecho Un. Complutense, Madrid, 1988; em uma abordagem crítica, R. GUASTINI, *A proposito di neo-costituzionalismo*, cit.; ademais, S. SASTRE ARIZA, *Ciencia jurídica positivista y neoconstitucionalismo*, cit. Continua a ser atual a famosa *footnote four* do caso *United States vs Carolene Products Co.*, 304 US 144 (1938), pelo seu caráter inovador do *due process*, dos direitos das minorias e, em geral, do papel da Corte na interpretação. Sobre o tema, entre tantos, B. ACKERMAN, *Beyond Carolene Products*, in *Harvard L.R.*, n. 98 (4), 1985, p. 713 e ss.

[154] J.C. BAYON, *La interpretación constitucional en la reciente doctrina norteamericana*, in *Rev. Cortes Gen.*, n. 4, 1985, p. 137 e ss.

as que estão «dentro dos quatro cantos do documento»[155]. A segunda ("não interpretativismo") implica que, frente aos preceitos vagos e imprecisos da Constituição, «as Cortes devem avançar muito além das referências literais [...], o que leva à necessidade de buscar a "fonte" fora do texto constitucional»[156].

Muitas Constituições evitam ditar as regras relativas aos modos de interpretar os enunciados normativos. No passado, contudo, nos sistemas de derivação francesa, a ideia de que apenas o Poder Legislativo poderia interpretar a lei conduziu às vezes a constitucionalizar este princípio (Bélgica, Suécia) e alguns textos antigos ainda hoje reservam a interpretação autorizada (ou autêntica) só ao próprio Parlamento (Luxemburgo, e, entre as Constituições recentes, Equador[157], dentre outras). Muitas Constituições identificam expressamente no Tribunal Constitucional o órgão habilitado a assegurar a interpretação da própria Constituição ou das leis[158].

No tocante à interpretação constitucional, a Constituição e as fontes supralegais são interpretadas à luz das regras ditadas pelas leis ordinárias (com frequência, os códigos civis), ainda que com particularidades importantes, relativas à titularidade, ao uso dos princípios, da interpretação evolutiva, das ponderações, do direito comparado, etc. Nos últimos anos, porém, registra-se uma mudança parcial de rota: emblemática é a recente Constituição equatoriana, que dedica vários artigos ao tema: em relação à vigência dos direitos[159], à conformidade aos princípios constitucionais[160], às modalidades e, de

---

[155] J.H. ELY, *Democracy and Distrust*, cit.

[156] F.J. DÍAZ REVORIO, *La "Constitución Abierta" y su Interpretación*, cit., p. 160 e ss.

[157] Art. 120.6.

[158] Vejam-se os textos constitucionais de: Alemanha, Espanha, República Eslovaca, Ucrânia, Uzbequistão, Moldávia, Chipre, Albânia, etc.

[159] Art. 11.5: «En materia de derechos y garantías constitucionales, las servidoras y servidores públicos, administrativos o judiciales, deberán aplicar la norma y la interpretación que más favorezcan su efectiva vigencia».

[160] Art. 71.2: «Toda persona, comunidad, pueblo o nacionalidad podrá exigir a la autoridad pública el cumplimiento de los derechos de la naturaleza. Para aplicar e interpretar estos derechos se observarán los principios establecidos en la Constitución, en lo que proceda».

novo, à tutela dos direitos[161], à titularidade da interpretação final[162].

Acerca da modalidade e dos resultados que podem advir da interpretação, várias Cartas Fundamentais impõem, hoje em dia, muito frequentemente, que seja conforme aos princípios enunciados ou na própria Constituição ou nos tratados internacionais, especialmente os em matéria de direitos[163].

Por exemplo, a Constituição portuguesa estabelece no art. 16.2, que «Os preceitos constitucionais e legais relativos aos direitos fundamentais devem ser interpretados e integrados de harmonia com a Declaração Universal dos Direitos do Homem»; o art. 20.1, da Constituição da Romênia, de um lado, restringe esta obrigação só às disposições constitucionais; do outro, estende o parâmetro a todos os pactos e tratados dos quais o Estado é parte. De modo similar, a Quarta Disposição Final e Transitória da Constituição peruana impõe que «Las normas relativas a los derechos y a las libertades que la Constitución reconoce se interpretan de conformidad con la Declaración Universal de Derechos Humanos y con los tratados y acuerdos internacionales sobre las mismas materias ratificados por el Perú». Assim, também no sentido da interpretação con-

---

[161] Art. 427: «Las normas constitucionales se interpretarán por el tenor literal que más se ajuste a la Constitución en su integralidad. En caso de duda, se interpretarán en el sentido que más favorezca a la plena vigencia de los derechos y que mejor respete la voluntad del constituyente, y de acuerdo con los principios generales de la interpretación constitucional».

[162] Art. 429: «La Corte Constitucional es el máximo órgano de control, interpretación constitucional y de administración de justicia en esta materia»; e art. 436: «La Corte Constitucional ejercerá, además de las que le confiera la ley, las siguientes atribuciones: 1. Ser la máxima instancia de interpretación de la Constitución, de los tratados internacionales de derechos humanos ratificados por el Estado ecuatoriano, a través de sus dictámenes y sentencias. Sus decisiones tendrán carácter vinculante».

[163] Para o debate estadunidense, tocado apenas superficialmente pela relevância internacional do tema, ver, entre tantos, além do artigo de Bayon citado na nota 154: K.E. WHITTINGTON, *Constitutional Interpretation: Textual Meaning, Original Intent, and Judicial Review*, Un. Press of Kansas, Lawrence, 1999; J.M. SHAMAN, *Constitutional Interpretation: Illusion and Reality*, Greenwood, Westport-London, 2001; W.F. MURPHY, *American Constitutional Interpretation*, Foundation-Thomson West, New York, 2003.

forme aos tratados internacionais sobre direitos, expressam-se muitas Constituições posteriores à Segunda Guerra Mundial, especialmente as da última geração (tanto do Leste Europeu quanto latino-americanas, asiáticas e africanas)[164].

A controversa Constituição da Hungria (2012) estabelece não apenas que as Cortes devem interpretar as leis em conformidade com os fins da própria Constituição, mas também que a interpretação da Constituição e das leis deve inspirar-se nos fins morais e econômicos do senso comum e do interesse público[165]. A Constituição irlandesa veda interpretar o princípio da igualdade perante a lei no «sentido de que o Estado, nas suas leis, não leve em consideração as diferenças de capacidade, física e moral, dos indivíduos, e a sua função desenvolvida na sociedade»[166]. O art. 26.3, da Constituição do Peru (1993) dispõe que, nas relações de trabalho, deve-se dar a «interpretación favorable al trabajador en caso de duda insalvable sobre el sentido de una norma». A búlgara prescreve, nos arts. 124 e 125, que a interpretação imposta aos outros Tribunais pela Suprema Corte e pela Suprema Corte Administrativa deve ser "estrita", ao passo que a Constituição tcheca veda qualquer interpretação voltada a suprimir ou a ameaçar as bases do Estado democrático[167]. A Constituição da África do Sul, como já dito, atribui à Corte a incumbência de considerar o direito internacional e o estrangeiro.

[164] Sobre "internacionalização" da interpretação constitucional, J. GARCÍA ROCA, *La interpretación constitucional de una declaración internacional*, cit.; H.C. YOUROV, *The Margin of Appreciation Doctrine in the Dynamics of European Human Rights Jurisprudence*, Kluwer, The Hague-Boston-London, 1996; um número monográfico que reúne um debate organizado sobre este tema em *Human Rights L.J.*, n. 19 (1), 30 de abril de 1998, intitulado "The Doctrine of Margin of Appreciation under the European Convention on Human Rights: Its Legitimacy in Theory and Application in Practice"; S. GREER, *The Margin of Appreciation: Interpretation and Discretion under the European Convention on Human Rights*, Council of Europe, Human Rights Files n. 17, 2000.

[165] Art. R.3.

[166] Art. 40.1.

[167] Art. 9.3. O cap. 2, seção 36, e esp. a seção 39, da Constituição da África do Sul, como já lembrado no cap. I, § 10.4, afirma que, ao interpretar o *Bill of Rights*, cada Corte, Tribunal ou fórum «(b) must consider international law», e «(c) may consider foreign law».

Deve-se confiar nas próprias Cortes para assegurar o respeito destes limites, cujas formulações elas mesmas são às vezes chamadas a interpretar. Isto é de especial evidência nesses países, onde a Corte Constitucional é instigada –em consagração do seu *status* de "costituinte permanente"– a dar a interpretação oficial da Constituição e das leis, como "supremo intérprete" ou "intérprete oficial" da Constituição (Espanha, Rússia; Ucrânia, Uzbequistão, Moldávia, Cazaquistão, Azerbaijão, Chipre, Peru ...). Direito interno e direito internacional, juntamente com parte consistente da doutrina, contribuem para afastar a interpretação constitucional do texto, em prol de princípios (e equilíbrios e ponderações) muitas vezes dissociados das considerações dos poderes constituinte e de revisão (além do legislativo). Como observa Guastini, «Sabemos que os defensores da interpretação por valores leem a Constituição não como um documento normativo (que contém essencialmente regras), mas sobretudo como uma solene enunciação de princípios, com valores subjacentes. É evidente que os valores são insuscetíveis de aplicação a casos concretos sem concretizações fantasiosas e ponderações arbitrárias. E orientação desta natureza traduz-se em reconhecer prevalência aos valores subjacentes ao texto constitucional em relação ao próprio texto, isto é, em última análise, em detrimento dele»[168].

---

[168] R. Guastini, *Positivismo giuridico e interpretazione costituzionale*, cit., p. 340.

Capítulo V

AS FONTES DO DIREITO

SUMÁRIO: SEÇÃO I: AS FONTES NO DIREITO COMPARADO E NOS DIREITOS NACIONAIS: 1. Definições dogmáticas e definições teóricas. – 2. Polimorfismo e tipologias das fontes. – SEÇÃO II: ANTES DO DIREITO POSITIVO: AS FONTES DE LEGITIMAÇÃO: 1. Premissa. – 2. "Faça como sempre fizeram os pais": tradições, usos, costumes. – 3. "Comporte-se de acordo com os pactos": as convenções e os tratados. – 4. "Obedeça a Deus": direito divino e direito com base religiosa. – 4.1. Direito hebraico. – 4.2. Direito canônico. – 4.3. Direito muçulmano. – 5. "Siga a razão": o direito jurisprudencial. – 5.1. Os pareceres dos doutos (direito romano, Islã, direito hindu). – 5.2. "Senhores do direito": os juízes e a interpretação. – 5.3. Direito transnacional. – 5.4. Em especial: o *common law*. – 5.4.1. As origens. – 5.4.2. A jurisdição da *equity*. – 5.4.3. Circulação do modelo. – 5.4.4. Precedente judiciário e *stare decisis*. 5.4.5. *Statute law* e interpretação no *common law*. – 6. Modelos hegemônicos: *common law* vs direito codificado. – 7. "Respeite a vontade do chefe político": o direito dos Parlamentos e dos Governos (mas também dos *leaders* tribais e dos ditadores); o direito ideológico. – 7.1. O *civil law*, da grande codificação ao *Welfare State*. – 7.2. *Soft law*: um "não direito" entre conselhos e comandos. – 7.3. A produção normativa em situações de crise. – SEÇÃO III: FONTES-ATO DO DIREITO OCIDENTAL: 1. Premissa: Estado social e rigidez constitucional. – 2. A Constituição como metafonte. – 3. A lei (em geral e no *common law*). – 3.1. A reserva de lei. – 3.2. "Administrativização" da lei e leis formais. – 3.3. O procedimento de formação. – 3.3.1. Ativação do procedimento: a iniciativa legislativa. – 3.3.2. A fase constitutiva e o papel das comissões. – 3.3.3. Monarcas e Presidentes no processo legislativo: sanções, promulgações, veto, remessa. – 3.3.4. *"Ignorantia legis non excusat"*: a publicação. – 4. A intervenção das minorias e da sociedade no processo decisório: leis complementares, leis atípicas, leis orgânicas. – 5. O Executivo-legislador. – 5.1. Exigências de coerência, técnica, organicidade: a legislação delegada. – 5.2. Além da emergência: medidas provisórias. – 5.3. *Subordinate legislation* no *common law*. – 6. As fontes dos entes territoriais autônomos. – 6.1. Constituições e Estatutos. – 6.2. A repartição de competências entre centro e periferia. – 7. Fontes da União Europeia e os direitos internos (remete-se a outro capítulo). – 8. A "legislação material" do Executivo: os regulamentos. – 9. Outras fontes do direito. – 9.1. Auto-organização: os regimentos das Câmaras Parlamentares. – 9.2. Sentenças constitucionais (remete-se a outro capítulo). – 9.3. O povo legislador: o referendo e a "lei popular". – 10. Normas ou matrizes de normas? Os princípios do direito.

Seção I

AS FONTES NO DIREITO COMPARADO
E NOS DIREITOS NACIONAIS

§ 1. *Definições dogmáticas e definições teóricas*

A expressão "fontes do direito" tem muitos significados. A definição mais em voga é a de "atos ou fatos idôneos a produzir direito" (ou algo parecido)[1]. Mas esta não é satisfatória aos nossos fins, seja porque requer uma preliminar definição de "direito"[2], seja porque, para identificar as fontes do direito, é indispensável uma definição para utilizar sempre e de qualquer forma, com referência a qualquer ordenamento do passado ou do presente. Não é suficiente basear-se em somente um ordenamento específico, mas é necessário encontrar uma espécie de mínimo denominador comum entre os vários atos e fatos que no curso da história e nos diversos ordenamentos

---

[1] Para a bibliografia geral, vide L. Pegoraro, A. Rinella, *Le fonti nel diritto comparato*, Giappichelli, Torino, 2000, ed. peruana editada por J.F. Palomino Manchego, *Las fuentes en el Derecho Comparado (con especial referencia al ordenamiento constitucional)*, Grijley, Lima, 2003; A. Pizzorusso, *Comparazione giuridica e sistema delle fonti del diritto*, Giappichelli, Torino, 2005; S. Vogenauer, *Sources of Law and Legal Method in Comparative Law*, in M. Reimann, R. Zimmermann (eds), *The Oxford Handbook of Comparative Law*, cit. Sobre o conceito de fonte, é bom levar em consideração também o cap. I do manual de P.W. Hogg, *Constitutional Law of Canada*, cit. Vejam-se, ademais, várias partes de M. Bussani, U. Mattei (eds), *The Cambridge Companion to Comparative Law*, cit. Sobre a diferença entre perspectiva dogmática e perspectiva teorética de "fontes do direito", cf. V. Crisafulli, verbete *Fonti del diritto (diritto costituzionale)*, in *Enc. dir.*, XVII, Giuffrè, Milano, 1968, p. 925.

[2] Cf. cap. I, § 1.

demonstraram-se idôneos a inová-los: operação que nos permite qualificar como "fonte do direito" a lei italiana ou espanhola em paridade com o precedente no direito anglo-saxão, o costume tanto quanto a *iğmā'* dos doutores muçulmanos, o regulamento regional como *dharma* hindu e assim por diante. Mais precisamente, segundo Pizzorusso «com a expressão "fontes do direito", indicam-se atos ou fatos dos quais, em virtude das normas sobre a produção jurídica, deriva a criação, a modificação ou a ab-rogação de disposições ou normas suscetíveis de valer como tais no âmbito do ordenamento jurídico de referência». Mais precisamente, explica R. Guastini que «O conceito de fonte não é unívoco na literatura. Por vezes se denomina "fonte" cada ato que, de fato, *produza* normas, seja ele autorizado ou não a produzi-las. Outra vezes, diz-se "fonte" toda classe de atos que sejam *autorizados* a produzir normas, ainda que por ventura um determinado ato daquela classe seja desprovido de conteúdo normativo. Em ambos os casos, entre fontes e normas há um estreito nexo conceitual. Mas tal nexo é construído de dois modos bastante distintos nos dois casos, dando lugar a dois conceitos diferentes de fonte. O primeiro é um conceito "material" (ou substancial) de fonte. O segundo é um conceito "formal" de fonte». A distinção principal consiste na seguinte: «Em sentido material, constitui fonte do direito todo ato que *produza* normas: independentemente do seu nome, do seu procedimento de formação e do órgão do qual promane [...]. Segundo este ponto de vista, os critérios de reconhecimento das fontes são, por conseguinte, "materiais" (ou "substanciais") no seguinte sentido. Não se pode decidir *a priori* se um certo ato é ou não fonte do direito, com base em elementos puramente formais, como, por exemplo, o nome oficial (o *nomen juris*) do ato, o órgão de origem, o procedimento de formação: é o conteúdo que se deve verificar. Todo ato que seja provido de conteúdo genuinamente normativo (ou seja, de um conteúdo geral e abstrato) constitui fonte do direito independentemente das suas características formais»; ao passo que «Em sentido formal, constitui fonte do direito todo ato não propriamente produtor de normas, mas *autorizado* a produzir normas: qualquer que seja o seu conteúdo»[3].

---

[3] Veja, a respeito A. PIZZORUSSO, *Sistemi giuridici comparati*, 2ª ed., Giuffrè, Milano, 1998, p. 259 e ss., e R. GUASTINI, *Le fonti del diritto. Fon-*

O exame comparativo ensina antes de tudo que o direito pode ser produzido não só com procedimentos legalmente previstos (fontes legais), como fora destes (fontes *extra ordinem*), e que em verdade esta segunda forma de produção jurídica aparece amplamente difundida nos ordenamentos mais primitivos ou instáveis, enquanto é considerada com suspeita nos mais evoluídos, onde o papel de fonte *extra* legal é limitado ao poder constituinte e a poucos outros. (O poder constituinte, em realidade, enquanto se legitima em via de fato e em virtude do fato, não corresponde a nenhum procedimento formal.)

Sugere também atenuar a distinção entre fontes de produção e fontes de cognição que, partindo de uma perspectiva externa aos ordenamentos "ocidentais" (ou imitadores), não assume relevância ou, pelo menos, apresenta uma importância menor. Com efeito, a contraposição entre as primeiras (definidas pela doutrina como "atos e fatos aos quais cada ordenamento conecta o nascimento ou a extinção das próprias normas") e as segundas (isto é, "os documentos que fornecem notícia legal das normas produzidas ou, de todo modo, as tornam conhecíveis") é em parte estranha à vasta área do direito consuetudinário, que ignora obviamente as fontes de cognição (não podendo ser consideradas como tais as meras compilações de costumes).

A pesquisa comparatista, de um lado, nos demonstra a relatividade do conceito de "fonte" e a variedade de atos e fatos que dão sentido a esta palavra; do outro, contribui para definir –no interior da zona cinzenta que caracteriza todos os sinais linguísticos– uma área de significado bem preciso. Da análise de vários ordenamentos, considerados seja na perspectiva sincrônica, seja na diacrônica (ou histórica), deduz-se, porém, a existência de um conceito lógico, que permite identificar as fontes no conjunto multiforme de processos dos quais decorre o direito objetivamente entendido ou, se preferir, entre os atos e fatos idôneos a criá-lo.

Isso explica porque muitos estudos comparatistas tenham colocado no centro das classificações das famílias jurídicas o

---

damenti teorici, Giuffrè, Milano, 2010, trad. esp. *Las fuentes del derecho. Fundamentos teóricos*, Ed. Científica Peruana, Lima, 2016, parte II, cap. VI, § 1; ID., parte I, cap. V, "Ancora su diritto e forza", § 4, "Il concetto di obbligo giuridico", de ID., *Discutendo*, cit., p. 78.

conceito de fonte, que funciona como elemento determinante também para quem põe destaque em outras características (como a ideologia, o papel do direito, da política, da cultura, etc.). O constitucionalista comparatista não pode renunciar às contribuições dos civilistas comparatistas, sobretudo para se desvincular de abordagens reducionistas, destinadas a limitar o estudo das fontes a uma mera aplicação de teorias –como a da *Stufenbau* (hierarquia das fontes)– inadequadas a muitas realidades, tanto do ponto de vista histórico e cultural quanto sob uma análise sincrônica. A teoria geral do direito (*id est*, das fontes) não tem nada de "geral", se apenas se organizam os sistemas de produção do direito em classes que levem em consideração elementos como a legitimação do poder de produzi-lo: por isso, ao lado do direito de origem "política" (em sentido amplo, isto é, que promana da força de um chefe, seja ele um Parlamento, um ditador ou um líder tribal), encontra-se o direito de origem religiosa (onde o preceito é: "obedeça à palavra de Deus"), consuetudinária ("faça o que fizeram os pais"), jurisprudencial ("faça o que um juiz ou um sábio anteriormente estabeleceu como racional"), convencional ("*pacta sunt servanda*")[4].

Por outro lado, o constitucionalismo e, sobretudo, o conceito de Constituição rígida, produz profundas repercussões nos sistemas das fontes. Característico das famílias de tradi-

[4] A. Pizzorusso, *Sistemi giuridici comparati*, cit., p. 257 e ss., e Id., *Alcuni problemi da affrontare per lo studio delle fonti del diritto nell'epoca contemporanea*, in P. Caretti (ed.), *Osservatorio sulle fonti 2008*, Giappichelli, Torino, 2008, p. 289 e ss., com reflexões sobre a influência das Constituições, globalização, o *soft law*, etc. A classificação baseada na legitimação do poder ecoa aquela proposta por J. Vanderlinden, *Comparer les droits*, Story-Scientia, Diegem, 1995, p. 334 e ss. Esta última –como lembra A. Somma, *Introduzione al diritto comparato*, cit., p. 94– «partindo (...) de uma noção de sistema jurídico liberada do requisito da estatalidade, propõe agrupar os direitos a partir da "fonte dominante", ou do predominante "modo de formulação do direito", e de concentrar-se somente em um segundo momento em assuntos como "a ideologia ou a técnica". Deste modo, podem ser identificados: um "sistema consuetudinário", gerado pelo comportamento dos membros da sociedade; um "sistema doutrinário", concentrado nas regras produzidas pelos sábios; um "sistema jurisprudencial", fundado nos precedentes dos juízes; um "sistema legislativo", baseado nos comandos formulados por um vértice; e um "sistema revelador" relacionado a uma divindade».

ção ocidental (*common* e *civil law*), permeia e condiciona também o desenvolvimento do direito em outros contextos sistêmicos, que frequentemente imitam os aspectos formais e às vezes também os substanciais, reduzindo a importância de outros modos de produzir direito. Pense-se nas tentativas de conciliação entre direito consuetudinário (tribal) e direito constitucional[5]. Outra figuração de interesse é representada pelo percurso de hibridização começado há tempo entre os modelos de *civil law* e de *common law*, que adquire um significado de âmbito amplo também na esfera do direito constitucional, onde se verifica o crescimento do papel e do espaço da legislação nos ordenamentos de matriz anglo-saxã e a evolução do valor da jurisprudência nos ordenamentos continentais[6]. No entanto, não faltam privatistas que insistem na grande distinção[7] e constitucionalistas que, em nome da circulação dos princípios constitucionais, tendem a atenuá-la[8].

§ 2. POLIMORFISMO E TIPOLOGIAS DAS FONTES

Os sistemas de fontes do direito apresentam normalmente uma articulação que é proporcional ao grau de complexidade da *societas* a que se referem. É possível, porém, traçar uma série de distinções de caráter geral que facilitam a leitura do amplo quadro de referência através da individualização de alguns tipos.

Além da distinção entre fontes legais e fontes *extra ordinem* (as quais, ainda que produzidas abusivamente, ao receberem aplicação, passam, por conseguinte, à posição de fontes do direito em razão do princípio da efetividade) e entre fontes de produção e fontes de cognição, no âmbito das fontes legalmente reconhecidas é comum distinguir-se entre fontes-ato e fontes-fato. A contraposição apoia-se na circunstância de que a criação, a modificação ou a revogação das disposições, ou a

---

[5] Vide *infra*, seção II, § 2.
[6] H. MUIR WATT, *Globalization and Comparative Law*, cit., p. 591.
[7] G. CRESPI REGHIZZI, *Introduzione*, in L. ACQUARONE, F. ANNUNZIATA, R. CAVALIERI, G.F. COLOMBO, M. MAZZA, A. NEGRI, L. PASSANANTE, G. ROSSOLILLO, L. SEMPI, *Sistemi giuridici nel mondo*, 2ª ed. organizada por A. NEGRI, Giappichelli, Torino, 2016, p. XV.
[8] V. cap. II, seção I, § 5, nota 14.

determinação de modelos de comportamento, seja ou não consequência de uma atividade voluntária especificamente voltada à produção normativa. Onde as normas jurídicas derivassem da atividade que não fosse direcionada a tal escopo, estaríamos diante de uma fonte-fato, como o costume. As fontes-ato, por sua vez, constituem o resultado de uma atividade exercida pelos órgãos legitimados para isso, com o fim precípuo de criar, modificar ou revogar normas jurídicas. Portanto, são fontes-ato, por exemplo, a Constituição, a lei orgânica, a lei, o regulamento e as outras medidas normativas preordenadas a produzir direito.

Uma ulterior distinção entre as fontes do direito –a qual tem valor em relação aos ordenamentos modernos– baseia-se no diferenciado grau de eficácia normativa que o ordenamento atribui aos materiais produzidos por ele. O fundamento desta distinção está na teoria da hierarquia das fontes, por meio da qual podem ser resolvidas as antinomias que surgem entre fontes de nível superior e fontes de nível inferior[9]. As primeiras, de fato, operam como fatores de justificação do caráter normativo das fontes inferiores e, ao mesmo tempo, como limite do seu possível conteúdo; as segundas, por sua vez, atuam como instrumento de implementação e de especificação das fontes superiores. Os níveis nos quais é possível distinguir as fontes podem variar, por número e denominação, de ordenamento para ordenamento. Em linhas gerais, a hierarquia das fontes dos ordenamentos estatais é articulada hoje em dia em pelo menos quatro níveis correspondentes, em ordem decrescente, às normas constitucionais; às normas legislativas ordinárias ou normas primárias; às normas regulamentares ou normas secundárias; aos usos e aos costumes.

O critério de hierarquia, contudo, revela-se atualmente incapaz de resolver as antinomias entre as distintas fontes. No

---

[9] Vejam-se de A. MERKL, entre outros, *Prolegomena einer Theorie des rechtlichen Stufenbaues*, in AA.VV., *Gesellschaft, Staat und Recht. Festschrift gewidmet Hans Kelsen zum 50. Geburtstag*, Verdross, Wien, 1931, p. 252 e ss., e alguns entre os seus ensaios traduzidos para o italiano e editados por M. PATRONO, em *Il duplice volto del diritto. Il sistema kelseniano e altri saggi*, Giuffrè, Milano, 1978; de H. KELSEN, *Reine Rechtslehre. Einleitung in die rechtswissenschaftliche Problematik*, Deuticke, Wien, 1934; ID., *Reine Rechtslehre*, cit.; ID., *General Theory of Law and State*, Harvard U.P., Cambridge, 1945.

seu lugar, abre-se caminho e assume importância o critério da competência[10].

Nos ordenamentos com Constituição flexível, a separação formal por níveis entre Constituição e leis ordinárias desaparece (ainda que, especialmente depois da aprovação dos *Devolution Acts* e do *European Community Act*, a natureza flexível da Constituição britânica tenha sido colocada em discussão pela doutrina, pelos Tribunais e pelo próprio Parlamento[11]). Contrariamente, a rigidez da Constituição implica que possa ser modificada por uma fonte de nível equivalente e, portanto, diferente da lei ordinária (geralmente através de procedimento complexo e rigoroso). Ademais, a rigidez da Constituição determina (frequentemente, mas não sempre) a introdução de técnicas voltadas a sancionar a violação por parte de normas hierarquicamente subordinadas (controle de legitimidade constitucional)[12].

Ao redor da Constituição (e acima dela) podem ser estabelecidos, por vários ordenamentos, outros níveis: pense-se, por exemplo, nas fontes supremas, não suscetíveis de modificação por meio de procedimentos normais de revisão por previsão expressa (Espanha, Itália, Portugal); ou porque ostentam princípios cuja modificação incidiria sobre a Constituição substancial vigente ao ponto de desvirtuá-la. Pense-se também nas fontes intermediárias entre Constituição e leis ordinárias, como as leis orgânicas[13].

Uma precisão léxica sobre a diferença entre dispositivo legal e norma: dispositivo é um segmento do discurso do legislador, ou seja, qualquer enunciado que pertença a uma fonte do direito; norma é (não tanto o dispositivo legal, mas sim) o seu significado, variável dependente da interpretação[14].

---

[10] F. MODUGNO, verbete *Norma giuridica (teoria generale)*, in *Enc. dir.*, XXVIII, Giuffrè, Milano, 1978, p. 328 e ss., e *amplius infra*, seção II, § 7.1.

[11] Vide cap. VII, § 9.

[12] Vide cap. IV, § 10, e cap. X, seção II.

[13] Para as fontes supremas, vide cap. I, § 11; cap. IV, §§ 1, 6.2, 11, 12; para as fontes intermediárias, este capítulo, seção III, § 4.

[14] R. GUASTINI, *Teoria e dogmatica delle fonti*, Giuffrè, Milano, 1998, p. 16; V. CRISAFULLI, verbete *Disposizione (e norma)*, in *Enc. dir.*, XIII, Giuffrè, Milano, 1964, p. 195 e ss.; G. TARELLO, *Diritti, enunciati, usi. Studi di teoria e metateoria del diritto*, il Mulino, Bologna, 1974.

Seção II

ANTES DO DIREITO POSITIVO: AS FONTES DE LEGITIMAÇÃO

§ 1. PREMISSA

A sistematização das fontes a seguir baseia-se no critério predominante de produção. Nenhum ordenamento, seja estatal ou não, conhece um modo exclusivo de produzir direito. Os vários tipos de fonte mesclam-se entre si e as normas jurídicas às vezes sobrepõem-se a regras que no Ocidente não são definidas como "jurídicas", como as religiosas. Contudo, "Não matarás" pertence ao decálogo dos mandamentos do cristianismo e aos textos sacros ou à *traditio* de qualquer religião, mas, ao mesmo tempo, é direito codificado. Como dissemos[15], no tempo e no espaço não existe uma concepção comum de "direito" (ainda que existam grandes convergências). O máximo grau de legitimação e o mínimo grau de desvio existem quando uma regra consuetudinária baseia-se «em uma tendência instintiva e em uma pacífica norma ética, fornecida pelo sobrenatural», recebendo o aval de uma regra política[16]. Formantes alinhados implicam, também para as fontes, resultados mais satisfatórios.

---

[15] Cap. I, § 1, e seção I, § 1.
[16] A. GIANOLA, *Regole e meccanismi di funzionamento del diritto muto*, in L. ANTONIOLLI, G.A. BENACCHIO, R. TONIATTI (eds), *Le nuove frontiere della comparazione*, cit., p. 130. Sobre a dedução da Bíblia de conceitos legais e morais na origem das leis, ver D. FRIEDMANN, *To Kill and Take Possession: Law, Morality and Society in Biblical Stories*, Hendricks, Peabody, 2002.

Nas páginas seguintes, serão levadas em consideração, nesta seção, as fontes consuetudinárias; em seguida, as regras convencionais; as de origem divina; as jurisprudenciais, tanto de formação douta quanto jurisdicional (com especial referência ao *common law*); as fontes que possuem sua legitimação nos precedentes de um órgão político. Neste âmbito será tratado o processo de codificação (*civil law*). Em seguida, depois de algumas referências à Constituição como fonte produtora de direito, em uma terceira seção analisaremos conjuntamente as distintas fontes de produção jurídica no âmbito estatal, isto é, a lei, as fontes atípicas, as leis delegadas, os decretos-leis, os atos normativos dos entes periféricos e das organizações supranacionais, os regulamentos, assim como algumas fontes residuais, como o referendo, onde possa ser considerado fonte.

§ 2. *"Faça como sempre fizeram os pais": tradições, usos, costumes*

O direito tradicional permeia ainda hoje grande parte da produção jurídica do mundo, mesmo que seja normalmente desvalorizado pelos constitucionalistas[17]. A sensibilidade no que atine aos direitos consuetudinário, tribal, religioso foi maior por parte do direito privado comparado, que –com o auxílio de ciências como a antropologia– sempre buscou perceber o que está por trás das estruturas jurídicas "legais"[18]. Não fal-

---

[17] Sobre os costumes, N. Bobbio, *La consuetudine come fatto normativo*, Cedam, Padova, 1942, reimpr. Giappichelli, Torino, 2010; G. Zagrebelsky, *Sulla consuetudine costituzionale nella teoria delle fonti del diritto*, Utet, Torino, 1970; e, para as regras não escritas no direito constitucional, P. Biscaretti di Ruffia, *Le norme della correttezza costituzionale*, Giuffrè, Milano, 1939; sobre as tradições, P. Legrand, R. Munday (eds), *Comparative Legal Studies*, cit.; H.P. Glenn, *Legal Traditions of the World*, cit.; T.W. Bennett, *Comparative Law and African Customary Law*, in M. Reimann, R. Zimmermann (eds), *The Oxford Handbook of Comparative Law*, cit., p. 641 e ss.; a seção monográfica da *Rev. gen. der. públ. comp.*, n. 26, 2019, "The Role of Customary Law in the Shaping of New Models of Pluralistic States – El papel del derecho tradicional en la elaboración de nuevos modelos de estados pluralistas" (organizada por S. Bagni e A.C. Diala).

[18] T.W. Bennet, *Comparative Law and African Customary Law*, cit., p. 641 e ss., e, esp., p. 671 e ss.; A. Somma, *Le parole della modernizzazione latinoamericana. Centro, periferia, individuo e ordine*, in *Research pa-*

ta, contudo, também na vertente publicista, quem tente conciliar o direito consuetudinário ou tradicional (tribal) com o direito constitucional. Parece possível –para usar as categorias de M. Carducci– um "direito constitucional altruísta", fundamentado nas tradições e, portanto, com base consuetudinária (ainda que não só)[19].

«A tradição é uma obra de representação do real baseada em um conjunto de dados adquiridos previamente»[20], e o direito tradicional/consuetudinário está na base de um «esquema teórico [que] permite avaliar as reformas tendo presentes os conceitos de tradição e de pluralismo jurídico. O direito cosmopolita subalterno ou dos oprimidos é um projeto cultural, político e social com um elemento jurídico no seu interior». Apoia-se, assim, na categoria de «tradições jurídicas não hegemônicas para avaliar se é possível o seu emprego nas lutas contra o neoliberismo»[21].

Dentre as tradições, o direito consuetudinário representa uma base importante, ainda que não exclusiva. (Com efeito, também contribuem o direito religioso ou o animismo, assim como outros tipos de regras.) As experiências de constitucionalização das tradições a que se faz referência são, no campo do chamado *nuevo constitucionalismo* andino, «as Constituições do *buen vivir*, sobretudo a equatoriana; a Constituição

---

per series, Max-Planck-Institut für Europäische Rechtsgeschichte – Max Planck Institute for European Legal History, Frankfurt a.M., n. 5, 2012, p. 1 e ss.; ID., *Tradizione giuridica occidentale e modernizzazione latinoamericana. Petrolio, democrazia e capitalismo nell'esperienza venezuelana*, in AA.VV., *Zeitschrift des Max-Planck-Instituts für europäische Rechtsgeschichte*, n. 20, 2012, p. 190 e ss.; ID., *Introduzione al diritto comparato*, cit., p. 21 e ss., p. 77 e ss.

[19] M. CARDUCCI, *Por um Direito Constitucional Altruísta*, Livraria do advogado, Porto Alegre, 2003.

[20] H.P. GLENN, *Legal Traditions of the World*, cit., p. 5 e ss.

[21] B. DE SOUSA SANTOS, *Una epistemología del Sur. La reinvención del conocimiento y la emancipación social*, Siglo XXI, México, 2009. Ver, ademais, M. CARDUCCI, *Coinvolgimento e distacco nella comparazione mondo*, in *Bol. mex. der. comp.*, n. 128, 2010, p. 595 e ss.; ID., *Epistemologia del Sud e costituzionalismo dell'alterità*, cit.; S. BALDIN, *The Concept of Harmony in the Andean Transformative Constitutionalism: A Subversive Narrative and its Interpretations*, in ID. (ed.), "Narraciones contrahegemónicas y derecho", seção monográfica da *Rev. gen. der. públ. comp.*, n. 17, 2015, p. 1 e ss.

sul-africana, integrada pela jurisprudência constitucional que reconheceu, entre valores e princípios fundamentais do novo ordenamento democrático, o tradicional de *ubuntu*; e, enfim, a nova Constituição do Butão, que introduziu na Carta Fundamental o conceito de *Gross National Happiness*». Tais valores foram introduzidos no ordenamento «através de cláusulas constitucionais (Equador e Butão) ou critérios interpretativos da Constituição (África do Sul) que lembram cosmovisões próprias da tradição cultural autóctone, a fim de facilitar, por parte de todos os membros da sociedade, a identificação pessoal no contexto constitucional. Deste modo, a Constituição propõe-se como ruptura com o passado e pedra angular para a construção de um futuro realmente compartilhado»[22]. Também a recente Constituição de Madagascar de 2010, aprovada em conclusão de uma complexa transição democrática, constitucionaliza as tradições do povo malagasy. O preâmbulo menciona, por exemplo, a crença em Deus, Supremo Criador (*Andriamanitra Andriananahary*), a proteção da biodiversidade, as estruturas de governos locais tradicionais, a promoção de uma sociedade que possa viver em harmonia e com respeito ao outro e que saiba valorizar –como ela declara– «la richesse et [...] dynamisme de ses valeurs culturelles et spirituelles à travers le *"fanahy maha-olona"* (princípio da existência)», encontrando «son originalité, son authenticité et sa malgachéité [...] en conservant ses valeurs et principes fondamentaux traditionnels basés sur le *fanahy malagasy* qui comprend "ny fitiavana, ny fihavanana, ny fifanajàna, ny fitandroana, ny aina", et privilégiant un cadre de vie permettant un "vivre ensemble" sans distinction de région, d'origine, d'ethnie, de religion, d'opinion politique, ni de sexe». Enfim, as estruturas comunitárias de base –as sedes decisórias (*Fokonolona*) organizadas em aldeias (*Fokontany*)– constituem «un cadre de vie, d'émancipation, d'échange et de concertation participative des citoyens».

---

[22] S. BAGNI, *Dal Welfare State al Caring State?*, cit.; ID., *Il sumak kawsay: da cosmovisionè indigena a principio costituzionale in Ecuador*, cit., p. 62 e ss. Para algumas aplicações peculiares da filosofia do *buen vivir*, v. D. BONILLA MALDONADO (ed.), *Justicia colectiva, medio ambiente y democracia participativa*, Un. de los Andes, Bogotá, 2010; sobre os pressupostos e as finalidades, V.M. ÁVILA PACHECO, W.L. PEÑA MELÉNDEZ (eds), *Descolonización del Estado en América Latina*, Un. Libre, Bogotá, 2011.

A tradição é distinta do costume. Se existe um «modo tradicional de fazer as coisas», a tradição está no modo de fazê-las; o costume consiste em fazer tais coisas, ele é o resultado da tradição»[23].

No Ocidente, a definição de costume tem suas raízes em uma elaboração teórica desenvolvida a partir da Antiguidade. Os requisitos que determinam a presença de uma norma consuetudinária são o *usus* e a *opinio* (forma abreviada de *opinio juris ac necessitatis* do *usus*), vale dizer: a repetição geral, uniforme, constante, frequente e pública de um dado comportamento (*usus* ou elemento material do costume); ao qual se adiciona a consciência, em quem tem aquele dado comportamento, de um dever jurídico de respeitar o uso (*opinio iuris* ou elemento espiritual do costume).

A noção de costume é frequentemente atribuída aos ordenamentos jurídicos das sociedades "primitivas", independentemente de remontarem à Antiguidade ou de até hoje viverem e serem juridicamente involuídas. Nestas situações, o costume assume um significado amplo, dirigido a compreender fenômenos jurídicos que seriam melhor enquadrados no direito divino, já que conexos à influência de entidades sobrenaturais[24]. Em geral, prevalece naquelas sociedades a ideia de que os comportamentos estabelecidos pelos antepassados ou pelos anciões são obrigatórios e insuscetíveis de modificação. Vários textos que constituíram base de referência do direito moderno foram resultado de um processo de codificação ou compilação de costumes preexistentes (do Corão à Bíblia e aos *Veda* –os antigos livros sagrados da Índia–); trata-se geralmente de codificações e compilações que também em épocas recentes marcaram a evolução de alguns ordenamentos[25].

O direito consuetudinário desenvolve uma importante função também no ordenamento internacional. Em tal contexto, em ausência de um órgão ao qual possam ser reconhecidos poderes normativos formais, a principal, senão a única, fonte do direito internacional acaba por ser o conjunto dos compor-

[23] Cf. H.P. GLENN, *Legal Traditions of the World*, cit., p. 13 s., lembrado por S. BALDIN, *Il buen vivir nel costituzionalismo andino*, cit., p. 74.

[24] T.W. BENNETT, *Comparative Law and African Customary Law*, cit., p. 641 e ss.

[25] V. seção II, § 7.1

tamentos tidos pelos Estados e por eles aceitos como juridicamente relevantes. Os próprios tratados, que apresentam uma estrutura jurídica mais próxima aos atos negociais (direito convencional) do que aos atos normativos, assumem sobretudo um papel de reveladores de normas do que de criadores das mesmas.

Nos ordenamentos estatais modernos, contudo, a lei impõe-se sempre (salvo raras exceções) sobre o costume, em conformidade com uma consolidada concepção juspositivista[26]. Por isso, as normas que decorrem de atos legislativos prevalecem sobre normas consuetudinárias anteriores e impedem que sejam formados posteriores costumes *contra legem*. No direito ocidental contemporâneo, pois, a esfera de operatividade do costume limita-se aos casos nos quais a própria lei faz uma referência à norma de uso (costume *secundum legem*); ao passo que até hoje a abordagem dos ordenamentos em relação à hipótese de costume *praeter legem*, isto é, relativo a matérias não disciplinadas pela lei, apresenta soluções variadas. A admissibilidade desta forma de costume é uma variável de uma concepção de direito que admite tal integração pela disciplina legislativa ou que, ao contrário, conteste a possibilidade de o sistema legislativo apresentar lacunas. No direito constitucional, contudo, tem um papel muito importante, ainda que muitas vezes tenda a se confundir com o que o direito britânico qualifica como "convenções"[27].

§ 3. *"COMPORTE-SE DE ACORDO COM OS PACTOS":*
AS CONVENÇÕES E OS TRATADOS

A contraposição entre "direito autônomo" e "direito heterônomo"[28] permite qualificar o direito com base convencional como conjunto de normas autônomas sobre cujo conteúdo os destinatários acordaram previamente (diferentemente do direito heterônomo, como o consuetudinário ou jurisprudencial,

---

[26] N. BOBBIO, *La consuetudine come fatto normativo*, cit., e D.J. BEDERMAN, *Custom as a Source of Law*, Emory Un., Atlanta, 2010.

[27] P.J. GONZÁLEZ TREVIJANO, *La costumbre en Derecho constitucional*, Congreso de los Diputados, Madrid, 1989.

[28] O. KAHN-FREUND, *On Uses and Misuses of Comparative Law*, in *The Modern L.R.*, n. 1 (37), 1974, p. 1 e ss.

ou do direito fundado na autoridade divina ou política)²⁹. Na raiz do direito convencional, portanto, está um pacto aprovado por unanimidade (e não segundo o princípio da maioria), com o qual os destinatários das regras dele emanadas obrigam-se a observá-las (*"pacta sunt servanda"*). Encontram-se facilmente os pontos de contato entre o direito convencional e o instituto privado do contrato, por força do qual as partes regulam os seus interesses comuns em termos reciprocamente vinculantes, sem nenhuma eficácia para terceiros (salvo algumas exceções).

Na experiência dos Estados contemporâneos, a produção normativa com base em pacto ou convenção limita-se a algumas hipóteses. Em primeiro lugar, os tratados internacionais, que precisamente constituem direito convencional produzido no âmbito da comunidade internacional e que, por efeito da ratificação, transformam-se em direito interno. Não raramente, são previstos por normas constitucionais "pactos", "concordatas" ou "acordos", geralmente com as confissões religiosas, destinados a serem recebidos como lei do Estado. Ademais, é difundida em muitos ordenamentos hodiernos a contratação coletiva em matéria de trabalho, mediante a qual textos normativos redigidos pelas partes com uma estrutura contratual adquirem eficácia *erga omnes* por efeito de uma norma específica sobre produção jurídica ou em consequência da força política dos sindicatos e, neste caso, *extra ordinem*³⁰.

---

²⁹ Sobre o direito convencional, T. BROUDE, Y. SHANY (eds), *Multi-Sourced Equivalent Norms in International Law*, Hart, Oxford-Portland, 2011; M. DIONIGI, *Globalizzazione e fonti del diritto*, Cacucci, Bari, 2011; S.V. SCOTT, *International Law and Politics: Key Documents*, Lynne Rienner, London, 2006; V.D. DEGAN, *Sources of International Law*, Nijhoff, The Hague, 1997. Em especial para a América Latina: E. REY CANTOR, *Control de Convencionalidad de las Leyes y Derechos Humanos*, Porrúa, México, 2008; C. AYALA CORAO, *Del diálogo jurisprudencial al control de convencionalidad*, Ed. Jurídica Venezolana, Caracas, 2012; E. FERRER MAC-GREGOR, *Panorámica del Derecho procesal constitucional y convencional*, Marcial Pons-Unam, Madrid et al., 2013; ID. (ed.), *El control difuso de convencionalidad*, Fundap, Querétaro, 2012; L.G. MARINONI, V. DE OLIVEIRA MAZZUOLI, *Controle de Convencionalidade. Um panorama latino-americano*, Gazeta Juridica-Abdpc, Brasilia, 2013; H.E. OLANO GARCÍA, *El control de convencionalidad en el sistema interamericano*, in S. BAGNI, G.A. FIGUEROA MEJÍA, G. PAVANI (eds), *La ciencia del derecho constitucional comparado*, cit., III, p. 1179 e ss.

³⁰ T. DAINTITH, *Law as a Policy Instrument: Comparative Perspectives*, in ID. (ed.), *Law as an Instrument of Economic Policy: Comparative and*

O direito dos tratados assume hoje uma relevância especial para a incorporação generalizada dos seus preceitos nos direitos nacionais, sobretudo no que atine aos tratados de defesa dos direitos humanos ou fundamentais e para o controle de convencionalidade que os Tribunais exercem sobre sua aplicação, subordinando a ele o direito interno. Emblemática é a relevância que se lhe dá na jurisprudência da Corte Europeia de Direitos Humanos e da Corte Interamericana de Direitos Humanos, bem como nas respectivas jurisprudências nacionais[31].

Importância particular, pela posição a elas reconhecida, assumem as "convenções da Constituição". Trata-se de acordos, mesmo tácitos, por força dos quais os titulares de órgãos constitucionais observam regras de comportamento nas relações recíprocas e em seu interior, pelo fato de serem aceitos e compartilhados por todos. O limite da sua eficácia normativa é marcado pela quebra do consenso. Uma posição primordial assumiram as convenções constitucionais no ordenamento britânico. Nele, as regras de comportamento constitucional são consideradas vinculantes para aqueles que fazem funcionar a Constituição, mesmo não sendo garantidas por nenhum juiz, nem pelos Presidentes das Câmaras. Para usar uma conhecida definição, são «regras não jurídicas que estabelecem os modos pelos quais as regras jurídicas são aplicadas»[32], regras que, por sua vez, pressupõem outras regras jurídicas que sobrevenham a disciplinar posteriormente as atividades dos órgãos de governo[33]. Trata-se, em outras palavras, de regras de comportamento constitucional que vinculam os órgãos políticos superiores. Ainda que não derivem do direito jurisprudencial nem

---

Critical Approaches, de Gruyter, New York, 1988, p. 6 e ss.; K.W. WEDDERBURN, B. SCIARRA, M. BIAGGI, *Democrazia politica e democrazia industriale: cogestione partecipazione controllo in Italia e in Europa*, De Donato, Bari, 1978.

[31] Cap. VI, seção I, § 8.2 e seção II, § 6.1.

[32] G. MARSHALL, G.C. MOODIE, *Some Problems of the Constitution*, 2ª ed., Hutchinson, London, 1961, p. 29 (5ª ed., 1971).

[33] Em espanhol, v. A. ELVIRA PERALES, *Las convenciones constitucionales*, in *Rev. est. pol.*, n. 53, 1986, p. 125 e ss.; em italiano, S. BARTOLE, *Le convenzioni della costituzione tra storia e scienza politica*, in *Il politico*, n. 2, 1983, p. 251 e ss.

sejam impostas pelos órgãos judiciários[34], registram-se, por outro lado, tentativas de superar o limite da não justiciabilidade das normas convencionais por alguns Tribunais. Em particular, as Cortes Supremas do Canadá e de Israel consideraram possível utilizar as convenções como parâmetro de legitimidade constitucional ou, pelo menos, para fins interpretativos de algumas normas primárias, assim como as convenções podem ser utilizadas para tais fins por outros Tribunais.

Considerando que falta uma norma qualquer que estabeleça expressamente as regras sobre a produção das normas convencionais, elas operam como fontes *extra ordinem*[35].

§ 4. "OBEDEÇA A DEUS": DIREITO DIVINO E DIREITO COM BASE RELIGIOSA

O fenômeno religioso permeia o sistema das fontes do direito desde as sociedades primitivas. Também contemporaneamente, porém, é possível encontrar ordenamentos jurídicos cuja estrutura e cujo sistema de produção normativa apresentam fortes interconexões com o fenômeno religioso dominante[36].

Debruçar-nos-emos especialmente sobre o chamado direito divino, ou seja, sobre aquele direito que se consubstancia na manifestação da vontade de uma autoridade sobrenatural e que se impõe aos destinatários das normas com a ameaça de sanções ultraterrenas, conjuntamente ou não com sanções terrenas; em especial, sobre as religiões que qualificam a revelação divina como fonte do direito (hebraica, cristã e muçulmana). Levaremos em consideração, porém, também os fenômenos religiosos que entram em contato com o sistema das fontes do direito vigente, mas que, pelo seu caráter politeísta e/ou antropocêntrico, não parecem corresponder à noção de di-

---

[34] Para alguns exemplos, ver cap. X, seção II, § 3.1.

[35] A. PIZZORUSSO, *Delle fonti del diritto. Disposizioni sulla legge in generale. Art. 1-9*, in A. SCIALOJA, G. BRANCA (eds), *Commentario del codice civile*, Zanichelli-Il Foro it., Bologna-Roma, 1977, p. 549 e ss. (2ª ed., 2011).

[36] H.J. BERMAN, *Comparative Law and Religion*, in M. REIMANN, M. ZIMMERMANN (eds), *The Oxford Handbook of Comparative Law*, cit., p. 739 e ss.

reito divino em sentido estrito. (É o caso da religião hindu; mas deve-se pensar também no papel que o elemento religioso assumiu nos ordenamentos jurídicos do extremo Oriente, como o direito chinês e o direito japonês, ou em algumas concepções africanas ou andinas da natureza.)[37]

O direito hindu não é um direito divino puramente religioso, mas sim um direito "de inspiração religiosa". «De fato, embora as normas jurídicas possam ser relacionadas a concepções filosófico-religiosas típicas do pensamento hindu (em especial à lei de base do dever ser, o *dharma*), não constituem uma aplicação direta de preceitos religiosos e não têm a sua origem em um arcabouço de fontes escritas destinadas a esse fim. Os primeiros textos de referência, os *Veda*, são um conjunto de hinos e cantos religiosos em versos, desprovidos de intuito prescritivo, salvo quanto a indicações sobre rituais e cerimônias sacras. O verdadeiro direito hindu foi elaborado através dos comentários aos Veda [...]»[38].

Na China, «as instâncias primárias para a gestão das relações jurídicas são identificadas nos núcleos sociais de base, nos quais são enquadrados os indivíduos. Tais núcleos (família, clã, corporações, aldeias) seguem uma escala de valores,

---

[37] Sobre o direito com base religiosa, ver o n. 4, 2015 de *Albolafia* ("Entre filosofía, política y religión"), cit.; C. DECARO BONELLA (ed.), *Tradizioni religiose e tradizioni costituzionali*, cit.; L. DE GRAZIA, *Fonti del diritto e fattore religioso*, cit.; S. FERRARI (ed.), *Introduzione al diritto comparato delle religioni: ebraismo, islam e induismo*, il Mulino, Bologna, 2008; R. MAZZOLA (ed.), *Diritto e religione in Europa*, il Mulino, Bologna, 2012; R. CRISTOFORI, S. FERRARI (eds), *Law and Religion in the 21st Century*, Ashgate, Farnham-Burlington, 2010; D. MILANI, J.G. NAVARRO FLORIA (eds), *Diritto e religione in America Latina*, il Mulino, Bologna, 2010; G. MACRÌ, *Diritto civile e religioni*, Laterza, Roma-Bari, 2013.

[38] D. AMIRANTE, verbete *Diritto indù e diritto indiano*, cit., p. 97; ID., *Il caleidoscopio del diritto indiano: percorsi di comparazione*, in *Rev. gen. der. públ. comp.*, n. 14, 2014, e in *Ann. dir. comp. st. legisl. 2013*, p. 239 e ss.; ID., *Lo Stato multiculturale*, cit.; ID., *La democrazia dei superlativi*, cit. Veja-se, porém, sobretudo R. LINGAT, *The Classical Law of India*, Un. of California Press, Berkeley, 1973; ID., *Les sources du droit dans le système traditionnel de l'Inde*, Mouton & Co., The Hague, 1967, trad. it. *La tradizione giuridica dell'India*, Giuffrè, Milano, 2003; P. DIWAN, *Modern Hindu Law*, 9ª ed., Allahabad Law Agency, Allahabad, 1993; W.F. MENSKI, *Hindu Law: Beyond Tradition and Modernity*, Oxford U.P., New Delhi, 2003.

sempre de matriz confuciana, que exalta a dimensão comunitária e solidária. Nesse sentido, a posição em relação às controvérsias é emblemática: considerada uma desagregação da ordem social, caso lamentavelmente surjam litígios, devem ser prioritariamente enfrentados nos circuitos sociais, através de procedimentos extrajudiciais de solução amigável, uma vez que tais procedimentos são mais consonantes com o processo de restauração da harmonia social. A partir destas premissas, os confucionistas distinguem claramente duas dimensões fundamentais do direito: o *fa*, ou seja, o direito escrito, expressão autoritária do poder centralizado, e o *li*, a regra ritual, convencional, enraizada no nível social, que expressa um espírito de adesão a um modelo de ordem social e universal». Com o processo de modernização e, posteriormente, com o socialismo, este equilíbrio rompe-se; contudo, «os observadores lamentam um baixo nível de atuação das novas normativas e uma patológica refratariedade do sistema jurídico chinês a alinhar-se aos padrões ocidentais. Um exemplo seriam os diversos procedimentos de solução extrajudicial ainda em auge, em especial nas zonas rurais, onde persiste um sistema de gestão das controvérsias centrado nas exigências dos poderes periféricos que, de forma não muito diferente do que acontecia no *legal process* tardo-imperial, colocam-se no interior de um desenho não verbalizado de distribuição das competências com o poder central»[39].

Por muito tempo isolado do mundo ocidental, também o Japão tinha desenvolvido um complexo sistema de direitos tradicionais. Até a segunda metade do século xix, os *shōgun*, os senhores militares que exerciam um poder político efetivo no território no lugar do Imperador, impunham regras da tradição sino-japonesa inspiradas por uma concepção moral da vida e de acordo com uma rígida hierarquia social. Entre os séculos xix e xx, o Japão vive uma profunda ocidentalização do próprio sistema jurídico, mas ao mesmo tempo o Estado assume conotações éticas relacionadas a uma hibridização do xintoísmo japonês, budismo e ética pública confuciana.

---

[39] M. TIMOTEO, verbete *Diritto cinese*, in L. PEGORARO (ed.), *Glossario di diritto pubblico comparato*, cit., p. 90 e ss.; v., outrossim, R. CAVALIERI, *La legge e il rito. Lineamenti di storia del diritto cinese*, Angeli, Milano, 1999.

Não se deve esquecer, enfim, que através do reconhecimento da tradição, assumem relevância jurídica formas de produção normativa vinculadas não só aos costumes, mas também ao ultraterreno ou, paradoxalmente, ao que há de mais terreno: a Mãe Terra[40]. Cabe salientar, neste sentido, a incorporação, em alguns textos constitucionais andinos, de referências a *Pachamama*, que na Constituição do Equador é configurada como sujeito de direito, ao passo que o art. 4 da Constituição boliviana dispõe o respeito e a garantia da liberdade de religião e das crenças espirituais, de acordo com as respectivas cosmovisões. Da mesma maneira, recorde-se novamente a incorporação, pela via jurisprudencial, do *ubuntu* –o complexo das tradições espirituais africanas– no direito constitucional sul-africano[41].

4.1. Direito hebraico

O direito hebraico é formado pelo conjunto dos textos bíblicos que contêm a revelação divina (*Torah*) e pela interpretação destes textos, que foi elaborada pela doutrina teológica inspirada pela divindade (*Talmud*). Na perspectiva subjetiva, os destinatários do direito hebraico não são aqueles que aderem voluntariamente à religião, mas aqueles que, nascidos de mulher judia, pertencem ao povo judeu[42]. Quanto ao âmbito

---

[40] Art. 71 e ss. Para a relação entre direito e Terra no Brasil, v. S.R. Martini Vial, *Propriedade da Terra*, Livraria do Advogado, Porto Alegre, 2003, trad. it. *La "costituzione della terra" in Brasile*, Pensa, Cavallino, 2006.

[41] Vide *supra*, § 2. A isto acresce que as visões integrativas da pessoa e dos grupos com a natureza são distantes das ocidentais, que também na última década manifestaram, no debate científico, na legislação e na jurisprudência, uma marcante propensão a conciliar direitos dos indivíduos e dos grupos, de um lado, e ambiente, do outro. Na vasta produção, ver, por exemplo, F.S. Yarza, *Medio ambiente y derechos fundamentales*, Trib. Const., Madrid, 2012; G. Cordini, P. Fois, S. Marchisio, *Diritto ambientale. Profili internazionali europei e comparati*, Giappichelli, Torino, 2008; A. Crosetti, R. Ferrara, F. Fracchia, N. Olivetti Rason, *Diritto dell'ambiente*, 2ª ed., Laterza, Roma-Bari, 2008.

[42] Para o direito hebraico, podem-se consultar os seguintes textos: G. Horowitz, *The Spirit of Jewish Law*, Bloch, New York, 1953; P. Elman et al., *An Introduction To Jewish Law*, Lincolns-Prager, London, 1958; M. Elon, *Jewish Law: History, Sources, Principles*, 4 vols., Jewish Publ. Soc.,

de aplicação, o direito hebraico vige atualmente no Estado de Israel como estatuto pessoal dos judeus e limitadamente a algumas esferas da vida privada (família); por outro lado, não é desprovido de influência sobre a produção do direito político vigente.

Direito hebraico e direito israelense representam dois sistemas jurídicos distintos e coexistentes. O direito religioso hebraico, em verdade, apresenta vários pontos de interseção com o direito israelense produzido pelos órgãos políticos do Estado de Israel. O ordenamento jurídico israelense, em diversos atos normativos fundamentais, qualifica-se como "Estado Hebraico" ou "Estado Hebraico e Democrático". A contaminação entre o fator religioso e o fator político não faz do Estado de Israel um Estado teocrático; ao contrário, nele afirma-se a liberdade religiosa e é reconhecido o pluralismo religioso confessional. O Estado de Israel é judeu porque, em primeiro lugar, é o Estado do povo judeu; uma espécie de identificação cultural, histórica, nacional. O direito religioso hebraico –e não outros– tem relevância no interior do sistema jurídico israelense através dos princípios fundamentais da tradição de Israel reconhecidos expressamente nas Leis Fundamentais, do papel dos Tribunais religiosos, da influência na jurisdição dos Tribunais seculares, da atividade legislativa da *Knesset*[43].

Fora do Estado de Israel, o direito hebraico pode encontrar aplicação por vontade dos próprios judeus que, às vezes, com o fim de regular a relação com o Estado onde se estabelecem, promovem formas de acordo juridicamente vinculantes.

4.2. DIREITO CANÔNICO

O ordenamento jurídico da Igreja Católica, dito "direito canônico", tem suas raízes em épocas bastante antigas. A

Philadelphia-Jerusalem, 1994; M.P. GOLDING (ed.), *Jewish Law and Legal Theory*, Dartmouth, Aldershot-Sidney, 1994; A.M. RABELLO, *European Legal Traditions and Israel: Essays on Legal History, Civil Law and Codification*, The Harry and Michael Sacher Institute for Legislative Research and Comparative Law, Jerusalem, 1994; A. SHAPIRA, K.C. DE WITT-ARAR (eds), *Introduction to the Law of Israel*, Kluwer, The Hague-London-Boston, 1995; S.V. MAZIE, *Israel's Higher Law: Religion and Liberal Democracy in the Jewish State*, Lexington Books, Oxford, 2006.

[43] L. DE GRAZIA, *Fonti del diritto e fattore religioso*, cit., p. 25 e ss.

doutrina costuma distinguir três fases da história do direito canônico: a primeira vai desde a origem ao século XII, quando houve a primeira compilação não oficial dos cânones no *Decretum Gratiani* (1139-1148); a segunda fase compreende o período entre o século XII e o Concílio de Trento (1545-1563); a terceira fase vai do século XVI à compilação do primeiro *Codex juris canonici* de 1918, depois substituído pelo *Codex* de 1983[44].

A parte do direito canônico de derivação divina (*ius divinum*) compõe-se do *jus divinum positivum*, que decorre da revelação das escrituras sagradas e da mensagem evangélica; e do *jus divinum naturale*, que tem como fundamento a identidade entre vontade divina e racionalidade. Os destinatários do direito canônico são todos os batizados: estão submetidos ao ordenamento da Igreja, cuja aplicação é assegurada pelos Tribunais Eclesiásticos[45].

Além de no Estado da Cidade do Vaticano[46], o direito canônico é hoje aplicado em alguns países e limitadamente a algumas relações, com base em um regime concordatário. A Lei sobre as Fontes do Ordenamento Vaticano (LXXI de 2008) estabelece um tratamento característico de tal ordenamento, isto é, com aspecto dualista: fontes principais e fontes supletivas. O art. 1 da Lei reconhece ao ordenamento canônico (e o direito divino) o valor de fonte primária: todas as outras fontes devem estar de acordo com tal ordenamento e as próprias leis supletivas (na Itália, as leis do Estado Italiano) não poderão ser aplicadas em contradição com ele.

4.3. Direito muçulmano

O direito muçulmano ou islâmico apresenta um vínculo entre religião e direito ainda mais marcado; assim como a ci-

---

[44] G. Dalla Torre, *Lezioni di diritto canonico*, 5ª ed., Giappichelli, Torino, 2014, p. 320 e ss.

[45] Para o direito canônico, B. Lima, *Lineamenti di diritto canonico*, Cedam, Padova, 2012; S. Gherro, *Diritto canonico*, 5ª ed., Cedam, Padova, 2011; L. Gerosa, *Sacro e diritto*, Jaca book, Milano, 2014; J. Coughlin, *Canon Law: A Comparative Study*, Oxford U.P., Oxford, 2010.

[46] Ver, sinteticamente, F. Clementi, *Città del Vaticano*, il Mulino, Bologna, 2009.

ência jurídica é subordinada à teologia, o sistema das fontes é vinculado ao ritual religioso[47].

O Islã gerou um direito (a *Shari'a*), que decorre do conjunto de quatro componentes: a revelação divina por meio do profeta Maomé e compilada no Corão; a sunna, isto é, o conjunto de regras (*hadit*) resultantes, por meio da obra dos intérpretes, das palavras e das ações do Profeta, bem como da aprovação que ele tenha dado em relação a fatos diretamente ou indiretamente conhecidos; o *idjma*, ou seja, as regras em torno das quais é formado o consenso da doutrina jurídica e que por isso são consideradas conforme a vontade divina; o *qiyas*, isto é, o conjunto de regras extraídas por analogia das normas derivadas de outras fontes. Sobre a revelação divina, por conseguinte, foi sendo estratificado um direito jurisprudencial, elaborado principalmente entre os séculos VII e X, e que ainda hoje constitui o núcleo imodificável do direito muçulmano vigente. A imbricação que se registra no Islã entre religião e direito é de tamanha intensidade que chega a justificar a hodierna presença de Estados islâmicos confessionais. Resulta mais simples compreender como um direito cristalizado há cerca de 10 séculos pode encontrar aplicação naqueles ordenamentos se for levado em consideração que o Islã tem como conteúdo prevalecente o direito privado e o penal; resta, pois, uma certa margem de ação para o direito público. A necessidade de modernizar o direito muçulmano foi por vezes buscada através de processos de laicização (Turquia e Estados muçulmanos da ex-União Soviética), na maioria das vezes por meio de sistemas

---

[47] Sobre o direito islâmico, F. Castro, *Il modello islamico*, 2ª ed., Giappichelli, Torino, 2007; Id., verbete *Diritto musulmano e dei Paesi musulmani*, in *Enc. giur.*, XI, Ist. enc. it., Roma, 1989, p. 1 e ss.; Id., verbete *Diritto musulmano*, in *Dig. priv.*, VI, Utet, Torino, 1990, p. 284 e ss. Bibliografia atualizada sobre o Islã em M. Iqbal, *The Reconstruction of Religious Thought in Islam*, 2ª ed., Oxford U.P., London, 1989; H. De Wael, *Le droit musulman. Nature et évolution*, Cheam, Paris, 1989; A.A. Na'im (ed.), *Islamic Family Law in a Changing World: A Global Resource Book*, Zed Books, London, 2002; M.H. Kamali, *Shari'a Law: An Introduction*, Oneworld, Oxford, 2008; C. Mallat, *Comparative Law and the Islamic (Middle Eastern) Legal Culture*, in M. Reimann, R. Zimmermann (eds), *The Oxford Handbook of Comparative Law*, cit., p. 610 e ss.; Id. (ed.), *Islam and Public Law: Classical and Contemporary Studies*, Graham & Trotman, London-Dordrecht-Boston, 1993.

normativos fundados na coexistência do direito divino e do direito político[48]. Naturalmente esta coexistência não é do tipo igualitário. Assim, junto a sistemas nos quais a adoção de Constituições, códigos e leis consentiu a redução do alcance do direito muçulmano pelo menos pela via jurisprudencial (Tunísia, Egito, Iraque, Síria), há outros, ao contrário, onde até hoje é reconhecida a prevalência do direito islâmico no sistema das fontes (Sudão, Arábia Saudita, Irã, Somália, etc.).

§ 5. *"Siga a razão": o direito jurisprudencial*

Como fundamento da produção do direito pela via jurisprudencial está a autoridade que deriva da razão[49]. Desde a Antiguidade, as regras para aplicar ao caso concreto eram o resultado do raciocínio humano voltado a encontrar a solução para os conflitos de interesses de acordo com técnicas racionais, privilegiando, assim, a força do direito em relação ao direito da força. O direito jurisprudencial não é, porém, só o produto dos juízes, assim como no sentido moderno, mas também da casta dos juristas, dos doutos, dos sábios, que em muitos casos coincidiram com os que detinham o monopólio do saber, os sacerdotes.

5.1. Os pareceres dos doutos (direito romano, Islã, direito hindu)

A doutrina dos jurisconsultos romanos constituiu a base do direito vigente por muitos séculos; a própria codificação justiniana e a obra dos juristas nas universidades medievais, que levou à edificação do "direito comum" –que permaneceu em vigor em várias partes da Europa até a época das codificações– representam formas de reelaboração da doutrina que era o resultado de uma atividade predominantemente racional[50].

---

[48] O. Azziman, *La traditionalisation du droit: tradition juridique islamique et droit privé marocain*, CNR-Centro st. di studi e ricerche di dir. comp. e straniero, Quaderno n. 11, Roma, 1993.

[49] Cf. A. Pizzorusso, *Sistemi giuridici comparati*, cit., p. 287 e ss.

[50] Sobre o tema, cf. amplamente G. Gorla, *Diritto comparato e diritto comune europeo*, Giuffrè, Milano, 1981. Sobre o direito com base douta: C.F. von Savigny, *Geschichte des römischen Rechts im Mittelalter*,

No direito islâmico, os princípios revelados pelo Arcanjo Gabriel a Maomé foram codificados no livro sagrado, o Corão. Trata-se do texto fundamental do direito islâmico clássico e, como expressão direta da vontade de Deus, não é suscetível de ser modificado pelo homem. A *Shari'a*, o conjunto de regras religiosas e jurídicas que se originam diretamente do Corão, não pode, todavia, prescindir dos "doutos" para ter aplicação concreta na sociedade islâmica organizada. Os doutos, portanto, através da sua atividade acadêmica denominada *fikh*, exploram e descrevem a *Shari'a*; desenvolvem, então, uma atividade que em relação à *Shari'a* como faz a ciência do direito em relação ao direito[51]. A contribuição dos doutos ao direito islâmico aplicado contempla também a *ijma*. Trata-se da opinião difundida entre os juristas mais influentes da comunidade islâmica sobre princípios e teorias. Esta opinião, se formulada

---

Mohr & Zimmer, Frankfurt a.M., 1816, trad. it. *Storia del diritto romano nel medio evo*, 3 vols., Multigrafica, Roma, 1972; E. BESTA, *Fonti: legislazioni e scienza giuridica dalla caduta dell'Impero Romano d'Occidente al secolo XVI*, in P. DEL GIUDICE (ed.), *Storia del diritto italiano*, Hoepli, Milano, 1923; F. CALASSO, *Medioevo del diritto*, Giuffrè, Milano, 1954; D. MAFFEI, *Gli inizi dell'umanesimo giuridico*, Giuffrè, Milano, 1972; M.C. ZORZOLI, *Università, dottori, giureconsulti*, Cedam, Padova, 1986; entre os manuais de direito romano, cf., em italiano, P. DE FRANCISCI, *Storia del diritto romano*, 3 vols., Giuffrè, Milano, 1943-1944; P. BONFANTE, *Istituzioni di diritto romano*, Giappichelli, Torino, 1966; V. ARANGIO RUIZ, *Istituzioni di diritto romano*, 14ª ed., Jovene, Napoli, 1984; em espanhol, F. CUENA BOY, *Sistema jurídico y Derecho Romano*, Un. de Cantabria, Santander, 1998; F. BETANCOURT, *Derecho romano clásico*, 3ª ed., Un. de Sevilla, Sevilla, 2007; F. ESPITIA GARZÓN, *Historia del derecho romano*, 4ª ed., Un. Externado de Colombia, Bogotá, 2012; em francês, P.-F. GIRARD, *Droit Romain*, Rousseau et Cie, Paris, 1924; M. VILLEY, *Le droit romain*, Puf, Paris, 2002; J. GAUDEMET, *Les naissances du droit*, 6ª ed., Montchrestien, Paris, 2006; J. GAUDEMET, E. CHEVREAU, *Le droit romain privé*, 3ª ed., Montchrestien, Paris, 2009; em inglês, F. SCHULZ, *History of Roman Legal Science*, Oxford U.P., Oxford-New York, 1946; B. NICHOLAS, *An Introduction to Roman Law*, Oxford U.P., Oxford-New York, 1962; H.F. JOLOWICZ, *Historical Introduction to the Study of Roman Law*, Cambridge U.P., Cambridge, 1967; P. STEIN, *Roman Law in European History*, Cambridge U.P., Cambridge, 1999; em alemão, H. HAUSMANINGER, W. SELB, *Römisches Privatrecht*, Böhlau, Wien, 2001; H. HONSELL, *Römisches Recht*, Springer, Berlin, 2005; J.D. HARKE, *Römisches Recht. Von der klassischen Zeit bis zu den modernen Kodifikationen*, Beck, München, 2008.

[51] M.G. LOSANO, *I grandi sistemi giuridici*, cit., p. 325 e ss.

claramente e sustentada pelo consenso difundido dos *ulema*, é reconhecida como infalível e, por conseguinte, aplicável à vida da comunidade islâmica. (Esta leitura é principalmente difundida entre os sunitas, mais que entre os xiitas.) Trata-se de um fenômeno assimilável, em certo modo, ao princípio do vínculo do precedente típico dos sistemas de *common law*.

Também o direito hindu conheceu uma relevante contribuição dos juristas doutos. O direito bramânico, de origem arcaica, no curso do tempo, em várias fases de mistura com a tradição jurídica islâmica e, depois, britânica, deve, em verdade, a vários comentadores a dedução das regras arcaicas, de natureza religiosa e social, normas mais idôneas a disciplinar a vida da sociedade indiana. Aos juristas doutos deve-se o mérito de compilar as regras e comentários (*Nibandhas*), consideradas interpretações autorizadas das escrituras originárias e que, segundo alguns autores, são consideradas como verdadeiras fontes do direito[52].

Nas famílias ocidentais, a doutrina não representa hoje um elemento dinâmico de produção jurídica, salvo talvez na África austral. No *common law*, não representou nem mesmo no passado e tampouco foi muito relevante quanto a influências na jurisprudência: o *common law* inglês, em especial, é o produto dos juízes do Rei, e os professores/juristas foram sempre limitados a um papel marginal, como foi a ciência jurídica por eles elaborada em outros lugares[53]; os professores citam os juízes e as suas motivações de maioria ou minoria, mas rara-

---

[52] Vide cap. I, § 4, e D. AMIRANTE, *Al di là dell'Occidente. Sfide epistemologiche e spunti euristici nella comparazione "verso Oriente"*, in *Dir. pubbl. comp. eur.*, n. 1, 2015, p. 1 e ss.

[53] R.C. VAN CAENEGEM, *Judges, Legislators and Professors: Chapters in European Legal History*, Cambridge U.P., Cambridge, 1987, trad. it. *I signori del diritto. Giudici, legislatori e professori nella storia europea*, Giuffrè, Milano, 1991; A. BRAUN, *Giudici e accademia nell'esperienza inglese. Storia di un dialogo*, il Mulino, Bologna, 2006; M. SERIO, *L'apporto della comparazione nel rapporto tra scienza giuridica ed elaborazione giurisprudenziale*, in *Ann. dir. comp. st. leg. 2011*, p. 433 e ss.; ID., *Le ragioni del silenzio (apparente): l'atteggiamento della giurisprudenza italiana rispetto alle citazioni dottrinarie a confronto con quello della giurisprudenza inglese*, in *Ann. dir. comp. st. leg. 2015*, p. 25 e ss.

mente acontece o contrário⁵⁴. Na maioria das vezes, as referências são a obras que, por sua vez, são sistematizações da casuística judiciária, em um *continuum* onde a parte sucumbente é a doutrina. Na esfera do direito público, por outro lado, a crescente onipresença do direito legislativo favoreceu um ingresso mais fácil dos doutores no circuito de produção jurídica, sendo tal esfera (um pouco) mais refratária aos esquemas mentais ancorados no uso do sistema casuístico e do precedente judiciário.

No continente europeu, desde o início do milênio passado, os professores foram os verdadeiros artífices das grandes construções jurídicas. A codificação lhes subtraiu o poder de decidir, que inicialmente tinham, mas não o de comentar, criticar, sistematizar, influir, conciliar. Muitas vezes, são chamados nos Governos e nos Parlamentos, nas Cortes Supremas ordinárias ou administrativas, ou nas constitucionais ou internacionais⁵⁵. Não há ruptura entre academia e formantes dinâmicos, mas diferentes interpretações subjetivas de seus papeis. Em geral, participam do circuito da produção do direito, inserindo-se com suas obras nos debates jurídicos em curso, uniformizando os formantes e dando relevância análoga a leis, sentenças, doutrina⁵⁶. Às vezes, buscam reconstruir os siste-

---

⁵⁴ Ver, porém, A. PATERSON, *The Law Lords*, Macmillan, London, 1982, p. 10 e ss., onde se demonstra o quase total desinteresse da máxima autoridade judicial britânica pelas obras acadêmicas, inclusive as notas e os comentários às sentenças.

⁵⁵ Observe-se que as sentenças são anônimas; não são os juízes individualmente que produzem o direito, nem mesmo onde seja admitido o voto divergente: v. cap. X, seção I, § 12.1.

⁵⁶ Vejam-se L. PEGORARO, *Judges and professors: the influence of Foreign Scholarship on Constitutional Courts' Decisions*, in M. ANDENAS, D. FAIRGRIEVE (eds), *Courts and Comparative Law*, cit., p. 329 e ss.; a parte I do *Ann. dir. comp. st. leg. 2015*, "Professori e giudici (I riferimenti alla dottrina nella giurisprudenza costituzionale e suprema)"; L. PEGORARO, G. FIGUEROA MEJÍA (eds), *Profesores y jueces. Influjos de la doctrina en la jurisprudencia de los tribunales constitucionales de Iberoamérica*, Suprema Corte de Justicia de la Nación, México, 2016; S. RAGONE (ed.), *La aportación de la doctrina en la jurisprudencia constitucional española*, Cepc, Madrid, 2015; G.A. FIGUEROA MEJÍA, *Influencia de la doctrina en las decisiones de la Suprema Corte de Justicia mexicana. Análisis de las sentencias de amparo en revisión, controversias constitucionales y acciones de inconstitucionalidad (2001 a 2014)*, México, Porrúa-Inst. Mexicano de Der. Proc.

mas, oferecendo interpretações ou visões globais (que podem não levar em consideração o que dizem os legisladores ou os juízes).

Como nos lembra A. Somma[57], A. de Toqueville afirmava que «em todos os países civilizados, ao lado de um déspota que comanda, encontra-se quase sempre um jurista que dá sistema e legaliza as vontades arbitrárias e incoerentes do primeiro». Precisa-se, porém, reconhecer que os sábios não decidem em primeira pessoa e que, em muitas circunstâncias, funcionam como corretivo e freio de tais vontades arbitrárias e incoerentes.

5.2. "Senhores do direito": os juízes e a interpretação

O direito jurisprudencial que se desenvolveu na Inglaterra e que de lá se expandiu para outros lugares apresenta uma estruturação diferente. Em lugar da elaboração sistemática da doutrina jurídica, o direito jurisprudencial anglo-saxão tem como fundamento as argumentações racionais dos juízes chamados a resolver casos concretos. Em outras palavras, é estruturado como uma estratificação de decisões jurisprudenciais que dão lugar a um sistema, *common law*, no qual ao precedente é atribuído valor normativo.

O direito jurisprudencial tem um papel de grande relevância nos ordenamentos contemporâneos, independentemente da circunstância pela qual à doutrina e/ou à jurisprudência seja reconhecido formalmente o valor de fonte: as sentenças representam, de fato, qualquer que seja o lugar ou o sistema, instrumentos imprescindíveis de interpretação das fontes do direito[58].

Const., 2016; G. Aguilar Cavallo (ed.), *Los profesores y la jurisprudencia del Tribunal Constitucional chileno*, Triángulo, Santiago de Chile, 2017; P. Passaglia, *Il diritto comparato nella giurisprudenza della Corte costituzionale italiana: un'indagine relativa al periodo gennaio 2005-giugno 2015*, in S. Bagni, G.A. Figueroa Mejía, G. Pavani (eds), *La ciencia del derecho constitucional comparado*, cit., II, p. 1275 e ss.; Id. (ed.), *I rapporti tra la giurisdizione costituzionale e la dottrina – Les rapports entre la juridiction constitutionnelle et la doctrine*, Ed. Scientifica, Napoli, 2015.

[57] A. Somma *Il diritto privato europeo e il suo quadro costituzionale di riferimento nel prisma dell'economia del debito*, in S. Bagni, G. Figueroa Mejía, G. Pavani (eds), *La ciencia del derecho constitucional comparado*, cit., I, p. 412.

[58] Sobre interpretação em geral, entre os clássicos, F. Gény, *Méthode d'interprétation et sources en droit positif*, 2ª ed., Lgdj, Paris, 1919; H.U.

Mas enquanto nos países de *civil law* em geral evidencia-se exclusivamente o valor no plano da interpretação, na área de influência do *common law* o precedente judiciário é comumente reconhecido como uma fonte de direito.

O tema da interpretação, desenvolvido na Europa, em nível científico, sobretudo depois da codificação, e ao qual contribuições fundamentais foram dadas por filósofos, teóricos gerais e juristas positivos, ocupou também modos de produção do direito distintos do liberal e liberal-democrático: como o Islã, ao qual se imputa o caráter estático e a inadequação frente às novas exigências exatamente pela proibição de interpretar o texto sagrado, ocorrida com o chamado "fechamento da porta do esforço" no século III depois da Hégira[59]. Ou o direito hindu, que, segundo alguns, soube conciliar-se com o *common law* imposto pela Companhia das Índias e depois pela Coroa, precisamente em virtude do papel atribuído à jurisprudência dos doutos, chamados a interpretar os *Veda* e, em especial, o *Código de Manu*[60].

O tema é posto como objeto de estudo pela ciência jurídica em geral, seja na vertente interna, própria de cada ordenamento, seja na comparatista, para analisar por vezes a titularidade subjetiva (quem interpreta), as técnicas interpretativas (como se interpreta), os efeitos da interpretação e, conjuntamente, a natureza da atividade interpretativa e o papel dos intérpretes. Isso envolve também regras às quais não correspondem con-

---

Kantorowicz, *The Definition of Law*, Cambridge U.P., Cambridge, 1958, trad. it. *La definizione del diritto*, Giappichelli, Torino, 1962; entre os modernos, G. Tarello, *L'interpretazione della legge*, Giuffrè, Milano, 1980; R. Guastini, *Le fonti del diritto e l'interpretazione*, Giuffrè, Milano, 1993; Id., *Teoria e dogmatica delle fonti*, cit.; ademais, apresentando várias visões (frequentemente opostas) F. Atria Lemaître, N. MacCormick, *Law and Legal Interpretation*, Ashgate, Dartmouth, 2003; D. Poirier, J. Vanderlinden, *L'interprétation de la loi*, Blais, Québec, 2006; J. Jemielniak, P. Miklaszewicz, *Interpretation of Law in the Global World: From Particularism to a Universal Approach*, Springer Science & Business Media, Berlin-Heidelberg, 2010; A. Barak, *Purposive Interpretation in Law*, Princeton U.P., Princeton, 2011.

[59] A data é a da fuga de Maomé de Meca para Medina, em 622 d.C.; de modo similar dispunham a Constituição de Justiniano *Deo auctore* e a Lei francesa 16-24 de 1790.

[60] W.F. Menski, *Hindu Law*, cit.

ceitos compartilhados, como acontece, em relação ao Ocidente, quando se trata de interpretar os cânones "constitucionalistas" de ordenamentos diferentes, como o Islã, os orientais ou as culturas autóctones.

Nos ordenamentos socialistas, «A interpretação das fontes devia, de todo modo, basear-se na doutrina marxista-leninista (ou socialista) do direito (e do Estado), respeitando a finalidade ínsita no termo socialista, é dizer, a aceleração do desenvolvimento da sociedade até o advento da chamada comunista. Ela competia ao *Presidium* do *Soviet* Supremo e à Suprema Corte, além de à cúpula da Arbitragem Estatal, e tinha também a função de colmatar as lacunas da legislação. Não existia na URSS uma Corte Constitucional e nem mesmo a concepção de um controle de constitucionalidade das leis separado da verificação da implementação da Constituição»[61].

No âmbito dos sistemas ocidentais (família de *common law* e, ainda mais, de *civil law*), o debate foi abordado (mesmo que com argumentos e resultados completamente diferentes) como problema do direito, não de um de seus ramos. Nas análises tradicionais, frequentemente, depois do enquadramento geral da matéria e da exposição dos vários pressupostos filosóficos e teóricos, os autores distinguem a interpretação de acordo com o sujeito (por ex. "privada", "oficial", "judicial", "realizada pelo legislador", "autêntica"), com os argumentos ("psicológico ou da vontade do legislador, histórico ou concreto", "apagógico ou *ab absurdo*", "econômico", "da coerência", "sistemático", "baseado em princípios", "naturalista", "equitativo", "analógico", "*a fortiori*", etc.), com o resultado (literal, extensiva, restritiva)[62].

Nos ordenamentos de *civil law*, nos quais tenha sido introduzido o controle de constitucionalidade das leis, é hoje difundida a ideia de reconhecer ao precedente judiciário o caráter de fonte do direito. As decisões dos Tribunais Constitucionais que produzem efeito imediato de extirpar a norma inconstitucional podem, de fato, ser enumeradas entre as formas jurisprudenciais de produção normativa, pelo menos na medida em que a eficácia seja *erga omnes*; além de valer como precedente,

---

[61] M. GANINO, verbete *Diritto socialista*, cit., p. 110; v. *infra*, cap. X, seção I, § 3.1.

[62] F. MODUGNO, *Teoría de la Interpretación Jurídica*, Fundap, Querétaro, 2004.

as decisões de inconstitucionalidade determinam uma modificação do ordenamento vigente, certamente sob a perspectiva ablativa; como também sob perspectiva criativa, especialmente onde contenham interpretações de conteúdo inovador.

Com razão se nega que a interpretação (compreendida a constitucional) seja um ato de conhecimento, porque isto implicaria atribuir-lhe conotações de verdade/falsidade, e não de eficácia/ineficácia ou validade/invalidade; é, por outro lado, sempre, independentemente dos tempos e dos lugares, um ato de volição[63].

5.3. DIREITO TRANSNACIONAL

Correspondem ao direito jurisprudencial também as manifestações de produção normativa denominadas de direito transnacional[64]. Este é formado pelo conjunto dos casos nos quais a busca de soluções conduz à aplicação de regras jurídicas comuns no âmbito de ordenamentos diferentes do de referência. Isso ocorre também sem atos específicos de recepção de normas estrangeiras, mas geralmente por efeito do espontâneo e difuso reconhecimento do valor comum da regra dada; é dizer, da sua aptidão para operar como norma jurídica também fora do seu ordenamento específico[65].

Existem diversos casos deste tipo, especialmente em matéria de direitos humanos, onde a jurisprudência, remetendo a documentos e a pactos internacionais, dá lugar à formação de modelos jurídicos com uma matriz cultural comum. Basta citar o art. 38, c, do Estatuto da Corte Internacional de Justiça[66],

---

[63] TROPER, *Le problème de l'interprétation et la théorie de la superlégalité constitutionnelle*, cit., p. 133 e ss., e cap. X, seção I, § 11.

[64] C. JESSUP, *Transnational Law*, Yale U.P., New Heaven, 1956.

[65] Sobre o direito transnacional, M.R. FERRARESE, *Le istituzioni della globalizzazione. Diritto e diritti nella società transnazionale*, il Mulino, Bologna, 2000; G. TEUBNER, L. ZAMPINO, *Nuovi conflitti costituzionali. Norme fondamentali dei regimi transnazionali*, Mondadori, Milano, 2012; ID., *Constitutional Fragments: Societal Constitutionalism and Globalization*, Oxford U.P., Oxford, 2014; F. OSMAN, *Les principes généraux de la lex mercatoria. Contribution à l'étude d'un ordre juridique anational*, Lgdj, Paris, 1992.

[66] Atualmente, nos termos do art. 92 da Carta da ONU, ela opera no âmbito da Organização das Nações Unidas.

onde se estabelece que ela pode utilizar, como fonte do direito, «os princípios gerais de direito reconhecidos pelas nações civilizadas». Mas cabe pensar também na Corte Europeia de Direitos Humanos e no Tribunal de Justiça da União Europeia, que extraíram dos direitos dos Estados-membros os princípios gerais integrativos ou interpretativos das normas dos tratados constitutivos.

Há, assim, um direito dado pelo conjunto dos princípios jurídicos fundamentais comuns aos diversos ordenamentos porque coerentes com uma concepção de direito fundada na razão e capazes de persuadir sujeitos, não a eles vinculados, da sua idoneidade para regular certas matérias ou determinados fato[67]. Aspecto comum a estas formas de produção normativa é que não possuem como fundamento nem uma autoridade que deriva de uma investidura, nem muito menos o consentimento dos destinatários. Tendem a fazer prevalecer soluções racionais que, de próprio, têm predominantemente a persuasão das argumentações.

5.4. EM ESPECIAL: O COMMON LAW

O *common law* é um direito de origem consuetudinária que, diferentemente dos costumes normativos ordinários que se formam com base no comportamento popular, produz-se em consequência dos comportamentos dos juízes, ou melhor, das suas decisões jurisprudenciais (e, portanto, baseia-se na razão das mesmas)[68]. O princípio de fechamento do sistema, que o

---

[67] Veja G. HANDL, J. ZEKOLL, P. ZUMBANSEN (eds), *Beyond Territoriality: Transnational Legal Authority in an Age of Globalization*, Nijhoff, Leiden, 2012; M. NEVES, *Transconstitutionalism*, Hart, Oxford, 2013; D. VON DANIELS, *The Concept of Law from a Transnational Perspective*, Ashgate, Farnham, 2010.

[68] Sobre o *common law*, ver, na imensa literatura, J.W. SALMOND, *Jurisprudence: The Theory of the Law*, 2ª ed., Stevens & Haynes, London, 1907; R. POUND, *The Spirit of the Common Law* (1921), Beacon, Boston, 1966; F.W. MAITLAND, *The Forms of Action at Common Law: A Course of Lectures*, Cambridge U.P., Cambridge, 1954; G. RADBRUCH, *Der Geist des englischen Rechts*, Vanderhoeck & Ruprecht, Göttingen, 1958, trad. it. *Lo spirito del diritto inglese*, Giuffrè, Milano, 1962; mais recentemente, D.J. IBBETSON, *Common Law and Ius Commune*, Selden Society, Cambridge, 2001; S.F.C. MILSOM, *A Natural History of the Common Law*, Columbia U.P., New York, 2003; H. POTTER, *Law, Liberty and the Constitution: A Brief History of the*

torna eficaz e capaz de suportar o ordenado desenvolvimento da vida social, é a vinculação do precedente: *stare decisis et non quieta movere*.

5.4.1. As origens

Normalmente, a doutrina comparatista situa a formação e a consolidação do *common law* no período da história inglesa compreendido entre a conquista normanda, com Guilherme da Normandia (chamado de "O Conquistador"), em 1066 d.C., e o advento da dinastia dos Tudors (1485). Nesta fase, um novo sistema jurídico, comum em todo o Reino, substitui gradualmente os costumes locais. Do ponto de vista estrutural, o primeiro dado que é salientado é o estabelecimento, na Inglaterra, de instituições centralizadas, em origem destinadas a desenvolver funções administrativas e, posteriormente, chamadas a administrar a justiça.

Um amplo pluralismo jurídico caracterizava um sistema onde as reivindicações dos barões e das outras autoridades locais traduziam-se em exigências patrimoniais; a monarquia teve, portanto, que conduzir uma luta extenuante para consolidar e difundir a jurisdição da *Curia regis*.

Na origem, *common law* apresenta-se, assim, como um direito régio, comum a todos os súditos, administrado através de um sistema judiciário diretamente derivado do Rei (e unificado através da atividade dos seus *itinerant justices*); os componentes dos Tribunais reais eram, de fato, os membros da Corte escolhidos pelo Rei. A sua atividade desenvolvia-se principalmente de acordo com três diretrizes: em primeiro lugar, o chamado *pleas of the crown* (*placita coronae*), é dizer, questões que diziam respeito diretamente à Coroa e que posteriormente foram estendidas à toda a jurisdição penal. Em segundo lugar, a jurisdição da *Curia regis* constituía uma espécie de remédio a favor de quem não tivesse podido conseguir justiça pelos Tribunais feudais (*propter defectum justitiae*). Em último, o Rei administrava justiça entre os seus vassalos diretos (os chamados *tenants in chief*).

Deve-se exatamente a esta jurisdição centralizada, no curso de pelo menos cinco séculos, a formação do direito juris-

---

Common Law, Boydell & Brewer, Woodbridge, 2015. Em italiano, U. MATTEI, E. ARIANO, *Il modello di common law*, 5ª ed., Giappichelli, Torino, 2018.

prudencial que, no sistema de *common law*, assumiu uma posição de predomínio que acabou por marcar a mais relevante diferenciação estrutural em relação ao sistema de *civil law*. A obra de consolidação do *common law* foi possível graças às escrituras de alguns juristas que, especialmente durante o reinado de Henrique II (1154-1189), contribuíram para consolidar o direito jurisprudencial produzido pelos Tribunais reais.

Isso, além de testemunhar a difusão de uma multiplicidade de direitos locais devidos à variedade dos costumes e das decisões dos Tribunais locais, introduz a ideia da prevalência da jurisprudência como fonte do direito: um direito régio, administrado através de uma estrutura unitária e centralizada que, por obra dos mesmos juristas práticos, tende a assumir características técnicas e, no final das contas, de imparcialidade, ao ponto de libertar-se da pessoa do Rei, para passar indene através das guerras civis e revoluções históricas. Destarte, as lutas entre Henrique III e seus barões –que inclusive conduziram à sanção de caráter limitado da monarquia com a *Magna Charta*– não colocaram em discussão o sistema de *common law*, que era já legitimado como costume do Reino, mais que como preceito do príncipe[69].

A eficácia da justiça régia em relação às jurisdições locais tinha entre os seus fundamentos também um sistema procedimental singular. Para obter a intervenção do Rei, era necessário obter, mediante pagamento, *writ* perante a Chancelaria. O *writ*, denominado também *brevis*, era substancialmente uma ordem com a qual o Rei, dirigindo-se a um funcionário local seu (xerife), dispunha que fosse feita justiça e que fosse satisfeito o direito de quem havia obtido o *writ*. De acordo com o *petitum* e com a *causa petendi*, o *writ* assumia forma e conteúdo distintos. Assim como, de acordo com o *writ*, variava a competência do Tribunal, mudava o sistema voltado a fazer aparecer o requerido diante do Tribunal. Distintos eram, outrossim, os tipos de réplica admitidos por parte do adversário requerido e, sobretudo, diversos os procedimentos utilizados.

Até o reinado de Henrique III (1216-1272), a *Curia regis* podia conceder os *writs* que considerasse oportunos, sem nenhum vínculo substancial. Posteriormente, ocorreu uma mu-

---

[69] J.H. BAKER, *An Introduction to English Legal History*, 4ª ed., Oxford U.P., Oxford, 2002.

dança (*Provisions of Oxford* de 1258) destinada a deixar marca no modelo de *common law*: de um sistema em que o direito (*cause of action*) precedia ao remédio jurisprudencial (*writs*), passou-se a um sistema no qual um número limitado de *writs* taxativamente pré-estabelecidos precedia e determinava os direitos que ensejavam a tutela jurisdicional (com o *Statute of Westminster II* de 1285, reduziu-se, em parte, a proibição de emissão de novos *writs*, permitindo-se a adoção de *writs in consimili casu*)[70].

Com a afirmação e a consolidação da monarquia parlamentar, os Tribunais reais e a Chancelaria perderam a liberdade plena de criar *writs* e, portanto, de modificar as fórmulas processuais. Esta prática, de fato, aparecia aos olhos do Parlamento como uma espécie de legiferação. Assim, foi sendo formado um *Register of writs*, que recolhia le *forms of action* taxativamente previstas para tutelar, em sede jurisprudencial, determinadas pretensões. As diferentes, contrariamente, permaneciam na esfera de competência dos Tribunais locais.

5.4.2. A jurisdição de equity

Depois da promulgação da *Magna Charta* e da Guerra Civil, o Parlamento bicameral foi adquirindo sempre mais amplos poderes; ao mesmo tempo, a justiça real destacou-se da pessoa do Rei e do *King's Council* para se articular em três distintos Tribunais de *common law*: *King's Bench, Common Pleas* e *Exchequer*.

A separação da jurisdição real do carisma pessoal do Rei se, por um lado, permitiu sobreviver às alterações da monarquia, por outro, porém, fez perder a elasticidade e a discricionariedade que eram ínsitas à administração direta da justiça pelo Soberano. Em outras palavras, uma justiça ligada ao caso concreto podia oferecer soluções também distintas das previstas pela regra geral; ou seja, a questão podia ser decidida por equidade. Mas um poder semelhante podia ser reconhecido somente ao Rei e ao Tribunais que se identificavam com a pessoa do Rei[71].

---

[70] F.W. MAITLAND, *The Forms of Action at Common Law*, cit., p. 12 e ss.

[71] Sobre *equity*, F.W. MAITLAND, *Equity: A course of Lectures* (1932), 2ª ed. (rev.), Cambridge U.P., Cambridge, 1936 (reimpr. 1969), trad. it. *L'equità*,

A separação entre Tribunais de *common law* e o patronato real implicou o abandono da prerrogativa de decidir uma questão com as margens exigidas pelo caso concreto e em exceção à *rule of law*. A única prerrogativa real que os Tribunais de *common law* mantiveram dizia respeito ao controle sobre o labor dos órgãos de controle e de justiça social, através dos chamados *prerogative writs*. Por meio da verificação da legalidade do poder local e da sua coerência com os parâmetros da justiça central, asseguraram que a jurisdição no Reino fosse uniforme.

A partir do século XIV, começou-se a sentir uma espécie de esclerosamento do direito de *common law*. Em ausência de margens discricionárias por parte dos juízes, a rigidez de fórmulas e esquemas começou a mostrar a sua inadequação para fazer justiça em todos os casos não enquadráveis nas situações previamente consolidadas: *"no writ, no remedy"*. Coerentemente com uma mentalidade de tipo feudal, se os Tribunais régios não fossem capazes de fazer justiça, o Rei deveria remediar. Assim, ocorreu de forma totalmente natural que as vítimas de decisões não conformes ao sentido de justiça pudessem dirigir-se diretamente ao Soberano, o único que podia legitimamente separar suas decisões dos protocolos da regra geral. Em tais circunstâncias, o recurso era apresentado ao Chanceler do Rei, que os submetia ao Soberano no seio do *King's Council*. Mas já por volta de 1400, o número de apelações ao Rei tinha atingido um número tão elevado, que induziu o próprio Rei e o Conselho a delegar a própria autoridade ao Chanceler.

No curso do século XV, a *Court of Chancery*, ou seja, o Gabinete da Chancelaria, tornou-se um Tribunal monocrático; o seu procedimento seguia o modelo inquisitório continental, com poucos formalismos e uma certa rapidez. Tratava-se do chamado procedimento romano-canônico, que se desenvolvia quase completamente de forma escrita, conhecida também como *bill procedure*, devido ao nome do ato de petição que introduzia o juízo. A jurisdição do Chanceler tinha, então as características da discricionariedade própria da antiga justiça

---

Giuffrè, Milano, 1979; D. KLINCK, *Conscience, Equity and the Court of Chancery in Early Modern England*, Ashgate, Farnham, 2010; M.J. FALCÓN Y TELLA, *Equity and Law*, Nijhoff, Leiden, 2008.

real; podendo considerar os aspectos peculiares de cada lide, administrava a justiça segundo *aequitas* (*equity*).

Em outras palavras, a *equity* era o direito jurisprudencial derivado dos pronunciamentos da *Court of Chancery*; muito rapidamente foi formando-se e consolidando-se em competição com o direito jurisprudencial decorrente dos pronunciamentos dos Tribunais de *common law*. Naturalmente, as prerrogativas da *Court of Chancery* não eram ilimitadas: não era habilitada a negar os direitos tutelados pelo *common law*, mas só a agir em tutela da pessoa do requerido. Podia, contudo, dispor sobre a suspensão de um juízo de *common law* quando constituísse um resultado iníquo ou viciado; ou, a pedido do sucumbente, dispor sobre a suspensão da execução de uma sentença de um Tribunal de *common law* para substituí-la por um remédio conforme à equidade. A administração da justiça de acordo com a equidade parecia, então, responder, pelo menos no primeiro período, a princípios e critérios metajurídicos juntamente com princípios do direito canônico e do direito romano.

A história do direito inglês testemunha, por outro lado, como esta passagem não foi livre de tensões e conflitos. Protagonistas indiscutíveis do confronto entre o esclerosado *common law* e a emergente jurisdição de *equity* foram, de um lado, Sir Edward Coke, *Chief Justice* do *King's Bench*, aliado aos barões enfeudados no Parlamento, paladino da *rule of law* em nome da qual o Rei não tinha autoridade nem mesmo para participar das decisões dos "seus" Tribunais[72]; do outro, Chanceleres como Ellesmere e Francis Bacon, que consentiam as práticas de interferência na jurisdição das Cortes de *common law*, até induzir Giacomo I a adotar, em 1616, uma decisão que reconhecia como lícitas as pretensões dos juízes de *equity*.

A partir exatamente de Bacon, os Chanceleres consideraram, contudo, dever exercer um certo *self-restraint* no exercício da sua jurisdição; até que –em 1676– o Chanceler *Lord* Nottingham estabeleceu que a consciência do juiz de *equity* era para ser entendida não como interna, mas "civil e política"; em substância, "*equity follows the law*"[73], e o Chanceler tende a decidir

---

[72] *Case of prohibition*, 1608, e, na doutrina, R. Sacco, *Modelli notevoli di società*, I, in P.G. Monateri, U. Mattei (eds), *Cardozo Lectures in Law*, Cedam, Padova, 1991, p. 24 e ss.

[73] U. Mattei, E. Ariano, *Il modello di* common law, cit., p. 24.

não tanto em nome da lei moral, quanto com base em motivações juridicamente relevantes. Com isto, põe-se fundamento para uma coexistência *common law* e *equity*, a qual ainda hoje representa uma das feições do sistema de *common law* e lhe confere uma estrutura dualista singular[74].

5.4.3. Circulação do modelo

A difusão e a sobreposição do direito inglês em vários ordenamentos jurídicos, em cada parte do mundo, é devida a razões políticas, culturais e econômicas que contribuíram para ampliar a sua influência também em direção a países de tradição romanista. A circulação do modelo de *common law* coincide substancialmente com os países diretamente expostos à ação de influência do direito inglês e, em especial, com os colonizados pelo Império britânico. Em todos os casos, o transplante do direito inglês foi ao encontro de adequações e hibridizações que lhes alteraram a estrutura e as características originais. Apesar disso, estes ordenamentos são classificados no interior da família de *common law*.

A aplicação do direito inglês ocorreu na Irlanda já a partir do século XII, quando Henrique II afirmou a sua soberania sobre a ilha. Ainda hoje os juízes irlandeses citam e se adequam aos precedentes ingleses. Os Estados Unidos, como os outros países do *Commonwealth*, devem ao direito inglês e ao *common law* a origem de vários institutos do próprio ordenamento jurídico. Entretanto, a experiência estadunidense mostra significativas divergências em relação ao modelo britânico. Quanto à Escócia, como lembra A. Reposo[75], «As fontes de direito escocês [...] apresentam uma mistura singular entre *common law* e tradição civilista continental. Com efeito, embora o Parlamento de Westminster detenha, desde o longínquo ano de 1707, um pleno e praticamente absoluto poder legislativo na Inglaterra e na Escócia, o direito substancial escocês sempre conservou a sua autonomia, exceção feita ao papel de suprema jurisdição assumido em matéria civil pela *House of Lords*. [...]

---

[74] R. DAVID, C. JAUFFRET-SPINOSI, *I grandi sistemi giuridici contemporanei*, cit., p. 283 e ss.

[75] A. REPOSO, *Le fonti del diritto negli ordinamenti anglosassoni*, in L. PEGORARO, A. REPOSO, *Le fonti del diritto negli ordinamenti contemporanei*, Monduzzi, Bologna, 1993, p. 47-48.

Por pelo menos três séculos, a tradição jurídica britânica foi substancialmente estranha à Escócia, cujos juristas prefeririam seguir sobretudo os modelos processuais romano-canônicos. Em 1532, a *Court of Session* tornou-se a máxima instância em sede civil e apenas em 1672 a *High Court of the Justiciary* substituiu as antigas *Courts of Justiciaries*. Por outro lado, a influência *civilian* não conduziu à criação de um verdadeiro aparato continental de organização e de justiça administrativa; e, ademais, considerando também o papel unificador exercido pela *House of Lords*, a Escócia acolheu, se bem que com menor rigidez do que na Inglaterra, os princípios da *common law*». Mas deve-se sobretudo salientar que o processo de *devolution* implementado por Westminster com o *Scotland Act* de 1998 exerceu uma importante influência no ordenamento da Escócia, transferindo ao recém-nascido Parlamento de Edimburgo algumas competências legislativas e administrativas relevantes.

Em seguida à Revolução Americana, os pais fundadores da Confederação tinham buscado outros modelos jurídicos de referência, em alternativa ao britânico; em particular, era observado o modelo francês. No entanto, razões de ordem cultural e linguística impuseram a manutenção da base no sistema jurídico britânico, ainda que com inserções estranhas à tradição do Reino Unido: uma Constituição escrita colocada no ápice do sistema das fontes e um sistema de garantia da sua primazia (*amending power* e *judicial review*); a formação acadêmica dos *common lawyers*; a existência de um *common law* elaborado pelas Cortes Federais, juntamente e com dignidade paritária em relação ao *common law* que deriva da Suprema Corte; um amplo e difuso processo de codificação da legislação, seja em nível federal ou estatal (fenômeno desconhecido no Reino Unido e que é, em verdade, próprio dos sistemas de *civil law*). Ainda quando permanecem algumas características comuns ao ordenamento britânico, o ordenamento estadunidense desenvolveu aspectos autônomos, dando vida a um direito estadunidense em sentido próprio.

Os ordenamentos atuais do Canadá, da Austrália, da Nova Zelândia, apresentam vários elementos do direito inglês, mesmo quando integrados por institutos de matriz codicista. Na área do *common law* são também enumerados o direito sul-africano (misto), o direito indiano e, por certos aspectos, o direito israelense. A estes devem ser acrescentados todos os países que formam parte do *Commonwealth*, os quais, mesmo tendo alcançado a independência, conservaram a estrutura de *common law*. Uma grande parte dos países pertencentes à família de *common law* representa o resultado da influência exercida pelo outro protótipo que conheceu uma ampla difusão: o direito estadunidense (Filipinas, Panamá, Cayman, Palau, etc.).

5.4.4. *Precedente judiciário e* stare decisis

Contrariamente ao que ocorre nos sistemas de *civil law*, nos de *common law* o papel de fonte primária pertence ao precedente judiciário[76].

Em sentido amplo, porém, o precedente judiciário não é desconhecido pelos ordenamentos de origem romanista. Em verdade, a regra segundo a qual os casos semelhantes devem ser decididos aplicando a mesma norma jurídica corresponde a um princípio de justiça e de certeza do direito existente na

---

[76] Sobre precedente, cf. *ex multis* T.E. LEWIS, *History of Judicial Precedent*, in *Law quart. rev.*, n. 46, 1930, p. 207 e ss.; n. 47, 1931; n. 48, 1932; A.L. GOODHART, *Precedent in English and Continental Law*, Stevens & Sons, London, 1934; L.L. JAFFEE, *English and American Judges as Lawmakers*, Clarendon, Oxford, 1969; R. CROSS, J.W. HARRIS, *Precedent in English Law*, 4ª ed., Clarendon, Oxford, 1991; T. HANSFORD, *The Politics of Precedent on the U.S. Supreme Court*, Princeton U.P., Princeton, 2006; J.G. DEUTSCH, *Power and Precedent: The Role of Law in the United States*, Vandeplas, Lake Mary, 2007; N. DUXBURY, *The Nature and Authority of Precedent*, Cambridge U.P., Cambridge, 2008; C. LANDA, *Los precedentes constitucionales*, in P. HÄBERLE, D. GARCÍA BELAUNDE (eds), *El control del poder. Homenaje a Diego Valadés*, 2 vols., Unam, México, 2011, I, p. 173 e ss., e Iidc-Un. Inca Garcilaso de la Vega-Iustitia, Lima, 2012, I, p. 1005 e ss. Na doutrina em italiano, além dos vários textos de G. Gorla, v. G. CRISCUOLI, M. SERIO, *Nuova introduzione allo studio del diritto inglese. Le fonti*, 4ª ed., Giuffrè, Milano, 2016; M. PEDRAZZA GORLERO (ed.), *Il precedente nella giurisprudenza della Corte costituzionale*, Cedam, Padova, 2008; com particular referência aos Estados Unidos, P.G. KAUPER, *La regola del precedente e la sua applicazione nella giurisprudenza costituzionale degli Stati Uniti*, in G. TREVES (ed.), *La dottrina del precedente nella giurisprudenza della Corte costituzionale*, Utet, Torino, 1971, p. 215 e ss.; U. MATTEI, *Stare decisis. Il valore del precedente giudiziario negli Stati Uniti d'America*, Giuffrè, Milano, 1988. Em espanhol, M. GASCÓN ABELLÁN, *La técnica del precedente y la argumentación racional*, Tecnos, Madrid, 1993. Para uma comparação entre Inglaterra e França, M. LUPOI, *Il valore del precedente giudiziale in Inghilterra e in Francia nel secolo ventesimo*, in *Quad. Foro it.*, Ed. Foro it., Roma, 1968, p. 591 e ss.

tradição jurídica ocidental. A verdadeira distinção, então, nos sistemas de *common law*, está no valor vinculante do precedente judiciário à luz da regra do *stare decisis*. Convém, então, partir desta regra, que parece ser a fundadora da característica de fonte do precedente.

A regra do *stare decisis* indica a obrigação para o juiz de não desatender determinados precedentes judiciários, ainda que fossem, a seu juízo, injustos ou fruto de uma equivocada leitura das normas, mesmo que limitadamente à *ratio decidendi* (o fio lógico da sentença) e não aos chamados *obiter dicta* (as considerações acessórias). Atrás desta máxima –que certamente une os sistemas de *common law*– escondem-se múltiplos e complexos problemas derivantes do valor e do significado que a ela vem atribuído, e que parecem nada unívocos nas variadas experiências jurídicas. A regra do *stare decisis* tem uma dupla eficácia: horizontal, no sentido de impor a uma Corte que siga os seus próprios precedentes; e vertical, como obrigação de seguir os precedentes elaborados pelas Cortes hierarquicamente superiores. Quanto à primeira acepção, não parece ter nunca realmente vinculado a jurisprudência da Suprema Corte nos Estados Unidos. E também a *House of Lords* é formalmente desvinculada desta obrigação (desde 1966). As Cortes intermediárias, ainda que com certa elasticidade, tendem, contudo, a observar o vínculo horizontal do *stare decisis*.

A questão relaciona-se diretamente com a função criativa do direito. A cultura jurídica anglo-saxã recorreu, para dar uma razão do papel desenvolvido pelos juízes, à chamada teoria declarativa do *common law*, com base na qual tarefa do juiz é *jus dicere* e não *jus dare*. Consequentemente, ao formular a decisão, o juiz não cria direito, mas se limita a extrair o que o direito é, ou seja, costume antigo e espontâneo que vige *ab immemorabilia* (desde tempos imemoráveis).

Blackstone, além de outros, evidenciou os corolários, embora contraditórios entre si, decorrentes da teoria declaratória do *common law*. De um lado –ele afirma– se é verdade que o juiz limita-se a descobrir o costume antigo, então este é imutável e, enquanto tal, vinculante pelo trâmite da decisão que o evidenciou e que, portanto, vale como precedente. Seria errada, então (isto é, pronunciada *ab iniuria*) a decisão que, posteriormente, se afastasse do precedente. Por outro lado, se é verdade que a decisão jurisprudencial tem uma mera função declaratória –e não criativa– do direito, não se pode excluir a hipótese de que seja fruto de uma declaração equivocada. Neste caso, não se vê porque o juiz posterior, com base em melhores e mais persuasivas argumentações, não possa corrigir precedente[77]. O ponto de conexão entre os dois corolários, que torna coerente o sistema no plano das fontes, é buscado na altíssima consideração dada ao valor persuasivo da decisão judicial[78]. Neste sentido, uma mudança da jurisprudência justifica-se apenas como correção de um erro do precedente; portanto, com esteio em argumentações apropriadas, emerge que o direito não era o que se pensava que fosse. Disto decorre que, por sua própria natureza, a negação do precedente (*overruling*) tenha eficácia retroativa.

Se observada a perspectiva vertical da regra *stare decisis*, a organização hierárquica das Cortes, estabelecida na Inglaterra pelos *Judicature Acts*, determinou muito, no curso do século XIX, o endurecimento da obrigação nascente da regra *stare decisis*. Negar ou separar-se de um precedente equivale a criar direito. Já que a função legislativa precisa do concurso, juntamente com *Lords*, dos *Commons* e da Coroa, os próprios *Lords* consideraram, por cerca de um século, que não deviam separar-se dos próprios precedentes. Como já dito, só em 1966, através de um *practice statement* emanado no exercício do poder de autorregulação reconhecido às Cortes, a *House of Lords*, reconhecendo que uma adesão rígida aos precedentes poderia induzir a decisões atualmente injustas, liberou-se do vínculo derivado dos próprios precedentes[79].

[77] W. BLACKSTONE, *Commentaries on the Laws of England*, Clarendon, Oxford, 1765-1769.

[78] U. MATTEI, E. ARIANO, *Il modello di* common law, cit., p. 177 e ss.; v., também, C.K. ALLEN, *Law in the Making*, Clarendon, Oxford, 1964, trad. esp. *Las fuentes del Derecho inglés*, Iep, Madrid, 1969.

[79] G.R. STONE ET AL., *Constitutional Law*, 5ª ed., Aspen, New York, 2005. A *House of Lords* pronunciou, em 26 de julho de 1966, uma solene declaração extrajudicial –*practice direction* o *statement* (1 L.R.W. 1234)–, segundo a qual, para o futuro, os *Lords of appeal in ordinary*, mesmo respeitando os direitos adquiridos, não se sentiriam mais vinculados à obrigação de observar seus precedentes, havendo a faculdade de não os aplicar, diversamente do quanto tinha afirmado a *Court of Appeal* em 1944 (*Young* v. *Bristol Airplane Co. Ltd.*, K.B., 718).

5.4.5. Statute law *e interpretação no* common law

Na Inglaterra, devido à tradicional subordinação do *statute law* ao *case law*, o *statute* é considerado como elemento estranho ao *common law*, que é "capturado" neste apenas depois de *declaring*: uma vez em vigor, a lei passa a fazer parte do sistema de *common law* quando haja um pronunciamento jurisdicional que lhe dê aplicação[80]. Este deve receber uma interpretação substancialmente restritiva, voltada a conter a incidência do próprio *statute* no direito jurisprudencial. Ao mesmo tempo, à letra do ato legislativo, e somente a esta, é reconhecida uma predominância sobre o precedente jurisprudencial: uma autoridade superior que decorre do *statute* pelo reconhecimento da soberania do Parlamento, enquanto legitimado a superar os precedentes considerados equivocados.

Os *common lawyers* ingleses ditaram algumas regras de *statutory interpretation* (ou *statutory construction*)[81]. O primeiro critério na interpretação dos *statutes* deve ser a chamada *literal interpretation*. A fidelidade ao texto proclamada pelos *common lawyers* traz consigo a exclusão de técnicas de interpretação por analogia e o recurso a trabalhos preparatórios para reconstruir as intenções do legislador. Quando, contudo, o ato legislativo apresenta um conteúdo meramente declaratório, e não inovador, do *common law*, então a interpretação por analogia é permitida. Na Inglaterra, por outro lado, em sede de interpretação, admite-se o recurso à chamada *golden rule*, um princípio geral com base no qual não se pode atribuir às palavras da lei um significado contrário à razoabilidade.

Nos Estados Unidos, uma conotação específica da teoria da interpretação decorre da presença de uma Constituição escrita, em posição de supremacia em relação às outras fontes e com grande abrangência. Na interpretação da Constituição sempre se confrontam, com alternatividade, duas escolas de pensamento: os que consideram necessário partir do *original intent* dos pais constituintes, de um lado; e os que entendem,

---

[80] Vide seção III, § 3.
[81] F.B. CROSS, *The Theory and Practice of Statutory Interpretation*, Stanford U.P., Stanford, 2009; F. BENNION, *Statutory Interpretation*, 2ª ed., Butterworths, London, 1992.

contudo, decisiva uma interpretação evolutiva, que assegure à Carta Constitucional uma validade política atual[82]. Na legislação, pois, o juiz americano não encontra o limite da pesquisa sobre a intenção do legislador e seus trabalhos preparatórios: ao contrário, a *policy*, o objetivo de política do direito subjacente aos *statutes*, torna-se um terreno de máxima gratificação do juiz. Pense-se na possibilidade de implementação de uma certa *policy* através de uma interpretação extensiva do ato legislativo ou, ao contrário, à possibilidade de o juiz declarar a ilegitimidade constitucional de uma norma legal. Nos Estados Unidos, o controle de constitucionalidade difuso induz a não observar o Parlamento como um soberano absoluto e, apoiado pelo exemplo da Suprema Corte, o juiz entra nos trajes de "engenheiro social", lê criticamente as *policies* nas quais se inspiram os diferentes *statutes*, termina por expressar a sua adesão ou sua aversão através do critério, extensivo ou restritivo, de interpretação e aplicação da lei. Destarte, como foi revelado, os *statutes* são inseridos no mesmo circuito do *common law*, e não, como na Inglaterra, em um circuito alternativo[83].

Em conclusão, no mundo de *common law*, registram-se duas posturas na interpretação dos atos legislativos correspondentes aos dois protótipos mais conhecidos.

§ 6. MODELOS HEGEMÔNICOS: COMMON LAW VS *DIREITO CODIFICADO*

Em sentido amplo, como visto, os sistemas de *common law* têm origem no *legal system* que se formou na Inglaterra e se difundiu nos ordenamentos que evoluíram com base inglesa, como no caso dos Estados Unidos da América. Os sistemas de *civil law* encontram na tradição do direito romano as raízes da própria estrutura; possuem como principal área de difusão os Estados de democracia liberal da Europa continental e os

---

[82] Veja cap. IV, § 14.

[83] G. CALABRESI, *A Common Law for the Age of Statutes*, Harvard U.P., Cambridge-London, 1982; P.S., R.S. SUMMERS, *Form and Substance in Anglo-American Law: A Comparative Study of Legal Reasoning, Legal Theory, and Legal Institutions*, Clarendon, Oxford, 1987; U. MATTEI, Common Law: *il diritto anglo americano*, Giappichelli, Torino, 1992; U. MATTEI, E. ARIANO, *Il modello di* common law, cit., p. 233 e ss.

deles decorrentes, como na América Latina. Existem muitos lugares comuns destinados a exemplificar a diversidade entre os dois sistemas[84].

Os direitos romanistas fundamentam-se na codificação das regras e a lei absorve um papel determinante no ordenamento jurídico. Ao contrário, os sistemas de *common law* baseiam-se essencialmente no direito jurisprudencial. A lei, que também assumiu grande relevância naqueles sistemas, não ocupa, porém, uma posição privilegiada no sistema das fontes, ao passo que o direito de origem jurisprudencial mostra ter um fundamento próprio e autônomo. Parece, então, profunda a diversidade no que atine à organização das Cortes e do processo. Basta lembrar que o juiz romanista é um funcionário público que entra na carreira judicial por concurso público; o juiz de *common law*, ao invés, é selecionado de formas distintas, não sendo rara a nomeação por parte de órgãos políticos. Outrossim, é diferente o sistema de acesso à justiça; porém ainda mais profunda é a diferença cultural relativa à formação do jurista: o jurista da tradição romanista forma-se na universidade, de acordo com uma tradição douta; o jurista de *common law* forma-se predominantemente com base no *case law* (o estudo dos casos judiciários).

No entanto, a dicotomia assim sumariamente traçada não parece, no mundo contemporâneo, tão profunda e clara como os lugares comuns citados parecem dar a entender. No curso dos séculos, as duas famílias conheceram recíprocos contatos e influências, além do impacto de fatores culturais bastante potentes, como a moral cristã e as doutrinas filosófico-políti-

---

[84] Sobre as relações entre *common law* e *civil law*, veja W. FULBECKE, *A Parallele or Conference of the Civil Law, the Canon Law and the Common Law*, cit.; W.W. BUCKLAND, A.D. MCNAIR, *Roman Law and Common Law: A Comparison in Outline*, Cambridge U.P., Cambridge, 1952; UNITED KINGDOM NATIONAL COMMITTEE OF COMPARATIVE LAW, *Reciprocal Influences of Common Law and Civil Law*, House of Parliament, London, 1957; J.H. MERRYMAN, *The Civil Law Tradition*, Stanford U.P., Stanford, 1969, trad. it. *La tradizione di civil law nell'analisi di un giurista di common law*, Giuffrè, Milano, 1973; J. MANCE, *The Common Law and Europe: Differences of Style or Substance and Do They Matter?*, Holdsworth Club of the Un. of Birmingham, Birmingham, 2007; D. FAIRGRIEVE (ed.), *The Influence of the French Civil Code on the Common Law and Beyond*, British Inst. of Int. and Comp. Law, London, 2007.

cas mais difundidas (liberalismo). Mesmo mantendo a sua estrutura diversificada, cresceram os pontos de convergência (justiça constitucional, harmonização e/ou uniformização das normativas para os Estados-membros da U.E., administração pública, federalismo). Em particular, quanto às fontes, a ideia de norma jurídica e o papel da lei parecem agora muito próximos nos dois sistemas. Ademais, existem sistemas jurídicos que conjugam com harmonia elementos provenientes das duas famílias jurídicas (Escócia, Israel, Quebec, África Austral), ao ponto de configurar uma única família jurídica ocidental[85].

§ 7. "Respeite a vontade do chefe político":
o direito dos Parlamentos e dos Governos (mas também dos leaders tribais e dos ditadores); o direito ideológico

A forma de produção jurídica definida "direito político" assume uma dimensão vastíssima, considerado que nos Estados contemporâneos é de longe a mais difundida[86]. De fato, apresenta como característica identificativa o fato de promanar de uma autoridade política, geralmente um ou mais órgãos superiores do ordenamento –seja um *leader* tribal ou o Presidente da República– a qual, com base em avaliações de mérito, traduz em normas jurídicas a direção política de governo[87]. Vige, pois, o princípio pelo qual os destinatários das normas devem prestar obediência à autoridade política. Trata-se de uma categoria com limites extremamente vastos; parece exaurir o seu valor heurístico na classificação aqui aceita como útil recipiente de todas as formas de produção jurídica não correspondentes a outras classes.

Torna-se, portanto, indispensável proceder, no interior da categoria do direito político, a outras distinções e classifica-

---

[85] R. David. C. Jauffret-Spinosi, *I grandi sistemi giuridici contemporanei*, cit., p. 21 e, sobre a aproximação entre os sistemas, A. Somma, *Introduzione al diritto comparato*, cit., p. 117 e ss. Para a África Austral, v. M. Nicolini, *L'altra Law of the Land*, cit.

[86] Sobre o direito com base política em geral, G. Tardi, *The Theory and Practice of Political Law*, Carswell, Toronto, 2011; M. Loughlin, *Foundations of Public Law*, Oxford U.P., New York, 2010.

[87] A. Pizzorusso, *Sistemi giuridici comparati*, cit., p. 270 e ss., p. 349 e ss.

ções. Por exemplo, é possível detectar, entre as fontes políticas significativas, diferenças de acordo com várias formas de organização política no âmbito das quais são produzidas. Assim como importantes diferenças decorrem, além da índole mais ou menos evoluída e complexa do ordenamento a que se refere, do fato que um mesmo tipo de fonte opere em um Estado com estrutura centralizada ou em um Estado com estrutura pluralista; ou em função do fato de a forma de Estado ser autocrática ou democrática; e, neste último caso, a depender do tipo de forma de governo desenhada pela Constituição (parlamentar, presidencialista, etc.)[88].

Nesse quadro, uma posição especial deve ser reconhecida ao direito ideológico, é dizer, à forma de produção normativa na qual é profunda a osmose entre o direito e a ideologia política dominante. A referência de maior evidência para este tipo de fonte é dada pelo sistema de direito soviético assim como configurado entre 1917 e o fim dos anos 80 do século passado[89]. Onde houve (e ainda há) aplicação da doutrina marxista-leninista, a fonte do direito por excelência identifica-se com a organização econômica comunista do Estado. Em verdade, na base da ideologia comunista estava –e ainda está nos poucos ordenamentos que ainda hoje se inspiram nesta ideologia– a necessidade de abolir o direito e o Estado enquanto meras superestruturas da organização econômica. A este estágio de evolução, porém, não se chegou jamais, e assim como não foram revogadas as codificações, constitucionais e legislativas, continuou-se igualmente a produzir direito. Em tal sistema, a lei assumia o papel de instrumento para implementar a ditadura do proletariado, organizado no partido único.

No Estado socialista, «As fontes do direito são ordenadas hierarquicamente e a ordem é dada pela posição dos órgãos que produzem as normas. No ordenamento soviético, as leis do *Soviet* Supremo, modificáveis pelo *Presidium* (órgão colegiado mais restrito que o primeiro, permanente e participante da natureza de órgão superior, que substituía o próprio *Soviet* entre as sessões, em geral duas ao ano, com duração de alguns

---

[88] V. cap. II, seção II, cap. VII e cap. VIII.
[89] Cf. L. PEGORARO, A. REPOSO, *Le fonti del diritto negli ordinamenti contemporanei*, Monduzzi, Bologna, 1993, p. 29 e ss.; sobre o direito socialista v. *supra*, cap. II, seção II, § 12.1.

dias) com decretos destinados à inafastável ratificação pelo *Soviet* Supremo, eram acompanhadas, por sua vez, pelos atos regulamentares do Governo –sob a forma de decretos emanados com base e em execução das leis– e, então, por todos os atos dos órgãos subordinados desde os Ministérios até os dos *Soviet* locais. [...] Não obstante a construção de uma hierarquia das fontes, de fato vigia uma substancial indiferença quanto a elas, de acordo com uma tradição que remonta à época czarista. Entre as fontes, uma especial força material revestia os atos emanados conjuntamente pelo Conselho de Ministros (e em alguns casos também pelo *Presidium* do *Soviet* Supremo) e pelo Comitê Central do Partido Comunista, somando-se, assim, o vínculo jurídico ao político, muito mais consistente e atuante»[90].

As formas de produção normativa, coerentemente com tal abordagem, derivam da organização estatal e, por conseguinte, do partido comunista. Negada qualquer divisão dos poderes, a soma deles era concentrada nas mãos dos órgãos dirigentes do partido ao qual pertencia, por conseguinte, a primazia sobre as fontes. Nesta perspectiva, a própria Constituição representa (va) nada mais que um mero equilíbrio descritivo das relações econômicas e sociais instauradas e/ou programadas[91].

7.1. O CIVIL LAW, DA GRANDE CODIFICAÇÃO AO WELFARE STATE

O que distingue não só as consolidações e codificações da Antiguidade (o Código de Hamurabi, o decálogo da Bíblia, as Doze Tábuas, o Código de Justiniano, etc.), mas também os códigos elaborados com base na ideia do jusnaturalismo racionalista, do Iluminismo, do juspositivismo, da segunda metade do século XVIII em diante[92], dos posteriores à Revolução Francesa,

---

[90] M. GANINO, verbete *Diritto socialista*, cit., p. 110.

[91] V. cap. II, seção II, § 8.1, e cap. III, seção II, § 3.

[92] Uma resenha das mais importantes consolidações e codificações no mundo ocidental, do direito romano ao contemporâneo, encontra-se em M.E. VIORA, *Consolidazioni e codificazioni. Contributo alla storia della codificazione*, Giappichelli, Torino, 1967. Sobre os antecedentes, ver A. CAVANNA, *Storia del diritto moderno in Europa*, I, *Le fonti e il pensiero giuridico*, Giuffrè, Milano, 1982; em geral, V. PIANO MORTARI, verbete *Codice (storia)*, in *Enc. dir.*, VII, Giuffrè, Milano, 1960, p. 228 e ss.; como também G. TARELLO, verbete *Codice (Teoria generale)*, in *Enc. giur.*, VI, Ist.

não é tanto o valor (oficial) ou o caráter inovador, nem o estilo ou a abordagem, mas, sobretudo o fato de que eles, e não estes últimos, pressupõem a sobrevivência do *jus commune* e dos direitos particulares. Seja nos Estados latinos ou nos germânicos, também os novos códigos foram condicionados pela hereditariedade do direito romano, tanto que inclusive as codificações dos séculos XVIII e XIX podem ser consideradas o produto natural da tradição de direito civil[93].

A lei por excelência é, portanto, o código: «um livro de regras jurídicas organizadas conforme um sistema [...] e caracterizadas pela unidade de matéria; vigente para [...] todo o Estado [...]; dirigido a todos os súditos ou submetidos à autoridade política estatal; intencionado e publicado por esta autoridade; revogador de todo o direito anterior sobre a matéria por ele disciplinada e, por isso, não integrável com materiais jurídicos anteriores; e destinado a durar muito tempo»[94].

O diferente desenvolvimento da situação política, a sensibilidade dos Monarcas, a formação dos juristas, a unidade ou a fragmentação dos Estados e a maturação de novas doutrinas políticas condicionaram a marca das várias codificações[95].

---

enc. it., Roma, 1988, p. 1 e ss., e R. SACCO, verbete *Codice (diritto comparato e straniero), ibid.*, p. 1 e ss. Com referência às compilações de textos jurídicos da Antiguidade, pode-se consultar a *Rev. int. dr. antiquité* [em particular E. VOLTERRA, *Les rapports entre le droit romain et les droits de l'Orient*, nesta Revista, n. 3 (2), 1955, p. 135 e ss., do qual v., também, *Diritto romano e diritti orientali*, Zanichelli, Bologna, 1937]; J. GAUDEMET, *L'autorité de la loi et de la coutume dans l'antiquité*, in AA.Vv., *Rapports Généraux au V{e} Congrés international de droit comparé*, Bruylant, Bruxelles, 1960, p. 9 e ss.

[93] A. WATSON, *The Making of the Civil Law*, cit., p. 14 e ss.

[94] G. TARELLO, *Storia della cultura giuridica moderna*, I, *Assolutismo e codificazione del diritto*, il Mulino, Bologna, 1976; ID., verbete *Codice (Teoria generale)*, cit., *loc. cit.*; ID., *Cultura giuridica e politica del diritto*, il Mulino, Bologna, 1988, p. 41.

[95] Sobre a grande codificação, além de G. TARELLO, verbete *Codice (Teoria generale)*, cit., v. G. CORRADINI, *Garantismo e statualismo. Le codificazioni civilistiche dell'Ottocento*, Giuffrè, Milano, 1971; R. BONINI, *Problemi di storia delle codificazioni e della politica legislativa*, I, Patron, Bologna, 1973; A.J. ARNAUD, *Les origines doctrinales du Code civil français*, Lgdj, Paris, 1969; F. WIEACKER, *Privatrechtsgeschichte der Neuzeit unter besonderer Berücksichtigung der deutschen Entwicklung*, II, cit.; F. VIOLA, M. URSO, *Scienza giuridica e diritto codificato*, Giappichelli, Torino, 1989;

Em particular, as etapas da codificação francesa, manifestadas em vários projetos, viram uma progressiva atenuação do caráter revolucionário e de ruptura da tradição jurídica e das elaborações da jurisprudência: no *Code Civil*, que entrou em vigor em 1804, foi alcançado um ponto de equilíbrio satisfatório entre abstração e sistema casuístico, enquanto foi definitivamente estabelecido o novo modelo de técnica legislativa. Nele, como também no grande *Code de Commerce* de 1807, cuja redação foi parcialmente influenciada pelo próprio Napoleão[96], o vínculo com o direito romano é estreito, seja pelo conteúdo, seja pela sistematização da matéria.

Apesar da identidade de alguns pressupostos, a codificação alemã apresentou características profundamente diferentes: na sua vigorosa reação ao sistema francês, a Escola histórica de Savigny, Puchta, Hugo, que contemplavam o direito romano, como também os germanistas Grimm, Eichhorn, Beseler, rechaçaram a ideia mesma de um único código que unificasse o direito dos tantos Estados nos quais eram divididos os povos germânicos, como defendia Thibaut; ao contrário, o direito podia desenvolver-se "organicamente" só através do costume, da praxe e da ciência. O positivismo científico da Escola Histórica e da Pandectista era, porém, destinado a pagar também seu tributo ao positivismo legislativo, não obstante a ausência de uma revolução e apesar da derrota sofrida em 1848 pelo movimento liberal, defensor da codificação. A partir desta época, vários Estados alemães muniram-se de códigos penais e projetaram ou adotaram códigos civis ou de direito processual civil.

G.A. CANNATA, A. GAMBARO, *Lineamenti di storia della giurisprudenza europea*, 4ª ed., II, *Dal medioevo all'età contemporanea*, Giappichelli, Torino, 1989. Informações ricas e úteis nos três volumes de AA.Vv. dedicados a *L'educazione giuridica*, Esi, Napoli, 1988, e nos três volumes sobre *Reason in Law: Proceedings of the Conference Held in Bologna, 12-15 December 1984*, Giuffrè, Milano, 1987-88 (esp. no vol. I, p. 247 e ss., U. SCARPELLI, *La razionalità dei codici*). Ver, também, AA.Vv., *Legislazione. Profili giuridici e politici. Atti del XVII Congresso naz. della Soc it. di filosofia giur. e pol.*, Giuffrè, Milano, 1992; P.G. MONATERI, A. SOMMA, *Il modello di* civil law, 3ª ed., Giappichelli, Torino, 2009.

[96] A. PADOA SCHIOPPA, *Napoleone e il Code de commerce*, in AA.Vv., *Studi in onore di Cesare Grassetti*, 3 vols., Giuffrè, Milano, 1980, II, p. 1325 e ss., e em ID., *Saggi di storia del diritto commerciale*, Led, Como, 1984.

Vários Estados da Confederação fizeram próprio o Código Geral de Comércio alemão de 1861, como também códigos de direito processual civil nos quais era forte a influência francesa; poucos anos mais tarde, o *Reich* bismarckiano nascido em 1870 produziu os primeiros projetos de código civil, que culminariam no *BGB* (*Bürgerliches Gesetzbuch*) que entrou em vigor em 1º de janeiro de 1900. Se, por assim dizer, o "recipiente" era o mesmo, é dizer, um código, tanto na França como na Prússia, na Áustria, como agora no *Reich* germânico, o conteúdo do *BGB* foi, todavia, um produto do Pandectismo alemão, no qual era evidente o repúdio ao direito abstrato e racional, em favor do direito histórico e nacional, com uma ampla "parte geral", com generosas concessões às "cláusulas gerais" e, com essas, a apreciação do juiz, que os franceses –como dizia Montesquieu– consideravam, pelo contrário, mera "*bouche de la loi*".

Freada pela Revolução, a codificação tomou nova força na Suíça depois dos movimentos de 1848. Vários Cantões ditaram códigos próprios, enquanto a tendência à unificação concretizou-se em um "Direito das obrigações" (*O.R., Obligationrecht*) em 1884, e encontrou o resultado mais elevado no código civil que, influenciado tanto pelo positivismo como pelo Pandectismo e projetado nove anos mais tarde, entrou em vigor em 30 de março de 1911.

As codificações francesas, germânicas e suíça representaram os modelos de uma recepção de alcance ecumênico. Os territórios restaurados depois da queda de Napoleão assistiram, quase todos, a repentinas revogações dos códigos franceses lá introduzidos, e a momentâneos ressurgimentos do *jus commune*; mas sua evidente inadequação, a difusão da cultura iluminista, as exigências de unificação do direito, as pressões dos movimentos liberais, induziram os vários príncipes a proceder a novas codificações (ou mesmo simplesmente se conservou o *Code civil*). Longe de exaurir a própria influência sobre países objeto da conquista napoleônica, como a Suíça e a Itália, a Holanda e a Bélgica, os códigos franceses foram exportados para outras regiões da Europa e do mundo.

Imunes às influências do *common law*, no curso do século XIX todos os Estados latino-americanos que tinham conquistado a independência reputaram indispensável dotar-se de códigos e superar o direito baseado nas "Leis para as Índias" e as chamadas *Siete Partidas* (América espanhola), ou as *Ordenações Filipinas* (Brasil). Ali, a codificação falou francês pela impossibilidade de utilizar outros modelos, em especial aqueles dos países da língua materna –Espanha e Portugal– os quais não só representavam a antiga potência colonial, mas eram, ademais, desprovidos de códigos civis, respectivamente até 1889 e 1867, quando se supriram, imitando o protótipo napoleônico.

No mesmo tempo, outras experiências codicistas testemunham a exitosa tentativa de implantar no *corpus* do além do oceano institutos próprios do direito indígena. Depois de meio século, os códigos franceses eram também tomados em consideração pelo norte do continente, pela Luisiana, pelo Quebec e inclusive Califórnia e Dakota; assim como, depois da descolonização, pelas ex-colônias francesas e por Somália e Etiópia. Nos territórios muçulmanos, a implantação de códigos franceses não foi tão indolor como na América Latina, pelo abismo que separava –e continua a separar– as concepções filosóficas, culturais, religiosas e as condições políticas, econômicas, sociais do Ocidente em relação às do mundo islâmico e do direito por ele expresso: era fatal que um direito rígido manifestasse profundas crises de rejeição pelas instâncias de renovação, que também foram perseguidas em várias ocasiões. No Império Otomano –onde a Lei das Capitulações, que assegurava a aplicação do direito ocidental aos europeus, tinha favorecido uma parcial familiarização dos diversos sistemas jurídicos– a influência francesa traduziu-se em um código comercial em 1850 e em um código penal em 1858. Assim também, no curso do século XIX, Tunísia, Argélia e Egito dotaram-se de códigos.

É necessário prestar igual atenção à circulação dos códigos alemães e, em especial, do *BGB*. Eles não foram nunca objeto de recepções passivas, mas a sua influência foi notável no Japão, na China (código de 1929), no Brasil e no Peru, na Hungria, na Iugoslávia, na Tchecoslováquia e na Grécia. Por sua vez, o código civil suíço não só representou uma pedra angular da modernização turca empreendida por Mustafa Kemal (1927), como chegou a influenciar vários países da Europa Oriental (URSS, código civil de 1923, Tchecoslováquia, Hungria, Polônia), da América do Sul (em especial o código civil do Peru) e da Ásia (Sião e China).

Não obstante as numerosas crises de rejeição que a codificação sofreu, seja na Europa (especialmente nos países germânicos), seja, mais tarde, em países que se tornaram independentes (em particular, onde a raiz do direito consuetudinário, jurisprudencial, religioso dificultou a sua aplicação), o modelo codicista fincou fortes raízes por todas as partes, acompanhando outro grande movimento coetâneo: o da formalização das Constituições.

O acordo perfeito entre código e sociedade do seu tempo rompeu-se assim que o programa liberal por ele expresso demonstrou-se insuficiente para afrontar a nova missão a que o Estado se propunha no campo social[97]. A crítica aos códigos provém seja dos componentes políticos que reputavam inadequadas as "gotas de azeite social" às vezes incluídas no texto, seja da Igreja, da doutrina, da jurisprudência, chamada a interpretar os códigos e que alcança a reivindicar com a *Freirechtsschule*, ou Escola do direito livre, um papel criativo que não podia lhe competir. Foi, contudo, o próprio legislador que infligiu um golpe decisivo no modelo codicista, no qual o Estado liberal se reconhecia[98]. Ao final do século XIX e, sobretudo, depois da Primeira Guerra Mundial, a legislação laboral, securitária, previdenciária, sobre habitação, dentre outras, passou a acompanhar e a sobrepor-se aos códigos, formando um corpo de leis especiais, com os quais os Parlamentos desejavam satisfazer as necessidades das novas classes e de grupos específicos[99].

A lei especial não se caracteriza só pelo seu conteúdo; a técnica legislativa corrompe-se e a formulação dos enunciados não apresenta mais a limpidez dos códigos. À lei faltam as características de generalidade e de abstração; a natureza

---

[97] F. KLEIN, *Die Lebenskraft des Allgemeinen bürgerlichen Gesetzbuches*, in AA.VV., *Festschrift zur Jahrhundertfeier des Allgemeinen Bürgerlichen Gesetzbuches, 1. Juni 1911*, Manz, Wien, 1911, p. 3 e ss. Sobre a crise da lei, além da nota 95, § 7.1, v. F. LOPEZ DE OÑATE, *La certezza del diritto* (1942), reimpr. Giuffrè, Milano, 1968; F. FORSTHOFF, *Rechtsstaat im Wandel*, cit.; A.J. PORRAS NADALES, *Introducción a una teoría del Estado post-social*, Ppu, Barcelona, 1988.

[98] F. WIEAKER, *Industriegesellschaft und Privatrechtsordnung*, Athenäum Fischer, Frankfurt a.M., trad. it. *Diritto privato e società industriale*, Esi, Napoli, 1983.

[99] N. IRTI, *L'età della decodificazione*, 4ª ed., Giuffrè, Milano, 1999.

concreta que assume implica imediatas repercussões sobre a administração e a jurisdição[100]; faz-se mais denso o filtro dos operadores e dos aparatos de execução; os magistrados são chamados a colmatar as lacunas e a produzir corajosas interpretações de disposições que não conseguem constituir-se em sistema.

7.2. SOFT LAW: UM "NÃO DIREITO" ENTRE CONSELHOS E COMANDOS

Ataques ainda mais incisivos à lei, assim como concebida no Estado liberal, e ao princípio da certeza do direito, são dirigidos pelo chamado *soft law*. A expressão nasce no início dos anos 70 entre os estudiosos anglo-saxões do direito internacional para indicar alguns tipos de atos normativos caracterizados pela falta de eficácia imediatamente vinculante. Posteriormente, a expressão foi e ainda é utilizada também no seio de outros ordenamentos jurídicos (União Europeia, Estados nacionais) para indicar um «conjunto não homogêneo de atos e fatos normativos que sob nenhum aspecto pode ser enquadrado na tipologia normal das fontes de direito de caráter prescritivo, tendo em conta a tênue eficácia jurídica ou a natureza participativa do *iter* de adoção»[101]. Mais precisamente, a carência de eficácia imediatamente vinculante é entendida em sentido amplo e não técnico: os atos de *soft law* produzem apenas alguns tipos de efeitos; trata-se de normas jurídicas incompletas[102], no sentido de que não são auxiliadas por instrumentos de coação ou de sanções que decorram diretamente da sua inobservância. Falta, em outras palavras, a estrutura típica da norma jurídica: a ordem com cunho autoritário acompanhada de sanções impostas pela autoridade pública.

Os instrumentos de *soft law* detectáveis no direito internacional correspondem aos chamados acordos não vinculantes (*non-binding agreements*), assim como à vasta e heterogênea produção de atos por parte das organizações internacionais,

---

[100] L. PALADIN, *Le fonti del diritto italiano*, il Mulino, Bologna, 1996, p. 180 e ss.

[101] E. MOSTACCI, *La soft law nel sistema delle fonti: uno studio comparato*, Cedam, Padova, 2008, p. 2. Cf. também A. SOMMA (ed.), *Soft law e hard law nelle società postmoderne*, Giappichelli, Torino, 2009.

[102] M.R. FERRARESE, *Le istituzioni della globalizzazione*, cit., p. 159 e ss.

entre os quais, particularmente, as resoluções[103] e as recomendações[104].

O *soft law* é difundido também no âmbito europeu: vai desde os instrumentos de regulação entre os órgãos da União Europeia (acordos interinstitucionais, que, em geral, giram em torno do papel do Parlamento Europeu) aos instrumentos de elaboração das políticas comunitárias (em particular, os chamados atos preparatórios, que assumem a forma das comunicações da Comissão e que se revelam, comumente, nos "livros verdes", "livros brancos" e "planos de ação"), até os instrumentos de implementação das políticas comunitárias, como as recomendações (da Comissão e do Conselho de Ministros), as linhas guias e os códigos de conduta: trata-se de atos que incluem disposições não vinculantes, destinados a direcionar a conduta dos Estados-membros com vistas à consecução dos objetivos comunitários. Enfim, também os instrumentos de coordenação e de harmonização das políticas nacionais de interesse comunitário, ou seja, mecanismos não vinculantes destinados a aproximar as políticas estatais em áreas estranhas às competências próprias da União Europeia: uma espécie de *soft governance* que, concretamente, traduz-se na determinação de *standards* compartilhados e linhas guias (método aberto de coordenação).

O próprio direito transnacional, do qual se falou acima[105], constitui terreno de desenvolvimento de formas de *soft law*. Em particular, é relevante a atividade normativa posta em prática com plena autonomia por sujeitos privados (geralmente organizações internacionais que são expressão de determinados operadores econômicos ou operadores econômicos de dimen-

---

[103] São conhecidas as resoluções da Assembleia Geral da ONU, que, em linha geral, contêm declarações de princípio, as quais, embora sem conteúdo juridicamente vinculante para os Estados, têm desenvolvido uma função determinante para a afirmação do direito internacional, a partir da Declaração Universal dos Direitos do Homem, de 1948.

[104] As recomendações são dirigidas aos Estados que participam de uma determinada organização internacional, com o escopo de sugerir, adotar ou evitar determinadas condutas, bem como assumir ou não assumir específicas determinações juridicamente relevantes em seu próprio ordenamento.

[105] Vide seção II, § 5.3, e cap. IX, seção V, § 6.2.2.

são multinacional); esta atividade concretiza-se em atos de autorregulamentação cuja eficácia, contudo, estende-se bem além dos sujeitos que deliberaram voluntariamente a respeito. Destarte, tais atos são potencialmente aptos a incidir na esfera de outros sujeitos que operam no mesmo setor econômico, independentemente da sua vontade[106].

7.3. A PRODUÇÃO NORMATIVA EM SITUAÇÕES DE CRISE

O direito que definimos como "político" age, também, com forte intensidade, nas situações excepcionais nas quais a produção normativa, que no Estado de matriz liberal responde ao princípio da separação dos poderes, é concentrada com o escopo de fazer frente a uma situação de emergência. As circunstâncias excepcionais que podem conduzir à concentração do poder em um só órgão constitucional são as que põem em perigo a sobrevivência do ordenamento estatal; o que pode decorrer de uma crise internacional, de uma situação de guerra ou de uma crise interna que queira subverter a ordem constituída. Quando ocorrem estas circunstâncias, é dizer, "o estado de guerra" ou o "estado de assédio", o Estado liberal ou liberal democrático contempla as hipóteses de derrogar o princípio da separação dos poderes e de tolerar a suspensão das garantias constitucionais relativas aos direitos de liberdade, pelo tempo necessário a restabelecer condições de normalidade[107].

---

[106] Por exemplo, as normas autorregulamentares emitidas por relevantes operadores econômicos ou suas próprias organizações, que acabam tendo efeitos em relação à clientela e aos fornecedores de bens e serviços: F. CAFAGGI, *Crisi della statualità, pluralismo e modelli di autoregolamentazione*, in *Pol. dir.*, n. 4, 2001, p. 543 e ss.

[107] Sobre o direito da emergência: O. GROSS, *Law in Times of Crisis: Emergency Powers in Theory and Practice*, Cambridge U.P., Cambridge, 2006; D. DYZENHAUS, *The Constitution of Law: Legality in a Time of Emergency*, Cambridge U.P., Cambridge, 2006; C. FATOVIC, B.A. KLEINERMAN, *Extra-Legal Power and Legitimacy: Perspectives on Prerogative*, Oxford U.P., New York, 2013; R. TUR AUSINA, *Constitución en tiempos de crisis. La necesaria búsqueda de una nueva identidad constitucional*, in S. BAGNI, G.A. FIGUEROA MEJÍA, G. PAVANI (eds), *La ciencia del derecho constitucional comparado*, cit., I, p. 1345 e ss. Outra bibliografia *infra*, cap. X, seção III.

Ocorrendo o estado de crise, as funções ordinárias de produção normativa são geralmente conferidas ao órgão estatal mais idôneo a governar com prontidão e eficácia; geralmente, este é o Executivo ou o Presidente da República. Às vezes, ou mesmo raramente, prevê-se a instituição de um novo órgão ao qual são conferidos poderes excepcionais e temporários (no modelo das "ditaduras comissionadas" de Roma Republicana)[108]. A estes órgãos cabe o poder de adotar todas as medidas necessárias a fim de colocar fim ao estado de crise e restaurar o *status quo ante*.

É oportuno distinguir, entretanto, as experiências nas quais o recurso aos poderes de crise apresentava um caráter nada excepcional: sobretudo nos anos 60 e 70, em alguns países da América Latina, vigia uma condição de emergência de modo geral permanente, que justificava o recurso a institutos próprios do estado de sítio (Bolívia, Chile, Equador, Uruguai, Venezuela, Brasil, etc.). Fora destes fenômenos patológicos, os ordenamentos constitucionais que contemplam o recurso a poderes excepcionais em caso de estado de emergência preveem, outrossim, a permanência em função dos órgãos constitucionais. Estes, ainda que com suas funções diminuídas, são postos em condição de supervisionar a atuação do órgão investido de poderes excepcionais com o escopo de incitar a restauração das condições de normalidade. O art. 16 da Constituição francesa de 1958 prevê, nestes casos, a proibição de dissolução do Parlamento; o mesmo faz o art. 116.5, da Constituição espanhola de 1978; o art. 115 da Lei Fundamental alemã, além de proibir a dissolução da Câmara legislativa, prorroga todos os órgãos constitucionais que deveriam expirar durante o estado de emergência e assegura o funcionamento permanente do Tribunal Constitucional Federal[109].

Alimentando –como será melhor visto nas páginas finais– a propaganda contra "o inimigo" (terroristas e estrangeiros, frequentemente reunidos em uma única categoria, e, mais tarde, a pandemia), as democracias tendem hoje a considerar normal viver em permanente estado de emergência, procrastinando infinitamente medidas que em teoria deveriam ser provisórias; discriminando entre cidadãos e outras pessoas;

---

[108] Vide cap. II, seção II, § 5.
[109] Sobre os estados de emergência, ver cap. X, seção II, § 5.

reforçando os poderes dos Executivos em detrimento dos parlamentares na produção das fontes que limitam os direitos, tornando-os mais fracos e menos garantidos (desde a privacidade, quase eliminada, às liberdades civis, de associação e políticas). Quando a exceção vira a regra, atenua-se, por conseguinte, a distinção entre formas de Estado com e sem divisão dos poderes, entre democracias e autocracias.

Seção III

FONTES-ATO DO DIREITO OCIDENTAL

§ 1. *Premissa: Estado social e rigidez constitucional*

O estudo das fontes de direito ao qual serão dedicadas as próximas páginas será articulado com base no esquema seguido pelos ordenamentos ocidentais do final do século XVIII em diante, que se impôs em grande parte dos países do mundo. Salvo esporádicas exceções, todos os ordenamentos estatais dotaram-se de uma Constituição. E todas as Constituições disciplinam as fontes, dando pelo menos formal prevalência à lei e prevendo, com extensão diferente e várias modalidades, o poder dos Executivos de emanar atos normativos, frequentemente com o mesmo nível da lei. Se o ordenamento é descentralizado, ditam os critérios de distribuição das competências. Em relação às diversas formas de Estado, o que muda não é tanto a existência de atos por vezes chamados de "lei", "regulamentos", "decretos", "leis delegadas", etc. (nas várias experiências, as denominações podem ser diferentes), quanto as relações entre eles. Os ordenamentos ocidentais acolhem a ideia de uma escala hierárquica e, ao mesmo tempo, de uma divisão por competência. As interações entre estes critérios podem ser graduais e mais ou menos lineares. Há uma relação estreita entre fontes e forma de Estado (e também entre fontes e forma de governo). Nas formas de Estado que não reconhecem a divisão de poderes ou a reconhecem apenas formalmente, as fontes que promanam do Poder Executivo são prevalecentes; nos ordenamentos liberal-democráticos, a lei, ainda que enfraquecida, continua a estar acima das outras fontes (exceto da Constituição).

As Constituições oitocentistas, predispostas a dar tutela à autonomia dos indivíduos, não se revelaram idôneas a regular a admissão ao poder das classes sociais excluídas: não foram acompanhadas, até o final da Grande Guerra, de uma declaração exaustiva dos chamados direitos sociais, ao lado dos tradicionais direitos de liberdade e políticos[110]. A disparidade entre uma sociedade, um sistema econômico, uma forma de Estado profundamente mutantes e um sistema de fontes ligado à ideologia do século XIX século, foi sendo atenuada após a Segunda Guerra.

Não obstante a tentativa da doutrina jurídica europeia de afirmar a substancial unidade do conceito de lei[111], as Constituições responderam a todas, ou quase todas, as intervenções de setores da sociedade ou à satisfação de exigências específicas, dividindo a lei em vários subtipos, qualificados de modo distinto com base no procedimento seguido e na matéria tratada.

O sistema das fontes enriquece-se de uma multiplicidade de atos que, em sentido estrito, não são leis, mesmo sendo munidos da força de resistir à revogação por leis ordinárias posteriores (denominada força de lei passiva). O nome "lei" é, então, utilizado para designar também alguns atos de entes autônomos (leis das *Comunidades Autónomas* espanholas, leis das Regiões Italianas, leis dos *Länder* austríacos ou alemães). O critério de hierarquia, que as Constituições flexíveis incluíam nitidamente no desenho de uma escada composta só de três degraus –lei, regulamento, usos– não é suficiente para resolver as antinomias entre as fontes. Em seu lugar, abre uma brecha e assume relevância cada vez mais crescente o critério de competência. A segmentação da lei, por obra da Constituição, ocorre com diversas técnicas em diferentes setores[112].

---

[110] Sobre a crise da lei, ver a bibliografia *supra*, seção II, § 7.1. Sobre a lei como ato do povo, R. CARRÉ DE MALBERG, *La loi expression de la volonté générale. Étude sur le concept de la loi dans la Constitution de 1875*, Sirey, Paris, 1931, trad. it. *La legge espressione della volontà generale*, Giuffrè, Milano, 2008.

[111] I. DE OTTO, *Derecho Constitucional. Sistema de fuentes*, 2ª ed., Ariel, Barcelona, 1988.

[112] Sobre hierarquia e competência, A. RUGGERI, *Gerarchia, competenza e qualità nel sistema costituzionale delle fonti normative*, Giuffrè, Milano, 1977; ID., *Fonti, norme, criteri ordinatori*, 5ª ed., Giappichelli, Torino, 2009; E. ÁLVAREZ CONDE, *Curso de Derecho Constitucional*, cit., I, p. 142 e ss.

Nos ordenamentos de *civil law*, quase sempre à lei do Parlamento vem implicitamente reservada uma competência residual (a lei pode dispor sobre tudo aquilo que não é deixado às outras fontes). Fazem exceção os ordenamentos descentralizados que não assinalam competências enumeradas aos órgãos eletivos dos Estados-membros, mas, sim, utilizam a técnica oposta de elencar na Constituição as competências do Estado central, sendo as restantes atribuídas aos entes periféricos[113]. Outrossim, representa uma exceção a França da V República, na qual a lei explica a própria competência nas únicas matérias elencadas, enquanto um *domaine* residual é conferido ao regulamento.

Não é com frequência que se encontra hoje a atribuição de uma competência *geral* à lei. A esfera de competência da lei é determinada pela Constituição, como o é a das outras fontes: leis dos Estados-membros ou das Regiões, leis a serem aprovadas com atos do povo (referendo, plebiscito), regulamentos parlamentares, regulamentos da União Europeia, atos das Câmaras em sessão conjunta, leis condicionadas por pareceres e, sobretudo, fontes intermediárias entre a Constituição e a lei, denominadas leis orgânicas na França, na Espanha, no Peru, na Romênia, em Portugal, no Brasil, etc. As relações entre a lei ordinária e a vasta tipologia de fontes atípicas apenas em alguns casos são inspiradas também pelo critério de hierarquia. Na maioria das vezes, dado que a referência é ao objeto da disciplina, a divisão ocorre na linha de competência, sem que isto implique a subordinação de uma fonte a uma outra.

Fixada pela Constituição a competência de uma fonte, esta, por sua vez, necessita de disposições de nível inferior que as implementem. Atenuado em nível constitucional, o critério de hierarquia reaparece, assim, no interior de "microssistemas hierárquicos" que assumem características diferentes nos vá-

---

No sentido da prevalência do critério de competência, F. MODUGNO, verbete *Norma giuridica (teoria generale)*, cit. Vários aspectos tratados neste § são examinados por J. PÉREZ ROYO, *Las fuentes del Derecho*, Tecnos, Madrid, 1988, e por F. BALAGUER, *Las fuentes del Derecho*, 2 vols., Tecnos, Madrid, 1992. Em relação ao sistema português das fontes, ver, também, J. MIRANDA, *Manual de Direito Constitucional*, V, *Atividade constitucional do Estado*, Coimbra ed., Coimbra, 1997, p. 150 e ss.; J.J. GOMEZ CANOTILHO, *Direito Constitucional*, 6ª ed., cit., p. 783 e ss.

[113] Vide cap. VII, §§ 7, 8.

rios ordenamentos e, também, no interior de cada ordenamento, em emaranhados às vezes insolúveis que asseguram tudo, exceto certeza do direito[114].

§ 2. A CONSTITUIÇÃO COMO METAFONTE

A rigidez das Constituições e a possibilidade de os Tribunais Constitucionais sancionarem as violações alargam –por assim dizer– a escala das fontes, em cujo vértice está agora a Constituição, da qual, nesta sede, é suficiente lembrar alguns conceitos relativos à sua natureza de fonte de direito[115].

Em primeiro lugar, manifesta-se e impõe-se em alguns ordenamentos uma espécie de "superconstituição", cuja existência não é só *pressuposta* (em nível doutrinário), mas sim *declarada*, ou pelas próprias disposições que impedem a sua revisão ou pelos Tribunais Constitucionais, cada vez que identificam os "princípios fundamentais", como tais imodificáveis[116].

As relações entre Constituição e outras fontes, as relações entre os vários tipos de fontes e as suas vivências são só em mínima parte tratadas pelas Constituições (tanto as antigas quanto as modernas, incluídas as últimas, como as adotadas no Leste Europeu). Em particular, enquanto as Constituições enunciam frequentemente a própria supremacia frente a outras fontes legais, explicitamente (ex.: Estados Unidos, Espanha, Argentina) ou indiretamente, introduzindo o controle de constitucionalidade; enquanto, ao mesmo tempo, disciplinam a lei e o seu procedimento de formação, os atos com força de lei[117],

---

[114] A. PIZZORUSSO, *La produzione normativa in tempi di globalizzazione*, Giappichelli, Torino, 2008.

[115] Ó. ALZAGA VILLAAMIL, I. GUTIÉRREZ GUTIÉRREZ, F. REVIRIEGO PICÓN, M. SALVADOR MARTÍNEZ, *Derecho Político Español*, cit., p. 313 e ss., e notas 15 do cap. III, seção I, e 13 do cap. IV, § 1.

[116] V. cap. X, seção II.

[117] Sobre o conceito, cf. A.M. SANDULLI, *Legge, forza di legge e valore di legge*, in Riv. trim. dir. pubbl., n. 2, 1957, p. 299 e ss.; F. RUBIO LLORENTE, *Rango de ley, fuerza de ley, valor de ley (sobre el problema del concepto de ley en la Constitución)*, in Rev. adm. púbI., n. 100-102 (1), 1983, p. 385 e ss.; e C. ESPOSITO, *La validità delle leggi. Studio sui limiti della potestà legislativa, i vizi degli atti legislativi e il controllo giurisdizionale* (1934), reimpr. Giuffrè, Milano, 1964.

as fontes atípicas e as fontes dos Estados-membros ou das Regiões, e, algumas vezes, ditam disposições relativas ao poder regulamentar do Governo, não incluem, na maioria das vezes, uma normativa exauriente das fontes locais menores. Raramente ocupam-se da interpretação e quase nunca da revogação e da eficácia das normas no espaço.

A disciplina das fontes de menor hierarquia é, em sua maioria, remetida à lei (ou a outras fontes subordinadas à Constituição), mas nem sempre é clara a sua posição no sistema. Ademais, sendo as vigências temporais e espaciais da leis disciplinadas quase em todo lugar por fontes de nível legislativo, apresentam-se dois problemas: o da sua aplicabilidade/revogabilidade por obra de fontes do mesmo nível, assim como o da sua aplicabilidade a fontes superiores e/ou diferentes (leis orgânicas, leis complementares) ou à própria Constituição, que são resolvidos do modos diferentes, caso se trate de regras de interpretação ou de regras sobre eficácia temporal.

O primeiro aspecto já foi analisado em outra sede[118]. Quanto ao segundo, vários textos preveem o princípio secular da irretroatividade da lei penal. Não se que encontra, por outro lado, nem mesmo esporadicamente, uma proibição generalizada de retroatividade da lei ordinária ou de outras fontes equiparadas. Tem-se que, ainda que com algumas particularidades, onde não seja previsto diferentemente (ex.: Estados Unidos, Filipinas), as fontes de nível primário subordinadas à Constituição podem dispor retroativamente[119].

§ 3. *A LEI (EM GERAL E NO* COMMON LAW*)*

A etimologia de "lei" (do latim *lex, legis*) é dúbia: «alguns entendem que deriva do verbo "legĕre", no sentido de "distribuir" (logo, lei como ato que atribui a cada um o que é seu) ou no de "ler", por sua vez ligado ao *légein*, "dizer" (identificando, assim, um liame com as fórmulas que eram recitadas para

---

[118] Sobre os critérios interpretativos da Constituição, ver cap. IV, § 14; sobre interpretação em geral, cf., neste cap. V, seção II, § 5.2 e 5.4.5.

[119] Veja-se o estudo comparatista de L. DE GRAZIA, *La retroattività possibile. Le lois de validation in Francia e le leggi di interpretazione autentica in Italia*, Maggioli, Rimini, 2016.

criar vínculos obrigatórios); outros, do verbo "lēgare", ou seja, "delegar um poder" e, por extensão, "obrigar, dispor", etimologia que se encontra também na raíz indo-europeia "lagu" (v., por exemplo, *legis-latio*); enfim, de "ligar", no sentido de "ligar, vincular". Todas as várias propostas reconstrutivas percebem, em verdade, aspectos diversos, mas igualmente presentes na lei. Isso é confirmado também pela análise etimológica da correspondente tradução em outras línguas: por exemplo, no inglês, "law", de "lagu", precisamente "estabelecer, por, fixar" (que origina "to lay"), que nas formas mais antigas era substituído por "gesetnes", que de imediato remete ao "das Gesetz" alemão, que, a seu turno, refere-se ao verbo "setzen" ("determinar, fixar, dispor"), mas também ao substantivo "der Satz" ("frase", onde retorna ao tema da palavra, da fórmula). Em sentido amplo, com o termo "lei", entende-se o conjunto das normas em vigor em um ordenamento, independentemente da fonte de produção; como sinônimo de "direito", portanto»[120].

No mundo anglo-saxão, a expressão *"law"* significa, porém, "direito", enquanto "lei" é denominada *"statute"* (ou, em outros casos, *"act"*). A expressão "legislação" referida aos sistemas de *common law* pode ser utilizada em sentido amplo, para compreender o conjunto das fontes que apresentam forma escrita, é dizer, o direito escrito produzido por órgãos a isto expressamente destinados. No que concerne ao direito jurisprudencial, que substitui a estrutura de base dos sistemas de *common law*, o *corpus* das leis e dos atos em sentido amplo legislativos e regulamentares assume –segundo uma visão clássica– um papel supletivo.

Fazendo referência ao que será esclarecido *infra* em relação ao *civil law*[121], reafirma-se que no *common law* o *statute*, ainda que promulgado, permanece de certo modo suspenso até quando um juiz proceda à sua primeira aplicação a um caso. Desta forma, convertido em parte de uma decisão jurisprudencial o *statute* entra no circuito do *case law*. Por efeito, por conseguinte, da primeira aplicação jurisprudencial, o *statute* assume o papel, substancial e não apenas formal, de fonte do direito, não como ato legislativo, mas como elemento consti-

---

[120] S. BAGNI, verbete *Legge*, in L. PEGORARO (ed.), *Glossario di diritto pubblico comparato*, cit., p. 171 e ss.
[121] V. *infra*, § 3.3.3, 3.3.4.

tutivo da *ratio decidendi* (chamada *declaring*)[122]. A sua capacidade de inovar o direito vigente é ligada à função de mera adequação do direito jurisprudencial às alterações das condições econômicas e sociais. A supremacia dos *statutes* decorreria da posição de absoluto domínio que o Parlamento tem entre as instituições de governo inglesas[123]; assim como nos Estados Unidos milita a favor a existência de uma Constituição escrita, substancialmente um ato de produção legislativa, como *supreme law*. Frente à produção legislativa contemporânea, a moderna doutrina de *common law* permanece em uma espécie de contradição: reconhece a supremacia formal dos *statutes*, mas afirma a sua subordinação substancial às normas de *common law*. A mesma literatura, contudo, sustenta a subordinação formal dos *statutes*, mas afirma a sua subordinação substancial às normas de *common law*.

Foi dito que já há um século o *common law* entrou na era dos *statutes*, querendo com isso ressaltar algumas características próprias dos sistemas hodiernos de *common law*[124]. O advento do *Welfare State*, tanto na Inglaterra quanto nos Estados Unidos, determinou uma espécie de *"orgy of statute making"*[125] no tema de criação de novas instituições sociais e de redistribuição de recursos. Esta enorme produção legislativa é consequência dos limites estruturais do direito jurisprudencial: as Cortes não podem criar instituições nem redistribuir riqueza. Permanece firme a ideia, todavia, que mesmo frente a esta enorme produção legislativa, os *statutes* mantêm a natureza de emendas, também com conteúdo derrogatório, do sistema de *common law* e, por tal razão, possuem caráter excepcional. Por causa deste raciocínio, os *statutes*, em geral, e, em espécie, as chamadas *law reforms*[126], aparecem hoje, em matéria de *drafting*, extremamente detalhados, pontuais na formulação lin-

---

[122] *Supra*, seção II, § 5.4.5.
[123] A.V. Dicey, *An Introduction to the Study of the Law of the Constitution*, cit.
[124] G. Calabresi, *A Common Law for the Age of Statutes*, cit.
[125] G. Gilmore, *The Ages of American Law*, Yale U.P., New Haven-London, 1977, trad. it. *Le grandi epoche del diritto americano*, Giuffrè, Milano, 1988.
[126] Trata-se de leis de amplo espectro, com as quais o legislador, inglês ou americano, reforma setores inteiros do direito de modo coerente e orgânico.

guística e, certas vezes, prolixos. Intencionar-se-ia, com isso, conter a margem de liberdade dos juízes na interpretação dos próprios *statutes* e, em última análise, o risco de que o valor da reforma introduzida seja esvaziado na substância.

3.1. A RESERVA DE LEI

Onde a Constituição assim estabelece, só a lei pode ditar regras na matéria indicada. Este princípio, conhecido como "reserva de lei", tem um sentido somente onde os poderes são divididos e existe uma hierarquia das fontes. Historicamente, isso se explica com a exigência dos Parlamentos de impedir o Soberano de invadir a sua competência legislativa mediante os regulamentos elaborados pelo "seu" Governo[127]. A reserva atua, pois –onde contemplada– não só de acordo com a forma de Estado, mas também com a forma de governo vigente. Ademais, é influenciada pela sobrevivência de criptotipos que minam a sua abrangência onde o Executivo, por razões históricas e culturais, continua a produzir fontes não subordinadas às legislativas, mas que com estas se entrelaçam. É o caso da Rússia, onde os *ukaz* imperiais ou presidenciais conhecidos à época czarista e socialista (decretos, atos normativos gerais do Presidente), no sentido da atual Constituição[128] podem versar também sobre matérias sujeitas a reserva para colmatar lacuna ou, inclusive, segundo a interpretação atual (avalizada pela Corte Constitucional), para remediar incongruências da lei, destacando as «tradições da autocracia e do poder indiviso» que marcam o país[129] desde sempre.

A reserva de lei submeteu-se a uma profunda evolução também nos ordenamentos de democracia clássica. Quando as Constituições eram flexíveis, as reservas representavam um

---

[127] Sobre a reserva de lei, V. CRISAFULLI, *Gerarchia e competenza nel sistema costituzionale delle fonti*, in Riv. trim. dir. pubbl., n. 2, 1960, p. 775 e ss.; F. SORRENTINO, *Lezioni sulla riserva di legge*, I, Clu, Genova, 1980; J. TREMAUX, *La réserve de loi. Compétence législative et Constitution*, Economica-Puam, Paris, 1997; A. GARRORENA MORALES, *El lugar de la ley en la Constitución española*, Cec, Madrid, 1980; R. GARCÍA MACHO, *Reserva de ley y potestad reglamentaria*, Ariel, Barcelona, 1988.

[128] V. art. 90.

[129] M. GANINO, *Appunti e spunti per una ricerca di diritto costituzionale su Paesi "altri"*, cit., esp. § 4.

limite que pesava sobre as fontes subordinadas e também sobre a administração pública; o Poder Legislativo podia, porém, livremente alterar a Constituição, removendo tal limite. Com o advento das Constituições rígidas, as reservas constitucionalmente dispostas representam também um vínculo para o Parlamento, sobre o qual pesa a obrigação de implementar a disciplina apenas através da lei, sem possibilidade de utilização de regulamento[130] (ainda que, a este respeito, seja comum distinguir entre reservas absolutas e relativas, as quais não repudiam uma integração da lei por fontes subordinadas[131]). Ademais, uma reserva de lei ordinária implica não só a proibição para o legislador de despojar-se da própria competência em favor do regulamento, mas também de subtrair a disciplina de uma determinada matéria ao regime normal da lei, a favor de fontes munidas de uma força maior ou diferente (como as leis orgânicas).

É necessário, depois, distinguir entre reservas materiais e reservas formais: onde ocorrem as primeiras, há uma verdadeira lei, não sendo suficiente que a matéria seja disciplinada por um ato com força de lei (por ex.: em alguns países a lei orçamentária não pode ser delegada ou elaborada por decreto ou medida provisória)[132]. Na Espanha, onde a Constituição retira da legislação delegada ou de urgência uma vasta gama de matérias, a reserva de lei formal tem uma extensão que de fato coincide com a material, cuja disciplina é vedada aos atos com força de lei. Entretanto, em outros lugares, como na Itália, decretos-leis e leis delegadas podem insistir sobre todas, ou quase todas, as matérias reservadas à lei. Como consequência, grande parte das reservas são tais apenas em sentido "material". (Basta pensar nos códigos penais, que tocam profundamente os direitos e as liberdades das pessoas, mas

---

[130] L. PALADIN, *Le fonti del diritto italiano*, cit., p. 188.

[131] Neste segundo sentido, por exemplo, é aplicado o art. 97.2 da Constituição italiana, com base no qual «I pubblici uffici sono organizzati secondo disposizioni di legge», ao passo que a reserva é absoluta para a detenção, inspeção ou inspeção corporal (art. 13.1: «[...] nei soli casi e modi stabiliti dalla legge»), e em muitos outros casos em tema de direitos.

[132] Assim, por exemplo, na Itália, mas não na França, nos termos do art. 47.3, e em alguns outros ordenamentos, em especial os latino-americanos.

são geralmente postos em vigor com decreto por delegação do Parlamento.)

3.2. "ADMINISTRATIVIZAÇÃO" DA LEI E LEIS FORMAIS

Já observamos como as leis munidas das características de generalidade e abstração não representam mais, como no século XIX, o único "tipo" histórico. De fato, agora a elas acrescem leis de aprovação de Estatutos de entes autônomos (Itália até 2001), leis de transferência de funções aos mesmos (Espanha) e, sobretudo, leis-medida, é dizer, leis cujo conteúdo é uma concreta providência administrativa. São típicas do Estado social, do qual tendem a realizar as aspirações de igualdade e uma mais completa justiça substancial[133].

No âmbito das leis meramente formais, merecem ainda hoje uma atenção especial as leis orçamentárias. A disciplina financeira de algumas Constituições reproduz frequentemente as regras tradicionais, mediante normativas parcas (Noruega, Islândia, Bulgária). Em outras circunstâncias, porém, a exigência de controlar a despesa pública, de coordená-la com o financiamento local e de assegurar ao Governo a supremacia na elaboração dos documentos contábeis, mas também na fase de aprovação, determinou a introdução de normativas *ad hoc* em inúmeros textos constitucionais, como, por exemplo, no título X do *GG* alemão, no México e na América Latina em geral. Em particular, a Constituição francesa e a espanhola não se limitam a requerer que as leis indiquem os meios com os quais fazer frente às despesas (como, ao invés, dispõem quase todas as outras Constituições): estabelecem, inclusive, que as propostas de lei e as emendas formuladas por membros do Parlamento não sejam recebidas em caso de que sua adoção comporte uma diminuição dos recursos públicos ou a criação de um aumento de despesa, salvo com o consenso do Governo.

Algumas Constituições (Alemanha, França, Espanha, Áustria, Hungria, Itália, etc.) introduziram recentemente, entre 2006 e 2012, a obrigação de equilíbrio orçamentário, uma re-

---

[133] Exemplo: uma lei que estabelece e financia a construção de um aeroporto. Sobre as leis-medida, C. MORTATI, *Le leggi provvedimento*, Giuffrè, Milano, 1968; L. PALADIN, *La legge come norma e come provvedimento*, in *Giur. cost.*, n. 14, 1969, p. 871 e ss.

gra que parece indicar a tendência a abandonar modelos "social-democráticos" de Constituição, em prol do liberal. Com normas muitas vezes detalhadas, estabelecem-se os limites de endividamento, os procedimentos para derrogá-los, os vínculos para os níveis descentralizados, as fontes subordinadas competentes, etc. Enquanto as leis-medida –como dito– parecem funcionais à afirmação do *Welfare State*, este tipo de legislação constitucional é preordenado à reintrodução de modelos de mercado separados da soberania nacional e governados em nível europeu ou mundial, inclusive por autoridades com fraca legitimação democrática[134].

3.3. O PROCEDIMENTO DE FORMAÇÃO

A formação da lei é disciplinada pela Constituição, pelos regimentos internos (no Reino Unido, por *standing orders*), pelas fontes não escritas (usos, costumes, convenções, especialmente, de novo, no Reino Unido) e, às vezes, por leis orgânicas e, mais raramente, por leis ordinárias (Islândia). Normalmente, as Constituições limitam-se a disciplinar os aspectos mais importantes do procedimento legislativo; a regular as relações entre as Assembleias, onde o Parlamento é bicameral; a delimitar o papel do Chefe do Estado, como seu eventual poder de veto ou de reenvio do projeto ao Parlamento; a sanção e/ou a promulgação da lei[135].

[134] Veja E. ÁLVAREZ CONDE, C. SOUTO GALVÁN (eds), *La constitucionalización de la estabilidad presupuestaria*, cit., e R. ESCUREDO RODRÍGUEZ, J. CANO BUESO (eds), *Crisis económica y modelo social*, cit.

[135] Sobre procedimento de formação da lei, além dos manuais de direito parlamentar citados *sub* cap. IX, seção II, v. S. GALEOTTI, *Contributo alla teoria del procedimento legislativo*, Giuffrè, Milano, 1957, reimpr. 1985; M. MAUGUIN HELGESON, *L'élaboration parlementaire de la loi; étude comparative (Allemagne, France, Royaume-Uni)*, Dalloz, Paris, 2006; R. DICKMANN, A. RINELLA (eds), *Il processo legislativo negli ordinamenti costituzionali contemporanei*, Carocci, Roma, 2011 (com análise também de ordenamentos não ocidentais). Para o mundo anglo-saxão, além de G. MARSHALL, *Constitutional Conventions*, cit., sobre o Reino Unido: E. TAYLOR, *The House of Commons at Work*, Macmillan, London, 1979; M. GORDON, *Parliamentary Sovereignty in the UK Constitution: Process, Politics and Democracy*, Bloomsbury Hart, London, 2015; M. ZANDER, *The Law-Making Process*, 7ª ed., Hart, Oxford, 2015; sobre os EUA, J.P. HARRIS, *Congress and the Legislative Process*, 2ª ed., McGraw-Hill, New York,

Por parte dos constituintes, a escolha das fontes competentes para disciplinar o procedimento legislativo reverbera muitas consequências sobre a forma de governo e sobre a forma de Estado: uma disciplina constitucional minuciosa, realmente, perpetua dinamicamente as escolhas feitas pelo poder originário, tornando mais difíceis as mudanças. Faz-se necessário considerar que a intervenção da lei na disciplina dos trabalhos de cada Câmara limitaria sua autonomia, pressupondo a interferência do Soberano (ou do Presidente) e da outra Assembleia no procedimento de formação do ato. Por este motivo, para integrar a mais ou menos extensa disciplina constitucional intervêm, com mais frequência que a lei, regras aprovadas pelas Câmaras individuais, ou seja, regulamentos internos, a jurisprudência parlamentar e outros atos.

3.3.1. *A ativação do procedimento: a iniciativa legislativa*

A doutrina costuma geralmente dividir o procedimento de formação da lei em três fases, das quais a primeira é a da iniciativa[136]. Sempre, esta compete aos componentes das

---

1972; B. Sinclair, *Unorthodox Lawmaking: New Legislative Processes in the U.S. Congress*, Corwin, Thousand Oaks, 2015. Para a França: *Pouvoirs* n. 114, 2005, dedicado a "La loi"; J.-P. Camby, P. Servent, *Le travail parlementaire sous la Cinquième République*, 4ª ed., Montchrestien, Paris, 2004; A. Peri, *Le pouvoir exécutif dans le processus de formation de la loi dans l'histoire constitutionnelle française (1789-1958)*, Lgdj, Paris, 2008; P. Avril, *Un nouveau droit parlementaire?*, in *Rev. dr. publ. sc. pol.*, n. 1, 2010, p. 124 e ss.; Assemblée nationale, *La réforme du Règlement de l'Assemblée nationale. Révision constitutionnelle du 23 juillet 2008*, Assemblée Nationale, Paris, 2009; B. Mathieu, *La loi*, 3ª ed., Dalloz, Paris, 2010; O. Fuchs, *La procédure législative d'urgence*, in *Rev. dr. publ.*, n. 3, 2009, p. 765 e ss.; e L. Pegoraro, *Il Governo in Parlamento. L'esperienza della V Repubblica francese*, Cedam, Padova, 1983. Para a Espanha: P. García-Escudero Márquez, *El procedimiento legislativo ordinario en las Cortes Generales*, Cepc, Madrid, 2006; para Portugal, J. Miranda, M. Rebelo de Sousa (eds), *A Feitura das Leis*, 2 vols., Inst. Nac. de Adm., Lisboa, 1986; para o Brasil, N. de Sousa Sampaio, *O processo legislativo*, 2ª ed., Del Rey, Belo Horizonte, 1996; A. Klopstock Sproesser, *Direito parlamentar: processo legislativo*, 2ª ed., Assembléia Legislativa do Estado de São Paulo, Secretaria Geral Parlamentar, São Paulo, 2004; M. Gonçalves Ferreira Filho, *Do Processo Legislativo*, 7ª ed., Saraiva, São Paulo, 2012.

[136] Commission européenne pour la démocratie par le droit (Commission de Venise), *Rapport sur l'initiative législative*, Étude n. 446/2007, Ve-

Câmaras (iniciativa parlamentar). Às vezes, porém, para ativar o procedimento, é suficiente a simples proposta de deliberação legislativa[137], ao passo que, em outros casos, é necessário que a respectiva Câmara faça seu o ato introdutório, mediante a chamada tomada em consideração, que representa, portanto, um primeiro filtro às iniciativas parlamentares[138].

Geralmente, a iniciativa parlamentar pode ser exercida sobre todas as matérias. Existem, contudo, duas ordens de limites: um limite subjetivo, no sentido de que a proposta pode ser depositada apenas na Câmara originária; e um objetivo, já que em quase todos os lugares existem reservas específicas de iniciativa em favor do Governo em relação a certas matérias (o esquema de orçamento, a prestação de contas, a ratificação dos tratados, etc.)[139]. Ademais, o *favor* do qual gozam as Câmaras Baixas nos sistemas chamados de bicameralismo imperfeito comporta frequentemente uma posição menos favorável dos componentes das Câmaras Altas também no que concerne ao exercício da iniciativa. Por vezes, tal prevalência traduz-se no fato de que a Câmara Alta não pode dar início aos processos legislativos em matéria financeira: assim acontece nos Estados Unidos, na Espanha, na Austrália, na Irlanda, na Bolívia. Nos Estados Unidos, a matéria dos tratados tem uma competência exclusiva do Senado (o qual deve aprová-los

---

nezia, 2008. Para a Itália, E. Spagna Musso, *L'iniziativa nella formazione delle leggi italiane*, Jovene, Napoli, 1958; P.G. Lucifredi, *L'iniziativa legislativa parlamentare*, Giuffrè, Milano, 1968; F. Cuocolo, *Saggio sull'iniziativa legislativa*, Giuffrè, Milano, 1971; F. Cocozza, *Il Governo nel procedimento legislativo*, Giuffrè, Milano, 1989; para a França, C. Goux, *La Constitution et l'initiative financière des députés*, Études de la Documentation française, n. 4754, Paris, 1984.

[137] Como na Itália, França, Dinamarca, Áustria, Alemanha, Romênia.

[138] Trata-se de uma deliberação da Assembleia que aceita passar ao exame da proposta, decidida pela maioria. Cf., por exemplo, os ordenamentos parlamentares da Espanha, da Holanda, de Luxemburgo e da Islândia.

[139] Ainda que, formalmente, não nos Estados Unidos, salvo para o *bill* de orçamento com base no *Budget and Accounting Act* de 1921. Ademais, o Presidente a exerce de fato, sobre todas as matérias, através de mensagens por ele transmitidas ao Congresso e da *sponsorship* de deputados ou de senadores amigos.

com maioria de 2/3), ao passo que na Bélgica, é o Senado que exerce a iniciativa.

Enquanto nos Estados Unidos da América a iniciativa compete só a membros da Câmara e do Senado, em virtude do princípio da separação dos poderes estabelecidos pelos pais fundadores, em outros ordenamentos presidencialistas também o Presidente pode exercê-la. Os ordenamentos latino-americanos alteram o esquema estadunidense e, em geral, reforçam os poderes do Presidente conferindo-lhe a iniciativa (com consequente desvio dos equilíbrios e dos contrapesos entre os ramos do poder); assim também acontece na Rússia, que só formalmente pode definir-se semipresidencialista. Nas formas de governo parlamentares e semipresidencialistas, compete também ao Governo e, muitas vezes, também a outros sujeitos. A quantidade e a taxa de sucesso da iniciativa parlamentar são pouco elevadas nos ordenamentos caracterizados pelo vínculo fiduciário entre Governo e Parlamento, uma vez que, se esta procede das oposições, assumindo o caráter alternativo às iniciativas do Governo, não pode contar com os votos necessários para a aprovação; se, ao contrário, quem exerce a iniciativa são os parlamentares da maioria, configura-se como integrativa da do Executivo e pode explicar-se na medida em que se concilie com o direcionamento político do Governo ou quanto menos verse sobre temáticas alheias ao programa[140].

A prioridade da iniciativa governamental nos sistemas parlamentares e semipresidencialistas é geralmente assegurada por regras não escritas (como no Reino Unido), por disposições dos regulamentos parlamentares (Itália) ou, inclusive, por disposições constitucionais, como na França, onde o art. 48 da Constituição afirma que «Duas semanas de sessão em quatro são reservadas por prioridade, e na ordem determinada pelo Governo, para a consideração dos textos e os debates dos quais solicita a inclusão na agenda.», ou, como na Espanha, onde também é assegurada a prioridade dos projetos de lei do Governo. Em qualquer caso, esta tende a se impor de qualquer forma pela sua qualidade[141], além de pelo fato de o Governo ter

---

[140] Como, por exemplo, a bioética, ou similares.
[141] O Governo detém, realmente, o controle do aparato burocrático, enquanto as iniciativas parlamentares são frequentemente "de fachada", isto é, feitas mais para serem exibidas aos eleitores do que para enfrentar

o controle da maioria. A isso acresce que somente o Governo é (de fato) capaz de elaborar a previsão do orçamento e as leis financeiras correlatas, de forma que quase todas as Constituições lhe reservam a iniciativa relativa e, às vezes, a das leis de plano ou de programa; ao Governo compete, ainda, a condução da política externa e, por esta razão, lhe é quase sempre reservada com exclusividade a proposta de ratificação dos tratados internacionais ou, pelo menos, dos mais importantes[142].

Algumas Constituições configuram de modo dicotômico a iniciativa das leis, atribuindo-a somente ao Governo, de um lado, e aos parlamentares ou às Câmaras, de outro (França, Noruega, Suécia, Dinamarca, Alemanha). Outras a estendem ao povo, como a da Espanha, Itália, Áustria, Romênia, Lituânia; mais raramente, às comissões parlamentares; com frequência, a entes territoriais ou a outros entes ou órgãos estatais; ou, enfim, a formações sociais, sindicatos, Igrejas, etc. (iniciativa pluralista, particularmente ampla na Polônia e na Venezuela).

3.3.2. *A fase constitutiva e o papel das comissões*

Uma vez exercida a iniciativa, o exame do texto legislativo desenvolve-se geralmente seguindo o antigo sistema inglês mencionado das três leituras, das quais a primeira desenvolve-se na Câmara em forma do anúncio do depósito (ou de "tomada em consideração"); a segunda tem lugar nas comissões competentes, onde são analisadas (e/ou aprovadas) eventuais emendas; a terceira vê novamente a intervenção do *plenum*, chamado a desenvolver o exame final do texto. A intervenção das comissões parlamentares no procedimento legislativo pode ser mais ou menos incisiva. No Parlamento de Westminster é previsto o princípio da supremacia da Câmara (que dita os direcionamentos aos quais as comissões devem ater-se, desprovidas de significativos poderes deliberativos); no Congresso estadunidense e em boa parte dos Parlamentos, diferentemente, o projeto de lei é imediatamente submetido à atenção das comissões, competentes não só para examiná-lo e a

---

um debate sério em plenário. Cf. B.E. Rasch, G. Tsebelis (eds), *The Role of Governments in Legislative Agenda Setting*, Routledge, New York, 2011.

[142] C. Vintzel, *Les armes du gouvernement dans la procédure législative*, Dalloz, Paris, 2010.

remetê-lo ao *plenum* mediante um ou mais relatórios (ou relações), mas também para emendá-lo e, inclusive, rejeitá-lo ou aprová-lo[143].

Os debates parlamentares são disciplinados no interior das Câmaras de modo a assegurar, em regra, a possibilidade de expressão às forças políticas representadas (grupos, oposição) e –hoje em menor medida do que no passado– a cada parlamentar. A discussão sobre as leis ou outras medidas (a confiança, declarações de política geral do Governo, outros atos de direção, resultados dos inquéritos, etc.) não tem tanto o escopo de convencer os adversários políticos, mas de exibir às respectivas *constituencies* e à opinião pública as posições políticas dos grupos (e/ou de cada parlamentar e/ou de facções dissidentes de um grupo). Em tal contexto, assume relevância o obstrucionismo parlamentar (*filibustering*), com o qual as oposições propõem-se a bloquear as ações do Governo e da maioria através do uso de instrumentos lícitos, mas utilizados de modo abusivo: apresentação de centenas de emendas, indicação de questões procedimentais e, por conseguinte, dilatação do debate. Através do obstrucionismo –medida extrema e exercida com cautela– a oposição propõe-se a sinalizar à opinião pública a sua radical aversão a uma política governamental ou majoritária, assumindo frente a ela a responsabilidade pelo bloqueio. *Standing orders* e regulamentos internos geralmente preveem, porém, instrumentos adequados para limitar o obstrucionismo (encerramento da discussão, limitação dos tempos, as chamadas *guillotine, kangaroo,* supressão das emendas, etc.). A limitação dos direitos de cada representante ou da oposição, a requerimento do Presidente da Assembleia, da maioria, do Governo, por sua vez, ativa uma responsabilidade em relação ao país[144].

---

[143] As comissões legislativas ou deliberantes, previstas na Itália, na Espanha e em poucos outros países, representam, contudo, uma exceção. Para a Espanha, v. F. FERNÁNDEZ SEGADO, *La delegación de la competencia legislativa en las comisiones. (Algunas reflexiones constitucionales),* in Rev. Cortes Gen., n. 53, 2001, p. 53 e ss.

[144] Sobre o debate parlamentar, E. LANDOWSKI, *Le débat parlementaire el l'écriture de la loi,* in Rev. fr. sc. pol., n. 3, 1977, p. 428 e ss.; sobre o obstrucionismo G. KOGER, *Filibustering: A Political History of Obstruction in the House and Senate,* Un. of Chicago Press, Chicago-London, 2010.

Emendas ao projeto originário (ou a mais textos reunidos em um único documento) podem ser apresentados em comissão ou em plenária. A extensão do poder de emenda representa um significativo indicador do estado das relações entre o Parlamento e o Governo: exatamente o convencimento de que a supremacia do Governo na condução da política legislativa pode ser enfraquecida por um amplo uso do poder de emenda sugeriu ao constituinte francês de 58 reforçar a posição do Governo no Parlamento mediante a introdução de várias "inadmissibilidades" (das quais a financeira e a por invasão do *domaine* regulamentar são as mais importantes); e isto foi seguido pelas *Cortes* constituintes espanholas do final dos anos 70.

Findo o debate, a governabilidade de cada sistema é posta à prova também pelas modalidades de voto do texto legislativo. Predominantemente, a regra estabelecida é a da maioria dos presentes (ex.: Espanha, Itália, Alemanha, Estônia, República Tcheca), mas não é indene de exceções, como constataremos em poucas páginas, tratando das fontes atípicas e das leis complementares[145].

Nos Parlamentos bicamerais, depois da votação de artigo por artigo e do escrutínio final com votação pública (com exceção das derrogações às vezes estabelecidas), e salvo que a Constituição não contemple também a categoria de lei monocamerais (como acontece, por exemplo, na Alemanha), a deliberação legislativa é transmitida à segunda Assembleia. Nela, há o percurso das mesmas etapas sucintamente expostas, de acordo com as prescrições das normas do regulamento interno. Registram-se, contudo, muitas variáveis, a depender do tipo de bicameralismo.

Em situações de paridade entre as duas Câmaras, a iniciativa pode ser exercida em cada Assembleia; emendas podem ser feitas ao texto originário em ambas as Câmaras. Sendo indispensável a perfeita concordância das duas deliberações, é necessário proceder a posteriores exames, até que as deliberações sobre o texto da proposta ou do projeto sejam idênticas (trata-se da chamada *navette*); nenhum ramo do Parlamento prevalece nem pode superar a oposição do outro. Quase em

---

[145] Sobre as modalidades de voto, v. cap. IX, seção II, § 7.

todos os lugares, porém, sendo o bicameralismo perfeito amplamente recessivo, registra-se uma prevalência da Câmara Baixa[146]. A composição de eventuais dissídios entre os diversos ramos do Parlamento –não incomum onde as Câmaras são formadas com diferentes critérios de representação– é confiada geralmente a comissões especiais [França, Alemanha, Estados Unidos, Bélgica, Rússia, com eventual última palavra da Câmara representativa do corpo eleitoral (por ex., na França) ou ao Parlamento em sessão conjunta (Bolívia, *ex* art. 161.5 da Constituição)].

3.3.3. *Monarcas e Presidentes no processo legislativo: sanção, promulgação, veto, reenvio*

A intervenção do Chefe de Estado no procedimento legislativo é encontrada ainda hoje –além da fase introdutória, em forma de apresentação dos projetos de lei ou de autorização da mesma[147]– na fase de aperfeiçoamento ou integrativa da eficácia, através de várias modalidades de participação do procedimento legislativo: o veto, o reenvio da deliberação legislativa ao Parlamento, a sanção, a promulgação (ou a rejeição destas últimas)[148].

[146] Assim acontece no Reino Unido, na Espanha, na França, na Alemanha, etc. A Câmara Alta é competente apenas sobre temas federais na Alemanha, enquanto em outros ordenamentos desempenha funções de freio e controle, também através do exercício do poder de emenda. V. cap. IX, seção II, § 2.1.

[147] Especialmente nos ordenamentos latino-americanos e, em geral, nos presidencialistas, mas não nos Estados Unidos: v. *supra*, § 3.3.1.

[148] As exceções não são frequentes: por exemplo, Alemanha, assim como Espanha, Japão e, em geral, as monarquias. Sobre o papel do Chefe de Estado: para a teoria clássica Alemã, no sentido da plena participação do Monarca, C.F. von Gerber, *Über öffentliche Rechte*, Laupp, Tübingen, 1852, e *Grundzüge eines Systems des deutschen Staatsrechts*, 3ª ed., Tauchnitz, Leipzig, 1880, trad. it. de ambos em Id., *Diritto pubblico*, Giuffrè, Milano, 1971, esp. p. 157 e ss.; M. Maier, *Le veto législatif du Chef d'État. Étude du droit constitutionnel comparé*, Mayor, Genève, 1947; P. Biscaretti di Ruffia, *Sanzione, assenso e veto del Capo dello Stato nella formazione della legge negli ordinamenti costituzionali moderni*, in *Riv. trim. dir. pubbl.*, n. 2, 1958, p. 241 e ss., e in AA.Vv., *Studi in onore di Emilio Crosa*, 2 vols., Giuffrè, Milano, 1960, I, p. 163 e ss.; V. Gueli, *Il procedimento legislativo*, in Id., *Scritti vari*, 2 vols., Giuffrè, Milano, 1976, II, p. 943 e ss. Especificamente sobre a promulgação, A. Criscuoli, *La promulgazione nel*

O dogma da soberania popular não permite mais ao Chefe de Estado monárquico, diferentemente do passado, anular a vontade das Câmaras Parlamentares. (O Rei *deve* sancionar a lei na Inglaterra, na Bélgica, na Espanha, etc.; recentemente, contudo, uma lei sobre um tema eticamente sensível não foi sancionada pelo Grão-Duque de Luxemburgo.) Um poder de veto ou de reenvio superável por uma nova deliberação das Câmaras é encontrado, por outro lado, seja em ordenamentos de forma de governo presidencialista ou semipresidencialista, seja nas parlamentares republicanas, nas quais é diferente a legitimação do Chefe de Estado. Algumas Constituições estabelecem, para que o projeto transforme-se em lei depois de uma intervenção negativa do Presidente, que é suficiente a maioria simples do Parlamento (Itália, França). Outras prescrevem que o veto ou a reenvio do Chefe do Estado possam ser superados somente com maioria dos membros do Parlamento ou com maioria absoluta ou qualificada[149], enquanto, algumas vezes, a Constituição contempla maiorias diferenciadas de acordo com a matéria objeto da lei (Portugal).

Na Rússia, a situação é particularmente complexa devido ao papel que a Constituição atribui ao Presidente da Federação. Como titular do poder de direcionamento político geral do país[150], o Presidente manifesta as suas orientações através de mensagens anuais ao país e do exercício da iniciativa legislativa; exerce uma intensa atividade voltada a influenciar a atuação das Câmaras: pode expressar as suas considerações depois da aprovação da lei em primeira leitura por parte da *Duma* e, em especial, pode fazer o veto presidencial, superável somente com o voto de 2/3 dos componentes de cada uma das duas Assembleias Parlamentares[151]. Nos casos em que o veto seja contornado pelo Parlamento, o Presidente, mesmo sem o

---

diritto pubblico moderno, Tocco, Napoli, 1911; S. BARTHOLINI, *La promulgazione*, Giuffrè, Milano, 1955; e, também para a publicação, J.B. HERZOG, G. VLACHOS, M. WALINE (eds), *La promulgation, la signature et la publication des textes législatifs en droit comparé*, Les Ed. de l'Epargne, Paris, 1961; J. RODRÍGUEZ-ZAPATA PÉREZ, *Sanción, promulgación y publicación de las leyes*, Tecnos, Madrid, 1987.

[149] Argentina, Grécia, Peru, Finlândia, Bulgária, Polônia, Venezuela, Bolívia, Brasil.
[150] Art. 80.3 da Constituição.
[151] Art. 107.

poder de dissolução parlamentar, pode incitar o Primeiro-Ministro a propor a questão de fidúcia sobre um texto normativo: no caso de voto contrário, pode dissolver a *Duma*[152]; ou, através da emissão de "decretos presidenciais", que a Constituição lhe permite adotar sem autorização, o Presidente russo pode colocar em prática uma "legislação" própria.

Nos Estados Unidos, a Câmara que propôs o projeto pode reaprová-lo por maioria de 2/3 e retransmiti-lo ao outro ramo do Congresso, que deve manifestar-se com a mesma maioria. Outrossim, o projeto é tido por aprovado se o Presidente não o reenvia dentro de 10 dias da transmissão, a menos que o Congresso entre em recesso, tornando impossível o voto e precluindo a transformação do *bill* em lei (é o chamado *pocket veto*). O veto parcial (*item veto*), não admitido nos Estados Unidos, no México e em outros lugares, é, por outro lado, aceito em outros ordenamentos, como o do Brasil[153].

Geralmente, as Constituições não esclarecem se o controle do Chefe de Estado é circunscrito à existência jurídica do ato legislativo (solução predominante nas monarquias parlamentares), se é estendido à verificação da legitimidade constitucional ou, enfim, se pode configurar-se como controle de oportunidade (como acontece frequentemente nas Repúblicas presidencialistas). Varios ordenamentos (como o estadunidense) reconhecem o efeito de consentimento ao silêncio do Chefe de Estado, em relação ao texto da lei transmitido pelas Câmaras; neles pode, pois, faltar um ato explícito de sanção ou de promulgação.

3.3.4. "Ignorantia legis non excusat": *a publicação*

Em todos os ordenamentos, a eficácia da lei é subordinada à sua publicação em um jornal oficial, a qual determina uma presunção de conhecimento pelos cidadãos após o decurso de um prazo estabelecido de forma variável (*"vacatio legis"*, de 15 dias na Itália; de 14 na Alemanha e na Letônia, salvo prazos diferentes estabelecidos na própria lei), ao passo que raramen-

---

[152] Art. 107.4.

[153] Sobre o veto nos Estados Unidos, ver A. BURATTI, *Veti presidenziali. Presidenti e maggioranze nell'esperienza costituzionale statunitense*, Carocci, Roma, 2012; para o Brasil, E. RODRIGUES, *O veto no Brasil*, Forense, Rio de Janeiro, 1981.

te as leis entram em vigor no mesmo dia (Romênia, Bolívia), no dia posterior à publicação (Peru) ou em dia variável, fixado pela própria lei (Finlândia)[154].

§ 4. A INTERVENÇÃO DAS MINORIAS E DA SOCIEDADE NO PROCESSO DECISÓRIO: LEIS COMPLEMENTARES, LEIS ATÍPICAS, LEIS ORGÂNICAS

Tratando da crise da lei, lembramos que muito frequentemente atos normativos primários, mesmo mantendo o nome "lei", são adotados com procedimentos especiais, distintos dos típicos. Diferentemente, há um tempo, em verdade, além da "especialidade" da matéria, há, por vezes, violando a unitariedade da lei:

– leis cujo conteúdo é predeterminado por pareceres constitucionais previstos (pelo Conselho de Estado, por órgãos representativos dos entes descentralizados, etc.), com o acréscimo no *iter legis* de um ou mais subprocedimentos. Tais pareceres são às vezes prestados pela Corte Constitucional antes da promulgação da lei, sob requerimento do Presidente da República, do Primeiro-Ministro, dos Presidentes das Câmaras, de um número estabelecido de deputados ou senadores, etc. (França, Romênia, Portugal, Irlanda, Estônia, Hungria);

– leis pelas quais é prevista a consulta ao povo, chamado a aprovar com referendo um projeto de lei, por iniciativa de parte do corpo eleitoral ou de entes periféricos ou de órgãos do Estado ou de parte dos membros das Assembleias Legislativas (Dinamarca, Suíça, Irlanda, Islândia e França, como estabelece o novo art. 11 da Constituição).

Nas hipóteses ora examinadas, quando o parecer não é obrigatório, não nos encontramos em presença de categorias especiais de leis, que, portanto –salvo exceções– bem poderiam ser derrogadas ou ab-rogadas por lei posteriores aprovadas pelo procedimento comum. A índole facultativa do parecer –no sentido que esse pode ser requerido, mas não se insere

---

[154] Sobre a publicação, A. PIZZORUSSO, *La pubblicazione degli atti normativi*, Giuffrè, Milano, 1963; A. D'ATENA, *La pubblicazione delle fonti normative*, I, *Introduzione storica e premesse generali*, Cedam, Padova, 1974; na Espanha, v. P. BIGLINO CAMPOS, *La publicación de la Ley*, Tecnos, Madrid, 1993.

sempre e plenamente no procedimento de adoção das leis materialmente individualizadas– ou, inclusive, a sua obrigatoriedade geral, desde que se produzam determinadas circunstâncias[155] não retiram do regime normal da lei os atos por eles acompanhados ou "sancionados" por um referendo. Fazem exceção as *lois référendaires* francesas, das quais o *Conseil constitutionnel* manifestou resistência à ab-rogação por obra das leis ordinárias: leis –as primeiras– não materialmente delimitadas pela Constituição, as quais adquirem maior força apenas pela circunstância de que o Presidente da República lançou sobre elas o referendo previsto pelo art. 11 da Constituição[156].

Além das leis adotadas com referendo ou parecer prévio, às vezes são previstas também:

– leis que não podem ser submetidas a referendo (Itália, Dinamarca, Letônia);

– leis vinculadas por acordos precedentes ou condicionadas por convênios prévios: procedimentos especiais são requeridos, por exemplo, em matéria de concordata com a Santa Sé e de acordos com organizações religiosos, conforme os arts. 7 e 8 da Constituição italiana; e em tema de aprovação de tratados;

– leis em matéria financeira, sobretudo submetidas a procedimentos próprios à adoção do orçamento e, especialmente, as relativas a equilíbrio orçamentário;

– leis que podem ser aprovadas só pelo *plenum* de cada Câmara (Itália, Espanha);

– leis aprovadas em sessão comum pelos dois ramos do Parlamento (Romênia);

– leis monocamerais (Bélgica, Alemanha), bicamerais ou tricamerais: alguns ordenamentos bicamerais (ex.: Alemanha, como outros ordenamentos federais com bipartidarismo imperfeito) ou pluricamerais (África do Sul, com a anterior Constituição de 1983) estabelecem ou estabeleciam um regime

---

[155] Como o parecer do Conselho de Estado ao Presidente irlandês no curso dos procedimentos de conciliação sobre projetos de relevância financeira: vide art. 22 da Constituição.

[156] Desde 2008, a própria Constituição estende este poder a 1/5 dos membros do Parlamento, apoiado por 1/10 dos eleitores.

diferenciado para os distintos grupos de matérias objeto de legiferação, prescrevendo que algumas leis são adotadas apenas por uma Câmara, outras, ao invés, necessitam do voto do Parlamento todo;

– leis aprovadas com maiorias qualificadas; às vezes, requer-se, para a aprovação de leis que versem sobre determinados setores, uma maioria diferente da simples (absoluta, de 2/3, de 3/4), como na Espanha, na Itália (para anistia), Noruega, Dinamarca, Hungria para a disciplina de variados direitos e instituições, Venezuela para as leis delegadas, etc.;

– leis aprovadas duas vezes sob requerimento de um determinado *quorum* de deputados, como acontecia sob a Constituição grega anterior;

– leis que regulam as relações entre grupos linguísticos ou culturais e seus poderes; a Constituição belga estabelece que algumas leis sejam aprovadas por maioria dos votos de cada grupo linguístico de ambas as Câmaras, sob a condição de que a maioria dos membros de cada grupo encontre-se reunida e que o total dos votos favoráveis dos grupos linguísticos atinja 2/3 dos votos expressos. De igual modo dispõe a Constituição eslovena;

– leis que disciplinam competências dos Estados-membros ou das Regiões (ou análogos entes territoriais), ou as relações entre estes e o Estado central (Itália, Áustria, Alemanha, Espanha).

A atipicidade de todas estas leis depende da dissociação entre força do ato e sua forma típica, ou de uma cisão entre *vis abrogans* e resistência à ab-rogação[157], as quais emergem com suporte no critério de competência. Qualquer que seja o sistema seguido para submeter leis específicas a um regime distinto do ordinário –agravamento dos procedimentos, o voto com maiorias especiais, um referendo, etc.– deve-se realizar na Constituição uma delimitação preventiva das matérias cuja disciplina é confiada a fontes que se diferenciam das leis ordinárias em alguns dos seus elementos.

---

[157] A. LA PERGOLA, *Costituzione e adattamento dell'ordinamento interno al diritto internazionale*, Giuffrè, Milano, 1961; C. BLANCO DE MORAIS, *As Leis Reforçadas. As Leis Reforçadas pelo procedimento no âmbito dos critérios estruturantes das relações entre atos legislativos*, Coimbra ed., Coimbra, 1998.

Por sua relevância comparatista, as leis orgânicas merecem, finalmente, uma análise à parte[158]. Introduzidas pela primeira vez, na sua versão moderna, pela Constituição francesa da V República, foram rapidamente recebidas também pela Constituição espanhola de 1978, assim como –também em contextos institucionais diferentes– pelas venezuelana, peruana, romena, portuguesa, brasileira, as ex-colônias francesas, etc. Em análise comparatista, a definição "lei orgânica" é a de um ato-fonte do Parlamento (mas não só dele, existindo na França também medidas provisórias orgânicas), adotado com um procedimento mais rigoroso em relação ao *iter* ordinário da lei (maiorias qualificadas e/ou pareceres de órgãos de justiça constitucional), em matérias que predominantemente (mas não de modo exclusivo) referem-se a poderes públicos, disciplinados nos limites e de acordo com os princípios estabelecidos pela Constituição e, no mínimo, resistentes à revogação por parte da lei ordinária que por ventura verse sobre a mesma matéria. Entre ordenamento e ordenamento, encontram-se, de todo modo, profundas diferenças: por ex.: na Constituição espanhola, o âmbito de competência das leis orgânicas estende-se –diferentemente da França e de alguns países latino-americanos– às liberdades públicas, enquanto o art. 72 da Constituição romena adota uma solução intermediária e a Venezuela inclui leis que constituam "marco normativo para outras leis". Na França, mas não mais na Espanha, são, ademais, submetidas obrigatoriamente ao controle preventivo do órgão de justiça constitucional. (Na Espanha, porém, a Lei Orgânica n. 12/2015 introduziu o controle prévio dos Estatutos no art. 79 da LOTC: «Son susceptibles de recurso de inconstitucionalidad, con carácter previo, los Proyectos de Estatutos de Autonomía y las propuestas de reforma de los mismos».) Na América Latina, às vezes, as leis orgânicas possuem um conteúdo constitucionalmente determinado, enquanto, em outros casos, é o Parlamento que lhes qualifica de tal modo, conferindo-lhes

---

[158] Sobre as leis orgânicas, L. Pegoraro, *Le leggi organiche. Profili comparatistici*, Cedam, Padova, 1990; J.L.R. Moreira da Silva, *Das leis orgânicas na Constituição da República Portuguesa*, Aafdl, Lisboa, 1991; J. Chofre, *Significado y función de las leyes orgánicas*, Tecnos, Madrid, 1994; C. Sirat, *La Loi Organique et la Constitution de 1958*, Dalloz, Paris, 1960; J.P. Berardo, *Les lois organiques dans l'ordonnancement français*, in *Scritti in onore di V. Crisafulli*, 2 vols., Cedam, Padova, 1985, II, p. 77 e ss.

um *status* especial, que implica um agravamento do procedimento a seguir (ex.: Venezuela).

A existência de características comuns permite, todavia, distinguir as leis orgânicas das fontes denominadas de forma similar, que não reúnem os requisitos indicados, como as leis orgânicas mencionadas por algumas Constituições oitocentistas, que não se salientavam pela posição particular no sistema das fontes, mas sim apenas pelo modo sistemático –orgânico, precisamente– de tratar uma determinada matéria ou pelo tema disciplinado (nos órgãos do Estado), ou as leis definidas como "orgânicas" previstas por algumas Constituições vigentes, não munidas das mesmas características ora indicadas. Contrariamente, se existe a definição constitucional de um âmbito material e um procedimento agravado de adoção, é possível anunciar a existência de leis orgânicas também em ordenamentos que não adotam este *nomen iuris*[159].

§ 5. O EXECUTIVO-LEGISLADOR

O dogma da divisão dos poderes entre Parlamento e Poder Executivo influenciou inúmeras Constituições do século XIX, nas quais não era prevista a faculdade de derrogar o princípio de que o único órgão competente a aprovar, modificar, revogar as leis fosse o Parlamento. Porém, sendo tais Constituições flexíveis, às Assembleias Parlamentares podia ser consentido, mesmo em ausência de disposições explícitas neste sentido, autorizar o Governo a assumir atos munidos da mesma força de lei e, em alguns casos, também ratificar, com efeito retroativo, deliberações assumidas pelo Executivo na esfera de competência da lei. Isso é precisamente o que acontece ainda hoje no Reino Unido, onde são utilizados, em matéria da chamada *delegated legislation*, vários procedimentos, um dos quais permite ao Governo adotar atos que entram imediatamente em vigor, sob a condição de que sejam depositados no Parlamento[160].

---

[159] Por exemplo, podem ser definidas "orgânicas" as tantas leis (definidas *"cardinal"* na versão em inglês da Constituição), aprovadas com maioria de 2/3, nos termos da vigente Constituição húngara.
[160] Vejam-se J.E. KERSELL, *Parliamentary Supervision of Delegated Legislation: The United Kingdom, Australia, New Zealand and Canada*, Stevens, London, 1960; C.K. ALLEN, *Law and Orders: An Inquiry into the*

5.1. EXIGÊNCIAS DE COERÊNCIA, TÉCNICA, ORGANICIDADE: A LEGISLAÇÃO DELEGADA

Com as leis delegadas, o Parlamento –eventualmente sob requerimento do Governo– concede uma autorização, uma habilitação ou uma delegação preventiva para regular uma determinada matéria por decreto, ao qual é atribuída força típica da lei. Uma solução híbrida é adotada onde, além da autorização, ao Parlamento é, outrossim, requerida a ratificação do decreto. Faltando a imediata vigência do ato, a supremacia do Parlamento não pode certamente se considerar minada pelo único fato de que o próprio Parlamento decida *soberanamente* despojar-se de atribuições próprias em favor do Governo. Nem sempre, contudo, as Constituições reputaram necessário disciplinar a legislação delegada, que frequentemente é, por conseguinte, imposta por meio da praxe, como nos Estados Unidos; praxe que foi, por vezes, racionalizada com lei do Parlamento[161].

Nature and Scope of Delegated Legislation and Executive Powers in English Law, Stevens, London, 1965; C.T. CARR, *Delegated Legislation*, Cambridge U.P., Cambridge, 2016. Sobre atos com força de lei na Itália, v. M. BAUDREZ, *Les actes législatifs du Gouvernement en Italie. Contribution à l'étude de la loi en droit constitutionnel italien*, Economica-Puam, Aix-Marseille, Paris, 1994.

[161] V. o *Statutory Instruments Act* inglês de 1946. Sobre as leis delegadas, C. SCHMITT, *Une étude de droit constitutionnel comparé. L'évolution récente des problèmes des délégations législatives*, in AA.VV., *Introduction a l'étude du droit comparé*, cit., III e IV, p. 200 e ss.; mais recentemente M. PATRONO, *Le leggi delegate in Parlamento. Analisi comparata*, Cedam, Padova, 1981; em abordagem teórico-comparativa, também M. NUÑEZ TORRES, *La capacidad legislativa del Gobierno desde el concepto de institución*, Porrúa, México, 2006; para a Espanha, E. VÍRGALA FORURIA, *La delegación legislativa en la Constitución y los Decretos Legislativos como normas con rango incondicionado de ley*, Congreso de los Diputados, Madrid, 1991; para a França, G. TUSSEAU, *Les normes d'habilitation*, Dalloz, Paris, 2006; P. PICIACCHIA, *La delega legislativa nell'esperienza costituzionale francese. Procedura e controllo dell'attività normativa dell'Esecutivo nella V Repubblica*, Giuffrè, Milano, 2006; para a Itália, E. TOSATO, *Le leggi di delegazione*, Cedam, Padova, 1931; A.A. CERVATI, *La delega legislativa*, Giuffrè, Milano, 1972; C. LATINI, *Governare l'emergenza. Delega legislativa e pieni poteri in Italia tra Otto e Novecento*, Giuffrè, Milano, 2005; E. ROSSI, *Le trasformazioni della delega legislativa*, Cedam, Padova, 2009.

Algumas Constituições disciplinam as lei delegadas segundo o esquema ternário "autorização (ou habilitação) - ordem (ou decreto) - ratificação", como as da França e da Romênia, a teor das quais a aprovação parlamentar é eventual e existe apenas no caso em que a lei de habilitação o requeira. Outras traçam um *iter* binário que, na Itália, começa pela lei de delegação e conclui-se com a chamada lei delegada, como acontece também na Grécia, onde são excluídas da delegação matérias sujeitas à reserva da Assembleia, e na Alemanha. A Constituição espanhola –além de excluir das matérias delegáveis as reservadas às leis orgânicas– institui um sistema de garantias inspirado na experiência italiana: rigorosa delimitação dos princípios e dos critérios dirigentes, prazo para o exercício da delegação, instantaneidade da mesma, conteúdo inovador do decreto delegado, em referência a textos únicos, instituições de controles eventuais em acréscimo aos dos Tribunais. O art. 84, ademais, torna as leis delegadas particularmente mais resistentes, estabelecendo que o Governo pode opor-se a projetos de lei ou de emendas contrárias a uma delegação legislativa em vigor. É assim assegurada –juntamente com a sua estabilidade– uma maior segurança jurídica, conferida pela escassa permeabilidade das leis delegadas aos ataques das leis especiais. Isso aplica-se com mais propriedade às matérias que constituem o "domínio" tradicional da legislação delegada: códigos e textos únicos representam atos que, pela sua complexidade, pelo cuidado especial que exigem na sua redação, pelo tecnicismo que caracteriza os seus conteúdos, causam esforço a Assembleias pletóricas, como são as parlamentares, para redigir sem comprometer o estilo e o próprio desenho "orgânico".

5.2. *ALÉM DA EMERGÊNCIA: MEDIDAS PROVISÓRIAS*

Com as medidas provisórias, é o Executivo que assume um ato, que depois submete ao Parlamento, invertendo, assim, o critério seguido para as leis delegadas[162]. Os padrões seguidos

[162] Sobre a decretação de urgência, E. PALICI DI SUNI, *La funzione normativa tra governo e parlamento. Profili di diritto comparato*, Cedam, Padova, 1988; ID., *La regola e l'eccezione. Istituzioni parlamentari e potestà normative dell'esecutivo*, Giuffrè, Milano, 1988; A. PIZZORUSSO, *Actes législatifs du Gouvernement et rapports entre les pouvoirs: aspects de droit comparé*, in *Rev. fr. dr. const.*, n. 32, 1997, p. 677 e ss. Para o ordenamen-

pelas Constituições em tema de medidas provisórias são três: raramente, são expressamente vedadas; com mais frequência, a Constituição nada diz a este respeito; às vezes, admite que o Governo possa adotar atos com força de lei (eventualmente estabelecendo limites de matéria), mas em tal caso deve haver uma ratificação parlamentar (ex.: Italia, Romênia). Se a Constituição proíbe a revogação das competências parlamentares[163], a adoção de ordens, decretos ou medidas com força de lei pode encontrar justificação só na necessidade. No silêncio da Constituição, a falta de autorização a favor do Governo pode, por vezes, significar uma implícita admissão das ordens de necessidade ou mesmo uma proibição implícita de adotá-las.

Em particular, falta uma explícita autorização a respeito em quase todos os ordenamentos latino-americanos, em cujas Constituições encontram-se, por outro lado, disciplinas circunstanciadas dos atos de emergência, de exceção, de sítio, que são declarados –e isso aconteceu com frequência, especialmente no passado– pelo Presidente ou pelo Governo, habilitados a assumir qualquer medida, compreendidas as que implicam a revogação das leis. Além de na América Latina, os decretos-leis não são constitucionalmente "cobertos" em algumas novas democracias do Leste Europeu, além de em numerosos ordenamentos de tradições mais antigas (Canadá, Austrália, Suécia, Finlândia, Bélgica, Holanda, Noruega, Japão).

---

to espanhol, A.M. CARMONA CONTRERAS, *La configuración constitucional de los decretos-leyes*, Cepc, Madrid, 1997; P. SANTAOLAYA MACHETTI, *El régimen constitucional de los decretos-leyes*, Tecnos, Madrid, 1988; para a Itália, V. ANGIOLINI, *Necessità ed emergenza nel diritto pubblico*, Cedam, Padova, 1986; P. PINNA, *L'emergenza nel diritto costituzionale italiano*, Giuffrè, Milano, 1988; A. CELOTTO, *L'"abuso" del decreto-legge*, Cedam, Padova, 1997; para o Brasil (e outros países), B. PEREIRA DOS SANTOS, *As medidas provisórias no direito comparado e no Brasil*, Livraria dos Tribunais, São Paulo, 1993; A. MARIOTTI, *Medidas provisórias*, Saraiva, São Paulo, 1999; C. MERLIN CLÈVE, *Medidas provisórias*, 2ª ed., Max Limonad, São Paulo, 1999; ID., *Atividade legislativa do Poder Executivo*, 2ª ed., Ed. Rev. dos Tribunais, São Paulo, 2001. Para alguns ordenamentos de *common law*, v. *supra* neste capítulo, nota 160.

[163] Assim o faz, por exemplo, a irlandesa, no art. 15.2.1: «The sole and exclusive power of making laws for the State is hereby vested in the Oireachtas: no other legislative authority has power to make laws for the State».

Nos sistemas parlamentares, a praxe orientou-se algumas vezes no sentido de permitir ao Governo adotar atos munidos de eficácia provisória, superáveis mediante uma lei do Parlamento, que de tal modo persegue dois efeitos: restabelecer a ordem jurídica com efeito *ex tunc* e, ao mesmo tempo, descarregar a responsabilidade do Governo. (Trata-se do *bill of indemnity* conhecido na experiência parlamentar inglesa.)

Em caso de emergências imprevistas, impossíveis de enfrentar tempestivamente com o procedimento parlamentar normal, algumas Constituições previram expressamente a licitude das medidas, atingindo, ao mesmo tempo, o objetivo de delimitar o uso, seja do ponto de vista das matérias, seja do relativo ao procedimento (Espanha, Itália, Dinamarca, Romênia, Estônia ...). Não existe, na maioria dos casos, uma limitação do âmbito material de tais fontes, das quais, além disso, faz-se uso, pelo menos em teoria, sobretudo para duas finalidades: fazer frente a situações de calamidades naturais ou, de qualquer forma, de emergência, e introduzir medidas fiscais sem dar lugar a especulações, como poderia acontecer caso impostos ou isenções fossem adotados segundo o normal *iter legis*. Entre as exceções, aparece a Constituição espanhola, a qual preenche o uso dos decretos-leis de cautelas especiais, ciente da utilização anormal dos poderes normativos feita pelo regime franquista anterior (como também por todos os governos autocráticos) e onde, de todo modo, a praxe foi orientada no sentido de um uso um pouco limitado do instituto, pelo menos até os últimos anos, marcados pela crise econômica.

A subsistência do requisito da urgência e/ou da necessidade, ao qual todos os ordenamentos subordinam a adoção de medidas provisórias ou de decretos-leis, é avaliada ou pelo Parlamento ou, eventualmente, também pelo órgão de justiça constitucional (como ocorre, por ex., na Espanha[164]).

O que caracteriza as fontes em questão é que o ato munido de força de lei, emanado do Governo, é mais ou menos imediatamente submetido ao Parlamento para que proceda à ratificação (ou "conversão" em lei). A falta de convalidação por parte das Câmaras (devido a seu voto negativo ao do decurso

---

[164] R. TUR AUSINA, *El control parlamentario de los Decretos-Leyes*, Cepc, Madrid, 2002.

do prazo estabelecido para o voto) implica, a depender dos ordenamentos considerados, a perda da validade ou da eficácia da medida, do decreto ou de suas disposições específicas, com efeito retroativo ou limitado ao futuro.

5.3. SUBORDINATE LEGISLATION NO COMMON LAW

O advento do *Welfare State* determinou, também nos sistemas de *common law*, não só uma copiosa produção legislativa, mas também de atos normativos paralelos, subordinados ou secundários[165]. As intervenções corretivas, mormente sobre o sistema econômico, concretizam-se especialmente com normas de conteúdo administrativo, das quais algumas colocam-se no mesmo plano da lei. Foram, então, desenvolvidas diversas formas de normatização secundária.

Em primeiro lugar, a delegação legislativa, com base na qual o Parlamento britânico pode conferir a outros sujeitos ou entes o poder de fazer normas que, por vezes, são denominadas *orders, regulations* ou *rules*. Na área da *delegated* ou *subordinated legislation* distinguem-se alguns instrumentos que têm em comum o fato de conferir ao Governo o poder normativo. Nos termos do *Statutory Instrument Act* de 1946, o poder de emanar *orders, rules, regulations* sob delegação compete formalmente ao Rei ou à Rainha, ouvido o parecer do *Privy Council* (através das chamadas *orders in Council*). Também os Ministros individualmente podem adotar *statutory instruments*, é dizer, decretos legislativos com base em uma delegação legislativa específica ou *enabling act*. Sobre a normatização delegada, o Parlamento de Westminster exerce um controle de tipo preventivo ou posterior. A depender dos casos, portanto, o ato de controle opera, respectivamente, como condição suspensiva da eficácia do ato normativo ou como condição resolutiva do mesmo.

---

[165] Em matéria de *delegated legislation*, R. BALDWIN, M. CAVE, M. LODGE, *The Oxford Handbook of Regulation*, Oxford U.P., Oxford, 2010; M. BRONWEN, *An Introduction to Law and Regulation*, Cambridge U.P., Cambridge, 2007; B. MORGAN, K. YEUNG, *An Introduction to Law and Regulation: Text and Materials*, Cambridge U.P., Cambridge, 2007. Sobre controle parlamentar, J. HAYHURST, E. WALLINGTON, *Parliamentary Scrutiny of Delegated Legislation*, in *Publ. law*, n. 1, 1988, p. 547 e ss.

Entre a normatização secundária do Reino Unido, merecem ser salientadas também as *bylaws*: atos normativos emanados por autoridades locais ou organismos independentes, sujeitos à aprovação de um departamento governamental e cujas validade e legitimidade formal são controladas pelas Cortes.

Nos Estados Unidos, os órgãos de governo emanam atos normativos desprovidos de força de lei (*executive orders*), que se unem aos atos secundários dos entes locais e dos entes independentes (*Agencies, Independent Regulatory Commissions*, etc.). Entretanto, nos casos em que a edição destes atos ocorra por efeito de uma delegação do Congresso, tais atos normativos adquirem *force and effect of law*, ou seja, eficácia *erga omnes* e valor de lei. Na mesma área dos *implied powers*[166], a doutrina e a jurisprudência incluem a chamada *emergency legislation*, indispensável –em algumas circunstâncias– ao exercício das atividades de governo (estado de guerra, crise econômica ou social). Pertence, contudo, à normatização secundária a chamada *contingency legislation*. Esta baseia-se em uma deliberação do Congresso com a qual se remete a uma avaliação do Presidente a entrada em vigor de um certo *statute*, em relação à concretização de um evento incerto.

§ 6. AS FONTES DOS ENTES TERRITORIAIS AUTÔNOMOS

Além das fontes do Estado central, nos ordenamentos policêntricos (federais ou regionais), atuam também as –primárias– das Regiões (Itália, Bélgica), das *Comunidades Autónomas* (Espanha) ou dos Estados-membros (EUA, México, Brasil), noutros lugares denominadas Províncias (Canadá, Argentina), *Länder* (Alemanha, Áustria), Cantões (Suíça)[167]. Deve-se lembrar,

---

[166] Ou a cláusula constitucional, derivada da *"general welfare clause"* do preâmbulo, da *"commerce clause"*, e, sobretudo, da *"necessary and proper clause"* do art. I, seção VIII, § 18, que autoriza o Congresso «to make all laws which shall be necessary and proper for carrying into execution the foregoing power».

[167] Sobre fontes nos ordenamentos descentralizados: A. RINELLA, C. BARBERA, *Le assemblee legislative territoriali negli ordinamenti federali*, Cedam, Padova, 2008; S. ORTINO, *Introduzione al diritto costituzionale federativo*, Giappichelli, Torino, 1993; J. KINCAID, *Federalism*, Sage, Los Angeles, 2011.

preliminarmente, que a organização do Estado e das fontes segundo um modelo "regional" é típica de alguns ordenamentos europeus de civil law. Na Europa, de fato, a repartição das competências entre centro e periferia nem sempre seguiu o caminho do federalismo, para se estabilizar em um nível diferente, em teoria pelo menos quantitativamente mais desfavorável para os entes descentralizados[168]. Alguns princípios, no entanto, tornam similares, de um lado, os ordenamentos federais de common law aos de civil law, sejam europeus ou latino-americanos; do outro, os ordenamentos regionais aos federais.

6.1. Constituições e Estatutos

Os específicos entes territoriais são sempre regidos por uma Constituição (nos Estados federais) ou por um Estatuto (nos regionais). A primeira é um ato do Estado-membro; os segundos, ao invés –mesmo quando são elaborados, *de iure* ou *de facto*, pelos órgãos periféricos– são frequentemente recebidos pelo ordenamento central com lei constitucional (Regiões Especiais Italianas), com lei orgânica (Espanha) ou com outro ato de nível primário (Portugal, Regiões Ordinárias Italianas até 2001)[169]. Também nos Estados federais, as Constituições

---

[168] Vide cap. VII, § 7.

[169] Sobre Constituições estatais nos Estados federais e sobre Estatutos autonômicos, vide: M. Burgess, G.A. Tarr (eds), *Constitutional Dynamics in Federal Systems*, McGill-Queen's U.P., Montreal, 2012; A. Benz, F. Fnüpling, *Changing Federal Constitutions: Lessons from International Comparison*, Barbara Budrich, Leverkusen, 2012; o volume organizado por Burgess e Tarr oferece um panorama amplo sobre as problemáticas relativas às Constituições estatais nos Estados federais; em particular: J.J. Dinan, *State Constitutions and American Political Development*, p. 43 e ss.; P. Bussjäger, *Sub-national Constitutions and the Federal Constitution in Austria*, p. 88 e ss.; A. Gunlicks, *Legislative Competences, Budgetary Constraints, and the Reform of Federalism in Germany from the Top Down and the Bottom Up*, p. 61 e ss.; N. Schmitt, *New Constitutions for All Swiss Cantons: A Contemporary Challenge*, p. 140 e ss.; P. Peeters, *The Constitutional and Institutional Autonomy of Communities and Regions in Federal Belgium*, p. 164 e ss.; G. Baier, *Canada: Federal and Sub-national Constitutional Practices*, p. 174 e ss.; para a Itália, R. Bifulco (ed.), *Gli statuti di seconda generazione*, Giappichelli, Torino, 2006; V. Sannoner, *Le carte statutarie dopo la riforma del titolo V della Costituzione*, Cacucci, Bari, 2006; P. Caretti (ed.), *Osservatorio sulle fonti. I nuovi statuti regionali*,

estatais são, de todo modo, subordinadas à Constituição Federal (Estados Unidos, Alemanha, Suíça, Brasil, Argentina), em virtude das cláusulas específicas de supremacia da Constituição Federal (*supremacy clause*). A validade das leis adotadas pelos órgãos descentralizados é condicionada pelo respeito à norma-base de cada ente periférico (além da Constituição como um todo). Constituições ou Estatutos, por um lado, e leis dos ordenamentos descentralizados, por outro, convivem, portanto, em uma relação de hierarquia; no vértice da escala hierárquica encontra-se sempre a Constituição do ordenamento central, federal ou regional.

6.2. A REPARTIÇÃO DE COMPETÊNCIAS ENTRE CENTRO E PERIFERIA

O critério de competência (exclusiva), juntamente àquele pelo qual cada matéria é disciplinada pelo "centro" nos princípios e nos detalhes dos entes periféricos, serve para distinguir as matérias legislativas pertinentes a cada ente. As principais técnicas com as quais as competências são subdivididas serão ilustradas *infra*[170]. Aqui, basta lembrar de observar que a sub-

---

Giappichelli, Torino, 2006; A. D'ATENA (ed.), *I nuovi statuti delle Regioni ad autonomia ordinaria*, Giuffrè, Milano, 2008; para a Espanha, C. AGUADO RENEDO, *El Estatuto de Autonomía y su posición en el ordenamiento jurídico*, Cec, Madrid, 1996; I. TORRES MURO, *Los Estatutos de Autonomía*, Cepc, Madrid, 1999; M.J. TEROL BECERRA (ed.), *El Estado Autonómico in fieri. La reforma de los Estatutos de Autonomía*, Inst. Andaluz de Adm. Públ., Sevilla, 2005; C. VIVER PI-SUNYER, F. BALAGUER CALLEJÓN, J. TAJADURA TEJADA, *La reforma de los estatutos de autonomía. Con especial referencia al caso de Cataluña*, Cepc, Madrid, 2005; G. RUÍZ-RICO RUIZ (ed.), *La reforma de los Estatutos de Autonomía: Actas del IV Congreso Nacional de la Asociación de Constitucionalistas de España*, Tirant lo Blanch, Valencia, 2006; o estudo monográfico "Reforma de los Estatutos de Autonomía y pluralismo territorial" da *Rev. gen. der. const.*, n. 1, 2006; F. LÓPEZ RAMÓN (ed.), *De la reforma estatutaria*, Gobierno de Aragón, Zaragoza, 2006; A.L. SANZ PÉREZ, *La reforma de los Estatutos de Autonomía (con especial referencia a los Estatutos de Cataluña y de la Comunidad Valenciana)*, Thomson-Aranzadi, Cizur Menor, 2006; J.C. REMOTTI CARBONELL, *El Estatuto de Autonomía y su interpretación por el Tribunal Constitucional*, Bosch, Barcelona, 2011. Para uma comparação entre Itália e Espanha, S. GAMBINO (ed.), *Regionalismi e statuti. Le riforme in Spagna e Italia*, Giuffrè, Milano, 2008.

[170] Cap. VII, § 5 e ss.

divisão por matéria implica, em qualquer lugar, as incertezas determinadas pela vagueza das palavras que as indentificam, de modo que os órgãos de justiça constitucional são chamados a realizar difíceis reconstruções das respectivas competências do centro e dos ordenamentos periféricos[171].

Nos ordenamentos regionais ou que preveem formas parciais de autonomia política, as leis das Regiões (ou das *Comunidades Autónomas*) são subordinadas não só à Constituição e ao Estatuto, mas também ao respeito de outros limites. Encontram, de fato, em caso de competência concorrente, também limitadas pelas leis do Estado, sejam essas leis gerais, a que alude a Constituição de Portugal, ou leis-quadro, a que fazia referência a legislação de implementação do art. 117 da Constituição italiana, na versão anterior à revisão de 2001, ou as leis de base, mencionadas pela Constituição espanhola[172]. Em tais casos, a matéria é distribuída de modo tal que Regiões e Estado contribuem, com normativas mais o menos detalhadas, para disciplinar a mesma matéria. Também nos ordenamentos federais existem limites à legislação dos Estados-membros, especialmente onde haja a competência legislativa concorrente (mas algumas vezes também no caso da ex-

---

[171] Inclusive onde –como na Alemanha, na Áustria e na Suíça– a Constituição é bastante detalhada a respeito.

[172] Sobre repartição das competências entre fontes estatais e fontes regionais na Espanha, na Itália e na Bélgica, ver, respectivamente: para a Espanha, S. Muñoz Machado, *Las potestades legislativas de las Comunidades Autónomas*, Civitas, Madrid, 1981; R. Jiménez Asensio, *La ley autonómica en el sistema constitucional de fuentes del Derecho*, Pons, Barcelona, 2001; E. Arnaldo Alcubilla, J. de Juan, *El poder legislativo estatal en el Estado autonómico*, Faes, Madrid, 2003; F. Domínguez García, *Las regiones con competencias legislativas*, Tirant lo Blanch, Valencia, 2005; F. Balaguer Callejón (ed.), *Reformas estatutarias y distribución de competencias*, Inst. Andaluz de Adm. Públ., Sevilla, 2007. Para a Itália, G.F. Ferrari, G. Parodi (eds), *La revisione costituzionale del Titolo V tra nuovo regionalismo e federalismo*, Cedam, Padova, 2003; A. D'Atena, *Regionalismo in bilico: tra attuazione e riforma della riforma del Titolo V*, Giuffrè, Milano, 2005; S. Mangiameli, *Letture sul regionalismo italiano. Il titolo V tra attuazione e riforma della riforma*, Giappichelli, Torino, 2011; para a Bélgica, M. Leroy, *De la Belgique unitaire à l'état fédéral*, Bruylant, Bruxelles, 1996; A. Leton (ed.), *La Belgique. Un État Fédéral en évolution*, Bruxelles, Bruylant, 2001; J. Beaufay, G. Matagne (eds), *La Belgique en mutation*, Bruylant, Bruxelles, 2009.

clusiva): sobretudo onde se afirme a fórmula do federalismo cooperativo, que aos limites jurídicos, enunciados na Constituição ou derivados da jurisprudência constitucional, associa para os entes periféricos também vários limites fáticos, decorrentes das consultas e das práticas cooperativas e, mais em geral, por uma espécie de "administrativização" do federalismo e do controle do centro sobre as finanças[173].

A aparente unicidade do fenômeno representado pela descentralização federal e regional mascara muitas diferenças: estas são acentuadas pelo desenvolvimento de experiências autóctones, que percorreram caminhos originais, e pela adaptação de modelos estrangeiros por parte de cada ordenamento, por meio de recepção.

Recorde-se, em especial, a experiência da *devolution* no Reino Unido: um ordenamento tradicionalmente centralizado, que –mesmo em presença de antigas e fragmentárias experiências de *local government*– só recentemente obteve um marco regional. A *devolution* representou –e ainda hoje representa– um processo de transferência de poderes do centro à periferia do Reino, em particular em relação a sujeitos democraticamente legitimados no plano regional (Assembleias representativas unicamerais). As áreas interessadas neste processo são as caracterizadas por uma identidade nacional autônoma (Escócia, Gales, Irlanda do Norte): contudo, apenas as Assembleias escocesas e norte-irlandesas possuem Poder Legislativo primário sobre as matérias devolvidas; a galesa, até pouco tempo, exerceu apenas um poder normativo secundário em relação à legislação de Westminster (*executive devolution*)[174].

§ 7. FONTES DA UNIÃO EUROPEIA E OS DIREITOS INTERNOS (REMETE-SE A OUTRO CAPÍTULO)

Nos países da União Europeia, o sistema das fontes é mais complexo, desde a instituição das Comunidades, mas, sobretudo, depois da ampliação e do reforço posterior ao Tratado de Maastricht, do Ato Único, do Tratado de Lisboa, pela presença de fontes da própria União Europeia (em especial: regulamen-

---

[173] Vide cap. VII, § 11.
[174] Bibliografia e aprofundamentos *infra*, cap. VII, § 9.

tos e diretivas), que se impõem por força própria no interior de cada ordenamento que participa da UE. Tais fontes serão tratadas, por razões de coerência sistemática, nas páginas dedicadas à União Europeia[175].

§ 8. A "LEGISLAÇÃO MATERIAL" DO EXECUTIVO: OS REGULAMENTOS

Segundo a filosofia da Revolução Francesa, um poder materialmente legislativo não podia ser conferido ao Executivo: as Constituições aprovadas entre o final do século XVIII e o início do século XIX expressaram, por conseguinte, o princípio de que ao Governo competiria tão-somente a execução das leis, sendo-lhe impedido modificar ou interpretar as existentes. Os acontecimentos posteriores demonstraram a impraticabilidade da rigorosa distinção entre Poder Legislativo (normativo) e Poder Executivo[176]. Mas ainda hoje, a ideia de que este não possa interpretar, alterar ou modificar a lei mediante os regulamentos, chamados apenas a lhes dar execução nas matérias não sujeitas a uma reserva absoluta, é expressa por várias Constituições: não só as que permaneceram substancialmente sem mudanças desde o século XIX, mas também algumas mais recentes (especialmente latino-americanas), qualquer que seja a forma de governo por elas desenhada.

---

[175] Cap. VII, § 10.

[176] Sobre regulamento, L. CARLASSARE, *Regolamenti dell'esecutivo e principio di legalità*, Cedam, Padova, 1966; E. CHELI, *Potere regolamentare e struttura costituzionale*, Giuffrè, Milano, 1967; P. CARETTI, U. DE SIERVO (eds), *Potere regolamentare e strumenti di direzione dell'amministrazione. Profili comparatistici*, il Mulino, Bologna, 1991; F. CERRONE, *La potestà regolamentare tra forma di governo e sistema delle fonti*, Giappichelli, Torino, 1991 (todos com amplas referências históricas e comparatistas). Para a França, em abordagem histórica, CH. DURAND, A. LANZA, *Études sur les rapports entre la loi et le règlement gouvernemental au XIXe siècle*, Puam, Aix-Marseille, 1976; para Portugal, J. COUTINHO DE ABREU, *Sobre os regulamentos administrativos*, Almedina, Coimbra, 1987; para a Espanha, R. GARCÍA MACHO, *Reserva de ley y potestad reglamentaria*, cit.; J.M. BAÑO LEÓN, *Los límites constitucionales de la potestad reglamentaria*, Civitas, Madrid, 1991; para a Alemanha, N. FOSTER, S. SULE, *German Legal System and Laws*, Oxford U.P., Oxford, 2010, e, neste livro, amplas referências bibliográficas; M.F. HARTWIG, *Le fonti secondarie nell'ordinamento giuridico della Repubblica Federale Tedesca*, in P. CARETTI, U. DE SIERVO (eds), *Potere regolamentare e strumenti di direzione dell'amministrazione*, cit., p. 79 e ss.

Abandonando o léxico do período revolucionário, outros textos constitucionais limitam-se hoje a atribuir ao Executivo o poder de fazer regulamentos para a execução das leis (Portugal, Japão, Bulgária, Polônia) ou estabelecem que «o Governo [...] exerce [...] o poder regulamentar conforme a Constituição e às leis» (Espanha); que «normas administrativas gerais podem ser estabelecidas por decretos reais» (Holanda); ou que «O Presidente da República [...] emana os regulamentos» (Itália, onde, por outro lado, o poder regulamentar incumbe às Regiões em cada matéria de competência estatal não exclusiva). Em tais casos, como também quando a Constituição atribui ao executivo o poder de emanar decretos ou de dar execução às leis, sem mencionar expressamente o poder regulamentar (Suíça, cuja Constituição fala, além disso, em "normas jurídicas", e Romênia), o princípio da legalidade pareceria impedir o exercício de um poder regulamentar desvinculado de uma lei prévia (chamados regulamentos independentes). Deve-se, porém, a cada vez, realizar uma reconstrução conjunta do sistema das fontes e um exame acurado das práticas de cada ordenamento, a fim de admitir ou de excluir a constitucionalidade dos regulamentos que, mesmo sendo subordinados à lei, ainda dispõem sobre matérias não disciplinadas pela lei. A prática há muito tempo predominante (especialmente no *common law*) é, contudo, orientada a favor, considerando que a legislação hipertrófica permeia cada aspecto das relações jurídicas e, salvo os casos de reserva expressa, presta-se a favorecer integrações regulamentares também onde não sejam expressamente previstas[177].

Onde quer que predomine a doutrina, de origem francesa, da prevalência da lei, expressão da vontade geral, e da subordinação hierárquica do regulamento a esta, nem se pode considerar uma derrogação deste princípio o poder conferido ao Executivo de organizar a estrutura normativa do Estado, mesmo que atribuído –na maioria das vezes– nos limites da observância da lei (ex.: art. 28 Constituição da Irlanda, art. 97 da Constituição da Itália).

---

[177] Sobre os chamados regulamentos autônomos, ver, para a Espanha, B. COLOM PASTOR, *Reglamentos independientes y potestad reglamentaria: cinco años de experiencia constitucional*, in Rev. esp. der. adm., n. 40-41, 1984, p. 239 e ss.; para a Itália, v. nota 176 neste §.

Paradoxalmente, apenas na França foi desenvolvida com a Constituição da V República a ideia de uma competência (*domaine*) do regulamento separada daquela da lei[178]. Derrubando um princípio secular, o art. 34 da Constituição retira da lei a competência residual e elenca as matérias nas quais tal fonte é competente para «estabelecer as regras» ou a «determinar os princípios fundamentais». A defesa do *domaine* do regulamento, que se estende em via exclusiva ou concorrente a todas as matérias não expressamente individualizadas pela Constituição é conferida ao Governo (e, desde 2008, ao Presidente da Assembleia interessada), que pode opor a inadmissibilidade de cada proposta de lei ou emenda reputada invasiva da competência regulamentar. Apenas na eventualidade de o Presidente da Assembleia interessada –um Presidente de expressão majoritária– estar em desacordo, a solução do conflito é demandada ao *Conseil constitutionnel*. Às críticas realizadas na alvorada da V República contra estas disposições substituíram-se rapidamente avaliações mais cautelosas: observou-se que, em suma, a lei disciplina as matérias mais importantes; e que a valoração da importância e da produtividade de uma Assembleia Parlamentar é dada não tanto em termos quantitativos (o número de matérias de sua competência, o número de leis aprovadas, e assim por diante), mas em termos qualitativos (a relevância política das matérias e das leis). O esquema francês, no qual a função legislativa "material" divide-se em dois atos típicos –a lei, nos dois subtipos ordinária e orgânica, e o regulamento– cada um dos quais é dotado de uma própria esfera de competência, não foi, contudo, exportado nem sequer para as Constituições que majoritariamente sofreram a influência do modelo da V República (Espanha, Romênia, alguns Estados africanos).

Além de ao Governo –ou, formalmente, ao Chefe do Estado– um poder regulamentar com eficácia externa é às vezes

---

[178] L. HAMON, *Les domaines de la loi et du règlement à la recherche d'une frontière*, Dalloz, Paris, 1960; J.-L. PARODI, *Les rapports entre le législatif et l'exécutif sous la V République*, Colin-Fnsp, Paris, 1972; J.-L. PÉZANT, *Contribution à l'étude du pouvoir législatif selon la Constitution du 1958*, in AA.VV., *Mélanges offerts à Georges Burdeau*, Lgdj, Paris, 1977, p. 445 e ss.; L. FAVOREU (ed.), *Le domaine de la loi et du règlement*, Economica-Puam, Paris, 1981; J. TREMAU, *La réserve de loi*, cit.; M.R. DE LEO, *Le domaine litigieux. Legge e attività normativa del Governo in Francia*, Giappichelli, Torino, 2007.

conferido a cada um dos Ministros, em virtude de expressas disposições constitucionais[179] ou também legislativas (como na Itália); assim como a administrações separadas do Estado, a agências, a autoridades independentes e a entes territoriais e/ ou locais menores. No sistema global das fontes, os Estatutos dos entes locais menores (como os comuns) são sempre subordinados à lei e distinguem-se dos regulamentos seja em virtude da competência para disciplinar a organização e o exercício das funções do ente, seja pela sua superioridade em relação aos segundos, que devem respeitá-los[180].

§ 9. OUTRAS FONTES DO DIREITO

Por derradeiro, tendo já tratado das fontes-fato[181], faz-se necessário mencionar os regimentos parlamentares; as sentenças de procedência das Cortes e dos Tribunais Constitucionais; e o referendo ab-rogativo e a lei popular.

9.1. AUTO-ORGANIZAÇÃO: OS REGIMENTOS DAS CÂMARAS PARLAMENTARES

Os regimentos parlamentares podem ser considerados fontes legais do direito ou regras de natureza meramente interna: a solução depende, consoante o ordenamento, da história, da qualificação constitucional, que frequentemente acompanha o adjetivo "interno" relacionado ao substantivo "regimento"; da sujeição às formas de publicação típicas das fontes legais, da justiciabilidade das violações perante um juiz constitucional e ordinário[182]. Em qualquer caso, nota-se que, quase sempre, os regimentos parlamentares são invocados pela Constituição para disciplinar, entre outros, o *iter* de formação do ato-fonte externo por excelência, ou seja, a lei[183].

---

[179] Vejam-se as Constituições da Bulgária, da Estônia, da República Tcheca, da Holanda, de Portugal, do Peru e da República Eslovaca.

[180] Em relação à Itália, cf. L. PEGORARO, *Gli statuti degli enti locali. Sistema delle fonti e problemi di attuazione*, Maggioli, Rimini, 1993.

[181] Cap. V, seção II, § 2.

[182] Veja-se T. MARTINES, *La natura giuridica dei regolamenti parlamentari*, Tipografia del libro, Pavia, 1952.

[183] ... além da organização da Câmara, o controle parlamentar, as relações com outros órgãos, etc. Sobre os regimentos parlamentares, em

Os regimentos parlamentares colocam-se –diferentemente daqueles do Executivo– em posição imediatamente subordinada à Constituição, retirando, de todo ou em parte, da lei ou da lei orgânica, a competência relativa à organização e ao exercício das funções do Parlamento. Uma reserva de competência regulamentar (que às vezes é apenas pressuposta, já que a Constituição limita-se a estabelecer que as Câmaras dotam-se de um regimento, sem especificar as matérias que ele deve ou pode tratar) é prevista por inúmeras Constituições (como a italiana), enquanto outras remetem ou fazem referências aos regimentos parlamentares (França, Holanda, Bélgica, Venezuela). Não sempre –aliás, quase nunca!– as Constituições esclarecem, porém, qual é a sua posição no sistema das fontes. Se excetuados os casos nos quais estes são constitucionalizados (Finlândia, até a revisão constitucional de 1999-2000); sujeitos ao regime normal da lei, com consequente possibilidade de que esta invada sua competência (Islândia, Lituânia, Estônia); ou aprovados por lei (México, onde a lei é orgânica, e Áustria), a sua posição é na maioria das vezes fixada pela jurisprudência constitucional.

---

acréscimo aos manuais citados *sub* cap. IX, seção II, v. S.M. CICCONETTI, *Regolamenti parlamentari e giudizio di costituzionalità nel diritto italiano e comparato (Stati Uniti, Germania federale, Italia)*, Cedam, Padova, 1979; G.G. FLORIDIA, *Il regolamento parlamentare nel sistema delle fonti*, Giuffrè, Milano, 1986, com ampla, exaustiva e culta análise histórico-comparatista; G.G. FLORIDIA, F. SORRENTINO, verbete *Regolamenti parlamentari*, in *Enc. giur.*, XXVI, Ist. enc. it., Roma, 1991, p. 3 e ss.; R. IBRIDO, *L'interpretazione del diritto parlamentare*, Angeli, Milano, 2015. Uma visão panorâmica em T. VIDAL MARÍN, *Los Reglamentos de las Asambleas Legislativas*, Congreso de los Diputados, Madrid, 2005. Sobre a Espanha, J.J. MARCO MARCO, *El Reglamento Parlamentario en el sistema español de fuentes del Derecho*, Temas de las Cortes Valencianas, Valencia, 2000; R. PUNSET BLANCO, "Los reglamentos parlamentarios", parte II de ID., *Estudios parlamentarios*, Cepc, Madrid, 2001, p. 115 e ss., e, para seu controle, E. ÁLVAREZ CONDE, *Il controllo sul procedimento legislativo*, in G. ROLLA, E. CECCHERINI, *Profili di diritto parlamentare in Italia e in Spagna*, Giappichelli, Torino, 1997, p. 221 e ss. (e adicionalmente, mais em geral sobre os vícios do procedimento, P. BIGLINO CAMPOS, *Los vicios en el procedimiento legislativo*, Cec, Madrid, 1991); sobre a França (e outros ordenamentos), D. LAURENT, *Les actes internes du Parlement: étude sur l'autonomie parlementaire (France, Espagne, Italie)*, Lgdj, Paris, 2008; para o Reino Unido, T. ERSKINE MAY, *Treatise on the Law, Privileges, Proceedings and Usages of Parliament*, Knight & Co, London, 1844; N. WILDING, P. LAUNDY, verbete *Procedure*, in ID., *An Encyclopaedia of Parliament*, 4ª ed., Cassell, London, 1972, p. 461 e ss.

Como normas "interpostas" entre a Constituição e a lei, os regimentos parlamentares representam um parâmetro no juízo de constitucionalidade? E podem eles constituir objeto de juízo, uma vez que violem a Constituição? No primeiro caso, a solução é geralmente negativa, a menos que, juntamente com a norma regimental, não seja contemporaneamente violada também uma de nível constitucional (neste sentido a jurisprudência constitucional alemã, a italiana e a espanhola); no segundo, depende das disposições constitucionais ou orgânicas que admitem ou, inclusive, impõem o controle sobre os regimentos (França, Espanha, Bulgária, Romênia, ex-colônias francesas) ou, mais frequentemente, da "força" que a estes os Tribunais Constitucionais atribuem, por vezes, frente a formulações mais ambíguas[184]. As soluções podem ser radicalmente contraditórias, como indicador das diversas percepções do papel dos respectivos Parlamentos no sistema: por exemplo, a Corte italiana reelaborou a teoria dos atos *interna corporis* para negar a possibilidade de controle; França e ex-colônias, bem como alguns países do Leste Europeu (como a Romênia), ao contrário, subordinam os regimentos a um controle de constitucionalidade prévio e obrigatório.

9.2. SENTENÇAS CONSTITUCIONAIS (REMETE-SE A OUTRO CAPÍTULO)

Entre as fontes do direito, devem ser enumeradas as sentenças dos Tribunais Constitucionais, munidas de eficácia *erga omnes*. Independentemente do efeito exato produzido pela decisão que declara a inconstitucionalidade de uma lei ou outro ato normativo vigente (isto é, de revogação ou de nulidade), de fato, o resultado atingido é precisamente o de expulsar normas do ordenamento jurídico. Disto, de todo modo, tratar-se-á mais amplamente *infra*[185].

9.3. O POVO LEGISLADOR: O REFERENDO E A "LEI POPULAR"

Entre as fontes do direito, destacam-se a "lei popular" (*"initiative"*) e o referendo ab-rogativo, que serão amplamente abordados no cap. IX, seção I. A primeira não difere das ou-

---

[184] V. cap. X, seção I, *mult. loc.* Para a França, cf. L. HAMON, *Le contrôle par le Conseil constitutionnel des règlements provisoires de l'Assemblée nationale et du Sénat*, Dalloz, Paris, 1959.

[185] V. cap. X, seção I, § 11.

tras fontes, salvo pelo fato de que é o povo que tem a última palavra sobre sua aprovação. O referendo ab-rogativo conhece uma contínua aplicação especialmente na Itália, onde a índole de fonte é, além disso, atribuída não ao fato referendário, mas, sim, ao ato com o qual o Chefe do Estado recebe a vontade do povo de revogar uma lei[186]. Neste capítulo, é suficiente recordar que também no caso em exame –como no ora lembrado das sentenças constitucionais de procedência– a índole negativa do referendo não mina a sua natureza de fonte; e que, ainda uma vez, é fácil registrar também em fatos e atos de tal gênero uma carga positiva, um *quid* criativo, imputável ou à formulação das perguntas, de modo a permitir a substituição de uma disciplina por outra, ou à circunstância de que o vazio determinado é (quase sempre) preenchido com os mesmos sistemas já examinados, adotados quando uma lei é revogada e não substituída por uma outra (recurso à analogia, aos princípios do direito, ao costume, à equidade, etc.)[187].

§ 10. *Normas ou matrizes de normas?* Os princípios do direito

Com a expressão "princípios do direito", alude-se a figuras jurídicas que nos vários ordenamentos assumem às vezes denominações mais articuladas, como "princípios gerais do ordenamento jurídico do Estado" (Itália) ou "princípios fundamentais reconhecidos pelas leis da República" (França)[188].

[186] Assim V. Crisafulli, *Lezioni di diritto costituzionale*, II, *L'ordinamento costituzionale italiano. Le fonti normative. La Corte costituzionale*, 5ª ed., Cedam, Padova, 1984, p. 94 e ss. Sobre *Referendum abrogativo e giudizio costituzionale* na Itália, cf. a monografia de A. Cariola, Giuffrè, Milano, 1994, à qual são acrescentados os diversos comentários à jurisprudência posterior, publicados em revistas, esp. *Giur. cost.* Outra bibliografia *infra*, cap. IX, seção I, §§ 1 e ss., 7 e ss.

[187] Para uma análise mais detalhada do referendo e outras fontes que têm origem na vontade popular, v. cap. IX, seção I, §§ 3, 8, 9.

[188] Sobre os princípios, na imensa literatura, v. com várias posições: N. Bobbio, verbete *Principi generali del diritto*, in *Nss. Dig. it.*, XIII, Utet, Torino, 1966, p. 887 e ss.; G.R. Carrió, *Principios jurídicos y positivismo jurídico*, Abeledo-Perrot, Buenos Aires, 1970, trad. it. *Principi di diritto e positivismo giuridico*, in R. Guastini (ed.), *Problemi di teoria del diritto*, il Mulino, Bologna, 1980, p. 75 e ss.; R. Dworkin, *Taking Rights Seriously*, cit.;

Comumente, o próprio legislador qualifica um dispositivo "de princípio", mas, com maior frequência, a doutrina e, sobretudo, a jurisprudência, especialmente a constitucional, que, partindo de um reconhecimento do tecido normativo, chegam à conclusão de que o elemento essencial comum a mais disposições, ou inclusive baseado em uma só (como a relativa à igualdade perante a lei), representa precisamente um princípio. Seja em um caso, seja no outro, a locução mantém uma grande vagueza semântica. Guastini elenca as várias acepções utilizadas para indicar, por vezes, normas providas de um alto grau de generalidade, de caráter programático, que ocupam um nível elevado na hierarquia das fontes, que possuam um papel reputado fundamental no ordenamento jurídico como um todo ou, enfim, máximas destinadas a órgãos executivos para orientar a seleção das disposições aplicáveis a um determinado caso específico[189].

Exclui-se, contudo, que os princípios em questão sejam princípios metafísicos ou pré-jurídicos: é certo que alguns deles foram elaborados partindo da ideia de que fossem criados pela divindade ou pela razão (como foi o caso da doutrina iluminista no momento em que afirmou o princípio da divisão dos poderes); mas parece igualmente pacífico que, para assumir uma conotação de juridicidade, seja necessário que os princípios encontrem alguma concretização, ainda que implícita, no direito positivo.

Os princípios desempenham três funções principais: primeiramente, facilitam a interpretação da lei, à qual, de modo geral, seria atribuído um significado (também) aderente aos princípios que a inspiram ou que são subjacentes a normativas análogas; em segundo lugar, servem para integrar o direito co-

---

R. GUASTINI, *Sui principi di diritto*, in *Dir. soc.*, n. 4, 1986; V. CRISAFULLI, *Per la determinazione del concetto dei principi generali del diritto*, in *Riv. int. fil. dir.*, n. 41, 1941, p. 41 e ss.; G. ALPA, *I principi generali*, Giuffrè, Milano, 1993; L. PRIETO SANCHÍS, *Sobre principios y normas. Problemas del razonamiento jurídico*, Cec, Madrid, 1992; M. ATIENZA, G. RUIZ MANERO, *Tre approcci ai principi di diritto*, in *Analisi e dir.*, 1993, p. 9 e ss.; C. LUZZATI, *Príncipi e princípi. La genericità nel diritto*, Giappichelli, Torino, 2012. Para a França, B. JANNAU, *Les principes généraux du droit dans la jurisprudence administrative*, Sirey, Paris, 1954; F. MODERNE, *Actualité des principes généraux du droit*, in *Rev. fr. dr. adm.*, n. 1, 1998, p. 495 e ss.

[189] R. GUASTINI, *Teoria e dogmatica delle fonti*, cit., p. 271 e ss.

dificado, como acontece, por exemplo, na Itália, nos termos do quanto disposto em matéria de *analogia iuris* pelo art. 12 das Disposições Preliminares ao Código Civil[190]. Enfim, os princípios são às vezes utilizados para limitar o âmbito de competência de órgãos ou entes.

No direito constitucional, os princípios são empregados de maneira bastante ampla pelas Cortes e Tribunais Constitucionais, que os tomam como parâmetro de constitucionalidade ou, inclusive, de supraconstitucionalidade (os "princípios supremos do ordenamento" individualizados pela Corte Constitucional italiana) ou, de qualquer forma, utilizam-nos, depois de "descobri-los", para decidir controvérsias que lhes são submetidas, mas, sobretudo, para estabelecer axiologias a ponderações no quadro da própria Constituição.

Não há concordância sobre um ponto: se os princípios gerais do direito são propriamente normas verdadeiras, como afirma parte da doutrina ou, contrariamente, são meras "matrizes de normas", enquanto não apropriados para regular o comportamento humano de forma precisa[191]. Quanto à sua natureza de fonte do direito, as teses que a reconhecem ou não são sujeitas às variáveis de cada ordenamento. Onde falte uma precisa qualificação neste sentido, os princípios produzem direito, mas não são "atos" e muito menos "fatos", enquanto são construções criadas ou deduzidas pela doutrina e pela jurisprudência; e também se o próprio legislador afirma que um dispositivo é um "princípio" ou uma lei inteira é "lei de princípio", o caráter de fonte seria atribuído ao ato normativo em questão e não ao princípio. Em outros casos, são as próprias fontes legais a atribuir aos princípios a característica de fontes, como na Espanha, onde, nos termos do art. 1 do Código Civil «Las fuentes del ordenamiento jurídico español son la ley, la costumbre y los principios generales del Derecho».

---

[190] É dizer: «Se una controversia non può essere decisa con una precisa disposizione, si ha riguardo alle disposizioni che regolano casi simili o materie analoghe; se il caso rimane ancora dubbio, si decide secondo i principi generali dell'ordinamento giuridico dello Stato».

[191] Respectivamente, de um lado, V. CRISAFULLI, em vários textos, e L. GIANFORMAGGIO, *Studi sulla giustificazione giuridica*, Giappichelli, Torino, 1986; do outro, U. SCARPELLI, *Diritti positivi, diritti umani: un'analisi semiotica*, in S. CAPRIOLI, F. TREGGIARI (eds), *Diritti umani e civiltà giuridica*, Pliniana, Perugia, 1992, p. 39 e ss.

Ou no ordenamento europeu, por obra do Tribunal: o art. 6 do Tratado sobre a União Europeia consagrou a tutela dos direitos fundamentais nos seguintes termos: «Do direito da União fazem parte, enquanto princípios gerais, os direitos fundamentais tal como os garante a Convenção Europeia para a Proteção dos Direitos do Homem e das Liberdades Fundamentais e tal como resultam das tradições constitucionais comuns aos Estados-Membros». Assumindo a definição ampla de "fonte" utilizada no início, indispensável na análise comparatista, parece preferível atribuir ao elenco das fontes também os princípios gerais, pelo uso (autoritativo) que se faz deles em vários lugares: não só nos sistemas ocidentais, onde são usados para impor as próprias regras, seja pela legislação ou pela jurisprudência (de *common law* como de *civil law*), mas também em outros sistemas (no direito soviético, no religioso, no tradicional), servindo em todos os lugares de fecho entre as regras sociais e as normas jurídicas em sentido estrito.

Capítulo VI

DIREITOS, LIBERDADES, GARANTIAS

Sumário: Seção I: Direitos e liberdades: 1. Problemas definitórios, metodológicos e classificatórios. – 1.1. Definições. – 1.2. As classificações dos direitos e das liberdades: os elementos pertinentes. 1.3. Direitos e doutrinas políticas. – 2. Gênese e desenvolvimento dos direitos e das liberdades fundamentais. – 3. As classificações dos direitos fundamentais: o critério geracional. – 4. Da "preexistência" aos processos de codificação dos direitos. – 5. O caráter "não absoluto" dos direitos: os limites. – 6. Dinâmicas dos direitos reivindicados. 7. Universalismo e internacionalização dos direitos. – 8. Universalismo *vs* localismo dos direitos: em busca de um difícil equilíbrio. 8.1. Clonagem do universalismo: a regionalização dos direitos na Europa. – 8.2. Uma regionalização conflituosa e não universalista: as Cartas de direitos na América. – 8.3. Individualismo *vs* comunitarismo nas Cartas africanas. – 8.4. *Clash of interests*: a regionalização dos direitos no mundo árabe. – 8.5. Direitos humanos e valores asiáticos. – 9. *Egalité*: gênese e desenvolvimento de um princípio bifronte. – Seção II: A tutela dos direitos: 1. Os mecanismos de tutela. 1.1. Técnicas de garantia institucional. – 1.2. Remédios políticos. 1.3. Remédios quase-jurisdicionais: o *Ombudsman*. – 1.4. Remédios jurisdicionais. – 2. A jurisdição constitucional das liberdades. – 2.1. *Amparo* e *Beschwerde*: nascimento e difusão. – 2.2. Aspectos comparativos das ações diretas de tutela. – 3. A tutela multinível. – 4. A Corte Europeia de Direitos Humanos. – 5. O Tribunal de Justiça da União Europeia. – 6. A tutela supranacional dos direitos fora da Europa. – 6.1. América. – 6.2. África. – 6.3. Mundo islâmico e Ásia.

Seção I

DIREITOS E LIBERDADES

§ 1. Problemas definitórios, metodológicos e classificatórios

Ao falar de "direitos" em direito constitucional comparado, uma questão inicial a enfrentar é representada por perguntar se a palavra é própria apenas da linguagem especializada de quem fala. No caso de "direitos", não parece subsistir um risco concreto de confusão com linguagens especializadas diferentes da jurídica, distintamente do que ocorre com muitos vocábulos utilizados por outras ciências jurídicas ou por ciências em alguma medida contíguas. Contrariamente, a imprecisão com a qual esta expressão é frequentemente usada pelos constitucionalistas denuncia a confusão entre a linguagem técnica e a comum.

1.1. Definições

Quando se usa a palavra "direito" (em sentido subjetivo)[1], às vezes acompanhada de adjetivos relativos a várias tipologias classificatórias, a «tentação de resolver o problema semiótico simplesmente em uma perspectiva de força emotiva da palavra»[2] não é comumente estranha a boa parte dos estudiosos atraídos pelas sereias do jusnaturalismo, do idealismo e do absolutismo axiológico que isso implica.

---

[1] Para a distinção entre direito subjetivo e direito objetivo, v., por exemplo, entre os clássicos, R. von Jhering, *Der Kampf um's Recht*, 10ª ed., Manz, Wien, 1891, § 1, trad. it. *La lotta per il diritto e altri saggi*, Giuffrè, Milano, 1989, p. 87.

[2] U. Scarpelli, *Diritti positivi, diritti umani*, cit., p. 39.

«A palavra "direito" –lembra Scarpelli[3]– foi carregada, na história da cultura, de uma força emotiva favorável e intensa, chegando a construir um instrumento retórico de significativa eficácia. É muito mais inquietante e persuasivo [...] exigir algo como próprio direito do que não usá-lo como objeto de invocação ou pedido confiado na boa vontade do destinátario». O substantivo "direitos" oculta, frequentemente, juízos de valor, não adequados a uma investigação jurídica, igualmente às qualificações que comumente o acompanham: "fundamentais", "naturais", "humanos", "de terceira geração" (ou "da quarta": estas últimas qualificações sugerem a ideia da novidade, do dinamismo e são, portanto, portadoras de sensações favoráveis)[4].

Pressupor direitos inatos, atribuir-lhes uma validade universal, seja sincrônica ou diacronicamente, e inclusive buscar improváveis "núcleos duros", válidos além das prescrições normativas ou jurisprudenciais de cada um dos ordenamentos em cada época histórica específica, significa precisamente traduzir a ideia comum que o leigo tem de "direitos", influenciado pela cultura de uma sociedade específica, em uma construção científica na qual a *pretensão* ou o *interesse* pela tutela de uma posição subjetiva equivale à sua efetiva proteção em cada ordenamento.

É certo que o uso da palavra "direitos" neste sentido empurra em direção à sua positivação, contribui para «influenciar o direito positivo em favor de classes de sujeitos»[5]. Se o imigrante reivindica o direito à assistência dizendo «tenho *direito* a me tratar sem o risco de ser denunciado», ou o homossexual afirma que tem *direito* a viver a própria sexualidade e a casar

---

[3] *Ibidem*, p. 40.

[4] A crítica mais forte à própria ideia de "direitos" como algo que existe no mundo real provém do realismo escandinavo, com Hägerström e, depois, K. OLIVECRONA, *Law as a Fact*, Milford-Munksgaard-Oxford U.P., Copenhagen-London, 1939, trad. it. *Il diritto come fatto*, Giuffrè, Milano, 1967, esp. p. 63 e ss. Mas v., também, com uma abordagem teórica totalmente distinta, L. DUGUIT, *Le droit social, le droit individuel et la transformation de l'État* (1908), 2ª ed., Alcan & Guillaumin Réunies, Paris, 1911, onde afirma, desde as primeiras linhas, que «a noção de direito subjetivo, ou seja, a noção de um poder, pertencente a uma pessoa, de impor a uma outra a própria personalidade, é de ordem metafísica e não deve encontrar lugar na organização positiva das sociedades modernas».

[5] Ver, ainda, U. SCARPELLI, *Diritti positivi, diritti umani*, cit., p. 39.

com qualquer outra pessoa, efetivamente estão declarando exatamente o oposto, ou seja, que *não* possuem nenhum direito. Manifestam pretensões de vantagem não reconhecidas, e normas de uma cultura que parece já madura para ampliar a esfera de reconhecimentos. O fato é que podem fazê-lo apenas se este é o pressuposto. Em outros climas e em outros locais e em outros tempos, provavelmente nem mesmo sonhariam em avançar com tais reivindicações.

Não obstante o "patrimônio cultural comum"[6] a estudiosos (e a sistemas jurídicos) do mundo ocidental, encontrar uma definição comum da palavra em questão, transversal a estas diferentes culturas, é problemático. É ainda mais ao se querer aplicar a conceituação de "direitos" a ordenamentos que fazem parte de climas ainda mais distantes, nos quais é desconhecida seja a divisão dos poderes, seja a superioridade do Parlamento e o *rule of law*, seja, em última análise, o constitucionalismo.

Note-se, pois, que, em alguns contextos linguísticos, a palavra "direito" é às vezes fungível com outra também impregnada de conotações positivas ("liberdade") e, não raramente, como nas linguagens e metalinguagens do direito constitucional italiano, ibérico, anglo-saxão, os dois termos figuram em hendíades (*direitos* e *liberdades*), sem que seja sempre esclarecido o sentido no qual os dois fragmentos linguísticos são utilizados[7]. «Ontologicamente –lembra A. Roux–, os direitos estão próximos das "liberdades", mas as duas noções merecem ser diferenciadas. As liberdades, como capacidades de autodeterminação da pessoa, conferem aos seus beneficiários um poder de agir ou de não agir (liberdade de opinião, liberdade de religião, liberdade de expressão, liberdade de associação ...). O reconhecimento, seja constitucional ou legislativo, de uma liberdade, é acompanhado do reconhecimento do direito de exercer esta liberdade (o direito à liberdade de expressão, o direito à liberdade de associação ...). Se, por um lado, todas as

[6] Ver, a respeito, limitadamente à Europa, A. Pizzorusso, *Il patrimonio costituzionale europeo*, cit.

[7] ... salvo se consideradas as segundas em termos de "faculdades" (*"faculties"*), como em H.L.A. Hart, *Are There Any Natural Rights?*, in *Phil. rev.*, n. 64 (2), 1955, p. 175 e ss., trad. it. *Esistono diritti naturali?*, in Id., *Contributi all'analisi del diritto*, Giuffrè, Milano, 1964, p. 89; sobre o tema, ver, também, A. Ross, *Diritto e giustizia*, cit., p. 160 ss.

liberdades podem ser consagradas juridicamente sob a forma de direitos, por outro, nem todos os direitos são necessariamente liberdades»[8].

Um último esclarecimento: nem sempre, no formante normativo, uma situação jurídica a favor é indicada com um substantivo, ao qual corresponde um preciso *nomen iuris* (direito, poder, faculdade, interesse legítimo, etc.), acompanhado eventualmente por uma qualificação (cívico, político, humano, social, fundamental, etc.). Às vezes, de fato, a alegação de que um sujeito tem um direito é determinada através de conexões entre fragmentos de normas: frequentemente, as fórmulas utilizadas são do tipo «ninguém pode ser privado do juiz atribuído pela lei», ou «nenhuma pena pode ser cominada sem base na lei», ou «o segredo de correspondência é inviolável» ou similares. Ainda: algumas vezes é utilizado o definidor basilar de "direito", é dizer, "dever", como onde estivesse escrito que «é dever do Estado assegurar uma instrução adequada a todos os cidadãos». Nestes casos, cabe à doutrina e à jurisprudência qualificar a situação protegida como "direito", individualizar –onde seja necessário– as correspondentes situações jurídicas desfavoráveis (deveres, obrigações), estabelecer se o "direito" em questão é atribuído a uma tipologia específica e extrair as consequências quanto ao nível de proteção e tutela, eficácia imediata (ou não), e assim por diante.

O predicado "fundamentais" ligado à qualificação de alguns direitos, compartilha, com outros a que se faz referência, uma conotação positiva. Nos textos onde a raiz do adjetivo "fundamental" é comum, como, por exemplo, nas Constituições redigidas em línguas neolatinas, pode-se tranquilamente partir da premissa de que com ele designam-se "coisas" *lato sensu* correspondentes. Por outro lado, também em línguas diferentes –como a inglesa– são raros os riscos de desentendimento com outras qualificações dos direitos (por ex.: "humanos")[9].

---

[8] A. Roux, verbete *Diritti e libertà*, in L. Pegoraro (ed.), *Glossario di diritto pubblico comparato*, cit., p. 86 e ss.

[9] Permanecem, contudo, algumas dificuldades: por exemplo, a parte II da Constituição albanesa é intitulada, na versão inglesa, "The Fundamental Human Rights and Freedoms", mas nem a construção linguística permite entender se o adjetivo *"fundamental"* refere-se somente aos di-

Superadas estas dificuldades e analisados os textos onde se faz referência (expressa) a "direitos fundamentais", a pergunta: «o que significam as palavras "direitos fundamentais"?» terá respostas diferentes em cada ordenamento. Às vezes, esta fórmula poderia ocultar uma intenção meramente ideológica dos constituintes, que, para enfatizar o papel dos direitos, poderiam assim qualificar *todos* os direitos e, em geral, as situações jurídicas subjetivas de privilégio; em outras circunstâncias, pode ser que a Constituição realize uma definição de campo, atribuindo ou não consequências jurídicas à qualificação feita, com a qual se estabelece que alguns direitos são "fundamentais" e outros, não. Podem, outrossim, existir matizes linguísticas dificilmente perceptíveis, por exemplo, se alguns direitos são definidos "fundamentais" (*"fundamentales"*, *"fundamental"*), outros, "basilares" (*"básicos"*, *"basic"*): o que, em alguns idiomas, não denota nenhuma diferença de sentido, ao passo que em outras, sim.

A análise das Constituições pertencentes a vários ciclos do constitucionalismo –daquelas mais antigas às mais recentes– e a várias regiões do mundo, mesmo que colocadas no âmbito da mesma família ou área cultural, oferece, imediatamente, uma indicação importante: as palavras "direitos fundamentais" não são empregadas nos modelos históricos e nem nos textos mais antigos, enquanto representam, senão uma constante, pelo me-

---

reitos ou também às liberdades. Cada documento pode ser bem compreendido apenas caso o leitor possua os instrumentos linguísticos adequados. Salvo algumas exceções, as Constituições asiáticas, africanas, latino-americanas e da Europa Centro-Oriental e Oriental são, em sua maioria, conhecidas pelos estudiosos ocidentais com base no texto traduzido para línguas veiculares, como inglês, francês, alemão, espanhol. O leitor que não seja de língua materna deve, por conseguinte, ultrapassar um nível intermediário superior, relativo àquele que todo tradutor é forçado a enfrentar, chamado a transferir ao texto traduzido a própria cultura e a própria sensibilidade: à própria cultura e à própria sensibilidade, acrescentam-se, em realidade, as de quem traduziu do búlgaro, do polaco, etc., para as línguas mais conhecidas. O distanciamento do original corre o risco de ser bastante profundo, sobretudo se o contexto extralinguístico (jurídico e, em geral, cultural) for muito distinto daquele do país da língua veicular e, talvez pior, se também do da língua do escritor (como quando um texto oriental é traduzido para o inglês e, depois, deste para o italiano ou o castelhano, em relação a conceitos como "Estado de Direito" ou *"rule of law"*).

nos uma presença recorrente nas Constituições do segundo período pós-guerra e ainda mais nas de revisão recente (na América Latina) ou reescritas *ex novo* depois da queda do Muro de Berlim (na Europa Centro-Oriental e na ex-URSS).

De direitos fundamentais não se fala, por exemplo, na Constituição estadunidense de 1787 e no *Bill of Rights* de 1791. Nem mesmo os menciona a Constituição belga de 1831, mesmo tendo sido objeto de profundas revisões em anos mais próximos a nós (até 1993), a qual –não diferentemente da primeira– refere-se a "direitos e liberdades"[10], e reporta-se a uma categoria doutrinal como a dos "direitos políticos"[11] ou, noutros locais, aos "direitos econômicos, sociais e culturais"[12].

Contrariamente, alguns documentos antigos revisados em anos não muito distantes, como as Cartas holandesas e finlandesas, introduziram partes dedicadas, precisamente, aos direitos fundamentais[13]. Disso extrai-se que a utilização da categoria direitos fundamentais é uma invenção relativamente recente, que, em alguns casos, ocupa o lugar da de "direitos humanos", consagrada em textos anteriores, e, em outros, reforça a referência aos apenas "direitos" ou "direitos e liberdades", defendidos no passado. Isso, por outro lado, ainda nada nos diz sobre seu conteúdo, razão pela qual torna-se indispensável analisar os textos que os referem. Nas Constituições que, em alguma medida, assumiram o papel de modelo,

---

[10] Frequentemente sem fazer distinção, como nos arts. 11 e 19 ou no art. 21, onde a palavra "direito" é usada em lugar de "poder".

[11] Art. 8.2, que, porém, atribui à lei a definição de quais são.

[12] Art. 23. Também as Constituições da Dinamarca (1849) e de Luxemburgo (1868) fazem referência a direitos e liberdades, enunciados sem nenhuma rubrica no primeiro caso e, sob o título II –"Das liberdades públicas e dos direitos fundamentais"– no segundo. Entre os documentos mais recentes que não utilizam a locução em questão, aparecem as Constituições austríaca (1920), italiana (1948), francesa de 1958. (Deve-se, lembrar, contudo, que, no que atine aos direitos, esta remete, no seu preâmbulo, à Constituição de 1946 e à Declaração de 1789.) Assim como, em tempo mais atual, não utilizaram esta locução as Constituições chilena (1980), equatoriana (1998), venezuelana (1999) e, na Europa Centro-Oriental e do Leste, as da Eslovênia (1991), Lituânia, Macedônia, Iugoslávia (1992), Rússia (1993), Bielorússia (1994), Ucrânia (1996), Polônia (1997).

[13] Ver, respectivamente, cap. I da Constituição da Holanda e cap. II da Constituição da Finlândia.

uma parte dedicada aos direitos fundamentais é encontrada no *Grundgesetz* alemão (capítulo I, além de outras referências), na Constituição Portuguesa (parte I), e na espanhola (título I). Em todos estes três documentos, a inserção, no seu interior, de uma parte relativa a uma situação jurídica protegida acompanha-se da individualização de direitos excluídos da "etiqueta" em questão e aponta consequências jurídicas bem precisas.

No ordenamento alemão, por exemplo, o direito de resistência é contemplado no art. 20.4, fora do capítulo dedicado aos direitos fundamentais (do 1 ao 18). Uma referência expressa aos direitos "fundamentais" aos quais se alude na rubrica do capítulo I encontra-se no art. 23, onde individualiza-se como limite à adesão à UE, entre outros, a condição que esta empenhe-se em assegurar uma tutela dos «direitos fundamentais substancialmente equiparável àquela contemplada pela (presente) Lei Fundamental». Isso implica que o ordenamento europeu pode não contemplar o direito de resistência, sem que isso possa ser entendido como obstáculo de natureza interna para a permanência da Alemanha na União Europeia. E não é só: o art. 93.4, *a*, enuncia expressamente que a *Verfassungsbeschwerde* –o recurso constitucional individual de tutela– pode ter como objeto «um dos [...] direitos fundamentais» ou um dos direitos contemplados nos artigos 20.4, 33, 38, 101, 103 e 104 (os quais, portanto –confirma-se– não são reputados "fundamentais").

Em Portugal, a parte I –intitulada "direitos e deveres fundamentais"– recebe uma importante integração no art. 16 (que forma parte dela), no sentido de que os direitos (mas não os deveres) fundamentais contemplados na Constituição «não excluem qualquer outro direito previsto pelas leis ou pelas normas do direito internacional». Note-se, além disso, que, como na Alemanha, alguns direitos são disciplinados fora da parte I, como por exemplo o direito de acesso aos atos administrativos e, em geral, à informação frente à administração pública (art. 268). As consequências mais importantes, todavia, não são conexas à qualificação como "fundamentais" atribuída a alguns direitos, mas sim o pertencimento deles à categoria dos "direitos, liberdades e garantias dos cidadãos": é dizer –pareceria, já que as palavras utilizadas não são exatamente idênticas– as classificadas no título II ("Direitos, liberdades e garantias") e, em especial, no capítulo I ("Direitos, liberdade e garantias individuais") representam um limite à revisão cons-

25. Pegoraro, 1.

titucional *ex* art. 288.l, *d*, juntamente com os dos trabalhadores (capítulo III)[14].

Na Espanha, enfim, é o título I a enunciar os "Direitos e deveres fundamentais", enquanto a seção I, do capítulo II, intitula-se "Dos direitos fundamentais e das liberdades públicas". A seção II é dedicada aos direitos e deveres dos cidadãos (sem o adjetivo "fundamentais", deixando, por conseguinte, aflorar uma precisa escolha axiológica, no entanto sem consequências importantes no plano jurídico); o capítulo IV versa sobre as garantias das "liberdades" (não "públicas", porém) e dos "direitos fundamentais", e o posterior, sobre "a suspensão dos direitos e das liberdades". Não é fácil orientar-se no complexo sistema delineado pelo texto de 1978, mas as remissões pontuais a específicos artigos ou a específicas partes não deixa espaço para muitas dúvidas sobre consequências que decorrem do pertencimento de uma situação protegida a uma ou a outra categoria: assim, no que atine ao *recurso de amparo*, o art. 161 faz expressa remissão ao art. 53.2, o qual, por sua vez, assegura a tutela das liberdades reconhecidas pelo art. 14 e pela seção I do cap. II perante os Tribunais ordinários com um procedimento *preferente y sumario*. O procedimento de revisão total da Constituição aplica-se quando estejam em questão o título preliminar, o cap. II, seção I do título I ou o título II. Note-se, por outro lado, a confirmação de que a qualificação e "fundamentais" não é essencial, que a mesma proteção é conferida também a outras situações jurídicas reconhecidas pela Constituição[15].

Também Constituições aprovadas mais tarde dedicam um reconhecimento específico à categoria dos "direitos fundamentais", como, na América Latina, as da Bolívia (1967), da Colômbia (1991-1995), do Peru (1993-2005) e, na Europa pós-comunista, da Bulgária e da Romênia (1991), Estônia (1992), Moldávia (1994), Georgia (1995: "direitos humanos e liberdades fundamentais"), Hungria (1997), Letônia (1998), mas geralmente o pertencimento ou não de um direito à categoria em questão,

---

[14] Uma interpretação estritamente literal implicaria, contudo, a paradoxal consequência de que não constituem limite à revisão os "princípios gerais" em matéria de direitos e deveres fundamentais (capítulo I).

[15] Para uma resenha, ver J.-L. GARCÍA GUERRERO (ed.), *Los derechos fundamentales. La vida, la igualdad y los derechos de libertad*, Tirant lo Blanch, Valencia, 2013.

diferentemente do que ocorre nos três modelos supramencionados, não produz consequências juridicamente relevantes, por exemplo, sob o prisma de procedimentos especiais mais rigorosos para a revisão constitucional ou do *amparo*[16].

Quanto à perspectiva do conteúdo, esta etiqueta compreende, na maioria das vezes, direitos de marca liberal clássica, como os à vida, à liberdade, à igualdade, à integridade ... Na maioria das vezes, mas não exclusivamente. Bem menos na América Latina e, sobretudo, no Leste, de fato, sob esta denominação são compreendidos também direitos "sociais", "econômicos" e "culturais"[17].

Um exemplo que demonstra a historicidade e a relatividade da etiqueta (ou seja: o que é fundamental para um cidadão de Nova Iorque ou de Milão não é o mesmo que para um índio dos Andes, e vice-versa) é representado pela recente Constituição da Bolívia (2008), que, na sua parte I ("Bases fundamentales del Estado. Derechos, deberes y garantías"), tít. II ("Derechos fundamentales y garantías"), cap. I, nem acrescenta tanto novos direitos aos tradicionais, mas se limita a elencar os seguintes: à «vida y a la integridad física, psicológica y sexual»; em particular para as mulheres, «a no sufrir violencia física, sexual o psicológica»; reiteradamente, em vários artigos, o «derecho al agua y a la alimentación»; o direito à «seguridad alimentaria, a través de una alimentación sana, adecuada y suficiente para toda la población», ligado aos direitos à saúde, ao

---

[16] É exceção somente o ordenamento colombiano, onde, nos termos do art. 86, a ação de tutela está circunscrita apenas aos direitos "fundamentais".

[17] Ver, por exemplo, o título II, cap. I, da Constituição colombiana, e o título I, cap. I, da Constituição peruana, que separam os direitos "fundamentais" dos sociais, econômicos e culturais. Entre os direitos que, sob a divisão e a denominação de "fundamentais", não apresentam características recorrentes, encontramos, de fato, o direito à saúde, considerado "fundamental" na Bulgária, Estônia, Letônia, Moldávia, Romênia, Hungria, Bolívia (1967 e 2009), mas não na Colômbia e no Peru. Propriedade e herança são "fundamentais", nos termos do art. 2, n. 16, da Constituição do Peru; a igualdade da mulher *ex* art. 67 da anterior Constituição da Hungria (mas o texto da Constituição de 2011 é mais confuso); o direito à remuneração e às férias, com base no art. 107 da Constituição da Letônia, ao passo que a proibição da escravidão, da servidão e de tráfico de seres humanos é um "direito fundamental" em conformidade com o art. 17 da Constituição da Colômbia.

habitat, a uma habitação adequada; o «derecho a recibir educación en todos los niveles de manera universal, productiva, gratuita, integral e intercultural, sin discriminación». Ademais, enuncia os direitos a «servicios básicos de agua potable, alcantarillado, electricidad, gas domiciliario, postal y telecomunicaciones», e outros, configurados através de proibições: «Nadie será torturado, ni sufrirá tratos crueles, inhumanos, degradantes o humillantes. No existe la pena de muerte»; «Ninguna persona podrá ser sometida a desaparición forzada», e «Ninguna persona podrá ser sometida a servidumbre o esclavitud». Enfim, como obrigação para o Estado, «prevenir, eliminar y sancionar la violencia de género y generacional, así como toda acción u omisión que tenga por objeto degradar la condición humana, causar muerte, dolor o sufrimiento físico».

Ao se levar em consideração, também, que no Leste Europeu, com decisões axiológicas bem distintas, algumas Constituições consideram fundamental o direito à herança, tem-se a impressão de estar em presença de uma categoria meramente pactuada, organizada em função da lógica interna de cada texto constitucional, com a finalidade –mas apenas em algumas circunstâncias– de individualizar garantias específicas atinentes à suspensão, à justiciabilidade perante os órgãos de justiça constitucional, aos procedimentos de revisão, etc. E, contudo, a categoria parece evanescente, seja pela presença, em vários textos, de partes que não teriam consequência jurídica alguma, seja pelos resultados da análise de conteúdo: enquanto, realmente, alguns direitos são sempre reputados "fundamentais" pelas Constituições que contemplam esta categoria, outros, às vezes, aparecem no seu interior, outros fora da Constituição, mas, ao mesmo tempo, em muitas circunstâncias, nenhum direito é "fundamental"[18].

---

[18] A jurisprudência, em alguns casos, costuma "incorporar" em uma categoria direitos que estão fora ou, pelo menos, estender o âmbito subjetivo ou temporal ou objetivo de aplicação de direitos específicos, que os *framers* tinham colocado em uma posição bem precisa. Isso pertence às habituais dinâmicas evolutivas das Constituições, fruto de escolhas conscientes ligadas às políticas dos direitos em determinados contextos históricos, econômicos, sociais. Por sua vez, a doutrina nem sempre revela um sensibilidade adequada para as classificações e os problemas ao lhes dar um nome, arraigado às prescrições dos formantes legislativo e jurisprudencial, rendendo-se, frequentemente, a construções de novas

Isso representa, ao mesmo tempo, uma causa e um efeito do relativismo da matéria, que aflora seja pela pesquisa diacrônica, seja pela sincrônica, desenvolvida no interior da forma de Estado liberal-democrática, como também contrapondo esta a outros modelos de Estado[19].

Sobre o adjetivo "naturais", que acompanha o substantivo "direitos", não é o caso de gastar muitas palavras, sendo difícil acrescentar algo novo aos rios de tinta que foram derramados sobre ele, especialmente em relação à matriz filosófica que reflete: matriz que é, por outro lado, a mesma que sugere aos *conditores legum* usar, por sua vez, a qualificação "humanos" ou "do homem", como na Declaração de 1789 (ausente nos anteriores documentos ingleses do século xvii, como também nos norte-americanos do século xviii), mas também e sobretudo na Declaração Universal de 1945 e nas posteriores. Deve-se apenas destacar, inicialmente, como as pretensões universalistas subjacentes a esta Declaração foram inicialmente criticadas por quem, como Benedetto Croce, inspirava-se em doutrinas idealistas e denunciava o risco de ditar fórmulas vazias e arbitrárias, devido à dificuldade de conciliar visões muito distantes, como a liberal e a autoritária e totalitária (ainda que a instituição dos Tribunais para assegurar uma parcial efetividade aos direitos em questão tenha demonstrado a possibilidade de sair de uma esfera meramente declaratória e retórica[20]). Mas também a adoção de textos específicos do ponto de vista subjetivo (as Declarações sobre direitos das mulheres ou dos menores) ou territorial (os direitos "humanos" dos povos da África) faz ressaltar a dificuldade, senão insanável in-

---

categorias baseadas em visões que pouco levam em consideração a linguagem das Constituições. Um exemplo é J. DE MELO ALEXANDRINO, *Direitos fundamentais. Introdução Geral*, Principia, Estoril, 2007, p. 22, que define como um direito fundamental «uma situação jurídica das pessoas perante os poderes públicos consagrada na Constituição», mas, logo depois, os qualifica também como "universais" e "permanentes".

[19] À difícil procura das raízes dos valores compartilhados (diriam os constitucionalistas), ou melhor, das culturas, J.Q. WITHMAN, *The Two Western Cultures of Privacy: Dignity Versus Liberty*, in *Yale L.J.*, n. 113, 2004, p. 1151 e ss., opõe a visão (cultura) europeia à estadunidense.

[20] Cf., a propósito, A. CASSESE, *I diritti umani: tendenze recenti della comunità internazionale*, in S. CAPRIOLI, F. TREGGIARI (eds), *Diritti umani e civiltà giuridica*, cit., p. 53.

coerência, de atribuir à mesma área semântica –a dos direitos "humanos"– situações jurídicas das quais são titulares grupos individualizados com base no gênero, na idade, na etnia ou na origem geográfica.

O conteúdo e o valor dos direitos surgem, em suma, da cultura dominante em um dado país. A diversidade de cultura justifica uma diversidade de interpretações dos direitos e do grau de sua tutela. Disto decorre que, na ponderação entre os direitos eventualmente em conflito, uns prevalecerão e outros sofrerão limitações em relação aos traços culturais dominantes naquele país em um determinado momento histórico. O abuso que normativas nacionais e internacionais, doutrina e jurisprudência (além da linguagem midiática) fazem das palavras "direitos humanos" ou "fundamentais" mascara a incapacidade de assumir também outras categorias como parâmetro de avaliação da desigualdade e da injustiça, bem como a violação de valores distintos (mas não opostos) como objeto de controle. O recorrente apelo a essas máscaras –com exceção da boa-fé– revela propósitos repressivos, paternalistas e culturalmente imperialistas de *policies* de conquista e de assimilação[21].

Nas páginas seguintes, exatamente porque a linguagem qualificativa dos direitos é profundamente sedimentata, far-se-á, porém, uso das categorias "fundamentais" e "humanos", mesmo que genéricas, imprecisas e ideológicas, assim como habitualmente feito nas Cartas, na jurisprudência das Cortes e na doutrina constitucional.

1.2. AS CLASSIFICAÇÕES DOS DIREITOS E DAS LIBERDADES: OS ELEMENTOS PERTINENTES

Para entender a natureza de cada direito em específico, é indispensável, em primeiro lugar, compreender quais são as suas características principais; ao mesmo tempo, para entender como funcionam os direitos, em seu conjunto, em cada ordenamento e depois proceder a uma classificação útil, deve-se ter em consideração vários elementos pertinentes que possam contribuir para evidenciar seus aspectos comuns e traços não compartilhados. Entre esses, aparecem: a) a tipologia dos di-

---

[21] S. BONFIGLIO, *Costituzionalismo meticcio*, Giappichelli, Torino, 2016. Sobre as tentativas de conciliação, ver, porém, *infra*, § 8.

reitos enunciados; b) a declaração em um *corpus* homogêneo; c) o nível de especificação e existência de fórmulas indeterminadas; d) a incorporação de Cartas internacionais no parâmetro de constitucionalidade; e) a reserva de lei ou de lei orgânica ou complementar para sua implementação; f) o sistema das reservas de jurisdição; g) o complexo mecanismo das garantias; h) a descentralização da disciplina; i) a proteção direta no âmbito da justiça constitucional; j) a titularidade; k) a previsão de exclusões da fruição dos direitos e os estados de exceção[22].

Trata-se, portanto, de analisar, em relação ao primeiro elemento mencionado, quais direitos são codificados em cada Constituição e, em especial, se existem tipologias autóctones ou importadas; se, desde o ponto de vista do conteúdo, os elencos correspondem a modelos precisos do constitucionalismo; se declarações de direitos anteriores deixaram marcas e, se afirmativo, quais; se há e quão ampla é, a inclusão dos denominados novos direitos e, eventualmente, de direitos novos em relação a esta última tipologia.

O segundo elemento interessa à técnica de codificação: a questão é se o elenco dos direitos é incluído completamente no texto ou relegado, em parte, a preâmbulos ou Cartas separadas; se no texto todos os direitos são enunciados em uma mesma parte ou dissolvidos em várias partes; se, neste segundo caso, existem consequências jurídicas (por exemplo, a impugnação perante os Tribunais e, em especial, o Tribunal Constitucional; a intangibilidade ou não; etc.).

O aspecto *sub* c) diz respeito ao *drafting* dos direitos, embora com repercussões marcantes de tipo substancial. Basta pensar que a maior ou menor normatização gera efeitos no sistema das fontes (no sentido de que os direitos enunciados de forma vaga necessitam de especificações, não necessárias para os elaborados de maneira concreta) e sobre a própria divisão dos poderes (no sentido de que quem decide o conteúdo e a extensão de um direito enunciado de maneira elástica não será mais o mesmo poder constituinte, mas o poder normativo pri-

---

[22] Cf. L. PEGORARO, *Metodología y modelos para una investigación sobre derechos fundamentales (con especial referencia a las transiciones constitucionales)*, in AA.VV., *Ponencias Desarrolladas del IX Congreso Nacional de Derecho Constitucional*, Adrus, Arequipa, 2008, p. 3 e ss.

mário e, ainda mais, os juízes, chamados a delimitar mais pontualmente o alcance)[23].

A incorporação (ou não) de Cartas internacionais no parâmetro de constitucionalidade gera, por sua vez, consequências nas relações entre Constituição e fontes externas e, em particular, suscita dúvidas e requer soluções no que atine ao grau de eficácia dos distintos textos em análise e à prevalência de um ou de outro; por vezes, a Constituição nacional ou a Carta supranacional pode ser mais garantista frente a situações jurídicas consideradas dignas de proteção. O tema tem conexão estreita com o do papel da justiça constitucional em relação à delimitação do parâmetro, mas afeta, em última análise, todos os Tribunais e o próprio poder normativo primário[24].

Parece estratégico, pois, o elemento representado pelo tipo de reserva estabelecida pela Constituição para implementar os direitos: pode tratar-se de reserva de lei relativa (com possibilidade, por conseguinte, de intervenção do regulamento), de reserva absoluta ou de reserva de lei orgânica ou complementar. No último caso, a disciplina dos direitos assume caráter de modo geral contratual entre maioria e oposição, e a maioria não pode determinar autonomamente o desenvolvimento da disciplina constitucional (ao menos quando não seja muito forte)[25].

As reservas de jurisdição são igualmente importantes, na medida em que "pesam" o grau de controle de um poder neutro –a magistratura– em relação ao Executivo, no que concerne ao tempo de intervenção, à extensão das situações protegidas, aos sujeitos titulares, etc.

Ainda mais fundamental é examinar o complexo sistema de garantias, com referência à existência (ou não) de órgãos e procedimentos posteriores, em relação aos tradicionais: entre os primeiros, por exemplo, o Defensor Público; entre os segundos, procedimentos de garantia judiciária rápidos e eficazes ao menos em alguns setores, recursos diretos ao Tribunal Cons-

---

[23] O tema é enfrentado também em perspectiva comparada por A. RUGGERI, L. D'ANDREA, A. SAITTA, G. SORRENTI (eds), *Tecniche di normazione e tutela giurisdizionale dei diritti fondamentali*, Giappichelli, Torino, 2007.

[24] Vide *infra*, cap. X, § 14.2.

[25] Ver cap. V, seção III, § 3.1, e este cap., seção II, § 1.1.

titucional, possibilidade de recorrer a órgãos políticos e assim por diante.

Com base em algumas experiências recentes (Espanha e Itália, cujos Estatutos regionais insistem bastante em reescrever as respectivas Cartas Constitucionais quanto à disciplina de alguns direitos), o estudo da codificação dos direitos deve também levar em consideração a distribuição da normativa sobre liberdade entre poder central e poderes locais. Os problemas revelados pela descentralização das regras sobre direitos são incontáveis. Não dizem respeito apenas à questão de fundo de saber se o centro ou a periferia é mais garantista, mas, sim, se e em que medida é lícito aos entes decentralizados reproduzir ou aumentar os direitos previstos em nível constitucional[26].

De grande importância parece, pois (também pelo impacto sobre o funcionamento da justiça constitucional), analisar se e com quais limites e modalidades os ordenamentos preveem formas de ação direta dos cidadãos (como *Beschwerde* ou *amparo*) por violações a direitos ao Tribunal Constitucional e/ou aos Tribunais ordinários. Igualmente verificar quais são os filtros procedimentais e especialmente o objeto de tais ações, onde existentes, a fim de saber se são compreendidos, além de atos administrativos, também leis e atos emanados do Poder Judiciário.

Quanto à titularidade dos direitos, o ponto mais importante atine à escolha de assegurar o seu exercício, sempre e em todo caso, apenas aos cidadãos ou a todas as pessoas, aos contribuintes ou, enfim, aos residentes. Ademais, deve-se distinguir os ordenamentos que graduam a titularidade de direitos em relação com o exercício de cada direito ou classe de direi-

---

[26] Cf. L. PEGORARO, *Diritto comparato e studio del governo locale*, in G. PAVANI, L. PEGORARO (eds), *Municipi d'occidente. Il governo locale in Europa e nelle Americhe*, Donzelli, Roma, 2006, p. XXIII e ss., trad. esp. *Derecho comparado y estudio del gobierno local*, in ID., *Municipios de Occidente. El gobierno local en Europa y en las Américas*, Un. Libre, Bogotá, 2008, p. 27 e ss.; J.C. GAVARA DE CARA (ed.), *Los derechos como principios objetivos en los Estados compuestos*, cit.; em especial para os direitos sociais, P. MASALA, *La tutela dei diritti sociali negli ordinamenti di tipo composto tra uniformità e differenziazione. Decentramento e diritti sociali in Italia, Germania e Spagna*, 2 vols., Pisa U.P., Pisa, 2014.

tos. Este aspecto faz aflorar distintas sensibilidades no que concerne à circulação das pessoas e, ao fim, à própria ideia filosófica dos direitos, como imputáveis às pessoas enquanto tais ou a sujeitos que possam invocar um específico *status civitatis*.

Por último, os ordenamentos podem prever ou não formas de proteção da democracia, sejam estruturais (proibição de partidos antissistema, o que influencia sensivelmente no exercício dos direitos políticos), sejam contingentes, em relação a situações de emergência que autorizam a suspensão de alguns direitos caso se verifiquem circunstâncias específicas[27].

Para analisar os direitos, deve-se, por conseguinte, assumir uma postura não absolutista, com esteio apenas nas categorias do constitucionalismo clássico, e uma metodologia classificatória dúctil. Por comodidade, utilizaremos, de todo modo, as expressões indicadas ("direitos", "liberdade", "faculdade", "fundamentais", "humanos", etc.) conforme o uso predominante, ainda que impreciso, que lhes dá a doutrina (e, às vezes, a legislação e a jurisprudência). Ou seja, mesmo que a doutrina não comparatista continue a usar estas expressões com o sentido "interno" –dado por cada Constituição– e que a doutrina estrangeira frequentemente se convença de que elas designam categorias universais[28].

1.3. Direitos e doutrinas políticas

Os processos revolucionários do fim do século XVIII marcaram o fim do Estado absolutista e a afirmação do Estado constitucional de matriz liberal. Estes eventos determinaram, outrossim, a consolidação do constitucionalismo, é dizer, do

---

[27] V. cap. X, seção II, § 5, e seção III.

[28] Um exemplo para todos é dado pelas frequentes citações de K. Hesse, *Grundrechte. Begriff und Eigenart*, in Id., *Grundzüge des Verfassungsrechts der Bundesrepublik Deutschland*, cit., p. 125 e ss., trad. it. *Diritti fondamentali: concetto e caratteristiche*, in A. Di Martino, G. Repetto (eds), *L'unità della Costituzione*, cit., p. 105 e ss., e Id., *Rechtliche Ausgestaltung. Begrenzung und Schutz der Grundrechte*, nesta obra, p. 137 e ss., trad it. *Conformazione giuridica, delimitazione e tutela dei diritti fondamentali*, in A. Di Martino, G. Repetto (eds), *L'unità della Costituzione*, cit., p. 123 e ss. Na doutrina contemporânea, vide, p. ex., muitos artigos no vol. III de S. Bagni, G.A. Figueroa Mejía, G. Pavani (eds), *La ciencia del derecho constitucional comparado*, cit.

conjunto de conceitos e princípios que encontram a sua expressão mais relevante nas Cartas Constitucionais[29]. A Declaração dos Direitos do Homem e do Cidadão de 26 de agosto de 1789 exprime, com especial eficácia e síntese, tais princípios quando, como o já lembrado art. 16 afirma que «A sociedade em que não esteja assegurada a garantia dos direitos nem estabelecida a separação dos poderes não tem Constituição». O Estado constitucional, portanto, funda sua legitimação no reconhecimento dos direitos e das liberdades fundamentais e inalienáveis da pessoa e na codificação dos institutos e instrumentos idôneos a impor limites ao poder político. A busca de um ponto de equilíbrio entre a liberdade dos indivíduos e a autoridade do poder público diminui na história através da evolução das Cartas Constitucionais e dos princípios que formam a sua coluna vertebral: a afirmação dos direitos e das liberdades fundamentais, a autonomia do indivíduo e da sociedade civil em relação ao Estado, a separação dos poderes e os institutos de democracia, o princípio da legalidade, a afirmação do valor primário da lei como expressão da vontade geral, a reserva de lei, etc.

Nem sempre, porém, no ato da sua aprovação, as Constituições mostraram ambos os componentes estruturais, o *bill of rights* e o *frame of government*; nos sistemas federais, a Constituição teve inicialmente a finalidade de consagrar o *foedus*, o pacto entre o Estado federal e os Estados-membros, remetendo às Constituições destes últimos o reconhecimento dos direitos e das liberdades. Pense-se nos Estados Unidos da América, cuja Constituição de 1787 foi integrada em 1791 com o *Bill of Rights* (as primeiras 10 Emendas), destinado a introduzir um sistema de garantias gerais a favor dos indivíduos, aplicável a todos os Estados-membros. A Constituição do Canadá (como definida pela seção 52 do *Constitution Act 1982*) compõe-se, nomeadamente, de dois documentos: o *Constitution Act* 1867, destinado a disciplinar as relações entre a Federação e as Províncias e os outros aspectos de organização constitucional do Estado; e a Carta Canadense dos Direitos e das Liberdades, contida no *Constitution Act 1982*, voltada a regular direitos e liberdades fundamentais a serem tutelados em todo o território canadense[30].

[29] Cap. III, seção I.
[30] Vide cap. IV, § 8.

Tais experiências constitucionais confirmam que o constitucionalismo, que inspirou tanto o Estado liberal como, posteriormente, o Estado democrático e social de direito[31], atribui às Cartas Constitucionais, ainda que nem sempre imediatamente, a tarefa de garantir os direitos e as liberdades fundamentais da pessoa, não só especificando os conteúdos, mas também desenhando uma estrutura do sistema de governo caracterizada por garantias institucionais e jurisdicionais idôneas. Nos ordenamentos constitucionais liberal-democráticos, os direitos e as liberdades fundamentais, juntamente com o correspondente aparato de garantias, contribuem para legitimar o próprio ordenamento; representam um parâmetro de validade do direito positivo e são dotados de uma especial força normativa que tem suas raízes no reconhecimento da dignidade da pessoa, como expressamente estabelecido em várias convenções internacionais e Constituições ocidentais.

Como dito acima, direitos e liberdades são frequentemente qualificados como "fundamentais" pelo fato de serem um fundamento da legitimação do direito positivo e do exercício da autoridade pública; as disposições normativas e os atos de exercício do poder público só serão legítimos e, portanto, válidos e merecedores de observância, enquanto não se revelem violadores dos direitos e das garantias fundamentais. Habermas atribui ao binômio "soberania popular - direitos humanos" a capacidade de legitimação do Estado constitucional democrático e que foi substituindo a força ideal exercida pelo direito natural. No uso linguístico comum e à margem das observações feitas no § 1.1, com a expressão "direitos fundamentais", refere-se em suma, em linhas gerais, aos direitos proclamados nas Cartas Constitucionais e reconhecidos como fundamentais; a fórmula "direitos humanos" evoca, por sua vez, em linha de princípio, um ideal moral universal; trata-se das situações jurídicas subjetivas ativas reconhecíveis a favor de cada ser humano, independentemente do seu *status* ou de sua origem jurídico-po-

---

[31] Cap. III, seção I e, em relação ao Estado e à Constituição: J. HABERMAS, *Zur Legitimation durch Menschenrechte*, in ID., *Die Postnationale Konstellation*, Suhrkamp, Frankfurt a.M., 1998, p. 170 e ss., trad. it. *Legittimazione tramite diritti umani*, in ID., *L'inclusione dell'altro*, Feltrinelli, Milano, 1998, p. 216 e ss.; A.V. DICEY, *An Introduction to the Study of the Law of the Constitution*, cit.

lítica. Os direitos humanos, frequentemente invocados pelas Cartas e Declarações internacionais, assumem a especial força normativa que inicialmente mencionava-se em relação aos direitos fundamentais para efeito da sua incorporação a um ordenamento nacional ou supranacional. Algumas vezes, entretanto, as duas expressões são utilizadas de modo fungível[32].

[32] A bibliografia moderna, em todos os idiomas, é imensa, a partir de G. JELLINEK, *Die Erklärung der Menschen- und Bürgerrechte. Ein Beitrag zur modernen Verfassungsgeschichte* (1895), reimpr. Wissenschaftlicher, Berlin, 1996. Para um enquadramento histórico e filosófico: C.H. MCILWAIN, *The American Revolution: A Constitutional Interpretation*, New York, 1923, trad. it. *La rivoluzione americana: una interpretazione costituzionale*, il Mulino, Bologna, 1965; N. BOBBIO, *Il diritto naturale nel secolo XVIII*, Giappichelli, Torino, 1947; ID., *L'età dei diritti*, Einaudi, Torino, 1992; L. FERRAJOLI, *Diritti fondamentali: un dibattito teorico* (organizado por E. VITALE), 3ª ed., Laterza, Roma-Bari, 2008, trad. esp. *Los fundamentos de los derechos fundamentales*, Trotta, Madrid, 2009; ID., *Principia iuris. Teoria del diritto e della democrazia*, 2ª ed., Laterza, Roma-Bari, 2009, trad. esp. *Principia iuris. Teoría del derecho y de la democracia*, Trotta, Madrid, 2011; F. VIOLA, *Etica e metaetica dei diritti umani*, Giappichelli, Torino, 2000; C. GEARTY, *Can Human Rights Survive?*, Cambridge U.P., Cambridge, 2006. Em geral, também, G. OESTREICH, *Geschichte der Menschenrechte und Grundfreiheiten im Umriß*, Duncker & Humblot, Berlin, 1978, trad. it. *Storia dei diritti umani e delle libertà fondamentali*, Laterza, Roma-Bari, 2001. Em seguida, G. PECES-BARBA MARTÍNEZ, *Los valores superiores*, cit.; ID., *Derechos fundamentales*, Un. Complutense, Facultad de Derecho, Sección de Publicaciones, Madrid, 1986; ID., *Curso de Derechos fundamentales. Teoría general*, Un. Carlos III, Madrid, 1995; A.E. PÉREZ LUÑO, *Derechos Humanos, Estado de Derecho y Constitución*, Tecnos, Madrid, 1984; L. PRIETO SANCHÍS, *Estudios sobre Derechos Fundamentales*, Debate, Madrid, 1990; E.-W. BÖCKENFÖRDE, *Escritos sobre Derechos Fundamentales*, Nomos, Baden-Baden, 1993; ID., *Los derechos fundamentales*, Tirant lo Blanch, Valencia, 2007; R. ALEXY, *A Theory of Constitutional Rights*, Oxford U.P., Oxford, 2002, trad. esp. *Teoría de los Derechos Fundamentales*, Cepc, Madrid, 2007, trad. it. *Teoria dei diritti fondamentali*, il Mulino, Bologna, 2012. Os outros autores hoje em voga, sobretudo em defesa de concepções eurocêntricas/universalistas são, por exemplo, R. DWORKIN, *Taking rights seriously*, cit.; P. HÄBERLE, *Die Wesensgehaltsgarantie des Art. 19 Abs. 2 Grundgesetz*, Müller, Heidelberg, 1983, trad. esp. *La garantía del contenido esencial de los derechos fundamentales*, Dykinson, Madrid, 2003. Uma análise sintética e eficaz desde a Antiguidade em G.F. FERRARI, *Le libertà. Profili comparatistici*, Giappichelli, Torino, 2011; K. GLEDHILL, *Human Rights Acts. The Mechanisms Compared*, Hart, London, 2015.

Considera-se, por outro lado, que o conteúdo e o valor dos direitos decorrem da cultura dominante em um dado ordenamento. A diversidade de culturas justifica uma diversidade de interpretação dos direitos e do grau de sua tutela. Disto deduz-se que, na ponderação entre direitos eventualmente em conflito, uns prevalecerão e outros sofrerão limitações em relação aos traços culturais dominantes no país.

§ 2. Gênese e desenvolvimento dos direitos e das liberdades fundamentais

O sistema contemporâneo dos direitos fundamentais é o resultado de um longo processo histórico, político e filosófico que foi sendo desenvolvido nos séculos, sobretudo a partir do advento do Estado moderno. No curso deste amplo arco temporal, os direitos e as liberdades fundamentais assumiram conotações diversas, seja pela influência das diferentes correntes de pensamento filosófico-político, seja, sobretudo, pela evolução das relações entre governantes e governados, relações bem representadas pelos diferentes regimes políticos que foram historicamente afirmados e que foram classificados sob as diversas formas de Estado[33].

Que o homem pudesse gozar de uma esfera intangível de autonomia pessoal frente à qual a comunidade política, qualquer que fosse o regime que a governasse, devesse limitar a própria interferência, é uma ideia que se sustenta apenas no início da idade moderna, especificamente com a afirmação da liberdade religiosa e da liberdade de consciência. Antes de então, realmente, faltavam as condições para fundar a ideia de uma liberdade jurídica no sentido moderno, baseada em um sistema de garantias da autonomia subjetiva frente aos poderes públicos: um sistema de garantias capaz de assegurar a completa realização da pessoa na sua dignidade e na integralidade dos seus componentes materiais e espirituais, individuais e sociais.

As hipóteses teorizadas para identificar o momento histórico onde colocar a gênese dos direitos do homem são múltiplas e todas dotadas de elementos sugestivos. Segundo uma

---

[33] Ver cap. II, seção II, § 3, e cap. III, seção I, § 1.

opinião influente[34], a origem jurídica dos direitos inalienáveis da pessoa teria suas raízes nas concepções de vida e de pensamento de caráter humanista que caracterizaram, ainda que de formas diferentes, o movimento renascentista e a Reforma Protestante. De acordo com esta leitura, o humanismo renascentista introduziu uma nova visão das relações sociais, das relações políticas, das estruturas econômicas, mas também da arte, da natureza e da moral; é a época na qual muda a ótica teocêntrica medieval e é estabelecida uma concepção antropocêntrica do mundo e da vida, que subverte completamente o plano das certezas e dos equilíbrios sobre os quais se apoiava o sistema medieval inteiro. O ser humano aparece agora dotado de uma autonomia e de uma dignidade pessoal próprias que o tornam protagonista da vida social, política, econômica. As grandes transformações e gradual superação das estruturas típicas da sociedade medieval que ocorreram no curso dos séculos XVI e XVII consagraram a burguesia como classe social emergente. Para consolidar seu novo papel de protagonista da vida econômica e social, a burguesia reclamou, frente à autoridade política e ao poder estatal, o reconhecimento de liberdade individual, formas de autonomia e instrumentos de participação política idôneos a consolidar a posição de predominância que havia adquirido no interior da sociedade civil[35].

Frente a estas novas exigências, a Inglaterra e alguns Estados da Europa continental (a França em especial) revelaram-se particularmente sensíveis ou com abordagens diferentes. A história do pensamento político e do ordenamento jurídico britânico mostra como os direitos e liberdades fundamentais foram concebidos como elemento de estrutura do ordenamento colocado em um plano logicamente anterior em relação ao próprio poder constituído. As primeiras codificações inglesas das liberdades fundamentais, é dizer, *Magna Charta Libertatum* de 1215, a *Petition of Rights* de 1628, o *Habeas Corpus*

---

[34] G. BOGNETTI, verbete *Diritti dell'uomo*, in *Dig. priv.*, V, Utet, Torino, 1989, p. 383 e ss.; ID., *Diritti fondamentali nell'esperienza costituzionale*, in *Iustitia*, n. 30, 1977, p. 24 e ss.

[35] G. PECES-BARBA MARTÍNEZ, *Los valores superiores*, cit. Sobre as relações entre direitos e Reforma, em especial J. WITTE, JR., *The Reformation of Rights: Law, Religion and Human Rights in Early Modern Calvinism*, Cambridge U.P., Cambridge, 2007.

Act de 1679, o *Bill of Rights* de 1689 e o *Act of Settlement* de 1701, limitavam-se a reconhecer ou a confirmar as antigas e intangíveis liberdades que tinham suas raízes no patrimônio genético do povo britânico: não se tratava, portanto, de criar novos direitos, mas de afirmar o que estava escrito no DNA histórico, social, político e jurídico daquele povo.

Tal concepção foi levada com toda a sua bagagem própria de valores, princípios e crenças, por todos os que atravessaram o oceano para fundar colônias no novo continente norte-americano. Quando, depois dos fatos que conduziram à Declaração de Independência em 1776, formaram-se novos Estados americanos, estes receberam, nas próprias estruturas legais, as exigências originárias que reconheciam o homem como portador de direitos próprios e liberdades fundamentais. As primeiras Cartas ou Declarações de direitos[36] expressavam esta concepção, que se encontra substancialmente retomada pela Constituição Federal dos Estados Unidos da América de 1787, a qual põe como seu próprio fundamento os direitos do homem e os valores da dignidade da pessoa. Em especial, a disposição constitucional da I Emenda, introduzida em 1791, traz em si a ideia de que os direitos humanos são considerados intangíveis também frente ao Parlamento, não obstante este seja órgão politicamente representativo da vontade popular[37].

No continente europeu, a evolução dos direitos e das liberdades fundamentais foi afetada profundamente pelas concepções absolutistas próprias dos Estados monárquicos. Nestes ordenamentos, o Estado (personificado no Soberano) era posto no centro do sistema; o cuidado dos interesses gerais era deixado à sua vontade. Necessário esperar a difusão do pensamento iluminista e a Revolução Francesa de 1789 para assistir à ruptura dos equilíbrios próprios dos sistemas absolutistas.

A consolidação do princípio da separação dos poderes e das características próprias do Estado de direito deslocou o eixo do sistema em direção aos indivíduos. No Estado liberal,

---

[36] Virginia, 1776; Pennsylvania, 1776; Massachusetts, 1780, etc.

[37] I Emenda, 1791: «Congress shall make no law respecting an establishment of religion, or prohibiting the free exercise thereof; or abridging the freedom of speech, or of the press; or the right of the people peaceably to assemble, and to petition the Government for a redress of grievances».

que representa a primeira versão em sentido democrático do Estado de direito, afirma-se a exigência de garantir e de coordenar os direitos "naturais" dos indivíduos, entendidos como esferas invioláveis de liberdade individual. Nesta perspectiva, os direitos de liberdade são configurados como estritamente individuais; o Estado liberal limita-se a administrar a justiça, tutelar a ordem pública e garantir a conservação social. É nesta fase que, nos ordenamentos liberais, amadurece o convencimento de que os direitos do homem são dotados de um estatuto jurídico específico. Afirma-se a ideia da necessidade de "positivar" os direitos fundamentais, é dizer, de conferir sua formal declaração através da incorporação nas leis e nas Cartas Constitucionais: apenas se formalmente declarados, os direitos podem ver garantida, no ordenamento, a sua eficácia jurídica.

No curso do século xx, realiza-se um processo de expansão e generalização dos direitos fundamentais; assiste-se ao seu progressivo reconhecimento a favor de todos os componentes individuais e coletivos da sociedade política, em contraposição ao "reducionismo liberal": os direitos fundamentais não são mais reservados apenas ao pertencentes a determinadas classes sociais, mas pertencem a todos os seres humanos. Esta abordagem encontra, depois, sua expressão mais relevante no seio da experiência do Estado social contemporâneo, que se estabelece a partir da segunda metade do século xx nos Estados de matriz democrática ocidental.

O Estado social assume o papel de remover obstáculos de ordem econômica e social que impedem de fato o pleno gozo das liberdades fundamentais e a afirmação da igualdade entre os associados. No centro do sistema, encontra-se a pessoa humana e a sua dignidade; o reconhecimento e as garantias das liberdades fundamentais possuem a finalidade de assegurar o pleno desenvolvimento e a afirmação da personalidade humana. Neste quatro, os direitos do homem assumem uma específica força jurídica e constitucional e conhecem uma significativa evolução, tanto no plano quantitativo como no qualitativo. De um lado, tudo isto é tornado evidente pelas Constituições, que tendem a reconhecer um número sempre maior de direitos invioláveis, não só ampliando a esfera dos sujeitos titulares, mas também integrando o tradicional catálogo das liberdades civis e econômicas com novas categorias de liberdades e direitos; do outro, sendo sempre mais alertada e difundida a exi-

26. Pegoraro, 1.

gência de assegurar o conjunto dos valores relativos à pessoa humana também na dimensão interestatal e supranacional[38].

§ 3. AS CLASSIFICAÇÕES DOS DIREITOS FUNDAMENTAIS: O CRITÉRIO GERACIONAL

Com finalidades classificatórias e para lhes dar uma leitura diacrônica, os direitos e liberdades foram convencionalmente distintos pela doutrina com base em gerações ou ciclos; no sentido de que a sua evolução, retalhada em fases temporais, pode oferecer a oportunidade de reunir em grupos de modo geral homogêneos, embora dúcteis, os diversos direitos e as diversas liberdades reconhecidas aos indivíduos. Neste tipo de classificação, ainda que abusada, ao final encontram-se graus elevados de pertinência, seja em relação à evolução histórica, seja aos conteúdos, aos sujeitos titulares, ao grau de proteção[39].

A primeira geração dos direitos, que se posiciona entre a Revolução Gloriosa inglesa (1688-89) e as Revoluções Francesa e Americana do final de 1700, inclui os chamados direitos de liberdades civis e, em especial, os direitos econômicos; trata-se dos direitos reconhecidos aos cidadãos e que se consubstanciam na pretensão, frente aos poderes públicos, de que se abstenham de interferir na esfera privada do indivíduo. Com o fim de prevenir as intrusões por parte dos sujeitos públicos, tais direitos "negam" a estes o poder de invadir a esfera individual: eis o porquê de serem definidas "liberdades negativas"; assim como o direito de propriedade, que funciona como protótipo destes direitos, por força do qual o titular tem o poder de excluir outros sujeitos, públicos e privados, do gozo do bem objeto de propriedade[40]. Em realidade, a experiência tem mostrado como também os direitos e as liberdades negati-

---

[38] Para uma panorâmica *world-wide* das conexões entre estes elementos, cf. F. FERNÁNDEZ SEGADO (ed.), *Dignidad de la persona, derechos fundamentales, justicia constitucional*, Dykinson, Madrid, 2008. Ver, também, em abordagem comparada, C. PICIOCCHI, *La dignità come rappresentazione giuridica della condizione umana*, Cedam, Padova, 2013.

[39] Ou seja, muitos dos elementos que, no § 2, vimos serem pertinentes para classificar os direitos.

[40] V. D.A. DERR, L.E. SMALL (eds), *Property Rights in Transition*, Rutgers-Cook College, New Brunswick, 1977; G.W. SMITH (ed.), *Liberalism: Rights, Property and Markets*, Routledge, New York-London, 2002; J.W.

vas requerem dos poderes públicos uma ação conjunta a fim de que os titulares possam efetivamente gozá-los; trata-se de intervenções (do legislador, da administração, da jurisdição) dirigidas a remover os obstáculos que de fato impedem a fruição dos direitos e das liberdades. Na fase de primeira geração, aparecem também os chamados direitos políticos, reivindicados durante a Revolução Francesa como imputáveis à generalidade dos cidadãos e afirmados pela burguesia inglesa como sinal de pertencimento a uma classe economicamente sempre mais relevante ("*no taxation without representation*")[41].

Os direitos políticos assumem, porém, contornos plenos só na segunda geração, com a ampliação do sufrágio universal primeiramente aos homens e, após, às mulheres também. Trata-se de um período temporal bastante amplo (a título de orientação, de 1830 até o período imediatamente após a Segunda Guerra), no curso do qual a conquista do sufrágio universal provoca também uma importante evolução dos direitos civis. Basta pensar na afirmação da liberdade de associação, que, no impulso da Revolução Industrial e frente às graves e emergentes contradições sociais, dá vida às organizações sindicais e aos partidos. Em grande contraste com o pensamento liberal, as próprias liberdades econômicas são postas de frente a limitações e controles das autoridades públicas a fim de equilibrar a alocação de recursos de forma solidária.

O afirmar-se dos direitos sociais[42] caracteriza de modo peculiar a segunda geração de direitos. O Estado social impõe-se

---

ELY, JR., *The Guardian of Every Other Right: A Constitutional History of Property Rights*, 3ª ed., Oxford U.P., Oxford, 2008.

[41] Ver bibliografia no cap. IX, seções I e II.

[42] E.W. BÖCKENFÖRDE, J. JEKEWITZ, T. RAMM (eds), *Soziale Grundrechte*, Müller, Heidelberg-Karlsruhe, 1981; C. FABRE, *Social Rights Under the Constitution*, Clarendon, Oxford, 2000; P. CARETTI, *I diritti fondamentali: libertà e diritti sociali*, Giappichelli, Torino, 2005; M. LANGFORD, *Social Rights Jurisprudence: Emerging Trends in International and Comparative Law*, Cambridge U.P., Cambridge, 2008; K.G. YOUNG, *Constituting Economic and Social Rights*, Oxford U.P., Oxford, 2012; E. CATELANI, R. TARCHI (eds), *I diritti sociali nella pluralità degli ordinamenti*, Ed. Scientifica, Napoli, 2015; C.A. CAO, *Constitución socioeconómica y derechos fundamentales. Estudio comparado entre los casos de España y Argentina*, Ediar, Buenos Aires, 2015; S. GAMBINO (ed.), *Diritti sociali e crisi economica. Problemi e prospettive*, Giappichelli, Torino, 2015.

o objetivo de realizar condições de vida tais a assegurar, à generalidade dos cidadãos, a liberdade das condições de necessidade e a satisfação das expectativas de seguridade social. O valor da dignidade da pessoa e a exigência de ativação de mecanismos de solidariedade tornam-se finalidades prioritárias da ação política do Estado; os princípios da economia liberal são conciliados com a exigência de induzir o sentido de pertencimento ao Estado também entre as classes mais baixas da população. Dessa forma, os poderes públicos –especialmente entre os anos 40 e 50 do século passado– veem crescer a sua obrigação de conceder prestações a favor dos cidadãos, em forma de serviços, assistência, prestações materiais ou financeiras, para dar concreta atuação da ideia de *Welfare State*. Diferentemente dos direitos civis de primeira geração, que postulavam a abstenção por parte dos poderes públicos, os direitos sociais pressupõem uma ação positiva, uma intervenção na área social com finalidade solidária e de justiça.

Os direitos sociais recebem um reconhecimento aberto e difuso nas Constituições da segunda metade do século xx, mas não são, em geral, equiparados aos direitos e liberdades civis. Ainda que, a depender da formulação com a qual sejam declarados nas Constituições, possam às vezes ser diretamente acionáveis e justiciáveis, geralmente são remetidos a iniciativas do legislador no âmbito de programas de intervenções dirigidos a realizar as finalidades próprias da economia social ou do Estado social[43], sem que tais normas programáticas estabeleçam para o legislador um vínculo jurídico. Portanto, os tempos e as modalidades de implementação dos direitos sociais estão à disposição do legislador. Por outro lado, o advento dos direitos sociais trouxe consigo um redimensionamento dos direitos civis, especialmente os de conteúdo econômico, até então considerados pelo pensamento liberal como invioláveis e não sujeitos a reduções; pense-se nas primeiras medidas a favor dos trabalhadores e na compressão que elas determinaram para os direitos dos proprietários industriais e rurais[44].

[43] E. BENDA, *Der soziale Rechtsstaat*, in E. BENDA, W. MAIHOFER, H.J. VOGEL (eds), *Handbuch des Verfassungsrechts der Bundesrepublik Deutschland*, De Gruyter, Berlin, 1983, p. 447 e ss.

[44] Sobre os direitos ligados ao trabalho, cf. O. KAHN-FREUND, *Labour and the Law*, Stevens, London, 1972; sobre a crise atual, entre muitos,

As Constituições dos anos 70 e dos anos 90 dão à luz a terceira geração dos direitos: trata-se dos direitos da personalidade, que até então eram afirmados principalmente na esfera das relações entre privados e que, nesta fase, assumem uma relevância também constitucional: direito à imagem, ao nome, à identidade, à privacidade, à honra[45]. No mesmo período, consolidam-se os direitos culturais e dos grupos, que remetem a uma pretensão que pode ser acionada por uma coletividade e que, no entanto, podem ser reivindicadas por indivíduos; uma relevância particular assumem os direitos que reconduzem às tradições e à identidade cultural de uma comunidade: identidade étnica, religiosa, tradições linguísticas e culturais[46].

C. KILPATRICK, B. DE WITTE (eds), *Social Rights in Times of Crisis in the Eurozone: The Role of Fundamental Rights' Challenges*, EUI Department of Law Research Paper n. 29014/05; M.C. ESCANDE VARNIOL, S. LAULOM, E. MAZUYER, *Quel droit social dans une Europe en crise?*, Larcier, Bruxelles, 2012. Para uma visão alternativa: V. NAVARRO, J. TORRES LÓPEZ, A. GARZÓN ESPINOSA, *Hay alternativas. Propuestas para crear empleo y bienestar social en España*, Sequitur-Attac España, Madrid, 2011. Sobre a crise dos direitos sociais em razão de políticas neoliberais de mercado, S. GIUBBONI, *Diritti sociali e mercato. La dimensione sociale dell'integrazione europea*, il Mulino, Bologna, 2003.

[45] Sobre tais direitos, por exemplo: L. TRUCCO, *Introduzione allo studio dell'identità individuale nell'ordinamento costituzionale italiano*, Giappichelli, Torino, 2004; C. SARTORETTI, *Contributo allo studio del diritto alla privacy nell'ordinamento costituzionale. Riflessioni sul modello francese*, Giappichelli, Torino, 2008; M. MEZZANOTTE, *Il diritto all'oblio. Contributo allo studio della privacy storica*, Esi, Napoli, 2009.

[46] Veja S. BALDIN (ed.), *Diritti tradizionali e religiosi in alcuni ordinamenti contemporanei*, Eut, Trieste, 2005; G. CIMBALO, *Laicità come strumento di educazione alla convivenza*, in S. CANESTRARI (ed.), *Laicità e diritto*, Bup, Bologna, 2007, p. 269 e ss.; F. ALICINO, F. BOTTI (eds), *I diritti cultural-religiosi dall'Africa all'Europa*, Giappichelli, Torino, 2012; E. CECCHERINI (ed.), *Pluralismo religioso e libertà di coscienza*, Giuffrè, Milano, 2012; D. FERRARI, *La libertà di coscienza nella pluralità degli ordinamenti giuridici*, Libellula, Tricase, 2015. Sobre os conflitos intercomunitários gerados pela proibição de uso do véu islâmico, vide P. CAVANA, *I segni della discordia. Laicità e simboli religiosi in Francia*, Giappichelli, Torino, 2004; I. ZILIO-GRANDI (ed.), *Matrimoni e matrimoni misti nell'ordinamento italiano e nel diritto islamico*, Marsilio, Venezia, 2006; V. CAMARERO SUÁREZ, *El velo integral y su respuesta jurídica en democracias avanzadas europeas*, Tirant lo Blanch, Valencia, 2012; B. ALÁEZ CORRAL, J.J. RUIZ RUIZ, *Democracia constitucional y prohibición del velo islámico*

A fase da terceira geração é também a fase na qual se difunde uma ideia dos direitos profundamente humanizados: é a época dos direitos humanitários ou de solidariedade humana. Na base desta geração de direitos está a exigência de contrapor à nova ordem econômica internacional uma nova ordem humanitária internacional, fundada na solidariedade entre os pertencentes ao gênero humano. Os direitos de terceira geração recebem sua formulação principalmente nos documentos de direito internacional e desenvolvem-se por meio de quatro diretrizes fundamentais: o direito à paz, o direito à proteção do ambiente, o direito para o indivíduo e a família às necessárias condições de desenvolvimento, o direito ao patrimônio comum da humanidade.

Enfim, a quarta geração tem sua origem na nova dimensão tecnológica da comunicação e da informação. Frente ao advento da "nova economia", as novas técnicas de aquisição, tratamento, de difusão e transmissão das informações (da internet à rede satelitária), foram sendo configurados os chamados direitos da sociedade tecnológica[47]. Entre as novas situações jurídicas subjetivas que se foram delineando na era contemporânea, uma dimensão específica é ocupada pelas questões relacionadas à (ou decorrentes da) biotecnologia, devido às implicações na esfera da bioética e do biodireito[48]. A ciência

---

en los espacios públicos, Fund. Coloquio jurídico eur., Madrid, 2014; E. BREMS (ed.), *The Experiences of Face Veil Wearers in Europe and the Law*, Cambridge U.P., Cambridge, 2014; para aqueles no âmbito laboral, A. DE OTO, *Precetti religiosi e mondo del lavoro*, Ediesse, Roma, 2007.

[47] Cf. F.J. DÍAZ REVORIO, *Los Derechos Humanos ante los nuevos avances Científicos y Tecnológicos*, Tirant lo Blanch, Valencia, 2009. Especificamente sobre a rede, J. MARTÍN CUBAS, *Democracia e internet*, Centro Francisco Tomás y Valiente-Uned Alzira, Valencia, 2001; J.J. FERNÁNDEZ RODRÍGUEZ, *Secreto e intervención de las comunicaciones en Internet*, Civitas, Madrid, 2004; ID., *Gobierno electrónico. Un desafío en internet (Implicaciones Jurídicas)*, Fundap, Querétaro, 2004; S. BAGNI, L. PEGORARO (eds), *Internet, decentramento, diritti*, Clueb, Bologna, 2006; L. BRUSCUGLIA, R. ROMBOLI (eds), *Diritto pubblico e diritto privato nella rete delle nuove tecnologie*, Pisa U.P., Pisa, 2010; G. DE MINICO, *Antiche libertà e nuova frontiera digitale*, Giappichelli, Torino, 2016.

[48] U. SCARPELLI, *Bioetica laica*, Baldini & Castoldi, Milano, 1998; C. CASONATO (ed.), *Life, Technology and Law: Second Forum for Transnational and Comparative Legal Dialogue, Levico Terme – Italy, June 9-10, 2006*, Cedam, Padova, 2007.

e a tecnologia conheceram um desenvolvimento tão rápido que cada vez encontram menos obstáculos no terreno da vida e das suas diversas expressões. As tecnociências interferem diretamente na configuração de novos direitos e novas pretensões e, sobretudo, criam uma ponte com as gerações futuras. O quadro valorativo que representou por muito tempo a base de referência dos direitos e liberdades fundamentais sofre, por efeito da revolução científica e tecnológica, uma profunda crise de identidade, à qual as comunidades políticas reagem tentando reconstruir uma trama de legitimação[49]. Surgem, portanto, vários comitês éticos em diferentes níveis, a fim de expressar avaliações a serem difundidas na opinião pública sobre novas questões biojurídicas, bioeconômicas e assim por diante[50]. Deste modo, tenta-se recuperar –através de mecanismos e procedimentos de conhecimento e avaliação compartilhados– a legitimação das novas situações jurídicas subjetivas que as tecnociências erradicaram do marco tradicional de referência de valores.

Os direitos podem ser distintos também com base em algumas características substanciais. Por exemplo, distingue-se

[49] Para alguns aspectos específicos, vide T. LÓPEZ DE LA VIEJA, O. BARRIOS, Á. FIGUERELO, C. VELAJOS, J. CARBAJO (eds), *Bioética y feminismo. Estudios multidisciplinares de género*, Ed. Un. Salamanca, Salamanca, 2006. Sobre os problemas de compatibilidade, E. CAMASSA, C. CASONATO (eds), *Bioetica e confessioni religiose*, Un. di Trento, Trento, 2008.

[50] Entre elas, as sobre o aborto e a eutanásia: ver, entre tantos: C. TRIPODINA, *Il diritto nell'età della tecnica. Il caso dell'eutanasia*, Jovene, Napoli, 2004; E. CAMASSA, C. CASONATO (eds), *La procreazione medicalmente assistita: ombre e luci*, Un. di Trento, Trento, 2005; C. CASONATO, C. PICIOCCHI (eds), *Biodiritto in dialogo*, Cedam, Padova, 2006; C. PICIOCCHI, *La libertà terapeutica come diritto culturale. Uno studio sul pluralismo nel diritto costituzionale comparato*, Cedam, Padova, 2006; o número especial 12, 2006 da *Rev. der. comp.* (Rubinzal-Culzoni, Buenos Aires), intitulado "Eutanasia"; F. BOTTI, *L'eutanasia in Svizzera*, Bup, Bologna, 2007; ID., *Manipolazioni del corpo e mutilazioni genitali femminili*, Bup, Bologna, 2009; J. CARPIZO, D. VALADÉS, *Derechos humanos, aborto y eutanasia*, Unam, México, 2008; E. STEFANINI, *Dati genetici e diritti fondamentali*, Cedam, Padova, 2008; C. CASONATO, *Introduzione al biodiritto*, 3ª ed., Giappichelli, Torino, 2012; S. PENASA, *La legge della scienza: nuovi paradigmi di disciplina dell'attività medico-scientifica*, Ed. Scientifica, Napoli, 2015; em inglês, M. LEACH, I. SCOONES, B. WYNNE (eds), *Science and Citizens: Globalization and the Challenge of Engagement*, Zed Books, London-New York, 2005; J. PEEL, *Science and Risk Regulation in International Law*, Cambridge U.P., Cambridge, 2010.

entre liberdades individuais e liberdades coletivas. As primeiras são as liberdades cujo exercício concretiza-se nos atos postos em prática por cada um dos indivíduos ou nas pretensões que cada um pode reivindicar *uti singuli*: é o caso da liberdade pessoal, do ponto de vista físico; o direito à integridade física e à saúde; o direito à defesa judicial; a liberdade de circulação; a liberdade de expressão do pensamento; e assim por diante[51]. As segundas são as liberdades cujo exercício pressupõe a existência de um grupo de indivíduos, por diversas razões: a liberdade de associação, a liberdade de reunião, as liberdades sindicais, o direito de greve, os direitos da família, os direitos de participação, a liberdade de ensino, etc.[52].

[51] Sobre os direitos individuais, exemplificativamente: sobre a liberdade pessoal, J. FARBEY, R.J. SHARPE, *The Law of Habeas Corpus*, Oxford U.P., Oxford, 2011; A.G. FERNÁNDEZ, *El Habeas Corpus en España: legislación y jurisprudencia*, Tirant lo Blanch, Valencia, 2006; sobre o direito à defesa judicial, D. LIAKOPOULOS, *Equo processo nella Convenzione europea dei diritti dell'uomo e nel diritto comunitario*, Cedam, Padova, 2007; R. FATTIBENE, *Il doppio grado di giudizio tra garanzia dei diritti e organizzazione giudiziaria. Profili di comparazione*, Giappichelli, Torino, 2010; A. OSTI, *Teoria e prassi dell'Access to justice. Un raffronto tra ordinamento nazionale e ordinamenti esteri*, Giuffrè, Milano, 2016; sobre a liberdade de circulação, B.K. BLITZ, *Migration and Freedom: Mobility, Citizenship and Exclusion*, Elgar, Celtenham, 2014; M.P. BROBERG, N. HOLST-CHRISTENSEN (eds), *Free Movement in European Union*, Djøf, Copenhagen, 2014; para a Itália, I. NICOTRA GUERRERA, *Territorio e circolazione delle persone nell'ordinamento costituzionale*, Giuffrè, Milano, 1995; sobre a liberdade de expressão do pensamento, J. BEATSON, Y. CRIPPS, *Freedom of Expression and Freedom of Information*, Oxford U.P., Oxford, 2000; V. ZENO-ZENCOVICH, *Freedom of Expression: A Critical and Comparative Analysis*, Routledge, New York, 2008, e, entre as coletâneas de estudos comparatistas, L. PALADIN (ed.), *La libertà d'informazione*, Utet, Torino, 1979; AA.VV., *La libertad de información y expresión*, Cepc, Madrid, 2002; A. MATTELART, *La mundialización de la comunicación*, Paidós, Barcelona, 1998. Sobre o direito à integridade física e à saúde: M. LEÓN ALONSO, *La protección constitucional de la salud*, La Ley, Madrid, 2010; L. CUOCOLO, *La tutela della salute tra neoregionalismo e federalismo. Profili di diritto interno e comparato*, Giuffrè-Luiss U.P., Milano-Roma, 2005; G.G. CARBONI (ed.), *La salute negli Stati composti. Tutela del diritto e livelli di governo*, Giappichelli, Torino, 2012.

[52] Por exemplo, para a liberdade de reunião na Espanha, vide J.C. GAVARA DE CARA, *El sistema de organización del ejercicio del derecho de reunión y manifestación*, McGraw Hill, Madrid, 1977; para a Itália (em alemão), C. ARZT, *Libertà di riunione. Versammlungsfreiheit in Italien*, Un.

Uma outra distinção difundida na doutrina é a entre liberdades físicas e liberdades intelectuais ou espirituais. Entre as primeiras, as liberdades cujo exercício contribui para a realização das aspirações da pessoa nos planos material e físico: o direito à segurança, a liberdade de circulação, a liberdade de procriação, o direito à intimidade e à vida privada, a liberdade de correspondência, a liberdade de domicílio, etc. As liberdades intelectuais ou espirituais contribuem, por sua vez, para a realização de aspirações imateriais que são próprias de cada pessoa humana: liberdade de opinião, de fé religiosa, de imprensa, de arte e ciência, de ensino, e assim por diante[53].

O direito comparado denuncia, sobretudo, a dicotomia (e o conflito subjacente) entre direitos civis, econômicos, políticos e sociais, que permeiam a cultura jurídica ocidental hodierna, e direitos "comunitários", ancorados nas tradições. Reconhecidos pelo constitucionalismo ocidental, aparecem, contudo, quase sempre, apenas "tolerados", na medida em que não chocam com a visão predominante. São reivindicados em

---

di Trento, Trento, 2008. Para a liberdade de associação, sobre a Itália, G. BRUNELLI, *Struttura e limiti del diritto di associazione politica*, Giuffrè, Milano, 1991; G. LEONDINI, *Associazioni private di interesse generale e libertà di associazione*, Cedam, Padova, 1998. Sobre o ensino, E.M. BARENDT, *Academic Freedom and the Law: A Comparative Study*, Hart, Oxford, 2010; J.A. SOUTO PAZ, G. SOUTO GALVÁN, *Educación y libertad*, Dykinson, Madrid, 2012. Sobre a família, V. TONDI DELLA MURA, *I diritti dei coniugi e la pretesa dei diritti dei conviventi: verso la liberalizzazione dei modelli familiari*, in M. ESPOSITO, A. LOIODICE, I. LOIODICE, V. TONDI DELLA MURA (eds), *Temi di diritto costituzionale*, Giappichelli, Torino, 2013, p. 259 e ss.; F. CAGGIA, *Il rispetto della vita familiare*, in AA.VV., *I diritti fondamentali in Europa, XV Colloquio biennale, Messina-Taormina, 31 maggio-2 giugno 2001*, Giuffrè, Milano, 2002. Sobre os direitos de participação, R. VARRICCHIO, P. IANNONE (eds), *Politica e diritto*, Cacucci, Bari, 2006; S. BAGNI, *Il popolo legislatore*, Bup, Bologna, 2017.

[53] Distinções como estas podem simplificar o quadro para fins didáticos, mas nem sempre conseguem delinear com pontualidade o complexo quadro dos direitos e liberdades fundamentais como ocorrem na realidade dos ordenamentos. À bibliografia citada nas notas *supra*, acrescentam-se, de todo modo, as seguintes: sobre a liberdade de domicílio, I. FASO, *La libertà di domicilio*, Giuffrè, Milano, 1967; sobre arte, ciência e cultura, G. CLEMENTE DI SAN LUCA (ed.), *Tutela, promozione e libertà dell'arte in Italia e negli Stati Uniti*, Giuffrè, Milano, 1990; H. HEMPEL, *Der Freiheit der Kunst: eine Darstellung des schweizerischen, deutschen und amerikanischen Rechts*, Schulthess, Zürich, 1991.

ordenamentos que acolhem em nível normativo e jurisprudencial a primeira visão, quase sob a forma de "cultos permitidos" ou "tolerados" das Constituições oitocentistas[54]; quando, em verdade, trata-se de reconhecer o fundamento ético igual, onde quer que sejam praticados –trate-se de Ásia ou de África ou de comunidades indígenas em outras áreas do globo– é o direito internacional ou a própria doutrina que admite a legitimação, enquanto sejam compatíveis com o direito ocidental ou, pelo menos, com o seu "núcleo duro"[55].

§ 4. DA *"PREEXISTÊNCIA" AOS PROCESSOS DE CODIFICAÇÃO DOS DIREITOS*

O reconhecimento dos ideais de liberdade e da ideia de centralidade da pessoa humana e dos seus direitos nos textos jurídicos, em particular nas Constituições, teve, no tempo, formas e vias diferentes.

Do ponto de vista formal, pode-se distinguir entre elementos que preveem a proclamação dos direitos e das liberdades no texto constitucional[56] e ordenamentos que, por sua vez, contemplam um documento específico ou Carta de direitos que apresenta a disciplina inteira da matéria[57]. Inclusive a União

---

[54] Ver, por exemplo, a Constituição da Grécia de 1864: «1. A religião dominante na Grécia é a da Igreja Ortodoxa Oriental de Cristo. 2. Qualquer outra religião é reconhecida e tolerada, e o livre culto do seu exercício é protegido por lei, mas o proselitismo é proibido, bem como qualquer outro ato contra a religião dominante»; a Constituição de Portugal de 1826, art. 6: «A Religião Católica Apostólica Romana continuará a ser a Religião do Reino. Todas as outras Religiões serão permitidas aos Estrangeiros com seu culto doméstico, ou particular, em casas para isso destinadas, sem forma alguma exterior de Templo»; o Estatuto Albertino, art. 1: «La Religione Cattolica, Apostolica e Romana è la sola Religione dello Stato. Gli altri culti ora esistenti sono tollerati conformemente alle leggi».

[55] Vide § 8 e ss. e cap. VII, § 11 e ss.

[56] Por exemplo, Itália, Espanha, Portugal, Alemanha.

[57] É o caso do Canadá, da Nova Zelândia, da África do Sul. Sobre o tema da codificação dos direitos, ver E. CECCHERINI, *La codificazione dei diritti nelle recenti costituzioni*, Giuffrè, Milano, 2002; A. RUGGERI, L. D'ANDREA, A. SAITTA, G. SORRENTI (eds), *Tecniche di normazione e tutela giurisdizionale dei diritti fondamentali*, cit. Na área dos ordenamentos de matriz anglo-saxã, o Canadá é indicado como experiência original. Antes

Europeia escolheu aprovar um documento específico, a Carta dos Direitos Fundamentais (Nice, 2000), posteriormente incorporado no Tratado da União Europeia de 2009 (art. 6, TUE). Sempre sob o aspecto formal, distingue-se a experiência do ordenamento constitucional francês, que, na Constituição de 1958, ainda vigente, não contempla um catálogo dos direitos e das liberdades; contudo, no preâmbulo da própria Constituição, lê-se uma referência solene à Declaração dos Direitos do Homem e do Cidadão de 1789 e à Constituição de 1946, referência que determinou uma constitucionalização dos direitos e das liberdades fundamentais nelas enunciados[58]. Igualmente no plano formal, uma outra distinção é a entre Constituições que reconhecem os direitos e as liberdades fundamentais à generalidade dos indivíduos, das pessoas ou dos seres humanos e as Constituições que, de outro modo, especificam, por vezes, se os direitos fundamentais são reconhecidos a todos os indivíduos ou reservados a determinadas categorias, como os cidadãos, determinados grupos de indivíduos, determinadas categorias de pessoas (menores, consumidores, anciões, portadores de necessidades especiais, etc.).

É bastante difusa a tendência a especificar os direitos e liberdades em elencos amplos e articulados, que enumeram, às vezes de modo analítico, as situações jurídicas subjetivas tuteladas[59].

---

de 1982, o ordenamento canadense não previa, em nível federal, uma codificação dos direitos e das liberdades fundamentais com hierarquia constitucional. A matéria era disciplinada dentro de cada Província por uma Carta de direitos própria, ao passo que o *Canadian Bill of Rights* del 1960 não era dotado de força de lei constitucional e, portanto, as suas disposições eram suscetíveis a revogação por parte do legislador federal ordinário. Com a aprovação, em 1982, do *Constitution Act*, contendo no seu interior a Carta Canadense dos Direitos e das Liberdades, o Canadá passa a ser dotado de um instrumento de nível constitucional, capaz de ser imposto, com amplitude federal, a todas as Províncias canadenses. O art. 51.1 estabelece a supremacia hierárquica da Constituição, afirmando a inaplicabilidade de qualquer lei que a contrarie. Ademais, no art. 52.3, determina-se que nenhuma emenda pode ser feita à Carta Constitucional, salvo com procedimentos mais complexos e específicos, expressamente previstos, estabelecendo-se, com isso, o princípio da rigidez da Constituição.

[58] V. cap. IV, § 12, e cap. X, seção I, §§ 2.2 e 14.2.
[59] A Carta dos Direitos Fundamentais da União Europeia classifica os direitos e as liberdades através da referência a alguns valores ampla-

Os catálogos dos direitos da pessoa contidos nas Cartas Constitucionais parecem mais articulados e detalhados nos ordenamentos nascidos após a queda dos regimes autocráticos. É o caso das Constituições dos países que, em sequência à Segunda Guerra Mundial, previram o fim dos regimes fascistas ou nacional-socialistas (Itália e Alemanha). É, outrossim, o caso das Constituições dos anos 70, nascidas sobre as ruínas dos regimes autoritários (Grécia, Espanha, Portugal) e das Constituições dos anos 90, que, nos países da Europa Centro-Oriental, deram sequência ao colapso dos regimes comunistas. Fora da Europa, um quadro similar é encontrado nas experiências constitucionais da América Latina e dos novos Estados da África, também afligidos por experiências golpistas. Isso se explica pela intenção de marcar uma clara ruptura com os regimes passados, caracterizados em geral por uma visão autoritária dos sistemas políticos e, ao mesmo tempo, de oferecer referências detalhadas para os órgãos que, de modos distintos, contribuem para implementar o sistema de tutela dos direitos e das liberdades: os juízes, os órgãos da administração pública e o próprio legislador, quando seja chamado a dar impulso às prescrições constitucionais.

Nos ordenamentos constitucionais onde, contrariamente, os acontecimentos históricos não marcaram, pelo menos nos tempos mais recentes, rupturas significativas, a lista dos direitos e das liberdades previstos na Constituição teve uma evolução gradual, sem, todavia, alterar o caráter simplificado da estrutura normativa e, em suma, a dimensão contida nas próprias disposições. Este aspecto formal deve estar ligado à ideia de que a constitucionalização dos direitos é mais eficaz quando mais valores e sentimentos que fundamentam a primazia da pessoa humana são radicados na consciência da comunidade política e social. Em outras palavras, não são tanto a amplitude dos catálogos e a hipertrofia dos direitos e das liberdades reproduzidos nas Cartas Constitucionais que asseguram uma tutela substancial dos direitos da pessoa, mas é, sobretu-

---

mente compartilhados (dignidade, liberdade, solidariedade, cidadania e justiça). O sistema dela decorrente coloca no vértice a pessoa humana e os princípios que a valorizam. Os direitos analiticamente elencados representam os instrumentos através dos quais aqueles valores encontram plena concretização no ordenamento europeu.

do, a difundida sensibilidade política e social sobre os direitos e as liberdades fundamentais, unida à presença de instrumentos de garantia específicos. Sob este último aspecto, onde o ordenamento constitucional apresente os traços próprios do constitucionalismo e do Estado de direito (princípio democrático, rigidez da Constituição, justiça constitucional, princípio da legalidade, reserva de lei, separação dos poderes), a tutela dos direitos e das liberdades fundamentais conhece os mais elevados níveis de eficácia.

A experiência constitucional do Reino Unido, que tem uma antiga tradição no que atine aos direitos e liberdades, merece uma consideração a mais.

Em uma primeira fase, os direitos foram codificados sob a forma de exceções ou privilégios limitados a determinados grupos de pessoas. A *Magna Charta* de 1215 constituía um documento solene com o qual o Rei concedia alguns privilégios e condições favoráveis –consentindo, pois, algumas limitações ao próprio poder soberano– a algumas categorias de indivíduos: os barões e os condes, os quais seriam submetidos ao juízo exclusivamente dos seus pares; os eclesiásticos, que teriam que observar as ordens da autoridade monárquica apenas limitadamente às questões concernentes aos feudos laicos; os comerciantes, a quem era reconhecida a liberdade de comércio no Reino; os camponeses, aos quais não seria possível impor prestações particularmente onerosas, salvo por costume. Portanto, ao reconhecer privilégios e exceções aos pertencentes a estes grupos sociais, em última análise, introduziam limites ao arbítrio do Rei.

Somente em um momento posterior, a titularidade dos direitos foi estendida a uma esfera mais ampla dos indivíduos; com o *Habeas Corpus Act* de 1679, foram introduzidas algumas garantias a favor dos indivíduos contra as limitações arbitrárias da liberdade pessoal: caso alguém fosse preso fora dos casos previstos em lei, poderia apresentar uma reclamação ao magistrado competente para obter a liberdade. Na linha das limitações às prerrogativas régias, estabelece-se o *Bill of Rights* de 1689: com este ato, poderes decisórios estratégicos são transferidos da Coroa ao Parlamento, marcando-se com isto a fase de transição da monarquia absoluta ao regime parlamentar. E será exatamente a primazia da soberania parlamentar a representar um dos obstáculos mais relevantes à codificação formal dos direitos e das liberdades fundamentais no ordenamento britânico. Por força do princípio da democracia representativa, o Parlamento sempre conservou a plena disponibilidade da matéria dos direitos e das liberdades fundamentais; no curso do século XIX, interveio mais vezes com atos legislativos próprios para garantir o pleno gozo dos direitos civis, a remoção dos limites ao direito de voto por razões de ordem religiosa, a extensão do sufrágio; no curso do século XX, o Parlamento proibiu as discriminações raciais (1968) e as sexuais (1975)[60].

A ideia de fundo radicada no pensamento político e constitucional britânico é a de que o Parlamento não possa ser desprovido do poder de revogar ou emendar alguma lei, independentemente das eventuais consequências sobre direitos e liberdades dos indivíduos; direitos e liberdades que teriam suas raízes no *common law* e que, portanto, seriam capazes de resistir também aos arbítrios judiciários[61]. Estas convicções arraigadas tradicionalmente dissuadiram as autoridades políticas de começar um processo de codificação dos direitos e das liberdades fundamentais[62].

Como consequência do ingresso na então Comunidade Econômica Europeia (1972), o Reino Unido foi, contudo, gradativamente se aproximando da ideia de uma codificação, pelo fato de que os direitos fundamentais serem comumente considerados princípios gerais do direito europeu, enquanto derivados das tradições constitucionais comuns dos Estados-membros[63]. Desta forma, com a aprovação do *Human Rights Act* em 1998, o Reino Unido incorporou a Convenção Europeia para a Proteção dos Direitos do Homem e das Liberdades

---

[60] *Race Relation Act 1968*; *Sex Discrimination Act 1975*.

[61] A.V. DICEY, *An Introduction to the Study of the Law of the Constitution*, cit.

[62] T. CAMPBELL, K. EWING, A. TOMKINS (eds), *Sceptical Essays on Human Rights*, Oxford U.P., Oxford, 2001; D. FELDMAN, *Civil Liberties and the Human Rights in England and Wales*, 2ª ed., Oxford U.P., Oxford, 2002; J. WADHAM, H. MOUNTFIELD, E. PROCHASKA, *Blackstone's Guide to the Human Rights Act 1998*, 5ª ed., Oxford U.P., Oxford, 2009.

[63] Cf. A. PIZZORUSSO, *Il patrimonio costituzionale europeo*, cit., e D. MESSINEO, *La garanzia del "contenuto essenziale" dei diritti fondamentali. Dalla tutela della dignità umana ai livelli essenziali delle prestazioni*, Giappichelli, Torino, 2012.

Fundamentais: no caso em que um juiz reconheça a incompatibilidade de uma norma interna com a CEDH, não poderá proceder a um controle de legalidade, nem poderá declarar a inconstitucionalidade ou a não aplicação da norma interna; resta, de fato, nas mãos do Parlamento a decisão sobre a oportunidade de modificar a norma interna incompatível, ainda que com um procedimento abreviado (*"Remedial order"*)[64]. O processo do *brexit* delineará uma nova estrutura de tais relações.

A Revolução Americana marca um momento histórico determinante para a afirmação constitucional dos direitos e das liberdades. O constitucionalismo inicia a imprimir traços profundos na experiência política americana desde a segunda metade do século XVIII: é esta a época na qual se difundem entres os colonos americanos os primeiros sentimentos de revolta em relação à pátria mãe, partindo exatamente da afirmação do princípio por força do qual nenhum tributo pode ser imposto exceto por quem tenha representação política dos destinatários da imposição (é o já lembrado princípio *"no taxation without representation"*). Com base neste princípio constitucional e em ausência de uma representação política dos colonos no Parlamento britânico, os atos de imposição provenientes do outro lado do oceano eram sistematicamente censurados devido à sua inconstitucionalidade. O famoso *pamphlet* de Thomas Paine, *Common Sense* (1776), e a coetânea Declaração de Independência dos Estados Unidos da América marcam, com tons e modalidades diferentes, a afirmação dos ideais do constitucionalismo de matriz liberal para romper o vínculo de sujeição ao Rei Jorge III[65].

---

[64] Veja L. BETTEN (ed.), *The Human Rights Act 1998: What It Means. The Incorporation of the European Convention on Human Rights into the Legal Order of the United Kingdom*, Nijhoff, The Hague, 1999; A.N. BROWN, *Human Rights Act 1998*, Green, London, 2003; D. HOFFMAN, J. ROWE, *Human Rights in the UK: An Introduction to the Human Rights Act 1998*, Pearson, Edinburgh, 2006; M. AMOS, *Human Rights Law*, 2ª ed., Hart, Oxford-Portland, 2014.

[65] C.H. McILWAIN, *The American Revolution*, cit., p. 18 e ss.; C.L. BECKER, *The Declaration of Independence: A Study in the History of Political Ideas*, Vintage Books, New York, 1942; J.C. MILLER, *Origins of the American Revolution*, Stanford U.P., Stanford, 1943; J. ALLEN, *Jefferson's Declaration of Independence: Origins, Philosophy and Theology*, Kentucky U.P., Lexington, 1998; T. BONAZZI (ed.), *La Dichiarazione di indipendenza*

Neste contexto político e social, difundiram-se entre as colônias e, em seguida, entre os Estados independentes, os primeiros documentos constitucionais escritos, dotados de uma força jurídica superior, destinados a edificar um sistema de governo estável e a tutelar os direitos dos indivíduos. Naturalmente, nesta fase, a combinação entre *frame of government* e *bill of rights* não é homogênea em todo lugar; registram-se vários modos de entender as tensões entre as exigências de democratização da política, de conservação dos valores tradicionais e de proteção da pessoa humana enquanto tal. São, portanto, numerosas, antes e depois da Declaração de Independência, as Cartas Constitucionais e de direitos aprovadas pelas ex-colônias. Não foi fácil, por conseguinte, a tarefa dos *founding fathers* na tentativa de desenhar, inicialmente em nível confederal e, após, federal, a estrutura constitucional da nação americana. O primeiro documento constitucional supraestatal aprovado foi o estabelecido nos *Articles of Confederation*, de 15 de novembro de 1777, com entrada em vigor –com a última ratificação feita por Maryland– em 1781. Trata-se, como é cediço, de um tratado internacional entre Estados independentes que conservam "soberania, liberdade, independência e cada poder" (art. II). O tema das liberdades e dos direitos permanece, pois, um tema interno a cada um dos Estados: as disposições ditadas em nível estatal expressam melhor as tradições e sensibilidades locais.

A Convenção da Filadélfia, expressão do povo americano, no verão de 1787, confere ao vínculo que une os Estados americanos um caráter bem mais estreito e sólido que o confederal. A transição para o Estado federal parece o remédio mais necessário para as dificuldades de funcionamento da Confederação de Estados; a Federação, dotada de sua própria soberania, de um Executivo forte, do poder de governo da economia e da política externa, assim como de um aparato judiciário federal, nasce com base em um pacto (*phoedus*) entre os Estados americanos, que foi formalizado na Constituição Federal de 1789.

No seu projeto original, a Constituição Federal é totalmente dedicada a traçar as linhas do *frame of government*, com

---

degli Stati Uniti d'America, Marsilio, Venezia, 2003; A. RINELLA, *La Carta della Rivoluzione Americana, Dichiarazione di Indipendenza degli Stati Uniti d'America (1776)*, Liberilibri, Macerata, 2007.

atenção especial para as relações entre a Federação e os Estados-membros[66]. Com a eleição do primeiro Presidente dos Estados Unidos, George Washington, criam-se as condições de consolidação do sistema de regras federais e inicia-se a fase das emendas à Constituição. As primeiras 10 Emendas, aprovadas em 1791, destinam-se a definir as relações entre a Federação e cidadãos americanos: é o bem conhecido *Bill of Rights*, que, com uma linguagem sóbria e simplificada, estabelece uma lista de direitos e liberdades fundamentais que possuem suas raízes nos valores liberais do constitucionalismo britânico, conjugam as experiências do jusnaturalismo de matriz francesa com o *republicanism* americano e delineiam os aspectos da condição jurídica do cidadão americano, sem pretensões de universalidade (a Constituição americana não evoca os direitos do homem em geral). O que pode parecer em contraste com a tensão universal que estava no contexto da Declaração de Independência, na qual se proclamava: «Consideramos estas verdades como evidentes por si mesmas, que todos os homens são criados iguais, dotados pelo Criador de certos direitos inalienáveis, que entre estes estão a vida, a liberdade e a procura da felicidade». No plano jurídico formal, deve-se destacar o fato de que, pela primeira vez, uma declaração de direitos e das liberdades fundamentais é inserida no texto de uma Constituição rígida, com a consequência de ser retirada da disponibilidade do Poder Legislativo ordinário e de ver, assim, reforçada a sua tutela[67].

Na Europa continental, com um paralelismo temporal que a história não raramente mostra, ditam-se e escrevem-se as palavras da Declaração dos Direitos do Homem e do Cidadão de 1789. Trata-se de um documento que exprime uma visão universal da condição de homem. Nele, combinam-se aspectos da cultura iluminista dominante com as suas diversas raízes: de

[66] Vide cap. VII, § 5, nota 45.
[67] Para a bibliografia histórica, ver cap. IV, § 7.1, nota 77 e cap. VIII, § 7, nota 38, à qual *adde*, no que concerne aos direitos, E. FONER, *The Story of American Freedom*, Norton, New York, 1998; M. GRABER, *Transforming Free Speech: The Ambiguous Legacy of Civil Libertarianism*, Un. of California Press, Berkeley, 1992; D.H. FISCHER, *Liberty and Freedom*, Oxford U.P., New York, 2005; F.A. KORNBLUH, *The Battle for Welfare Rights: Politics and Poverty in Modern America*, Un. of Pennsylvania Press, Philadelphia, 2007.

um lado, o pensamento de Jean-Jacques Rousseau (1712-1778), segundo o qual o homem é titular de direitos e liberdades inatas e naturais que uma sociedade civil perfeita não pode deixar de reconhecer e proteger. Do outro, o de Charles Montesquieu (1689-1755), que via na lei a expressão da razão humana, capaz de disciplinar racionalmente as relações civis e sociais entre os indivíduos. Na visão revolucionária francesa, a lei –que é a máxima expressão da soberania nacional– converte-se em ponto de conexão entre direitos naturais e direitos positivos; por meio dela, os direitos inatos e eternos do homem entram na arena política como direitos e liberdades civis do cidadão[68].

Em agosto de 1789, a Assembleia dos Estados Gerais assumiu os poderes de Assembleia Constituinte, em seguida ao início dos acontecimentos (tomada da Bastilha) e aos ecos sobre os projetos de integração do *Bill of Rights* na Constituição americana, e decidiu que a emanação da Declaração dos Direitos do Homem e do Cidadão (1789) iria preceder a adoção da nova Constituição (1791). Naquela, encontramos as premissas ideológicas a que aludimos: os direitos do homem são reconhecidos como "naturais, inalienáveis e sagrados" e, portanto, sob esta perspectiva, todos os homens são iguais (preâmbulo)[69]. O primeiro efeito que se consegue é que a conservação e a tutela dos direitos naturais e imprescritíveis do homem devem ser consideradas o objetivo final de qualquer associação política (art. 2). Destarte, a constituição de instituições democráticas colocadas à frente da sociedade civil não pode prescindir do reconhecimento da primazia do indivíduo e da sua bagagem de direitos inatos. Direitos que representam o fundamento da legitimação do Estado liberal moderno.

Entre os direitos naturais e imprescritíveis, a Declaração indica a liberdade pessoal, a propriedade, a segurança e a resistência à opressão[70]. As disposições dedicadas aos direi-

[68] Para a bibliografia, v. cap. IV, § 12, nota 131.

[69] A. PASSERIN D'ENTREVES, *La dottrina del diritto naturale*, Comunità, Milano, 1954.

[70] Sobre este, ver J. RAWLS, *The Justification of Civil Disobedience*, Routledge, New York, 1969; N. BOBBIO, verbete *Disobbedienza civile*, in N. BOBBIO, N. MATTEUCCI, G. PASQUINO (eds), *Il dizionario di politica*, cit., p. 307 e ss.; AA.Vv., *Autonomia e diritto di resistenza*, in *Studi sass.*, Giuffrè, Milano, 1973; A. BURATTI, *Dal diritto di resistenza al metodo democratico*, Giuffrè, Milano, 2006.

tos do cidadão representam, na maioria das vezes, aspectos de organização das instituições democráticas e das formas de garantia, até o já muitas vezes citado art. 16, segundo o qual não teria uma Constituição uma sociedade que não garantisse os direitos e não reconhecesse a separação dos poderes. Na perspectiva continental europeia, o fundamento do constitucionalismo moderno encontra-se nestas afirmações. E é exatamente o advento do constitucionalismo moderno que marca, por conseguinte, uma passagem bastante relevante na evolução dos sistemas de direitos e liberdades:

– consolida-se um reconhecimento dos direitos e das liberdades com base universal, em vez de particular;

– delineia-se um arsenal jurídico de instrumentos de garantia, que no tempo verá crescer o próprio grau de complexidade e de eficácia em relação às experiências das novas fronteiras dos direitos e das liberdades;

– os direitos de liberdade qualificam a ordem política como fim último da mesma;

– enfim, em relação ao Estado, fundam a sua própria legitimação, seja no plano democrático, seja no plano da organização e da disciplina das suas funções.

A análise comparada dos modelos constitucionais de tutela e garantia dos direitos e das liberdades evidenciam alguns dados recorrentes. O dado quantitativo a ser preliminarmente registrado é a expansão do processo de codificação dos direitos e das liberdades em nível constitucional. Expansão que não teve solução de continuidade inclusive em relação aos processos constituintes mais recentes, como os que afetaram os países da Europa Centro-Oriental[71]. Sempre no plano da análise quantitativa, já se mencionou a crescente hipertrofia dos textos constitucionais, especialmente nas partes onde se declaram os direitos da pessoa. Desde uma perspectiva mais estritamente jurídica, a disciplina constitucional dos direitos de liberdade

---

[71] Em especial para o Leste da Europa, L. JIMENA QUESADA, *La apertura constitucional de los Países centro-orientales al Derecho europeo de los derechos humanos*, e C. FLORES JUBERÍAS, M. TORRES PÉREZ, *Los tribunales constitucionales y su papel en la protección de los derechos fundamentales en las nuevas democracias de la Europa Central y Oriental*, ambos em *Persona y derecho*, supl. n. 8-9, 1998-1999, intitulado "Humana Iura de derechos humanos", respectivamente p. 247 e ss. e p. 307 e ss.

apresenta algumas características a serem oportunamente evidenciadas:

– em primeiro lugar, a difundida afirmação do princípio da rigidez da Constituição produz o efeito de subtrair do legislador e da maioria que opera no interior do órgão parlamentar a disponibilidade dos direitos e das liberdades. Tal indisponibilidade, por outro lado, torna-se absoluta em relação ao núcleo essencial das normas constitucionais postas na base do sistema de direitos e liberdades fundamentais. É crença generalizada, de fato (ainda que discutido e discutível), que o núcleo dos "direitos invioláveis" seja retirado também do procedimento agravado de revisão da Constituição[72];

– em segundo lugar, a indisponibilidade citada é reforçada pela previsão de controle de constitucionalidade das leis; instituto que, ainda que com diferentes formas de procedimento, pode ser bem entendido da mesma maneira que uma jurisdição dos direitos de liberdade[73];

– em terceiro lugar, tais direitos são, em geral, definidos no âmbito de uma articulada disciplina constitucional. Disciplina que, embora pontual, tende em geral a manter um caráter aberto em relação às novas situações jurídicas subjetivas que a evolução das relações sociais e culturais faz emergir e que, ao mesmo tempo, resultam merecedoras de tutela constitucional;

– em nível de disciplina constitucional, são, outrossim, indicados os limites que, por si sós, legitimamente, podem ser impostos ao exercício dos próprios direitos fundamentais de liberdade;

– enfim, o modelo constitucional de tutela dos direitos de liberdade apresenta, normalmente, dois tipos de reserva: uma reserva de lei, quanto ao desenvolvimento e a atuação dos princípios constitucionais relativos à matéria; e uma reserva de jurisdição, sendo reservada em última instância à autoridade

---

[72] Cap. X, seção I, § 14.2, e seção II, § 4.
[73] Neste sentido, cf. M. CAPPELLETTI, *La giurisdizione costituzionale delle libertà*, Giuffrè, Milano, 1955; F. RUBIO LLORENTE, *Tendencias actuales de la jurisdicción constitucional en Europa*, in AA.Vv., *Manuel Fraga: Homenaje Académico*, Fund. Cánovas del Castillo, Madrid, 1997, II, p. 1411 e ss., trad. fr. *Tendances actuelles de la juridiction constitutionnelle en Europe*, in *Ann. int. just. const.*, n. 12, 1996, p. 11 e ss.

judiciária –e não a outras– a aplicação dos limites previstos nas Cartas Constitucionais para o exercício dos mesmos direitos[74].

A codificação constitucional dos direitos de liberdade, que conheceu grande difusão no final do milênio, parece responder, em conclusão, a pelo menos três exigências basilares: o reconhecimento dos direitos fundamentais e a predisposição de um aparato de garantia juridicamente estruturado; a definição das cláusulas de limitação de tais de direitos com base em parâmetros objetivos adequadamente especificados; a predisposição dos mecanismos necessários para determinar uma declaração de inconstitucionalidade das leis e dos atos lesivos a direitos fundamentais codificados nos textos[75].

§ 5. O CARÁTER "NÃO ABSOLUTO" DOS DIREITOS: OS LIMITES

A teoria segundo a qual os direitos e as liberdades fundamentais não toleram nenhuma limitação podia ter uma razão de ser à época da afirmação de um regime democrático em contraste com a monarquia absoluta; uma vez que o constitucionalismo pôde desenvolver, mais ou menos extensivamente, os próprios efeitos, pareceu razoável que os direitos e as liberdades fundamentais, ainda que tutelados em nível constitucional, requeressem, onde necessário, uma ponderação e, portanto, uma limitação em relação a outros princípios e valores não menos relevantes. A ideia de que possam existir direitos absolutos, ilimitados, não restringíveis, em nível nacional ou supranacional, não encontra atualmente consenso nem na doutrina, nem entre os juízes constitucionais[76]. As próprias Cortes de Estrasburgo e de Luxemburgo reconheceram a necessidade de conciliar a tutela dos direitos fundamentais com

---

[74] *Supra*, § 1.2, e cap. V, seção III, § 3.1.

[75] P. ALSTON, *Human Rights in Europe and the World: The Changes of Integration and Globalization*, Oxford U.P., Oxford, 1999, trad. it. *Diritti umani e globalizzazione: Il ruolo dell'Europa*, Gruppo Abele, Torino, 2002.

[76] Uma manifestação evidente é a limitação dos direitos em relação a quem exerce cargos públicos. Os direitos são assegurados a quem está *sob* o poder, mas não a quem o detém. Para alguns exemplos espanhóis, relativos às restrições quanto aos parlamentares, cf. A. ABA CATOIRA, *La limitación de los derechos fundamentales por razón de sujeto*, Tecnos, Madrid, 2001.

a defesa da ordem democrática vigente ou com a função social dos bens e das atividades que os próprios direitos pretendem salvaguardar[77].

No interior dos ordenamentos nacionais, a determinação das fontes normativas idôneas a colocar limites aos direitos e às liberdades fundamentais teve uma tendência evolutiva. Sob a influência do pensamento revolucionário francês, a ideia dominante era que os limites aos direitos e às liberdades pudessem decorrer tão-somente da lei. Mas, no curso do século XIX, as Constituições *octroyées*, que remetiam à lei eventuais limitações aos direitos proclamados, terminaram por legitimar qualquer restrição. O constitucionalismo após a Segunda Guerra tende, contudo, a assegurar uma constante ponderação entre princípios, valores, direitos e liberdades, fazendo com que a diferença entre Constituição formal e Constituição vivente seja a mais sutil possível. Neste contexto, a reserva de lei em matéria de limites aos direitos e às liberdades assume uma função de garantia, uma vez que imediatamente exigível por obra do Tribunal Constitucional[78]. Incumbe, pois, aos juízes constitucionais, assegurar a ponderação que, ao reconhecer a relatividade dos direitos e das liberdades fundamentais, permita o seu sacrifício somete frente a princípios e valores de ordem superior. Com este propósito, a experiência da jurisprudência constitucional em nível comparado mostra como alguns critérios de interpretação são comumente utilizados para assegurar esta ponderação equilibrada[79].

Antes de mais nada, o princípio da proporcionalidade: com base nele, deve-se determinar um razoável equilíbrio entre direitos potencialmente em conflito; dito de outro modo, o princípio da proporcionalidade requer que o gozo de um determinado direito seja tal que não prejudique ou comprima os direitos de outros sujeitos em medida não proporcional aos interesses que se pretende tutelar. O art. 52 da Carta dos Direitos Fundamentais da União Europeia (denominada, também, Carta de Nice) afirma que eventuais limitações aos direitos fundamentais podem ser feitas apenas com respeito ao princípio da pro-

---

[77] Corte EDH *Refah Partisi vs Turquia*, 13.2.2003; *Emek Partisi vs Turquia*, 31.5.2005; *Pksas vs Lituania*, 6.1.2011.

[78] Cap. V, seção III, § 3.1.

[79] Vide cap. IV, § 14.

porcionalidade e onde sejam necessárias e respondam efetivamente a finalidades de interesse geral reconhecidas pela União ou à exigência de proteger os direitos e as liberdades dos outros. Uma cláusula similar é encontrada também em algumas Constituições europeias, como a grega, a portuguesa, a sueca[80].

Em distintos ordenamentos, a jurisprudência constitucional tem feito uso do princípio da proporcionalidade, mesmo que não formalizado nas Constituições dos próprios ordenamentos, considerando tal princípio parte dos princípios gerais de direito constitucional. Assim, evidenciou-se como se explica concretamente a aplicação do princípio em exame, sob o plano da lógica da interpretação. Com base no princípio da proporcionalidade, é necessário verificar se o conteúdo da limitação e as finalidades que se pretendem perseguir são constitucionalmente legítimas; deve-se, outrossim, destacar o nexo funcional entre o conteúdo da limitação e a finalidade buscada; enfim, deve resultar que o limite imposto não seja desarrazoado, arbitrário, opressivo além do necessário e que, de todo modo, não seja tal a determinar uma total anulação do próprio direito. A jurisprudência constitucional, por vezes, tem integrado o princípio da proporcionalidade recorrendo a outras cláusulas de interpretação, como o necessário respeito do conteúdo essencial dos direitos que se pretenda limitar ou a aplicação do critério do "ajuste razoável", por força do qual se reconhece como legítimo introduzir uma exceção à regra geral quando isto seja necessário para conciliar posições subjetivas constitucionalmente tuteladas e, todavia, em conflito entre si. Com esteio nesta doutrina, então, decidir qual direito deva prevalecer é remetido à total discricionariedade dos juízes constitucionais[81].

§ 6. DINÂMICAS DOS DIREITOS REIVINDICADOS

Frente à ampliação dos horizontes culturais, sociais, políticos, e ao progredir dos conhecimentos científicos e tecnoló-

---

[80] Respectivamente arts. 25, 18 e 12.

[81] Cf. C. BERNAL PULIDO, *El principio de proporcionalidad y los derechos fundamentales*, 3ª ed., Cepc, Madrid, 2007; S. CONETTI, *Principio di proporzionalità. Profili di teoria generale e di analisi sistematica*, Giappichelli, Torino, 2011. V., também, *infra*, § 9.

gicos, os elencos constitucionais dos direitos e das liberdades tendem a resultar inadequados e não exaustivos caso não integrados com continuidade. A experiência constitucional mostra, pois, que, através da obra dos intérpretes, os catálogos de direitos e liberdades são integrados através do reconhecimento de direitos não enumerados ou não expressamente enumerados. Com tal finalidade, não raramente os legisladores constituintes introduziram, no texto das Cartas Constitucionais, cláusulas de abertura destinadas a favorecer a interpretação em sentido evolutivo das disposições em matéria de direitos e liberdades definidas fundamentais.

Algumas destas cláusulas são destinadas a consentir uma interpretação no sentido extensivo da esfera subjetiva tutelada: uma interpretação obviamente arraigada na trama da Constituição, sem que (pelo menos em teoria) seja deixada margem a uma criatividade espontânea. Por outro lado, exatamente por sua estreita correlação com os acontecimentos da vida humana e social, os direitos e as liberdades conexos com a dignidade da pessoa humana e com o princípio da igualdade são, por sua própria natureza, em profunda e constante evolução. A exigência de adequar o catálogo de diretos e liberdades às novas visões constitui um fator de vitalidade da própria Constituição. Portanto, tais cláusulas têm por objetivo assegurar uma harmonização constante entre as disposições constitucionais e os valores contemporâneos ou, se quisermos, entre direito e história[82].

Foram difundidas as cláusulas que declaram expressamente a centralidade da pessoa: o art. 2 da Constituição italiana, por força do qual a República reconhece e tutela os direitos invioláveis do homem, seja como indivíduo, seja nas formações sociais onde se desenvolve a sua personalidade; o art. 2 do *Grundgesetz* alemão, com base no qual todos possuem direito ao livre desenvolvimento da própria personalidade; o art. 10 da Constituição espanhola, segundo o qual a dignidade da pessoa, os direitos invioláveis, o livre desenvolvimento da personalidade, o respeito à lei e aos direitos alheios são fundamento da ordem política e da paz social; o art. 7 da Constituição finlandesa, para o qual todos possuem direito à vida e à liberdade

---

[82] Veja-se G. ROLLA, *Garantía de los derechos fundamentales y justicia constitucional*, Porrúa, México, 2006; ID., *La tutela dei diritti costituzionali*, Carocci, Roma, 2012.

DIREITOS E LIBERDADES 425

pessoal, à integridade física e à segurança pessoal; o art. 5 da Constituição grega, que garante a todos o direito a desenvolver livremente a própria personalidade e a participar da vida social, econômica e política do país ... Trata-se de cláusulas que deixaram uma margem de liberdade de interpretação dos catálogos dos direitos e das liberdades para os juízes constitucionais; o que consentiu incluir entre os direitos individuais posições jurídicas subjetivas que anteriormente não eram relevantes ou pareciam controversas. São menos frequentes as cláusulas que explicitamente declaram a possibilidade de reconhecer, no futuro, novos direitos, à época não previstos. Assim como se lê na Constituição dos Estados Unidos (Emenda IX), estas cláusulas inspiram-se no princípio segundo o qual a enumeração expressa dos direitos não produz uma lista taxativa dos mesmos e, por isso, não impede a possibilidade de ser integrada com outros direitos ainda que não expressamente formulados[83].

§ 7. UNIVERSALISMO E INTERNACIONALIZAÇÃO DOS DIREITOS

A partir do final da Segunda Guerra, os direitos de liberdade tiveram um processo de expansão bem além das fronteiras nacionais. Juntamente com a valorização constitucional dos direitos e das liberdades fundamentais, foi sendo desenvol-

---

[83] Como exemplo, pode-se lembrar também o art. 16.1 da Constituição portuguesa, com base no qual os direitos fundamentais reconhecidos expressamente não excluem outros direitos previstos pelas leis e pelas normas aplicáveis do direito internacional. O dispositivo citado contempla também uma outra cláusula que é possível encontrar nas Constituições hodiernas: é dizer, a referência ao direito internacional como fórmula de abertura do catálogo dos direitos e das liberdades. Cláusulas similares são igualmente encontradas em algumas Constituições do Leste Europeu e da América Latina. É sempre mais frequente que textos constitucionais contenham cláusulas específicas que imponham ao intérprete a aplicação dos dispositivos constitucionais em conformidade com Declarações internacionais em tema de direitos humanos (vide cap. IV, § 14, e cap. X, seção I, § 14.2). Ou, como no caso da Constituição italiana (arts. 2 e 10.1), são incluídos no texto constitucional dispositivos que produzem o efeito de uma referência móvel ao direito internacional humanitário, com a consequência de que as disposições das Cartas internacionais de tutela dos direitos humanos entram constantemente no ordenamento constitucional interno.

vido um fenômeno paralelo e progressivo de internacionalização dos direitos humanos[84]. A razão que deu vida a este fenômeno é relacionada à exigência de salvaguardar o conjunto dos valores relativos à pessoa humana também em uma dimensão interestatal e supranacional. As grandes violações dos direitos perpetradas durante as guerras do século passado determinaram não apenas aquele processo de constitucionalização dos direitos fundamentais a que nos referimos acima, mas também uma relevante expansão do direito internacional no campo da tutela dos direitos individuais: a Sociedade das Nações produziu um direito internacional geral humanitário; foram introduzidos mecanismos de proteção internacional dos direitos humanos até se afirmar a responsabilidade penal internacional dos indivíduos e dos Estados por violação aos direitos humanos; foram legitimadas intervenções humanitárias inclusive em violação à soberania nacional[85].

Os protocolos internacionais e os documentos adotados para garantir uma melhor tutela dos direitos humanos também no interior dos próprios Estados pretenderam produzir principalmente dois efeitos. O reconhecimento dos direitos humanos formalizado em nível internacional reflete-se e incide indiretamente nas disciplinas estatais quanto à matéria: por

---

[84] Veja R. ARNOLD (ed.), *The Universalism of Human Rights*, Springer, Dordrecht *et al.*, 2013; C. MARTIN, D. RODRÍGUEZ-PINZÓN, J.A. GUEVARA, *Derecho Internacional de los Derechos Humanos*, Un. Iberoam.-Academia de Der. Humanos y Der. Int.-Am. Un., Fontamara, México, 2006; J.C. HITTERS, O. FOPPIANO, *El Derecho Internacional de los Derechos Humanos*, 5 vols., 2ª ed., Ediar, Buenos Aires, 2007-2011.

[85] Sobre a dimensão supranacional dos direitos: P. ALSTON, *Human Rights in Europe and the World*, cit.; I. TRUJILLO, trad. it. *Giustizia globale. Le nuove frontiere dell'uguaglianza*, il Mulino, Bologna, 2007; M. CARTABIA (ed.), *I diritti in azione*, il Mulino, Bologna, 2007; A. PISANÒ, *I diritti umani come fenomeno cosmopolita*, Giuffrè, Milano, 2011; F. MACMILLAN, *The World Trade Organization and Human Rights*, Hart, London, 2015. O enfoque universalista está na base da maioria dos estudos presentes, p. ex., in A. DE ALMEIDA FILHO, D. DA ROCHA CRUZ (eds), *Estado de Direito e direitos fundamentais. Homenagem ao Jurista Mário Moacyr Porto*, Forense, Rio de Janeiro, 2005; ver, também, C. AYALA CORAO, *La mundialización de los derechos humanos*, in P. HÄBERLE, D. GARCÍA BELAUNDE (eds), *El control del poder*, cit., I, p. 59 e ss. (Unam), e p. 87 e ss. (Iidc-Un. Inca Garcilaso de la Vega-Iustitia); L. GONZÁLEZ PLACENCIA, J. MORALES SÁNCHEZ (eds), *Derechos Humanos en perspectiva*, cit.

um lado, no plano substancial, determinando uma extensão da área subjetiva da titularidade dos direitos e das liberdades (extensão que atua, principalmente, como foi visto no § anterior, através da obra de interpretação dos Tribunais); por outro, no plano procedimental, introduzindo mecanismos adequados de reação judicial, ativáveis também pelas pessoas individualmente consideradas, contra as violações dos direitos por partes dos mesmos Estados signatários. Em particular, a internacionalização dos direitos concretiza-se, a partir do período pós-Segunda Guerra, na redação e ratificação de tratados dos quais decorrem a tutela direta dos direitos da pessoa e a realização de mecanismos de garantia por meio dos quais se faz valer aquela tutela.

A Carta das Nações Unidas, adotada em São Francisco em 1945, indica, entre os escopos da organização (art. 1.3), o de «Conseguir uma cooperação internacional para resolver os problemas internacionais de caráter econômico, social, cultural ou humanitário, e para promover e estimular o respeito aos direitos humanos e às liberdades fundamentais para todos, sem distinção de raça, sexo, língua ou religião»; para tal fim, confere à Assembleia Geral a tarefa de adotar recomendações e de prestar assistência no tema de tutela dos direitos e liberdades (art. 13). Portanto, a Carta das Nações Unidas abre a via da internacionalização dos direitos da pessoa, retirando o monopólio dos Estados nacionais.

A Assembleia Geral, ao dia seguinte da sua criação, começou imediatamente os trabalhos para a redação da Declaração Universal dos Direitos Humanos, que foi aprovada em 10 de dezembro de 1948. Representou um marco na história dos direitos da pessoa, cujo valor vai além da definição dos direitos elencados no catálogo, colocando as raízes de um processo posterior de produção de Cartas e documentos de direito internacionais, que levaram a questão dos direitos humanos à cena global. Nas últimas décadas, de fato, assistiu-se à difusão dos documentos jurídicos internacionais e regionais que transformaram os direitos humanos em um fenômeno cosmopolita: isto é, trata-se de direitos não suscetíveis a serem contidos nos estreitos territórios nacionais e, ao mesmo tempo, capazes de ser modelados de acordo com as diferentes culturas e tradições, embora a sua origem esteja na história e na cultura ocidentais.

Em algumas regiões do mundo, cultural e tradicionalmente alheias à ideia do reconhecimento dos direitos da pessoa, a abertura para os direitos humanos poderia parecer uma forma de assimilação de processos culturais ocidentais; nem pode ser de todo excluído que a difusão dos direitos humanos responda também a uma intenção paternalista e etnocêntrica de ocidentalizar o mundo. Entretanto, como melhor se verá acerca dos processos de regionalização dos direitos humanos, a assimilação –onde tenha efetivamente ocorrido– conduziu a resultados de sincretismo cultural em respeito à cultura e à tradição local[86].

Por trás da difusão da cultura dos direitos de modo universal está a tentativa de oferecer aos seres humanos, onde quer que se encontrem, a possibilidade de valer-se de instrumentos jurídicos idôneos a tutelar e proteger a dignidade da pessoa. Isso, mesmo em consideração das inevitáveis e diversificadas releituras do significado dos direitos humanos. A Declaração Universal dos Direitos, pois, declarando uma série de direitos civis, políticos, econômicos, sociais e culturais, pretendeu oferecer um fundamento jurídico a um sistema de valores radicado na consciência histórica da humanidade e começar um percurso de definição dos instrumentos jurídicos que, nas diversas latitudes, sejam capazes de propiciar garantias efetivas aos direitos enunciados.

Posteriormente, no curso dos anos, a comunidade internacional adotou outros documentos e convenções, com os quais se iniciou um processo de especificação dos direitos que se pretendem proteger: em 1952, a Convenção sobre os Direitos Políticos da Mulher; em 1959, a Declaração dos Direitos da Criança;

---

[86] Por outro lado, para ter assento nos "salões" de importância internacional política e econômica, deve-se mostrar a própria declaração de direitos, mesmo que só de fachada. O caso da República Popular Chinesa quanto a este aspecto é emblemático: a modificação da Constituição realizada em 2004 confiou ao Estado a tarefa de proteger os direitos humanos (art. 33); mas, à luz dos relatórios periódicos *Amnesty International*, é evidente que a concepção de direitos humanos por parte das autoridades chinesas é completamente peculiar. Por outra parte, a declaração, pelo menos formal, da tutela dos direitos humanos na Constituição era necessária para salvaguardar o ingresso da China na OMC e o beneplácito da comunidade internacional para fazer de Pequim a sede das Olimpíadas de 2008.

em 1966, o Pacto sobre os Direitos Econômicos, Sociais e Culturais e o Pacto sobre os Direitos Civis e Políticos. Especificamente, estes dois últimos documentos preveem mecanismos de monitoração baseados em relatórios redigidos pelos Estados e a previsão de procedimentos de conciliação interestatais. Desde 1976, vige o primeiro protocolo do Pacto sobre os direitos civis e políticos, que permite às vítimas de violações a direitos civis e políticos que tenham exaurido as vias domésticas apresentar petições a partir das quais é iniciada uma investigação com o contraditório do Estado interessado. A previsão da instituição de comissões de vigilância sobre o comportamento dos Estados signatários e sobre a implementação das regras acordadas é difundida nos tratados que versam sobre direitos humanos; em alguns casos, preveem formas de reclamação individual, ou seja, mecanismos *early warning* que permitem uma reação rápida contra violações graves[87].

§ 8. UNIVERSALISMO VS LOCALISMO DOS DIREITOS: EM BUSCA DE UM DIFÍCIL EQUILÍBRIO

Com a expressão "regionalização dos direitos e das liberdades fundamentais", alude-se ao fenômeno que, tendo como referência axiológica e normativa a Declaração Universal dos Direitos do Homem, tenta conjugar em nível constitucional (e, portanto, em um contexto cultural que tende a ser homogêneo) a vocação universal dos direitos humanos com as peculiaridades próprias de cada cultura, com o escopo de determinar os mecanismos de garantia dos direitos capazes de operar concretamente nos ordenamentos nacionais e supranacionais. Postula, por conseguinte, a ideia de que se possa oferecer uma interpretação diferente aos direitos universais, a depender do contexto político e cultural no qual sejam reconhecidos e tutelados.

Existem, evidentemente, margens de interpretação que decorrem das diversas tradições e culturas; basta pensar nos países com tradições filosóficas, religiosas, culturais não antro-

---

[87] J. BRÖHMER, *State Immunity and the Violation of Human Rights*, Nijhof, The Hague, 1997; G. BARTOLINI, *Riparazione per violazione dei diritti umani e ordinamento internazionale*, Jovene, Napoli, 2009; J.C. KANMONY, *Human Rights Violation*, Mittal, New Delhi, 2010; D. RUSSO, *L'efficacia dei trattati sui diritti umani*, Giuffrè, Milano, 2012.

pocêntricas, que preferem mecanismos de garantia dos direitos da pessoa que respeitem uma escala valorativa hierárquica diferente daquela dominante nas sociedades antropocêntricas[88]. A contribuição à universalização dos direitos humanos, que as Cartas regionais também oferecem, deve ser reconhecida no fato de que os ordenamentos jurídicos focam a sua atenção no tema da dignidade da pessoa, ainda que delineada e interpretada distintamente a depender das latitudes.

8.1. CLONAGEM DO UNIVERSALISMO: A REGIONALIZAÇÃO DOS DIREITOS NA EUROPA

A homogeneidade cultural que caracteriza a Europa continental tornou possível uma síntese eficaz entre a dimensão universal dos direitos, refletida na Declaração de 1948, e a dimensão regional.

O primeiro documento que, após a Segunda Guerra Mundial, registra a vontade dos povos europeus de fazer próprios aqueles direitos que a Sociedade das Nações tinha proclamado como universais em 1948 é a Convenção para a Proteção dos Direitos do Homem e das Liberdades Fundamentais (a chamada Convenção Europeia dos Direitos do Homem), assinada em Roma, em 4 de novembro de 1950, no âmbito do Conselho da Europa, com entrada em vigor em 3 de setembro de 1953[89]. O primeiro dado que se depreende da leitura da Convenção Euro-

---

[88] Ver *Rev. gen. der. públ. comp.* n. 17, 2015, seção monográfica sobre "Narraciones contrahegemónicas y Derecho" (coordenada por S. BALDIN), cit.

[89] A bibliografia é copiosa: entre as que possuem enfoque comparatista, ver P. VAN DIJK, G.J.H. VAN HOOF, *Theory and Practice of the European Convention on Human Rights*, Kluwer, Cambridge, 1998; B. NASCIMBENE, F. ABRUZZO, *La Convenzione europea dei diritti dell'uomo: profili ed effetti nell'ordinamento italiano*, Giuffrè, Milano, 2002; C. ZANGHÌ, K. VASAK, *La Convenzione europea dei diritti dell'uomo: 50 anni d'esperienza*, Giappichelli, Torino, 2002; S. GREER, *The European Convention on Human Rights: Achievements, Problems and Prospects*, Cambridge U.P., Cambridge, 2006; M. DE SALVIA, V. ZAGREBELSKY, *Diritti dell'uomo e libertà fondamentali. La giurisprudenza della Corte europea dei diritti dell'uomo e della Corte di giustizia delle Comunità europee*, Giuffrè, Milano, 2007; G. ROLLA, *Il sistema europeo di protezione dei diritti fondamentali e i rapporti tra giurisdizioni*, Giuffrè, Milano, 2010; E. BATES, *The Evolution of the European Convention on Human Rights*, Oxford U.P., Oxford, 2010;

peia é o seu estreito vínculo ideal e substancial com a Declaração Universal: esta é expressamente referida no preâmbulo da CEDH; ademais, os primeiros cinco artigos de ambos os documentos apresentam um paralelismo evidente. Ambos os documentos, de fato, referem-se, nos primeiros artigos, ao direito à vida, ao direito à liberdade e à segurança, à proibição da escravidão e da tortura. Outras analogias surgem, ao longo dos dois documentos, em matéria de processo justo, respeito à vida privada e familiar, liberdades de pensamento e de expressão, direito ao casamento entre homem e mulher e à formação da família. De outro modo, como outra confirmação da analogia entre os dois documentos, são escassas as referências aos direitos sociais[90].

O fio que une estes documentos internacionais liga também a Carta dos Direitos Fundamentais da União Europeia (a chamada Carta de Nice), assinada em 7 de dezembro de 2000. Trata-se de um texto que inicialmente foi englobado no Tratado Constitucional Europeu, assinado em Roma em 29 de outubro de 2004. O Tratado Constitucional nunca entrou em vigor, devido à falta de ratificação por parte de alguns Estados-membros; como consequência, a Carta de Nice foi objeto de remissão e de incorporação no tratado firmado em Lisboa em 13 de dezembro de 2007 pelos Chefes de Estado e de Governos dos países membros da União Europeia, com entrada em vigor em dezembro de 2009. Com o Tratado de Lisboa, a União Europeia aderiu à Convenção para a Proteção dos Direitos do Homem e das Liberdades Fundamentais, afirmando que os direitos fundamentais proclamados pela CEDH e derivados das tradições constitucionais comuns aos Estados-membros «fazem parte do Direito da União enquanto princípios gerais»[91].

A Carta de Nice, portanto, tinha como objetivo substancialmente a tarefa de consolidar em um texto único os direitos e liberdades proclamados em uma pluralidade de documen-

---

R.C.A. WHITE, C. OVEY, *The European Convention on Human Rights*, 5ª ed., Oxford U.P., Oxford, 2010.

[90] Com efeito, o Conselho da Europa submeterá uma Carta Social Europeia à assinatura dos Estados aderentes somente em 1961, e as Nações Unidas adotarão o Pacto sobre os Direitos Econômicos, Sociais e Culturais em dezembro de 1966.

[91] Art. 6.3.

tos e reconhecidos pela jurisprudência do Tribunal de Justiça das Comunidades Europeias e da Corte Europeia de Direitos Humanos, catalogando-os, porém, de maneira original, com base nos valores reconhecidos como comuns aos povos europeus: dignidade da pessoa (arts. 1-5), liberdade (arts. 6-19), igualdade (arts. 20-26), solidariedade (arts. 27-38), cidadania (arts. 39-46), justiça (arts. 47-50). No plano dos conteúdos, entre a CEDH e a Carta de Nice, existe uma convergência substancial; encontramos referências explícitas ao direito à vida; à proibição da pena de morte; à vedação da tortura e dos tratamentos desumanos ou degradantes; à proibição da escravidão e do trabalho forçado; ao direito à liberdade e à segurança; ao respeito à vida privada e à familiar; ao direito de um homem e uma mulher a casar e a constituir uma família; à liberdade de pensamento, de consciência e de religião; às liberdades de expressão e de informação; às liberdades de reunião e de associação; à proibição de discriminações; ao direito a um processo justo e a um juiz imparcial. Quanto aos direitos sociais, a Carta dos Direitos Fundamentais de 2000 refere-se ao quanto declarado pela Carta Comunitária dos Direitos Sociais Fundamentais dos Trabalhadores, adotada na Reunião dos Chefes de Estado e de Governo celebrada em 9 de dezembro de 1989, em Estrasburgo.

Mesmo referindo-se de maneira explícita e pontual aos documentos europeus que a precederam, a Carta de Nice apresenta algumas novidades relevantes. A primeira já foi citada: é dizer, a catalogação peculiar dos direitos com referência a seus valores reconhecidos como pertencentes ao patrimônio moral e político comum aos povos europeus. O outro elemento de novidade consiste no fato de serem incluídos na Carta alguns direitos estranhos aos documentos que lhe precederam, em particular a Convenção Europeia: os direitos das crianças (art. 24), os direitos dos idosos (art. 25), os direitos dos portadores de necessidades especiais (art. 26), os direitos dos consumidores (art. 38). A previsão destas específicas posições jurídicas subjetivas abre o processo que a doutrina qualificou como "especificação dos direitos", consistente na «passagem gradual, mas sempre acentuada, em direção à determinação dos sujeitos titulares dos direitos»[92]. A referência, então, aos

[92] N. Bobbio, *L'età dei diritti*, cit., p. 62.

direitos ambientais, ao direito à integridade da pessoa e ao princípio de tutela do genoma humano (proibição das práticas eugênicas e vedação da clonagem reprodutiva de seres humanos) lança uma ponte entre a geração presente a futura, no sentido de delinear uma responsabilidade intergeracional. De fato, no preâmbulo da Carta, lê-se, que «O gozo destes direitos implica responsabilidades e deveres, tanto para com as outras pessoas individualmente consideradas, como para com a comunidade humana e as gerações futuras».

8.2. UMA REGIONALIZAÇÃO CONFLITUOSA E NÃO UNIVERSALISTA: AS CARTAS DE DIREITOS NA AMÉRICA

A regionalização dos direitos humanos no continente americano teve início com a Conferência Interamericana, reunida em Bogotá, em 2 de maio de 1948, para a adoção da Carta Constitutiva da Organização dos Estados Americanos (OEA) e, contextualmente, da Declaração Americana dos Direitos e Deveres do Homem. A Declaração de Bogotá precede a Declaração Universal das Nações Unidas e, portanto, representa o primeiro documento que, após a Segunda Guerra Mundial, põe no plano internacional o tema da tutela dos direitos humanos. Ademais, representa para a OEA a carta dos valores comuns às nações do continente americano: uma espécie de direcionamento moral e valorativo compartilhado (pelo menos nas intenções). Os parâmetros valorativos que são trazidos pela Declaração, além disso, assumiu com o tempo o papel de critérios de interpretação das disposições da Carta Constitutiva da OEA que se refiram aos direitos humanos[93].

O aspecto que distingue a Declaração de Bogotá é o de ter posto no mesmo plano os direitos e os deveres. No preâmbulo, lê-se que «O cumprimento do dever de cada um é exigência

---

[93] Sobre a situação dos direitos no continente, vide J.M. LÓPEZ ULLA (ed.), *Derechos Humanos y orden constitucional en Iberoamérica*, Civitas-Thomson Reuters-Aranzadi, Cizur Menor, 2011; J.F. PALOMINO MANCHEGO, J.C. REMOTTI CARBONELL (eds), *Derechos Humanos y Constitución en Iberoamérica. Libro-Homenaje a Germán J. Bidart Campos*, Grijley, Lima, 2002; H. MIRANDA, *Derechos fundamentales en América Latina*, Ejc, San José de Costa Rica, 2015. Especificamente para a Argentina, A. GORDILLO, *Derechos Humanos*, 4ª ed., Fund. de Der. Adm., Buenos Aires, 1999, esp. o cap. III.

do direito de todos. Direitos e deveres integram-se correlativamente em toda a atividade social e política do homem. Se os direitos exaltam a liberdade individual, os deveres exprimem a dignidade dessa liberdade». Além dos deveres que devem ser cumpridos em relação ao Estado, a Declaração proclama também alguns direitos-deveres: o direito à educação contempla também o dever de instrução, o direito ao trabalho prevê também o dever de trabalhar, o direito à assistência social contempla do dever de assistência mútua, o sufrágio eleitoral concretiza-se no direito-dever de voto. Quanto aos direitos enunciados na Declaração de Bogotá, encontramos os clássicos direitos civis e políticos, bem como os direitos sociais da tradição liberal ocidental. Nas referências transcendentais do preâmbulo, há algumas alusões sutis à tradição latino-americana.

Para promover o respeito dos direitos humanos em todos os Estados Membros da OEA, em 1959, foi instituída a Comissão Interamericana dos Direitos Humanos. Trata-se de um órgão político que desenvolve principalmente atividade de promoção dos direitos (elabora e publica relatórios anuais sobre o estado dos direitos humanos nos países membros da OEA, promove eventos educativos e formativos). Desenvolve, ademais, atividade de proteção dos direitos: promove investigações e consultas sobre situações específicas de violação aos direitos com base nas petições individuais ou também nas comunicações recebidas por outro Estado-membro acerca de supostas violações a direitos humanos cometidas por um outro Estado da Organização; realiza recomendações aos Estados-membros; e, em casos urgentes, requer que sejam adotadas medidas cautelares.

Em 1969, o Conselho permanente da OEA, reunido em São José da Costa Rica, aprova a Convenção Americana dos Direitos Humanos (o chamado Pacto de São José), inspirando-se amplamente na Convenção Europeia de 1950[94]. O Pacto busca traduzir, no terreno da realidade contemporânea, a efetiva tutela dos direitos humanos proclamados na região americana: ratificada por 25 Estados, com exclusão dos EUA, entrou em vigor em 1978. O Pacto de São José refere-se, frequentemente, no texto, ao conceito de "direitos essenciais" da pessoa,

---

[94] C. STEINER, P. URIBE (eds), *Convención Americana sobre Derechos Humanos. Comentario*, Fund. K. Adenauer, Berlin-Bogotá, 2014.

«Reconhecendo que os direitos essenciais do homem não derivam do fato de ser ele nacional de determinado Estado, mas sim do fato de ter como fundamento os atributos da pessoa humana, razão por que justificam uma proteção internacional, de natureza convencional, coadjuvante ou complementar da que oferece o direito interno dos Estados americanos» (preâmbulo). Em outras palavras, o pensamento americano que se exprime neste documento reconhece uma origem pré-jurídica dos direitos humanos; uma concepção que se contrapõe àquela reducionista, segundo a qual os direitos humanos positivados pelo direito internacional seriam expressão apenas da vontade das partes de torná-los objeto de um acordo geral com o objetivo de predispor de instrumentos comuns de tutela e garantia. O regionalismo americano dos direitos humanos é, ao invés, identificado por uma concepção não positivista dos direitos e por uma abertura para a ideia de um fundamento moral da ordem jurídica. Quanto aos conteúdos, reproduzem-se –conforme a tendência clássica e em adesão ao modelo da Convenção Europeia– os tradicionais direitos civis e políticos, deixando de lado, contudo, os econômicos e sociais. Estes últimos assumiram pleno reconhecimento jurídico com o Protocolo Adicional de São Salvador, de 1988, que entrou em vigor em 1999[95].

8.3. *Individualismo* vs *comunitarismo nas Cartas Africanas*

Enquanto na Europa e na América desenvolve-se uma visão dos direitos e das liberdades fundamentais substancialmente homogênea, o cenário dos valores de referência muda no continente africano e, por consequência, mudan as categorias inerentes às questões dos direitos e das liberdades fundamentais. O caráter "universal" da Declaração das Nações Unidas de 1948 é percebido também na escolha de algumas formulações que parecem querer ir além da concepção ocidental e individualista dos direitos e liberdades. No preâmbulo, de fato, lê-se: «Considerando que o reconhecimento da dignidade inerente a todos os membros da família humana», onde o tema da "dignidade" evoca a condição individual da pessoa, enquanto a menção à "família humana" destaca o elemento relacional de

---

[95] Sobre a Corte Interamericana instituída para a proteção dos direitos, ver *infra*, seção II, § 6.1.

pertencimento do ser um humano a uma comunidade; deste modo, anuncia-se, através do uso de uma linguagem evocativa, uma síntese entre individualismo e comunitarismo. Além disso, a referência a uma concepção comunitarista dos direitos humanos é destacada também a partir de outras disposições da Declaração Universal dos Direitos[96], no sentido que a comunidade é considerada como o lugar ideal no qual o homem desenvolve a sua personalidade através do adimplemento dos deveres sociais. Esta visão representa uma chave fundamental para desenvolver um diálogo sobre direitos humanos com as culturas que, diferentemente da ideologia liberal de matriz ocidental, não reconhecem o aspecto individualista dos direitos[97].

A Carta Africana dos Direitos Humanos e dos Povos, aprovada em Nairóbi, em 27 de junho de 1981, e em vigor desde 21 de outubro de 1986, melhor conhecida como Carta de Banjul, é o resultado de um longo processo de negociação entre os Governos dos Estados-membros da Organização da Unidade Africana (OUA), União Africana desde 2002. O aspecto peculiar da Carta está na valorização das tradições das comunidades africanas pré-coloniais: como consequência, a concepção dos direitos e das liberdades não resulta ser em linha de continuidade com a tradição europeia e ocidental. De fato, a Carta Africana tende a conjugar direitos e deveres, indivíduos e coletividade; a arquitetura inteira da Carta é fundada em dois componentes principais: a estreita combinação entre direitos e deveres em uma perspectiva comunitarista e a previsão dos direitos dos povos.

[96] Arts. 1, 16.3, 29.
[97] F. CASTRO-RIAL GARRONE, *La Carta africana de Derechos Humanos y de los Pueblos*, in *Rev. esp. der. int.*, n. 2, 1984, p. 494 e ss.; N.J. UDOMBANA, *Toward the African Court on Human and Peoples Rights: Better Late than Never*, in *Yale Human Rights and Develop. Journ.*, n. 1, 2000, p. 45 e ss.; F. VILJOEN, *The African Regional Human Rights System*, in C. KRAUSE, M. SCHEININ (eds), *International Protection of Human Rights: A Textbook*, Abo, Turku, 2012, p. 551 e ss.; R. ORRÙ, *Il sistema regionale africano dei diritti: prolegomeni a una vicenda evolutiva nel segno della complessità multilivello*, in L. MEZZETTI, C. PIZZOLO (eds), *Diritto costituzionale transnazionale*, Filodiritto, Bologna, 2013, p. 193 e ss.; G. NALDI, *Observations on the Rules of the African Court on Human and People' Rights*, in *Human Rights L.J.*, n. 14, 2014, p. 366 e ss.

Quanto ao primeiro aspecto, a primazia da dimensão comunitária não é tal a excluir qualquer forma de reconhecimento dos direitos individuais do homem. O que muda é a percepção dos direitos subjetivos: o regionalismo africano representa a tentativa concreta de adaptar os direitos humanos de matriz ocidental a uma una antropologia comunitária radicada nas tradições dos povos africanos. A Carta de Banjul, desde o preâmbulo, realmente declara a sua intenção de querer reconhecer os direitos humanos com base nas virtudes tradicionais dos Estados africanos, do reconhecimento dos direitos dos povos e do vínculo indissolúvel entre direitos e deveres. Precisamente o tema dos direitos dos povos e o dos deveres perante a comunidade mostram a vocação comunitária da Carta Africana. A visão dos seres humanos principalmente como membros de uma comunidade conduziu a considerar os sujeitos coletivos como sujeitos juridicamente relevantes, já que por meio deles é delineada a pessoa como parte de uma comunidade.

A atenção da Carta de Banjul é, por conseguinte, voltada para a família (art. 18) e os grupos étnicos (art. 2); observa os direitos sociais desde uma perspectiva comunitária (por exemplo, o direito a um ambiente favorável ao desenvolvimento, art. 24); proclama solenemente os direitos dos povos (arts. 19-24). Em particular, afirmam-se: o princípio da igualdade entre todos os povos (art. 19), o direito à autodeterminação (art. 20), o direito de dispor livremente dos próprios recursos naturais (art. 21), o direito ao desenvolvimento econômico, social e cultural (art. 22), o direito à paz e à segurança nacional (art. 23), o direito a viver em um ambiente favorável ao desenvolvimento dos povos (art. 24).

No que concerne aos deveres, contempla (não diferentemente da Declaração Americana de 1948) uma lista que requer ser lida e interpretada à luz da peculiar tradição cultural africana. De fato, o contexto de referência dos deveres enunciados é dado pela vida familiar e comunitária na qual o indivíduo desenvolve a própria personalidade. Portanto, a pessoa é considerada merecedora de atenção jurídica na medida em que adimple os próprios deveres frente à família, à sociedade, às outras comunidades reconhecidas, ao Estado. Na cultura africana, o reconhecimento dos direitos não seria concebível senão com a correlata imposição de deveres de ordem social.

A capacidade penetrante da ideologia dos direitos individuais que o mundo ocidental promoveu a partir do advento do Estado liberal e que migrou também para a África por meio da colonização parece encontrar uma espécie de barreira cultural nas afirmações da Carta de Banjul que são voltadas a preservar e a reforçar os valores culturais africanos. Em outras palavras, a previsão pontual de deveres e de suas conotações sociais representaria um obstáculo ético e cultural à difusão incondicionada dos valores não exatamente africanos. Os deveres são frequentemente enunciados em termos vagos e acabam assumindo uma função de limite a categorias específicas de direitos. Emblemático, neste sentido, é o conteúdo do art. 27.2: «Os direitos e as liberdades de cada pessoa exercem-se no respeito dos direitos de outrem, da segurança coletiva, da moral e do interesse comum». Trata-se de uma cláusula que abre também à interpretação restritiva dos direitos e das liberdades, justificada pela exigência de impedir que se derivem individualismos em desfavor dos interesses comunitários; mas, ao mesmo tempo, acresce o poder dos Estados de interpretar de maneira arbitrária as disposições da Carta em detrimento das garantias dos direitos individuais.

8.4. Clash of interests: A REGIONALIZAÇÃO DOS DIREITOS NO MUNDO ÁRABE

Os direitos do homem –como já dito– representam a plataforma mais idônea a proporcionar um diálogo entre as culturas, enquanto, ao menos em princípio, são amplamente reconhecidos por todos, ainda que em diferentes perspectivas. O mundo árabe também produziu Declarações e documentos de nível supraestatal em tema de direitos e liberdades fundamentais, mas através de um processo de revisitação cultural dos próprios direitos. O que principalmente caracteriza as proclamações árabes em tema de direitos é a constante (e, às vezes, preponderante) referência à religião e as frequentes menções textuais aos preceitos religiosos[98].

---

[98] G. Martín Muñoz (ed.), *Democracia y derechos humanos en el mundo árabe*, Agencia Española de Cooperación Internacional, Madrid, 1993; M.A. Baderin, *International Human Rights and Islamic Law*, Oxford U.P., Oxford, 2003; D. Anselmo, *Shari'a e diritti umani*, Giappichelli, Torino, 2007; A.E. Mayer, *Islam and Human Rights: Tradition and Politics*,

A Organização da Conferência Islâmica (OCI), que reúne, exclusivamente, países de fé islâmica, é a primeira organização internacional que põe a adesão ao Islã como único critério de participação. De natureza parcialmente distinta é, por sua vez, a Liga Árabe, que recolhe uma série de Estados segundo um critério geográfico (países do norte da África e do Oriente Médio), ainda que, obviamente, não esteja isenta de influências ideológicas e religiosas. Prevalece, em todo caso, a ideia de que os Estados árabes se reconheçam em uma matriz cultural comum, a civilização islâmica, não tanto com base em uma qualificação territorial ou étnica, mas principalmente com base em uma inclusão eletiva. As diversas características destas duas organizações internacionais refletem-se nos principais documentos aprovados no seio do mundo árabe no tema dos direitos.

Os documentos mais importantes que determinaram a regionalização árabe dos direitos do homem são: a Declaração Islâmica dos Direitos do Homem (chamada também de Declaração de Cairo), adotada em 5 de agosto de 1990 pela XIX Conferência dos Ministros das Relações Exteriores dos países aderentes à OCI; a Carta Árabe dos Direitos do Homem, adotada pela Liga Árabe em 1994, e a Nova Carta Árabe dos Direitos do Homem, adotada também pela Liga Árabe, em 2004, com entrada em vigor em 15 de janeiro de 2008. Quanto ao plano substancial, a peculiaridade destes documentos é a de tratar os direitos e as liberdades fundamentais com referência constante ao fator religioso.

Os direitos do homem são considerados, em geral, o fruto de uma escolha política e voluntária feita pela sociedade organizada em forma de Estado, mas são estritamente ligados a uma visão transcendente, religiosa, islâmica da vida. A dignidade da pessoa que justifica o reconhecimento dos direitos e liberdades juridicamente relevantes decorre diretamente de Deus para o homem. Como se lê no preâmbulo da Declaração de Cairo, a dignidade no homem deve levar a Deus; a vontade

---

4ª ed., Westview, Boulder, 2007; A. SACHEDINA, *Islam and the Challenge of Human Rights*, Oxford U.P., New York, 2009; D. MCGOLDRICK, *The Compatibility of an Islamic/Shari'a Law System or Shari'a Rules with the European Convention on Human Rights*, in R. GRIFFITH-JONES (ed.), *Islam and English Law*, Cambridge U.P., Cambridge, 2013, p. 42 e ss.

de Deus em relação ao homem expressa-se positivamente no Alcorão e na Suna; destas duas fontes deriva a *Shari'a*, a lei islâmica, fundamento último dos direitos do homem.

As referências à *Shari'a* são amplamente difusas no texto da Declaração; em particular, os arts. 24 e 25 ditam uma espécie de dispositivo de fechamento do sistema, quando afirmam que: «todos os direitos e liberdades enunciados neste documento são subordinados às disposições contidas na Lei islâmica» (art. 24); e «A Lei islâmica é a única referência válida a fim de interpretar qualquer artigo da presente declaração» (art. 25). Portanto, a concepção dominante neste documento é que os direitos fundamentais e as liberdades universais do homem no mundo islâmico são relacionados à religião islâmica. Ademais, como se evidencia nas disposições da Declaração, os direitos enunciados são estritamente ligados a obrigações de ordem moral que o bom muçulmano deve cumprir; os enunciados atinentes aos direitos incluem constantemente referências aos valores supremos da vida, da igualdade, da família, em conformidade com a vontade divina.

No início dos anos 90, a Liga Árabe promove a elaboração e a aprovação da Carta Árabe dos Direitos do Homem (15 de setembro de 1994), um documento com traços marcadamente laicos em relação à precedente Declaração de Cairo. Nesta, de fato, desde o preâmbulo, são feitas referências aos princípios previstos pela Carta das Nações Unidas, pela Declaração Universal dos Direitos do Homem e pelos Pactos sobre Direitos Civis e Políticos e sobre Direitos Econômicos, Sociais e Culturais. Ao mesmo tempo, são mencionados os princípios afirmados pela Declaração de Cairo no que atine aos direitos do homem no Islã; sempre no preâmbulo, encontra-se, ainda, a única referência à *Shari'a* do documento inteiro. A aprovação da Carta Árabe é inserida em um processo de gradual e, contudo, parcial aproximação do mundo árabe à categoria tipicamente ocidental dos direitos do homem; aproximação ditada principalmente pelas exigências de ordem econômica e política que, na perspectiva de relações internacionais mais intensas, impuseram –pelo menos externamente– a previsão de um nível *standard* de reconhecimento e de tutela dos direitos. Em outras palavras, os princípios internacionais relativos aos direitos e às liberdades fundamentais tornam-se objeto da tentativa de uma releitura à luz da especificidade cultural árabe e muçulmana. Devido à falta de ratificação por parte do número necessários de países signatários, como previsto pelo documento, a Carta Árabe de 1994 nunca entrou em vigor, contudo.

Depois dos acontecimentos de 11 de setembro de 2001 e da pressão da opinião pública internacional e árabe, em março de 2003, o Conselho da Liga iniciou, por meio da Comissão Árabe para os Direitos do Homem, um processo de elaboração de um novo documento que, partindo do anterior, introduzisse novos elementos de acordo com os padrões internacionais. Assim, em janeiro de 2004 foi aprovada a Nova Carta Árabe dos Direitos do Homem, em vigor desde 15 de janeiro de 2008. Trata-se do documento que marca uma primeira abertura do mundo árabe e muçulmano em direção aos direitos do homem, como evidenciado pelas referências aos documentos internacionais fundamentais em matéria de direitos humanos.

Entre as suas peculiaridades, a primeira, não totalmente original, é a referência aos direitos dos povos: o povo entendido como sujeito jurídico pode gozar do direito à autodeterminação, do direito à soberania nacional e à unidade territorial, do direito a fazer valer os próprios direitos através do rechaço ao racismo, ao sionismo, à ocupação e ao domínio estrangeiro, do direito à resistência à ocupação. A referência à soberania nacional requereria um equilíbrio com a aspiração, que é a razão última da Nova Carta Árabe, a preparar um sistema supra-estatal dos direitos do homem. Em realidade, como se evidencia em algumas disposições da Carta[99], a soberania nacional, cujo exercício é entendido como direito dos povos, permite aos Estados signatários derrogar o quanto previsto em casos de «emergência pública que coloque em perigo a vida da nação»; tudo isto torna mais difícil realizar no sistema árabe um mecanismo eficaz de tutela dos direitos.

Uma segunda peculiaridade, também encontrada nos documentos da área, é a importância do vínculo social, o dado da irmandade, o caráter relacional da pessoa. A dimensão comunitária abraça todos os fiéis muçulmanos e representa o obstáculo cultural mais relevante ao se afirmar a concepção individualista do homem, típica do mundo ocidental. O terceiro dado que merece ser salientado é o vínculo indissolúvel entre religião

---

[99] Em especial, arts. 2 e 4.

e política: realmente, o Islã configura-se ao mesmo tempo como religião, projeto político e ordenamento jurídico.

Chegamos, enfim, aos direitos declarados pela Nova Carta Árabe. Nela encontramos um amplo catálogo de direitos que podem ser divididos em quatro categorias: a primeira refere-se aos direitos individuais; a segunda, aos direitos ligados à administração da justiça; a terceira é dedicada, especificamente, aos direitos civis e políticos; a última, enfim, elenca os direitos econômicos, sociais e culturais. A Carta é concluída com uma série de disposições que exortam os Estados signatários a adotar as leis necessárias a tornar efetivos, nos ordenamentos internos, os direitos nela proclamados. Em conclusão, a Nova Carta Árabe representa a tentativa concreta de construir uma ponte entre o mundo árabe e os direitos do homem; expressa, outrossim, no plano teórico, a refutação à tese da incompatibilidade entre Islã e direitos humanos. Entretanto, a influência predominante do fator religioso sobre o ordenamento jurídico e a difusão de práticas incompatíveis com a afirmação do princípio da igualdade põem em evidência a presença de várias questões abertas atinentes à "leitura árabe" dos direitos e liberdades fundamentais.

8.5. DIREITOS DO HOMEM E VALORES ASIÁTICOS

Os países asiáticos, diferentemente das áreas geopolíticas e culturais consideradas até aqui, não deram vida a uma organização regional capaz de reunir, em torno de um documento juridicamente relevante, as exigências compartilhadas quanto ao tema dos direitos e liberdades fundamentais.

A organização mais importante, que reúne 10 países asiáticos, é a ASEAN (*Association of the South-Est Asian Nations*, instituída em 1967), a qual, todavia, não tem como finalidade a de promover, em nível regional, os direitos e liberdades fundamentais. Ou melhor, entre as políticas empreendidas pela ASEAN, iniciou-se, em 2004, um programa comum para a promoção dos direitos humanos e a realização de mecanismos regionais de tutela. Trata-se, por conseguinte, de documentos programáticos cuja implementação permanece subordinada a inúmeras variáveis. As boas intenções, porém, resultam também do fato de que, em 2009, começou a funcionar, no âmbito das instituições comuns da ASEAN, uma *Intergovernmental*

Commission on Human Rights. Há, ainda, um dado: no continente asiático, no momento, não existem Declarações regionais dos direitos ou instrumentos supranacionais de tutela das prerrogativas individuais.

Em vista da Conferência Mundial dos Direitos Humanos de 1993, os países asiáticos participantes elaboraram um documento, conhecido como Declaração de Bangkok, no qual foram ressaltados os valores da cultura asiática e, em relação à tutela dos direitos humanos, sustentava-se que, segundo aquela tradição, é dada maior atenção ao bem comum da coletividade do que aos direitos dos indivíduos; afirmava-se que a família constitui a pedra angular do edifício da sociedade asiática e que a busca do consenso e da mediação são preferíveis ao confronto e à controvérsia. A Declaração de Bangkok não é de modo algum comparável às Declarações e as convenções regionais examinadas nos §§ anteriores; não compartilha com elas nem a natureza, nem a finalidade. Tem, contudo, o mérito de oferecer uma base relevante ao debate sobre a relação valores asiáticos-direitos e liberdades fundamentais do homem.

Com a expressão "valores asiáticos", como já antecipado, em termos gerais, entende-se fazer referência a um sistema hierárquico de valores e finalidades primárias que se revela bem distante da cultura ocidental e, sobretudo, é caracterizado por um pragmatismo radical[100]. Na fase histórica atual, o sistema dos valores asiáticos é todo orientado a pôr o escopo do desenvolvimento econômico no ápice da escala hierárquica; o desenvolvimento econômico nacional é entendido como a via necessária para assegurar melhores condições de vida aos indivíduos. Portanto, os direitos civis e políticos podem ser sacrificados legitimamente quando isto seja necessário pelas exigências do progresso econômico. Esta visão justifica também a instituição de um governo burocrático e autoritário, capaz, com seus poderes, de impregnar amplamente a vida dos indivíduos: não há esfera da vida privada que não possa ser regulada e disciplinada pelos poderes públicos.

As Constituições difundidas nos países asiáticos não são dirigidas primariamente à proteção dos direitos do homem. Raramente encontra-se uma referência ao caráter inviolável

---

[100] Cf. cap. III, seção II, § 4.1.

ou fundamental dos direitos; o aspecto universal dos direitos do homem perde-se na tendência a reconhecer tais direitos somente aos cidadãos; nem sempre o decálogo dos direitos precede, no texto constitucional, as disposições sobre a organização dos poderes; o elenco dos direitos, ademais, aparece quase sempre limitado e faltam, em geral, cláusulas de abertura destinadas a remediar esta limitação quantitativa.

Além do fato de que, normalmente, os direitos são tratados em relação aos deveres que incumbem aos indivíduos, as mesmas Cartas Constitucionais preveem, de maneira ampla, limites aos direitos e às liberdades proclamadas. Em geral, são previstas cláusulas de limitação específicas de determinados direitos e liberdades; na maior parte dos casos, cabe à lei, através de uma reserva simples, a tarefa de impor o limite. Às vezes, é prevista uma cláusula geral de limitação que remete às mãos do legislador a faculdade de impor limites ao exercício dos direitos e das liberdades. Em alguns casos, ainda, a amplitude das cláusulas de limitação é tamanha a determinar, de fato, a negação do direito ou da liberdade afirmada. Quanto aos instrumentos de tutela predispostos para rechaçar ou reduzir os atos lesivos dos direitos e liberdades fundamentais, o quadro testemunha uma substancial e difusa fraqueza do aparato de garantia. A proteção dos direitos, fora do contencioso judiciário, é, geralmente, confiada à reserva de lei, à afirmação do primado da Constituição, à proclamação do princípio do *rule of law* e da independência da magistratura. A revisão constitucional é confiada a procedimentos rigorosos, mas raramente se encontram limites materiais à tutela da esfera dos direitos e das liberdades fundamentais[101].

Para melhor compreender como tal visão traduz-se concretamente em um ordenamento jurídico, na falta de um documento supranacional da região asiática que proclame os direitos da pessoa, tomamos em consideração um caso exemplar, oferecido pela República Popular Chinesa, onde os valores asiáticos inserem-se em um sistema socialista, embora caracterizado por uma axiologia que coloca o indivíduo em segundo plano.

A tese oficial na China fundamenta-se na teoria da prioridade do desenvolvimento, com base na qual o direito ao desen-

---

[101] Novamente, ver *supra*, cap. III, seção II, § 4.1.

volvimento econômico e social e o direito à sobrevivência (isto é, à alimentação e às necessidades essenciais) possuem prioridade sobre outros direitos fundamentais. Dito em outros termos, todos os direitos humanos são igualmente merecedores de tutela; contudo, em um país no qual existem várias camadas da população em condições de profunda pobreza e que, como consequência dos picos de desenvolvimento econômico, escavam-se novos sulcos entre os diversos componentes sociais, o direito à sobrevivência digna e ao desenvolvimento da própria condição social e econômica é garantido antes dos outros direitos. Em um país com a população mais numerosa do mundo (quase 1,3 bilhões de indivíduos), sustentada por terras cultiváveis que representam apenas 7% do total mundial, os direitos da primeira geração devem ceder espaço aos de segunda e, em parte, de terceira; ou seja, os direitos que pertencem mais à coletividade que ao indivíduo. Com base na teoria do desenvolvimento, justificam-se, por conseguinte, limitações e restrições às liberdades civis e aos direitos políticos. Direitos e liberdades que não são considerados de per si merecedores de tutela, mas são concebidos como instrumentos possíveis para o atingimento dos objetivos sociais. Ademais, como destacado pela voz oficial da China, não há direito que não deva ser ponderado pelos deveres que incumbem aos cidadãos, por força de previsão constitucional ou legal.

Posteriormente, especialmente nas últimas quatro décadas, a China abriu-se de algum modo às concepções ocidentais em matéria de direitos humanos. Marcos interessantes neste sentido são a assinatura, pela China, de importantes convenções internacionais sobre direitos[102]; a constante atenção mostrada pelo governo chinês em relação à cooperação internacional para a tutela dos direitos humanos (o que significa que, em alguma medida, a China aceitou deixar de ser "observada" pela comunidade internacional quantos às políticas dos direitos humanos); a reforma da Constituição chinesa, realizada em 2004, que introduziu uma nova formulação do art. 33, com esteio na qual o Estado «respeita e protege os direitos humanos».

---

[102] Até hoje, há mais de 20 pactos e Declarações internacionais assinados pelo Governo chinês em matéria de direitos, ainda que só uma pequena parte tenha sido ratificada pela Assembleia Popular Nacional.

Malgrado isto, prevalece a convicção, própria de uma perspectiva socialista, para a qual os direitos humanos não são qualificáveis como direitos absolutos. São os direitos relacionados com as necessidades essenciais dos seres humanos e, enquanto tais, são mais amplamente invocados do que outros direitos. Não haveria outras diferenças de *status*. Os direitos decorrem da lei que reconhecem sua legitimidade no que atine a determinadas relações sociais. Portanto, se não houvesse uma previsão normativa, os direitos humanos seriam irrealizáveis, permaneceriam simples enunciações verbais. Com base nesta orientação, o ordenamento chinês contempla diversos tipos de restrições aos direitos e liberdades fundamentais[103].

§ 9. EGALITÉ: *GÊNESE E DESENVOLVIMENTO DE UM PRINCÍPIO BIFRONTE*

A liberdade contra injustificadas discriminações ou, mais comumente, a igualdade perante a lei, constitui um relevante instrumento de tutela dos direitos invioláveis. Naturalmente, tal princípio não exaure a própria "força" na esfera das liberdades fundamentais; de fato, impregna todo o ordenamento e representa um limite geral ao exercício da função legislativa[104]. Dele decorre que o legislador, qualquer que seja a matéria objeto de disciplina, ao legiferar, deve proceder a uma avaliação de acordo com a razoabilidade das diversas situações jurídicas. Partindo do pressuposto da igual dignidade das pessoas, o legislador pode aprovar normas que dispõem tratamentos diferenciados de acordo com a condição jurídica dos destinatários:

[103] A concepção chinesa dos direitos, em seu conjunto, é (obviamente) criticada por R. DWORKIN, em *Taking Rights Seriously in Beijing*, cit. Para comprovar que a ruptura não é facilmente remediável, Dworkin afirma, enfatizando as coordenadas do individualismo protestante/anglo-saxão (posse e êxito) e unilateralmente atribuindo-lhes aplicação universal, que, embora existam diferenças entre os valores asiáticos e os valores ocidentais, «malgrado as grandes diversidades históricas e culturais, todos nós compartilhamos a mesma situação humana fundamental. Nós temos uma vida a conduzir e uma morte a enfrentar. Partilhamos do mesmo desejo de ter uma parte justa dos recursos disponíveis e uma oportunidade certa de realizar a nossa vida, em vez da dos outros».

[104] Cf. R. DAHL, *On Political Equality*, Yale U.P, New Haven, 2006, trad. it. *Sull'uguaglianza politica*, Laterza, Roma-Bari, 2007.

tratamentos diferenciados que podem ser considerados legítimos apenas se razoáveis e, portanto, respeitosos ao princípio da igualdade[105].

O princípio da igualdade aparece nos textos constitucionais a partir das Constituições do século XIX e se reforça nas Constituições democráticas do século posterior[106]. O tema da igualdade –que também tinha ocupado filósofos e pensadores e tinha encontrado algumas afirmações inclusive na legislação revolucionária, como expressão da vontade geral e da soberania popular– assume agora o papel e a posição de princípio constitucional. Disto decorre que os órgãos constitucionais e os poderes públicos, a partir dos juízes, são obrigados a desen-

---

[105] Com o enfoque que aqui interessa, podem ser vistos: A. SEN, *Inequality Reexamined*, Oxford U.P., Oxford, 1992, trad. it. *La diseguaglianza*, il Mulino, Bologna, 1994; L. PALADIN, *Il principio costituzionale di eguaglianza*, Giuffrè, Milano, 1965, o qual, mesmo sendo voltado principalmente ao direito italiano, contém amplas partes comparativas; A. GIORGIS, *La costituzionalizzazione dei diritti all'uguaglianza sostanziale*, Jovene, Napoli 1999; M. CARTABIA, T. VETTOR (eds), *Le ragioni dell'uguaglianza*, Giuffrè, Milano, 2009; para os Estados Unidos, J.R. POLE, *The Pursuit of Equality in American History*, Un. of California Press, Berkeley-London, 1978; J.A. BAER, *Equality under the Constitution: Reclaming the Fourteen Amendment*, Cornell U.P., Ithaca, 1983; S. BENHABIB (ed.), *Democracy and Difference: Contesting the Boundaries of the Political*, Princeton U.P., Princeton, 1996; K.L. HALL (ed.), *The Supreme Court in American Society: Equal Justice under Law*, Garland, New York, 2001; F.G. LEE, *Equal Protection: Rights and Liberties under the Law*, Abc-Clio, Santa Barbara, 2003; L.M. SEIDMAN, *Constitutional Law: Equal Protection of the Laws*, Foundation, New York, 2003; C. TOMLINS (ed.), *The United States Supreme Court: The Pursuit of Justice*, Houghton Mifflin, New York, 2005. Em espanhol, M. RODRÍGUEZ-PIÑERO Y BRAVO-FERRER, M.F. FERNÁNDEZ LÓPEZ, *Igualdad y discriminación*, Tecnos, Madrid, 1986; F. RUBIO LLORENTE, verbete *Igualdad*, in *Enc. jur. básica*, II, Civitas, Madrid, 1995, p. 3365 e ss.; J.A. MONTILLA MARTOS, *El mandato constitucional de promoción de la igualdad real y efectiva en la jurisprudencia constitucional. Su integración con el principio de igualdad*, in AA.VV., *Estudios de Derecho Público en Homenaje a Juan José Ruiz Rico*, Tecnos, Madrid, 1997, I, p. 437 e ss.; A.E. PÉREZ LUÑO, *Dimensiones de la Igualdad*, Dykinson, Madrid, 2005.

[106] Ex.: Constituição do Reino da Grécia de 1864, art. 3; Constituição do Reino da Holanda de 1848, art. 4; Constituição do Reino de Portugal de 1826, art. 145.12; Constituição do Reino Unido da Prússia de 1850, art. 4; Estatuto Albertino de 1848, art. 24, etc.

volver as próprias funções com respeito a tal princípio constitucional: trata-se, então, de assegurar, mesmo no próprio papel institucional e em relação às próprias funções públicas, a manutenção da ordem política e jurídico-democrática; ordem que não poderia ser preservada de nenhum modo prescindindo-se da observância do princípio da igualdade. A natureza de princípio constitucional, reconhecida de tal modo ao princípio da igualdade, faz com que inclusive a lei, ainda que expressão da soberania popular, encontre naquele princípio um limite preciso à própria força.

O princípio da igualdade encontra implementação quando a lei e, em geral, os atos das autoridades públicas tratam de modo igual aqueles que a Constituição considera iguais (igualdade formal); a intenção –que tem suas raízes na Revolução Francesa– é a de excluir que se determinem condições de privilégio. Ao mesmo tempo, o caráter democrático e social das Constituições do século XX imprime ao princípio da igualdade também um valor substancial: a igualdade substancial requer que aqueles que objetivamente se encontrem em condições diferentes sejam tratados distintamente. Existem, realmente, condições materiais que, a despeito das condições formais, determinam impedimentos objetivos ao gozo dos direitos e das liberdades. O Estado democrático-social assume, entre as suas próprias tarefas, a de remover os obstáculos que impedem, de fato, a igual dignidade das pessoas e o exercício dos direitos; para tal fim, podem ser aprovadas leis que introduzam tratamentos diferentes para situações subjetivas apenas aparentemente iguais, mas substancialmente distintas[107].

Nas Constituições de matriz liberal, é prevalente a ideia que suscita uma verdadeira presunção de ilegitimidade constitucional das leis que determinam diferenças de tratamento. Ao mesmo tempo, contudo, considera-se que tal presunção de ilegitimidade diminua caso se demonstre a razoabilidade das diferenciações previstas pelo legislador. Em outras palavras, a vedação de distinção mantém um caráter absoluto quando o gênero, a raça, a língua, etc., sejam assumidos como motivo de discriminação; perde, contudo, rigidez e rigor quando o legisla-

---

[107] Ex.: art. 3.2 da Constituição da Itália; art. 9.2 da Constituição da Espanha; art. 3.2 do *GG*.

dor introduz razoáveis diferenciações baseadas nos fatores especificados. E isto ocorre quando, por exemplo, o legislador pretende promover, com uma legislação "premial", os sujeitos pertencentes a esta ou aquela categoria de fato prejudicada[108].

O perigo de que o legislador introduza tratamentos diferenciados arbitrários e desarrazoáveis, violando o princípio constitucional de igualdade e estabelecendo condições de privilégio injustificado, é aferido pelos juízes e pela função jurisdicional; mais precisamente, confere à jurisdição constitucional um papel determinante para a manutenção da ordem democrática e a tutela dos direitos através da interpretação e da aplicação do princípio da igualdade.

O Estado social e democrático atual, com pluralidade de classes, exige que o juiz constitucional avalie e ataque as leis que introduzam tratamentos diferenciados arbitrários e injustificados, determinando uma discriminação substancial e a formação de posições de privilégio[109]. A hipertrofia legislativa e o caráter minucioso das disposições, que sempre mais frequentemente respondem a exigências pontuais e problemáticas de categorias, expõem abertamente a legislação ao perigo de violação do princípio da igualdade. A ação da jurisdição constitucional representa geralmente o instrumento mais idôneo a garantir a razoabilidade das diferenciações e, em última aná-

---

[108] Ver, com especial referência à rica jurisprudência estadunidense (em especial em matéria racial), D. LOCKARD, *Toward Equal Opportunity: A Study of State and Local Antidiscrimination Laws*, Macmillan, New York, 1968; J. FAÚNDEZ, *Affirmative Action: International Perspectives*, Int. Labour Office, Genève, 1995; F.J. BECKWITH, T.E. JONES (eds), *Affirmative Action: Social Justice or Reverse Discrimination?*, Prometheus Books, Amherst, 1997; J. RABE, *Equality, Affirmative Action and Justice*, BoD., Hamburg, 2001; C. COHEN, J.P. STERBA, *Affirmative Action and Racial Preference: A Debate*, Oxford U.P., New York, 2003; E.T. GÓMEZ, R. PREMDAS (eds), *Affirmative Action, Ethnicity and Conflict*, Routledge, London-New York, 2013. Em italiano, L. FABIANO, *Le categorie sensibili all'eguaglianza negli Stati Uniti d'America*, Giappichelli, Torino, 2009; C. TROISI, *Divieto di discriminazione e forme di tutela: profili comparatistici*, Giappichelli, Torino, 2012; F. SPITALERI (ed.), *L'eguaglianza alla prova delle azioni positive*, Giappichelli, Torino, 2013. Para bibliografia adicional, relativa às *affirmative actions*, v. infra, cap. IX, seção I, § 1, nota 18, e para o acesso ao voto feminino, cap. IX, seção I, § 5, nota 59 e seção II, § 2.2, nota 203.

[109] Ver M. LA TORRE, A. SPADARO (eds), *La ragionevolezza nel diritto*, Giappichelli, Torino, 2002.

lise, no que atine ao quanto aqui examinado, a tutela da dignidade da pessoa e dos seus direitos[110], incluídos os "culturais"[111].

---

[110] Vide cap. X, seção I, em especial § 14.

[111] Ver F. PALERMO, M. NICOLINI, *La semantica delle differenze e le regole diseguali: dall'egualitarismo nel diritto all'eccezione culturale*, in AA.VV., *Studi in onore di Maurizio Pedrazza Gorlero*, 2 vols., I, *I diritti fondamentali fra concetti e tutele*, Esi, Napoli, 2014, p. 513 e ss.

Seção II

A TUTELA DOS DIREITOS

§ 1. Os mecanismos de tutela

Um dos limites intrínsecos das Constituições oitocentistas era representado pela ausência de previsões específicas sobre meios para tornar efetivos os direitos proclamados nelas ou nas Cartas que as precederam ou as acompanhavam. As Constituições modernas, ao contrário, sempre contemplam –ainda que de maneira diferenciada e com eficácia diversa– instrumentos de garantia, em benefício dos indivíduos ou dos grupos.

Por outro lado, as tipologias de direitos configuradas no século XIX eram harmônicas: interesses de liberdade (à licitude de ser, viver, desenvolver-se, transformar-se e morrer de sua própria maneira); de autonomia (a dar norma a si mesmo): e de domínio (ao desfrute protegido de bens, a dispor sobre o acesso de outros a aqueles bens, a decidir sobre a sua transferência) completavam-se e eram funcionais à sociedade burguesa[112]. O homem proprietário, titular de interesses de domínio, reivindicava autonomia de decisão sobre bens próprios e sobre sua própria liberdade. O Parlamento era o local de síntese de tal harmonia; as fontes eram por ele esculpidas, tornando supérflua a rigidez constitucional e a reserva reforçada; nenhuma exigência surgia quanto ao controle da Constituição. É significativa a reposta que Sièyes dá à pergunta do seu

---

[112] Sobre a classificação proposta por Burlamaqui, ver U. Scarpelli, *Diritti positivi, diritti umani*, cit., p. 43 e ss.

famoso panfleto *Qu'est-ce que le Tiers État?*, desde a primeira linha: «Tout»[113].

Com a invasão dos interesses de crédito (ou seja, receber bens, serviços, prestações), o esquema perfeito eclode. A dissonância entre as primeiras três tipologias, provocadas desde o ingresso da quarta, provoca a crise das fontes, conduz ao enrijecimento das Constituições e, no que atine ao que aqui interessa, gera a exigência de dar efetividade aos direitos: não só aos de crédito, mas também às outras tipologias, cujo exercício não era mais apanágio apenas do homem burguês, representado no Parlamento com base em *"la richesse et les lumières"*[114].

1.1. TÉCNICAS DE GARANTIA INSTITUCIONAIS

Em primeiro lugar, deve-se lembrar algumas técnicas com as quais as Constituições buscam evitar a violação dos direitos. Caracterizam-se por fornecer às dinâmicas político-institucionais e normativas o seu respeito, ainda que, em muitos casos, inclusive os cidadãos tenham voz direta na questão, em defesa dos interesses gerais e não só dos particulares.

A própria rigidez constitucional contribui ao fim de retirar da mera maioria parlamentar a disponibilidade dos direitos, entregando às minorias, aos Estados-membros, ao corpo eleitoral, a depender dos procedimentos previstos, a tarefa de integrar a vontade da maioria de governo. Em alguns casos, como na Espanha, exatamente em matéria de direitos são previstos procedimentos de legislação orgânica e de revisão especiais, super-reforçados[115].

Uma primeira técnica adotada pelas Constituições é a da reserva de lei. Normalmente, em tema de direitos e liberdade, como já foi dito, só o legislador pode intervir. A garantia, porém, é tênue, já que por "legislador" deve-se entender a maioria parlamentar que, além disso, nas formas de governos

---

[113] E.S. SIEYÈS, *Qu'est-ce que le Tiers État?* (1789), trad. it. *Che cosa è il terzo stato?*, Ed. Riuniti, Roma, 1972, e em *Opere e testimonianze politiche*, I, *Scritti editi*, organizado por G. TROISI SPAGNOLI, Giuffrè, Milano, 1993.

[114] B. CONSTANT, *De la liberté des Anciens comparée à celle des Modernes* (1849), in ID., *Écrits politiques*, Gallimard, Paris, 1997, p. 593 e ss.

[115] V. cap. X, seção II, §§ 1 e 2.

parlamentares e semipresidencialistas, dá suporte ao Governo por meio da relação fiduciária. Nesta categoria podem ser incluídas também as medidas constitucionais que impedem o Governo de adotar atos com força de lei em tema de direitos e liberdade (decretos ou medidas provisórias)[116]. Desta forma, então, para agir normativamente sobre direitos, frequentemente são previstas reservas reforçadas: leis orgânicas, na maioria das vezes, ou leis adotadas pela maioria qualificada do Parlamento.

Finalidades análogas, mas de modo mais direito e incisivo, cumprem as reservas de jurisdição: apenas os juízes podem limitar a liberdade das pessoas e, de todo modo, quando, por razões de urgência (por exemplo, flagrante de um delito), devam intervir as forças de polícia, é o juiz que confirma a detenção ou prisão. Conectam-se a este tipo de previsão também as normas constitucionais que restringem o uso dos estados de exceção (de sítio, de emergência), quando se trate de limitar os direitos, sejam individuais, sejam, às vezes, coletivos[117].

1.2. REMÉDIOS POLÍTICOS

A tutela dos direitos pode ser atribuída também à política (além da normativa constitucional, ordinária ou orgânica), não apenas nas formas vistas, mas também através de instrumentos individuais. A sua eficácia é, contudo, nula. Através de perguntas ou outros instrumentos de controle parlamentar, por exemplo, os deputados podem pedir prestação de contas ao Governo sobre violações de direitos, individuais ou coletivos. Por exemplo, saber o porquê de uma aposentadoria não ter sido concedida, o porquê de a polícia ter intervindo com brutalidade em uma manifestação ou o porquê de não ter sido feito nada para limitar danos ambientais ou desastres hidrogeológicos. Tais instrumentos podem, portanto, ativar uma melhor proteção dos direitos e das liberdades, mas, por um lado, são desprovidos de poderes sancionatórios; por outro, não contribuem para o restabelecimento direto dos direitos violados[118].

[116] V. cap. V, seção III, § 5.
[117] Cap. V, seção II, § 7.3, e cap. X, seção II, § 5.
[118] V. cap. IX, seção II, § 6.

1.3. REMÉDIOS QUASE-JURISDICIONAIS: O OMBUDSMAN

Além do *nomen* (*Ombudsman* na Suécia, *Defensor del Pueblo* na Espanha, *Difensore civico* na Itália, *Volksanwalt* na Áustria, *Wehrbeauftragter des Deutschen Bundestages* na Alemanha, *Beauftragter in Beschwerdesachen* na Suíça, etc.), existe um instituto com características comuns que podem ser sumariamente identificadas nas seguintes: de um ponto de vista estrutural, pode ser individual ou coletivo; depende do órgão legislativo ou de alguma maneira é conectado ou se refere a ele; goza de independência, assegurada pelas modalidades de eleição ou nomeação; se é revogável, é apenas em casos estritamente limitados e com amplas garantias procedimentais. Do ponto de vista funcional, atua para remover disfunções ou abusos da administração pública no que atine a casos individuais ou de interesse geral: desde a perspectiva procedimental, pode ser instado diretamente pelos cidadãos, mas às vezes também por outros sujeitos; tem poderes de inspeção e de impulso e, algumas vezes, mas nem sempre, decisórios[119].

No modelo não podem, portanto, ser incluídas as figuras do britânico *Parliamentary Commissioner for Administration*, que pode ser provocado apenas por meio de uma petição de um membro do Parlamento, ou do *Médiateur* francês[120]. Incluem-se, por sua vez, a pleno título, tanto o *Defensor del Pueblo*, previsto pelos ordenamentos das *Comunidades Autónomas*, quanto o Defensor Cívico, que atua na Itália em nível regional.

---

[119] C. GINER DE GRADO, *Los ombudsmen europeos*, Tibidabo, Barcelona, 1986; G.M. ARMIENTA CALDERÓN, *El Ombudsman y la protección de los derechos humanos*, Porrúa, México, 1992; J. CARPIZO, *Derechos humanos y Ombudsman*, Porrúa, México, 1998; AA.VV., *II Congreso Anual de la Federación Iberoamericana de Defensores del Pueblo*, Defensor del Pueblo, Madrid, 1998; AA.VV., *El fortalecimiento del Ombudsman iberoamericano*, Un. de Alcalá, Alcalá de Henares, 1999; K. HOSSAIN, L. BESSELINK, H.G. SELASSIE, E. VÖLKER (eds), *Human Rights Commissions and Ombudsman Offices: National Experiences throughout the World*, Kluwer, The Hague, 2000; R. GREGORY, P.J. GIDDINGS, *Righting Wrongs: The Ombudsman in Six Continents*, Ios, Amsterdam, 2000; J. SÁNCHEZ LÓPEZ, *El Defensor del Pueblo Europeo*, in *Rev. der. const. eur.*, n. 3, 2005.

[120] P. CARBALLO ARMAS, *Mito y realidad de la Ombudsmanía: una reflexión a propósito del Parliamentary Commissioner británico y el Médiateur francés*, in *Rev. Cortes Gen.*, n. 47, 1999, p. 87 e ss.

«A origem do instituto pode remontar a 1713, com referência ao *Chancellor of Justice* britânico, que tinha funções de controle da administração pública em ausência do Rei. É, porém, a Constituição sueca de 1809 que prevê pela primeira vez o *"Justitie Ombudsman"* como órgão nomeado pelo Parlamento com poderes de controle e investigação das atividades dos servidores públicos.

O exemplo sueco de um *parliamentary Ombudsman* foi seguido em quase todos os países da União Europeia, mas é também muito difundido fora do continente, a exemplo de Austrália, Nova Zelândia, Israel, Tanzânia, América Latina, etc.

A funções que o *Ombudsman* desenvolve são principalmente de dois tipos: de mero controle ou também de reparação. Em ambos os casos, as características recorrentes do instituto são: 1) a atribuição de poderes investigativos, entre os quais o de acessar documentos públicos e requerer a colaboração ativa das instituições no curso da investigação; 2) a possibilidade de exercer o controle tanto com base em padrões legais quanto em parâmetros não legais (ou melhor, é exatamente esta característica que diferencia o instituto do Poder Judiciário e que induz a introduzir esta figura nos ordenamentos estatais); 3) a ausência de força vinculante-prescritiva das suas decisões, que têm valor meramente persuasivo, razão pela qual geralmente é impossível obter a execução judicial.

O *Ombudsman* que age para a reparação de direitos dos indivíduos lesados pela *mala gestio* da administração pública em regra pode ser provocado diretamente pelos cidadãos que tenham interesse específico e pessoal no caso (Holanda); a rejeição imotivada do recurso pode ser submetida a impugnação judicial; o objeto de controle é essencialmente a atividade da administração pública; a questão pode ser resolvida por meio de negociações e transações entre as partes, bem como pode ser previsto, em caso de compensação monetária, que a decisão do *Ombudsman* valha como título executivo. O *Ombudsman* com funções de mero controle pode iniciar uma investigação inclusive de ofício, além de agir após a provocação de qualquer cidadão, como na Espanha e em Portugal (*actio popularis*, que não implica, porém, um direito a que o requerimento seja tomado em consideração); o objeto de controle geralmente abrange os atos de todas as autoridades públicas e até mesmo os tribunais (Suécia, Áustria); conclui-se a investigação com recomendações ou também propostas de reforma normativa. Ademais, em alguns ordenamentos, é legitimado a propor ações perante o órgão de justiça constitucional contra violações das liberdades e dos direitos fundamentais (Espanha). Enfim, em alguns países, como Alemanha, Canadá, EUA e Itália, falta uma instituição no âmbito parlamentar, mas existem as figuras correspondentes no plano regional/estatal e/ou local»[121]. O *Ombudsman* foi previsto também na União Europeia, com a instituição do Mediador Europeu em 1992, com base no Tratado de Maastricht[122].

Nascida nos países nórdicos com as características acima indicadas, a figura do *Ombudsman* circulou amplamente no mundo, inclusive em alguns sistemas caracterizados pela justiça administrativa, que oferece aos potenciais usuários os remédios bem mais fortes, consistentes e decisivos em relação ao procedimento *"soft"* que caracteriza a ação da defesa cívica. Por outro lado, não existe incompatibilidade absoluta e, sob a condição de respeitar as coordenadas dos princípios da legalidade, da divisão dos poderes, da discricionariedade na atuação da administração pública, etc., exatamente o mau funcionamento dos remédios ordinários não impede a sua sobrevivência ou inclusive um discreto êxito.

1.4. Remédios jurisdicionais

As garantias mais eficazes para assegurar o respeito dos direitos e das liberdades previstas pelas Constituições são representadas pela organização da justiça ordinária ou, onde exista, da administrativa. Neste segundo caso, para tutelar os indivíduos nos conflitos com a administração pública. Da organização da justiça, tratar-se-á no cap. IX, seção V. Aqui, por ora, destacaremos o seguinte.

---

[121] S. Bagni, verbete *Difensore civico*, in L. Pegoraro (ed.), *Glossario di diritto pubblico comparato*, cit., p. 85 e ss. Para a Espanha, ver L. Díez Bueso, *Los defensores del pueblo (ombudsmen) de las Comunidades Autónomas*, Secretaría General del Senado, Departamento de Publicación, Madrid, 1999; J.J. Fernández Rodríguez, *Defensorías del pueblo en España: una visión prospectiva*, Cátedra de Democracia y Derechos Humanos de la Un. de Alcalá y el Defensor del Pueblo, Alcalá de Henares, 2013.

[122] F.J. Enériz Olaechea, *El Defensor del Pueblo Europeo en la actualidad*, in Rev. Aranzadi Doctrinal, n. 6, 2015.

Os sujeitos legitimados a provocar os juízes, demandando a lesão a direitos, varia de acordo com o direito (e com o ordenamento) em questão: todas as pessoas, geralmente, para os direitos individuais; só os cidadãos, para algumas tipologias de direitos, como os políticos; às vezes, só os cidadãos ou todos, para alguns direitos coletivos (de associação, de greve, etc., depende de ordenamento a ordenamento); igualmente, às vezes, cada cidadão ou cada pessoa, ou um número pré-definido deles, ou associações de interesses difusos ou coletivos para ações de tutela de tais interesses (ao ambiente, à segurança, à participação política, etc.); particulares ou corporações privadas para a tutela dos direitos de propriedade. No Equador, a própria *Pachamama* (a Mãe Terra) é titular de direitos e qualquer um pode agir em juízo em seu nome para sua tutela[123]. Ainda não foi arraigada em âmbitos doutrinário e legislativo a ideia de atribuir a titularidade de direitos próprios também a animais (ou a alguns animais), não obstante antigas tradições neste sentido e inclusive a apresentação de alguns projetos de lei (na Espanha, por exemplo)[124]. A legitimidade para agir contra a violação de direitos atribuídos a menores ou incapazes é geralmente conferida –através do instituto da representação ou similar– à família, a quem exerça o poder familiar, a associações que tenham interesse, ao próprio Estado.

Os direitos podem ser violados por particulares ou por autoridade pública. Todos os ordenamentos, qualquer que seja a forma de Estado, preveem remédios, às vezes indiferenciados, mais frequentemente distintos, de acordo com quem seja o autor da suposta violação. Normalmente, a competência para a apreciação de violação a direitos subjetivos é confiada a Tribunais ordinários, mas a justiça administrativa representa um exemplo de como alguns interesses reputáveis merecedores de tutela são entregues a Tribunais especiais, consagrando-se, assim,

---

[123] Vide art. 10: «[...] La naturaleza será sujeto de aquellos derechos que le reconozca la Constitución»; art. 71: «[...] Toda persona, comunidad, pueblo o nacionalidad podrá exigir a la autoridad pública el cumplimiento de los derechos de la naturaleza [...]»; art. 73: «El estado aplicará medidas de precaución y restricción para las actividades que puedan conducir a la extinción de especies, la destrucción de ecosistemas o la alteración permanente de los ciclos naturales [...]».

[124] F. RESCIGNO, *I diritti degli animali. Da res a soggetti*, Giappichelli, Torino, 2005.

uma posição de supremacia em benefício do Estado. Tribunais *ad hoc* são competentes para tipologias específicas de delitos em muitos ordenamentos autocráticos ou socialistas e isto, obviamente, incide profundamente no nível de proteção dos direitos. Em alguns países latino-americanos e africanos (como México e Bolívia) existe uma jurisdição indígena específica, ainda que coordenada com a estatal[125]. Após uma violação de um direito, pode-se requerer (inclusive cumulativamente) um ressarcimento, a restauração da situação *quo ante*, uma condenação.

Os direitos sociais são mais dificilmente exigíveis perante os Tribunais, sobretudo os que requerem prestações específicas por parte do ordenamento[126]; para os interesses difusos e os direitos coletivos, a tendência é no sentido de uma ampliação da jurisdição e da legitimação, cuja expressão mais eficaz é representada pela chamada ação popular, prevista em vários países, especialmente na América Latina[127].

[125] Sobre a justiça indígena na América Latina, v. E. BORJA JIMÉNEZ (ed.), *Diversidad cultural: conflicto y derecho: nuevos horizontes del derecho y de los derechos de los pueblos indígenas en Latinoamérica*, Tirant lo Blanch, Valencia, 2006; L. GIRAUDO, M. AHUMADA RUIZ (eds), *Derechos, costumbres y jurisdicciones en la América Latina contemporánea*, Cecp, Madrid, 2008; COMISIÓN ANDINA DE JURISTAS, *Estado de la relación entre justicia indígena y justicia estatal en los países andinos. Estudio de casos en Colombia, Perú, Ecuador y Bolivia*, Comisión Andina de Juristas, Lima, 2009; G. AGUILAR CAVALLO, S. LAFOSSE FRANCIA, H. ROJAS, R. STEWARD FRANCIA, *Justicia constitucional y modelos de reconocimiento de los pueblos indígenas*, Porrúa-Imdpc, México, 2011; S. LANNI (ed.), *I diritti dei popoli indigeni in America Latina*, Esi, Napoli, 2011.

[126] Sobre a tutela, P. MASALA, *La tutela dei diritti sociali negli ordinamenti di tipo composto*, cit.; A.E. PÉREZ LUÑO, *La tercera generación de derechos humanos*, Thomson-Aranzadi, Madrid, 2006; F. FACURY, R. ROMBOLI, M. REVENGA SÁNCHEZ (eds), *Problemi e prospettive in tema di tutela cositituzionale dei diritti sociali. Prima giornata internazionale di diritto costituzionale: Brasile, Spagna, Italia*, Giuffrè, Milano, 2009; V. BAZÁN (ed.), *Justicia constitucional y derechos fundamentales: La protección de los derechos sociales. Las sentencias estructurales*, Fund. K. Adenauer, Bogotá, 2015.

[127] Mediante ação popular, qualquer cidadão é legitimado para interpor recurso ou propor uma demanda, na qual o juiz pode declarar a ilegalidade ou a inconstitucionalidade de uma norma regulamentar, por violação da lei ou da Constituição, com efeito de anulação. Surgida na Colômbia e na Venezuela entre a segunda metade do século XIX

O aparato judiciário inteiro, por conseguinte, é pré-ordenado à garantia dos direitos: o civil, predominantemente dos direitos de propriedade (mas também os ligados à esfera familiar); o penal, à repressão dos comportamentos que, em larga medida, ainda que não exclusivamente, referem-se a violações de direitos dos particulares. A tutela direta dos direitos é, então, geralmente assegurada, com ritos distintos, em primeiro lugar, perante os Tribunais ordinários. Quando, porém, fala-se em garantia dos direitos, frequentemente se destacam os aspectos gerais relativos à tutela daqueles direitos diretamente extraídos das Constituições (e que são comumente definidos, por isto, "fundamentais") e a instrumentos específicos de proteção, especialmente aqueles assegurados pelos Tribunais Constitucionais e pelas Cortes superiores, também em via direta.

Por último, recorde-se a instituição do Tribunal Penal Internacional[128]. Constituído com base no Estatuto de Roma, de 17 de dezembro de 1998, e com entrada em vigor em 1º de julho de 2002, é um Tribunal internacional com caráter permanente, com sede em Haia, chamado a julgar indivíduos que tenham cometido crime de genocídio, crime de guerra ou outros crimes contra a humanidade.

No que concerne a tais crimes, a jurisdição do Tribunal atua em função subsidiária em relação ao Estado que tenha jurisdição sobre o caso; deve tratar-se de um Estado parte do

---

e o início do seguinte, a ação popular foi primeiramente disciplinada pelas Constituições do Peru (1920), de Honduras (1936 e 1982), da Bolívia (1938), do Panamá (1946 e 1972), de El Salvador (1950, 1962 e 1983), da Guatemala (1965), etc. Às vezes, pode ter como objeto a própria lei: v. cap. X, seção I, § 10.2, e A.R. BREWER CARÍAS, verbete *Acción popular de inconstitucionalidad*, in E. FERRER MAC-GREGOR, F. MARTÍNEZ RAMÍREZ, G. FIGUEROA MEJÍA (eds), *Diccionario de Derecho Procesal Constitucional y Convencional*, 2ª ed., Unam-Iij, México, 2014, p. 33 e ss.

[128] M.M. MARTÍN MARTÍNEZ, I. LIROLA DELGADO, *La Corte Penal Internacional. Justicia versus impunidad*, Ariel, Barcelona, 2001; J.M. FERNANDES, L.F.P. LIEVA FERNÁNDEZ, R.E. VINUESA, *La Corte Penal Internacional. Soberanía versus justicia universal*, Reus, Madrid, 2008; D. LÓPEZ GARRIDO, *Crimen internacional y jurisdicción universal: el caso Pinochet*, Tirant lo Blanch, Valencia, 2000. Mais em geral sobre o tema: G. ILLUMINATI, L. STORTONI, M. VIRGILIO (eds), *Crimini internazionali tra diritto e giustizia. Dai Tribunali Internazionali alle Commissioni Verità e Riconciliazione*, Giappichelli, Torino, 2000.

Estatuto instituidor e deve ter mostrado a falta de vontade ou a incapacidade de investigar os crimes por meio do próprio aparato jurisdicional. O Tribunal não tem uma competência universal e, portanto, não pode agir nos conflitos de cidadãos pertencentes a Estados que não tenham aderido ao Estatuto, a menos que um dos Estados aceite a jurisdição do Tribunal com uma declaração específica. O consentimento do Estado não é necessário se o Tribunal for investido do caso por uma deliberação do Conselho de Segurança das Nações Unidas (cap. VII da Carta da ONU).

Na sua experiência, o Tribunal iniciou procedimentos para julgar graves e sistemáticas violações dos direitos humanos e do direito humanitário que foram verificadas em países perturbados por guerras civis ou que enfrentaram graves crises internas. O Tribunal agiu contra crimes reportados pelos próprios Estados parte do Estatuto (Uganda, República Democrática do Congo, República Centro-Africana) ou por requerimento do Conselho de Segurança das Nações Unidas (Darfur, Sudão, Líbia).

§ 2. *A JURISDIÇÃO CONSTITUCIONAL DAS LIBERDADES*

«Em todos os ordenamentos regidos por uma Constituição rígida e longa [...], é necessário que os direitos constitucionalmente disciplinados nas linhas mestras da Constituição sejam garantidos em sede jurisdicional contra qualquer tipo de violação possível. É também e sobretudo com este escopo [...] que em muitos Estados funcionam especifíficamente Cortes ou Tribunais Constitucionais»[129].

A codificação dos direitos e das liberdades, conhecida nos planos constitucional, internacional e regional, é completada por um aparato destinado a garantir o efetivo gozo dos direitos proclamados. Como foi dito[130], a incorporação dos direitos e das liberdades no interior das Constituições rígidas lhes

[129] L. PALADIN, *La tutela delle libertà fondamentali offerta dalle Corti costituzionali europee: spunti comparatistici*, in L. CARLASSARE (ed.), *Le garanzie giurisdizionali dei diritti fondamentali*, Cedam, Padova, 1988, p. 11 e ss.
[130] V. seção I, § 4.

subtraiu da disponibilidade da lei. Anteriormente, de fato, os direitos decorriam da lei e ao legislador incumbia atribuí-los, limitá-los e revogá-los. Com a inserção nas Cartas Constitucionais rígidas, os direitos constitucionalmente previstos tornaram-se um limite à ação do legislador: a lei não pode prever normas contrárias à Constituição nem violar ou limitar direitos nela estabelecidos, salvo o quanto previsto no próprio texto constitucional.

A tutela dos direitos e a predisposição de remédios eficazes para a sua violação por parte dos poderes públicos constituem a estrutura de apoio dos ordenamentos constitucionais de matriz liberal e democrática. A cada nível da estrutura pública, a centralidade da pessoa e a tutela dos seus direitos deveria constituir o critério permanente de orientação da ação dos poderes públicos. A frequente violação dos direitos –de magnitudes diversas a depender da latitude dos lugares e da cultura jurídica dominante– mostra a exigência de remédios eficazes. O art. 13 da CEDH prevê que «Qualquer pessoa cujos direitos e liberdades reconhecidos na presente Convenção tiverem sido violados tem direito a recurso perante uma instância nacional, mesmo quando a violação tiver sido cometida por pessoas que atuem no exercício das suas funções oficiais».

Em primeiro lugar, isso aparece de modo evidente nas fases de transição democrática; o papel dos Tribunais Constitucionais nos processos de democratização que se instauraram após a queda de um regime autocrático revelou-se determinante também em relação à afirmação, não apenas verbal, dos direitos e das liberdades. Não raramente, os juízes constitucionais acompanharam a obra de instauração das jovens democracias, com um suporte à interpretação e à aplicação das novas disposições constitucionais; algumas vezes, a jurisprudência constitucional colmatou, materialmente, as omissões do legislador. Esta obra foi particularmente significativa precisamente no tema dos direitos e das liberdades: a jurisprudência constitucional soube contribuir para consolidar, na cultura das novas democracias, uma certa sensibilidade para os direitos e liberdades, oferecendo à opinião pública coordenadas das novas instituições democráticas[131].

---

[131] Cf. S.N. RAY, *Judicial Review and Fundamental Rights*, Eastern Law House, Kolkata, 1974; A. LÓPEZ PINA, *La garantía constitucional de*

Em matéria de direitos e liberdades, os Tribunais Constitucionais assumiram um papel relevante inclusive nas democracias maduras. Souberam reler os mais ou menos longos catálogos de direitos e liberdades esculpidos nas Constituições, com o escopo de reinterpretá-los à luz das novas exigências emergentes da sociedade contemporânea. Através da interpretação constitucional, as palavras da Constituição aderem à realidade hodierna: as novas exigências da pessoa humana podem encontrar acolhida nas palavras da Constituição no tema dos direitos, graças à interpretação evolutiva oferecida pela jurisprudência constitucional. Ademais, os juízes constitucionais ofereceram, através da sua jurisprudência, uma aplicação equilibrada também daqueles direitos e liberdades suscetíveis de entrar em confronto entre si. A ponderação realizada por meio da interpretação das disposições constitucionais em relação a casos concretos impediu, de modo geral, que a aplicação da lei produzisse efeitos injustos[132].

Em síntese, uma Constituição rígida é capaz de oferecer uma proteção eficaz dos direitos e das liberdades através da atuação dos juízes constitucionais chamados a garantir a sua inviolabilidade. Esta ação de tutela pode também ser articulada com base no acesso direito aos Tribunais Constitucionais por parte dos sujeitos que demandem a lesão a um direito fundamental. Em alguns ordenamentos, realmente, são previstos institutos processuais que veem como órgãos judicantes os Tribunais Constitucionais e como atores recorrentes os titulares de direitos e liberdades fundamentais que se sintam lesados na

---

los derechos fundamentales, Civitas, Madrid, 1991; Aa.Vv., *The Protection of Fundamental Rights by the Constitutional Court*, Council of Europe, Strasbourg, 1996; S. Gambino (ed.), *Diritti fondamentali e giustizia costituzionale. Esperienze europee e nord-americana*, Giuffrè, Milano, 2012; M.D. Poli, *Bundesverfassungsgericht e Landesverfassungsgerichte: un modello "policentrico" di giustizia costituzionale*, Giuffrè, Milano, 2012; R. Tarchi (ed.), *Patrimonio costituzionale europeo e tutela dei diritti fondamentali. Il ricorso diretto di costituzionalità*, Giappichelli, Torino, 2012; V. Bazán, C. Nash Rojas (eds), *Justicia constitucional y derechos fundamentales: Pluralismo jurídico*, Un. Del Rosario-Fund. K. Adenauer, Bogotá, 2014; A. Herrera García, P. Rodríguez Chandoquí (eds), *Justicia constitucional, derechos fundamentales y democracia*, Ubijus, México, 2016.

[132] C. Landa, *Derechos fundamentales y justicia constitucional*, Porrúa, México, 2011.

sua esfera por parte de uma ato da autoridade pública; ato que, ao ser lesivo a um direito constitucionalmente protegido, representa uma violação à Constituição. As ações diretas de tutela dos direitos foram previstos por diversas Constituições, principalmente na América Latina e na Europa, com a finalidade última de reforçar os mecanismos ordinários e de afirmar o princípio da responsabilidade jurídica dos poderes públicos autores de atos ou omissões em contraste com as disposições da Constituição.

Com a expressão "jurisdição constitucional das liberdades"[133], tenta-se incluir ações constitucionais diretas para tutela dos direitos fundamentais que, em diversos ordenamentos, são previstas e disciplinadas, ainda que com significativas diferenças. Trata-se de institutos que partem fundamentalmente da exigência de garantir a primazia da Constituição e a sua rigidez; os mecanismos processuais predispostos a este escopo tentam representar um freio e um limite aos atos dos poderes públicos que, em contraste com os valores constitucionais, resultem lesivos aos direitos fundamentais. As modalidades concretas que deram vida a este instituto, nos vários ordenamentos, são diversificadas. Os dois protótipos principais são geralmente indicados como o *juicio de amparo* de origem mexicana, que teve ampla difusão na América Latina; e a *Beschwerde* austríaca, que representa o modelo de referência na Europa[134].

2.1. AMPARO E BESCHWERDE: *NASCIMENTO E DIFUSÃO*

Diferentemente do controle de constitucionalidade, que tem como objetivo preservar os preceitos constitucionais de cada violação, o *juicio de amparo* é dirigido à proteção direta dos direitos fundamentais da pessoa e, consequentemente, dos preceitos constitucionais que os direitos afirmam[135]. As decisões

[133] Cunhada por M. CAPPELLETTI, *La giurisdizione costituzionale delle libertà*, cit.

[134] Os respectivos institutos serão mais detalhadamente analisados, no que concerne ao controle de constitucionalidade, no cap. X, seção I, § 10.2.

[135] Sobre o *amparo* em geral: H. FIX-ZAMUDIO, E. FERRER MAC-GREGOR (eds), *El derecho de amparo en el mundo*, Porrúa, México, 2006; sobre as ações de tutela em geral, H. FIX-ZAMUDIO, verbete *Recurso individual directo*, in L. PEGORARO (ed.), *Glosario de derecho público comparado*, cit., p. 337 e ss. Ampla bibliografia adicional *infra*, cap. X, seção I, § 10.2, notas 93 e 94.

que concluem o juízo determinam a desaplicação do ato lesivo ao caso em análise, e não a sua anulação[136]. Em linhas gerais, trata-se de um remédio jurisdicional direto que permite aos cidadãos provocar as autoridades jurisdicionais competentes contra cada decisão, ato ou omissão ilegal ou arbitrária posta em prática por órgãos ou poderes do Estado, ou também por sujeitos particulares. Deve ser fundamentado na suposta lesão de direitos e liberdades garantidos pela Constituição.

O *amparo* nasce no México com a Constituição do Estado de Yucatan em 1841; depois, foi introduzido em nível federal primeiramente com a revisão de 1847 e, posteriormente, com a Constituição Federal 1857. O instituto teve uma grande difusão na América Latina, exatamente pela sua idoneidade a oferecer uma ampla tutela jurisdicional dos direitos e das liberdades fundamentais. Quase todos os países ibero-americanos reconheceram o instituto nos respectivos ordenamentos constitucionais e, mesmo onde não é denominado *"amparo"* pela Constituição, preveem disposições legislativas específicas quanto ao tema[137].

Também na Europa a tutela dos direitos foi progressivamente incorporada em várias Constituições: Alemanha, Áustria, Espanha e Suíça; posteriormente, muitos países da Europa Central, Oriental e da ex-União Soviética previram, nos

---

[136] Em 2011, no México, para, de certo modo, pôr termo à limitada eficácia do *recurso de amparo*, foi aprovada uma revisão da Constituição, que introduziu uma extensão dos efeitos da declaração de inconstitucionalidade. Especificamente, com base no novo art. 107.II da Constituição, quando a Suprema Corte declara a inconstitucionalidade de uma norma geral pela segunda vez, informa a decisão oficialmente à autoridade da qual a norma promana. Igualmente, procede-se desta maneira quando a jurisprudência dos juízes federais revela-se constante em relação à inconstitucionalidade de uma norma. Decorridos 90 dias sem que a autoridade informada tenha tomado medidas para eliminar a causa da inconstitucionalidade, a Suprema Corte pode declarar a inconstitucionalidade da norma com efeitos *erga omnes*. Deste procedimento são excluídas as normas em matéria tributária. Veja E. FERRER MAC-GREGOR, R. SÁNCHEZ GIL, *El nuevo juicio de amparo. Guía de la reforma constitucional y la nueva ley de amparo*, Porrúa-Imdpc, México, 2013.

[137] Como, por exemplo na República Dominicana, que o disciplina juntamente ao *habeas corpus* e ao *habeas data*: ver art. 65 e ss. da Lei 137-11 "orgánica del Tribunal Constitucional y los procedimientos constitucionales", modificada pela Lei 145-11.

próprios ordenamentos constitucionais, um mecanismo de acesso direto aos Tribunais para defender os próprios direitos fundamentais. Casos isolados de previsão de mecanismos jurisdicionais similares ao *amparo* encontram-se na África e na Ásia (Cabo Verde, Macau, Coreia do Sul)[138].

As origens da jurisdição constitucional dos direitos e das liberdades na Europa devem remontar a algumas experiências amadurecidas na Suíça e no Estado da Bavária.

A Constituição da Confederação Suíça de 1848 previa que, na hipótese de violação a direitos constitucionalmente garantidos, poderia ser apresentado recurso para a sua proteção. Em uma primeira fase, o recurso deveria ser apresentado à Assembleia Federal, a qual, por seu juízo indiscutível, avaliava a submissão da questão ao Tribunal Federal. A função de filtro atribuída ao órgão parlamentar respondia à ideia, arraigada naquela época, de que o controle da observância das disposições constitucionais deveria ser, em primeiro lugar, de tipo "político". Com a revisão da Constituição Federal de 1874, o filtro político foi eliminado e admitiu-se o recurso direto ao Tribunal Federal por parte de qualquer pessoa que considerasse que um direito próprio tivesse sido lesado por um ato emanado pelas autoridades cantonais ou federais[139].

[138] Sobre os primeiros dois, ver P. CARDINAL, *La institución del recurso de amparo de los derechos fundamentales y la juslusofonia – los casos de Macau y Cabo Verde*, in H. FIX-ZAMUDIO, E. FERRER MAC-GREGOR (eds), *El derecho de amparo en el mundo*, cit., p. 891 e ss.

[139] A Constituição da Suíça (art. 116) prevê que uma vasta gama de sujeitos possa recorrer ao Tribunal Federal para garantir os próprios direitos. Trata-se do "recurso em matéria constitucional", para a censura das "violações dos direitos constitucionais", é dizer, dos direitos fundamentais. Em linhas gerais, o ato pode ser legislativo, administrativo e jurisdicional. Segundo a jurisprudência do Tribunal Federal, as disposições constitucionais que reservam ao cidadão uma esfera de proteção contra a ingerência do Estado ou que tutelam interesses privados são destinadas a garantir direitos fundamentais. Contudo, sendo a matéria dos direitos e das liberdades disciplinada de forma difusa nas Constituições cantonais, o Tribunal Federal exerce as funções próprias de garantia, inclusive levando em consideração os direitos constitucionais cantonais envolvidos na violação, assim como os direitos decorrentes da Convenção Europeia dos Direitos Humanos ou de outras convenções internacionais. Cf., em castelhano, J. BRAGE CAMAZANO, *La staatsrechtliche*

Também na Alemanha, no âmbito dos mecanismos destinados a assegurar o respeito às Constituições, alguns Estados tinham previsto o recurso de tutela dos direitos, ainda que, em um primeiro momento, através da mediação de órgãos políticos (Bavária 1818, Württemberg 1819). Mas é a partir da Constituição Austríaca de 1920 que se realiza, na Europa, o primeiro modelo completo de recurso constitucional de proteção dos direitos[140]. Sobre estas bases apoiam-se as experiências hodiernas de maior relevância no tema de tutela dos direitos fundamentais por meio do acesso direto aos Tribunais Constitucionais, é dizer, as experiências alemã[141] e espanhola[142]. O modelo da *Verfassungsbeschwerde* alemã foi acolhido de maneira ampla pelas Constituições dos países da Europa Centro-Oriental depois da queda do Muro de Berlim. Por razões de ordem histórico-política bem compreensíveis, previram mecanismos de recurso individual do cidadão diretamente perante às Cortes Constitucionais, para reclamar a lesão a direitos fundamentais por parte de um ato administrativo, de uma decisão jurisdicional de última instância ou de um ato normativo (Albânia, Croácia, Eslováquia, Eslovênia, Geórgia, Hungria, Polônia, República Tcheca, Macedônia, Rússia, Sérvia e Montenegro)[143].

Beschwerde *o recurso constitucional de amparo en Suiza*, in H. Fix-Zamudio, E. Ferrer Mac-Gregor (eds), *El derecho de amparo en el mundo*, cit., p. 835 e ss.

[140] G. Rolla, *La tutela dei diritti costituzionali*, cit., p. 63 e ss.

[141] Ver com mais detalhes *infra*, cap. X, seção II, § 10.2. No sistema constitucional alemão, o recurso individual direto é considerado um instrumento extraordinário e subsidiário; pode ser utilizado somente se esgotados todos os outros remédios previstos para eliminar os efeitos da violação de um direito fundamental. A extraordinariedade do recurso não impede, contudo, que o fenômeno apresente-se como hipertrófico e crescente. Não obstante, o percentual de recursos providos é muito baixo, inferior a 2,5% do total dos recursos, mesmo havendo multas em caso de recursos temerários.

[142] Ver *infra*, cap. X, seção II, § 10.2.

[143] J. Brage Camazano, *Una visión panorámica del recurso constitucional de amparo en los países de la Europa Central y del Este (Chequia, Croacia, Eslovaquia, Eslovenia, Hungría, Macedonia, Polonia y Rusia)*, in H. Fix-Zamudio, E. Ferrer Mac-Gregor (eds), *El derecho de amparo en el mundo*, cit., p. 859 e ss.

2.2. ASPECTOS COMPARATIVOS DAS AÇÕES DIRETAS DE TUTELA

Em uma reconstrução comparatista das ações diretas de tutela dos direitos, um primeiro aspecto diz respeito à legitimação ativa, é dizer, quais são os sujeitos legitimados a apresentar recurso contra atos da autoridade pública que se considerem lesivos a direitos fundamentais. É reconhecida a todos que considerem ter sofrido uma lesão na esfera das próprias liberdades fundamentais (os titulares dos direitos lesados, pessoas físicas ou jurídicas, que possam agir individualmente ou também coletivamente se os direitos pertencem a uma comunidade), conforme o quanto estabelecido pela Constituição ou pela lei. A estes podem ser acrescentados, a depender dos ordenamentos nacionais, também outros sujeitos que, ainda que não tenham motivo para questionar uma lesão direta dos próprios direitos ou das próprias liberdades, são, contudo, investidos de funções públicas que preveem a ativação de mecanismos processuais de tutela de direitos e liberdades de outros sujeitos (por exemplo, o *Defensor del Pueblo* na Espanha, Bolívia, Colômbia, Equador, Peru, Venezuela, ou os Procuradores dos Direitos Humanos na Guatemala).

Um segundo aspecto de diferenciação concerne ao órgão competente para decidir se a lesão dos direitos fundamentais questionada tenha sido efetivamente produzida com dano ao recorrente. Apenas em certas circunstâncias a Corte Suprema (ou os Tribunais Constitucionais) é direta e imediatamente provocada por sujeitos que alegam uma violação ao seu direito. Quase sempre, intervêm após uma provocação dos ritos ordinários perante um juiz. Por via de recurso, no caso de um Tribunal Superior do Poder Judiciário (como no México) ou com outros instrumentos processuais em diversas situações.

Deve-se distinguir conforme o Tribunal seja chamado a decidir em via exclusiva sobre violação dos direitos fundamentais ou decida como jurisdição de revisão. A praxe normal é que para a proteção, provoquem-se as vias jurisdicionais habituais e, apenas ao final do percurso, possa ser interessado o Tribunal Constitucional *ad hoc*, que age subsidiariamente. Não faltam, contudo, exceções, como em alguns países do Caribe, onde a ação pode ser interposta por qualquer um ao Tribunal Constitucional, sem nenhuma formalidade, por vias curtas (do mesmo modo, também na Alemanha, em caso de urgência e risco imediato, pode-se provocar diretamente o *Bundesverfassungsgericht*)[144].

A repartição de competências entre juízes ordinários e juízes constitucionais em matéria dos direitos e liberdades fundamentais conhece, na América Latina, também uma outra distinção. A competência, às vezes, é diferenciada de acordo com o órgão que emanou o ato que se assume lesivo dos direitos e das liberdades. Por exemplo, na Guatemala, o Tribunal Constitucional julga, em via exclusiva, as ações apresentadas contra atos provenientes do Presidente ou do Vice-Presidente da República, do Parlamento ou da Suprema Corte; para os atos provenientes de outros poderes públicos, a ação é proposta perante juízes ordinários e, em tal caso, o Tribunal Constitucional intervém como juiz de segundo grau com poderes de revisão da decisão de primeiro grau.

Um terceiro aspecto atine ao objeto da ação, ou seja, o ato da autoridade pública contra o qual é dirigida a acusação de ter lesado um direito ou uma liberdade fundamental. Alguns ordenamentos não preveem nenhuma limitação. Qualquer ato proveniente de um poder público pode ser impugnado para a tutela dos direitos e das liberdades (Alemanha, Áustria, alguns Estados da Europa Centro-Oriental e, na América Latina, Chile, México, Panamá, Equador, Bolívia, etc.). Outros ordenamentos, por outro lado, excluem determinados atos da possibilidade de impugnação por violação dos direitos e das liberdades; por exemplo, as decisões dos juízes (Colômbia), os atos dos órgãos federais (Suíça), as leis (Espanha). Outros, ainda, contemplam a possibilidade que os atos impugnáveis por meio de ação direta para a tutela dos direitos e liberdades possam ser não só os provenientes de um poder público, mas também os postos em prática por um sujeito privado (Espanha, Argentina, Bolívia, Costa Rica, Guatemala, Colômbia). Quanto à impugnação das leis, em alguns países ex-socialistas (Polônia, Hungria e Rússia), mas não só neles (México e alguns outros, dentre os mencionados), é possível recorrer à via direta para

---

[144] Para o Equador, onde também há ampla abertura, ver C. Storini, M. Navas Alvear, *La acción de protección en Ecuador. Realidad jurídica y social*, Corte Const. del Ecuador-Centro de Est. y Difusión del Der. Const., Quito, 2013.

a proteção dos direitos e das liberdades também nos conflitos entre as leis e os atos com a mesma força, mas o procedimento previsto neste sentido diferencia-se em relação ao estabelecido para o controle de constitucionalidade de normas primárias[145].

Um último aspecto consiste na distinção entre sistemas que oferecem uma garantia geral dos direitos e das liberdades fundamentais tuteladas pela Constituição e sistemas que, por outro lado, preveem uma jurisdição constitucional limitada a determinados direitos ou a um direito específico ou a um grupo homogêneo de direitos. Possuem uma vocação geral os sistemas de tutela previstos na Áustria, na Alemanha e, em geral, onde é previsto o instituto do *amparo* constitucional; apresenta o mesmo caráter de generalidade a tutela prevista por meio dos recursos supranacionais[146]. Constituem, por sua vez, peculiares instrumentos de tutela o mandado de segurança brasileiro ou o *habeas corpus* disciplinado em muitos outros países, por meio dos quais podem ser impugnados atos dos poderes públicos que limitam arbitrariamente a liberdade pessoal; como também o *habeas data*, voltado a reprimir comportamentos administrativos limitadores dos direitos à informação, à tutela informática, à coleta de dados, etc.[147].

---

[145] Também na Alemanha, mas apenas quando a lei é suscetível de lesar um direito de maneira direta, imediata, atual (na prática, a hipótese é circunscrita às leis-medida).

[146] Sobre o "amparo internacional", ver os ensaios incluídos no cap. IV de H. Fix-Zamudio, E. Ferrer Mac-Gregor (eds), *El derecho de amparo en el mundo*, cit., p. 945 e ss.

[147] No México, por exemplo, o ordenamento prevê tanto o instrumento de tutela geral, como é o *amparo* constitucional, quanto instrumentos específicos destinados a tutelar especiais situações jurídicas subjetivas. Por exemplo, o *amparo* sobre as liberdades, voltado a tutelar a liberdade e a integridade da pessoa nas suas manifestações materiais; ou o *amparo* em matéria agrária, destinado a proteger os direitos das populações rurais ou das comunidades de camponeses e de pastores; além do eleitoral. (Cf. E. Ferrer Mac-Gregor, A. Herrera García, *El amparo electoral en México y España: una perspectiva comparada*, Trib. Electoral del Poder Judicial de la Federación, México, 2011.) Também na Espanha, coexistem mecanismos de tutela geral e de tutela particular. A Constituição de 1978 prevê o *habeas corpus* contra as fomas ilegais de limitação da liberdade pessoal; o *amparo constitucional*, contra os atos discriminatórios e para a tutela da liberdade de consciência e dos direitos fundamentais; e o *amparo* ordinário. Sobre o *habeas data* em

Alguns ordenamentos, em especial, preveem a possibilidade de provocar diretamente o Tribunal Constitucional para a proteção dos direitos relacionados à representação política, aos interesses difusos ou coletivos, à autonomia das comunidades territoriais (Alemanha, Áustria, Espanha, República Tcheca, Croácia, Eslováquia)[148]. Em particular, os direitos correlatos à representação política e ao processo eleitoral são objeto de disciplinas minuciosas e diferenciadas na América Latina, África, Ásia, que se afastam dos modelos concentrados na jurisdição doméstica (isto é, exercitada pelos próprios órgãos eleitos), ou na jurisdição ordinária ou administrativa, ou mistos (Itália), ou na jurisdição constitucional (França), e confiam sua tutela a específicas *Electoral Commissions* (ex. Índia) ou a Tribunais Eleitorais (América Latina)[149].

§ 3. A TUTELA MULTINÍVEL

A globalização das relações econômicas e políticas produziu consequências relevantes no papel dos Estados nos vários âmbitos reservados tradicionalmente à sua plena soberania. Sobretudo a parti da segunda metade do século xx, foi sendo gradativamente manifestada uma espécie de tutela multinível dos direitos fundamentais: sem tolher os Estados nacionais da centralidade do seu papel na tutela dos direitos proclamados pelas respectivas Constituições, a eles foram acrescentados níveis de tutela internacional e supranacional que contribuíram para reforçar a sensibilidade universal em relação aos direitos da pessoa. Na primeira seção deste capítulo, foram analisadas as Declarações e as convenções que foram produzidas, em escala internacional e regional, com o objetivo de promover e consolidar a proteção dos direitos do homem. A multiplicação de documentos de direito internacional e supranacional repre-

---

abordagem comparada, v. O. PUCCINELLI, *El habeas data en Iberoamérica*, Temis, Bogotá, 1999, e O.A. GOZAÍNI, *Hábeas data. Protección de datos personales. Doctrina y jurisprudencia*, 2ª ed., Rubinzal-Culzoni, Buenos Aires, 2011.

[148] Ver, com mais detalhes, *infra*, cap. X, seção I, § 10.2.

[149] Um atualizado panorama comparativo em L. PEGORARO, G. PAVANI (eds), S. RAGONE (coord.), *El guardián de las elecciones. El control electoral en perspectiva comparada*, Un. Libre, Bogotá, 2016.

senta um fenômeno de progressiva integração da esfera normativa nacional em matéria de direitos fundamentais. As proclamações e as declarações de direitos contidas nas Constituições nacionais são integradas, ampliadas em seu alcance, reforçadas na sua eficácia pelas Declarações internacionais subscritas pelos mesmos Estados[150]. No entanto, se observada a tutela jurisdicional dos direitos afirmados, com referência específica à possibilidade de agir para a tutela das situações jurídicas subjetivas lesadas, é ainda o nível nacional a sede principal[151].

A comunidade internacional, que, originariamente foi configurando-se como comunidade apenas dos Estados, foi gradualmente incluindo entre os sujeitos legitimados a agir em seu âmbito também entidades diferentes dos Estados (por exemplo, os Governos em exílio, os povos, os movimentos de liberação nacional, etc.). Entretanto, como consequência das Declarações internacionais sobre tutela dos direitos, seja de tipo universal ou especial, a posição da pessoa individual assumiu alguma relevância também para o direito internacional. As normas estabelecidas para a tutela dos direitos humanos diri-

[150] Ver, em geral, na literatura em língua espanhola, A. BLANC ALTEMIR (ed.), *La protección internacional de los derechos humanos a los cincuenta años de la declaración universal*, Tecnos, Madrid, 2001; F. GÓMEZ ISA, J.M. PUREZA (eds), *La protección internacional de los derechos humanos en los albores del siglo XXI*, Un. de Deusto, Bilbao, 2004; V. GARCÍA TOMA, *Constitución, justicia y derechos fundamentales*, Lex & Iuris, Lima, 2015, p. 437 e ss.

[151] Sobre as tensões entre o nível estatal e o nível internacional ou regional, ver J.M. MORENILLA RODRÍGUEZ, *Los sistemas para la protección internacional de los derechos humanos*, Ministerio de Justicia, Madrid, 1986; P. NIKKEN, *La protección internacional de los derechos humanos: su desarrollo progresivo*, Civitas, Madrid, 1987; J.A. CARRILLO SALCEDO, *Soberanía de los Estados y derechos humanos en el Derecho Internacional*, Tecnos, Madrid, 2001; S. RAGONE, *Las relaciones de los Tribunales Constitucionales de los Estados miembros con el Tribunal de Justicia y con el Tribunal Europeo de Derechos Humanos: una propuesta de clasificación*, in Rev. der. const. eur., n. 16, 2011, p. 53 e ss.; D. MÉNDEZ ROYO, *Sistemas de protección internacional de los derechos fundamentales: ¿son los sistemas regionales más efectivos que los órganos de Naciones Unidas?*, in Rev. der. fund., n. 7, 2012, p. 29 e ss.; L. MONTANARI, *Le Carte europee dei diritti: i rapporti tra i sistemi di garanzia*, in S. BAGNI, G.A. FIGUEROA MEJÍA, G. PAVANI (eds), *La ciencia del derecho constitucional comparado*, cit., III, p. 1089 e ss.

gem-se principalmente aos Estados; elas são fonte de obrigações dos Estados signatários frente à comunidade internacional e, por isso, pode-se fazer valer a sua responsabilidade por atos lesivos a direitos fundamentais. As Constituições dos Estados preveem, frequentemente, a adequação do ordenamento interno às normas internacionais geralmente reconhecidas. É o caso do art. 10 da Constituição italiana; ainda mais claramente, o art. 25 da Lei Fundamental alemã prevê que as regras gerais do direito internacional sejam consideradas parte integrante do direito federal e que, prevalecendo sobre as leis, façam surgir direitos e deveres imediatos para os habitantes de todo o território federal[152].

Tais referências normativas permitem a incorporação automática do direito internacional dos direitos humanos no ordenamento estatal. A tutela jurisdicional dos direitos permanece, portanto, firmemente na esfera de competência dos órgãos estatais, ainda quando os direitos sejam internacionalmente reconhecidos. De maneira geral, as Declarações internacionais para a proteção dos direitos afirmam a necessidade de que os indivíduos sejam colocados em condições, nos respectivos ordenamentos, de agir para a tutela efetiva dos próprios direitos[153]; raramente contemplam a possibilidade de que

---

[152] J.C. GAVARA DE CARA, *Derechos fundamentales y desarrollo legislativo. La garantía del contenido esencial de los derechos fundamentales en la Ley Fundamental de Bonn*, Cec, Madrid, 1994.

[153] De fato, ao lado da constitucionalização do mecanismo jurisdicional de tutela das liberdades, devem ser registradas também as referências previstas nas Declarações de nível internacional e regional. Assim, na Declaração Universal dos Direitos do Homem, de 1948, prevê-se que os países signatários reconheçam nos próprios ordenamentos um procedimento simples e curto que proteja os indivíduos contra as violações dos direitos fundamentais (art. 8). Uma previsão similar é encontrada na Declaração Americana dos Direitos e dos Deveres, de 1948 (art. XVIII). A Convenção Americana ou Pacto de San José (1969) prevê o direito de cada um «a um recurso simples e rápido [...] que a proteja contra atos que violem seus direitos fundamentais reconhecidos pela constituição, pela lei ou pela presente Convenção [...]» (art. 25.1). No continente europeu, a Convenção para a Tutela dos Direitos e das Liberdades Fundamentais, de 1950 (art. 13), e a Carta de Nice, de 2000 (art. 45), previram o direito de toda pessoa a um recurso efetivo e a um Tribunal imparcial, para obter a tutela dos próprios direitos e das próprias liberdades sempre que sofram uma violação.

os titulares dos direitos lesados possam agir perante as jurisdições de organismos internacionais para a proteção das próprias situações jurídicas subjetivas. É tarefa do Estado garantir, em seu interior, a aplicação das Declarações internacionais: a tutela dos direitos humanos que decorre das disposições de direito internacional compromete diretamente os Estados. Estados que, em geral, conservam uma espécie de monopólio da tutela jurisdicional dos direitos, ao passo que –como se dizia acima– perderam o monopólio da declaração dos direitos.

A concentração da tutela jurisdicional dos direitos nas mãos dos Estados conheceu, contudo, uma progressiva evolução caracterizada pela emergência do papel do indivíduo como ator da tutela dos próprios direitos, com a possibilidade de ter acesso, por via direta, a órgãos jurisdicionais instituídos com base em acordos internacionais ou de caráter supranacional. Trata-se de uma evolução que foi registrada sobretudo com referência à esfera da regionalização dos direitos humanos; em particular, no contexto europeu e no quadro de um sistema caracterizado pelo chamado "constitucionalismo multinível"[154]. Segundo esta perspectiva, as Constituições dos Estados-membros, de um lado, e o direito primário da União Europeia, de outro, representam dois elementos de um sistema constitucional composto e integrado; o constitucionalismo multinível expressa-se no fato que os dois níveis constitucionais, o nacional e o supranacional, influenciam-se reciprocamente, dando lugar a uma dinâmica constante de intercâmbio e de interferências em diversos âmbitos, mas especialmente na esfera da tutela dos direitos fundamentais. Situação similar acontece na América Latina quanto à aplicação do Pacto de San José.

§ 4. *A Corte Europeia de Direitos Humanos*

No continente europeu, a tutela dos direitos representa uma espécie de aparato de defesa dos valores comuns da tradição ocidental. Por esta razão, a estrutura completa que busca salvaguardar os direitos da pessoa apoia-se sobre três diferen-

---

[154] I. Pernice, *Multilevel Constitutionalism in the European Union*, in *Eur. L.R.*, n. 5, 2002, p. 511 e ss.

tes tipos de ordenamentos jurídicos: o ordenamento nacional, o ordenamento comunitário e o ordenamento internacional.

A Convenção Europeia de Direitos Humanos, como dito na seção I, é um acordo internacional multilateral com caráter regional; incumbe aos Estados signatários determinar, no seu âmbito interno, as modalidades e o grau de tutela a serem estabelecidos em prol dos direitos proclamados, considerando que o fim último das disposições convencionais é o de assegurar a harmonização dos parâmetros de tutela nos Estados participantes. A Convenção prevê, no art. 19, a instituição de uma Corte Europeia de Direitos Humanos, perante a qual um cidadão privado, uma organização não governamental ou um grupo de particulares pode peticionar para questionar violações dos direitos reconhecidos na Convenção e nos seus Protocolos, por parte das autoridades públicas de um Estado contraente (art. 34)[155].

O acesso direto à Corte Europeia de Direitos Humanos tem um caráter subsidiário: é possível fazer valer a lesão de um direito perante ela apenas após ter esgotado os meios previstos no interior do ordenamento nacional. Portanto, o Estado pode ser demandado em juízo frente à Corte com base na impugnação de atos, comportamentos ou omissões, que são expressão dos seus poderes: atos administrativos, decisões jurisdicionais, atos legislativos, comportamentos omissivos. O juízo da Corte busca verificar se o ato ou o comportamento pratica-

---

[155] A Corte Europeia de Direitos Humanos (CEDH ou Corte EDH) é um órgão jurisdicional internacional e foi instituída em 1959 pela Convenção Europeia para a Proteção dos Direitos do Homem e das Liberdades Fundamentais (CEDH), de 1950, para assegurar sua aplicação e seu respeito. Aderiram todos os 47 membros do Conselho da Europa. Tem sede em Estrasburgo, desenvolve funções jurisdicionais e consultivas; é formada por tantos juízes quantos sejam os Estados Partes da Convenção Europeia dos Direitos do Homem, eleitos pela Assembleia Parlamentar do Conselho da Europa entre os três candidatos propostos por cada Estado, para um mandato de nove anos não renovável. (O Protocolo XIV entrou em vigor em 1º de junho de 2010.) Os juízes elegem entre eles um Presidente e dois Vice-Presidentes, com mandato trienal e reelegível. A Corte divide-se em cinco seções, compostas tendo em conta o equilíbrio geográfico e dos sistemas jurídicos dos Estados componentes. No interior de cada seção são formados, por um período de 12 meses, comitês compostos de três juízes, que têm a atribuição de examinar preliminarmente as questões submetidas à Corte. Cf. *http://www.echr.coe.int/*.

do pelo Estado resulta lesivo a um dos direitos previstos pela Convenção; não se trata de colocar em confronto as disposições convencionais com a normativa nacional, mas, sobretudo, de verificar que a ação dos Estados signatários seja coerente com os valores reconhecidos no ato da assinatura da Convenção.

A própria Convenção prevê que, ocorrendo circunstâncias excepcionais, os Estados podem adotar medidas em derrogação das obrigações previstas (art. 15). Deverão ser fornecidos as razões e os conteúdos destas medidas. A Corte de Estrasburgo afirmou a própria competência para exercer a análise sobre a razoabilidade das medidas de derrogação adotadas. Reconheceu a existência de uma "margem de apreciação" aos Estados acerca da necessidade de introduzir limites aos direitos e liberdades; trata-se de uma apreciação discricionária que deve contemplar a tutela dos direitos e das liberdades com a exigência de assegurar os interesses gerais fundamentais do Estado; à Corte cabe apenas avaliar a razoabilidade da escolha política feita, caso seja provocada[156]. A jurisprudência da Corte tem mostrado no tempo saber valer-se de técnicas difundidas entre os Tribunais Constitucionais nacionais: da ponderação entre direitos, entre direitos e valores ou interesses gerais da comunidade, à aplicação do princípio da proporcionalidade; tem utilizado, geralmente, fórmulas de interpretação das disposições convencionais de tipo extensivo. Como órgão de um ordenamento internacional, desprovido de uma legitimação democrática, a Corte não é chamada a aplicar leis ou atos normativos que são o produto da manifestação da soberania popular; interpreta e aplica disposições da Convenção e, por isto, sua jurisprudência é destinada a vincular os atos e comportamentos dos Estados participantes[157].

[156] Na doutrina, M. Díaz Crego, *La protección de los derechos fundamentales en la Unión Europea y en los Estados miembros*, Reus, Madrid, 2009; G. Rolla (ed.), *Il sistema europeo di protezione dei diritti fondamentali e i rapporti tra le giurisdizioni*, cit.; E.A. Imparato (ed.), *Diritti o giudizi? Le libertà tra regole e casistica interna ed europea in una riflessione comparata*, Photocity.it, Napoli, 2014.

[157] Sobre a "margem de apreciação", J. García Roca, *La muy discrecional doctrina del margen de apreciación nacional según el Tribunal Europeo de derechos Humanos: Soberanía e integración*, in V. Bazán (ed.), *Derecho procesal constitucional americano y europeo*, cit., II, p. 1493 e ss.

§ 5. O TRIBUNAL DE JUSTIÇA DA UNIÃO EUROPEIA

O ordenamento comunitário tinha originariamente previsto um sistema de tutela dos direitos fundamentais reconhecidos pelos tratados constitutivos coordenado com o sistema de tutela assegurado pelas Constituições nacionais. Segundo uma visão ordenada do sistema complexo, os direitos fundamentais comunitários eram garantidos pelo Tribunal de Justiça em relação aos atos das instituições comunitárias, com base nos princípios derivados das Constituições nacionais dos Estados-membros e da Convenção Europeia. Paralelamente, as Cortes Constitucionais dos Estados-membros eram chamadas a garantir direitos e liberdades fundamentais previstas pelas respectivas Constituições em relação aos atos das autoridades nacionais, salvo o caso no qual tais atos implementassem disposições comunitárias. Esta nítida separação dos âmbitos de intervenção não se demonstrou na prática: logo foram sendo configuradas algumas problemáticas precisamente com referência à sobreposição entre as duas esferas de tutela dos direitos. Refere-se, aqui, ao tema dos contralimites e ao da *incorporation*.

No que concerne aos contralimites, a problemática surgiu da tomada de posição das Cortes Constitucionais italiana e alemã: apesar de a jurisprudência do Tribunal de Justiça de Luxemburgo em tema de tutela dos direitos fundamentais ter feito sempre referências às tradições constitucionais comuns aos Estados-membros, as Cortes em questão afirmaram que os direitos invioláveis tutelados pelas Constituições nacionais representam um limite também para as instituições comunitárias[158]. Portanto, a tutela do núcleo essencial dos direitos fundamen-

---

Sobre os problemas de aplicação das sentenças, C. RUIZ MIGUEL, *La ejecución de las sentencias del Tribunal Europeo de Derechos Humanos*, Tecnos, Madrid, 1997.

[158] Sobre a jurisprudência do Tribunal, ver L. TRUCCO, *Carta dei diritti fondamentali e costituzionalizzazione dell'Unione europea. Un'analisi delle strategie argomentative e delle tecniche decisorie a Lussemburgo*, Giappichelli, Torino, 2013. Para a Corte de Estrasburgo: AA.Vv., *Las grandes decisiones del Tribunal Europeo de Derechos Humanos*, Tirant lo Blanch, Valencia, 2005; S. GAMBINO, *La protección de los derechos fundamentales: el parámetro de los principios y de los derechos fundamentales*

tais previstos pelas Constituições nacionais deve permanecer firmemente nas mãos das Cortes Constitucionais, mesmo quando a sua violação decorra das instituições comunitárias. Com base na doutrina dos contralimites, por conseguinte, a justiça constitucional nacional pode observar o princípio da separação dos ordenamentos quando os atos comunitários prejudiquem os direitos fundamentais e os valores do ordenamento nacional. Na experiência concreta, esta doutrina manteve um valor puramente teórico; no plano fático, não teve a oportunidade de ser aplicada, dada a evolução da jurisprudência do Tribunal de Justiça no sentido de uma plena adesão aos princípios e aos valores da tradição constitucional dos Estados-membros.

Distinta da doutrina dos contralimites é a da *incorporation* elaborada pelo Tribunal de Justiça. Partindo sempre da sobreposição entre a tutela nacional e a tutela comunitária dos direitos fundamentais, o Tribunal de Justiça desenvolveu uma jurisprudência de tipo expansivo, de acordo com o campo de aplicação dos direitos fundamentais comunitários. Com efeito, considera poder avaliar a compatibilidade com a tutela dos direitos fundamentais comunitários não só os atos das instituições comunitárias, mas também os atos das autoridades nacionais em duas hipóteses principais: em primeiro lugar, quando os Estados ponham em prática atos destinados a implementar e aplicar o direito europeu; em segundo lugar, quando os Estados introduzam limites ao exercício das liberdades econômicas fundamentais garantidas pelo direito da União, invocando as causas de justificação previstas pelos tratados. Ocorrendo estas circunstâncias, a Corte de Luxemburgo considerou também poder exercer um controle, para fins de tutela dos direitos fundamentais, dos atos das autoridades nacionais[159].

Tanto a teoria dos contralimites quanto a da *incorporation* reconheceram uma afirmação teórica forte, contrabalançada por uma aplicação concreta bastante prudente. Trata-se, porém, de elementos que deixam entender como a nítida separação entre os dois níveis de ordenamentos, nacional e comuni-

---

en la jurisprudencia constitucional, comunitaria y del Tribunal Europeo de los Derechos Humanos, in *Rev. der. const. eur.*, n. 8, 2007, p. 171 e ss.

[159] L. Delli Priscoli, *Liberalizzazioni e diritti fondamentali*, Key, Vicalvi, 2006; F. Sucameli, *L'Europa e il dilemma della Costituzione. Norme, strategie e crisi del processo di integrazione*, Giuffrè, Milano, 2007.

tário, em tema de tutela dos direitos fundamentais, é bastante difícil de preservar. É neste cenário que o Tribunal de Justiça deu, gradualmente, um impulso decisivo para a tutela dos direitos em nível supranacional, incluindo na sua ação também situações jurídicas subjetivas não expressamente contempladas nos tratados. Em uma primeira fase, o Tribunal de Luxemburgo limitou-se a tutelar os direitos e liberdades atinentes à esfera econômica; posteriormente, com o início do processo de integração política, foi-se delineando uma visão dos indivíduos não só como sujeitos econômicos, mas também como pessoas. Nesta perspectiva, o Tribunal de Justiça estendeu, progressivamente, a sua atuação de garantia também em relação a direitos não expressamente tutelados pela normativa comunitária, referindo-se aos direitos previstos pela Convenção Europeia dos Direitos do Homem e aos direitos que fazem parte, por tradição, do patrimônio constitucional dos Estados-membros[160].

Com a aprovação da Carta de Direitos de Nice (2000) e a sua incorporação no Tratado de Lisboa (2009, art. 6 TUE), que lhe conferiu a mesma força vinculante dos tratados, o nível de tutela dos direitos e liberdades fundamentais que o Tribunal de Justiça tem condição de assegurar é certamente de grau superior em relação aos *standards* garantidos pela CEDH. Mas, como se precisa na própria Carta, de um lado, a definição do significado e a interpretação das disposições que delineiam os direitos e liberdades merecedores de tutela devem levar em consideração as tradições constitucionais comuns aos Estados-membros, assim como as legislações e as práticas nacionais; do outro, a força expansiva dos direitos proclamados na Carta de Nice choca com a natureza limitada do seu próprio âmbito de aplicação, nos termos do art. 51: «As disposições da presente Carta têm por destinatários as instituições e órgãos da União, na observância do princípio da subsidiariedade, bem como os Estados-Membros, apenas quando apliquem o direito da União. Assim sendo, devem respeitar os direitos, observar os princípios e promover a sua aplicação, de acordo com as respectivas competências».

[160] Tribunal de Justiça da União Europeia, sent. *Stauer* de 12 de novembro de 1969, causa C-29/69; sent. *Internationale Handelsgesellschaft* de 19 de dezembro de 1970, causa C-11/70; sent. *Nold* de 14 de maio de 1974, causa C-4/73; sent. *Hauer* de 13 de dezembro de 1979, causa C-44/1979.

O desenho que parece surgir, ainda que não perfeitamente coordenado, atribui a tutela dos direitos e das liberdades a um sistema de proteção multinível baseado na osmose que, com o tempo, foi ocorrendo entre o ordenamento (Tribunal de Justiça e Corte Europeia de Direitos Humanos) e os ordenamentos nacionais. O art. 263.4 do Tratado sobre o Funcionamento da União Europeia (TFUE) prevê que «Qualquer pessoa singular ou coletiva pode interpor, nas condições previstas nos primeiro e segundo parágrafos, recursos contra os atos de que seja destinatária ou que lhe digam direita e individualmente respeito, bem como contra os atos regulamentares que lhe digam diretamente respeito e não necessitem de medidas de execução». O Tribunal, como demonstrou na sua jurisprudência, em geral não apenas tem interpretado de forma restritiva as condições de admissibilidade do recurso; mas, sobretudo, não parece realizar o papel de um Tribunal de direitos. Com efeito, limitando-se a considerar a mais recente jurisprudência na qual são destacados os direitos fundamentais, parece claramente que o objetivo final do Tribunal não é tanto o de prestar uma tutela dos direitos enquanto tais, mas, sobretudo, a afirmação da primazia do direito da União Europeia do qual os direitos emanam. Como o próprio Tribunal sustenta, a ação de proteção dos direitos fundamentais se faz necessária pela exigência de evitar uma tutela dos direitos de forma variável, a depender do ordenamento nacional; o que prejudicaria «a unidade, a primazia e a efetividade do direito da união»[161].

§ 6. A TUTELA SUPRANACIONAL DOS DIREITOS FORA DA EUROPA

6.1. AMÉRICA

Lembramos acima que, para promover o respeito dos direitos humanos em todos os Estados-membros da Organização dos Estados Americanos (OEA)[162], foi instituída, em 1959, a Comissão Interamericana dos Direitos Humanos e que, em 1969, inspirando-se na Convenção Europeia de 1950, o Conselho da OEA, reunido em San José da Costa Rica, aprovou a Convenção Americana de Direitos Humanos (chamado Pacto de San José)

---

[161] C-206/13 de 6 de março de 2014.
[162] *Supra*, seção I, § 8.2.

e, com ela, instituiu a Corte Interamericana dos Direitos Humanos, com a função de proteger tais direitos em relação aos compromissos assumidos pelos Estados aderentes ao Pacto.

A Corte, que começou a funcionar concretamente em 1979, exerce, principalmente, duas funções: uma consultiva, sobre a interpretação e a aplicação da Convenção; outra contenciosa, sobre recursos apresentados por um Estado-membro para fazer valer a responsabilidade de um outro Estado componente da OEA por violação dos direitos previstos pela Convenção. As suas funções são complementares às exercidas pela Comissão Interamericana: em particular, de fato, a Corte é ouvida sobre a compatibilidade das leis com os instrumentos internacionais de tutela dos direitos e apresenta um relatório anual à Assembleia Geral da OEA, destacando os casos nos quais um Estado tenha rejeitado a execução das medidas determinadas pela Corte[163].

O sistema regional americano de tutela dos direitos do homem apresenta uma assimetria peculiar: o aparato de proteção dos direitos apoia-se em um órgão político, a Comissão Interamericana, perante o qual o indivíduo pode apresentar a própria demanda, desde que atendidas as condições específicas (como, por exemplo, o exaurimento dos recursos internos): a Convenção Americana, realmente, considera a petição individual como o instrumento primário de ativação das funções investigadoras da Comissão, enquanto a interestatal é tida como excepcional. Desta forma, enquanto, em virtude desta abertu-

---

[163] A Corte é composta de sete juízes eleitos, para um mandato de sete anos, entre juristas com grande integridade moral e comprovada experiência em matéria de direitos humanos. Nenhum país pode ser representado por mais de um juiz. Sobre a Corte, v. H. FAÚNDEZ LEDESMA, *El Sistema Interamericano de Protección de los Derechos Humanos. Aspectos institucionales y procesales*, Inst. Interam. de Der. Humanos, San José de Costa Rica, 1999; T. BUERGENTHAL ET AL., *La protección de los derechos humanos en las Américas*, Civitas, Madrid, 1999; S. GARCÍA RAMÍREZ, *Los derechos humanos y la jurisdicción interamericana*, Unam, México, 2002; ID., *La Corte Interamericana de Derechos Humanos*, Porrúa, México, 2007; J.C. REMOTTI CARBONELL, *La Corte Interamericana de Derechos Humanos*, Inst. de Der. Eur., Barcelona, 2004; K. AMBOS, E. MALARINO (eds), *Sistema interamericano de protección de los derechos humanos y derecho penal internacional*, Fund. K. Adenauer, Berlin-Bogotá, 2010; R. HERNÁNDEZ VALLE, *Las sentencias básicas de la Corte Interamericana de Derechos Humanos*, Cepc, Madrid, 2011.

ra à pessoa individual e também aos grupos de indivíduos e às organizações não governamentais, é reconhecida a legitimação ativa perante a Comissão Interamericana, a mesma abertura não existe perante a Corte Interamericana de Direitos Humanos, à qual podem dirigir-se a Comissão ou os Estados, mas não os indivíduos ou grupos de indivíduos.

Em ausência de órgãos políticos que produzam um direito derivado dos tratados a serem aplicados pela Corte –como acontece na Europa– a Corte Interamericana parece encarnar, de verdade, a fórmula da "juristocracia": o Poder Judiciário no estado puro, sem divisão ou compartilhamento dos poderes. Frente a seus pronunciamentos, o único meio disponibilizado ao poder político, que tem dimensão só estatal, mas não internacional, é a denúncia do tratado por parte dos Estados que não pretendam cumprir as suas sentenças: sentenças que requerem não só a modificação das leis, mas inclusive das Constituições estatais reputadas em conflito com o direito convencional[164].

6.2. *África*

A tutela efetiva dos direitos enunciados na Carta de Banjul[165], na África, segundo um esquema que se baseia na CEDH e ado-

---

[164] Veja C. ZANGHÌ, *Gli effetti "diretti" delle sentenze della Corte Interamericana. Una svolta epocale nella giurisprudenza?"* (Il caso "Barrios Altos"), in *Riv. coop. giur. int.*, n. 1, 2002, p. 9 e ss.; L. GONZÁLEZ VOLIO, *La competencia de la Corte Interamericana de Derechos Humanos a la luz de su jurisprudencia y su nuevo reglamento*, in AA.VV., *Liber Amicorum Cançado Trindade*, Fabris, Porto Alegre, 2005, III, p. 320 e ss.; T. SCOVAZZI, I. PAPANICOLOPULU, S. URBINATI (eds), *I diritti umani di fronte al giudice internazionale*, Giuffrè, Milano, 2009; D. RUSSO, *L'efficacia dei trattati sui diritti umani*, cit.; F. PIOVESAN, M. GIRARDI FACHIN, V. DE OLIVEIRA MAZZUOLI, *Comentários à Convenção Americana sobre Direitos Humano*, Forense, Rio de Janeiro: 2019; F. PIOVESAN, *Direitos Humanos e Justiça Internacional: um estudo comparativo dos sistemas regionais europeu, interamericano e africano*, 9ª ed. rev. e atual., Saraiva, São Paulo, 2019.

[165] *Supra*, seção I, § 8.3. Sobre a proteção dos direitos, além das obras citadas *supra*, seção I, § 8.3, veja J. CADET ODIMBA, *Protección de los derechos fundamentales en África*, in H. FIX-ZAMUDIO, E. FERRER MAC-GREGOR (eds), *El derecho de amparo en el mundo*, cit., p. 945 e ss.; G. PASCALE, *La tutela dei diritti umani in Africa: origini, istituzione e attività della Corte africana dei diritti dell'uomo e dei popoli*, in *La Comunità int.*, n. 3-4, 2012, p. 567 e ss.; A. LOLLINI, *La Corte africana dei diritti dell'uomo e dei*

tado também pela OEA, centra-se em duas instituições: a Comissão Africana dos Direitos dos Direitos Humanos e a Corte Africana dos Direitos dos Direitos Humanos.

A Comissão, cujo regulamento de atuação foi adotado em outubro de 1995, é um órgão de natureza política com a tarefa de promover os direitos humanos e os direitos dos povos, segundo a concepção africana, de garantir a proteção dos próprios direitos e de fornecer pareceres sobre a interpretação das disposições da Carta. Além da apresentação periódica de relatórios sobre o estado de implementação das disposições convencionais, a Comissão pode iniciar procedimentos de investigação sobre a violação dos direitos, com base nas exigências apresentadas pelos Estados, mas também por indivíduos ou por organizações não governamentais. No entanto, as resoluções adotadas pela Comissão não têm eficácia vinculante para os Estados: também por esta razão, a Organização da Unidade Africana (OUA), com um Protocolo Adicional à Carta de Banjul assinado em 10 de junho de 1998 em Ouagadougou (Burkina Faso), instituiu a Corte Africana dos Direitos Humanos e dos Povos. O Protocolo entrou em vigor em janeiro de 2004, mas a Corte materialmente iniciou seus trabalhos apenas a partir de 2006. No meio tempo, a União Africana (UA), instituída em 2000 em Lomé (Togo), substituiu a OUA.

Nos termos do Protocolo Constitutivo, a Corte pode ser provocada pela Comissão, por um Estado-membro ou por indivíduos e organizações não governamentais. A possibilidade de a Corte pronunciar-se em uma demanda proveniente de um indivíduo ou de uma ONG é subordinada à condição de que o Estado imputado de ter violado os direitos previstos na Carta tenha admitido esta possibilidade; ou seja, de ser demandado por um indivíduo ou por uma ONG em razão da violação de direitos. O *right to stand* perante a Corte está subordinado ao exaurimento dos recursos jurisdicionais internos. A execução

---

popoli e il "nuovo" sistema regionale di protezione dei diritti fondamentali, in L. Cappuccio, A. Lollini, P. Tanzarella (eds), *Le Corti regionali tra stati e diritti*, Jovene, Napoli, 2012, p. 203 e ss.; A.D. Olinga, *Pratique de la Cour africaine des droits de l'homme et des peuples au cours de l'année*, in Rev. trim. dr. homme, n. 93, 2013, p. 123 e ss.; V. Piergigli, *La protezione dei diritti fondamentali davanti alla Corte africana tra segnali di consolidamento e istanze di riforma*, in Dir. pubbl. comp. eur., n. 2, 2016, p. 365 e ss.

do Estado condenado é puramente voluntária e é sujeita ao controle dos Conselho de Ministros dos países aderentes. A Corte, em casos de extraordinária necessidade e urgência, a fim de evitar danos irreparáveis às pessoas, pode ordenar medidas cautelares necessárias.

Com o Protocolo de Maputo (Moçambique) de 2003, a UA instituiu uma Corte paralela, a Corte de Justiça da União Africana, com finalidade de interpretação e aplicação do Ato Constitutivo da UA e de todas as outras disposições de direito internacional. Também esta Corte pode ser provocada pelos indivíduos e pelas ONGs. O Protocolo de Malabo (Guiné Equatorial), de junho de 2014, estabeleceu que a Corte de Justiça e dos Direitos Humanos absorva as funções da Corte Africana dos Direitos Humanos, com a consequente extinção desta. O quadro complexo aparece desorganizado e a instituição de organismos destinados a tornar efetiva a tutela dos direitos humanos em nível supraestatal na África até agora produziu um sistema que se revela ainda rudimentar.

6.3. MUNDO ISLÂMICO E ÁSIA

Com referência às regiões do mundo árabe e asiático, não existem, até o momento, instrumentos supranacionais de relevância destinados a assegurar a tutela jurisdicional dos direitos. Na Ásia, como dito[166], falta uma Carta supranacional que afirme a tutela dos direitos humanos; no mundo árabe, os documentos internacionais foram elaborados e assinados, mas, em geral, limitam-se a declarações de direitos sem fazer a mínima referência à instituição de sistemas supranacionais de proteção dos direitos[167].

---

[166] *Supra*, § 8.5.
[167] *Supra*, § 8.4.

Capítulo VII

O TIPO DE ESTADO: A ORGANIZAÇÃO TERRITORIAL E A PLURINAÇÃO

Sumário: 1. Conceitos gerais. – 2. Léxico da descentralização política e administrativa. – 3. Estado unitário, descentralização administrativa e autonomias locais. – 4. As teorias sobre federalismo e sobre o Estado policêntrico. – 5. Protótipos e modelos de Estado federal. – 6. A difusão do Estado federal. – 6.1. Influências estadunidenses no mundo anglo-saxônico. – 6.2 (segue). ... e no *civil law*. – 6.3. Outros federalismos ou pseudofederalismos. – 7. O Estado regional. – 8. As (supostas) diferenças entre Estado regional e ordenamentos federais. – 9. Experiências excêntricas. – 10. Impulsos confederais e a União Europeia. 11. Os critérios relevantes para classificações dúcteis e o caráter não ideológico das classificações; federalismos de assimilação e de reconhecimento. – 12. Territorialidade e outras autonomias.

§ 1. Conceitos gerais

O conceito de "forma de Estado" evoca a relação fundamental, no interior do Estado, que se determina entre governantes e governados. Isso já foi analisado na sua dimensão "horizontal", no que diz respeito às relações entre o poder (o Estado) e a sociedade ou, como foi dito, entre autoridade e liberdade[1].

Há, porém, uma segunda dimensão desta relação, que enfoca as relações entre o aparato central do Estado e as autonomias territoriais. Observado desta perspectiva, às vezes se

---

[1] Vide cap. II, seção II, e C. Mortati, *Istituzioni di diritto pubblico*, I, cit., p. 135.

qualifica –para não fazer confusão com a forma de Estado em sentido horizontal– com a expressão "tipo de Estado"[2], para designar a estrutura das instituições sob o ponto de vista da sua (maior ou menor) concentração ou descentralização. Em sentido mais amplo, poderia ser incluído neste conceito também a relação do Estado com outras formas de autonomias, como as das comunidades culturais ou de populações transitórias ou não especificamente radicadas em um território (ex.: povos indígenas). Não por acaso, quando se fala de descentralização na Bélgica, estudam-se tanto as relações entre Estados e Regiões quanto as entre Estado e Comunidades (já denominadas no passado "culturais").

A ideia de "tipo de Estado" permeia de maneira forte quase apenas o direito público ocidental, sobretudo com referência aos fenômenos do federalismo e do regionalismo. São, ao invés, alheios ao interesse dos estudiosos os modos de agregação com base tribal e de clã e a sua relação com o Estado, que também caracterizam até hoje grande parte da Ásia e da África. Ainda assim, também nestas áreas, frequentemente estratégicas também para os interesses europeus e norte-americanos, o aparato do Estado –elaborado conforme esquemas formais próprios do direito público ocidental– confronta-se, mais que com entidades institucionais periféricas de natureza territorial, com grupos e comunidades que não acolhem nem praticam formas organizativas que refletem as do "centro" (um povo, um território, um governo).

Como acontece em outros setores (formas de Estado, de governo, organizações do Estado, direitos, etc.), a importação de modelos formais próprios do Ocidente em outras áreas do planeta nem sempre corresponde à recepção da cultura jurídico-política subjacente ao nascimento e à evolução do federalismo, regionalismo e, em geral, da descentralização, como entendida nestas latitudes. Por trás, então, há sempre o tema

---

[2] Inicialmente, com referência à Constituição espanhola de 1931, G. AMBROSINI, *Un tipo intermedio di Stato tra l'unitario e il federale, caratterizzato dall'autonomia regionale*, in Riv. dir. pubbl., n. 25 (1), 1933, p. 67 e ss.; mais tarde, F. LANCHESTER, verbete *Stato (forme di)*, in Enc. dir., LXIII, Giuffrè, Milano, 1990, p. 799 e ss., e M. VOLPI, *La distribuzione territoriale dei poteri: tipi di Stato e Unione Europea*, in G. MORBIDELLI, L. PEGORARO, A. RINELLA, M. VOLPI, *Diritto pubblico comparato*, cit., p. 359 e ss.

da imposição de modelos territoriais –*in primis* o Estado, formatado depois da paz de Vestfália com bases nacionais– sobre modelos agregadores totalmente disformes, ancorados na etnia, no parentesco, nas gerações, etc.[3]. "Estado" e "nação", em grande parte do mundo, sobrepõem-se, com o colonialismo, a estruturas jurídico-sociais diversas. O "federalismo" ocidental (e com ele outras formas de descentralização), não representam categorias úteis para compreender as dinâmicas territoriais em vastas áreas do planeta, se não se associam, pelo menos, a outras como as mencionadas.

Deve-se esclarecer, logo, que exatamente sobre o direito europeu e o americano (além da Oceania) será centrada, predominantemente, a análise do "tipo de Estado". Também na tradição jurídica ocidental, por outro lado, a temática não tem bases comuns. Além de alguns conceitos sobre os quais há uma certa concordância, a terminologia utilizada é distinta; distintas são as doutrinas inspiradoras; distintos os métodos de estudo e de classificação dos sistemas.

Um problema preliminar diz respeito precisamente ao conceito de "tipo de Estado". Frequentemente, costuma-se opor, desde este ponto de vista, o Estado centralizado ou unitário ao descentralizado ou composto, ou policêntrico, ou autonômico (as definições são muitas). Contudo, como o conceito de forma de governo teria sentido –pelo menos na teoria clássica– apenas caso o governo fosse dividido com base na separação dos poderes[4], a ideia de tipo de Estado assume concretude, assim, apenas onde os centros de distribuição do poder são múltiplos e o poder dividido entre o centro e várias "periferias". Onde se trate apenas de um modo de administrar um poder do Estado, através da organização periférica de aparatos centrais, não se pode falar em tipo de Estado, salvo para dizer que é centralizado ou unitário. Contrapõem-se, então, inclusive

---

[3] Remete-se a B. MARQUARDT, *Historia mundial del Estado*, I, cit., p. 32 e ss., e à bibliografia ali referida; ademais, A.C. VIMBORSATI, *"Teoria" del costituzionalismo africano*, cit.; P.G. McHUGH, *Aboriginal Societies and the Common Law: A History of Sovereignty, Status, and Self-Determination*, Oxford U.P., Oxford, 2004; M. BURGESS, *Federalism in Africa: An Essay on the Impacts of Cultural Diversity, Development and Democracy*, in *The Federal Idea*, Quebec, January 2012, p. 1 e ss.

[4] *Infra*, cap. VIII.

para organizar a matérias com fins classificatórios, duas tipologias: o estudo do Estado unitário seria concernente apenas ao aparato burocrático do Estado, o modo em que organiza a administração; o do Estado composto, ao invés, induz a catalogar, diferenciar, classificar, de acordo com a origem histórica da distribuição do poder político, das teorias da soberania, da paridade (ou não) entre as entidades descentralizadas, da ligação com elementos pré-jurídicos (a língua, a nação, a tradição, a cultura), do modo de repartição das competências, das garantias asseguradas à periferia, da tutela dos direitos, dos controles exercidos, etc.

Pelas razões ditas, o estudo dos fenômenos de descentralização pode dizer respeito seja à relação entre a autoridade e a sociedade, na medida em que a entidade periférica represente politicamente esta última, seja à mera distribuição do poder no interior do aparato; portanto, a forma de Estado, em sentido amplo, ou a forma de governo. Exatamente por isso é melhor utilizar uma fórmula distinta: a resumida na expressão "tipo de Estado"[5]. Não obstante o estudo dos modelos de des-

---

[5] Entre os clássicos, ver A. HAMILTON, J. JAY, J. MADISON (PUBLIUS), *The Federalist*, artigos publicados em três jornais de Nova York entre 1787 e 1788, posteriormente publicados em *The Federalist; or, The New Constitution*, McLean, New York, 1788, traduzido em todas as línguas; CH. EISENMANN, *Centralisation et décentralisation. Esquisse d'une théorie générale*, Lgdj, Paris, 1948; C.J. FRIEDRICH, *Constitutional Government and Democracy: Theory and Practice in Europe and in America*, Ginn & Co., Boston, 1950, 4ª ed., Boston et al., 1968, trad. esp. *Gobierno constitucional y democracia*, Aguilar, Madrid, 1975, trad. it. *Governo costituzionale e democrazia*, Neri Pozza, Vicenza, s.d. Entre as obras gerais, K.C. WHEARE, *Federal Government*, 4ª ed., Oxford U.P., Oxford, 1963; D.J. ELAZAR, *Exploring Federalism*, Un. of Alabama Press, Tuscaloosa, 1987; G. BOGNETTI, verbete *Federalismo*, in *Dig. pubbl.*, IV, Utet, Torino, 1991, p. 273 e ss.; D.J. ELAZAR ET AL. (eds), *Federal Systems of the World: A Handbook of Federal, Confederal and Autonomy Arrangements*, Longman, Harlow, 1991; M. CROISAT, *Le fédéralisme dans les démocraties contemporaines*, 2ª ed., Montchrestien, Paris, 1995; J. KINCAID, G.A. TARR, *Constitutional Origins, Structure, and Change in Federal Countries*, McGill-Queen's U.P., Montreal-Kingston, 2005; A. REPOSO, *Profili dello Stato autonomico*, 2ª ed., Giappichelli, Torino, 2005; M. BURGESS, *Comparative Federalism: Theory and Practice*, Routledge, London, 2006; G. ANDERSON, *Federalism: An Introduction*, Oxford U.P., Toronto et al., 2008; E. CHEMERINSKY, *Enhancing Government: Federalism for the 21st Century*, Stanford U.P., Stanford, 2008; F. PALERMO, J. WOELK, *Diritto costituzio-*

centralização administrativa no âmbito do Estado relacione-se (predominantemente) com a organização do Estado, e não com o tipo de Estado, por razões de coerência sistemática, far-se-á menção ao longo deste capítulo.

§ 2. LÉXICO DA DESCENTRALIZAÇÃO POLÍTICA E ADMINISTRATIVA

Alguns esclarecimentos terminológicos são necessários para diferenciar as várias expressões geralmente utilizadas para tratar desta matéria[6]. Na doutrina dos diversos países, não há grande unanimidade de pontos de vista. Muitas e bem diversificadas são as experiências para chegar a definições comuns; frequentemente, o léxico é contaminado por opções políticas. Por exemplo, os juristas de Quebec definem o Canadá como uma "confederação", os anglófonos o reconhecem como um "Estado federal"; na Itália, falou-se de "federalismo" e de "devolução" para aludir a coisas muito diferentes deles e entre si, e sobretudo distintas das que correspondem a experiências concretas. Mais que em outros campos, a história e a análise contemporânea nos oferecem muitos casos distintos.

Há uma outra observação a fazer: o federalismo e a descentralização em geral são percebidos como coisas "positivas", boas, e, por isso, poucos renunciam a usar a respectiva terminologia. Isso é percebido sobretudo nas qualificações constitucionais: o art. 1 da Constituição da Bélgica afirma drasticamente que «est un État fédéral» (ainda que a doutrina tenha dúvidas a respeito). A Venezuela, por sua vez, não renuncia a esta qualificação, mesmo sem uma Câmara representativa dos entes periféricos, os quais possuem pouquíssimas competên-

---

nale comparato dei gruppi e delle minoranze, Cedam, Padova, 2008. Entre as obras mais recentes e prospectivas: E. ÁLVAREZ CONDE (ed.), *El futuro del modelo de Estado*, Imap, Madrid, 2007; R.L. BLANCO VALDÉS, *Los rostros del federalismo*, Alianza, Madrid, 2012; F. PALERMO, E. ALBER (eds), *Federalism as Decision-Making*, Brill-Nijhoff, Leiden-Boston, 2015.

[6] Para as definições, W.H. RIKER, *Federalism: Origin, Operation, Significance*, Little, Brown & Co., Boston, 1964; D. DE ROUGEMONT, F. SAINT-OUEN (eds), *Dictionnaire international du fédéralisme*, Bruylant, Bruxelles, 1994; L. PEGORARO, S. BAGNI, G. PAVANI (eds), *Glossario di amministrazione locale comparata*, Giuffrè, Milano, 2002; T. GROPPI, *Il federalismo*, Laterza, Roma-Bari, 2004.

cias; na Itália, inclusive as propostas de reforma mais insignificantes em tema de autonomia utilizam a pomposa intitulação "ordenamento federal da República"; no Iraque, caracterizado por uma organização tribal e por uma cultura jurídica muito longe da que marcou os processos federativos ocidentais, foi imposta uma estrutura pseudofederal, que ecoa na Constituição; etc. Não só a doutrina, mas, sobretudo, as Constituições e as leis, às vezes se deixam levar e abusam das palavras de descentralização. Ademais, geralmente a linguagem da doutrina, quando define um ou mais ordenamentos como "federais", "decentralizados", "regionais", etc., não usa estas expressões com os mesmos sentidos que lhes dão as Constituições. Tudo isso incita a abandonar classificações rígidas do fenômeno, mas não a renunciar à busca dos sentidos amplamente compartilhados de algumas palavras-chave da descentralização[7].

Por Estado unitário, entende-se uma organização caracterizada pela ausência de autonomias políticas expressivas da territorialidade. Isso não significa que não existam formas de descentralização do poder, mas apenas que estas fazem sempre referência e dependem do ordenamento central. Podem ser descentralizadas funções e competências, mas apenas em nível administrativo, não legislativo, político, de direção. Sobretudo, os ordenamentos são sempre caracterizados pela presença de um ou mais níveis de administração local. Nenhum Estado, nem mesmo o III *Reich*, pode ser totalmente centralizado. (Fazem exceção, caso queiram, alguns microestados, como o Vaticano, mas até ele é dividido em paróquias.)

Ao invés, o Estado que reconhece a descentralização política ou institucional, para conferir aos entes territoriais maiores, ou a alguns deles, poderes próprios, inclusive com competência legislativa e de direção política, é definido composto, ou policêntrico, ou, às vezes, descentralizado, ou, inclusive, "autonô-

---

[7] L. PEGORARO, *Las definiciones de los ordenamientos descentralizados en los estatutos de las Regiones italianas y de las Comunidades Autónomas*, in *Rev. vasca adm públ.*, n. 86, 2010, p. 139 e ss.; ID., *Autonomía y descentralización en el derecho comparado: cuestiones metodológicas*, in L. ESTUPIÑÁN ACHURY, G. GAITÁN BOHÓRQUEZ (eds), *El principio constitucional de autonomía territorial. Realidad y experiencias comparadas*, Un. del Rosario, Bogotá, 2010, p. 3 e ss.

mico", como categoria geral, ainda que tomada emprestada da expressão espanhola[8].

A palavra "federalismo" é geralmente diferenciada de "Estado federal". Com a primeira, entende-se «a corrente de pensamento que propugna por uma forma de organização social capaz de conjugar duas tendências opostas da sociedade moderna: de um lado, a da globalização da economia e do compartilhamento dos recursos; do outro, a da defesa da identidade histórico-cultural dos grupos e dos indivíduos»[9]. Configura-se, então, como categoria político-filosófica, mas, ao mesmo tempo, como teoria jurídica, ou também como modelo ou método ou filosofia social e econômica. Não coincide, por isso, com uma das suas implementações –o Estado federal– encontrando realização também em outras formas, como a do Estado regional e suas variantes, de Estado composto em geral e, inclusive, de outras formas de agregação, destinadas a valorizar as diversidades das comunidades nacionais, étnico-linguísticas, culturais, territoriais em marcos institucionais mais amplos (*devolution*, Estado autonômico, entidades supranacionais, etc.)[10].

"Estado federal" é a expressão mais conhecida do federalismo como teoria, mas não a exaure. O Estado federal é reconhecível (com um certo esforço) pela presença de algumas características, por vezes atribuídas à gênese, à alocação da soberania, à presença de uma Câmara representativa das autonomias, à participação nos processos de revisão constitucional, etc. Note-se que as várias Constituições qualificam diversamente os respectivos ordenamentos disciplinados, com expressões como federação, união, *commonwealth* (além de "confederação", como na Suíça).

[8] Respectivamente, ver M.A. APARICIO (ed.), J.M. CASTELLÁ ANDREU, E. EXPÓSITO (coords.), *Derechos y libertades en los Estados compuestos*, Atelier, Barcelona, 2005, e J.C. GAVARA DE CARA, F. VALLÈS VIVES, *Los regímenes electorales territoriales en los Estados compuestos. Alemania, Estados Unidos e Italia*, Congreso de los Diputados, Madrid, 2007; A. REPOSO, *Profili dello Stato autonomico*, cit.

[9] S. BAGNI, verbete *Federalismo*, in L. PEGORARO, S. BAGNI, G. PAVANI (eds), *Glossario di amministrazione locale comparata*, cit., p. 64.

[10] Sobre as várias acepções do federalismo, em uma perspectiva político-filosófica, A. ALBERTINI, *Il federalismo. Antologia e definizioni*, 2ª ed., il Mulino, Bologna, 1993.

Posto isso, pode-se falar, em alguns contextos, de "regionalismo", como teoria, e de "Estado regional", como sua manifestação mais evidente. Em particular, a ideia de regionalismo alimenta-se de doutrinas que preconizam formas de descentralização política mais atenuadas em relação às propostas pelo federalismo; por sua vez, o Estado regional distinguir-se-ia do federal ou por razões essencialmente jurídicas, relacionadas ao deslocamento da soberania, ou por motivos pragmáticos: a menor autonomia da qual gozariam os entes descentralizados, em relação aos que participam de uma união federal. Neste capítulo, veremos mais à frente como, de fato, nenhuma destas teses é satisfatória[11].

"Confederação" indica uma organização de direito internacional, formada por vários Estados, que assume as próprias decisões por unanimidade e que contempla, por consequência, o poder de secessão a qualquer momento.

Os entes territoriais periféricos de natureza política assumem, nos vários países, nomes distintos: Estados (Estados Unidos da América, México, Brasil), Comunidades Autônomas (Espanha), *Länder* (Alemanha, Áustria), Cantões (Suíça), Províncias (Canadá, Argentina), Regiões (Bélgica, Itália), e equivalentes em outras línguas. Um risco que se corre, muitas vezes, (especialmente quando existem raízes comuns) é de designar com uma palavra considerada traduzível objetos profundamente diferentes: por exemplo, no Canadá, as *"Provinces"* têm pouco a ver com as *"Province"* italianas ou espanholas; assim como os *Länder*, que, porém, –diz-se– geralmente não se traduz. Traduzir ambos (e outros entes análogos) por "Estados" (como se faz com os Estados dos Estados Unidos, apenas porque lá se denominam *"States"*), poderia servir para simplificar as coisas, se "Estado", nos países não federais, não tivesse um significado diferente (isto é, não de "Estado-membro", contraposto à Federação, mas de ordenamento jurídico soberano); deixar a tradução assonante ("Província") significa, antes de tudo, confundir o leitor, imediatamente levado a identificar a palavra com aquela em uso no país de tradução para designar um ente dotado de competências meramente administrativas. (Acontece o oposto na Argentina, porém.) Logo, sob a ótica comparativa, caberia usar palavras distintas para designar en-

[11] *Infra*, § 8.

tes munidos substancialmente de competências similares e que ocupam, na organização do tipo de Estado, um papel similar. (Para "Cantões", não há este problema.)

Também onde o Estado não reconhece autonomia política aos entes territoriais periféricos, as funções não são nunca ou quase nunca totalmente centralizadas.

Define-se descentralização como um modelo organizativo que descreve situações diversas, com referência à relação entre titularidade da função e seu exercício. Em um primeiro sentido, a descentralização, chamada em alguns casos de "desconcentração" ou "descentralização burocrática", consiste na mera delegação de funções no interior da organização administrativa estatal. O centro, sem transferência da titularidade de funções, continua a dirigir a atividade da periferia através dos poderes de controle e direção que decorrem da relação hierárquica. Nesta figura, o único sujeito é o aparato administrativo estatal. Define-se descentralização institucional ou por serviços a transferência de funções administrativas específicas e técnicas a entes separados do Estado, que não têm o requisito da territorialidade e são especializados no exercício das atividades econômicas relativas às funções transferidas (os chamados entes públicos instrumentais). Fala-se em autarquia quando a delegação do exercício de funções administrativas é dirigida a um ente diferente do aparato do Estado-pessoa.

A descentralização administrativa implica a transferência de um efetivo poder decisório, e não meramente executivo. Mesmo em ausência de poderes de decisão política e de direcionamento, a titularidade de função deve ser exclusiva: entre o órgão ou o ente central e o periférico, instaura-se uma relação baseada no critério de competência, e não no de hierarquia, quebrando o vínculo de subordinação que permite ao órgão superior avocar o exercício do poder, substituindo-se ao de nível inferior na decisão definitiva. A descentralização administrativa é um componente necessário, mas não exclusivo, de um sistema de autonomias territoriais, as quais possuem não só o poder de agir com autoridade no exercício de ditar funções, mas também de fixar os objetivos da sua atividade.

Como foi salientado de forma eficaz, «É necessário [...] considerar que está em curso uma evolução dos entes locais que torna mais difícil a distinção entre eles e as Regiões. De fato, a linha de divisão não é dada pelo reconhecimento constitucional das segundas, já que na maioria das vezes a existência dos primeiros é igualmente prevista nos textos constitucionais [...]. Também a tradicional qualificação dos entes locais como "entes autárquicos" resulta já insuficiente e é frequentemente rechaçada por disposições constitucionais que os definem expressamente como "entes autônomos". Trata-se, como nas Regiões, de autonomia política, como se dessuem do caráter eletivo dos órgãos, da natureza dos entes representativos da comunidade local e legitimados a tratar de seus interesses, do poder de adotar estatutos de autonomia no âmbito dos princípios fixados pela Constituição ou pela lei, da faculdade de determinar autonomamente uma direção político-administrativa própria»[12]. Em alguns países, como o México, a autonomia impositiva –a que permite implementar um verdadeiro direcionamento político– é maior para os Municípios do que para o Estado. Em outros, como o Brasil, existe quase uma equiparação institucional substancial entre Municípios e Estados[13].

§ 3. Estado unitário, descentralização administrativa e autonomias locais

O Estado unitário também conhece formas de articulação territorial a favor dos entes territoriais considerados menores, que, nos sistemas ocidentais e nos por eles influenciados ou organizados no período colonial, consistem quase sempre em: um ente de base (*Comune* ou Município, *Parish* ou *Town* ou *Community Council*, Freguesia, etc.); e em um ente intermediá-

---

[12] M. Volpi, *La distribuzione territoriale dei poteri*, cit., p. 378, o qual, contudo, pondera que «entre entes locais e Regiões persistem algumas diferenças significativas. As mais relevantes decorrem do fato de que as Regiões possuem também a autonomia legislativa e são titulares de instrumentos de participação na determinação da direção política do Estado. Ademais, às Regiões incumbem competências que afetam os ordenamentos dos entes locais e seu funcionamento. Trata-se de diferenças não só quantitativas, mas qualitativas, uma vez que os entes locais não possuem a mesma possibilidade de impactar politicamente no ordenamento geral do Estado, o qual, deste modo, em ausência de um nível regional de governo, permanece fundamentalmente unido». Para a definição de *Autonomia (teoria generale e diritto pubblico)*, veja a verbete de M.S. Giannini, in *Enc. dir.*, IV, Giuffrè, Milano, 1959, p. 356 e ss.

[13] Vide § 3, nota 21.

rio (Província ou Estado-membro); e, às vezes, em um terceiro nível (Regiões Administrativas, Distritos, Circunscrições, Cidades Metropolitanas, etc.). Algumas vezes, os Municípios maiores podem ser articulados em subpartes (Circunscrição, *Arrondissement* ...) e, geralmente, os entes locais podem unir-se em formas associativas para a gestão e a distribuição de serviços específicos[14].

[14] Entre as publicações comparatistas sobre descentralização administrativa e os entes locais, em espanhol: G. PAVANI, L. PEGORARO (eds), *Municipios de Occidente*, cit.; A.M. HERNÁNDEZ, *Derecho municipal. Parte general*, Unam, México, 2003; L. ESTUPIÑÁN ACHURY, G. GAITÁN BOHÓRQUEZ (eds), *El principio constitucional de autonomía territorial*, cit.; G. PAVANI, L. ESTUPIÑÁN ACHURY, *Mutaciones del Estado unitario en América Latina. Nuevos rasgos metodológicos para el estudio de los procesos de descentralización – Transformations of Unitary State in Latin America. New Methodological Paths to Study Decentralization Processes*, in Rev. gen. der. publ. comp., n. 19, 2016 (também in S. BAGNI, G.A. FIGUEROA MEJÍA, G. PAVANI (eds), *La ciencia del derecho constitucional comparado*, cit., II, p. 443 e ss.), e outros ensaios do número monográfico da mesma Revista por elas coordenado "Las tendencias del Estado Unitario en América Latina". Em perspectiva histórica, R. FERRERO MICÓ, *Autonomía Municipal en el mundo mediterráneo. Historia y perspectivas*, Fund. prof. Manuel Broseta, Valencia, 2002; em italiano, L. VANDELLI, *Poteri locali. Le origini nella Francia rivoluzionaria; le prospettive nell'Europa delle regioni*, il Mulino, Bologna, 1990; S. GAMBINO (ed.), *L'organizzazione del governo locale. Esperienze a confronto*, Maggioli, Rimini, 1992; L. BOBBIO, *I governi locali nelle democrazie contemporanee*, 2ª ed., Laterza, Roma-Bari, 2004; H. KUDO, G. LADU, L. PEGORARO (eds), *Municipi d'oriente. Il governo locale in Europa orientale, Asia, Australia*, Donzelli, Roma, 2008; em alemão, S. VON ZIMMERMANN-WIENHUES, *Kommunale Selbstverwaltung in einer Europäischen Union: deutsche Gemeinden und spanische "municipios" im europäischen Integrationsprozeß*, Duncker & Humblot, Berlin, 1997; T. SCHÄFER, *Die deutsche kommunale Selbstverwaltung in der Europäischen Union*, Kohlhammer, Stuttgart, 1998; W. DRECHSLER (ed.), *Die selbstverwaltete Gemeinde: Beiträge zu ihrer Vergangenheit, Gegenwart und Zukunft in Estland, Deutschland und Europa*, Duncker & Humblot, Berlin, 1999; A. BOVENSCHULTE (ed.), *Demokratie und Selbstverwaltung in Europa. Festschrift für Dian Schefold zum 65. Geburtstag*, Nomos, Baden-Baden, 2001; em francês S. FLOGAÏTIS, *La notion de décentralisation en France, en Allemagne et en Italie*, Lgdj, Paris, 1979; J.-F. AUBY, R. NOGUELLOU, J.-B. AUBY, *Droit des collectivités locales*, 5ᵉ ed., Puf, Paris, 2009; G.J. GUGLIELMI, J. MARTIN, *Le droit constitutionnel des collectivités territoriales. Aspects de droit public comparé*, Berger-Levrault, Boulogne-Billancourt, 2015. Para a literatura anglo-saxã, v. *supra*, § 1, nota 5, e, ademais, J. KINCAID, N.C. STEYTLER, *Local Government and Metropolitan Regions in Federal Systems*, McGill-Queen's U.P., Montreal, 2009.

A palavra *"municipium"* indica, em latim, o conceito "governo local", e *"municeps"* "cidadão do Município". Derivam de *"munus"*, ou seja, "o dever, a função, o ofício" e de *"capere"* (tomar). Em francês, usa-se a palavra *"municipalité"* e, em inglês, *"municipality"*, ainda que os entes locais de base sejam indicados com outras expressões. As palavras *"Comune"* (em italiano) ou *"Commune"* (em francês) derivam do latim *"communis"*, que significa "geral, compartilhado, ordinário"; em alemão *"die Gemeinde"* tem a mesma construção gramatical de *"communis"* (*"ge"* + *"mein"*, ou seja, aquilo que se compartilha)[15].

Na França, a subdivisão comunal é profundamente radicada na história e na cultura administrativa do país, que é o mais fracionado da Europa. Os quase 37.000 *Communes*, como os outros entes locais, gozam de autonomia muito limitada, dado que o Estado tem a reserva de lei sobre princípios fundamentais da autonomia da coletividade e considerando que o princípio da livre administração é aplicado apenas às competências atribuídas pela lei. Apenas os Territórios Ultramarinos, não os *Communes* e outros entes, possuem competência estatutária; os *Communes* exercem apenas competências administrativas, ainda que através do poder regulamentar, reconhecido na Constituição. Desde a primeira reforma sobre descentralização nos anos 80, as matérias de atribuição de cada ente eram indicadas pela lei segundo um critério rígido de atribuição, temperado, contudo, pelo princípio da "vocação natural" do ente. As últimas reformas previram uma cláusula de competências gerais e identificam as coletividades territoriais *"chefs de file"*, ou seja, o ente (entre Regiões, Departamentos e *Communes*) que, em uma determinada matéria, torna-se o ente de referência[16]. Subsistem graves problemas financeiros, já que

---

[15] Para as classificações dos modelos de administração local, ver L. PEGORARO, *Premisas metodológicas para una investigación de derecho comparado de las garantías constitucionales y legislativas de los entes locales*, in *Letras jurídicas. Rev. investigadores Inst. inv. jur. U.V.*, n. 6, 2002, p. 15 e ss., in *Rev. der. const.*, n. 6, 2002, p. 141 e ss., e em L. PEGORARO, *Ensayos sobre justicia constitucional, la descentralización y las libertades*, cit., p. 269 e ss.

[16] Por último, ver a Lei 2014-58 de 27 de janeiro de 2014, "De l'action publique territoriale et d'affirmation des métropoles", denominada, também, "loi MAPAM". Para a doutrina, C. BACOYANNIS, *Le principe constitutionnel de libre administration des collectivités territoriales*, Eco-

a redistribuição dos recursos do Estado é limitada e incentiva a chamada *intercommunalité*, isto é, a ação de cooperação intercomunal. Os *Communes* são governados por um Conselho que elege, no seu seio, o Prefeito*.

Na Espanha, o Município (*Ayuntamiento*) é um ente necessário previsto pela Constituição (art. 137). Isso implica que os legisladores estatal e regional devem assegurar aos Municípios competências e poderes próprios. De fato, as funções atribuídas aos Municípios são de natureza administrativa, com poderes regulamentares, de decisão e de auto-organização. Os *Ayuntamientos* são constituídos por três órgãos: o Prefeito (*Alcalde*), eleito pelos conselheiros, os *tenientes de Alcalde*, nomeados pelo Prefeito, e o Pleno, formado por todos os conselheiros, eleitos pelos cidadãos e presidido pelo Prefeito. Nos Municípios com população superior a 5.000 habitantes, é, ademais, prevista uma Comissão de governo, formada pelo Prefeito e por membros do Conselho. O poder financeiro permanece com o governo central[17].

---

nomica, Paris, 1993; J. PALARD (ed.), *Décentralisation et démocratie locale*, La documentation française, Paris 1993; J. BLANC, B. REMOND, *Les collectivités locales*, Dalloz, Paris, 1994; J.-F. LACHAUME, *L'administration communale*, 2ª ed., Lgdj, Paris 1997; B. FAURE, *Le pouvoir réglementaire des collectivités locales*, Lgdj, Paris, 1998; M. JOYAU, *De l'autonomie des collectivités territoriales françaises: essai sur la liberté du pouvoir normatif local*, Lgdj, Paris, 1998; D. TURPIN, *Droit de la décentralisation: principes, institutions, compétences*, Gualino, Paris, 1998; Y. LUCHAIRE, F. LUCHAIRE, *Décentralisation et constitution. Commentaire de la loi constitutionnelle relative a l'organisation décentralisée de la République*, Economica, Paris, 2003; J. BAGUENARD, *La décentralisation*, 7ª ed., Puf, Paris, 2004; J. MOREAU, *Administration régionale, départementale et municipale*, 14ª ed., Dalloz, Paris, 2004; E. VITAL DURAND, *Les collectivités territoriales en France*, 9ª ed., Hachette, Paris, 2013.

* O "Prefeito" corresponde à figura do *Alcalde* (países de língua espanhola), *Maire* (França), *Sindaco* (Itália) *Burgermeister* (Alemanha), *Mayor* (países anglo-saxões), etc., e se caracteriza pela origem popular; o *"Préfet"* (França) ou *"Prefetto"* (Itália), nos países que seguem o modelo francês, é, na verdade, o órgão periférico do Governo com competência geral. Nos sistemas de matriz francesa, o *Préfet* (ou *Prefetto*) é superior ao *Maire* (*Sindaco*) no exercício das suas funções governamentais. Isso pode gerar confusão na tradução da palavra ao português [Nota da tradutora].

[17] Veja F. SOSA WAGNER, *Manual de Derecho Local (actualizado conforme a la ley 57/2003, de 16 de diciembre, de medidas para la moderni-*

Também na Itália, o *Comune* é um ente necessário estabelecido pela Constituição. Tem competências administrativas gerais residuais sobre todas as matérias de interesse local e exerce as outras funções delegadas pelo Estado e pelas Regiões. Goza de competência estatutária e regulamentar. A forma de governo local baseia-se em um Prefeito e um Conselho eleitos diretamente por meio do sistema majoritário, salvo eventual segundo turno; os membros da Junta são nomeados pelo Prefeito, com voto de confiança do Conselho. Apenas em teoria o *Comune* tem plena competência impositiva e financeira, em harmonia com a Constituição e no âmbito das leis de coordenação das finanças públicas; pode instituir, mediante regulamento, tributos próprios[18].

As atribuições da *Gemeinde* alemã são constitucionalmente tuteladas e lhe incumbem "os assuntos da comunidade local", que a jurisprudência constitucional contribuiu para definir. Característicos da organização territorial alemã são os chamados assuntos por encargo, ou seja, as funções que são atribuídas ao Município por um ente superior. Como na Itália, no exercício de tais atribuições, o *Comune* é o órgão descentralizado da administração estatal e não goza de autonomia. A forma de governo comunal varia com base em quatro tipologias diferentes, a depender do *Land*: além de um órgão representativo dos cidadãos, o ápice do aparato administrativo pode ser, por vezes, um colégio, um órgão monocrático eleito pelo Conselho ou eleito diretamente pelos cidadãos, ou o próprio Conse-

---

zación del gobierno local), 8ª ed., Thomson-Aranzadi, Madrid, 2004; J.L. RIVERO YSERN, *Manual de Derecho Local*, 6ª ed., Thomson-Civitas, Madrid, 2010; M. MUÑOZ MACHADO (ed.), *Tratado de Derecho Municipal*, 3ª ed., 4 vols., Iustel, Madrid, 2011. Útil suporte (também pelos ensaios comparatistas que geralmente contém) é o *Anuario del Gobierno local*, coordenado por T. FONT I LLOVET y A. GALÁN GALÁN, Idp, Barcelona.

[18] Em perspectiva histórico-reconstrutiva: S. ROMANO, verbete *Comune (parte generale)*, in V.E. ORLANDO (ed.), *Primo Trattato completo di diritto amministrativo italiano*, II, parte I, Soc. ed. libraria, Milano, 1908, p. 513 e ss.; G. BERTI, *Caratteri dell'amministrazione comunale e provinciale*, Cedam, Padova, 1969; ID., *Amministrazione comunale e provinciale*, Cedam, Padova, 1994; L. VANDELLI, F. MASTRAGOSTINO, *I comuni e le province*, il Mulino, Bologna, 1996; G. ROLLA, *Manuale di diritto degli enti locali*, 4ª ed., Maggioli, Rimini, 1997. Depois da revisão constitucional de 2001, F. STADERINI, P. CARETTI, P. MILAZZO, *Diritto degli enti locali*, Cedam, Padova, 2014.

lho, presidido pelo Prefeito (*Bürgermeister*), que pode desenvolver diretamente também as funções executivas[19].

No Reino Unido, composto por inúmeros entes cuja fisionomia tem suas origens no período medieval, a organização territorial segue um modelo distinto e não existem entes locais semelhantes ao Município francês, italiano ou espanhol. A autonomia dos entes locais, disciplinadas pelos *Local Government Act* emanados do Parlamento (para a Escócia, pelo Parlamento Regional), que dispõem sobre as competências, os poderes e as formas organizativas dos entes locais, é limitada seja por fortes poderes atribuíveis ao Governo central (ou aos Parlamentos Regionais) em matéria impositiva, seja pelo exercício direto das competências locais por parte do Governo central em caso de situações graves e urgentes. As autoridades locais podem adotar *bylaws*, expressão da *subordinate legislation*, que são submetidas à aprovação e ao controle do poder central. As reformas de 1999/2000 aproximaram a administração do Reino Unido ao modelo continental de forma de governo local. De fato, foi prevista a figura do Prefeito (*Mayor*), eleito diretamente ou nomeado dentro do Gabinete, que desenvolve funções executivas, assumindo a responsabilidade da atividade do ente. Um modelo híbrido de municipalidade diz respeito a Londres, que tem como órgãos um Prefeito e um Conselho, diretamente eleitos, e quatro autoridades funcionais nomeadas pelo Prefeito[20].

[19] Cf. M. HOFFMANN ET AL. (eds), *Kommunale Selbstverwaltung im Spiegel von Verfassungsrecht und Verwaltungsrecht*, Boorberg, Stuttgart, 1996; F. SCHOCH (ed.), *Selbstverwaltung der Kreise in Deutschland*, Heymanns, Köln, 1996; R. STOBER, *Kommunalrecht in der Bundesrepublik Deutschland*, 3ª ed., Kohlhammer, Stuttgart, 1996; A. GERN, *Deutsches Kommunalrecht*, 2ª ed., Nomos, Baden-Baden, 1997; K. WAECHTER, *Kommunalrecht: Ein Lehrbuch*, 3ª ed., Heymanns, Berlin-Bonn-München-Köln, 1997; A. ARETIN, *Das Recht der kommunalen Selbstverwaltung in den neuen Bundesländern*, Lang, Frankfurt a.M. et al., 1998; A. BOVENSCHULTE, *Gemeindeverbände als Organisationsformen kommunaler Selbstverwaltung*, Nomos, Baden-Baden, 2000; V. MAYER, *Kommunale Selbstverwaltung in den ostdeutschen Ländern*, Mayer-Volker, Bayreuth, 2001; K. VOGELGESANG, *Kommunale Selbstverwaltung*, 3ª ed., Schmidt, Berlin, 2005.

[20] K.B. SMELLIE, *A History of Local Government*, Allen & Unwin, London, 1968; R. ROSE, *Understanding the United Kingdom: The Territorial Dimension in Government*, Longman, London, 1982; G.W. JONES, J. STEWART, *The Case for Local Government*, Allen & Unwin, London, 1985; J. STEWART, G. STOKER (eds), *Local Government in the 1990s*, Macmillan,

Em alguns ordenamentos, como o Brasil, os Municípios –como já dito– desempenham um papel constitucional quase igual aos dos Estados-membros: são considerados entes originários e fundadores da Federação, e gozam de poder normativo[21]. Também em outros lugares, às vezes gozam de poder normativo primário (ainda que sujeito a vários limites)[22].

Acima dos Municípios (ou de seus homólogos), muitos ordenamentos preveem um nível de descentralização administrativa, às vezes definido "Província", como os territórios que o direito romano confiava ao governo dos procônsules ou dos propretores (aos quais se deve o nome do território francês denominado *"Provence"*): não se deve confundir com as Províncias dotadas de competências legislativas e de direção política, que designam, por exemplo, no Canadá e na Argentina, entes que em outros locais são chamados de Estados (ou Cantões).

Basingstoke, 1995; D. WILSON, C. GAME, *Local Government in the United Kingdom*, Macmillan, London, 1998; em italiano, A. TORRE (ed.), *Processi di* devolution *e transizioni costituzionali negli Stati unitari (dal Regno Unito all'Europa)*, Giappichelli, Torino, 2007; P. MARTINO, *Centri e periferie del potere nel Regno Unito: le nuove dimensioni di un antico confronto*, Maggioli, Rimini, 2014.

[21] No sentido de que os Municípios não integram o sistema federal, J. NILO DE CASTRO, *Direito municipal positivo*, 5ª ed., Del Rey, Belo Horizonte, 2001, p. 57 e ss. Mais flexível a posição de R.M. MACERO NERY FERRARI, *Elementos de Direito Municipal*, Ed. Revista do Tribunais, São Paulo, 1993. Ver, no entanto: T. MUKAI, *O Regime Jurídico Municipal e as Regiões Metropolitanas*, Sugestões Literárias, São Paulo, 1976; H. LOPES MEIRELLES, *Direito Municipal Brasileiro*, 10ª ed., Malheiros, São Paulo, 1998; U. COSTÓDIO FILHO, *As Competências do Município na Constituição Federal do 1988*, Ibdc-Celso Bastos, São Paulo, 2000; em relação ao controle de constitucionalidade das leis municipais, M.C. DE ALMEIDA NETO, *O Novo Controle de Constitucionalidade municipal*, Forense, Rio de Janeiro, 2011.

[22] Ver, por exemplo, para o Peru, E. BLUME FORTINI (ed.), *El rango de ley de las ordenanzas municipales en la Constitución de 1993*, Ed. Municipalidad metropolitana de Lima, Lima, 1997; para o México, J. GARCÍA SÁNCHEZ, *El Municipio (Sus relaciones con la Federación)*, Porrúa, México, 1986; S. VALENCIA CARMONA, *Derecho Municipal*, Porrúa-Unam, México, 2003, p. 151 e ss.; para a Argentina, H. ROSATTI, *Tratado de derecho municipal*, 3 vols., Rubinzal-Culzoni, Santa Fe, 1991; A.M. HERNÁNDEZ, A. ZARZA MENSAQUE ET AL., *Cartas orgánicas municipales*, García, Buenos Aires, 1991; J.F. BRUGGE, A. MOONEY, *Derecho municipal argentino*, García, Buenos Aires, 1994; A.M. HERNÁNDEZ, *Tratado de Derecho Municipal*, Abeledo Perrot, Buenos Aires, 2009.

Na França, o que na Espanha e na Itália denomina-se Província corresponde, desde a época revolucionária e depois de Napoleão, ao *Département*, que representa uma circunscrição territorial governada por um representante do Estado, o *"Préfet"*; hoje, sem prejuízo das competências próprias no que concerne à descentralização burocrática, os Departamentos são regidos por um conselho eleito, que, por sua vez, elege o seu Presidente, titular das funções executivas. De maneira parecida, na Espanha, a Província evoluiu de mera circunscrição territorial a ente autônomo previsto pela Constituição, governado pela *Diputación provincial*, conforme um modelo similar ao municipal: é constituída pelo Presidente, pelos Vice-Presidentes e pela Comissão de governo, e goza de poderes regulamentares e de decisão. O sistema financeiro e fiscal é, na maioria das vezes, disciplinado por leis estatais e pelas Comunidades Autônomas[23].

Também na Itália, a Província indicava (e indica ainda hoje) circunscrições territoriais nas quais se articula o Estado, que exerce, de maneira descentralizada, as próprias funções, por meio dos *Prefetti*. Com a Constituição de 1947, a Província transformou-se em ente autônomo e goza de um grau e de um tipo de autonomia correspondente ao da *Comune* (Município). Está ocorrendo um processo de redimensionamento e de esvaziamento das suas competências. A Lei 56/2014 "Disposições sobre as cidades metropolitanas, as províncias, as uniões e as fusões de municípios" está já produzindo efeitos: posteriormente à sua vigência, não foram realizadas as eleições provinciais e, em muitas Regiões, a Província já foi substituída pela Cidade Metropolitana e pelos seus órgãos[24].

Na Alemanha –onde a palavra *Land* seria traduzida por "Estado-membro" (ou "Província", mas desta vez em sentido de

---

[23] Para a Espanha, v. R. Gómez-Ferrer, *La provincia en el sistema constitucional*, Civitas, Madrid, 1991; S. Martín-Retortillo Baquer, *La provincia: pasado, presente y futuro*, Civitas, Madrid, 1991; J. García Álvarez, *Provincias, Regiones y Comunidades Autónomas. La formación del mapa político de España*, Senado, Madrid, 2002; M. Salvador Crespo, *La autonomía provincial en el sistema constitucional español*, Inap-Fund. Democracia y Gobierno Local, Barcelona, 2007.

[24] Entre os livros mais recentes, L. Vandelli (ed.), *Città metropolitane, province, unioni e fusioni di comuni*, Maggioli, Rimini, 2014; B. Di Giacomo Russo, A. Tarzia (eds), *Il nuovo governo locale. Analisi della legge n. 56/2014*, Ed. Scientifica, Napoli, 2015.

ente político)– existe um nível de autonomia territorial intermunicipal reconhecido pelo *Grundgesetz*: o Distrito (*Kreis*), que desenvolve funções de natureza "supralocal" expressamente atribuídas por lei e, portanto, não têm um âmbito de autonomia próprio como o Município. Também para o Distrito vige o princípio de autonomia administrativa e um sistema diferenciado de administração similar ao da *Gemeinde*.

A subdivisão do Reino Unido em *Counties* (que remonta, na Inglaterra, à conquista normanda, e em Gales e na Escócia, à metade do século XVI) tem eco, hoje em dia, na expressão que designa o ente intermediário, por vezes instituído por lei do Parlamento. Para fornecer alguns serviços administrativos aos cidadãos, são organizados de acordo com módulos diferentes: das 206 áreas administrativas existentes, 34 são geridas através de conselhos locais e distritais, enquanto as restantes são governadas por uma autoridade única, salvo o caso atípico da *"Greater London"*, governada por conselhos dos *London Boroughs*[25].

Das várias classificações dos sistemas de governo local, constata-se que o modelo francês, o napoleônico, eleva-se, frequentemente, a arquétipo a se comparar com os sistemas que permaneceram imunes à sua influência ou, pelo menos, não o absorveram ou rejeitaram os aspectos mais significativos em pouco tempo. Tal modelo caracteriza-se pela escolha da *uniformité*, como decorrência do princípio da *égalité* (entendido, no caso concreto, como supressão de qualquer privilégio de natureza territorial); após as conquistas napoleônicas, o modelo permeou as leis municipais belgas, piemontesas, holandesas, espanholas; traduz-se em um único ordenamento válido para todos os Municípios, independentemente das dimensões territoriais, e, no sistema das fontes, em uma lei estatal hierarquicamente superior às eventuais formas normativas dos entes menores. Um outro elemento que distingue o modelo francês dos outros sistemas é o paralelismo entre *décentralisation* e *déconcentration*, ou seja, a presença, ao lado do nível local, de uma administração periférica do Estado, que emite o comando do Ministro ao administrado, passando pelo *"Préfet"* e pelo *"Maire"*. Deve-se recordar, pois, o forte sistema de controles, tanto sobre os atos quanto sobre os órgãos.

[25] Veja *supra* a bibliografia sobre autonomia local, notas 14 e ss.

Alguns autores contrapõem o modelo francês, imitado em vários ordenamentos da Europa Ocidental e Central, ao dos países da Europa Setentrional; outros subdividem os países alheios à influência francesa em anglo e norte-centro-europeu, mas foram propostas outras classificações. Além de em alguns países da área mediterrânea, aos quais o modelo foi imposto após as conquistas napoleônicas, em muitos outros o modelo foi difundido a vários títulos e com variantes e adaptações em relação ao original: nos países da África do Norte, através da influência francesa; nos da América Latina, por intermediação, por obra, sobretudo, da Espanha e de outros países europeus; em outros, ainda, assistiu-se a uma imitação espontânea (na Grécia, por exemplo). Em alguns ordenamentos (Holanda), a influência francesa efetivamente apagou experiências federativas originais[26]. Embora existam um modelo alemão, um nórdico e ainda outros, a alternativa mais significativa ao modelo francês é representada, de todo modo, pelo anglo-saxão.

A estrutura atual do *self-government* inglês tem raízes na concentração do poder na capital e, por esta, no Parlamento, que, todavia, em relação à França, sempre concedeu uma maior liberdade às administrações rurais e urbanas: não existe a figura do *Préfet*, nem há um regime de controles com capilaridade sobre o território. Isso favoreceu a proliferação de várias tipologias de entes locais (alguns dos quais foram mencionados acima): paróquias (*Parishes*), burgos (*Boroughs*), cidades (*Cities*), condados (*Counties*), distritos (*Districts*). As reformas realizadas pelos *Local Government Acts* de 1888 e de 1895 mantiveram a distinção entre áreas urbanas e rurais, como também as reformas dos anos 70 e 80 do século passado, baseadas em dois níveis na Inglaterra, Gales e Escócia (salvo suas ilhas) e um na Irlanda do Norte, aos quais se juntam vários tipos de comitês formados por cidadãos e administradores locais. Os entes locais são entes com competência especial, a cada vez autorizada por lei, e não podem ocupar-se, via de regra, dos chamados "assuntos locais" relacionados às necessidades da própria coletividade. Desenvolvem, outrossim, funções operativas estatais, fornecendo serviços aos cidadãos. No

---

[26] G. PAVANI, *Características del área francesa*, in L. PEGORARO, G. PAVANI (eds), *Municipios de Occidente*, cit., p. 61 e ss.

quadro complexo do constitucionalismo britânico, a administração local não goza de nenhuma garantia constitucional. O árbitro permanece sempre o Parlamento de Westminster, que pode ampliar, restringir ou modificar o *self-government* a seu bel-prazer, como sempre fez. O modelo circulou, em parte, para outros ordenamentos (além da Irlanda). Em particular, foi exportado aos Estados Unidos, cujo ordenamento local é bastante influenciado pela experiência britânica. Exatamente nas colônias da New England nasceram –bem antes dos futuros Estados– as primeiras instituições municipais, baseadas na participação ativa dos cidadãos, na ideia de democracia local e de "costume da sociedade" celebrado por Tocqueville em *De la démocratie en Amérique*, e, concretamente, no pluralismo organizativo (os entes territoriais são, a cada vez, *municipalities, townships, special districts, public authorities*, etc.), e na ausência de controles do centro. No âmbito uniformizador do *common law*, um papel importante é exercido pela organização federal do país e pela presença de uma Constituição federal e de 50 Constituições estatais, auxiliadas pelo controle de constitucionalidade[27].

Fora da organização plasmada nos modelos ocidentais, existem, ou concorrem com ela, sistemas de autonomia local no todo ou em parte com base territorial, que valorizam componentes tradicionais da sociedade. A colonização quase sufocou completamente suas potencialidades expressivas de autogoverno, substituindo-as pelas estruturas típicas da potência hegemônica (em cada caso, inglesa, francesa –e, por meio desta, a espanhola ou a portuguesa–, holandesa, etc.)[28].

[27] ACIR, *State and local Roles in the Federal System*, U.S. Government Printing, Washington D.C., 1982; M.O. REYNOLDS, JR., *Local Government Law*, West Pub., St. Paul, 1982; D.R. GRANT, *State and Local Government in America*, 5ª ed., Allyn & Bacon, Boston, 1984; V. OSTROM, R.L. BISH, E. OSTROM, *Local Government in the United States*, Ics, San Francisco, 1988; D.A. KENYON, J. KINCAID (eds), *Competition among States and Local Governments: Efficiency and Equity in American Federalism*, Urban Institute Press, Washington D.C., 1991. Para o Canadá, v. C.R. TYNDAL, S. NOBES TYNDAL, *Local Government in Canada*, 5ª ed., Thomson Learning, Scarborough, 2000.

[28] Obviamente, a circulação dos modelos ocidentais encontrou muitas dificuldades de penetração em áreas refratárias, como o Oriente Médio e o Magreb: v. N. LAFI (ed.), *Municipalités méditerranées. Les réformes*

Isso é particularmente evidente no mundo islâmico, onde «poder e posição dependem predominantemente da proximidade ao centro do poder», e «a mudança, a organização e a revolta também social e política acontecem entre quem está dentro e quem está fora, em vez de entre quem está embaixo e quem está em cima, como no mundo ocidental». O que explica o rechaço, na cultura islâmica, de expressões "Município", *"Comune"* e, inclusive, "Cidade", a favor da abrangente *dar-al-Islam* (mais ou menos "casa do Islã"), em nada organizada territorialmente[29]. Por exemplo, no Afeganistão, nas zonas rurais, a *Jirga*, composta pelos anciões da comunidade segundo critérios costumeiros, representam os órgãos tradicionais aos quais incumbe administrar as comunidades nos planos social e político, além de resolver as controvérsias com base no direito tradicional. A elas, e não à justiça ordinária, são dirigidos cerca de 80% dos casos[30]. No entanto, a estruturação territorial e organizativa das cidades no curso do século XIX e, depois, a organização da ordem local estruturada segundo as categorias formais ocidentais, ocorrida em quase todos os países com maioria muçulmana, fez com que, do Magreb à Indonésia, existam quadros de administração local em alguma medida similares aos ocidentais. São comprovações as Constituições e a legislação regulamentadora da Jordânia, do Iraque, da Palestina, e assim até o Extremo Oriente.

Na Índia, assiste-se à recuperação, pelo menos no *nomen*, de alguns órgãos locais (estruturados em diversos níveis e com

---

urbaines ottomanes au miroir d'une histoire comparé (Moyen-Orient, Maghreb, Europe méridionale), Schwarz, Berlin, 2005. Ver, também, a estimulante reconstrução de A. COLOMER VIADEL, *Comunidades y ciudades, Constituciones y solidaridades*, Ciudad Nueva, Buenos Aires, 2015.

[29] M. OLIVIERO, *Introduzione: il governo locale in Medio Oriente*, in H. KUDO, G. LADU, L. PEGORARO (eds), *Municipi d'oriente*, cit., p. 181 e ss.

[30] M. PAPA, *Afghanistan: tradizione giuridica e ricostruzione dell'ordinamento*, cit., p. 273 e ss.; A. DELEDDA, *La Repubblica islamica di Afghanistan fra modernità e tradizione*, in C. DECARO BONELLA (ed.), *Itinerari costituzionali a confronto*, cit., p. 281 e ss. Ver, ademais: M.H. KAMALI, *Law in Afghanistan: A Study of Constitution, Matrimonial Law and Judiciary*, Brill, Leiden, 1985; N.M. CHISHTI, *Constitutional Development in Afghanistan*, Royal Book, Lucknow, 1998; R. BARNETT, *Crafting a Constitution for Afghanistan*, in S.A. ARJOMAND (ed.), *Constitutional Politics in Middle East*, cit.

distinção entre cidade e campo), chamados *Panchayat* (Conselhos dos Cinco Sábios)[31]. Na África do Sul, o *self-government* organizado com base racial perdeu lugar, na ótica da *Rainbow Nation*, a um sistema (de derivação britânica, mas no âmbito do Estado federal) articulado em Províncias e em níveis inferiores predominantemente baseados na dicotomia cidade/campo, mas não com base étnico-tradicional[32]. Outros ordenamentos africanos ou asiáticos reconhecem a presença de comunidades indígenas, organizadas nas formas tradicionais, mas é na América Latina onde o fenômeno assumiu as conotações mais interessantes, especialmente onde a fórmula escolhida para forma e tipo de Estado (que chegam quase a coincidir) é a do Estado plurinacional.

Assim, na Bolívia, as Assembleias e os *Cabildos* têm poderes deliberativos (art. 11.2 da Constituição). A democracia comunitária é exercida por meio de eleição, designação ou nomeação das autoridades e dos representantes das nações e dos povos indígenas originários campesinos (art. 11.3 da Constituição). O povo, por meio da sociedade civil organizada, participa do desenho das políticas públicas e do controle da gestão dos assuntos públicos em todos os níveis de governo e nas empresas públicas, de economia mista e nas privadas que administrem recursos fiscais (arts. 241-242 da Constituição). No Equador, a plurinacionalidade implica práticas diferenciadas da democracia. O art. 57 da Constituição reconhece aos grupos minoritários o direito de manter, desenvolver e reforçar sua identidade, o sentido de pertencimento, as tradições ances-

[31] Sobre *local government* na Índia, v. S. SING, *Decentralized Governance in India: Myth and Reality*, Deep & Deep, New Delhi, 2004.

[32] Para a descentralização na África do Sul, L. PEGORARO, A. RINELLA, *Repubblica del Sudafrica: un ordinamento sospeso tra "federalismo" e "regionalismo"*, in N. OLIVETTI RASON, L. PEGORARO (eds), *Esperienze federali contemporanee*, Cedam, Padova, 1996, p. 137 e ss.; A. RINELLA, *Repubblica del Sudafrica: unità e difformità del modello di Stato*, in M. CARDUCCI (ed.), *Il costituzionalismo parallelo delle nuove democrazie. Africa e America Latina*, Giuffrè, Milano, 1999, p. 35 e ss.; M. WITTEMBERG, *Decentralisation in South Africa*, Ersa Policy Paper n. 21, Johannesburg, 2003; D.J. BRAND, *Asymmetry in the Federal Systems: Constitutional Arrangements in South Africa*, European Diversity and Autonomy Paper, Edap, n. 1, 2008; uma eficaz reconstrução atualizada em F.R. DAU, *Costituzionalismo e rappresentanza: il caso del Sud Africa*, Giuffrè, Milano, 2011.

trais e as formas de organização social, e a exercer a autoridade sobre territórios legalmente reconhecidos e sobre terras comunitárias. Tais povos são, ademais, autorizados a constituir circunscrições territoriais para preservar a sua cultura, com os procedimentos estabelecidos pela lei (art. 60). Eles podem aplicar o direito ancestral, respeitando os direitos constitucionais, em especial os das mulheres, das crianças e dos adolescentes (art. 57). O art. 171 da Constituição, dedicado à jurisdição indígena, especifica que as autoridades exercem as funções jurisdicionais baseadas nas tradições ancestrais e o direito no seu âmbito territorial. A justiça indígena oferece às comunidades um modo de solução de conflitos no seu interior e, para prevenir contrastes, mediante sanções morais e simbólicas, a partir dos valores étnicos locais[33].

§ 4. AS TEORIAS SOBRE FEDERALISMO E SOBRE O ESTADO POLICÊNTRICO

As teorias ainda hoje seguidas para classificar as modalidades de organização do Estado policêntrico ligam-se a elaborações clássicas, centradas predominantemente no estudo de antigas experiências de federalismo. É necessário distinguir, antes de tudo, entre teorias jurídicas em sentido estrito, baseadas no conceito de soberania, e teorias que se apoiam também em elementos diferentes. Dever-se-á, pois, analisar os êxitos classificatórios destas teorias[34]. As chamadas teorias estáticas têm suporte principalmente no conceito de soberania, conce-

[33] S. BALDIN, *Lo statuto costituzionale dei popoli autoctoni in Bolivia con particolare riguardo alla giustizia indigena*, in *Federalismi.it*, n. 24, 2015; ID., *Profili costituzionali del buen vivir andino*, cit.; G. AGUILAR CAVALLO, S. LAFOSSE FRANCIA, H. ROJAS, R. STEWARD FRANCIA, *Justicia constitucional y modelos de reconocimiento de los pueblos indígenas*, cit.; A. PIGRAU SOLÉ (ed.), *Pueblos indígenas, diversidad cultural y justicia ambiental. Un estudio de las nuevas constituciones de Ecuador y Bolivia*, Tirant lo Blanch, Valencia, 2013; A. TOMASELLI, S. ORDÓÑEZ, C. WRIGHT (eds), *Justicia y Formas de participación indígena*, Un. de Deusto, Bilbao, 2014; em italiano, S. LANNI (ed.), *I diritti dei popoli indigeni in America Latina*, cit.; M.G. LOSANO (ed.), *Un giudice e due leggi. Pluralismo normativo e conflitti agrari in Sud America*, Giuffrè, Milano, 2004.

[34] Ver, por exemplo, D. KARMIS, W. NORMAN (eds), *Theories of Federalism: A Reader*, Palgrave Macmillan, London, 2005.

bida como "suma capacidade de império" em um determinado território[35]. «Superiorem non recognoscens in regno suo est imperator», dizia Bartolo di Sassoferrato.

A doutrina dividiu-se em três direções: de um lado, colocaram-se os que –como nos Estados Unidos da América, Calhoun[36]– reputavam que a soberania competia aos Estados-membros, mas não ao Estado central. A uma posição intermediária aderiu quem teorizava uma soberania dividida entre centro e periferia. E, ao final, quem sustenta que a soberania, sendo indivisível, pertence apenas ao Estado federal: único titular, este, seja do poder interno, seja do externo; único, não só a ser hierarquicamente superior a outros entes territoriais constituídos no seu interior, mas também a ter personalidade internacional.

Cada uma destas teses –além do seu rigor científico– não raramente mascarava confessadas ou inconfessáveis orientações políticas: assim, na América, a exigência de evitar a opressão política dos Estados do Sul induzia a patrocinar a causa da soberania estatal (Calhoun); enquanto, ao contrário, o desejo de uma "more perfect Union" conduzia, por vezes, a sustentar que a soberania era dividida (A. Hamilton, J. Jay, J. Madison), ou, ainda, que esta era própria apenas do centro; igualmente, a necessidade de equilibrar a posição da Prússia e da Baviera no âmbito do *Reich*, mas, ao mesmo tempo, de mitigar a indubitável maior força da primeira em relação à segunda, impedia que os juristas não prussianos (ou, pelo menos, alguns deles) fossem paladinos da tese da soberania do centro (como queriam o prussiano P. Zorn e o suíço E. Borel, em polêmica com M. von Seydel)[37]. Por sua vez, H. Kelsen propôs um esquema trinário, pelo qual ao Estado federal concorrem três ordenamentos dis-

---

[35] Sobre as teorias estáticas do federalismo, G. LUCATELLO, *Lo Stato federale*, I (1939), reimpr. Cedam, Padova, 1967; ID., verbete *Stato federale*, in *Nss. Dig. it.*, XVIII, Utet, Torino, 1971, p. 333 e ss.

[36] J.C. CALHOUN, *A Disquisition on Government and a Discours on the Constitution and Government of the United States* (1843-1848), Cralle, Charleston, 1851, reimpr. St. Augustines Press, South Bend, 2007, trad. it. *Disquisizione sul Governo e Discorso sul Governo e la Costituzione degli Stati Uniti*, Ist. enc. it., Roma, 1986. Uma resenha crítica em A. PIN, *La sovranità in America. Il federalismo di fronte alla Corte suprema dalle origini alla crisi economica contemporanea*, Cedam, Padova, 2012.

[37] P. ZORN, *Das Staatsrecht des deutschen Reiches*, Guttentag, Berlin, 1880; E. BOREL, *Étude sur la souveraineté et l'Etat fédératif*, Stæmpfli,

tintos: o ordenamento do Estado central, o dos ordenamentos periféricos e, enfim, o global[38].

Hoje em dia, as teses de que a soberania é dividida ou que pertence aos Estados-membros são amplamente recessivas. Poucos estudiosos são convencidos que nos Estados comumente considerados "federais" –por exemplo, Estados Unidos, Alemanha, Suíça– os Estados-membros (os *Länder* ou os Cantões) sejam verdadeiros Estados soberanos. Todos, ao invés, concordam quanto ao fato de que o Texas, a Bavária ou o Cantão Ticino são, de todo modo, desprovidos de subjetividade internacional; em suma, não são Estados "independentes"; o é apenas a Federação (ou Estado central). Isso independentemente dos enunciados constitucionais que, por legado histórico, algumas vezes continuam a denominar "soberanos" os entes territoriais que compõem o ordenamento (ex.: Suíça, art. 3 da Constituição).

Estas teses, no passado, tiveram o mérito de permitir aos juristas, em primeiro lugar, distinguir os Estados federais das Confederações de Estados: uma figura –esta– que a doutrina reputa amplamente recessiva e que caracterizava, por exemplo, segundo G. Lucatello, os Estados Unidos não só durante a vigência dos *Articles of Confederation* de 1778 (isto é, até a adoção da atual Constituição, em 1787), mas mesmo até a Guerra de Secessão; a Confederação Helvética na sua estrutura originária; o Império Alemão forjado por Metternich no Congresso de Viena (1815-1866); e alguma outra união de Estados disciplinada pelo direito internacional geral consuetudinário, cujos componentes tinham um ordenamento próprio específico baseado em tais princípios e, portanto, derivado do ordenamento internacional: uma união munida de caráter político, institucional

---

Berne, 1886; M. VON SEYDEL, *Der Kommentar zur Verfassungsurkunde für das deutsche Reich*, 2ª ed., Siebeck, Freiburg i.B.-Leipzig, 1897.

[38] H. KELSEN, *Reine Rechtslehre*, cit., cap. VI, § 41, let. d, e let. e, onde «pressupõe (...) um ordenamento ainda mais elevado que regule a produção dos outros dois»; ID., *Das Problem der Souveränität und die Theorie des Völkerrechts. Beitrag zu einer Reinen Rechtslehre*, Mohr, Tübingen, 1920, trad. it. *Il problema della sovranità e la teoria del diritto internazionale*, Giuffrè, Milano, 1989 (esp. parte II); ID., *Die Bundesexekution*, Mohr-Siebeck, Tübingen, 1927, p. 127 e ss., trad. it. *L'esecuzione federale*, in ID., *La giustizia costituzionale* (organizado por C. GERACI), Giuffrè, Milano, 1981, p. 73 e ss.

e permanente, dotada de competência decisória e vinculante voltada, em sua maioria, apenas aos Estados confederados, os quais se encontra(va)m em posição de paridade recíproca e de tal posição delega(va)m à união as funções de ordem internacional[39]. Tais teorias não são, contudo, úteis para diferenciar o Estado federal de outro tipo de Estado policêntrico, como o regional.

Mais convincentes, pelo menos profícuas a este fim, podem revelar-se as chamadas teorias dinâmicas do federalismo. Nem sempre se trata de teorias jurídicas em sentido estrito. A mais conhecida é a de C. Friedrich, que tem esteio no conceito não de Estado, mas de comunidade política, e interpreta o federalismo como um processo baseado no consenso da comunidade central e das comunidades periféricas às regras constitucionais que disciplinam a distribuição de competências[40]. Por sua vez, G. Bognetti, ao analisar, sobretudo, o caso estadunidense, imputa exatamente à mudança da tábua de valores (o mercado na fase "liberal", os valores da democracia social na fase "democrática") a transformação do tipo de Estado lá registrado, mesmo em ausência de revisões formais da Constituição[41].

A estas teorias podem, ainda, juntar-se outras marcadamente sociológicas, como as de C. Taylor e de A.-G. Gagnon, firmemente ancoradas no conceito de nação. Em particular, este último coloca, de um lado, as organizações federais "territoriais", que se propõem a tratar indistintamente todos os cidadãos de um dado país (Estados Unidos, Alemanha, Austrália); do outro, as multinacionais, que preveem «medidas equivalentes capazes de oferecer aos membros de cada comunidade nacional que coabita no âmbito de uma federação as mesmas possibilidades de se expressar». Segundo estas teorias, o verdadeiro federalismo é tido precisamente quando se faz referên-

---

[39] Veja G. LUCATELLO, verbete *Confederazione di Stati*, in *Enc. giur.*, VIII, Ist. enc. it., Roma, 1988, p. 1 e ss.

[40] Para as teorias dinâmicas, C.J. FRIEDRICH, *Trends of Federalism in Theory and Practice*, Praeger, New York, 1968; ID., *Federal Constitutional Theory and Emergent Proposals*, in A. MCMAHON (ed.), *Federalism: Mature and Emergent*, McMahon, New York, 1955, p. 510 e ss.

[41] G. BOGNETTI, verbete *Federalismo*, cit., p. 273 e ss.; ID., *Federalismo*, Utet, Torino, 2001.

cia «às diferenças de tradições, cultura, espírito e comportamento, ou seja, a uma ideologia», ainda que nem sempre (aliás, raramente) os Estados federais adimplam esta missão[42].

Todas estas teorias (como as constitucionalistas gerais) descontam o preço do eurocentrismo: quase nunca levam em consideração realidades diferentes das estatais e, mesmo quando propõem soluções integradoras, no federalismo, de culturas diversas, presumem frequentemente, ainda que nem sempre, que a base e o ponto de chegada sejam as categorias da estatalidade e da cidadania. As dinâmicas e as sociológicas têm, de todo modo, o mérito de fazerem aflorar a desatualização e as contradições das teorias estáticas. Sobretudo, permitem estudar a descentralização política e o tipo de Estado policêntrico

---

[42] Para as teorias sociológicas, A.-G. GAGNON, *Au-delà de la nation unificatrice. Plaidoyer pour le fédéralisme multinational*, Generalitat de Catalunya, Institut d'Estudis Autonòmics, 2007, trad. it. *Oltre la "nazione unificatrice" (in difesa del federalismo multinazionale)*, Bup, Bologna, 2008; ID., *L'Âge des incertitudes: Essais sur le fédéralisme et la diversité nationale*, Les Presses de l'Un. Laval, Québec, 2011, trad. it. *L'età delle incertezze. Saggio sul federalismo e la diversità nazionale*, Cedam, Padova, 2013. Especificamente sobre as relações entre federalismo, plurinação e multiculturalismo: M. FORSYTH (ed.), *Federalism and Nationalism*, Leicester U.P., Leicester, 1989; D. GOLDBERG (ed.), *Multiculturalism*, Blackwell, Oxford, 1994; W. KYMLICKA, *Multicultural Citizenship: A Liberal Theory of Minority Rights*, Clarendon, Oxford, 1995, trad. fr. *La citoyenneté multiculturelle: une théorie libérale du droit des minorités*, Boréal, Montréal, 1999, trad. it. *La cittadinanza multiculturale*, il Mulino, Bologna, 1999; J.J. LINZ, *Democracy, Multinationalism and Federalism*, Centro de Est. Avanzados en Ciencias Soc., Inst. J. March, Madrid, 1997; A.-G. GAGNON, J. TULLY (eds), *Multinational Democracies*, Cambridge U.P., Cambridge, 2001; M. KEATING, *Plurinational Democracy: Stateless Nations in a Post-Sovereignty Era*, Oxford U.P., Oxford, 2001; F. REQUEJO (ed.), *Democracy and National Pluralism*, Routledge, London, 2001; M. SEYMOUR (ed.), *États-nations, multinations et organisations supranationales*, Liber, Montréal, 2002; R. MAIZ, F. REQUEJO (eds), *Democracy, Nationalism and Multiculturalism*, Routledge, London, 2005; J.-F. GAUDRAULT-DESBIENS, F. GÉLINAS, *Le fédéralisme dans tous ses états: gouvernance, identité et méthodologie – The States and Moods of Federalism: Governance, Identity and Methodology*, Blais-Bruylant, Montreal-Bruxelles, 2005. Desde uma perspectiva em parte distinta, P. LOGROSCINO, *Spazi macroterritoriali e coesione. Premesse di comparazione costituzionale*, Pensa, Cavallino, 2007. Importante, enfim, M. NICOLINI, F. PALERMO, E. MILANO (eds), *Law, Territory and Conflict Resolutions*, Brill-Nijhoff, Leiden, 2016. Outra bibliografia *infra*, § 11.

com base em elementos distintos dos formais baseados no conceito de soberania; de perceber a evolução dos fenômenos agregadores supranacionais (União Europeia *in primis*, mas também Comunidade Andina, Mercosul, Nafta, OMC, etc.), como também os desagregadores; de desvanecer as diferenças entre Estado federal e Estado regional, e entre Estado federal e confederação, identificando soluções intermediárias e sinalizando situações em evolução[43].

Para poder utilizá-las, deve-se, porém, primeiramente, analisar a configuração dos protótipos de Estado policêntrico (ou composto). Precisamente sobre o estudo dos protótipos, de fato, a doutrina continua a basear, ainda hoje, as próprias categorias e o próprio léxico. Analisaremos, após, a variada tipologia que o panorama comparatista apresenta hoje, destacando a escassa adesão a modelos ideais. Apenas no final será possível proceder a uma categorização.

§ 5. *Protótipos e modelos de Estado federal*

O estudo dos países que são considerados protótipos –Estados Unidos, Suíça e, em um certo sentido, a Alemanha– deve ser realizado em uma perspectiva histórica e dinâmica, para analisar sua gênese e posterior evolução.

O tipo de Estado estadunidense encontra suas origens, depois da Revolução, na atribuição de algumas competências comuns ao Congresso continental, na codificação das mesmas nos *Articles of Confederation* aprovados em 15 de novembro de 1777, e na posterior ratificação por parte dos 13 Estados. Estes mantiveram a própria soberania, podendo opor-se à execução das deliberações federais; nem mesmo existia um Executivo central comum. O esquema era, portanto, o típico das uniões de direito internacional. Para criar uma *"more perfect Union"*, com base nas solicitações que eram propostas por Hamilton e Madison (além de Jay), nos célebres escritos conhecidos como *"The Federalist"*, depois de uma primeira Assembleia celebrada em Annapolis, em maio de 1787, os delegados dos 13 Estados reuniram-se na Filadélfia. Em vez de –em respeito

---

[43] Sobre o tema: A. Mastromarino, *Il federalismo disaggregativo. Un percorso costituzionale negli Stati multinazionali*, Giuffrè, Milano, 2010.

ao mandato recebido– limitar-se a aprovar modestas reformas dos *Articles*, os delegados debateram os quatro "planos" propostos e aprovaram um texto radicalmente novo, caracterizado, dentre outras coisas, pela inserção de uma *supremacy clause* que designava a Constituição como lei suprema do país. A repartição de competências foi esculpida na seção VIII do art. I: ao Congresso foram atribuídas poucas, mas importantes, competências. Entre as mais significativas, as em matéria fiscal, de comércio exterior, de cunhar moeda, de instituir uma Suprema Corte, um Exército e uma Marinha. Há, também, uma disposição sobre o progresso da ciência e das artes úteis, mas, sobretudo, com o objetivo de proteger os direitos de propriedade. Falta uma Carta de direitos –o *Bill of Rights* foi introduzido só em 1791, com a aprovação das primeiras 10 Emendas– mas a cláusula dos "poderes implícitos" autoriza o Congresso a «elaborar todas as leis necessárias e oportunas ao exercício dos poderes a cima ditos»[44]. Todo o resto permanece nas competências (ditas "residuais") dos Estados-membros. Precisamente tal cláusula foi uma das chaves usadas para ampliar as competências do centro em detrimento dos Estados-membros, sempre ciumentos das próprias atribuições[45].

Do ponto de vista estrutural, a coluna vertebral do sistema foi representada pela instituição de duas Câmaras: uma (a *House of Representatives*) representativa da população, a outra –o Senado– dos Estados de modo igualitário (dois senadores por cada Estado). A participação dos Estados-membros existe, outrossim, nas eleições do Presidente e, também, no complexo mecanismo de revisão constitucional[46].

---

[44] Vide *supra*, cap. V, seção III, § 5.3, nota 166.

[45] Sobre os Estados Unidos, para o processo formativo v. F. Mc Donald, *E Pluribus Unum: The Formation of the American Republic, 1776-1790*, Liberty Press, Indianapolis, 1979. *Adde* J.R. Graham, *Free, Sovereign and Independent States: The Intended Meaning of the American Constitution*, Pelican, Gretna, 2009. Em italiano, A. La Pergola, *Residui "contrattualistici" e struttura federale nell'ordinamento degli Stati Uniti*, Giuffrè, Milano, 1969; Id., *Sistema federale e "compact clause". Premesse allo studio degli accordi conclusi dagli Stati membri della Federazione statunitense*, Giuffrè, Milano, 1961. Útil a revista *Publius: The Journal of Federalism* (Oxford U.P.).

[46] Ver, respectivamente, cap. IX, seção III, § 3, e cap. X, seção II, § 2.

Enquanto "a fronteira" avançava inicialmente em direção ao Norte e ao Sul e, após, ao Oeste, subtraindo imensos territórios ricos e recursos dos nativos e também do México, ao mesmo tempo surgiam novos Estados que se agregavam aos preexistentes[47]. Mas a evolução do federalismo estadunidense foi caracterizada ao longo das resistências à centralização interpostas pelos Estados-membros, velhos e novos, e, por conseguinte, por uma configuração competitiva ou dual do mesmo. A sangrenta Guerra Civil entre 1861 e 1865 foi a manifestação mais visível e significativa. Ao final dela, duas Emendas não só previram a igualdade sem distinção de raça (XV), mas, sobretudo, tiveram o efeito de ampliar obrigatoriamente aos Estados-membros também os direitos preexistentes (XIV).

Em seguida, o processo de centralização foi favorecido pelas exigências militares e dos comércios, mas também pelas ligadas à expansão do *welfare*: através da atividade legislativa e da jurisprudência da Suprema Corte, a cláusula dos poderes implícitos e a sobre o comércio exterior e interestatal permitiram uma progressiva erosão dos poderes dos Estados-membros, embora de modo oscilante e sem nunca comprimir de modo excessivo a autonomia estatal. Desta última, talvez a explicação mais importante seja hoje representada pela discricionariedade dos Estados em matéria penal, que encontra na Constituição Federal os limites do *due process* e da vedação de "penas incomuns e cruéis", entre as quais, porém, não aparece a de morte.

O federalismo estadunidense apresenta algumas características que foram enfatizadas para indicá-lo como modelo: no contexto de uma sociedade homogênea, o seu processo constitutivo é agregador (*"e pluribus unum"*, diz a frase original); a repartição de competências é feita deixando aos Estados poderes residuais; todas as três funções (legislativa, executiva, judiciária) são próprias da União e dos Estados; uma Câmara

---

[47] Para os aspectos históricos, políticos e jurídicos da conquista, ver A. BURATTI, *La frontiera americana. Una interpretazione costituzionale*, Ombre corte, Verona, 2016. Sobre as modalidades de criação dos Estados-membros e sobre os procedimentos de admissão na Federação, v. M. PEDRAZZA GORLERO, M. NICOLINI, *Il principio costituzionale del consent nella decisione delle variazioni territoriali degli enti intermedi*, in *Dir. pubbl. comp. eur.*, n. 3, 2010, p. 1080 e ss.

representa igualmente estes; e os Estados participam do processo de revisão constitucional, assim como o centro não pode limitar suas competências sem o seu consentimento (ou, pelo menos, sem o consentimento de uma parte significativa deles). As transformações econômicas e sociais (depois dos afro-americanos e das ondas migratórias entre os séculos XIX e XX, agora é a vez de os hispânicos minarem a coesão linguística, religiosa, cultural da sociedade) não parecem, porém, incitar, nos Estados Unidos, uma mudança de modelo em direção a um federalismo plurinacional, considerando as boas provas que também o modelo paritário até aqui demonstrou dar[48].

No continente europeu, também a Suíça conhece um processo de tipo agregador, que a transforma em Estado federal, mesmo mantendo o anterior (e enganoso) nome de Confederação Suíça (ou Helvética), herdado de uma antiga experiência de pactos federativos que remonta aos séculos XIII e XIV e consolida-se em 1815, com o *Bundesvertrag* entre várias cidades e comunidades rurais (22 no total) patrocinado pelo Congresso de Viena (uma espécie de homólogo dos *Articles of Confederation* estadunidense). A estrutura previa um Legislativo (Dieta, com representação de um deputado por cada Cantão) e um Executivo, exercido, porém, pelo chamado Cantão Diretor. Depois das revoltas de 1848, que agitaram também a Suíça, a Dieta (e depois dela, cada Cantão e o povo com referendo) aprovou um novo texto, voltado a atribuir ao centro poucas competências

---

[48] Entre vários livros sobre a evolução do federalismo estadunidense, B. SCHWARTZ, *O Federalismo Norte-Americano Atual*, Forense, Rio de Janeiro, 1984; W.H. RIKER, *The Development of American Federalism*, Kluwer, Boston, 1987; D.B. WALKER, *The Rebirth of Federalism: Slouching toward Washington*, 2ª ed., Chatham House, Chatham, 2000; M. DERTHICK, *Keeping the Compound Republic: Essays on American Federalism*, Brookings Inst. Press, Washington D.C., 2001; JEAN-PH. FELDMAN, *La bataille américaine du fédéralisme*, Puf, Paris, 2004; T.E. SMITH, J.R. MARBACH, E. KATZ (eds), *Federalism in America: An Encyclopedia*, 2 vols., Greenwood, Westport, 2006; L.N. GERSTON, *American Federalism: A Concise Introduction*, Sharpe, Armonk, 2007; in italiano G.F. FERRARI, *Localismo ed eguaglianza nel sistema americano dei servizi sociali*, Cedam, Padova, 1984; M. COMBA, *Esperienze federaliste tra garantismo e democrazia. Il "judicial federalism" negli Stati Uniti*, Jovene, Napoli, 1996; A. PIERINI, *Federalismo e Welfare State nell'esperienza giuridica degli Stati Uniti. Evoluzione e tensioni di un modello neo-liberale di assistenza sociale*, Giappichelli, Torino, 2003.

enumeradas e, aos Cantões, as residuais. A evolução do federalismo suíço prosseguiu no curso dos anos, consolidando-se em 1874 com uma nova Constituição, incitada por algumas exigências não muito diferentes das que tinham caracterizado a experiência estadunidense: disciplina unitária do mercado e da moeda, abolição de tarifas, apoio às atividades produtivas, além das já esboçadas no texto confederal em matéria de defesa comum e política externa. O novo texto, mesmo deixando ampla autonomia aos Cantões, confiava ao centro, além de tais competências, as relativas aos temas de serviço postal, de universidade, de obras públicas[49].

O sistema tradicional das competências residuais aos Cantões foi pouco a pouco consolidado através de sucessivas revisões constitucionais, até a nova redação da vigente Constituição em 1999 e a introdução do princípio da subsidiariedade, implementado desde 2008. Baseia-se em uma disciplina minuciosa e, inclusive, pedante (encontram-se até mesmo os limites para os pedágios de trânsito e os impostos automobilísticos), que distingue e distribui para cada matéria as competências legislativas e administrativas, nem sempre paralelas.

Estruturalmente, também a Suíça optou por um sistema bicameral paritário: a Câmara Baixa (Assembleia Federal, eleita com base na população) possui ao lado uma Câmara Alta (Conselho dos Estados), à qual cada um dos Cantões envia dois representantes mais um dos que, até a revisão de 1999,

---

[49] Para os aspectos históricos, E.R. PAPA, *Storia della Svizzera. Dall'antichità ad oggi. Il mito del federalismo*, Bompiani, Milano, 2004. Sobre o federalismo suíço, além dos manuais [J.-F. AUBERT, *Traité de droit constitutionnel suisse*, 3 vols., Ides et calendes, Neuchâtel, 1967-1993; A. AUER, G. MALINVERNI, M. HOTTELIER, *Droit constitutionnel suisse*, 3ª ed., 2 vols., Stæmpfli, Berne, 2013; D. THÜRER, J.-F. AUBERT, J.P. MÜLLER (eds), *Verfassungsrecht der Schweiz – Droit constitutionnel suisse*, Schulthess, Zürich, 2001], veja B. KNAPP, *Le fédéralisme*, Helbing & Lichtenhahn, Basel, 1984, trad. it. *L'ordinamento federale svizzero*, Giappichelli, Torino, 1994; L.R. BASTA FLEINER, T. FLEINER (eds), *Federalism and Multiethnic States: The Case of Switzerland*, 2ª ed., Institut du fédéralisme, Fribourg, 2000; V. MARTENET, *L'autonomie constitutionnelle des cantons*, Helbing & Lichtenhahn, Bâle, 2000; G. GUIGLIA, B. KNAPP, *L'organizzazione dei poteri e il federalismo in Svizzera secondo la nuova Costituzione*, Giappichelli, Torino, 2000; R.L. FREY, G. KREIS, G.R. PLATTNER, R. RHINOW (eds), *Le fédéralisme suisse. La réforme engagée. Ce qui reste à faire*, Le Savoir suisse, Lausanne, 2006.

eram chamados "meio Cantões" (Nidwalden e Obwalden, Basel-Stadt e Basel-Landschaft, Appenzell Innerrhoden e Appenzell Ausserrhoden), para um total de 26 unidades territoriais. O Executivo é colegiado (Conselho Federal) e a forma de governo diretorial permanece uma peculiaridade deste país[50]. Isso também ajuda a compreender, em um quadro complexo, a estrutura e a dinâmica do federalismo suíço, ainda que as suas características possam ser melhor entendidas à luz de outros fatores jurídicos (mas também extrajurídicos, como homogeneidade social) que o acompanham e o caracterizam: o amplo uso da democracia direta, que contribui, com a descentralização, para mitigar a concentração do poder; as práticas associativas que supervisionam a composição dos órgão federais; mas, sobretudo, a sua índole cooperativa e não dual (codificada pelas disposições constitucionais sobre a participação cantonal na formação do direito federal e sobre sua colaboração intercantonal), e o fato de ser, sobretudo, um federalismo de execução.

Deve-se destacar, outrossim, a tendência centrípeta do federalismo suíço, obra do Tribunal Federal, que, com o tempo, "limou" as margens de autonomia dos Cantões, por exemplo, admitindo um controle sobre as Constituições cantonais e impondo, pela via interpretativa, a superioridade da Constituição Federal. A ampla discricionariedade em matéria de sistemas eleitorais e forma de governo cantonal (mesmo, porém, sendo atenuada pelo espírito de uniformização) não tem correspondência em matéria de direitos.

O modelo suíço pode ser interpretado apenas à luz do complexo sistema constitucional do país, mas também das peculiaridades que o caracterizam em nível cultural e social: as diversas línguas (alemão, francês, italiano e romanche) não correspondem a identidades nacionais diversas, como na Bélgica e na Espanha; e os institutos participativos, a técnica redacional da Constituição e a facilidade das revisões (facilitadas pela homogeneidade social) tornam-no dificilmente exportável e imitável.

Por algumas de suas características, igualmente o federalismo alemão pode ser considerado um modelo. Da mesma

[50] Vide cap. VIII, § 11.

forma, ele tem suas raízes na história; o mais imediato antecedente, depois da dissolução do Sacro Império Romano em 1806, foi a Confederação Germânica, fundada em 1805 por cerca de quarenta Estados alemães – grandes e pequenos. Esta também manifestava as deficiências usuais das ligas ou confederações em termos de poderes decisórios (regra da unanimidade, órgãos decisórios sem efetivos poderes decisórios), aqui agravada pela posição hegemônica da Prússia, que alimentava os temores de uma centralização mais forte. Esta foi, contudo, buscada por Bismarck com a Confederação Germânica do Norte em 1867 e a Constituição do II *Reich* em 1870. Previa-se, ao lado de uma Câmara eleita por sufrágio universal e direto, um *Bundesrat* representativo dos Estados, mas não de modo igualitário, sendo assegurado à Prússia o predomínio, com 17 dos 58 votos. Neste órgão encontram-se as origens da atual Câmara Alta alemã: de fato, não apenas, diferentemente dos Estados Unidos e da Suíça, a representação não era paritária, mas, ademais, os representantes dos Estados votavam em bloco, com mandato imperativo, como acontece agora. Isso, todavia, não é suficiente, segundo a maioria da doutrina, para negar que já esta estrutura possa ser considerada federal. Depois da Grande Guerra, em um contexto totalmente distinto, envenenado pela crise econômica e social gerada pela humilhante derrota e pelas duríssimas condições impostas pelo Tratado de Versalhes, a Alemanha de Weimar deixou pronto, bem cedo, o passo para a trágica experiência do nazismo, que, dado o cenário do III *Reich*, apagou qualquer mínima aparência de descentralização. Por isso, as soluções percorridas pela nova República Federal Alemã, construídas dos escombros da guerra, podem ser encaixadas no quadro de um federalismo por desagregação, já que derivado de um ordenamento centralizado como foi o vigente entre 1933 e 1945. Todavia, ele está ligado às experiências precedentes, cujo desenvolvimento, como nos outros casos de ordenamentos federais, e mesmo com peculiaridades e tendências oscilantes, é no sentido da transformação de uma confederação em um Estado federal, estendido aos *Länder* do Leste, depois da queda do Muro de Berlim e a consequente unificação[51].

---

[51] Entre os volumes sobre o federalismo na Alemanha: em alemão, G. ZILLER, *Die bundesstaatliche Ordnung der Bundesrepublik Deutschland*,

Atualmente, com base no *Grundgesetz*, a repartição de competências entre *Bund* e *Länder* inspira-se no princípio segundo o qual o exercício das competências estatais e o adimplemento das tarefas estatais são atribuídas aos *Länder*, salvo se a Constituição dispuser de modo contrário (art. 30 *GG*); disso deriva que o *Bund* goza de uma posição preponderante na atividade legislativa e os *Länder*, na atividade executiva. (Também a execução das leis federais e do direito comunitário é competência dos *Länder*.) Estruturalmente, o federalismo traduz-se na instituição de duas Câmaras, das quais a Baixa representa a população, a Alta, os *Länder*, de modo desigual, ainda que não proporcional (de três a seis votos por cada *Land*, de acordo com a população). No campo legislativo, o *Bundesrat* goza de um poder de veto, limitado por uma reforma de 2006, que, além disso, permite aos *Länder* "adaptar" às suas exigências a legislação federal que lhes interessa. Ambas as Câmaras participam da revisão constitucional, sendo, assim, cumprida uma das características intrínsecas dos Estados federais (art. 79 *GG*). O sistema federal, ainda, é retirado da possibilidade de revisão por uma cláusula de intangibilidade. O federalismo alemão, assim como o austríaco, com o qual compartilha algumas características, é pouco conflitivo (é, portanto, cooperativo) e predominantemente "de execução"[52].

Em todos os três casos –Estados Unidos, Suíça, Alemanha (sempre para esta seja feita referência à experiência histórica pré-nazista)– houve, por conseguinte, agregação e a transformação da confederação em federação; exatamente este fato induziu e induz muitos a identificar ainda hoje o Estado federal com base em tal elemento. Ademais, são simétricos, pelo menos os primeiros dois de forma integral: a sociedades homogêneas devem corresponder representação, poderes e funções

---

Bouvier, Bonn, 1990; em francês, C. GREYWE-LEYMARIE, *Le fédéralisme coopératif en République d'Allemagne*, Economica, Paris, 1981; em italiano, C. PANARA, *Il federalismo tedesco della Legge Fondamentale*, Aracne, Roma, 2008; em espanhol, E. ALBERTI ROVIRA, *Federalismo y cooperación en la República Federal Alemana*, Cec, Madrid, 1986.

[52] F. PALERMO, M. NICOLINI, *Declino della competenza concorrente e "semplificazione competenziale" nelle riforme costituzionali in Germania e Italia*, in AA.Vv., *Scritti in ricordo di Paolo Cavaleri*, Esi, Napoli, 2016, p. 573 e ss. Sobre o federalismo austríaco, em castelhano, J. VERNET I LLOBET, *El sistema federal austriaco*, Pons, Barcelona, 1997.

homogêneas. A análise de outras experiências demonstra, porém, que não é assim. Pelo contrário, quem (políticos e estudiosos) reivindica federalismo, destaca precisamente a maior liberdade que a periferia poderia adquirir com ele, enquanto na sua configuração originária, a finalidade era completamente oposta.

§ 6. A DIFUSÃO DO ESTADO FEDERAL

À categoria delineada de acordo com as características acima identificadas são atribuídos muitos ordenamentos que apresentam total ou parcialmente as mesmas características e que são definidos "federais" com base em uma precisa qualificação constitucional ou no reconhecimento da doutrina, que destaca similitudes mais ou menos acentuadas com as que, sem dúvidas, são identificados como protótipos ou modelos de Estado federal.

A circulação da ideia federal pouco ou nada está relacionada com a família de origem (*common law* ou *civil law*, ou outras). Ao invés, é associada em cada caso aos antigos criptotipos (no final das contas, todas as sociedades sempre experimentaram formas agregadores e desagregadoras de suas instituições políticas), à imposição (como no caso alemão ou iraquiano), ao prestígio ou peso cultural da potência colonial, como no ex-Império Britânico. O tempo é muito importante na escolha do modelo: algumas experiências remontam aos séculos passados, outras são recentes (imediatamente após a Segunda Guerra) ou muito recentes.

No mundo anglo-saxão, o federalismo circula não já por imitação da estrutura da pátria mãe britânica (que era centralizada), mas através da intermediação dos Estados Unidos; estes, contudo, são objeto de imitação, por razões diversas, mesmo fora da área jurídico-cultural das ex-colônias britânicas, e permeiam –por distintas razões– a América Latina e outras experiências. O federalismo suíço, como qualquer coisa que diga respeito aos suíços, detém-se às torres que contornam a "Confederação", mas não as ultrapassa. O alemão, muito mais recente, chega a influenciar algumas experiências, como a sul-africana[53].

---

[53] Algumas publicações que analisam vários sistemas federais são: A.W. MCMAHON (ed.), *Federalism: Mature and Emergent*, Russell & Russell,

6.1. INFLUÊNCIAS ESTADUNIDENSES NO MUNDO ANGLO-SAXÔNICO

No mundo anglo-saxão ou que, de todo modo, fazia parte do Império Britânico, são normalmente considerados federais o Canadá, a Austrália, a Índia e a África do Sul, mas –com algumas dúvidas– também outros ordenamentos do *Commonwealth*, como a Nigéria.

Diferentemente dos Estados Unidos, no Canadá, o elemento nacional, linguístico e cultural assume uma relevância importante na interpretação do federalismo e da construção do Estado federal. Não só a *First Nation* (os nativos *índios* e *inuit*) tiveram um tratamento jurídico distinto do praticado nos Estados Unidos (que os consideraram sempre como entidades juridicamente distintas da composta pelos cidadãos da União)[54], mas, sobretudo, o Canadá foi se formando com base em duas "nações" distintas: o Quebec, francófono e com um direito com base codificada, foi vendido à Coroa Inglesa, que, pouco depois, com o *Canada Act* de 1791, configurou, para a colônia, uma estrutura dividida em duas Províncias (a outra

---

New York, 1962; M.V. TUSHNET (ed.), *Comparative Constitutional Federalism: Europe and America*, Greenwood, New York, 1990; A. NORTON, *International Handbook of Local and Regional Government: A Comparative Analysis of Advanced Democracies*, Elgar, Aldershot, 1994; N. OLIVETTI RASON, L. PEGORARO (eds), *Esperienze federali contemporanee*, cit.; B. FREY, R. EICHENBERGER, *The New Democratic Federalism for Europe: Functional Overlapping and Competing Jurisdictions*, Elgar, Cheltenham, 1999; T.H. HUEGLIN, A. FENNA, *Comparative Federalism: A Systematic Inquiry*, Broadview, Toronto, 2006; J. ERK, *Explaining Federalism: State, Society and Congruence in Austria, Belgium, Canada, Germany and Switzerland*, Routledge, London, 2008; N. GUTIÉRREZ CHONG (ed.), *Estados y autonomías en democracias contemporáneas*, Plaza y Valdés, México, 2008; R.L. WATTS, *Comparing Federal Systems*, 3ª ed., McGill-Queen's U.P., Montreal, 2008; R. BIFULCO (ed.), *Ordinamenti federali comparati*, I, *Gli Stati federali classici*, Giappichelli, Torino, 2010. Sob um ponto de vista teórico e crítico, M. BURGESS, *Comparative Federalism*, cit.; M. BURGESS, A-G. GAGNON (eds), *Federal Democracies*, Routledge, London, 2010.

[54] R. TODD, *Aboriginal People and Other Canadians*, Un. of Ottawa Press, Ottawa, 2001; J.R. MILLER, *Compact, Contract, Covenant: Aboriginal Treaty-Making Power in Canada*, Toronto U.P., Toronto, 2009; na doutrina italiana, N. OLIVETTI RASON, *Il patrimonio multiculturale dei canadesi*; ID., *Remarks on the Idea of "Aboriginal Peoples of Canada"*, ambos em ID., *Scritti 2005-2012*, cit., p. 151 e ss. e p. 247 e ss.

era Ontário). Isso explica o porquê de, ainda hoje, aludir-se ao Canadá anglófono com o acrônimo *ROC* –"Rest of Canada"–, e de os constitucionalistas francófonos falarem de natureza confederativa do *British North American Act* de 1867, com o qual o Parlamento inglês constituiu o *Dominion* do Canadá, agregando-lhe também outros territórios (Província de Nova Escócia e New Brunswick, às quais, no curso do século XIX, foram acrescidas outras). Desde este ato fundador, as competências foram repartidas entre *Dominion* e Províncias, embora ambos submetidos ao poder de Londres. A autonomia completa não foi atingida nem com o *Statute of Westminster* de 1931, uma vez que cada reforma das matérias "federais" permaneceu submetida ao *placet* de Londres até o chamado repatriamento do *amending power* em 1982, quando também o procedimento de emenda à Constituição entrou na plena posse dos órgãos constitucionais canadenses (em concomitância com a adoção de uma Carta de direitos de nível constitucional)[55].

A repartição das competências baseia-se em um elenco de competências provinciais e sobre um outro de competências centrais (art. 91 e ss. do *Constitution Act 1867*). A estrutura organizacional de representação provincial evidencia a falta de uma das características reputadas basilares para um Estado federal, ou seja, a representação (de modo geral paritária) dos entes descentralizados: o Senado, de fato, não reflete o sistema das Províncias, já que 24 senadores são eleitos por Ontário, Quebec e por outras duas "regiões" que reúnem o restante das Províncias, enquanto todos os outros são nomeados pelo

---

[55] Cf. cap. IV, § 6.1. Sobre o papel da Suprema Corte em relação ao federalismo, v. K.E. SWINTON, *The Supreme Court and Canadian Federalism: The Laskin-Dickson Years*, Carswell, Toronto-Calgary-Vancouver, 1990; A.W. MACKAY, *The Supreme Court of Canada and Federalism: Does/Should Anyone Care Anymore?*, in *Can. Bar rev.*, n. 1-2, 2001, p. 241 e ss.; J.T. SAYWELL, *The Lawmakers: Judicial Power and the Shaping of Canadian Federalism*, Osgoode Soc. for Canadian Legal History-Un. of Toronto, Toronto, 2002; em italiano, S. GAMBINO, C. AMIRANTE (eds), *Il Canada. Un laboratorio costituzionale. Federalismo, Diritti, Corti*, Cedam, Padova, 2000. Cf., outrossim, F.L. MORTON, R. KNOPFF, *The Charter Revolution and the Court Party*, Broadview, Peterborough, Ontario, 2000; K. ROACH, *Constitutional and Common Law Dialogues Between the Supreme Court and Canadian Legislatures*, in *Can. Bar rev.*, n. 1-2, 2001, p. 481 e ss.; ID., *The Supreme Court on Trial: Judicial Activism or Democratic Dialogue?*, Irwin Law, Toronto, 2001.

Governador. O procedimento de revisão constitucional inclui as Províncias, chegando a privar de eficácias as revisões nas Províncias que tenham se oposto previamente (art. 38 do *Constitution Act 1982*). Isso insinua outros questionamentos sobre a natureza híbrida do federalismo canadense, que sofre fortemente o dualismo (senão o trilateralismo) dos seus componentes socioculturais[56].

A Austrália apresenta as mesmas características plurais do Canadá, ainda que, em parte, o processo agregador das várias colônias percorra etapas similares, sendo também este ligado, inicialmente, à expansão, depois, à consolidação e, enfim, à dissolução do Império Britânico (da Convenção de Sidney de 1883, ao *Federal Council of Australasia Act* de 1882, gradualmente, até o *Commonwealth of Australia Constitution Act* de 1900)[57]. Atualmente, o *Commonwealth* australiano configura-se como

[56] Sobre o federalismo canadense, cf. F. ROCHER, M. SMITH, *New Trends in Canadian Federalism*, 2ª ed., Broadview, Petersborough, 2003; G. STEVENSON, *Unfulfilled Union: Canadian Federalism and National Unity*, 4ª ed., McGill-Queen U.P., Montreal, 2004; A.-G. GAGNON (ed.), *Le fédéralisme canadien contemporain. Fondements, traditions, institutions*, Les Presses de l'Un. de Montréal, Montréal, 2006; em italiano, J. FRÉMONT ET AL., *L'ordinamento costituzionale del Canada*, Giappichelli, Torino, 1997; T. GROPPI, *Canada*, il Mulino, Bologna, 2006; ID. (ed.), *Il federalismo canadese*, n. espec. da Rivista *Amministrare*, 1-2, 2002. Desde uma perspectiva québéquoise, por exemplo (além de vários livros de A.-G. GAGNON citados passim), A. BURELLE, *Le droit à la différence à l'heure de la globalisation: le cas du Québec et du Canada*, Fides, Montréal, 1966; E. BROUILLET, *La négation de la nation: l'identité culturelle québéquoise et le fédéralisme canadien*, Septentrion, Québec, 2005; H. BAKVIS, G. SKOGSTAD (eds), *Canadian Federalism: Performance, Effectiveness, and Legitimacy*, 2ª ed., Oxford U.P., Don Mills, 2008.

[57] Sobre a Austrália, J.A. LA NAUZE, *The Making of the Australian Constitution*, Melbourne U.P., Carlton, 1972; W.G. MCMINN, *Nationalism and Federalism in Australia*, Oxford U.P., Oxford, 1994; J. HIRST, *The Sentimental Nation: The Making of the Australian Commonwealth*, Oxford U.P., Oxford-Melbourne, 2000; G. AITKEN, R. ORR, *Sawer's: The Australian Constitution*, 3ª ed., Australian Government Solicitor, Barton, 2002; N. ARONEY, *The Constitution of a Federal Commonwealth: The Making and Meaning of the Australian Constitution*, Cambridge U.P., Cambridge-New York, 2009; G. APPLEBY, N. ARONEY, T. JOHN (eds) *The Future of Australian Federalism: Comparative and Interdisciplinary Perspectives*, Cambridge U.P., Cambridge, 2012; em italiano, L. SCAFFARDI, *L'ordinamento federale australiano. Aspetti problematici*, Cedam, Padova, 2000.

(em mínima parte) assimétrico, compreendendo, além de seis Estados, também um Território e, como quase sempre em casos semelhantes, um Distrito Federal. O critério de repartição das competências segue o modelo estadunidense, sendo as residuais atribuídas aos entes periféricos; no entanto, de fato, o sistema opera como cooperativo e com competências compartilhadas (ou concorrentes)[58]. A Câmara Alta, no âmbito de um bicameralismo paritário, representa, de modo igual, os Estados. A revisão constitucional envolve as autonomias territoriais, seja porque o referendo deve ser primeiramente aprovado por ambas as Câmaras (compreendida, portanto, a que representa os Estados), seja porque a maioria deve ser alcançada em, pelo menos, quatro dos seis Estados. São satisfeitas, então, todas as características clássicas identificadas no modelo ideal de Estado federal.

Alguns duvidam que a Índia seja um Estado federal[59]. Independente apenas a partir do final da Segunda Guerra (1947), a Constituição de 1949 reconhece a sua extraordinária e poliédrica variedade linguística, religiosa, étnica, social e cultural também em várias previsões estabelecidas *ad hoc* para alguns Estados (e áreas tribais) que a compõem. Nem sequer o Império tinha logrado (nem pretendeu) forçar a mão, chegando a reconhecer a existência de mais de 500 pequenos Reinos e

[58] Cf. M. PAINTER, *Collaborative Federalism: Economic Reform in Australia in the 1990s*, Cambridge U.P., Cambridge, 1998.

[59] Sobre a Índia: K.R. BOMBWALE, *Foundations of Indian Federalism*, Asia Publishing House, Bombay, 1967; B. ARORA, D.V. VERNEY (eds), *Multiple Identities in a Single State: Indian Federalism in Comparative Perspective*, Konark, New Delhi, 1995; H.M. RAJASHEKARA, *The Nature of Indian Federalism: A Critique*, in Asian Survey, n. 37 (3), 1997, p. 245 e ss.; S.N. JHA, P.C. MATHUR, *Decentralization and Local Politics*, Sage, New Delhi, 1999; B.D. DUA, M.P. SINGH (eds), *Indian Federalism in the New Millennium*, Manohar, Delhi, 2002; L. SAEZ, *Federalism without a Centre: The Impact of Political and Economic Reform on India's Federal System*, Sage, New Delhi, 2002; M.G. RAO, N. SINGH, *The Political Economy of Federalism in India*, Oxford U.P., Oxford, 2005. M. NICOLINI, *Regional Demarcation, Territorial Alteration, and Accommodation of Divided Societies*, in Rev. der. pol., n. 94, 2015, p. 73, lembra que os constituintes indianos evitaram o uso do termo "federação" (ou similar), porque considerada [para retomar a expressão de H. BHATTACHARYYA, *Federalism and Competing Nations in India*, in M. BURGESS, J. PINDER (eds), *Multinational Federations*, Routledge, Abingdon, 2007, p. 58] uma «recipe for disintegration».

Principados que, com a nova estrutura, foram unilateralmente anexados à União Indiana[60]. Não obstante a exigência de unidade empurrasse para esta direção, para evitar outras fragmentações depois da guerra sangrenta com o Paquistão, com predominância islâmica, a Constituição identifica um sistema que admite (apenas) algumas características consideradas próprias do Estado federal: repartição das competências entre centro e periferia (com um sistema de tríplice elenco de competências: exclusivas do centro, exclusivas da periferia e concorrentes)[61], bicameralismo (embora com uma Câmara dos Estados com representação não paritária, mas, de modo geral, proporcional), participação na revisão através (apenas) da Câmara Alta, como dito, não paritária (art. 368 da Constituição). No entanto, a praxe federal foi dirigida (embora alternativamente) ao reconhecimento de consistentes poderes aos Estados, tanto que o indiano foi definido como "federalismo com tendências centrípetas" ou, também, "aberto" ou "com múltiplas virtualidades"[62]. O federalismo indiano baseia-se em instâncias pluralistas radicadas na multinacionalidade, com soluções igualitárias racionalizadoras próprias da tradição ocidental, mas também no reconhecimento da assimetria (28 Estados, 7 Territórios e outras entidades menores).

Por razões históricas que se conectam estreitamente com a da Índia, recorde-se, ademais, o Paquistão, que se qualifica como República Federal (art. 1 da Constituição), mas que, pelo seu pertencimento aos Estados islâmicos, também reivindicado no mesmo artigo, apresenta características bem distintas das dos federalismos conhecidos no Ocidente. Por motivos diferentes, também a caribenha Federação de Saint Christopher and Nevis (ou Saint Kitts and Nevis) de "federal" tem apenas o nome, uma vez que as entidades territoriais que a compõem não possuem nenhuma autonomia específica, nem representação no Parlamento nacional.

Também outros países do ex-Império adotaram (pelo menos formalmente) estruturas federais: entre estes, a África do

---

[60] V.P. MENON, *The Story of the Integration of the Indian States*, Orient Longman, Kolkata, 1956.
[61] M.P. SINGH, *Federal Division of Responsibilities in India*, in *Indian journ. fed. st.*, n. 1, 2004, p. 109 e ss.
[62] D. AMIRANTE, *Lo Stato multiculturale*, cit., *passim* e esp. p. 65 e ss.

Sul, reunida desde 1909 em um *Dominion* do *Commonwealth* estruturado como *Union* que compreendia tanto as ex-colônias inglesas (Cape Colony) quanto as já holandesas ou bôeres (Natal, Orange, Transvaal). A Constituição de 1996 reconhece a autonomia das Províncias no âmbito de um Estado declaradamente pluriétnico e pluricultural, consagrada por um elenco das matérias de sua competência exclusiva ou concorrente (arts. 103 e 104), pela instituição de um *National Council of Provinces* com representação paritária e com voto em bloco, como na Alemanha (art. 60), pela sua participação nos distintos procedimentos de revisão constitucional (art. 74)[63].

Nominalmente, consideram-se federais, ademais, a Nigéria e a Malásia, sujeita a várias colonizações (portuguesa, holandesa e, enfim, inglesa) e a influências de várias origens. Pelo menos a primeira, atingida por guerras, secessões, revoluções e golpes de estado, suscita dúvidas de que possa ser enquadrada nas categorias do federalismo.

6.2. *(SEGUE)*. ... E NO CIVIL LAW

Também no *civil law* são percebíveis influências do modelo estadunidense.

O federalismo latino-americano, que nominalmente caracteriza México, Brasil, Argentina e Venezuela, é amplamente inspirado em tal modelo, no quadro de sistemas jurídicos que imitaram também o presidencialismo e a organização judiciária, distorcendo, porém, a sua configuração original. No entanto, diferencia-se por muitas características[64].

[63] Ver, p. ex., B. OOSTHUIZEN, *Federalism in South Africa*, in *Politikon: South African journ. pol. st.*, n. 13 (2), 1986, p. 66 e ss.

[64] Sobre a América Latina, J. CARPIZO, *Federalismo en Latinoamérica*, Unam, México, 1973; M. CARMAGNANI (ed.), *Federalismos latinoamericanos: México, Brasil, Argentina*, El Colegio de México-Fondo de Cultura Económica, México, 1993; F. FERNÁNDEZ SEGADO, *El federalismo en América Latina*, Unam-Corte de Constitucionalidad de Guatemala, México, 2003, trad. fr. *Le fédéralisme en Amérique latine*, in *Politeia*, n. 5, 2004, p. 317 e ss.; E.L. GIBSON (ed.), *Federalism and Democracy in Latin America*, Johns Hopkins U.P., Baltimore, 2004 (e em especial sobre o Brasil, C. SOUZA, *Constitutional Engineering in Brazil: The Politics of Federalism and Decentralization*, St. Martin's, New York, 1997). Para uma comparação, L. MELICA, *Federalismo e libertà. I modelli di Messico, Argentina e Venezuela*, Cedam, Padova, 2002.

Em primeiro lugar, a sua origem. No México, «el federalismo no sirvió para conjuntar realidades anteriores y en cierta forma dispersas, sino para crear unidades descentralizadas dentro de un país con tradiciones fuertemente centralistas heredadas del periodo colonial»[65]; o Brasil estabelece uma estrutura não só nominalmente federal, depois de antigas experiências unitárias e alternados acontecimentos com as Constituições (ou revisões) de 1891, 1934, 1937, 1946, 1967, e, enfim, 1988[66]; a Argentina, desde 1852, uniu, com o Acordo de San Nicolás dos Arroyos, as 14 Províncias já anteriormente confederadas, seguindo, após, também ela, acontecimentos descontínuos até a atual Constituição de 1994[67]; a Venezuela iniciou o fede-

[65] F. Tena Ramírez, *La suspensión de garantías y las facultades extraordinarias en el derecho mexicano*, in *Rev. Esc. nac. jurispr.*, n. 25-28, 1945, p. 110 e ss., e J. Carpizo, M. Carbonell, *Derecho Constitucional Mexicano*, 6ª ed., Porrúa, México, 2009, cap. II, § 5; L. Benson Nettie, *La diputación provincial y los orígenes del federalismo mexicano*, 2ª ed., El Colegio de México-Unam, México, 1994; M. Carbonell Sánchez, *El Estado Federal en la Constitución Mexicana: Una introducción a su problemática*, in *Bol. mex. der. comp.*, n. 91, 1998, p. 81 e ss. (também em *www.juridicas.unam .mx/publica/rev/boletin/cont91/art/art4.htm*); J. Cárdenas Gracia, M. Farah Gebara, *Comentario al artículo 115 de la Constitución*; e J. Carpizo, *Comentario al artículo 124 de la Constitución*, ambos em Aa.Vv., *Constitución Política de los Estados Unidos Mexicanos Comentada*, II, Unam, México, 1997 (15ª ed., Porrúa-Unam, México, 2000, III).

[66] Sobre o federalismo brasileiro, A. Cavalcanti, *Regime Federativo e a República Brasileira*, Un. de Brasília, Brasília, 1983; D. de Abreu Dallari, *O Estado federal*, Ática, São Paulo, 1986; P. Bonavides, *A Constituição aberta: temas políticos e constitucionais da atualidade, com ênfase no federalismo das regiões*, Malheiros, São Paulo, 1996; Id., *Constituinte e Constituição. A democracia. O Federalismo. A Crise Contemporânea*, 3ª ed., Malheiros, São Paulo, 2010; G. Bercovici, *Desigualidades regionais, Estado e Constituição*, Max Limonad, São Paulo, 2003; Id., *Dilemas do Estado Federal Brasileiro*, Livraria do Advogado, Porto Alegre, 2004; N.T. Disconzi Rodrigues, *O Federalismo e o Desenvolvimento Nacional*, UniRitter, Porto Alegre, 2010; C.E. Dieder Reverbel, *O Federalismo numa visão Tridimensional do Direito*, Livraria do Advogado, Porto Alegre, 2012; vários artigos em M. Figueiredo, *Direito Constitucional. Estudos interdisciplinares sobre federalismo, democracia e Administração Pública*, Forum, Belo Horizonte, 2012.

[67] Sobre o federalismo argentino: em abordagem histórica, J.B. Alberdi, *Elementos del Derecho público provincial*, Imprenta del Mercurio, Valparaíso, 1853; E.H. Celesia, *Federalismo argentino*, Librería Cervantes, Buenos Aires, 1932; J.P. Frías et al., *Derecho público provincial*, Depalma,

ralismo com a Constituição de 1864, mas em um contexto de centralização de fato que, de direito, conservou apenas o nome "federal", com as últimas revisões constitucionais e legislativas empreendidas pela presidência de Hugo Chávez[68].

Em segundo lugar, prescindindo da técnica de repartição das competências entre federação e entes territoriais periféricos, o sistema político nem sempre chega a configurar o federalismo como freio ao poder estatal, segundo a conhecida formulação de Hamilton: seja por cláusulas que limitam de fato as competências da periferia; seja porque a praxe democrática foi uniforme apenas nas últimas décadas, dado que, anteriormente, os estados de emergência e a concentração do poder prevaleciam sobre parênteses "democráticos"; seja pela inexistência de um verdadeiro federalismo fiscal (de fato, é a federação que decide a exação e a alocação dos recursos); seja porque a divisão dos poderes é fortemente desequilibrada em favor do Executivo, e os partidos (que nos Estados Unidos quase não existem) possuem um papel determinante: através da *leadership* do Presidente, chefe do partido, Chefe do Estado e, geralmente, referência da maioria parlamentar, com fortes poderes também na periferia, o partido no poder limita o contrapoder dos Estados ou Províncias.

Em todos estes casos, atualmente, são, porém, respeitadas as condições geralmente reputadas essenciais para a definição de um ordenamento como "federal": a representação igual dos Estados (ou Províncias) e a participação no procedimento de revisão constitucional através da Câmara Alta. A Venezuela é uma exceção, pois, no art. 156, enumera entre as competências "federais" quase todas as matérias importantes e, no 164, ape-

---

Buenos Aires, 1985; A.M. HERNÁNDEZ, *Federalismo y Constitucionalismo Provincial*, Abeledo Perrot, Buenos Aires, 2009; ID., *Presidencialismo y federalismo en Argentina*, in P. HÄBERLE, D. GARCÍA BELAUNDE (eds), *El control del poder*, cit., II, p. 37 e ss. (Unam) e p. 883 e ss. (Iidc-Un. Inca Garcilaso de la Vega-Iustitia); ID. (ed.), *Derecho Público Provincial y Municipal*, Lexis Nexis, Buenos Aires, 2008.

[68] G. LINARES BENZO, *El sistema venezolano de repartición de competencias*; A. URDANETA, *El Poder Público Municipal en el Estado descentralizado*; M.J. VILLEGAS, *La Autonomía local y su configuración en la Constitución Venezolana de 1999*, todos em AA.VV., *El Derecho Público a comienzos del siglo XXI. Estudios en homenaje al Profesor Allan R. Brewer Carías*, Civitas, Madrid, 2003, I.

nas poucas e limitadas atribuições estatais, além de não conferir nenhuma representação igualitária ou de modo geral igualitária das entidades descentralizadas na Assembleia Nacional (o Parlamento venezuelano), que nem mesmo participam, por conseguinte, da revisão constitucional. Apresenta algumas anomalias –mas de maneira muito menor– também o Brasil, que, em muitos aspectos, equipara os Municípios aos Estados.

6.3. OUTROS FEDERALISMOS OU PSEUDOFEDERALISMOS

A ideia federalista circula, de modo distinto, além de na Europa Ocidental[69], também nas experiências do socialismo real, na União Soviética e na Iugoslávia (mas não na China, onde se desenvolve em níveis formalmente muito mais baixos) e, ainda, nas realidades contemporâneas da Europa do Leste[70].

A Rússia hodierna herda da experiência socialista uma estrutura federal muito complexa; razões históricas e políticas determinam uma organização territorial com forte conotação centralizadora: na Rússia e na União Soviética, o Partido Comunista substituiu o papel centralizador e unificador do Império czarista, que encarnava um cultura genuinamente centralizadora; a escolha foi no sentido de um Estado composto que tentava dar resposta ao problema das distintas nacionalidades através de uma estruturação e de uma formação constitucional que, por um lado, reconhecia elementos inclusive confederais (o direito de secessão), por outro, comprimia as autonomias nas garras do "centralismo democrático", expressão do bolchevismo[71]. Apenas com a Constituição de 1993, a União Soviéti-

---

[69] Sobre a Europa, T. FLEINER ET AL., *El federalismo en Europa*, Hacer, Barcelona, 1993; W. SWENDEN, *Federalism and Regionalism in Western Europe: A Comparative and Thematic Analysis*, Palgrave Macmillan, Basingstoke, 2005.

[70] Sobre a Europa Centro-Oriental, também para os processos de transição: AA.VV., *Federalismo e crisi dei regimi comunisti*, La Rosa, Torino, 1993; S. PIERRÉ-CAPS, *La multination. L'avenir des minorités en Europe centrale et orientale*, Jacob, Paris, 1995; J. ROSE, J.-CH. TRAUT (eds), *Federalism and Decentralization: Perspectives for the Transformation Process in Eastern and Central Europe*, Lit, Hamburg, 2001.

[71] Para o período socialista, v. T.K. KIS, *Le fédéralisme soviétique: ses particularités typologiques*, Un. of Ottawa Press, Ottawa, 1973; E.M. JACOBS (ed.), *Soviet Local Politics and Government*, Allen & Unwin, Lon-

ca associa a um (pseudo) federalismo nacional-territorial um federalismo territorial, reconhecendo a todos os entes a natureza de "sujeitos" da URSS: tanto as chamadas regiões étnicas (Repúblicas, uma Região Autônoma, Circunscrições Autônomas), quanto as territoriais (que compreendiam outras entidades). Trata-se, hoje, de um federalismo nem centrífugo, nem centrípeto, mas de continuidade com uma longa tradição cultural. Com base na Constituição vigente, é composto por 21 Repúblicas (predominantemente constituídas com base étnica); Territórios e Regiões (predominantemente habitados por russos), duas Cidades de importância federal (Moscou e São Petersburgo), uma Região Autônoma, dita "dos judeus"; existem, ainda, dentro de outras entidades, Circunscrições Autônomas (também configuradas sobretudo com base étnica)[72].

As experiências russas devem ser enquadradas, contudo, no quadro complexo da dissolução da União Soviética: as tensões anteriores encontraram escape na separação das ex-Repúblicas da mãe-Rússia (Ucrânia, Bielorrússia, Estados bálticos e caucasianos); a tentativa de mantê-los unidos em uma confederação (Confederação de Estados Independentes, CEI) teve vida efêmera[73]; as tensões territoriais que ainda existem nas fronteiras traduziram-se não em soluções políticas e jurídicas, mas militares (Geórgia, Chechênia, Ucrânia). A unidade anterior, assegurada mais pela força do que pela cultura, pela tradição

---

don, 1983, bem como, também para a bibliografia, P. BISCARETTI DI RUFFIA, L'URSS, in ID. (ed.), L'amministrazione locale in Europa, I, URSS, Repubblica socialista cecoslovacca, Repubblica popolare democratica tedesca, Neri Pozza, Vicenza, 1964, p. 644 e ss.

[72] O livro mais orgânico sobre o tema do federalismo russo é C. FILIPPINI, Dall'Impero russo alla Federazione di Russia. Elementi di continuità e di rottura nell'evoluzione dei rapporti centro-periferia, Giuffrè, Milano, 2004. Ver, também, E. GRECO, Il rapporto tra centro e periferia nella Federazione Russa, Ist. Affari Int., Roma, 1997; J. TRAUT, Föderalismus und Verfassungsgerichtsbarkeit in Russland, Nomos, Baden-Baden, 1997; J. KAHN, Federalism, Democratization and the Rule of Law in Russia, Oxford U.P., Oxford, 2002; H.E. HALE, Why not Parties in Russia?: Democracy, Federalism, and the State, Cambridge U.P., Cambridge, 2005; A.B. EVANS, V. GELMAN (eds), The Politics of Local Government in Russia, Rowman & Littlefield, Lanham, 2004.

[73] M. GANINO, C. FILIPPINI, Dall'URSS alla Comunità di Stati indipendenti (CSI), Cuesp, Milano, 1992.

ou por escolhas autônomas, pode ser mantida apenas dentro da entidade que, inicialmente, representava o elemento de desequilíbrio mais evidente, isto é, a Rússia, sempre dominante no quadro da Federação.

As matérias de competência foram repartidas atribuindo-se, formalmente, as residuais aos sujeitos territoriais, com base em tratativas bilaterais entre sujeitos federados e o centro. As tendências são no sentido da centralização, seja obstando a formação de partidos locais nas eleições, seja reforçando os poderes de execução das decisões da Corte Constitucional também na periferia, seja facilitando formas de conciliação. A representação dos sujeitos territoriais (sem distinção) é assegurada pela Câmara Alta (Conselho da Federação), de modo paritário, em número de dois por cada, um para o Executivo e um para o Legislativo. De fato, contudo, o Conselho possui escassas competências e a *Duma* pode aprovar grande parte das leis sem a sua aquiescência. A isso acresce que o Presidente da Rússia possui poderes exorbitantes, ainda que os dois procedimentos de revisão (um reforçado e um super-reforçado) prevejam a participação dos sujeitos territoriais.

A ex-Iugoslávia, diferentemente da URSS, não renovou a experiência federativa que tinha caracterizado o período posterior à Segunda Guerra Mundial, quando, uma vez fundada a Federação, as várias Repúblicas adotaram Constituições próprias, unificadas nas federais de 1946, 1953, 1963 e 1974. Na Federação, as Repúblicas (além de uma Província Autônoma e uma Região Autônoma) tinham representação parlamentar desde 1946; os textos posteriores mantiveram (e acentuaram) o caráter de um federalismo nacional (enquanto isso, as entidades territoriais presentes foram muito alteradas) e a Constituição de 1963 instituiu, inclusive, uma estrutura pluricameral do Parlamento, para multiplicar a representação. A última Constituição Federal (1974) antes da queda do sistema foi também aprovada com a participação dos vários componentes, prevendo a sua representação em nível central e nas futuras revisões. Este fator e a repartição de competências não se revelou, porém, de per si suficiente para ocultar uma realidade diversa. Mesmo a Iugoslávia representando uma forma de governo peculiar no âmbito da forma de Estado socialista (basta pensar no princípio da cooperação, ausente em outras experiências), o centralismo, o papel do partido e, sobretudo, o carisma pessoal do Marechal Tito representavam seus verdadeiros elementos unificadores[74]. Uma vez extintos tais elementos e depois dos acontecimentos internacionais, o país ruiu. O problema do federalismo iugoslavo foi resolvido com a guerra e a separação da Eslovênia, Croácia, Macedônia e Bósnia da Federação. Sobreviveu, ao final, mas por um curto período, apenas uma espécie de federação ou confederação entre Sérvia e Montenegro, também esta destinada a se dissolver, com o acréscimo do tema da autonomia/independência de Kosovo[75].

Uma menção deve ser feita, enfim, à tentativa de federação entre as Repúblicas Tcheca e Eslovaca (1989-1992) depois da queda do Muro de Berlim e o abandono do centralismo tchecoslovaco da era comunista (não obstante a tentativa federalista buscada nos anos 60 por Dubček ao longo da chamada Primavera de Praga). De fato, o projeto federal nunca entrou em vigor e, depois dos controversos acontecimentos acerca de um referendo para a secessão, decididos pela Corte Constitucional, a separação entre República Tcheca e Eslováquia foi estabelecida em 1992.

Em outros contextos, como o chinês, a descentralização deve ser entendida como expressão de uma concepção unitária do poder estatal. Os entes locais são emanação direta do poder central: os governos locais trazem do centro a sua autoridade e, do povo, a sua legitimação. A direção geral da política é fortemente concentrada; as competências atribuídas às entidades territoriais autônomas são de mera execução das diretivas centrais; onde seja prevista uma específica função normativa regional, esta é subordinada à aprovação por parte dos órgãos centrais do Estado e a descentralização se exaure na execução das diretivas centrais por parte dos órgãos periféricos; estes não são entes políticos territoriais distintos do Estado, mas sim órgãos locais do poder estatal[76]. A mesma estrutura é encon-

---

[74] Na literatura histórica, v. C. BOBROWSKI, *La Yugoslavie socialiste*, Colin, Paris, 1956; K. STOYANOVITCH, *Le régime socialiste yougoslave*, Lgdj, Paris, 1961; ampla bibliografia em P. BISCARETTI DI RUFFIA, *Introduzione al diritto costituzionale comparato*, cit., p. 500 e ss.

[75] Sobre o tema: M. DICOSOLA, *Stati, nazioni e minoranze. La ex Jugoslavia tra revival etnico e condizionalità europea*, Giuffrè, Milano, 2010.

[76] Sobre a descentralização na China, ver M. MAZZA, *Decentramento e governo locale nella Repubblica Popolare Cinese*, Giuffrè, Milano, 2009, e, sobre os sistemas socialistas em geral, *supra*, cap. II, seção II, § 8.

trada nos Estados socialistas em geral, além de naquela que foi a experiência soviética em especial: a descentralização é apenas aparentemente acolhida; as autonomias regionais ou federais são, em realidade, emanação do poder central em virtude do princípio do centralismo democrático.

No mundo árabe, um federalismo de fachada, imposto, de tipo multinacional, assimétrico, é o do Iraque, estruturado sobre duas Câmaras, das quais o Conselho Federal é a representativa das Regiões e dos Governos não organizados em Região[77]. A matéria é desconstitucionalizada, dado que o art. 48 da Constituição atribui a sua estruturação à lei aprovada pela Câmara Baixa (Conselho dos Representantes). A Constituição elenca as competências federais e as regionais concorrentes (arts. 110, 114), sendo as residuais de competência descentralizada. Entre as concorrentes, aparece a que sugeriu a adoção de uma fórmula pseudo-federal, ou seja, a do petróleo e gás. Nos Emirados Árabes Unidos –que se definem como "Federação"– cada um dos seis Emirados tem um voto no Conselho Supremo Federal, a mais alta autoridade de União (art. 46 da Constituição), e uma representação quase paritária (de quatro a seis votos) no Conselho Federal Nacional, Câmara Legislativa composta de 40 membros. Os arts. 120 e 121 elencam as (muitas) competências da União, sendo as residuais de competência de cada Emirado. O procedimento de revisão contempla a participação dos entes componentes da União, seja através da iniciativa, exercida pelo Conselho Supremo Federal, seja pela aprovação por 2/3 do Conselho Federal. Também as Ilhas Comores (de antiga dominação francesa) asseguram uma representação parlamentar proporcional de cada ilha do arquipélogo, uma repartição das competências e a instituição de órgãos descentralizados.

§ 7. O ESTADO REGIONAL

No debate hodierno, é central não mais a distinção entre confederação de Estados e Estados descentralizados, mas –no interior desta segunda categoria– a distinção entre Estados fe-

---

[77] Veja D. FORGET, *La reconstruction juridique de l'Irak et de l'Afghanistan et l'influence des systèmes juridiques occidentaux*, in *Lex Electronica*, n. 14 (1), 2009, *https://papyrus.bib.umontreal.ca/xmlui/handle/1866/9320*.

derais e Estados regionais. Uma categoria, esta última, elaborada pela doutrina do período pós-Segunda Guerra e existente na Espanha, na Itália, na Bélgica, mas que –depois de profundas transformações em seu desenvolvimento– hoje está em crise[78]. Deve-se, contudo, destacar que a definição deste tipo de Estado não é unívoca nos vários países: é própria, sobretudo, da doutrina italiana, enquanto a espanhola prefere fazer referência –para designar o ordenamento ibérico– ao Estado *autonómico*[79].

Em ordem cronológica, a primeira experiência de um Estado genuinamente policêntrico, mas sem algumas das características dos Estados considerados federais, ocorreu na Espanha, depois do projeto federal de 1873, com a curta experiência da Constituição de 1931, rapidamente sufocada pelo franquismo.

[78] Para uma comparação destes ordenamentos, ver A.M. Russo, *Pluralismo territoriale e integrazione europea: asimmetria e relazionalità nello Stato autonomico spagnolo. Profili comparati (Belgio e Italia)*, Ed. Scientifica, Napoli, 2010. Uma panorâmica (ainda que antiga) sobre os ordenamentos chamados regionais, em Y. Meny, *Dix ans de régionalisation en Europe. Bilan et perspectives (1970-1980)*, Cujas, Paris, 1982, bem como, mais recentemente, A. Teyssier (ed.), *Les régions en Europe entre l'État et les collectivités locales*, Les travaux du centre d'études et de prévision, n. 6, Cep-Sirp, Paris, 2003.

[79] Cf. S. Huber, P. Pernthaler (eds), *Föderalismus und Regionalismus in Europäischer Perspektive*, Schriftenreihe des Instituts für Föderalismusforschung, Bd 44, Braumüller, Wien, 1988; P. Häberle, *Föderalismus, Regionalismus und Kleinstaaten in Europa*, in *Europäische Rechtskultur*, Nomos, Baden-Baden, 1994, p. 257 e ss. Na doutrina italiana, G. Ambrosini, *Un tipo intermedio di Stato tra l'unitario e il federale*, cit.; G. Lucatello, *Lo Stato regionale quale nuova forma di Stato*, in AA.Vv., *Atti del primo convegno di studi regionali, Bressanone, 1954*, Cedam, Padova, 1955, p. 111 e ss.; L. Paladin, *Diritto regionale*, cit., p. 3 e ss.; Z. Ciuffoletti, *Federalismo e regionalismo*, Laterza, Bari, 1994; M. Volpi, *Stato federale e Stato regionale: due modelli a confronto*, in *Quad. cost.*, n. 3, 1995, p. 367 e ss.; em castelhano, G. Rolla, *Características del regionalismo en los sistemas constitucionales a varios niveles. Una aproximación de derecho comparado*, in P. Häberle, D. García Belaunde (eds), *El control del poder*, cit., II, p. 3 e ss. (Unam), e p. 853 e ss. (Iidc-Un. Inca Garcilaso de la Vega-Iustitia). Na doutrina espanhola, AA.Vv., *Federalismo y regionalismo*, Cec, Madrid, 1979; J. Ferrando Badía, *El Estado unitario, el federal y el Estado autonómico*, 2ª ed., Tecnos, Madrid, 1986; J.J. González Encinar, *El Estado unitario-federal*, Tecnos, Madrid, 1985; E. Argullol Murgadas, *Federalismo y Autonomía*, Ariel, Barcelona, 2004.

Foi tomada como modelo pelos constituintes italianos em 1946-47 e caracteriza o texto atual, que, por sua vez, foi, em parte, imitado pelas *Cortes Constituyentes* espanholas quando escreveram a vigente Constituição de 1978. A Bélgica também experimentou uma fase considerada "regional" após as reformas dos anos 70-80, ainda que, depois de 1994, qualifique-se como "federal" (art. 1), mesmo com algumas dúvidas por parte da doutrina.

A organização territorial espanhola caracteriza-se –como alguns países considerados federais (ex.: Canadá)– pela reivindicação do caráter "nacional" seja por parte do Estado, no seu conjunto, seja por algumas de suas "regiões" geográficas, linguísticas e culturais. Por um lado, o art. 2 da Constituição faz referência à "indissolúvel unidade da Nação espanhola"; por outro, o caráter de "nação" é fortemente reivindicado (pelo menos) pela Catalunha e pelo País Basco e encontra reconhecimento no mesmo artigo, onde alude a «la autonomía de las nacionalidades y regiones que la integran». Nações sobrepostas, portanto: a Constituição presume a coexistência de duas entidades espirituais e de duas afiliações distintas e, pondo à prova as teorias do nacionalismo, codifica a expressão de duas identidades, ainda que a Constituição e a doutrina marquem a diferença entre "nação" (somente uma, a espanhola), e "nacionalidade". É possível ser, ao mesmo tempo, catalão e espanhol, ou basco e espanhol, ou outro, em um tipo de Estado que busca conjugar indissolubilidade e autonomia. O "federalismo" espanhol encontra expressão em uma organização territorial definida *"autonómica"*, que pode ser compreendida apenas à luz dos acontecimentos históricos, além do quadro normativo do qual deriva[80].

[80] Para a Espanha, sobre as características únicas do Estado *autonómico* v. J. Solé Tura, *Nacionalidades y nacionalismos en España*, Alianza, Madrid, 1985; Aa.Vv., *El sistema jurídico de las Comunidades Autónomas*, Tecnos, Madrid, 1985; Aa.Vv., *Los procesos de formación de las Comunidades Autónomas. Aspectos jurídicos y perspectivas políticas*, Parlamento Vasco, Granada, 1984; E. Aja, *El Estado Autonómico. Federalismo y hechos diferenciales*, 2ª ed., Alianza, Madrid, 2003; Id., *Estado Autonómico y Reforma Federal*, Alianza, Madrid, 2014; P. Cruz Villalón, *La estructura del Estado, o la curiosidad del jurista persa*; Id., *La estructuración del Estado en Comunidades Autónomas: 1979-1983*, ambos em Id., *La curiosidad del jurista persa, y otros estudios sobre la Constitución*, Cepc, Madrid,

Pode ser considerado por desagregação, pois surge de uma estrutura anteriormente unitária e porque é a Constituição que autoriza a aquisição da autonomia; mas, ao mesmo tempo e em certa medida, é agregador, já que o próprio texto reconhece a preexistência de nações e regiões distintas que, mesmo no âmbito das diferenças, unem-se na nação espanhola[81]. O art. 143.1 da Constituição permite, realmente, conferir autonomia às Províncias limítrofes que apresentem características históricas, culturais e econômicas comuns, aos territórios insulares e às Províncias com caráter histórico. Isso foi realizado com duas distintas modalidades (a chamada via rápida e a normal), ambas caracterizadas pela aquisição de um amplo consentimento por parte dos entes e das populações locais interessadas. (Existem, contudo, mais variantes.) Os processos de aquisição da autonomia têm como finalidade a adoção de um Estatuto com conteúdo variável, para o que diz respeito seja à estrutura (pelo menos para as Comunidades que seguiram o procedimento especial, que devem adotar uma forma de governo parlamentar), seja às competências das diversas Comunidades Autônomas. Há, por conseguinte, uma diferença no que concerne às Regiões ordinárias italianas, que possuem todas as mesmas competências, e um paralelismo com as italianas especiais, exceto quanto a um aspecto: os Estatutos das *Comunidades* espanholas são aprovados –com procedimentos distintos, conforme seja normal ou especial– com lei orgânica. A sua aprovação é, portanto, fruto da participação tanto dos

---

2006, p. 377 e ss. e p. 391 e ss.; J. Ruipérez Alamillo, *Entre el federalismo y el confederantismo. Dificultad y problemas para la formulación de una teoría constitucional del Estado de las autonomías*, Biblioteca nueva, Madrid, 2010; S. Muñoz Machado, *Informe sobre España. Repensar el Estado o destruirlo*, Crítica, Barcelona, 2012; R.L. Blanco Valdés, *Los rostros del federalismo*, cit.; Id., *El laberinto territorial español*, Alianza, Madrid, 2014. Para uma comparação entre duas experiências, M.B. López Portas, *Galicia y Escocia. Dos modelos federales*, Un. de Santiago de Compostela, Santiago de Compostela, 2009. Um quadro atualizado do direito positivo em E. Álvarez Conde, A. García-Moncó, R. Tur Ausina, *Derecho autonómico*, cit.

[81] Sobre as relações entre autonomia local e *Comunidades Autónomas* na Espanha, mas também em outros Estados compostos, ver V. Suelt Cock, *Federalismo en teoría y práctica. El caso español como proceso federal. Estudio de la autonomía regional y local en los sistemas federales*, Juruá, Curitiba-Lisboa, 2010.

órgãos, quanto, em certos casos, das populações locais, mas o ato definitivo, além da natureza negociada, é do centro.

A repartição das competências segue um esquema complexo, baseado sobre dois elencos de matérias: um enumera as matérias que podem ser assumidas pelas *Comunidades Autónomas*, o outro apresenta os temas sobre os quais o Estado tem competência exclusiva (arts. 148, 149). Uma vez mais, assumem relevância a variabilidade e a diferenciação. Na prática, a jurisprudência transformou algumas competências exclusivas em "concorrentes". O elemento característico mais controverso, além disso, é representado pela dinamicidade do sistema, que não prevê regras de fechamento para definir, de uma vez por todas, de modo estável, a repartição de competências, nem define um claro tipo de Estado. Isso foi demonstrado pelas experiências dos novos Estatutos elaborados nos primeiros lustros dos anos 2000 e, especialmente, pelas controvérsias sobre o Estatuto catalão, caracterizado por um forte caráter contencioso que envolveu *Comunidad, Cortes*, Governo e Tribunal Constitucional, para não falar de parte do povo, chamado pelos órgãos catalães a se manifestar, não obstante a declaração de inadmissibilidade do referendo pelos órgãos centrais[82].

As *Comunidades Autónomas* não são representadas igualmente nas instituições parlamentares. O Senado, que, como na Itália, pretende ser órgão de representação regional, não o é. Representa as Províncias e (com representação menor) os territórios insulares e as cidades de Ceuta e Melilla, na África, mas quase proporcionalmente aos habitantes das Comunidades Autônomas. Posto isso, a participação do Senado nos distintos procedimentos de revisão total ou parcial não permite às *Comunidades Autónomas* exercer influência (senão politicamente) sobre eventuais limitações das competências territoriais[83].

---

[82] Bibliografia *infra*, § 11, nota 112.

[83] Sobre o Senado espanhol (também em comparação ao italiano), V.A. SANJURJO RIVO, *Senado y modelo territorial. Segundas Cámaras y estructura del Estado en los procesos constituyentes español e italiano*, Secretaría General del Senado, Madrid, 2004, e sobre a suposta reforma, F. PAU I VALL (ed.), *El Senado, Cámara de representación territorial*, Tecnos, Madrid, 1996; E. AJA, *La reforma constitucional del Senado para convertirlo en una Cámara autonómica*, in E. AJA, E. ALBERTÍ ROVIRA, J.J. RUIZ RUIZ (eds), *La reforma constitucional del Senado*, Cepc, Madrid, 2005,

Pode-se, portanto, falar, quanto à Espanha, em federalismo, na acepção sociológica, mas não em Estado federal, ao menos na acepção comumente utilizada desta expressão, Não falta quem, porém, apoiando-se no conceito de plurinação, insista na índole confederal do país[84].

A Itália é definida –mas não pela Constituição– como "Estado regional". Rejeitado o modelo federal para fortalecer a unidade conquistada com as guerras do Ressurgimento[85], a Itália quis, ao mesmo tempo, abandonar o centralismo herdado do Estado liberal e enfatizado pelo fascismo. Isso explica a escolha de uma solução intermediária, que se revelou, porém, insuficiente para recuperar o pluralismo das experiências anteriores à unidade, atingida em 1860 e completada com a Primeira Guerra Mundial[86]. Trata-se de uma descentralização por desagregação (o ponto de partida é, precisamente, um Estado centralizado), mas onde as especificidades são valorizadas sobretudo pela estruturação do território nacional em dois tipos de Regiões: as ordinárias e as especiais. Por razões ligadas à história e à política, foi, de fato, concedida às ilhas e a algumas

---

p. 26 e ss.; J.M. Vera Santos, *Senado territorial y presencia de notables*, Senado, Servicio de Publicaciones, Madrid, 1997, p. 279 e ss.; F.J. Gutiérrez Rodríguez, *El debate sobre la reforma del Senado*, Secretaría General del Senado, Madrid, 2004; Ó. Alzaga Villaamil, *El Senado Español: de sus aguas tranquilas al torbellino de su posible reforma (la vigencia de una antigua cuestión:* Quis custodiet custodes), in P. Häberle, D. García Belaunde (eds), *El control del poder*, cit., II, p. 759 e ss. (Unam), e p. 779 e ss. (Iidc-Un. Inca Garcilaso de la Vega-Iustitia).

[84] Para uma análise crítica, cf. J. Ruipérez Alamillo, *Entre el federalismo y el confederantismo*, cit.; M. Fondevila Marón, *La disolución de la soberanía en el ámbito estatal. El proceso de integración europea*, Reus, Madrid, 2014; R. Louvin, *Legami federativi e declino della Sovranità. Quattro percorsi costituzionali emblematici*, Giappichelli, Torino, 2001.

[85] E isto não obstante as incitações de C. Cattaneo: neste sentido G. Armani, *Carlo Cattaneo: una biografia. Il padre del Federalismo italiano*, Garzanti, Milano, 1997.

[86] Para a Itália, L. Paladin, *Diritto regionale*, cit.; T. Martines, A. Morelli, A. Ruggeri, C. Salazar, *Lineamenti di diritto regionale*, cit.; P. Caretti, G. Tarli Barbieri, *Diritto regionale*, 3ª ed., Giappichelli, Torino, 2012. Sobre a evolução, em espanhol, S. Ragone, *El regionalismo italiano en tres etapas*, in G.E. Mendoza Martelo, J.A. Cepeda Amarís, L. Estupiñán Achury (eds), *Una mirada a las regiones desde la justicia constitucional*, Bogotá, Un. del Rosario, 2013, p. 95 e ss.

áreas de fronteira (Sicília, Trentino-Alto Ádige/Tirol do Sul, Sardenha, Vale de Aosta, Friul-Veneza Júlia) uma autonomia muito mais ampla que a das demais Regiões. O modelo preestabelecido foi o seguinte: em primeiro lugar, conferiu-se às Regiões autonomia estatutária. No Estatuto, encontram-se as principais normas organizativas do ente; ademais, nos Estatutos especiais, são elencadas as matérias sobre as quais as regiões podem legiferar. Para as Regiões restantes, optou-se por um elenco de matérias regionais, sendo as residuais deixadas ao Estado (entre as descentralizadas, a polícia local, a beneficência pública, a assistência médica, os museus locais, o urbanismo, o turismo, o tráfego regional, os recursos minerais, a caça e a pesca, a agricultura, o artesanato, etc.). A competência não é, porém, exclusiva, mas concorrente (salvo em algumas matérias nas Regiões Especiais), e as leis devem submeter-se a fortes limites (não podiam nem podem instituir tarifas nem obstar a circulação dos cidadãos: art. 120; hoje se fala em "pessoas" e "coisas"); não era permitido, ademais, ignorar os compromissos internacionais da Itália, as grandes reformas econômicas e sociais, os princípios fundamentais do ordenamento, o interesse nacional ou o de outras Regiões. Mas, sobretudo, as Regiões Ordinárias eram obrigadas a legiferar apenas no âmbito de específicas leis-quadro (ou "marco") aprovadas pelo Parlamento Nacional ou, em ausência destas, dos princípios enunciados pelas leis estatais para cada uma das matérias (art. 117).

Nas matérias sobre as quais têm competência legislativa, as Regiões gozam, outrossim, de autonomia administrativa: ainda hoje é escassa a autonomia financeira e é assegurada, apenas em parte, a autonomia organizativa: o art. 121, inclusive na nova versão aprovada em 1999, prevê que os órgãos da Região sejam o Conselho (eleito diretamente pelo povo com um sistema recentemente renovado, idôneo a assegurar maior governabilidade); a Junta Regional –o Executivo da Região– e o seu Presidente. As reformas de 2000-2001 preveem que o Estado e as Regiões, respeitando a Constituição e os tratados internacionais, aprovem leis nas matérias da respectiva competência: a) exclusiva do Estado em alguns assuntos, entre os quais os mais importantes dizem respeito, como em todos os ordenamentos federais, à defesa, à moeda, às liberdades; b) tanto do Estado quanto das Regiões, incumbindo ao Estado os princípios, ao passo que, às Regiões, a disciplina detalhada, de uma amplo espectro de matérias; c) apenas das Regiões, em todas as outras matérias, residuais, não compreendidas nos dois elencos anteriores. A maior autonomia foi, porém, fortemente limitada pelas interpretações da Corte Constitucional.

No que atine aos modelos federais, falta a representação das Regiões em sede nacional. Elas não podem participar na elaboração das leis estatais que lhe digam respeito (como acontece, ao invés, nos Estados Unidos, na Alemanha, na Suíça, por meio das Câmaras Altas) e muito menos em eventuais revisões constitucionais que limitem os seus poderes. Exatamente este elemento impede dizer que a Itália tenha se tornado um Estado federal em sentido clássico. O bicameralismo diferenciado –ou seja, a instituição de um Senado das autonomias– continua sendo assunto de debate no Parlamento, mas o referendo do outono de 2016 determinou o fracasso do projeto em discussão que queria converter a Câmara Alta em um Senado representativo das Regiões e das demais autonomias locais.

Diferentemente da Itália, onde apenas nas áreas de fronteira do Norte verificam-se algumas minorias linguísticas, a Bélgica é um mosaico de línguas e de nacionalidades[87]. Isso explica a sua natureza peculiar, contorcida e de difícil compreensão. Explica também as tendências centrípetas, a pressão para a divisão e a desagregação, até o limite da secessão. A sua primeira peculiaridade é que prevê diversos elementos que se sobrepõem, mas não coincidem territorialmente. As áreas linguísticas são quatro: holandesa, francesa, alemã e bilíngue (Bruxelas). Existem, ainda, três Comunidades (que antes eram chamadas "culturais"): francesa, flamenga e germanófona; e, enfim, três Regiões: valona, flamenga e de Bruxelas. Nenhum destes três níveis coincide com os outros ou se sobrepõe.

Há, também, assimetria institucional entre os vários níveis: a Comunidade e a Região flamenga atuam através dos órgãos da Comunidade, mas o mesmo não ocorre com a Co-

---

[87] Para a Bélgica, F. Delpérée (ed.), *La Belgique fédérale*, Bruylant, Bruxelles, 1994; A. Leton, A. Miroir, *Les conflits communautaires en Belgique*, Puf, Paris, 1999; em perspectiva histórica, Ch. Kesteloot, *Au nom de la Wallonie et de Bruxelles français: Les origines du FDF*, Complexe-Ceges, Bruxelles, 2004; M. Uyttendaele, M. Verdussen (eds), *Dictionnaire de la Sixième Réforme de l'État*, Larcier, Bruxelles, 2015.

munidade francesa (concentrada na Região Bruxelas-Capital) e a Região da Valônia (que inclui a Comunidade germanófona). As competências atribuídas aos distintos níveis são distintas (às Comunidades, são atribuídas funções relativas à tutela da identidade) e não igualitárias (cada uma das identidades de cada categoria não possui as mesmas competências legislativas e administrativas, sendo, contudo, excluídas, para todas, as competências jurisdicionais).

Como dito, a Bélgica autodefine-se "federal". Tem as características do federalismo plurinacional, mas, entretanto, falta uma verdadeira participação das entidades descentralizadas na estrutura parlamentar do centro. Com efeito, o Senado belga tem uma composição mista e funções limitadas (mesmo com uma certa representação dos entes periféricos), que induz parte da doutrina a denunciar a ausência de uma característica típica dos Estados considerados federais. Sendo a revisão constitucional atribuída ao Parlamento, com maioria de 2/3, nem mesmo este segundo requisito parece ser preenchido completamente.

Também a França pegou o caminho da descentralização "regional", sem, contudo, chegar (com exceção de uma limitada autonomia aos Territórios Ultramarinos) a conferir poderes de direção política às Regiões[88]. Tentativas de regionalização são buscadas, com resultados não entusiasmantes, também em alguns países centralizados da América Latina, como Peru e Colômbia[89].

---

[88] Cf. M. CALAMO SPECCHIA, *Un nuovo "regionalismo" in Europa. Il decentramento territoriale della Repubblica francese*, Giuffrè, Milano, 2004.

[89] Ver alguns volumes (críticos) de J. ZAS FRIZ BURGA: em abordagem comparada, *El Sueño Obcecado. La descentralización política en la América andina*, Fondo ed. del Congreso del Perú, 2001; sobre o Peru, ID., *La descentralización ficticia: Perú 1821-1998*, Un. del Pacífico, Lima, 1998; ID., *La Inexistencia de la Voluntad. El actual proceso peruano de descentralización política y sus antecedentes inmediatos (1980-2004)*, Defensoría del pueblo, Lima, 2004; ID., *La continuidad crítica. Balance del diseño normativo e institucional del actual proceso peruano de descentralización política (2002-2008)*, Palestra, Lima, 2008. Sobre a Colômbia, J.L. GARCÍA RUIZ (ed.), *¿Hacia dónde debe orientarse el modelo territorial colombiano?*, Un. Libre, Bogotá, 2007; J.L. GARCÍA RUIZ, E. GIRÓN REGUERA (eds), *Estudios Sobre Descentralización Territorial: El Caso Particular de Colombia*, Uca, Cádiz, 2006. E, por último, o número coordenado por G. PAVANI, L.

§ 8. AS (SUPOSTAS) DIFERENÇAS ENTRE ESTADO REGIONAL E ORDENAMENTOS FEDERAIS

Com base nas experiências ora descritas, ou melhor, analisando os sistemas surgidos até as últimas décadas do século xx, a doutrina buscou evidenciar a diferença entre Estados federais e Estados regionais, sem, porém, chegar a resultados convincentes e unívocos. Os argumentos por vezes adotados para discernir uns dos outros são múltiplos: mas são também, geralmente, insuficientes, dado que, em cada caso, são inúmeras as exceções.

Assim, alguns apoiam-se, ainda hoje, no procedimento de formação: enquanto os Estados federais formar-se-iam pela fusão de vários Estados independentes e soberanos, os Estados regionais decorreriam, por outro lado, da atribuição de uma ampla autonomia a entes territoriais de um Estado anteriormente centralizado. Isso poderia parecer verdade se fossem olhadas, por exemplo, as experiências da Confederação Helvética, dos Estados Unidos e da Austrália, de um lado, e da Itália e da Espanha (típicos Estados reputados "regionais"), de outro. E, contudo, Brasil e República Federal Alemã (e outros) são considerados Estados federais, mesmo tendo nascido da decisão de descentralizar um Estado unitário; enquanto, por sua vez, a Bélgica atual, depois das recentes revisões constitucionais, tornou-se "federal" (talvez) após um progressivo processo de descentralização, através da experiência do regionalismo. Neste aspecto, a Espanha representa também um caso dúbio.

Foi dito, também, que, nos Estados federais, as chamadas competências residuais pertencem aos Estados, enquanto a Federação tem apenas as competências enumeradas pela Constituição. Contrariamente, não é verdade que, nos Estados federais, as matérias de competência da Federação sejam elencadas na Constituição Federal e as dos Estados-membros sejam "residuais" (ou seja: tudo que não compete ao centro incumbe aos Estados-membros). Existem Estados federais que adotam o critério da competência residual aos Estados-membros (como

---

ESTUPIÑÁN ACHURY da *Rev. gen. der. públ. comp.*, n. 19, 2016, "Las tendencias del Estado Unitario en América Latina", cit., e, das mesmas autoras, *Mutaciones del Estado unitario en América Latina*, cit.

os EUA), outros, como o Canadá, que seguem o critério oposto –o mesmo adotado inicialmente no ordenamento regional italiano–, outros, ainda, que desenvolvem um tríplice elenco de competências, exclusivas da Federação, exclusivas dos entes intermediários, repartidas/compartilhadas entre os dois níveis de governo (República Federal Alemã, Índia). Na Itália, depois da revisão de 2001, as competências residuais incumbem às Regiões[90].

Não falta, ainda, quem sustente a autonomia constitucional dos Estados-membros, que não existiria nas Regiões. Também neste caso, é verdade que os Estados-membros dos Estados Unidos têm uma própria Constituição, assim como os Cantões suíços e de outros entes periféricos de Estados considerados federais, diferentemente das Regiões italianas ou das Comunidades Autônomas espanholas. Mas é de igual modo verdadeiro que, de um lado, a autonomia constitucional dos Estados federais é, contudo, limitada sempre pelas "cláusulas de supremacia" da Constituição Federal; de outro lado, também as Regiões gozam de autonomia constitucional: tanto as Regiões belgas, mesmo antes da revisão constitucional (ainda que limitada), quanto as *Comunidades Autónomas* espanholas, qualquer que seja o seu procedimento formativo e a sua "categoria de afiliação", como, enfim, as italianas (entre as quais, as de autonomia diferenciada possuem um Estatuto que é aprovado com lei constitucional e, portanto, representa uma fonte de direito elaborada exclusivamente pelo centro).

Em busca de um caráter distintivo entre Estados federais e Estados regionais, é mais plausível ater-se à estrutura do Parlamento: só no primeiro tipo de ordenamento uma Câmara representa a população em seu conjunto e outra representa os Estados-membros de modo igualitário (por exemplo, cada Estado dos Estados Unidos possui dois senadores na Câmara Alta de Washington, em obséquio ao art. I, seção III, § 1, da Constituição; como também cada Cantão suíço elege dois representantes no Conselho dos Estados). Deve-se lembrar,

---

[90] Sobre os critérios de distribuição das competências, ver J. RUI-PÉREZ ALAMILLO, *División de competencias y forma territorial del Estado*, Reus, Madrid, 2012. Para o Brasil, A.L. BORGES NETTO, *Competências Legislativas dos Estados membros*, Ed. Rev. dos Tribunais, São Paulo, 1999.

porém, que o rigor da representação igualitária dos Estados (*recte*, dos Governos) é temperado na República Federal Alemã pela atribuição de um número diferenciado de representantes dos *Länder* no *Bundesrat*, de acordo com a população dos mesmos[91].

A principal diferença *qualitativa* que distingue os Estados federais dos regionais parece, então, representada pela garantia de que os entes periféricos tenham título para participar da revisão constitucional[92]; em palavras simples, o centro não poderia, sozinho, emendar a Constituição, restringindo as competências dos Estados-membros, sem que estes tenham voz através da segunda Câmara ou com a participação da população dos Estados-membros da federação.

Não apenas as diferenças de natureza jurídica entre Estado federal e Estado regional são perceptíveis com dificuldade, mas a mesma evolução histórica dos vários ordenamentos em exame contribui ainda mais para tornar os modelos híbridos. Se, de fato, nos ordenamentos considerados federais, os entes periféricos gozam de um grau de autonomia constitucional, legislativa, administrativa, financeira, maior do que o dos ordenamentos regionais, é igualmente incontestável que, nos primeiros, assiste-se a uma tendência a reforçar o centro, por exigências conexas ao governo da economia e da política externa e à tutela dos direitos (como acontece nos Estados Unidos); enquanto, nos segundos, prevalecem as pressões centrífugas (como na Bélgica, na Espanha e, enfim, na Itália).

Em ambos os modelos organizativos, então, a contraposição entre centro e periferia (*dual federalism*) foi substituindo um sistema cooperativo de gestão das competências, inclusive porque as matérias do respectivo *domaine* tendem a entrelaçar-se (razão pela qual, por exemplo, em tema de meio ambiente, centro e entes periféricos dividem as atribuições legislativas e administrativas). O princípio da subsidiariedade, por sua vez, joga, indiferentemente, um papel de reforço do centro ou

---

[91] Uma visão panorâmica sobre *Le assemblee legislative territoriali negli ordinamenti federali* no livro assim intitulado de A. RINELLA, C. BARBERA, cit.

[92] A. REPOSO, *Profili dello Stato autonomico*, cit., esp. p. 101 e ss. Ver, também, T. GROPPI, *Federalismo e costituzione. La revisione costituzionale negli stati federali*, Giuffrè, Milano, 2001.

da periferia. Baseia-se no fato de que o nível superior pode manter ou avocar as atividades, matérias, intervenções que não podem ser melhor cumpridas em nível inferior. Ao mesmo tempo, justifica o não intervencionismo estatal a favor da autonomia das pessoas e das associações –dos privados, em suma. Trata-se, neste caso, da chamada subsidiariedade horizontal, enquanto a entre entes é definida "vertical". O princípio, derivado da doutrina da Igreja, foi inserido no Tratado de Maastricht para reforçar as instituições da União Europeia, mas é frequentemente invocado para favorecer a devolução de competências aos entes periféricos e é, por conseguinte, bifronte. De todo modo, quem decide o que pode ser melhor desenvolvido pelo centro e pela periferia é, sempre ou quase sempre, o centro[93].

§ 9. EXPERIÊNCIAS EXCÊNTRICAS

Nos §§ precedentes, as várias experiências dos Estados compostos foram agrupadas de acordo com um esquema tradicional, que –no contexto dos processos do federalismo– distingue as confederações dos Estados federais e, destes, as organizações territoriais definidas "regionais". São, porém, inúmeras

[93] Veja A. RINELLA, L. COEN, R. SCARCIGLIA (eds), *Sussidiarietà e ordinamenti costituzionali. Esperienze a confronto*, Cedam, Padova, 1999, e, em específico, A. RINELLA, *Il principio di sussidiarietà: definizioni, comparazioni e modello d'analisi*, p. 3 e ss.; em abordagem histórica, G. VON HUMBOLDT, *Ideen zu einem Versuch, die Grenzen der Wirksamkeit des Staates zu bestimmen* (1792), reimpr. Reclam, Leipzig, 1947, trad. it. *Saggio sui limiti dell'attività dello Stato*, Giuffrè, Milano, 1965; bem como: H. STADLER, *Subsidiaritätsprinzip und Föderalismus*, Universitätsbuchhandlung, Freiburg, 1951; E. LINK, *Das Subsidiaritätsprinzip. Sein Wesen und seine Bedeutung für die Sozialethik*, Herder, Freiburg, 1955; C. MILLON DELSOL, *L'État subsidiaire: Ingérence et non-ingérence de l'État, le principe de subsidiarité aux fondements de l'histoire européenne*, Puf, Paris, 1992; C. CALLIESS, *Subsidiaritäts - und Solidaritätsprinzip in der Europäischen Union*, Nomos, Baden-Baden, 1996; J. ISENSEE, *Subsidiarität und Verfassungsrecht*, 2ª ed., Duncker & Humblot, Berlin, 2001; M. MISTÒ, *La sussidiarietà quale principio di diritto ipotattico da Aristotele alla dottrina sociale della Chiesa: per una ricostruzione storico-ideale del concetto*, in Iustitia, n. 1, 2002, p. 321 e ss.; J.A. BARACHO, *O Princípio de Subsidiaridade: Conceito e Evolução*, Forense, Rio de Janeiro, 2000; I. MASSA PINTO, *Il principio di sussidiarietà. Profili storici e costituzionali*, Jovene, Napoli, 2003.

as exceções (já indicadas) a cada tentativa de classificação; o estudo diacrônico dos vários modos de realizar a ideia federal obsta o enquadramento de cada ordenamento na classe dos Estados federais ou na dos Estados regionais; sobretudo, porém, é o surgimento de novas soluções originais que leva a confundir as duas categorias. É certo que, em geral, pode-se acolher a ideia de denominar "federal" os sistemas onde uma segunda Câmara representa os entes periféricos que, através dela ou mediante o povo dos Estados-membros, participam da revisão constitucional, limitando o risco de compressões unilaterais da autonomia. Mas, como encaixar –senão em classificações dúcteis– os ordenamentos que estão à margem deste esquema ou que apresentam, inclusive, características distintas e, frequentemente, novas?

Pense-se, em primeiro lugar, nas experiências, algumas das quais já sumariamente descritas, onde há uma recepção apenas formal da ideia federalista: os Estados comunistas, os islâmicos, algumas outras experiências onde o *political law* ou *traditional law* prevalecem sobre o *professional law*, como, por exemplo, a Nigéria e algumas experiências latino-americanas, e são, por isso, distantes das experimentações originais do Estado policêntrico (Estados Unidos e "derivados", Suíça, Alemanha, para o Estado federal; Itália, Espanha, Bélgica, para o regional). Aqui, como em outras áreas disciplinadas pelas "Constituições sem constitucionalismo", do Estado composto foram recepcionadas as estruturas formais, não as ideias subjacentes (e, com essas, a cultura jurídica, as exigências políticas e sociais).

O problema ocorre, contudo, inclusive dentro das categorias "ocidentais" de descentralização ou do federalismo entendido como corrente de pensamento que conjuga unidade e compartilhamento de recursos, de um lado, e defesa da identidade histórico-cultural dos grupos e dos indivíduos, do outro, e onde há alinhamento entre forma e substância, entre cultura jurídica e Constituição.

Em primeiro lugar, alguns Estados são unitários, mas, ao mesmo tempo, concedem autonomia política apenas a uma parte do território, por razões ligadas à história, à geografia (distanciamento físico do centro, como a insularidade), cultura/etnia/língua. Frente ao federalismo igualitário ou quase-igualitário (EUA, Suíça, Alemanha), o federalismo assimétrico pode estabelecer-se com duas variantes principais. Por um lado, existem Estados que agrupam mais "sociedades" distintas e optam por soluções diferenciadas para cada uma delas, que, às vezes, refletem-se também na representação institucional. Do outro, Estados que possuem uma matriz cultural predominantemente unitária, compacta, mas englobam também limitadas realidades distintas (periféricas, insulares, de *enclaves*). Entre os primeiros, alguns oferecem soluções nas quais, originariamente ou gradativamente no tempo, prevalece –mais ou menos– o pluralismo e o reconhecimento das nacionalidades (independentemente da estrutura formalmente confederal, federal ou regional): como Canadá, Bélgica, África do Sul, Espanha, Iraque ... Outros descentralizam tudo –todas as Regiões têm autonomia politica–, mas, de maneira parcialmente diferenciada a favor de alguns *enclaves* (Itália); outros, ainda, ao contrário, asseguram a uniformidade "centralizadora" da estrutura, mas concedem uma limitada autonomia política, de direção, (apenas) a entidades periféricas anômalas. Assim acontece, por exemplo, em Portugal, unitário, mas que prevê as Regiões Autônomas de Açores e Madeira, dotadas de competência legislativa[94], ou na Finlândia, no que atine às ilhas Åland, ou, inclusive, França, cujos Territórios Ultramarinos gozam de poder estatutário que não pode ser violado por leis ordinárias da pátria mãe[95].

[94] C. Blanco de Morais, *A autonomia legislativa regional*, Aafdl, Lisboa, 1993.

[95] Sobre o federalismo assimétrico, v. L.F. Seidle (ed.), *À la recherche d'un nouveau contrat politique: options asymétriques et options confédérales*, Institut de recherche en politiques publiques, Montréal, 1994; P. Pernthaler, *Der differenzierte Bundesstaat. Theoretische Grundlagen, praktische Konsequenzen und Anwendungsbereiche in der Reform des österreichischen Bundesstaates*, Braumüller, Wien, 1992, trad. it. *Lo Stato federale differenziato*, il Mulino, Bologna, 1998; D. Torrecillas Ramos, *O Federalismo Assimétrico*, Plêiade, São Paulo, 1998; R. Agranoff (ed.), *Accommodating Diversity: Asymmetry in Federal States*, Nomos, Baden-Baden, 1999; D. Dominici, G. Falzea, G. Moschella (eds), *Il regionalismo differenziato. Il caso italiano e spagnolo*, Giuffrè, Milano, 2004; R. Toniatti, F. Palermo, M. Dani (eds), *An Ever More Complex Union: The Regional Variable as a Missing Link in the EU Constitution?*, Nomos, Baden-Baden, 2004; L. Cardinal, *Le fédéralisme asymétrique et les minorités linguistiques et nationales*, Ed. Prise de parole, Ottawa, 2008; F. Palermo, "Divided we stand". *L'asimmetria negli ordinamenti composti*, in A. Torre (ed.), *Processi di devolution e transizioni costituzionali negli Stati unitari*, cit., p. 149 e ss.

Um caso à parte, que é difícil de classificar entre os regionalismos conhecidos até agora, é representado pelo Reino Unido, que não pode ser enquadrado em nenhum esquema conhecido.

Em um contexto anteriormente caracterizado por um sistema de autonomias locais sem poder de direção política, foram realizados dois referendos para a autonomia da Escócia e de Gales em setembro de 1997; pouco depois, o Parlamento de Westminster aprovou o *Scotland Act 1998* e o *Government of Wales Act 1998*, que instituíram, respectivamente, um Parlamento escocês e uma Assembleia galesa. Instituiu-se, também uma *Northern Ireland Assembley* após o *Good Friday Agreement* de 1998. O reajuste do sistema centralizado, iniciado pelo Governo de Blair, configura um Estado assimétrico: a Escócia (e, em pequena parte, a Irlanda do Norte) tem competências legislativas (e, com os *Scotland Acts* de 2012 e de 2016, também de natureza tributária); Gales tinha apenas competências administrativas até 2006 e agora também organizativas e tributárias, com o *Wales Act* de 2014; a Inglaterra não tem nada. No que concerne à legislação, o Parlamento escocês tem as competências residuais, mas (pelo menos em teoria) o Parlamento de Londres poderia retomá-las sempre, já que não existe a garantia de uma Constituição formal. Em Westminster estão deputados das diversas "nações" da Inglaterra, que votam sobre questões inglesas, mas os ingleses não podem interferir sobre as escocesas, decididas pelo Parlamento de Edimburgo. Os casos controversos eram decididos pelo *Judicial Committee of the Privy Council*, desprovido de autonomia e só informalmente neutro (ainda que as reformas tenham, em parte, modificado este elemento, atribuindo à *Supreme Court* as relativas competências); os referendos que acompanharam os *Devolution Acts* fortalecem apenas politicamente a *devolution*, mas não têm relevância jurídica formal (considerando que qualquer outra lei pode revogá-los); a reforma da Câmara dos *Lords* não modificou a sua estrutura centralizada, nem incluiu a representação das nações que compõem o Reino. O referendo de 18 de setembro de 2014, sobe a secessão escocesa, mesmo perdido pelos separatistas, reforçou politicamente a descentralização britânica, que é mediada entre Londres e Edimburgo, mais com base em relações políticas do que jurídicas. Encaixar esta experiência nos outros contextos é quase impossível.

A *devolution* representa um caso peculiar, nem regionalista, nem federalista.

§ 10. IMPULSOS CONFEDERAIS E A UNIÃO EUROPEIA

Para dificultar as classificações, existem, enfim, as experiências centrípetas. De fato, não só os impulsos de cima para baixo causam a erosão do Estado, mas também os de baixo para cima. Já dissemos que "confederação" designa uma organização de direito internacional, formada por vários Estados, que toma suas decisões por unanimidade e, por isso, prevê o poder de secessão a qualquer momento[96].

As exigências econômicas pressionam em direção a modelos de organização supranacional que, frequentemente, apresentam características distintas, tanto da confederação quanto do Estado federal. O exemplo mais conhecido é representado pela União Europeia, que, em termos de *federalizing process*, alguns já definiram como uma confederação a caminho de uma federação[97]. Mas são inúmeros os casos de uniões de direito internacional, com fins gerais ou específicos, como por exemplo –além das mencionadas *supra*[98]– a União dos Estados Africanos, a Organização dos Estados Centro-Americanos, a Comunidade do Caribe, algumas uniões entre Estados do mundo árabe, como a Liga Árabe e outras similares, etc. O fenômeno mais retumbante neste campo parece, porém, ser representado por uma espécie de "confederalismo sem territorialidade", que atribui a organizações internacionais setoriais o exercício de competências estratégicas em âmbito monetário, de crédito, de trabalho, de segurança, etc. (Fundo Monetário Internacional, Banco Mundial, OMC ...), deslocando para fora dos

---

[96] *Supra*, § 2.

[97] A. LA PERGOLA, *Sguardo sul federalismo e i suoi dintorni (Una celebre dicotomia: "Stato federale - Confederazione", la Confederazione di tipo antico e moderno, l'idea europeistica di Comunità)*, in *Dir. soc.*, n. 3, 1992, p. 491 e ss.; F. PALERMO, *La forma di Stato dell'Unione europea. Per una teoria costituzionale dell'integrazione sovranazionale*, Cedam, Padova, 2005. Para uma comparação com os Estados Unidos, A. MENON, M. SCHAIN (eds), *Comparative federalism: The European Union and the United States in Comparative Perspective*, Oxford U.P., Oxford, 2006.

[98] *Supra*, § 4.

Estados a direção política. Estes, apenas em teoria, podem retomar sua soberania plena, mas, de fato, não o fazem, devido às consequências que ocorreriam em termos econômicos[99]. Diferentemente das uniões territoriais circunscritas a poucos países, geralmente de duração efêmera e pouco eficazes, estas organizações, democraticamente legitimadas apenas de modo elíptico, condicionam os poderes dos Estados, propondo, em novos termos, o tema da natureza da soberania.

Em especial quanto à União Europeia, no Estado atual do processo de integração entre 27 Estados-membros (dos quais foi retirado o Reino Unido, como consequência do referendo de 2016 –o chamado *Brexit*), o quadro organizacional prevê uma estrutura com cinco instituições: o Parlamento Europeu, o Conselho Europeu, o Conselho (de Ministros), a Comissão Europeia, o Tribunal de Justiça da União Europeia[100].

O Parlamento Europeu é composto por deputados eleitos por sufrágio universal pelos eleitores dos países membros, em proporção à população de cada Estado. Ao longo do tempo, viu crescer o âmbito das próprias funções decisórias em lugar das funções originárias, predominantemente consultivas. Tratou-se de um processo de redução gradual do déficit democrático da União, que, contudo, não foi resolvido por completo. Ao Parlamento incumbe a tarefa de eleger o Presidente da Comissão e aprovar os outros componentes; exerce, ademais, funções de controle sobre a Comissão e pode votar, por maioria de 2/3, uma moção de censura contra à Comissão. Esta é o órgão de propositura e executivo da UE: é titular de poderes de iniciativa dos atos normativos, de execução das políticas europeias e do orçamento, de vigilância sobre a aplicação dos tratados e do direito da União, de representação da União no

---

[99] Uma estimulante abordagem do conjunto em M. CARDUCCI, V. DE OLIVEIRA MAZZUOLI, *Teoria tridimensional das integrações supranacionais*, Gen-Forense, Rio de Janeiro, 2014.

[100] V. F. BASSANINI, G. TIBERI (eds), *Le nuove istituzioni europee. Commento al Trattato di Lisbona*, il Mulino, Bologna, 2008; F. POCAR, *Diritto dell'Unione e delle Comunità europee*, Giuffrè, Milano, 2010; A. PERTICI, *L'organizzazione dell'Unione Europea*, in R. ROMBOLI (ed.), *Manuale di diritto costituzionale italiano ed europeo*, II, *Le istituzioni politiche*, Giappichelli, Torino, 2011; sobre o Conselho, J. DE MIGUEL BÁRCENA, *El Consejo de la Unión Europea. Poder normativo y dimensión organizativa*, Thomson Reuters-Aranzadi, Cizur Menor, 2009.

direito interno e no exterior. O Conselho Europeu é composto pelos Chefes de Estado e de Governo dos Estados-membros. O Conselho de Ministros, por sua vez, é o órgão que reúne, por vezes, os Ministros competentes sobre a matérias objeto de decisão. Enfim, o Tribunal de Justiça, cujo papel nos últimos anos foi crescendo de forma proporcional ao peso sempre mais relevante do direito da UE, garante o respeito do direito na interpretação e na aplicação dos tratados, pronunciando-se, em sede contenciosa, sobre recursos de um Estado-membro, de uma instituição ou de uma pessoa física ou jurídica, e, em via prejudicial, sobre recursos dos juízes nacionais sobre a interpretação do direito comunitária ou sobre a validade dos atos adotados pelas instituições europeias.

Com base nos arts. 2-6 do Tratado sobre o Funcionamento da União (TFUE), à UE são atribuídas competências exclusivas, no exercício das quais pode legiferar e adotar atos juridicamente vinculantes de modo exclusivo; são, outrossim, atribuídas competências concorrentes com as dos Estados-membros: sobre tais matérias, os Estados-membros possuem poder normativo sobre o que não estiver disciplinado pela UE. Com fulcro no art. 5 do TFUE, a delimitação das competências da União fundamenta-se no princípio de atribuição, por força do qual a União age apenas nos limites das competências que lhe são atribuídas nos tratados pelos Estados-membros, aos quais, por consequência, pertence qualquer competência não atribuída à União. Ademais, o exercício das competências que não são exclusivas da UE baseia-se nos princípios da subsidiariedade e da proporcionalidade. Com esteio no princípio da subsidiariedade, a União intervém apenas caso ocorram condições que revelem a insuficiência da intervenção dos Estados para a consecução dos objetivos previstos; o princípio da proporcionalidade requer que as intervenções da União, seja do ponto de vista substancial, seja do formal, limitem-se àquelas necessárias para conseguir a finalidade almejada.

Quanto às fontes, a instituição das três Comunidades Europeias (a econômica, a do carvão e do aço e a para a energia atômica, que, juntamente com os "pilares" da política externa, da segurança comum e da justiça e assuntos internos, desde 1992, denominam-se União Europeia), desde o início, em 1957, determinou a entrada, nos ordenamentos dos países participantes, de duas categorias de fontes: as diretivas e os regulamentos. Isso ocasionou graves problemas de coordenação, pouco a pouco resolvidos tanto no interior dos Estados-membros, mediante a legislação ou a jurisprudência, quanto em nível comunitário (sobretudo através das sentenças do Tribunal de Justiça). O progressivo peso assumido pela Comunidade e a ampliação das suas competências implicou, outrossim, a exigência de algumas revisões constitucionais: nem todas as Constituições dos países membros possibilitavam de fato, a realização das limitações de soberania pressupostas pelo Tratado de Maastricht de 7 de fevereiro 1992[101].

O Tratado de Lisboa, por outro lado, determinou uma nova classificação dos atos jurídicos da UE: o regulamento, a diretiva, a decisão, a recomendação, o parecer. Com base no art. 288 do Tratado sobre o Funcionamento da UE, o regulamento, a diretiva e a decisão são atos normativos em sentido próprio ("legislativos"), ao passo que recomendações e pareceres são atos jurídicos em sentido amplo. A recomendação e o parecer não são juridicamente vinculantes para os seus destinatários[102]. Além disso, o Tratado de Lisboa criou uma nova categoria de atos jurídicos: os atos delegados. Isto é, o legislador

---

[101] J. Shaw, *Law and European Law*, Palgrave, Basingstoke, 2000; J. Hanlon, *European Community Law*, Oxford U.P., Oxford, 2003; I. Ward, *A Critical Introduction to European Law*, Lexis Nexis, London, 2003; P. Birkinshaw, *European Public Law: The Achievement and the Challenge*, Kluwer, Alphen aan den Rijn, The Netherland, 2014. Sobre as diretivas, ver A. López de los Mozos Díaz-Madroñero, *La directiva comunitaria como fuente del Derecho*, Congreso de los Diputados, Madrid, 2010. Ao autorizar a transferência de direitos de soberania, o *Grundgesetz* alemão subordina a colaboração da República no âmbito da UE ao respeito ao princípio democrático, ao Estado de Direito, social e federativo, ao princípio de subsidiariedade e de tutela dos direitos fundamentais «essencialmente equiparáveis aos da presente Lei Fundamental», assim condicionando a recepção do direito comunitário à sua conformidade ao "núcleo essencial" do *Grundgesetz*.

[102] Mais precisamente, as decisões são atos normativos vinculantes que se dirigem a uma generalidade de sujeitos (denominadas decisões gerais, que possuem natureza legislativa) ou a destinatários específicos (chamadas decisões particulares, que não têm natureza legislativa). As recomendações são adotadas pelo Conselho com o escopo de regular os comportamentos dos destinatários. Os pareceres são adotados pelo Parlamento para expressar a própria visão sobre determinadas questões.

delega à Comissão o poder de adotar os atos que modificam os elementos não essenciais de um ato legislativo.

Em cada Estado da União, os regulamentos europeus impõem-se por força própria, são diretamente aplicáveis em todos os seus elementos, vinculando todas as autoridades e particulares, em virtude da força que lhes é atribuída pelo ordenamento europeu. A relação entre as leis e os outros atos normativos internos de cada Estado, de um lado, e os regulamentos da UE, de outro, é uma relação de competência que se instaura em razão da transferência de competências estatais à Comunidade, de modo a conferir eficácia sobre as matérias disciplinadas.

A distinção formulada nos primórdios do ordenamento comunitário entre diretivas (que precisam de atos internos de aplicação) e regulamentos (diretamente aplicáveis) não é mais absoluta: algumas diretivas (ou partes de cada uma delas) são, realmente, autoaplicáveis; outras, ao invés, obrigam os órgãos estatais ou descentralizados a adotar atos idôneos a assegurar a sua transposição ao ordenamento interno. Por outro lado, também os regulamentos comunitários exigem, às vezes, atividades "internas" posteriores, como, por exemplo, quando se requer a instituição de órgãos administrativos específicos. Qualquer que seja o *nomen iuris* do ato europeu, as normas da União diretamente aplicáveis ou uma vez transpostas ao ordenamento interno obrigam o juiz a não aplicar o direito interno com elas conflitante[103]. O direito europeu prevalece, portanto, sobre correspondentes normas internas anteriores, impedindo a sua aplicação, enquanto resiste à revogação por uma lei ou outros atos internos posteriores.

Nos Estados descentralizados da União (como Espanha, Alemanha, Itália, Bélgica, Áustria e Reino Unido até a realização da *"Brexit"*), também as *Comunidades Autónomas*, os *Länder*, as Regiões, as Comunidades (culturais) belgas, etc., são chamadas a dar execução às normas, coordenando as de origem diferente (europeia, estatal, regional), com resultados nem sempre lineares: de um lado, de fato, as normas comunitárias geralmente tocam matérias transversais, não submetidas à com-

---

[103] ... como, aliás, exige a jurisprudência do Tribunal de Justiça das Comunidades Europeias e a dos Tribunais nacionais: ver, por exemplo, entre muitas, a decisão *Le Ski*, da Corte de Cassação da Bélgica, julgamento de 27 de maio de 1971.

petência exclusiva da União (como a tutela do meio ambiente ou dos consumidores); do outro, a distribuição das competências nas mesmas matérias entre "centro" e "periferia" não é nítida nem mesmo no interior de cada ordenamento.

Também onde sejam previstas competências regionais "exclusivas", a prevalência do direito comunitário e o princípio de que nenhum Estado pode alegar a própria organização interna como escusa para os próprios inadimplementos conduziram o Tribunal de Justiça da União Europeia a rechaçar as exceções apresentadas em tal sentido pelas autoridades estatais[104].

§ 11. *Os critérios relevantes para classificações dúcteis e o caráter não ideológico das classificações; federalismos de assimilação e de reconhecimento*

Como constatamos, os critérios de classificação propostos até agora para encaixar as distintas formas de divisão territorial do poder são vários. O seu limite é que, em primeiro lugar, frequentemente partem de modelos considerados típicos e buscam, com muitos esforços, enquadrar cada ordenamento em um ou em outro modelo; em segundo lugar, cada critério, utilizado individualmente ou juntamente com outro, faz emergir sempre a presença de exceções; em terceiro lugar, são pensados apenas para o mundo ocidental, ainda que, com frequência, sejam incluídos casos totalmente diferentes (Iraque), salvo se para acusar que se trata de "federalismos de fachada"; sendo eurocêntricos, em sua maioria não levam em consideração que, às vezes, há sobreposição de descentralização territorial e

---

[104] Ver, por exemplo, o caso de 5 de julho 1990, C-42-89, e o caso *Commissione delle Comunità europee vs Italia*, causa 48/71. Tampouco pode escapar desta regra o *Bund* alemão, depois que uma reforma do *Grundgesetz* estabeleceu que «Se estão envolvidas principalmente competências legislativas exclusivas dos *Länder*, a tutela dos direitos, que incumbe à República Federal Alemã como Estado-membro da União Europeia, deve ser transferida do *Bund* a um representante dos *Länder* nomeado pelo *Bundesrat*». A Lei Fundamental realmente especificou que a situação favorável aos *Länder* não corresponde a uma isenção de responsabilidade para o *Bund*, que tem «a responsabilidade geral do Estado». (Ver, sobre este ponto, M. Nicolini, *Partecipazione regionale e "norme di procedura". Profili di diritto costituzionale italiano ed europeo*, Esi, Napoli, 2009, com exame da Itália, da Bélgica, da Alemanha, da Áustria, do Reino Unido.)

de pluralismo nacional, religioso, tribal, de castas, familiar, de clãs, não necessariamente organizado com base territorial; em quarto lugar, ao se sustentarem sobre teorias jurídicas estáticas, correm o risco de classificar, embora de forma rigorosamente jurídica, realidades que não existem, enquanto que, ao utilizarem teorias dinâmicas, geralmente abandonam o método jurídico em favor do histórico ou sociológico.

Os elementos pertinentes para as classificações, que merecem ser levados em consideração, podem ser assim sinteticamente resumidos:

Antes de tudo, a natureza de direito internacional ou não das agregações, o que permite distinguir os ordenamentos federais das confederações; o caráter "nacionalista" ou não dos processos de descentralização/federalização, que possibilita distinguir as organizações territoriais alimentadas por exigências de comunidades espirituais ou culturais daquelas onde, ao invés, se trata de um problema de organização das competências e dos poderes; a gênese por agregação ou por desagregação da territorialização, ou seja, a sua estruturação unitária por parte de uma unidade local preexistente ou a descentralização realizada por parte de um ente estatal preexistente; a índole cooperativa ou conflitiva (dual) da organização territorial global, com a qual se acentua –mais que um dado jurídico– a prática concreta das relações entre centro e periferia; a natureza total ou parcial, uniforme ou diferenciada da descentralização territorial, que, para satisfazer exigências particulares, às vezes concede a autonomia ou concede uma autonomia especial a apenas uma parte do território; a índole política ou meramente de execução da descentralização, para diferenciar o efetivo poder de direção dos entes periféricos de um mero poder executivo, de administração, seja este por razões normativas ou pelo desenvolvimento de práticas neste sentido.

Mais especificamente, para categorizar as experiências em um ou em outro modelo e, em particular, para distinguir o Estado federal do regional, como vimos, deve-se levar em consideração: a distribuição das competências e a opção de atribuir as enumeradas ao centro e as residuais à periferia ou a realizar um elenco tríplice; a autonomia constitucional dos entes territoriais periféricos; a estrutura das instituições representativas da periferia no centro e, em especial, a presença de uma Câmara das autonomias; a atribuição, aos entes periféricos, de todas ou de apenas uma parte das funções do Estado e, em particular, da função judiciária, que, só em alguns casos, é exercida pelas entidades territoriais; a participação dos entes territoriais na revisão constitucional.

No passado, quem explicou a natureza do Estado federal o fez a partir de uma análise das experiências concretas para buscar os aspectos que o distingue das outras experiências, como as confederais ou regionais, e para individualizar as características associadas ao nome utilizado. Hoje, com a multiplicação dos exemplos, deve-se retomar este método; ademais, é indispensável ampliar o círculo dos ordenamentos analisados, para buscar compreender todos os fenômenos de descentralização do poder sobre o território, independentemente da forma de Estado e do nome utilizado. Não se pode, porém, esperar obter classes rígidas, fechadas. Em verdade, haverá, a depender do elemento ou elementos pertinentes utilizados, um maior ou menos grau de pertencimento de cada sistema a um ou a outro conjunto.

Sob um posto de vista tradicional, os ordenamentos podem ser classificados de um modo dúctil de acordo com os seus processos de formação e as dinâmicas decorrentes; pode-se, então, falar em federalismos/regionalismos por agregação (como os Estados Unidos) ou por desagregação (Brasil, Itália, Bélgica e, de um modo anômalo, Iraque). No meio, colocam-se casos mistos, como Alemanha, Espanha, Índia, cujas experiências revelam momentos oscilantes entre centralização e descentralização. Deve-se, de todo modo, prestar atenção ao momento histórico ao qual se pretende fazer referência, para poder falar em agregação ou em desagregação. A Itália ou a Alemanha, por exemplo, em um passado não muito distante, não eram unitárias, mas, sim, fragmentadas em muitos Estados pequenos. A desagregação ocorre, com modalidades muito distintas entre eles, em relação ao sistema imediatamente anterior, representado pelo Estado monárquico e, depois, fascista, na Itália, e pelo III *Reich*, na Alemanha, mas, em ambos os casos, recuperam-se exigências de descentralização que já eram radicadas na história. Os casos extremos (fora da linha) são representados, obviamente, pelos não federalismos (Estados unitários, dotados de centralização administrativa) e pelos Estados que se dissolvem (Etiópia/Eritreia; Sudão/Sudão do Norte; República Tcheca/Eslováquia, além da ex-Iugoslávia e da ex-URSS). Nesta linha, podem ser colocadas as experiências de agregação que, passando de instáveis formas de caráter confederal, reforçam seus próprios poderes (UE).

É, contudo, mais importante a distinção, cheia de implicações históricas, sociais, políticas, entre os processos federalistas plurinacionais e os mononacionais, que incita a diferenciar os federalismos de assimilação dos de reconhecimento, colocando-os, também sob esta perspectiva, em uma longa linha de gradações. Não se trata de categorias sempre nitidamente opostas. Às vezes, o plurinacionalismo é reconhecido e implementado, mas é realizado fora de uma organização territorial descentralizada de forma federal (Equador, Bolívia, Nepal, onde não há uma posição precisa dos diversos componentes); outras vezes, é acompanhado do reconhecimento (também) de uma efetiva autonomia institucional assimétrica, realizada nas formas federais (Canadá, África do Sul) ou regionais (Espanha, Bélgica e, em menor medida, Itália). A este se opõe o federalismo mononacional e igualitário dos Estados Unidos, onde o problema das minorias autóctones é resolvido, inicialmente, com a aniquilação e, em seguida, com um *status* extraterritorial das chamadas reservas indígenas. A heterogeneidade da população (composta por imigrantes de diversos países; no passado, especialmente irlandeses, alemães e italianos; hoje, sobretudo hispânicos) não faz do estadunidense um federalismo plurinacional, uma vez que se baseia na homologação e no igualitarismo. (Veja-se, de modo similar, a Austrália.) A Suíça é igualmente plurilinguista, mas os traços identitários dos diversos componentes diluem-se no igualitarismo, consagrado, como nos Estados Unidos, pela representação paritária. Em um *continuum* que liga idealmente os Estados plurinacionais aos mononacionais, podem ser colocados, próximos à Alemanha (pela peculiaridade da Bavária e dos outros *Länder*), Espanha, Bélgica, Itália. Mais ao centro da linha, estariam as experiências mononacionais com descentralização parcial, devido não já à existência de plurinações, mas a condições especiais, como a insularidade (Portugal, Finlândia, França atual), ou sem nenhuma descentralização política (França até o final do milênio e grande parte dos ordenamentos)[105].

[105] À bibliografia cit. *supra*, § 4, nota 42, *adde*: W. SAFRAN, R. MAIZ (eds), *Identity and Territorial Autonomy in Plural Societies*, Cass, London,

A utilização deste critério classificatório permite compreender e enquadrar também fenômenos diferentes, mas paralelos, como aqueles que sobrepõem estruturas formalmente federais a realidades socioculturais pouco ou nada ligadas ao território, como a Nigéria ou o Iraque, onde o pseudofederalismo institucional busca unificar raças, tribos e religiões distintas. Ao se enquadrar globalmente o fenômeno, são colocadas nesta classificação também experiências plurinacionais, como a União Europeia[106]. Isso permeia, de forma nítida, dois aspectos: o da descentralização territorial e o da tutela das minorias (não necessariamente concentradas em um só território)[107]. As Constituições sempre asseguram tutela às minorias linguísticas, religiosas, étnicas, etc., mas apenas quando estas são concentradas em partes específicas do território. A temática da proteção das minorias, algumas vezes, interliga-se à da estrutura territorial do Estado[108].

Tal critério permite, também, dar razão às reivindicações de secessão que alimentam as dinâmicas políticas e o debate

---

2000; S. TIERNEY, *Constitutional Law and National Pluralism*, Oxford U.P., Ofxord, 2005; S. CHOUDHRY (ed.), *Constitutional Design for Divided Societies: Integration or Accommodation?*, Oxford U.P., Oxford, 2008; M. CAMINAL, F. REQUEJO (eds), *Federalisme i plurinacionalitat. Teoria i anàlisis de casos*, Institut d'Estudis Autonòmics, Barcelona, 2009; A. LECOURS, G. NOOTENS (eds), *Dominant Nationalisms, Dominant Ethnicity: Identity, Federalism and Democracy*, Les Presses un. européennes-Lang, Bruxelles, 2009; L. MORENO, C. COLINO CÁMARA (eds), *Unity and Diversity in Federal Systems*, McGill-Queen's U.P., Montréal, 2010; C. PARENT, *L'État fédéral multinational*, Les Presses un. européennes-Lang, Bruxelles, 2011.

[106] Veja M. SEYMOUR (ed.), *États-nations, multinations et organizations supranationales*, cit.

[107] A temática é enfrentada em T.H. MALLOY, F. PALERMO (eds), *Minority Accommodation through Territorial and Non-Territorial Autonomy*, Oxford U.P., Oxford, 2015. Ver, ademais, G.A. TARR, R.F. WILLIAMS, J. MARKO (eds), *Federalism, Subnational Constitutions, and Minority Rights*, Praeger, Westport, 2004; J. MCGARRY. M. KEATING (eds), *Nations, Minorities and European Integration*, Rutledge, London, 2006, e (mas limitadamente aos aspectos da tutela de minorias linguísticas) K.D. MCRAE, *The Principle of Territoriality and the Principle of Personality in Multilingual States*, in *Int. journ. soc. language*, n. 4, 1975, p. 33 e ss.

[108] Sobre o tema, cf. R. TONIATTI, *Minoranze e minoranze protette: modelli costituzionali comparati*, in T. BONAZZI, M. DUNNE (eds), *Cittadinanza e diritti nelle società multiculturali*, il Mulino, Bologna, 1993, p. 273 e ss. Ver, também, S. TIERNEY, *Constitutional Law and National Pluralism*, cit.

jurídico de muitos países. São inúmeros os precedentes: dos Estados Unidos ao Canadá, à Bélgica e ao Kosovo, as pressões foram registradas tanto nas fases de gêneses de novos ordenamentos (depois de guerras ou revoluções) quanto posteriormente, quando uma Constituição superior consolidou as relações de força. Neste âmbito, enfrentam-se dois princípios. Por um lado, invoca-se o direito de autodeterminação, reconhecido pelo direito internacional[109]. No outro prato da balança, evoca-se (além do poder de autoconservação do Estado) o direito das minorias não homogêneas, que vivem no território que pretende separar-se (ou ter mais autonomia), de serem tuteladas pela Constituição central. O problema relativo à licitude da secessão é diferente do referente à licitude da consulta popular sobre a vontade de realizar a secessão (ou obter maior autonomia). O Canadá, em sua época, disse sim por meio da Suprema Corte[110]. Assim também ocorreu em 2014 no referendo

[109] Para as primeiras configurações, veja-se J. ALTHUSIUS, *Politica Methodice Digesta, atque exemplis sacri et profanis illustrata* (1614). Sobre o direito internacional, H.S. JOHNSON, *Self-Determination within the Community of Nations*, Sijthoff, Leyden, 1967; S. CALOGEROPOULOS-STRATIS, *Le droit des peuples a disposer d'eux-mêmes*, Bruylant, Bruxelles, 1973; C. TOMUSCHAT (ed.), *Modern Law of Self-Determination*, Nijhoff, Dordrecht, 1993; A. TANCREDI, *La secessione nel diritto internazionale*, Cedam, Padova, 2001; D. RAIČ, *Statehood and the Law of Self-Determination*, Kluwer, The Hague, 2002; C. MARGIOTTA, *L'ultimo diritto. Profili storici e teorici della secessione*, il Mulino, Bologna, 2005. Para os aspectos teóricos e comparativos, W. DANSPECKGRUBER (ed.), *The Self-Determination of Peoples: Community, Nation, and State in an Independent World*, Lynne Rinner, London, 2002; D.E. TOSI, *Secessione e costituzione tra prassi e teoria*, Jovene, Napoli, 2007; o numero 2, 2015 de *Dir. pubbl. comp. eur.*, dedicado a "Processi di secessione e ordinamenti democratici dal punto di vista del diritto internazionale e comparato" (coordenado por A. MASTROMARINO); D. APOSTOLSKA, *El eclipse del derecho de libre determinación de los pueblos*, in *Rev. gen. der. públ. comp.*, n. 21, 2017.

[110] Sobre o referendo canadense e a posição da Suprema Corte quanto ao tema de relações entre Quebec e Canadá, que tem raízes profundas no tempo [como destacam P.H. RUSSEL, *Constitutional Odyssey: Can Canadians Become a Sovereign People?*, 3ª ed., Toronto U.P., Toronto, 2004, e D. SCHNEIDERMAN (ed.), *The Quebec Decision: Perspectives on the Supreme Court Ruling on Secession*, Lorimer, Toronto, 1999)] cf., *ex multis*, P.J. MONAHAN, *The Public Policy Role of the Supreme Court of Canada in the Secession Reference*, in *Nat. journ. const. law.*, n. 11, 1999, p. 49 e ss.; J.F. WOEHRLING, *La Cour suprême du Canada et la sécession du Québec*.

(fracassado) sobre a independência escocesa[111]. Na Itália, há alguns anos, a Corte Constitucional, ao invés, disse não: nem mesmo convocar um referendo, por parte de uma Região, é lícito. Similar foi a experiência espanhola com o referendo catalão[112].

A combinação dos dois critérios (agregação/desagregação; mononação/plurinação), além de revelar graus ou matizes das experiências, permite explicar a convergência de duas tendên-

---

L'avis de la Cour suprême du Canada sur l'éventuelle sécession du Québec, in *Rev. fr. dr. const.*, n. 37, 1999, p. 24 e ss.; ID., *Unexpected Consequences of Constitutional First Principles*, in *Canada Watch*, n. 1-2, 1999, p. 18 e ss.; ID., *Le politiche della cittadinanza in Canada e Québec*, in G. ROLLA (ed.), *Lo sviluppo dei diritti fondamentali in Canada tra universalità e diversità culturale*, Giuffrè, Milano, 2000, p. 246 e ss.; S. CHOUDHRY, R. HOWSE, *Constitutional Theory and The Quebec Secession Reference*, in *Can. J.L. & Jur.*, n. 13, 2000, p. 143 e ss.; N. DES ROSIERS, *From Quebec Veto to Quebec Secession: The Evolution of the Supreme Court of Canada on Quebec-Canada Disputes*, nesta Revista, n. 13, 2000, p. 171 e ss., bem como, em língua italiana, G. ROLLA, *Il referendum sulla sovranità del Québec ed il futuro del Canada. Alcuni paradossi costituzionali*, in *Giur. cost.*, n. 5, 1996, p. 3270 e ss.; G. POGGESCHI, *Il diritto alla secessione del Quebec secondo la Corte suprema del Canada*, in *Le ist. del fed.*, n. 6, 1998, p. 1173 e ss.; N. OLIVETTI RASON, *A proposito della secessione del Quebec: tre quesiti e quattro risposte*, in *Dir. pubbl. comp. eur.*, n. 3, 1999, p. 891 e ss. (e outros artigos publicados em ID., *Scritti 2005-2012*, cit.).

[111] Veja-se S. TIERNEY, *Legal Issues Surrounding the Referendum on Independence for Scotland*, in *Eur. const. L.R.*, n. 9 (3), 2013, p. 359 e ss.; A. TORRE (ed.), *Il Regno è ancora Unito? Saggi e commenti sul referendum scozzese del 18 settembre 2014*, Maggioli, Rimini, 2016.

[112] V. *supra*, § 7, e, em geral: S. TIERNEY, *Constitutional Referendums: The Theory and Practice of Republican Deliberation*, Oxford U.P., Oxford, 2012; para os aspectos de teoria geral e os casos espanhol e italiano: J. RUIPÉREZ ALAMILLO, *Proceso constituyente, soberanía y autodeterminación*, Biblioteca nueva, Madrid, 2003; M. FONDEVILA MARÓN, La *disolución de la soberanía en el ámbito estatal*, cit.; E. ÁLVAREZ CONDE, C. ROSADO VILLAVERDE (eds), *Estudios sobre la Sentencia 31/2010, de 28 de junio, del Tribunal Constitucional sobre el Estatuto de Autonomía de Cataluña*, Idp, Madrid, 2011; J. OLIVER ARAUJO (ed.), *El futuro territorial del Estado español: ¿centralización, autonomía, federalismo, confederación o secesión? Actas del Congreso del 23-24 de mayo de 2013*, Tirant lo Blanch, Valencia, 2014, e, nesta obra, p. 618 e ss., L. PEGORARO, *Referéndums regionales, plebiscitos, secesiones: un precedente italiano y su enseñanza para España*.

cias contrastantes em curso: por um lado, a pressão desagregadora, muitas vezes ligada ao multinacionalismo, mas não dissociada também de razões econômicas, como a descoberta do Brent na Escócia, a diferença de PIB da Catalunha, de Flandres, do Norte da Itália, em relação ao resto dos respectivos países e, antes da cisão, entre República Tcheca e Eslováquia; por outro, as agregadoras, que induzem a fundação e o desenvolvimento de uniões de Estados ou de regiões econômicas e/ou institucionais, sempre determinadas por razões econômicas e por interesses materiais comuns. Multinação e tendências centrífugas estão na base, conjuntamente, também das soluções cogitadas para manter juntos, mediante soluções impostas, alguns pseudofederalismos com fundamento sócio-político tribal/religioso e não nacional, como Nigéria e Iraque, enquanto mononação e natureza centrípeta explicam, por exemplo, o federalismo dos Emirados Árabes Unidos e das Comores.

Um critério importante para classificar os fenômenos de descentralização é representado também pelas competências. Não tanto pelo critério formal de repartição, que nem mesmo permite distinguir os Estados regionais dos federais, e, além disso, é sujeito às variáveis da interpretação constitucional; mas pela quantidade e qualidade das mesmas. É a sua individualização que dá a medida do efetivo poder, que consiste não apenas no monopólio da força (última causa identificadora da soberania), mas também pela concentração ou difusão dos recursos econômicos. Este critério consente graduar, sem solução de continuidade, as experiências confederais (anômalas, se utilizados outros critérios) ou mistas (União Europeia), federais ou regionais, até chegar ao outro lado da linha ideal, com as experiências de descentralização apenas administrativa.

A verdadeira "soberania econômica" –conceito obviamente não jurídico– na Europa pertence à União, que a divide de maneira diferenciada com os Estados (a depender do seu "peso"), em virtude das suas competências em matéria de banco, de crédito, de consumo, de trabalho, decorrentes dos tratados[113]. Nos Estados Unidos, como, em geral, em outros Estados inequivocamente federais, a unificação da moeda, e, por trás des-

[113] V. § 10.

ta, do mercado, notoriamente representou uma das causas a justificar a agregação. Nos federalismos (e regionalismos) por desagregação, ao invés, as competências econômicas são principalmente retidas pelo centro, mas sobre estas são concentradas as reivindicações da periferia em busca de autonomia. De igual modo, são sempre centrais as competências sobre poder exterior, ainda que inclusive os Estados regionais permitam uma limitada competência dos níveis de governo inferiores em matéria de acordos transfronteiriços (especialmente a Bélgica)[114]. Contrariamente, em todos os tipos de descentralização, a tendência é em direção à devolução de competências sociais aos entes descentralizados (educação, saúde, previdência social, etc.).

A situação não é nada uniforme nem homogênea e é ainda mais complexa nos Estados descentralizados de modo assimétrico. É opinião comum a de que a análise dos meros elencos das competências centrais e periféricas, nas diferentes variantes das competências exclusivas e das concorrentes, não é suficiente para classificar os vários sistemas de descentralização política, ainda que seja sempre necessária. Constata-se, por exemplo, que a Venezuela, que formalmente qualifica-se como federal, não só carece dos requisitos estruturais de representação dos entes periféricos, como, ademais, reserva ao Estado central quase todas as matérias "importantes". Deve-se levar em consideração os vínculos ao exercício das competências formalmente atribuídas aos entes membros, em especial os limites constitucionais e os em matéria civil, penal, internacional, econômica, decorrentes da aplicação uniforme do *common law* ou dos princípios gerais do direito nos ordenamentos civilistas, etc. Eles afetam (de modo distinto) também as competências exclusivas. Logo, deve-se considerar o papel dos Tribunais Constitucionais, que determinam o efetivo conteúdo das cláusulas (quase sempre vagas) sobre a repartição das competências e, frequentemente, ainda que nem sempre, tendem a preservar ou a acentuar as exigências unitárias[115].

---

[114] Em perspectiva comparada, v. F. PALERMO, *Il potere estero delle regioni. Ricostruzione in chiave comparata di un potere interno alla costituzione italiana*, Cedam, Padova, 1999.

[115] Sobre as relações entre Cortes Constitucionais e federalismo, vide cap. X, seção I, § 14.

De especial relevância são os limites de ordem econômica, que se traduzem na fórmula do chamado federalismo fiscal[116]. A atribuição de competências inclusive importantes resolve-se em uma fórmula vazia se, ao lado da matéria, o ordenamento

[116] Vejam-se D.E. WILDASIN, *Fiscal federalism*, in S.N. DURLAUF, L.E. BLUME (eds), *The New Palgrave Dictionary of Economics*, 2ª ed., Palgrave Macmillan, London, 2008. Entre os estudos comparatistas mais recentes, M. MIGNOLET, *Le fédéralisme fiscal: Leçons de la théorie économique et expérience de 4 États fédéraux*, De Boeck, Bruxelles, 2005; E. AHMAD, G. BROSIO (eds), *Handbook of Fiscal Federalism*, Elgar, Cheltenham, 2006; A. SHAH, J. KINCAID (eds), *The Practice of Fiscal Federalism: Comparative Perspectives*, McGill-Queen's U.P., Montreal-Kingston, 2007. Para os Estados Unidos, W. OATES, *Fiscal Federalism*, Harcourt Brace Jovanovich, New York, 1972; sobre a Austrália, A. FENNA, *Commonwealth Fiscal Power and Australian Federalism*, in *Un. of New South Wales L.J.*, n. 31 (2), 2008; para a Alemanha, em italiano, V. LOSCO, *Il federalismo fiscale in Germania. Il disegno costituzionale e le applicazioni giurisprudenziali*, Egea, Milano, 2005; sobre a África do Sul, J. WEHNER, *The Institutional Politics of Revenue-Sharing in South Africa*, in *Reg. and fed. studies*, n. 13, 2003, p. 1 e ss.; sobre o Reino Unido, D. KING, *Fiscal Tiers: The Economics of Multilevel Government*, Allen & Unwin, London, 1984; L. BLOW, J. HALL, S. SMITH, *Financing Regional Government in Britain*, Inst. for Fiscal St., London, 1996; sobre o Brasil, M.J. CONTI, *Federalismo Fiscal e Fundos de Participações*, Juarez de Oliveira, São Paulo, 2001; E.F. REIS, *Federalismo Fiscal: competência concorrente e normas gerais de Direito Tributário*, Mandamentos, Belo Horizonte, 2000. Sobre vários países (Austrália, Brasil, Canadá), A. SHAH, *The Reform of Intergovernmental Fiscal Relations in Developing and Emerging Market Economies*, World Bank, Washington D.C., 1994. Na doutrina italiana, em abordagem comparada: M. BERTOLISSI, *Lineamenti costituzionali del "federalismo fiscale". Prospettive comparate*, Cedam, Padova, 1982; A. DE OTO, F. BOTTI (eds), *Federalismo fiscale, principio di sussidiarietà e neutralità dei servizi sociali erogati. Esperienze a confronto*, Bup, Bologna, 2007; A. DE PETRIS (ed.), *Federalismo fiscale "learning by doing": modelli comparati di raccolta e distribuzione del gettito tra centro e periferia*, Cedam, Padova, 2010; J. WOELK (ed.), *Federalismo fiscale tra differenziazione e solidarietà. Profili giuridici italiani e comparati*, Eurac, Bolzano, 2010; F. PALERMO, M. NICOLINI (eds), *Federalismo fiscale in Europa. Esperienze straniere e spunti per il caso italiano*, Esi, Napoli, 2012; G.M. SALERNO, *Autonomia finanziaria regionale e vincoli europei di bilancio*, Ed. Scientifica, Napoli, 2013; G.G. CARBONI, *Federalismo fiscale comparato*, Jovene, Napoli, 2013; S. GAMBINO (ed.), *Il federalismo fiscale in Europa*, Giuffrè, Milano, 2014; A. VALDESALICI, *Federalismo fiscale e responsabilizzazione politico-finanziaria*, Esi, Napoli, 2018; A. VALDESALICI, F. PALERMO (eds), *Comparing Fiscal Federalism*, Brill, Leiden-Boston, 2018.

não atribui ao ente descentralizado também o poder de fazer frente aos gastos necessários à sua disciplina e administração. O federalismo fiscal implica a capacidade autônoma de despesa por parte dos diversos níveis de governo no âmbito das próprias competências e, outrossim, a capacidade de arrecadação, através de tributos próprios. Isso deveria ativar o princípio da responsabilidade dos entes e efetivar uma autonomia política plena. Cada administração, em suma, poderia escolher entre fazer pagar mais impostos em troca de mais serviços ou menos impostos em troca de mais "privado" (decidindo, então, entre privilegiar o *Welfare State* ou modelos genuinamente liberais). Em nenhum país descentralizado, nem federal, nem regional ou qualquer que seja seu nome, há paralelismo entre competência material e competência fiscal. O centro, sempre, retém grande ou boa parte dos recursos. Nos Estados Unidos, com base na XVI Emenda, de 1913, o Congresso «terá competência para lançar e arrecadar impostos sobre a renda, seja qual for a proveniência desta, sem distribuí-los entre os diversos Estados ou levar em conta qualquer recenseamento ou enumeração». No Canadá e na Suíça, Províncias e Cantões podem fixar as alíquotas de alguns impostos; na Itália, as Regiões (e os entes locais) podem decidir sobre alguns acréscimos aos impostos. O sistema fiscal de um Estado considerado genuinamente federal, como a Austrália, é determinado pelo centro, que retém grande parte da receita. O mesmo acontece no México, onde mais de 90% dos impostos são de origem federal.

Um modo oblíquo de limitar a autonomia dos Estados-membros, das Regiões ou dos entes locais é o dos *grants in aid* por parte das instituições centrais a favor dos entes periféricos: trata-se de ajudas econômicas condicionadas pela atuação de projetos ou objetivos específicos. Um simples exemplo pode esclarecer sua dinâmica: se o nível de governo superior tem o interesse político em que o inferior realize uma certa obra ou um execute um certo projeto (um programa de educação, um sistema de barragens, uma rede viária, etc.), oferece-lhe a metade do montante necessário. O ente territorial poderia preferir o transporte ferroviário ao rodoviário, mas, para este, pode contar com o *grant* e, por conseguinte, taxar menos o cidadão, não perdendo seus votos nas eleições mais próximas. (A obra e o projeto efetivamente darão frutos apenas no futuro, enquanto as taxas, no presente.) A autonomia e a responsabilidade política são, por isso, comprometidas[117].

O critério classificatório das matérias, juntamente com o dos recursos financeiros disponíveis, permite alocar os distintos sistemas prescindindo de cânones meramente figurativos, como o da forma constitucional de repartição. Isso produz, por outro lado, consequências aparentemente paradoxais, embora realistas. Se a região produtora de gás e petróleo no Iraque tem a disponibilidade (mesmo que concorrente) da matéria e dos recursos, deduz-se que tem mais poder que um Cantão suíço ou um Estado-membro dos Estados Unidos.

Outros critérios (mais tradicionais) que contribuem para as classificações da descentralização, como os da estrutura dos órgãos e da representação e da participação nas revisões constitucionais, ajudam a aplicar uma gradação da tensão em direção a classes de sistemas descentralizados com maior ou menor autonomia e a lhes conferir mais solidez. Onde há representatividade no centro e onde este não pode, sem

---

[117] Os modelos contratuais de *grants in aid* são frequentemente utilizados pela *governance* "federal" das políticas públicas, às quais os Estados devem aderir se pretenderem receber recursos federais. O princípio é estabelecido pela jurisprudência da Suprema Corte EUA sobre o *New Deal*: ver as decisões *United States vs Butler*, 297 US 1 (1936), *Chas. C. Steward Machine Co vs Davis*, 301 US 548 (1937), e *Helvering vs Davis*, 301 US 619 (1937). Em *Pennhurst State School and Hospital vs Halderman*, 451 US 1 (1981) afirma-se que «legislation enacted pursuant to the spending power is much in the nature of a contract: in return for federal funds, the States agree to comply with federally imposed conditions. The legitimacy of Congress' power to legislate under the spending power thus rests on whether the State voluntarily and knowingly accepts the terms of the "contract"». Sobre o recurso a mecanismos contratuais «to further largely nonprocurement objectives», ver T.D. MORGAN, *Achieving National Goals Through Federal Contracts: Giving Form to an Unconstrained Administrative Process*, in *Wisconsin L.R.*, n. 301, 1974, p. 21. Sobre os *grants-in-aid* (e as relações intergovernamentais em geral), ver, também, W.B. GRAVES, *American Intergovernmental Relations: Their Origins, Historical Development, and Current Status*, Scribners Sons, New York, 1964; J.F. BREAK, *Financing Government in a Federal System*, Brookings Institution, Washington D.C., 1980. Na doutrina italiana, S. BARTOLE, *Contributi statali e autonomia regionale (con riguardo all'esperienza statunitense dei* grants-in-aid*)*, in *Riv. trim. dir. pubbl.*, n. 3, 1967, p. 566 e ss.

a participação dos níveis inferiores de governo, minar a autonomia (como acontece muito nos Estados considerados "federais"), a própria autonomia é maior, em relação à dos Estados regionais. De igual modo, é útil o critério da integralidade ou parcialidade da descentralização e, de modo similar, deve ser considerado o da simetria ou assimetria de cada sistema.

O uso de cada elemento classificatório, entre os até agora considerados, pode levar a resultados distintos, seja quanto ao aspecto qualitativo (como é o tipo jurídico de descentralização), seja quanto ao quantitativo (quem goza de maior autonomia). Eles podem sobrepor-se em parte. Um Estado considerado federal, do ponto de vista técnico-formal, pode assegurar, a todo ou a parte do território, menos autonomia do que um regional; pode, talvez, valorizar todas ou parte das especificidades territoriais, mas ignorar as culturais ou "nacionais". Quando uma classificação se apoia no conceito de plurinação ou quando as fórmulas da estrutura federalista se aplicam a famílias jurídicas de tradição não ocidental (*rule of traditional law*), o resultado pode ser aquele que é chamado de federalismo de fachada ou pseudofederalismo; todavia, o nível de autonomia dos componentes territoriais e/ou culturais (tribais, religiosos, etc.) pode sair valorizado.

No extremo do "mais autônomo" da linha classificatória poderiam, portanto, ser colocados países como a Bélgica, que, mesmo não apresentando todas as características dos modelos, garante, ao mesmo tempo, todas as especificidades, tanto territoriais quanto linguístico-culturais, através de uma organização assimétrica; o Canadá, que tutela as autonomias culturais radicadas territorialmente (Quebec) e as mais difundidas (a *First Nation*, os nativos); mas também a África do Sul, que aplica uma fórmula "moderadamente federal", ainda que rejeitando um federalismo das diferenças, em nome da *Rainbow Nation*; e inclusive Estados formalmente centralizados, como o Equador e a Bolívia, onde a descentralização atua tutelando não as especificidades radicadas em território, mas, ao invés, as difusas, e garantindo seus *status* inclusive lhes confiando a gestão da justiça, além de áreas territoriais. Desde esta perspectiva, os arquétipos Estados Unidos e Suíça (e, igualmente, Áustria e Alemanha) situam-se um pouco mais além, assegurando a Estados e Cantões uma autonomia muito ampla, garantida ao modo clássico, mas não a diferenciação, nem muito menos o desenvolvimento de especificidades não territorialmente identificadas (como, diversamente, permite, em parte, a Espanha e, de forma distinta, a Itália, devido à concentração territorial, em áreas específicas dos respectivos países, de minorias com línguas distintas; considerem-se, similarmente, os casos da Rússia ou da Índia).

Em direção ao outro extremo –ficando no meio ordenamentos como do Brasil, que concede autonomia tanto aos entes territoriais como às comunidades indígenas– existem sistemas concentrados que dão autonomia política apenas a uma parte do território (Portugal, Finlândia, França para os Territórios Ultramarinos). No final, estão os ordenamentos centralizados cuja Constituição assegura, pelo menos, a descentralização administrativa e as garantias às minorias. Fora de tudo, estão os que concentram o poder sem nenhuma garantia.

A descentralização tem pouco a ver com a forma de governo: existem ordenamentos federais presidencialistas, parlamentares e diretoriais. Nem mesmo tem sempre a ver com a democracia constitucional. Não é um fim em si, não é um valor absoluto, mas sim relativo ou instrumental. Certamente aproxima os governantes dos governados, aumenta a sua responsabilidade, favorece o controle, representa um importante contrapeso à concentração do poder. O outro lado da moeda é que alimenta os particularismos, os egoísmos, as relações de pura força, e pode sufocar as minorias presentes em uma região menor, caso a garantia federal seja fraca (ex.: os não alemães na Província italiana de Bolzano, os não bascos em Euskadi, os não flamengos nos Flandres, etc.). Nos Estados do Sul dos Estados Unidos, até os anos 60 do século passado, a maioria podia decidir, em nome da autonomia e da democracia, praticar a discriminação racial, à qual só o poder federal pôs fim, pelo menos juridicamente. O semicantão suíço de Appenzell Innerrhoden negou o voto às mulheres até 1990, quando a Federação o obrigou, muitos anos depois do Irã. A França, hipercentralizada conforme o modelo napoleônico, sempre garantiu o exercício dos direitos. Também do ponto de vista da economia jurídica, a descentralização tem custos e benefícios e, por vezes, prevalecem uns ou os outros.

§ 12. TERRITORIALIDADE E OUTRAS AUTONOMIAS

O Estado moderno, nascido da paz de Vestfália, é estritamente ligado à territorialidade e à estabilidade: organizando-se de maneira unitária, superou o particularismo medieval ligado a outras categorias de pluralismo, derivados da classe social, da arte praticada, do *status*, etc. (o *beneficium* como liberdade). Nos séculos posteriores, o Estado contemporâneo adotou a territorialização como reflexo de si mesmo, arranjando, às vezes –dos Impérios britânico e austríaco ao otomano–, soluções atentas à plurinacionalidade e ao estatuto pessoal para a gestão de matérias específicas. O constitucionalismo incorporou a ideia de descentralização como valor, mas não soube elaborar soluções institucionais alternativas à territorialidade, salvo a tutela geral das minorias étnicas, linguísticas, culturais, que forma parte do seu patrimônio substancial. Vale-se, em realidade, de conceitos elaborados pela dogmática clássica, como cidadania e soberania[118] ou, inclusive, Estado, que não são compreensíveis fora das suas áreas e que, com a globalização, demonstram fraqueza. No passado, o colonialismo uniformizou as culturas autóctones organizando-as nas formas dos Estados ocidentais. Hoje, as ondas migratórias difundem, nos territórios ocidentais, culturas alheias aos valores ocidentais, desvinculadas do território de regiões específicas, deixadas sem nenhuma representação[119]. A crise do Estado-nação (mesmo se descentralizado), ligada também a um novo governo

---

[118] De "cidadania", a doutrina propõe, contudo, um significado mais amplo (e sociológico): ver W. KYMLICKA, *Multicultural Citizenship: A Liberal Theory of Minority Rights*, cit.; L. BONET, E. NÉGRIER (eds), *La fin des cultures nationales? Les politiques culturelles à l'épreuve de la diversité*, La Découverte-Pacte, Grenoble, 2008; F. QUESADA (ed.), *Estado plurinacional y ciudadanía: constitucionalismo y cuestión nacional*, Biblioteca Nueva, Madrid, 2003; sobre minorias, descentralização, globalização e soberania, M. KEATING, *Plurinational Democracy*, cit. Ademais, T. BONAZZI, M. DUNNE (eds), *Cittadinanza e diritti nelle società multiculturali*, il Mulino, Bologna, 1994; *Intorno alle minoranze*, o livro assim intitulado de E. PALICI DI SUNI, Giappichelli, Torino, 2002. Sobre o multiculturalismo/interculturalismo em geral, v. cap. I, § 11, nota 114.

[119] Veja R. ZAPATA-BARRERO (ed.), *Immigration and Self-Government of Minority Nations*, Les Presses un. européennes-Lang, Bruxelles, 2009.

mundial da economia, não é mitigada por soluções transitórias ou parciais, nem muito menos por imposição de uniformidade. É possível que o nível ideal para assegurar, de forma conjunta, a descentralização e o respeito às culturas seja o local, municipal, que, mais do qualquer outro, une instituições e sociedade. A distinção entre forma de Estado e tipo de Estado, no final, mantém uma lógica própria, mas apenas porque o estatismo não soube conjugar duas visões distintas da liberdade e, quase sempre, dissociou a liberdade cultural da territorial. O desafio do federalismo será associar a descentralização cultural à territorial, reelaborando algumas categorias em parte desgastadas.

Capítulo VIII

AS FORMAS DE GOVERNO

Sumário: 1. As formas de governo: definição e relações com as formas de Estado. – 2. A monarquia absoluta como (única) forma de governo do Estado absolutista. – 3. As formas de governo nos ordenamentos sem separação dos poderes. – 3.1. A ditadura como forma de governo do Estado autocrático: crítica. – 3.2. As formas de governo do Estado totalitário. – 3.3. As formas de governo do Estado socialista. – 3.4. As formas de governo nos Estados islâmicos. – 4. O princípio da separação dos poderes (remete-se a outro capítulo). – 5. Formas de governo constitucionais puras e formas de governo constitucionais parlamentares: formas "dualistas" e formas "monistas" do regime parlamentar; sistemas assembleares. – 6. Principais formas de governo nas democracias contemporâneas; a incidência dos sistemas partidários. – 7. A forma de governo presidencialista dos Estados Unidos da América e a sua (anômala) circulação. – 8. Formas de governo parlamentares contemporâneas e suas variantes: em especial, a do premier britânico (modelo fértil) e a da Chancelaria alemã (modelo estéril). – 8.1. Evolução do parlamentarismo no Reino Unido. – 8.2. A Chancelaria alemã. – 8.3. A circulação do parlamentarismo e suas declinações. – 9. A forma de governo semipresidencialista: o modelo francês e suas imitações. – 9.1. O arquétipo francês. – 9.2. Exportação unidirecional. – 9.3. A circulação do protótipo na Europa Centro-Oriental: da transição à consolidação. – 10. "Hipersemipresidencialismo": o sistema de governo da Federação russa. 11. Um modelo não exportável: a forma de governo diretorial suíça. – 12. Uma tentativa abandonada: a forma de governo "semiparlamentar" (ou "do premier") em Israel; a singular experiência da África do Sul. – 13. O fortalecimento do Executivo e divisão dos poderes: direção política ativa, órgãos de garantia e equilíbrios recíprocos nas democracias contemporâneas. – 14. Classificações dúcteis: entre presidencialismo e parlamentarismo (e entre formas de Estado com ou sem separações dos poderes).

§ 1. As formas de governo: definição e relações com as formas de Estado

À expressão "forma de governo" por vezes são atribuídos significados similares (mas nem sempre iguais) a outros termos: "regime político", "sistema político", "sistema de governo", "estrutura institucional", etc. É uma variável das línguas e da escolha de cada autor: por exemplo, a doutrina italiana abomina utilizar a palavra "regime", dada a conotação negativa que ela tem, sendo evocativa do "regime" por excelência neste país, é dizer, do regime fascista desenvolvido dos anos 20 aos anos 40 do século XX. Há exatamente o contrário na França, onde a expressão é utilizada comumente[1]. A fórmula institucional (Monarquia ou República) é frequentemente indicada nos textos de origem com as palavras que, nas respectivas línguas, poderiam ser literalmente traduzidas como "forma de governo" ("forma de governo monárquica", "forma de governo republicana")[2]. Mas, convencionalmente, "forma de governo" não designa mais o modo de ser do ápice do poder, como em Maquiavel[3], e é mais correto utilizar "forma institucional". A Constituição espanhola, no art. 1.3, cunhou a expressão "*forma política*" para designar a posição da monarquia no sistema. Não só em outras línguas, mas inclusive onde se fala castelhano, fora da Espanha, esta expressão não significa nada. A escolha foi intencional. A posição do Rei não tem a ver (apenas) com a forma de governo, nem (apenas) com a forma de Estado. Por isso, foi proposta a nova ("*forma política*") para marcar a interconexão da Coroa entre forma de Estado e forma de governo[4].

[1] Ver, por exemplo, M. GRAWITZ, J. LECA (eds), *Traité de science politique*, II, *Les régimes politiques contemporains*, Puf, Paris, 1985, ou R. REDSLOB, *Le régime parlementaire*, Giard, Paris, 1924, e muitos outros; ver, também, para o castelhano, por exemplo, J.L. CÁCERES ARCE, V. GARCÍA TOMA, *Regímenes políticos*, Adrus, Arequipa, 2011. Sobre a distinção entre "regime constitucional" e "sistema político", O. DUHAMEL, *Le pouvoir politique en France*, Seuil, Paris, 1993. Para a expressão "sistema político", ver, p. ex., M. DUVERGER, *Le système politique français*, 21ª ed., Puf, Paris, 1996.

[2] Ver, por exemplo, a Constituição dos Estados Unidos, art. IV, seção IV.

[3] N. MACHIAVELLI, *Il Principe* (título original: *De Principatibus*, 1513), organizado por G. INGLESE, com introdução de F. CHABOD, Einaudi, Torino, 2006; ID., *Discorsi sulla Prima Deca di Tito Livio* (1513-1519), Bur, Milano, 1984.

[4] Cf. R.L. BLANCO VALDÉS, *La Constitución de 1978*, Alianza, Madrid, 2003, trad. it. *Introduzione alla Costituzione spagnola del 1978*, 2ª ed. organizada por M. IACOMETTI, Giappichelli, Torino, 2009, p. 53 e ss.

Na teoria das formas de governos, muitos estudiosos, para afastar o risco de construir classificações que simplesmente ignorem a realidade, propuseram centrar a atenção *também* em fatores como a estrutura e o funcionamento dos partidos e dos sistemas eleitorais e, em geral, em como se desenvolve o sistema político. O uso de tais classificações não é aceito por todos, em particular pelos que preferem manter distintos conceitos e categorias de ciências diversas ou receiam a atenuação do valor prescritivo da classificação e, consequentemente, da sua idoneidade para oferecer previsões sobre o seu funcionamento[5].

Influencia na escolha terminológica também a insistência (ou não) na relevância que possuem os elementos políticos, além dos jurídicos, para a qualificar as formas de governo. Na moderna teoria, eles foram pouco a pouco identificados, de modo conjunto ou separado, nas relações internas entre os órgãos constitucionais, no critério de atribuição do poder a um ou mais órgãos, na autonomia ou na colaboração entre os órgãos, no deslocamento do poder de direção política, na estrutura dos partidos políticos, nos sistemas eleitorais adotados, no papel atribuído à oposição, na persistência no topo deste ou daquele sujeito de um poder

---

[5] Cf., respectivamente, G.U. RESCIGNO, verbete *Forme di Stato e forme di governo. 1) Diritto costituzionale*, in *Enc. giur.*, XIV, Ist. enc. it., Roma, 1989, p. 1 e ss.; G. AMATO, *Forme di Stato e forme di governo*, in G. AMATO, A. BARBERA (eds), *Manuale di diritto pubblico*, 4ª ed., il Mulino, Bologna, 1994, p. 42 e ss.; M. DOGLIANI, *Spunti metodologici per un'indagine sulle forme di governo*, in *Giur. cost.*, n. 1, 1973, p. 214 e ss. O aprofundamento da temática das classificações é devido sobretudo à doutrina italiana: ver, por isso, também N. BOBBIO, *La teoria delle forme di governo nella storia del pensiero politico*, cit.; L. ELIA, verbete *Governo (forme di)*, in *Enc. dir.*, XIX, Giuffrè, Milano, 1970, p. 634 e ss.; M. LUCIANI, verbete *Governo (forme di)*, in *Enc. dir.*, Annali, III, Giuffrè, Milano, 2010, p. 538 e ss., e M. VOLPI, *Libertà e autorità*, cit. Ademais e especialmente, B. MIRKINE-GUETZÉVITCH, *Les Constitutions de l'Europe nouvelle*, 10ª ed., Delagrave, Paris, 1938. Entre os politólogos, A. LIJPHART, *Patterns of Democracy*, cit.; G. SARTORI, *Ingegneria costituzionale comparata. Strutture, incentivi, esiti*, 6ª ed., il Mulino, Bologna, 2013, trad. esp. *Ingeniería constitucional comparada: una investigación de estructuras, incentivos y resultados*, 2ª ed., Fondo de Cultura Económica, México, 2001, trad. ingl. *Comparative Constitutional Engineering: An Inquiry into Structures, Incentives and Outcomes*, Macmillan, London, 1994.

específico (como o de dissolução das Assembleias Parlamentares), etc.[6]

A forma de Estado e a forma de governo que caracterizam um ordenamento constitucional apresentam uma matriz de referência comum e isso demonstra que se trata de fórmulas e conceitos estreitamente correlatos. Como já foi explicado[7], a forma de Estado exprime, em síntese, o quadro dos princípios e dos valores constitucionais que presidem a relação entre autoridade e liberdade, entre governantes e governados, Mais precisamente, a forma de Estado deriva dos elementos que determinam: a finalidade perseguida pelos órgãos constitucionais, o papel do Estado-aparato e as regras que presidem as suas modalidades de intervenção, o papel do Estado-comunidade e dos cidadãos, entendidos como indivíduos ou em formas organizadas (grupos, formações sociais, etc.). O conjunto destes fatores reflete-se também nas características do sistema político, do sistema econômico e do sistema social e, por sua vez, é condicionado por todos eles (ou, melhor, deles deriva). A forma de governo, a seu turno, representa o complexo de instrumentos e mecanismos que são predispostos pelo ordenamento constitucional para que o Estado persiga, por meio de seus órgãos, as finalidades que lhe foram dadas. Do ponto de vista da disciplina normativa, a forma de governo contempla as regras que determinam os órgãos superiores do aparato estatal, as funções que lhes são atribuídas e as relações recíprocas (que podem assumir as características do controle e/ou da cooperação).

Forma de Estado e forma de governo, portanto, fundam-se em uma matriz comum. Para fazer um exemplo, o Estado democrático-pluralista não poderia combinar-se com uma forma de organização do poder político que prescinda da soberania popular, do princípio pluralístico, do princípio da separação dos poderes e de mecanismos de garantia dos direitos e das liberdades. Por consequência, as formas de governo de um Estado democrático-pluralístico incluiriam na sua estrutura organizativa superior pelo menos um órgão diretamente legiti-

---

[6] L. PEGORARO, *Formes de gouvernment, définitions, clasifications*, in ID., *Derecho constitucional comparado. Itinerarios de investigación*, cit., p. 107 e ss. (Fundap, Querétaro), e p. 125 e ss. (Un. Libre, Bogotá).

[7] *Supra*, cap. II, seção II, § 1.

mado pelo povo, capaz de refletir a pluralidade das orientações políticas e de propiciar adequadas formas de tutela para os direitos das minorias políticas; ademais, as funções serão repartidas entre mais órgãos constitucionais, todos colocados sob o mesmo plano hierárquico, de modo a excluir o predomínio de um sobre os outros e permitir formas de controle recíproco e compensação (os chamados *checks and balances* da experiência constitucional estadunidense); enfim, a estrutura geral da forma de governo, quanto aos instrumentos institucionais propiciados, deverá resultar homogênea em relação ao contexto político-social, com referência particular ao sistema dos partidos, à relevância do fator religioso e do componente étnico, ao grau de adesão popular a um sistema valorativo comum[8].

Deve-se também interrogar-se se é possível ser criada uma teoria *jurídica* das relações de poder fora da forma de Estado liberal-democrática. Insiste-se muito no fato que «a mesma possibilidade de distinguir diferentes formas de governo subsiste, sobretudo, se não exclusivamente, para o Estado liberal e para o democrático-pluralista, ao passo que é bastante problemática nas formas de Estado de tipo autocrático, caracterizadas por uma forte concentração do poder»[9], e afirma-se que «a forma de Estado "absorve" amplamente a de governo, reduzindo-a a um conjunto de modalidades organizacionais muito secundárias»[10]. Mesmo enfatizando a importância do conceito de forma de Estado para classificar as formas de governo, nota-se que, em uma perspectiva não apenas formal do conceito de "Constituição", atenta às convenções constitucionais e às relações dos sujeitos "constitucionais" em sentido amplo, pode-se estender a análise de tais relações também para fora das democracias liberais. No final das contas, ninguém pensa em negar que a forma de governo britânica é o resultado de equilíbrios de poder estratificados, precisamente, em regras jurídicas como são as *conventions of the Constitution*. Assim,

---

[8] Para usar as palavras de C. Mortati, *Le forme di governo*, cit., p. 3 e ss.: «se si rivolge l'attenzione alle forme di Stato si considera l'aspetto finalistico del rapporto tra Stato-autorità e Stato-società, mentre se ne considera principalmente l'aspetto "strumentale" qualora l'attenzione si sia rivolta alle forme di governo».

[9] M. Volpi, *Libertà e autorità*, cit., p. 11.

[10] L. Elia, verbete *Governo (forme di)*, cit., p. 635.

então, que se poderia pensar não só –como se faz– em forma de governo da União Europeia, mas também em formas de governo dos países socialistas. Por exemplo, também as formas de governo ocorridas na União Soviética correspondiam às relações entre três sujeitos "constitucionais" que desde sempre dividiram o poder: partido, exército, KGB. E a forma de Estado totalitária na versão fascista era marcada, na sua forma de governo, diferentemente da nacional-socialista, pelo dualismo entre Rei e o *Duce*. Também no âmbito das autocracias nacionalistas árabes, podem-se distinguir diferentes formas, que correspondem a diversos modelos de relações de governo.

Também a classificação das formas de governo, como outras, busca elaborar modelos teóricos, cujo fim é de natureza heurística. O modelo desenha uma espécie de tipo ideal que reúne os traços essenciais da forma de governo, sem nenhuma pretensão de descrever completamente aquelas experiências históricas que podem ser reagrupadas também naquele modelo. Em outros termos, a teoria das formas de governo permite dar ordem às multiformes experiências constitucionais para poder comparar os seus aspectos característicos de modo cientificamente correto; a análise das formas de governo, uma vez classificadas, permite integrar os aspectos essenciais com aqueles peculiares das experiências individuais. Entre estas, algumas são consideradas pela *communis opinio* modelos exemplares: protótipos dos modelos teóricos, dotados de um prestígio constitucional que os torna exemplos a imitar. (Daqui decorre o fenômeno conhecido como *constitutional legal transplant*.)

§ 2. A MONARQUIA ABSOLUTA COMO (ÚNICA) FORMA DE GOVERNO DO ESTADO ABSOLUTISTA

No curso do século XVI, a Europa viu consolidar-se o absolutismo clássico. O Estado do príncipe era caracterizado por um sistema de governo posto nas mãos do Rei, que agia substancialmente sem limites e restrições. No plano das relações com o exterior, o Estado absolutista não reconhecia nenhuma autoridade supranacional e exaltava a própria soberania; agia no seu exclusivo interesse e, onde encontrava obstáculos, recorria a formas de agressão contra o antagonista.

No plano interno, o absolutismo traduzia-se na equiparação da vontade do Monarca à lei: *"quod principi placuit legis habet vigorem"*. A monarquia absoluta, portanto, faz da vontade do Rei a fonte primária do direito: o seu poder não encontra limites legais: *princeps legibus solutus*, ou *absolutus*. Daqui se origina o termo "absolutismo".

Historicamente, o absolutismo régio encontrou afirmação mais fácil nos países (como a França) onde o papel da nobreza feudal e das corporações foi limitado e marginalizado; os "parlamentos" de origem medieval, expressão das classes sociais e das corporações, perderam cada função relevante. Onde, ao contrário, permaneceram vivas algumas tradições feudais e, em especial, uma nobreza não subordinada ao Monarca, como na Inglaterra, o absolutismo afirmou-se apenas parcialmente. Erigiram-se, em particular, obstáculos de tipo social (a aliança entre a burguesia e a aristocracia rural) e de tipo jurídico (a persistência de antigos costumes aplicados pelas Cortes em oposição ao poder régio).

A liberdade de ação da monarquia absoluta encontrou outros óbices também nos radicados regionalismos: na Espanha, a tentativa de suprimir as específicas identidades territoriais nunca foi completamente exitosa. Também o princípio da homogeneidade religiosa, que se fundava na origem ultraterrena da monarquia, acabou sendo um fator de fraqueza da monarquia absoluta na medida em que se traduziu em intolerância religiosa. A crise da monarquia absoluta, contudo, teve sua razão última nas crises financeiras, frequentes e corrosivas, que, em alguns casos, levou o Estado a declarar bancarrota. Os custos das guerras dinásticas, as pompas das Cortes, e a ineficiência da administração fiscal, unida à resistência das classes proprietárias, conduziram a monarquia absoluta ao colapso no curso do século XVIII.

A evolução do contexto histórico, econômico, social em que se situa a experiência da monarquia absoluta decretou o seu fim, ou melhor, a sua transformação, ainda que ocorrida de formas diversas e em tempos não coincidentes. Na Rússia dos Romanoff, por exemplo, o poder do Czar foi definido pelas leis fundamentais como "autocrático e ilimitado" até 1905, quando Nicolau II aceitou dividir o poder legislativo com a *Duma* e o Conselho do Império.

---

37. Pegoraro, 1.

Exatamente a contextualização histórica desta forma de Estado desaconselha associá-la a algumas experiências contemporâneas, mesmos que caracterizadas por uma elevada concentração do poder e da tentativa mais ou menos exitosa, por parte de quem o detém, de considerar-se *"legibus solutus"*. Não podem ser definidas como tais, entre outras, algumas autocracias (incluído o Estado do Vaticano), que compartilham com a monarquia absoluta a concentração do poder (e, em alguma medida, a legitimidade de origem divina), mas não outras características que a classificam como forma de Estado específica; nem igualmente outras modalidades de concentração de poder, enquadradas em classes distintas[11].

§ 3. AS FORMAS DE GOVERNO NOS ORDENAMENTOS SEM SEPARAÇÃO DOS PODERES

Pelas razões explicadas no cap. II, seção II, § 1, não se deve acolher a tese dicotômica segundo a qual as formas de Estado dividem-se em duas grandes classes, das quais a sem separação dos poderes (frequentemente indicada como "autocrática") representa um *unicum*, embora divisível em mais *sub-species*. A concentração do poder pode manifestar-se de modo mais ou menos acentuado: quem o detém pode ser um órgão individual ou colegiado; podem ocorrer ou não modalidades, embora atenuadas, de controle, confiadas a sujeitos distintos daqueles que exercem o comando; podem, sobretudo, fixar-se formas convencionais de compartilhamento. Ademais, a legitimação pode ser diferente e a direção política pode mudar nos vários casos. Pode-se, portanto, corretamente pensar em formas de governo também onde o poder seja concentrado e não dividido com base na tradicional divisão proposta por Montesquieu.

3.1. A DITADURA COMO FORMA DE GOVERNO DO ESTADO AUTOCRÁTICO: CRÍTICA

A ditadura, mesmo caracterizando-se como outras formas de autocracia pela concentração do poder nas mãos de um sujeito determinado (por vezes temporária ou de fato permanente), não persegue a finalidade dos Estados totalitários, socialistas, teocráticos, nacionalistas árabes; não busca a legiti-

---

[11] Cf. cap. II, seção II.

mação das massas e se autojustifica com base na necessidade passageira; não confia no papel de um partido como órgão do Estado; usa a propaganda de maneira distinta da que caracteriza outras formas de Estado[12]. Pode-se, por conseguinte, perguntar se as estruturas às vezes distintas nas quais ela manifesta-se (salvo o dirimente entre ditadura clássica ou comissarial –limitada no tempo–, e outras fenomenologias), podem ser relacionadas à teoria das formas de governo, quando digam respeito às relações de poder (embora não dividido como nas democracias liberais), e não à forma de Estado, como foi proposto acima[13], e se, como forma de Estado, pode ser decomposta em mais "formas de governo", a depender de fatores adicionais que tenham relevância para os fins taxonômicos. Entre os que se podem considerar pertinentes, além da essencial distinção já acenada entre ditaduras temporárias e permanentes (ou entre "comissariais" e "soberanas"), podem-se enumerar os seguintes:

Em primeiro lugar e sobretudo, como para o estudo da forma de Estado liberal ou liberal-democrático, acentua-se a índole monocrática ou colegial do órgão superior[14], também para as ditaduras pode haver concentração do poder nas mãos de uma só pessoa ou a um "diretório": comumente, uma junta militar, onde, aliás, uma personalidade individual tende a ter a prevalência[15], ainda que não faltem exemplos de órgãos civis[16]

---

[12] Cap. II, seção II, §§ 5 e 6.

[13] Cap. II, seção II, § 1.

[14] Ver o caso da forma de governo suíça.

[15] Um exemplo bem famoso é o conhecido como "ditatura dos coronéis" gregos que, após o golpe realizado graças à ambiguidade, ou até mesmo cumplicidade, do Rei Constantino, governaram o país de 1967 a 1974; a junta era formada por G. Papadopoulos, N. Makarezos e I. Ladas, e presidida pelo primeiro e, após, por D. Iōannidīs. Note-se que, formalmente, o cargo de Primo Ministro foi exercido por um civil, K. Kollias, magistrado da Suprema Corte. Posteriormente à instituição da República em 1973, foi também nomeado um Presidente da República (neste caso, militar).

[16] Um é representado por António de Oliveira Salazar, doutor em direito e professor de economia na Universidade de Coimbra; um outro, por Marcelo Caetano, que dirigiu o regime português, como Presidente do Conselho, de 1968 a 1974, professor na Faculdade de Direito e reitor na Universidade de Lisboa.

Neste tipo de classificação, podem ser identificadas diferenças também a depender da manutenção, da suspensão ou da eliminação dos órgãos representativos preexistentes, ou da instituição de novos; como também da suspensão ou cancelamento de outros cargos do regime anterior (como Reis ou Presidentes)[17].

Em segundo lugar, a legitimação pode ser, por vezes, buscada (além de no direito vigente e/ou na necessidade) em um referendo ou plebiscito, ou inclusive em eleições confirmativas (obviamente não livres), ou no mero fato do exercício do poder.

Em terceiro lugar, as finalidades podem ser conservadoras ou inovadoras em relação à estrutura do poder vigente no momento da sua concentração e, neste caso, de forma bidirecional. Normalmente, vai-se da divisão à concentração do poder, mas não faltam casos opostos[18]. Alguns denominam este segundo caso de "ditadura revolucionária"[19].

Em quarto lugar, podem ser diversas as finalidades da ditadura, do ponto de vista ideológico. Na forma de Estado do socialismo real, a ditadura do proletariado, teoricamente transitória, de fato, identifica-se com a forma de Estado, já que a fase final teorizada pela doutrina marxista-leninista –a sociedade sem classes– não foi nunca realizada[20]. Em outros lugares, a ditadura caracteriza-se, em geral, diferentemente do totalitarismo, por esconder a ideologia, justificando a concentração do poder em nome de supostos interesses gerais, ainda que coincidentes de fato com as aspirações de classes ou grupos particulares. Por outro lado, são exceções as fases ditatoriais, acima mencionadas, de conselhos revolucionários, *élites* civis ou militares que derrotam regimes autocráticos precedentes expressamente em nome dos ideais liberais ou socialistas

---

[17] Ver as notas anteriores sobre Grécia e Portugal.

[18] França, 1793; Portugal com a "Revolução dos Cravos", onde a tomada de poder a e ditadura são justificadas exatamente pela finalidade de derrubar um poder concentrado.

[19] Assim G. DE VERGOTTINI, *Diritto costituzionale comparato*, II, cit., p. 293, e *supra*, cap. II, seção II, § 5.

[20] Por isso não se tratará do tema aqui, mas no § 3.3, dedicado às formas de governo no âmbito da forma de Estado socialista. Igualmente, somente na linguagem comum podem ser identificadas como ditadura as modalidades autocráticas do poder típicas de algumas experiências teocráticas ou do nacionalismo pan-árabe.

(o que pode ocorrer também no âmbito da forma de Estado do nacionalismo árabe, como nas primeiras fases de algumas "primaveras árabes").

Em última análise, a ditadura, longe de ser uma das formas de governo de uma indefinida "forma de Estado autocrática", pode, ao contrário, apresentar, como forma de Estado autônoma, suas peculiares "formas de governo", identificáveis com base nos elementos ora indicados.

3.2. AS FORMAS DE GOVERNO DO ESTADO TOTALITÁRIO

O totalitarismo –já dissemos–, em virtude das suas mais significativas características comuns, representa uma forma de Estado autônoma, distinta das ditaduras e de outros modelos autocráticos; isso não significa que as diversas experiências nas quais tenha se materializado não tenham se concretizado em formas de governo distintas.

Em particular, assumindo a relação entre os órgãos constitucionais como elemento mais característico de uma forma de governo, é clara uma primeira diferença entre forma de governo nacional-socialista e forma de governo fascista: uma, salvo na primeira fase, caracterizada pela ausência de contrapoderes constitucionais[21]; outra, pela permanência da instituição monárquica, que soube exercer, senão verdadeiros contrapoderes até o golpe de Estado de 25 de julho de 1943, pelo menos um limitado controle e contrapeso, mesmo o controle político permanecendo firmemente nas mãos do líder, também devido à fraqueza e à cumplicidade do Rei. Não se deve olvidar a permanência formal do Parlamento até a instituição da *Camera dei fasci e delle corporazioni* em 1939 e, ainda antes, a "constitucionalização", em 1928, do Grande Conselho do Fascismo.

Independentemente da incorporação do partido único no Estado, segundo a tendência do fascismo, ou da permanência de uma estrutura dual, como no III *Reich*, em ambos os regimes a organização do partido é determinante para configurar as relações entre Estado e sociedade, como também o é a ideologia, unida à ideia de nação (mesmo com diferenças quan-

---

[21] Ou seja, a fase em que, após a nomeação de Hitler como Chanceler, P.L. von Hindenburg manteve o cargo de Presidente da República até a morte, em 1934, quando o cargo foi assumido pelo próprio Hitler.

to aos aspectos raciais). Ambas características, porém, referem-se à forma de Estado, e não à de governo, e as diferenças não parecem minar a substância comum entre fascismo e nacional-socialismo[22].

Ainda que em menor medida, a experiência franquista da Espanha, entre 1936 e 1975, parece mais próxima à forma de governo "dual" fascista do que ao monismo nacional-socialista. Nos termos da II *Ley Fundamental del Reino*, realmente, o Poder Legislativo correspondia às *Cortes Españolas*, cujos membros, desde 1942, eram escolhidos, como na Itália, pelo Chefe de Estado ou pelas corporações. É certo, contudo, que, mesmo a Espanha sendo configurada como um Reino (com base na V *Ley Fundamental*), o mesmo general Franco era o seu regente (logo, Chefe de Estado) vitalício, com o poder de nomear o seu sucessor. A presença das *Cortes* além de um Governo (do qual o próprio *Caudillo* foi Primeiro-Ministro desde 1973) faz, porém, da Espanha um totalitarismo não monista, diversamente do alemão. A índole totalitária e não meramente ditatorial ou "autoritária" –contestada por parte da doutrina– depreende-se, por outro lado, do papel (embora mais moderado que na Alemanha e na Itália) da único partido permitido e de outros processos de imitação, sobretudo, do fascismo (a propaganda, a existência de uma milícia, etc.). Isso independentemente da fraqueza da ideologia, mais de caráter conservador-tradicionalista-católico do que centrada na ideia de nação[23].

Com dificuldades, o regime existente em Portugal entre 1932 e 1974, dirigido por A. de Oliveira Salazar e, depois, desde 1968, por M. Caetano, pode ser enumerado entre os totalitarismos; com eles compartilha algumas características, como a afinidade ideológica do *Estado Novo* com o fascismo (aliás, mais próxima do tradicionalismo católico), o partido único (*União Nacional*, mais tarde *Ação Nacional Popular*), a estrutura corporativa, além de, naturalmente, a índole repressiva das liberdades. Com o fascismo, o *Estado Novo* compartilha a natureza dual, já que, ao lado do Chefe do Governo, houve sempre (salvo um breve período transitório) um Chefe do Estado (A.Ó. Carmona, F. Craveiro Lopes, A. Thomaz).

[22] *Contra*, cf. M. Volpi, *Libertà e autorità*, cit., p. 41 e ss.
[23] Para a bibliografia essencial, v. *supra*, cap. II, seção II, § 6.

3.3. AS FORMAS DE GOVERNO DO ESTADO SOCIALISTA

Também a forma de Estado socialista produziu as suas formas de governo. A concentração do poder em uma oligarquia, na maioria dos casos, restrita –ou, mais frequentemente, em uma figura representativa e carismática que o encarna (pense-se em Stálin, Mao, Castro, Tito, Ho Chi Minh, mas também Ulbricht, Honecker, Hoxha, Ceausescu, etc.)– não oculta as diferentes estruturas que as relações entre órgãos assumiram e assumem nas diversas experiências: trata-se de estruturas distintas entre si, às vezes, não menos do que aquelas que caracterizam, no âmbito da forma de Estado liberal-democrática, a forma de governo parlamentar inglesa e a presidencialista estadunidense. A diferença substancial, em relação ao modelo liberal-democrático, é que, no socialista, não é o direito –a Constituição– a predeterminar as formas de governo, mas o fato, ou seja, o concreto equilíbrio das relações de força. Ou, pelo menos, a Constituição formal as predetermina apenas em parte, já que absorve, predominantemente, uma função de certificação destas relações. Por outro lado, porém, também o direito constitucional britânico (e não só este) configura-se e evolui com base em *conventions of the constitutions*, que também são determinadas por concretas relações de força. Por isso, talvez valha a pena tentar catalogar também o socialismo real com base em alguns elementos característicos de específicos ordenamentos e/ou períodos históricos.

Deixado à margem o tema da ditadura do proletariado, dado o seu caráter de longo prazo e que, portanto, *é* a forma de Estado, destaca-se, em primeiro lugar, como os princípios que permeiam a forma de Estado –centralismo democrático e dupla dependência– condicionam a organização do poder e, por conseguinte, a forma de governo, o que induz muitos a enfatizar uma uniformidade tendencial dos aspectos estruturais e a manifestar indiferença pelas diferenças. Nos ordenamentos socialistas, em qualquer lugar a estrutura é representada por uma Assembleia representativa (*Soviet*), por um órgão de presidência que o representa nos longos intervalos entre as sessões, exercendo os seus poderes (por vezes, denominado *Presidium*, Comitê Permanente, Conselho de Estado); a Assembleia Legislativa –acrescente-se– somente nas primeiras Constituições

Russa e Soviética[24] bem como na chinesa atual, era composta com base no princípio das delegações sucessivas desde o *Soviet* de nível mais baixo até o supremo, enquanto que, desde 1936, estabeleceu-se o sistema de eleição direta. É previsto, na maioria das vezes, um Conselho de Ministros, ao passo que o órgão "Chefe de Estado" pode ser assumido de forma colegial pelo *Presidium* ou ter configuração monocrática autônoma[25].

Formalmente, portanto, notam-se diferenças entre os vários ordenamentos. Repete-se, quase sempre, na doutrina, que elas são, na maioria das vezes, de fachada, resultando, de todo modo, no poder concentrado nos órgãos superiores, não existindo as eleições livres[26] e, sobretudo, em função das escolhas políticas do partido, ao qual é assegurado um papel institucional. Deve-se notar, contudo, que, também do ponto de vista substancial, é exatamente com base no funcionamento concreto, que valoriza um órgão ou outro, que costumam distinguir, por exemplo, a forma de governo parlamentar com prevalência do *premier* daquela na qual há primazia do Governo e daqueloutra, "assemblear"; nem está claro o porquê de este critério, considerado cientificamente correto para individualizar as formas de governo liberais e liberal democráticas, não deva valer também para as que caracterizam a forma de Estado socialista (como de outras formas de Estado sem divisão dos poderes).

Os estudos de Biscaretti di Ruffia sobre direito constitucional socialista fornecem panorama prevalentemente descritivo, fundado na sucessão histórica e nas áreas geográficas, mas são inestimáveis também quanto às sugestões sobre como classificar as várias experiências. Ele sugere, pelo menos, os seguintes grupos: a) o protótipo da URSS; b) os outros Estados socialistas contemporâneos, por sua vez divididos em quatro classes, que fazem referência a: *i*) os Estados socialistas da Europa Centro-Oriental; *ii*) a República Socialista Federativa da

---

[24] De 1918 e de 1924.

[25] Foi assim na Romênia, na Tchecoslováquia, no Vietnã, na China (Constituições de 1954 e 1982), URSS (revisão de 1990).

[26] P. BISCARETTI DI RUFFIA, *Introduzione al diritto costituzionale comparato*, cit., p. 375 e ss., não deixa de lembrar por diversas vezes os variados e amplos mecanismos de participação em todos os níveis –especialmente os elementares– que caracterizam os ordenamentos socialistas.

Iugoslávia; *iii*) os demais Estados socialistas da Ásia; *iv*) a República de Cuba.

No seio da forma de Estado, é evidente, sobretudo, a dicotomia entre forma de governo clássica, baseada no arquétipo soviético, e a iugoslava, na qual a variante cooperativa reflete-se também na estrutura institucional: não só pela existência de um órgão superior (Presidente da República), que tem caráter monocrático e permanente até a morte do marechal Tito, para se converter, depois, em colegiado, quanto pelo papel do Parlamento. Pentacameral na Constituição de 1963, com representações tanto políticas quanto territoriais e categoriais. Também a posterior Constituição de 1974 (bicameral) continuou a retratar tal pluralismo até a deflagração do ordenamento federal.

Parece, então, estabelecer uma forma de governo distinta da soviética clássica aquela consagrada pelas Constituições Chinesas de 1954, de 1975, de 1978 e de 1982, assim como pelas práticas que resguardaram a absoluta dependência das instituições em relação ao partido, especialmente as duas primeiras e, de modo mais atenuado, as outras. Muda, pouco a pouco, a estrutura institucional (o Presidente da República aparece no texto de 1982), mas continua existindo a eleição indireta do Parlamento excessivamente grande, reunido apenas uma vez ao ano, sendo, tanto na China como na URSS e nos outros países, o Comitê Permanente (*Presidium*) o verdadeiro órgão legislativo, competente também para nomear os membros do Conselho de Estado (Governo). O pluralismo institucional é consagrado na China, ademais, pela constitucionalização, no último texto, de uma Comissão Militar Central e de outras comissões que se somam ao Comitê Permanente da Assembleia Popular, bem como pela Conferência Consultiva Política do Povo Chinês (preâmbulo). As evoluções dos últimos lustros afetaram, mais que a forma de governo, a de Estado, razão pela qual se remete ao capítulo a ela dedicado[27].

3.4. AS FORMAS DE GOVERNO NOS ESTADOS ISLÂMICOS

O Estado islâmico –caracterizado por uma expansão geográfica apenas parcialmente uniforme e por uma vistosa dico-

---

[27] V. cap. II, seção II, § 8.2.

tomia entre países árabes e mundo iraniano– é marcado não apenas pelo distinto papel da religião nas teocracias puras e nas constitucionais, que configuram, portanto, duas formas de governo distintas[28], e pela delimitação de uma específica forma de Estado que algumas experiências assumem –as autocracias nacionalistas[29]–, mas também pelas diversas configurações das órgãos e das relações entre si.

Como observa M. Oliviero[30], em primeiro lugar, quase todos os 56 países incluídos nesta categoria adotam a forma institucional republicana[31]. O Poder Legislativo é geralmente reconhecido, ainda que às vezes, como na Arábia Saudita e Omã, somente como mera atividade administrativa conforme a *Shari'a*; é evidente que só raramente a investidura popular, onde exista, apresenta as características de eleições livres. Coerentemente à sujeição ao princípio da lei sagrada dos partidos (onde existentes) ou do partido único, as relações de poder tendem a assumir conotações de modo geral presidencialistas ou formalmente semipresidencialistas, já que 37 ordenamentos adotam esta segunda fórmula e não só nas ex-colônias francesas[32]. Um caso à parte é o da República Iraniana, caracterizada pelo dualismo desigual entre poder secular (Presidente, Governo, Parlamento) e Conselho dos Guardiães, sobre o qual já se comentou no cap. II, seção II, § 9.2.

---

[28] Cap. II, seção II, § 9.2. Ver, também, a distinção lá referida sobre teocracia e hierocracia, bem como –baseada no rito praticado– a entre mundo xiita e mundo sunita.

[29] Cap. II, seção II, § 7.

[30] M. OLIVIERO, *Forme di Stato e forme di governo nei paesi islamici: profili di metodo e tendenze costituzionali*, in M. PAPA, G.M. PICCINELLI, D. SCOLART (eds), *Il libro e la bilancia. Scritti in memoria di Francesco Castro*, 2 vols., Esi, Napoli, 2011, II, p. 887 e ss.

[31] Exceções são Bahrein, Jordânia, Kuwait, Malásia, Marrocos, Emirados Árabes Unidos; M. OLIVIERO, *op. cit. supra* na nota 30, p. 888, qualifica como «monarchie assolute di stampo più o meno teocratiche» o Brunei, o Omã, o Catar e a Arábia Saudita.

[32] M. OLIVIERO, *op. cit. supra*, na nota 30, p. 890, lembra, também Cazaquistão, Quirguistão, Paquistão, Tajiquistão, e a qualificação "neopresidencialismo islâmico" proposta para tais países por B. LÓPEZ GARCÍA, C. FERNÁNDEZ SUZOR, *Introducción a los regímenes y constituciones árabes*, Cec, Madrid, 1985, p. 43 e ss.

§ 4. O PRINCÍPIO DA SEPARAÇÃO DOS PODERES (REMETE-SE A OUTRO CAPÍTULO)

Na Europa, a crítica difundida em relação ao ilimitado governo pessoal do Monarca encontrou um fundamento teórico no princípio da separação dos poderes elaborado pelo constitucionalismo liberal, que já foi abordado quando se tratou das doutrinas políticas inspiradoras[33].

O processo de transformação da monarquia absoluta teve diferentes expressões: em alguns casos, a monarquia deixou o lugar para regimes republicanos (a Inglaterra de Oliver Cromwell, a República das Províncias Unidas); em outros casos, sobreviveu, mas foi privada dos seus aspectos autocráticos (a Inglaterra do século XVII, que viu o fim do absolutismo dos Stuart e a afirmação de um regime constitucional e parlamentar, colocou o Estado sob o controle de uma oligarquia de nobres e ricos burgueses e deixou nas mãos do Monarca funções simbólicas). Em outros lugares, enfim, o Soberano manteve o poder firmemente, mas a sua ação de governo foi dirigida à realização dos ideais iluministas e à persecução do interesse geral dos súditos: trata-se do chamado "Estado de polícia", atento ao bem da *pólis*, que se estabeleceu nos reinos de Federico, o Grande, da Prússia (1740-1786), e do Imperador José II da Áustria (1780-1790).

§ 5. FORMAS DE GOVERNO CONSTITUCIONAIS PURAS E FORMAS DE GOVERNO CONSTITUCIONAIS PARLAMENTARES: FORMAS "DUALISTAS" E FORMAS "MONISTAS" DO REGIME PARLAMENTAR; SISTEMAS ASSEMBLEARES

A transição do Estado absolutista ao Estado liberal é caracterizada, entre outros aspectos, pela consolidação da forma de governo da monarquia constitucional ou monarquia limitada. A monarquia absoluta, que tinha precedido o advento do Estado liberal, apresentava como caráter subjetivo o da unicidade da direção política; o poder supremo era inteiramente concentrado nas mãos de um único sujeito, o Monarca.

---

[33] *Supra*, cap. III, § 1.

Tratava-se de uma forma do governo "pura", em contraposição às "formas mistas" que se seguirão, onde o poder resultará difuso entre uma pluralidade de órgãos supremos. A monarquia constitucional ou limitada é o resultado das formas de governo "mistas"; esta se caracteriza, realmente, pela clara separação dos poderes entre o Rei e o Parlamento. Portanto, o princípio da separação dos poderes que se estabelece com o Estado liberal encontra a sua expressão, pelo menos em uma primeira fase, nas Constituições que reconhecem ao Parlamento determinados poderes destinados a limitar a onipotência do Monarca.

Na Europa continental, depois da Revolução Francesa de 1789, esta passagem é marcada pelas Constituições francesas de 1791 e de 1814, pelo Estatuto Albertino de 1848, pela Constituição prussiana de 1850 e pela Constituição do Império Alemão de 1871. Na Inglaterra, depois das revoltas contra as pretensões absolutistas dos Stuart (1649 e 1688), o processo de requalificação do papel do Parlamento em detrimento dos poderes do Rei já tinha começado.

Nos seus termos essenciais, a monarquia constitucional fundava-se na coexistência de duas autoridades políticas, distintamente legitimadas, às quais eram atribuídas funções próprias. De um lado, o Soberano, que conservava formalmente a plenitude dos seus poderes e encontrava sua legitimação no princípio monárquico-hereditário, reconhecido pela aristocracia do tempo. Por outro lado, o Parlamento, ao qual o Soberano tinha reconhecido o poder de participar da produção das leis. O Parlamento, como foi dito, expressava a classe social então protagonista, a burguesia capitalista, e sua legitimação fundava-se no princípio eleitoral. O dualismo Monarca-Parlamento exprimia, em grande medida, as dinâmicas sociais e econômicas do tempo, caracterizadas por um forte dinamismo. Rapidamente, de fato, também a burguesia aumentou o nível das próprias expectativas e, ao mesmo tempo, as classes sociais subalternas iniciaram a fazer valer as próprias reivindicações.

Assim, gradualmente, foi sendo configurada a exigência de uma repartição de funções mais articulada, segundo uma concepção do princípio da separação dos poderes que refletisse mais fielmente o novo quadro político. A monarquia constitucional, portanto, evolui no sentido da forma de governo parlamentar através de uma série de fatos e atos que atribuem ao Parlamento um papel político bem mais relevante. No plano da crônica política, a ação do Parlamento direcionada a fazer valer a responsabilidade dos Ministros do Rei e, por conseguinte, a determinar a sua revogação, levou, gradualmente, o Soberano a nomear como Ministros personalidades que tinham a aprovação e a confiança do Parlamento. O Governo, portanto, mesmo sendo nomeado pelo Rei, via crescer a própria autonomia quanto ao Soberano, na medida em que consolidava a relação de confiança com o Parlamento.

O parlamentarismo, portanto, em uma primeira fase, apresenta-se como "parlamentarismo dualista": o Poder Executivo é exercido pelo Rei e pelo seu Governo; no entanto, o Governo deve ter uma dupla confiança: a do Soberano e a do Parlamento. Sem a fidúcia parlamentar, o Governo não obteria a aprovação do orçamento anual e das leis tributárias, essenciais para o fornecimento dos recursos necessários a colocar em prática o seu programa político. Como contrapeso ao papel do Parlamento, prevê-se o poder de dissolução antecipado da Assembleia Legislativa por parte do Rei. O caráter "dualista" na forma de governo, portanto, expressa-se na presença de dois centros de poder, o Soberano e o Parlamento, diversamente legitimados e entre os quais existe um equilíbrio institucional.

Paulatinamente, tal equilíbrio altera-se a favor do Parlamento. Esta evolução reflete a ascensão da classe burguesa que assumiu gradativamente a posição de classe dominante, fazendo-se portadora dos interesses da nação. É a fase do "parlamentarismo monista", no qual a relação de confiança entre Parlamento e Governo consolida-se ao ponto de assumir caráteres exclusivos; o Soberano é cada vez mais relegado a funções de representação e de garantia, à margem do circuito de determinação da direção política. A fonte de legitimação do Parlamento, isto é, a representação política da classe burguesa, torna-se o dado predominante e o Governo funda a titularidade dos seus poderes na fidúcia parlamentar.

A exclusão do Chefe de Estado do circuito decisório é testemunhada pela lenta mudança do significado do instituto do referendo (assinatura): originariamente, era destinado a colocar no Ministro a responsabilidade pelos atos de vontade do Soberano; após, o Governo, ao referendar, também assumia o poder de determinar a substância do conteúdo do ato, ainda que formalmente imputável ao Soberano.

A forma de governo parlamentar monista assume conotações extremas quando o Chefe de Estado é privado do poder de dissolução do Parlamento e o Governo fica excluído de toda forma de delegação legislativa. É o caso da III República Francesa de 1875, que deu vida a um "governo assemblear", dominado por um Parlamento composto de uma só classe social, uma espécie de absolutismo burguês[34]. De natureza assemblear, em realidade, falou-se também em relação à IV República Francesa (Constituição de 1946) para salientar como o sistema de governo era à mercê do Parlamento e, sobretudo, do multipartidarismo extremo que nele se manifestava, produzindo instabilidade dos Governos e desorientação da ação política.

O critério da legitimação dos órgãos postos no ápice do Poder Executivo e do Poder Legislativo pode também ser utilizado com referência às formas de governo contemporâneas para distinguir as formas de governo precisamente monistas, nas quais apenas o Parlamento é diretamente legitimado pelo corpo eleitoral e dele deriva o Governo (a forma de governo parlamentar e a forma de governo diretorial), das formas de governo dualistas, nas quais os órgãos superiores do Executivo e do Legislativo possuem, ambos, uma legitimação popular direta (a forma de governo presidencialista e a semipresidencialista).

§ 6. *Principais formas de governo nas democracias contemporâneas; a incidência dos sistemas partidários*

A forma de governo, como já foi dito na abertura do capítulo, é definida pelo conjunto de normas jurídicas, escritas e não escritas, que regulam a atividade dos órgãos supremos do Estado e as suas relações recíprocas. Uma incidência relevante sobre a aplicação e sobre a interpretação destas normas é exercida por fatores extrajurídicos. Fatores que decorrem de fenômenos sociais complexos, como as diferenciações ideológicas, étnicas e religiosas, e que se concretizam principalmente na estrutura que assume o sistema dos partidos na cena política do país.

---

[34] Cf. R. Carré De Malberg, *La Loi expression de la volonté générale*, cit., esp. p. 29 e ss., 52 e ss., 69 e ss., 80 e ss.

Em um Estado de democracia pluralista, o papel dos partidos políticos é essencial para o correto desenvolvimento da vida democrática. A ciência política ocupa-se de estudar, dentre outros aspectos, a conjuntura dos partidos em um sistema político: é dada ênfase não só ao número total dos partidos, mas, sobretudo, à respectiva posição ideológica e ao quadro das relações recíprocas, além dos comportamentos[35].

De fato, onde, no plano ideológico, há profundas distâncias entre os partidos, nas formas de governo parlamentares e semipresidencialistas a possibilidade de acordos e coalizões reduz-se proporcionalmente. Nestes casos, o sistema político aparece ideologicamente polarizado; podem configurar-se partidos antissistema (que, por sua ideologia, opõem-se ao ordenamento democrático); os polos de agregação política e ideológica resultam múltiplos (sistema multipolar), mas não suficientemente sólidos para assegurar Governos estáveis. Onde, ao contrário, as distâncias ideológicas entre os partidos são menos acentuadas, se não efetivamente reduzidas, são mais amplas as margens para os acordos de coalizão em grau de sustentar Governos duradouros. Em geral, estes sistemas, mesmo apresentando uma pluralidade de partidos, tendem a se configurar como sistemas bipolares; a competição eleitoral baseia-se, portanto, na alternância entre duas principais forças políticas polarizadas. À parte, deve-se considerar o caso dos Estados Unidos da América, onde os partidos representados no Congresso, embora portadores de interesses diferenciados, não hesitam em tratar entre eles sobre medidas a tomar, muitas vezes indicadas pelo Presidente, negociando o seu conteúdo[36]. Isso é consequência da aceitação generalizada de uma tábua de valores comuns, além da particular natureza dos partidos nos Estados Unidos. Mas não é assim em outros presidencialismos, onde os partidos são ideologizados e o Presidente, para poder governar, deve controlar a maioria parlamentar.

Trata-se de fatores empíricos em grau de exercer uma certa influência no efetivo funcionamento da forma de governo. As disposições constitucionais determinam, em geral, um marco de referência normativa dentro do qual se realizam os atos

---

[35] Bibliografía *sub* cap. IX, seção I, esp. § 6.
[36] V. cap. IX, seção I, § 6.

e as condutas dos atores políticos e dos titulares dos órgãos constitucionais. Estes comportamentos dão vida a convenções que integram as disposições constitucionais em tema de forma de governo, contribuindo para definir a sua efetiva fisionomia.

A estrutura dos partidos políticos e suas características ideológicas influenciam de modo determinante no efetivo funcionamento da forma de governo; mas também é certo que as regras constitucionais que ditam os limites jurídicos à ação dos atores políticos e dos órgãos constitucionais incidem na fisionomia que o sistema partidário atribui-se. Portanto, no terreno da forma de governos, opõem-se e relacionam-se, condicionando-se reciprocamente, o dado jurídico-constitucional e o dado empírico-político; o estudo das formas de governo não pode prescindir, por consequência, de levar em consideração ambos os dados.

A tradicional classificação em modelos das formas de governo do Estado contemporâneo pluralista identifica três tipos: a forma de governo parlamentar, a forma de governo presidencialista, a forma de governo semipresidencialista. Trata-se das formas de governo mais difundidas e, sobretudo, ligadas a experiências de prestígio internacional. Logo, existem outras práticas, cuja transposição, na prática, é, contudo, muito limitada; em particular, merecem uma certa atenção a forma de governo diretorial. Nos §§ seguintes, observar-se-ão as experiências mais significativas dos tradicionais modelos de forma de governo e a sua circulação (ou não) no âmbito da forma de Estado liberal-democrática.

§ 7. *A FORMA DE GOVERNO PRESIDENCIALISTA DOS ESTADOS UNIDOS DA AMÉRICA E A SUA (ANÔMALA) CIRCULAÇÃO*

A forma de governo dos Estados Unidos é classificada como forma de governo presidencialista; representa o modelo exemplar de presidencialismo e foi objeto de imitação em vários países em vias de desenvolvimento na América Latina, na África e na Ásia[37].

[37] Sobre o presidencialismo, além dos manuais, v. o clássico M.S. SHUGART, J.M. CAREY, *Presidents and Assemblies: Constitutional Design and Electoral Dynamics*, Cambridge U.P., Cambridge, 1992, trad. it. *Presidenti e assemblee. Disegno costituzionale e dinamiche elettorali*, il Mulino,

A Constituição norte-americana de 1787 tinha desenhado esta forma de governo presidencialista em um contexto federal ao qual se havia chegado depois de um período de confronto político entre federalistas e antifederalistas. A estrutura constitucional inteira é fundada no princípio da separação dos poderes bastante rígida: de uma parte, o Legislativo, com a função precípua de produzir leis; da outra, o Executivo, encarregado de dar implementação à legislação no âmbito da sua ação política[38]. Os traços essenciais do modelo de governo presidencialista são delineados em torno da figura do Presidente: eleito diretamente pelo corpo eleitoral (pelo menos *de facto*), permanece em exercício durante todo o seu mandato, uma vez que não é previsto um eventual voto de censura do Parlamento; preside e dirige o Governo composto por membros por ele nomeados (e exoneráveis). Destes aspectos derivam algumas outras consequências: em primeiro lugar, o Chefe de Estado e o Parlamento são, ambos, legitimados democraticamente pelo voto do corpo eleitoral. Esta circunstância determina um dualismo paritário entre Executivo e Legislativo. Em segundo lugar, o equilíbrio entre os dois poderes é de algum modo assegurado pela separação que existe entre eles mesmos: o Parlamento não pode provocar a queda do Presidente revogando-lhe a confiança; por sua vez, o Presidente não tem o poder de dis-

---

Bologna, 1995; e B. MIRKINE-GUETZÉVITCH, *Les Constitutions des nations américaines*, Delagrave, Paris, 1932; H.J. LASKI, *The American Presidency: An Interpretation*, Harper & Brothers, London, 1940; R. MOULIN, *Le présidentialisme et la clasification des régimes politiques*, Lgdj, Paris, 1978; C.S. NINO, R. GARGARELLA, M.V. RODRÍGUEZ, V. KRSTICEVIC, A. LERER, D.A. SABSAY, L. DE RIZ, C. SMULOVIT (eds), *El presidencialismo puesto a prueba (con especial referencia al sistema presidencialista latinoamericano)*, Cepc, Madrid, 1992; B. ACKERMAN, *The New Separation of Power*, in *Harvard L.R.*, n. 113 (3), 2000, p. 633 e ss., trad. it. *La nuova separazione dei poteri. Presidenzialismo e sistemi democratici*, Carocci, Roma, 2003.

[38] Em abordagem histórica, além da bibliografia citada na nota 77, cap. IV, § 7.1, ver: A. NEVINS, H.S. COMMAGER, *A Short History of the United States*, ManOfBooks, Washington D.C., 1956; N. MATTEUCCI, *La rivoluzione americana*, cit.; M.A. JONES, *The Limits of Liberty: American History 1607-1992*, 2ª ed., Oxford U.P., Oxford, 1995, trad. it. *Storia degli Stati Uniti d'America: dalle prime colonie inglesi ai nostri giorni*, Bompiani, Milano, 2009; L.M. FRIEDMAN, *A History of American Law*, 3ª ed., Simon & Schuster, New York, 2005, trad. it. *Storia del diritto americano*, Giuffrè, Milano, 1995.

solução antecipada das Câmaras. Observando o modelo presidencialista na experiência constitucional dos Estados Unidos, podem ser detectados vários outros elementos que ajudam a melhor enquadrar a forma de governo em exame[39].

A eleição do Presidente e do Vice-Presidente baseia-se em um procedimento de duplo grau: em uma primeira fase, os cidadãos, divididos por colégios eleitorais correspondentes aos distintos Estados da União, elegem os "grandes eleitores" ou "eleitores presidenciais" em número equivalente a quantos são os deputados e os senadores de cada Estado. Os eleitores presidenciais são, então, reunidos em um órgão federal, o *Electoral College*, que tem a tarefa de eleger o Presidente e o Vice-Presidente. Estes se consideram eleitos diretamente pelo povo devido ao fato de que cada um dos dois grandes partidos, o Partido Republicano e o Partido Democrático, através de específicas convenções nacionais, já designou os próprios candidatos antes da eleição dos "grandes eleitores". De modo que, para estes, votar significa determinar quem será o Presidente dos Estados Unidos da América[40].

Com base na Constituição estadunidense, o Presidente é, ao mesmo tempo, o Chefe de Estado e o chefe do Executivo; há uma posição de marcada proeminência na determinação da direção de governo. Para o exercício das funções de governo, vale-se de colaboradores de sua confiança que ele mesmo nomeia (e, se for o caso, exonera) como secretários de Estado, encarregados dos vários departamentos da administração.

---

[39] Sobre o presidencialismo nos Estados Unidos: W. WILSON, *Congressional Government: A Study in American Politics*, Houghton Mifflin, Baltimore, 1885; A.M. SCHLESINGER, *The Imperial Presidency*, Houghton Mifflin, Boston, 1973, trad. it. *La presidenza imperiale*, Comunità, Milano, 1980; R.E. NEUSTADT, *Presidential Power and the Modern Presidents*, cit.; S. FABBRINI, *Il presidenzialismo degli Stati Uniti*, Laterza, Roma-Bari, 1993; T.J. LOWI, *Governo di partito e Costituzione americana. Verso una nuova separazione disfunzionale dei poteri*, in R. DI LEO, G. PITRUZZELLA (eds), *Modelli istituzionali e riforma della Costituzione*, il Mulino, Bologna, 1999, p. 19 e ss.; G. BOGNETTI, *Lo spirito del costituzionalismo americano*, cit.; A. LUCARELLI, *Teorie del presidenzialismo. Fondamento e modelli*, Cedam, Padova, 2000; R.A. DAHL, *How Democratic Is the American Constitution?*, Yale U.P., New Haven, 2001, trad. it. *Quanto è democratica la Costituzione americana?*, Laterza, Roma-Bari, 2003.

[40] V. *infra*, cap. IX, seção IV, § 3.

Estes formam o "gabinete" do Presidente, que se reúne periodicamente mesmo sem constituir um órgão formal; o Poder Executivo, realmente, representa uma prerrogativa exclusiva e pessoal do Presidente[41]. Nele participam outros colaboradores, entre os quais se destaca o Conselheiro para a segurança nacional.

O Congresso é um órgão parlamentar bicameral ao qual a Constituição confere o Poder Legislativo. A Câmara dos Representantes é composta por 435 deputados eleitos em base nacional de forma proporcional à população dos Estados; os deputados permanecem no cargo por dois anos. O Senado é, diferentemente, composto por dois representantes para cada Estado-membro, que são renovados em 1/3 a cada dois anos, segundo um critério tipicamente federal que tende a sobrerrepresentar os Estados menores. Trata-se de um bicameralismo de tipo quase-paritário: ambas as Câmaras participam da produção legislativa (porém, com iniciativa em matéria tributária reservada à Câmara dos Representantes), e o Congresso, em sessão conjunta, procede à revisão constitucional com base em maiorias reforçadas. Fora do Poder Legislativo e de emenda constitucional, as duas Casas possuem papéis diferenciados.

O Senado tem o poder de dar o seu *advice and consent* às nomeações presidenciais dos funcionários federais e dos juízes da Suprema Corte; assim como, com uma maioria de 2/3, de

---

[41] A posição constitucional do Presidente foi sendo progressivamente reforçada por uma série de fatores que atravessaram a história constitucional norte-americana: nas relações entre Federação e Estados-membros, assistiu-se progressivamente a um processo de concentração dos poderes que beneficiou sobretudo o Executivo federal. O estabelecimento dos Estados Unidos como potência hegemônica mundial depois de uma fase de isolamento internacional conferiu à política externa e à defesa uma posição de absoluta preponderância no conjunto das políticas nacionais, levando ao favorecimento da Presidência no equilíbrio constitucional (R. BERGER, *The Presidential Monopoly of Foreign Relations*, in *Michigan L.R.*, n. 4, 1972, p. 7 e ss.); enfim, as mais importantes crises econômicas que atingiram a economia norte-americana e mundial a partir do século passado entregaram nas mãos do Presidente poderes de governo sempre mais amplos, sendo disseminada a opinião de que incumbe ao Executivo, mais do que ao Congresso, enfrentar as situações de emergência. Para a bibliografia, além das notas logo acima e abaixo, ver, também, as notas do cap. IX, seção IV.

aprovar os tratados internacionais celebrados pelo Presidente. A Câmara, por sua vez, tem o poder exclusivo de promover o procedimento de *impeachment* para iniciar a acusação do Presidente. O julgamento cabe ao Senado, que, em tal ocasião, é presidido pelo Presidente da Suprema Corte, ao invés de, como de costume, pelo Vice-Presidente dos Estados Unidos[42].

No cenário de equilíbrio dos poderes entre Executivo e Legislativo, é particularmente relevante o poder do Presidente de vetar as leis aprovadas pelo Congresso; só com uma posterior aprovação por maioria de 2/3 é que o Congresso pode superar a oposição presidencial. Por outro lado, o Presidente é deprovido do poder formal de iniciativa legislativa; esta é exercida, na realidade, mediante a elaboração de propostas por parte das diversas administrações, que são depois formalmente apresentadas pelos membros do Congresso[43]. O bem conhecido discurso anual "sobre o Estado da União" constitui um verdadeiro programa legislativo que o Presidente direciona aos membros do Congresso a fim de que apoiem e ajudem a ação do governo com a legislação federal. Sempre mais frequentemente, ademais, o Presidente exerce poderes normativos com base em específicas delegações parlamentárias.

Um papel de destaque, enfim, desempenha a Suprema Corte. Composta por nove componentes, designados vitaliciamente pelo Presidente dos Estados Unidos e aprovados pelo Senado, a Corte representa o ápice do sistema judiciário para as questões de direito federal e para a resolução dos conflitos de atribuição entre os Estados-membros e entre estes e o Estado central. Mesmo fora de uma explícita atribuição consti-

---

[42] Isso para evitar um evidente conflito de interesses, já que o Vice-Presidente poderia tirar vantagem da condenação, tornando-se ele o Presidente.

[43] Sobre as relações entre Presidente e Congresso, ver W.E. TRAVIS, *Congress and the President: Readings in Executive-Legislative Relations*, Teachers College Press, New York, 1967; L. FISCHER, *President and Congress*, Free Press, New York, 1972; G.C. EDWARDS, *Presidential Influence in Congress*, Freeman & Co., San Francisco, 1980; C.H. PYLE, R.M. PIOUS, *The President, Congress and the Constitution: Power and Legitimacy in American Politics*, Free Press, New York, 1984. Ver, também, *supra*, cap. V, seção III, § 3.3.1.

tucional, a Suprema Corte desenvolve uma importante função de controle de constitucionalidade das leis; contribuiu de tal modo para garantir uma interpretação do ordenamento constitucional coerente com a evolução e as transformações da sociedade americana[44].

Em conclusão, o dualismo paritário entre Executivo e Legislativo que caracteriza a forma de governo presidencialista dos Estados Unidos da América conserva, no tempo, a sua eficácia e o seu prestígio graças a uma separação dos poderes com recíprocos *checks and balances* e à função de equilibrar os poderes desenvolvida pela Suprema Corte. O sistema não pode ser facilmente entendido, porém, se não colocado em evidência o "não papel" dos partidos políticos. Como pode o Presidente implementar o próprio programa com base no qual foi eleito, se não tem (como no pós-guerra aconteceu em cerca de 75% do tempo considerado) o apoio da maioria de ambas as Câmaras? O fato é que o Presidente busca, por vezes, os votos faltantes, não só na maioria do partido que o elegeu, na maioria das vezes não ideologizada, mas também junto a grupos de deputados e senadores (ou específicos deputados e senadores) que "trocam" com ele favores e medidas em vantagem das próprias *constituencies* (eleitores, *lobbies*, grupos de pressão).

Também isso explica porque a tentativa de "transplantar" a forma de governo presidencialista norte-americana por parte de outros ordenamentos constitucionais, especialmente na América Latina, não raramente deu lugar a experiências espúrias e degenerativas (sendo a América Latina caracterizada, além de por desequilíbrios econômicos, por sistemas partidários estruturados e por partidos coesos e, não raramente, ideologizados)[45]. A profunda diversidade dos contextos constitucionais, políticos e sociais em relação ao modelo originário gerou experiências constitucionais marcadas por uma clara primazia do Presidente, uma atenuação dos principais pilares do tecido democrático pluralista, um papel do Parlamento mais fraco e inversamente proporcional ao peso reconhecido às forças

---

[44] V. *infra*, cap. X, seção I, § 4.
[45] Para um olhar desde fora, cf. F. MODERNE, *Les avatars du présidentialisme dans les États latino-américains*, in *Pouvoirs*, n. 98, 2001, p. 63 e ss.

armadas[46], somente nos últimos vinte anos em boa medida redimensionado[47].

Mantém-se o suporte, mas, frequentemente, as medidas de correção desequilibram os mecanismos de equilíbrio tão bem perfectibilizados nos Estados Unidos. O Presidente tem geralmente a iniciativa legislativa e exerce o veto em maior medida do que nos EUA; os juízes constitucionais não são nomeados vitaliciamente, mas por curtos períodos, sendo assim minada a sua independência; não se exercita o controle parlamentar, etc. Para não falar do contexto que faz do Presidente latino-americano, na maioria dos casos, um verdadeiro *leader* do partido, que com frequência domina também a maioria dos congressistas. Na maioria, não se celebram eleições na metade do mandato: um mecanismo graças ao qual, como dito, nos Estados Unidos raramente são coincidentes a maioria presidencial com a dos congressistas, evitando-se, assim, o risco de concentração do poder. O único verdadeiro *check* –a proibição de reeleição do Presidente para mais de dois mandatos– foi eliminado em alguns países e, em outros, está em discussão[48].

---

[46] Sobre o papel das Forças Armadas, ver, por exemplo, G.J. Bidart Campos, J.F. Palomino Manchego (eds), *Jurisdicción militar y Constitución en Iberoamérica (Libro-Homenaje a Domingo García Belaunde)*, Iidc (sección peruana)-Grijley, Lima, 1997; H. Gourdon, *Violence, politique et armée en Amérique latine*, in *Pouvoirs*, n. 98, 2001, p. 117 e ss.

[47] Sobre o presidencialismo latino-americano, v. J.J. Linz, A. Valenzuela (eds), *The Failure of Presidential Democracy: The Case of Latin America*, II, Johns Hopkins U.P., Baltimore, 1992; J. Carpizo, *En búsqueda del ADN y las influencias en algunos sistemas presidenciales y parlamentarios*, in *Rev. gen. der. públ. comp.*, n. 3, 2008, p. 1 e ss.; Id., *Características esenciales del sistema presidencial e influencias para su instauración en América Latina*, in *Bol. mex. der. const.*, n. 115, 2006, p. 57 e ss.; Id., *Concepto de democracia y sistema de gobierno en América Latina*, cit.

[48] Utiliza-se, às vezes, na doutrina e na política, mas sem consciência dos pressuspostos, a argumentação comparativa de que, no modelo estadunidense, o Presidente é reelegível, esquecendo que esta medida é enquadrada (além de à luz do mandato nos EUA, muito curto, de quatro anos), no conjunto dos freios e contrapesos. Sobre o tema, E. Carpio Marcos, *Constitución y reelección presidencial: el caso peruano*, in *Bol. mex. der. comp.*, n. 98, 2000, p. 447 e ss.; o n. 39/2019 da *Rev. per. der. públ.*, sobre "La disolución del Congreso". Para uma comparação dos vários países andinos, C. Landa Arroyo, *Le contrôle juridictionnel des amendements constitutionnels dans la Région Andine*, in *Journ. const. law* (Turquia), n. 10, 2016.

Como foi visto, «La gran mayoría de los países de América Latina, la excepción importante fue Brasil, al independizarse, estableció en sus Constituciones el sistema presidencial de gobierno, que obviamente se inspiró en el estadounidense, aunque no fue una simple copia del modelo original, debido a que también es fácil reconocer otras fuentes, tales como: a) la corriente liberal española proveniente de la Constitución de Cádiz; b) el pensamiento francés, en forma principal las ideas de Rousseau, Montesquieu y Sièyes y c) las Leyes Fundamentales de Francia de 1791, 1793 y 1795. Puede afirmarse que la Constitución estadounidense influyó en América Latina en la parte orgánica, y la Constitución española de Cádiz en la dogmática y en aspectos precisos como la noción de soberanía nacional, de origen francés; la incorporación de derechos fundamentales; el sistema de reformas constitucionales; el régimen electoral; el monopolio de la religión católica; el refrendo ministerial; algún grado de descentralización política proveniente de las diputaciones provinciales que fueron una realidad en buena parte de la latinoamérica colonial»[49].

Na América Latina, por outro lado, especialmente nos anos mais recentes, são fortes os impulsos em direção a uma "parlamentarização" do sistema presidencialista, realizada através de uma série de mecanismos, como a introdução de formas de controle parlamentar sobre o Executivo, a retirada da confiança nos Ministros ou no Primeiro-Ministro mediante destituição, até, inclusive, a instituição do Governo como órgão autônomo[50]. Afirmou-se que «El término "parlamentarización" expresa una tendencia a incorporar o adoptar instituciones provenientes de la forma de gobierno parlamentaria, dentro de un sistema a forma de gobierno distinta, pero sin cambiar su esencia. Esta tendencia a la parlamentarización se ha observado principalmente en los sistemas presidenciales de América Latina, a partir de los problemas de gobernabilidad que evidenciaron la necesidad de dotarlos de mayor estabilidad, control y fundamento. Por tal motivo, la consideración de la forma parlamentaria de gobierno como sinónimo de estabilidad

---

[49] J. CARPIZO, verbete *Forma de gobierno presidencial*, in L. PEGORARO (ed.), *Glosario de Derecho público comparado*, cit., p. 197-198.

[50] D. VALADÉS, *La parlamentarización de los sistemas presidenciales*, 2ª ed., Unam, México, 2008.

y gobernabilidad, por parte de algún sector doctrinal, ha justificado la adopción de instituciones de naturaleza parlamentaria en sistemas distintos a ella»[51]. Não existe, hoje, um único presidencialismo latino-americano, mas há diversos, lembra J. Carpizo[52]. Esquematicamente –ele afirma– pode-se dizer que nesta região encontram-se três tipologias de presidencialismo: o puro, o atenuado e o parlamentarizado. O primeiro, assimilável ao sistema estadunidense, existe apenas no Brasil e no México, ainda que com aspectos endógenos específicos e, talvez, na Costa Rica.

A forma de governo presidencialista, enfim, foi adotada também em alguns países da Ásia, como as Filipinas, o Paquistão e a Síria, e na África, em nações como o Egito, Gana e Malaui.

Em última análise, o modelo presidencialista estadunidense não encontrou implementação completa em outros Estados de democracia consolidada, sendo este modelo profundamente radicado nas origens históricas e políticas da Constituição dos Estados Unidos da América. Afigura-se, contudo, ao lados dos recentes esforços de "parlamentarização" desenvolvidos especialmente na América Latina nos últimos anos, uma tendência à "presidencialização"dos sistemas parlamentares, entendida, porém, no sentido de reforço dos poderes do premier e da busca de fórmulas que permitam vinculá-lo mais diretamente ao voto popular, através da modificação das leis eleitorais, da marginalização do Parlamento, do uso da democracia direta, etc.[53]

[51] G. ENRÍQUEZ FUENTES, verbete *Parlamentarización*, in L. PEGORARO (ed.), *Glosario de Derecho público comparado*, cit., p. 301.

[52] Sobre a variedade do presidencialismo latino-americano, v. J. CARPIZO, *Concepto de democracia y sistema de gobierno en América Latina*, cit., esp. p. 39 e ss.; D. GARCÍA BELAUNDE, F. FERNÁNDEZ SEGADO, R. HERNÁNDEZ VALLE (eds), *Los sistemas constitucionales iberoamericanos*, Dykinson, Madrid, 1992; M. ALCÁNTARA SÁEZ, *Sistemas Políticos de América Latina*, I, *América del Sur*, 3ª ed., Tecnos, Madrid, 2013, e II, *México, los países de América Central y del Caribe*, 2ª ed., Tecnos, Madrid, 2008; com uma visão que vai além da forma de governo, A. COLOMER VIADEL, *Crisis y reformas en Iberoamérica ¿... y la revolución?*, Nomos, Valencia, 2002.

[53] Ver, a respeito, em perspectiva politológica, T. POGUNKTE, P. WEBB, *The Presidentialization of Politics: A Comparative Study of Modern Democracies*, Oxford U.P., Oxford, 2005; A. DI GIOVINE, A. MASTROMARINO (eds),

§ 8. *Formas de governo parlamentares contemporâneas e suas variantes: em especial, a do Premier britânico (modelo fértil) e a da Chancelaria alemã (modelo estéril)*

Desde uma perspectiva de evolução histórica, a forma de governo parlamentar apresenta, pelo menos, três fases: a do parlamentarismo clássico, que se delineia na segunda metade do século XIX com base em normas convencionais e que dá lugar a dois modelos: o de prevalência do Governo e o de prevalência do Parlamento[54]. Em particular, esta última experiência, caracterizada por uma Assembleia Parlamentar fragmentada e por Governos instáveis, inspira a segunda fase do parlamentarismo, que se desenvolve na Europa depois da Primeira Guerra Mundial. As Constituições desta época introduzem uma série de elementos destinados a racionalizar a forma de governo parlamentar, vale dizer, reforçar a estabilidade e o bom funcionamento do Executivo através de regras novas sobre a relação de confiança (moção de censura necessária para a demissão do Governo).

Depois da Segunda Guerra Mundial, abre-se uma terceira fase, caracterizada pelo advento de novas Constituições que, por força do princípio democrático, introduzem regras e instrumentos destinados a racionalizar de modo mais penetrante a forma de governo parlamentar[55]. Os efeitos deste processo não são, contudo, unívocos. Muito sinteticamente, as experiências do parlamentarismo contemporâneo podem ser enquadradas em dois principais modelos: o modelo majoritário e o modelo não majoritário ou consensual.

A forma de governo parlamentar pertence às formas monistas, uma vez que apenas o Parlamento é diretamente legitimado pelo corpo eleitoral e dele deriva o Governo. É caracte-

---

La presidenzializzazione degli esecutivi nelle democrazie contemporanee, Giappichelli, Torino, 2007.

[54] Respectivamente Reino Unido e III República Francesa (1875-1940).

[55] França, 1946; Japão, 1946; Itália, 1948; República Federal Alemã, 1949; Dinamarca, 1953; seguidas posteriormente pelas Constituições da Suécia, 1975; Grécia, 1975; Espanha, 1978; Bélgica, 1994.

rizada pela relação de confiança entre Governo e Parlamento e pela presença de um Chefe de Estado (seja este um Monarca ou um Presidente eleito por um órgão parlamentar), o qual (de modo geral) não participa da determinação da direção política.

Os aspectos essenciais da forma de governo parlamentar são, por conseguinte, associados à relação de confiança entre Governo e Parlamento: este, eleito diretamente pelo povo, é dotado de plena legitimação democrática; o Governo é emanação do Parlamento: a permanência da relação de confiança assegura a continuidade da ação de governo; onde, porém, esta desapareça, após voto de censura do Parlamento, o Governo é obrigado a se demitir. Nos ordenamentos nos quais o Parlamento é estruturado em duas Câmaras, raramente a relação de confiança instaura-se entre o Governo e ambas as Casas (Itália); muitas vezes, ao contrário, a relação de confiança instaura-se apenas com uma Câmara, a politicamente representativa de todo o corpo eleitoral (Espanha, Alemanha)[56].

O sistema político e partidário exerce uma forte influência sobre a estabilidade do governo parlamentar. De fato, um Parlamento à mercê de uma multiplicidade de partidos, ideológica ou facciosamente distantes, não permite a formação de maiorias sólidas capazes de expressar a confiança a favor de Governos estáveis. As tentativas de conter os efeitos desestabilizadores decorrentes da variável "relação de confiança" induziram os pais constituintes –sobretudo após a Segunda Guerra– a prever, como dito há pouco, alguns mecanismos de racionalização no sistema parlamentar. Em geral, as disposições constitucionais não disciplinam de modo detalhado o funcionamento da forma de governo e deixam uma margem de ação significativa às convenções constitucionais; as tentativas

---

[56] Sobre o parlamentarismo, ver, pelo menos, em perspectiva histórica, K. von Beyme, *Die parlamentarischen Regierungssysteme in Europa*, 3ª ed., Piper, München, 1979; em geral, G. Burdeau, *Le régime parlementaire dans les institutions européens d'après guerre*, Les Éd. Int., Paris, 1932; ademais, T. Martines, *Governo parlamentare e ordinamento democratico*, Giuffrè, Milano, 1967; J.C. Colliard, *Les régimes parlementaires*, Presses de la Fondation nationale des sciences politiques, Paris, 1978; P. Lalumière, A. Demichel, *Les régimes parlementaires européens*, 2ª ed., Puf, Paris, 1978; P. Lauvaux, *Le parlementarisme*, 2ª ed., Puf, Paris, 1997; D. Valadés, *El control del poder*, Unam, México, 1998; Id., *El gobierno de gabinete*, Unam, México, 2003.

de racionalizar o parlamentarismo –no sentido de assegurar maior estabilidade ao Governo e, por conseguinte, à sua capacidade de implementar a direção política e os programas de governo para os quais tenha obtido a confiança– traduziram-se em disposições constitucionais escritas, destinadas a tornar a relação de fidúcia mais resistente e impermeável às variáveis da vida política. Onde o sistema político é simplificado pela presença de dois principais partidos, a forma de governo expressa-se através de um funcionamento que tende a garantir a estabilidade.

8.1. *Evolução do parlamentarismo no Reino Unido*

O parlamentarismo estabeleceu-se, pela primeira vez, e encontrou a sua consolidação na Grã-Bretanha. As origens históricas da forma de governo parlamentar encontram-se na monarquia constitucional britânica, que se estabelece na segunda metade do século XVII e cujas características difundem-se na Europa entre o fim do século XVIII e o início do XIX. Ela caracterizava-se pela oposição entre o Soberano, titular do Poder Executivo, e o Parlamento, que reivindicava para si o Poder Legislativo. A prevalência do Soberano era assegurada pelo poder de sancionar as leis aprovadas pelo Parlamento, de dissolver discricionariamente a Assembleia representativa, de nomear e destituir Ministros. Estes eram obrigados a referendar os atos do Soberano, assumindo a sua responsabilidade jurídica e política ante o Parlamento. (Os atos, portanto, eram expressão da vontade do Rei, mas por eles respondiam os Ministros, os quais podiam ser acusados por meio do instituto do *impeachment*.)

A evolução do sistema evidenciou a necessidade de que Governo pudesse contar com uma maioria parlamentar. Desta forma, a relação de confiança entre Governo e Parlamento foi reforçando-se à medida em que o poder do Soberano era sendo limitado, até o ponto de ser excluído da determinação da direção política. Neste contexto, a autorização ministerial não mais expressava apenas a responsabilidade pelos atos autorizados, mas também a titularidade substancial dos mesmos.

Por muitos séculos, os Parlamentos ingleses desenvolveram um papel de contenção dos poderes da Coroa; mas foi a partir do final do século XVIII (1782) que se afirmou o princípio pelo qual os Ministros e, em particular, o Primeiro-Ministro, devessem receber a fidúcia da Câmara dos Comuns. No curso do século XVIII, a arena política era dominada pelo dualismo entre *Whigs e Tories*; o Estado liberal tinha, então, assistido ao nascimento, na Grã-Bretanha, dos grandes partidos: ao longo do século XIX, o Partido Conservador e o Partido Liberal; no início do século XX, então, o Partido Trabalhista. A partir de depois da Segunda Guerra, os conservadores e os trabalhistas alternaram-se nos papeis de governo e de oposição, dando vida a um sistema substancialmente bipartidário[57].

O contexto político assim simplificado, juntamente com o modelo eleitoral fundado no critério majoritário e nos colégios uninominais, contribuiu para estabilizar a relação entre Executivo e maioria parlamentar, consentindo ao parlamentarismo dar uma ótima prova de si. A forma de governo parlamentar britânica vê uma clara relevância do Governo e uma centralidade de posição do Primeiro-Ministro. Este tem a direção do Executivo e amplos poderes de manobra no que concerne à estrutura e ao funcionamento do aparato de governo[58]. O Primeiro-Ministro é nomeado pelo Soberano após as eleições políticas: por convenção constitucional, o *leader* do partido que venceu as eleições é investido das funções de chefe de Governo. Determina-se, assim, uma conjuntura de absoluta homogeneidade política entre o Governo e a maioria parlamentar; é improvável que a Câmara dos Comuns vote a censura ao Governo[59]. Contrariamente, o Governo pode exortar a Coroa a dissolver antecipadamente a Câmara eleita, quando considere poder tirar maiores vantagens de novas eleições políticas.

[57] Sobre o modelo britânico, A.V. Dicey, *An Introduction to the Study of the Law of the Constitution*, cit., e W.I. Jennings, *Cabinet Government*, 3ª ed., Cambridge U.P., Cambridge, 1959. Na doutrina espanhola, v. A.C. Pereira Menaut, *El ejemplo constitucional de Inglaterra*, Un. Complutense, Madrid, 1992; na italiana, A. Torre, L. Volpe (eds), *La Costituzione Britannica - The British Constitution*, 2 vols., Giappichelli, Torino, 2005.

[58] G. Caravale, *Il governo del Premier nell'esperienza costituzionale del Regno Unito*, Giuffrè, Milano, 1997, e *infra*, cap. IX, seção II, § 2.2, e IV, § 2.

[59] ... enquanto algumas vezes acontece a troca do *leader* pelo partido que governa –como ocorreu em 2016 com Cameron, substituído por T. May, e, posteriormente, com B. Johnson, que substituiu a própria May–, e atuação posterior do Rei ou da Rainha, substituindo imediatamente o Primeiro-Ministro.

Um dado que caracteriza do Parlamento britânico é o papel e a função da oposição parlamentar. Após as eleições políticas, o *leader* do partido classificado em segundo lugar assume o papel institucional de *leader* da *"oposição de Sua Majestade"*. Ele forma seu gabinete de sombra (*shadow cabinet*) com o qual desenvolve uma função de relevância constitucional: constituir as bases políticas para a alternância[60]. Em linhas gerais, a simplificação do sistema político que há muito tempo, como se dizia, vê dois principais partidos alternarem-se na condução do Governo, contribui muito para tornar eficaz a ação da oposição parlamentar. Esta é colocada em condição de elaborar uma direção política alternativa à do Governo em exercício e de oferecê-la constantemente à opinião pública como possível programa do futuro governo do país. Entretanto, os recentes acontecimentos políticos britânicos abalaram parcialmente o aspecto distintivo do parlamentarismo modelo Westminster.

No entanto, deve-se enfatizar que as recentes vicissitudes políticas britânicas abalaram parcialmente o tradicional traço distintivo do parlamentarismo modelo de Westminster. Com as eleições de 2010, verificou-se –pela segunda vez a partir da última Guerra Mundial– o caso do chamado *hung Parliament*, um Parlamento no qual nenhum partido tinha a maioria absoluta. Daí a necessidade de um acordo entre conservadores e liberais democratas, e, depois, com outras forças políticas, para dar vida a um Governo de coalizão. Entre 2010 e 2019 (quando B. Johnson reconquistou, com o Partido Conservador, a maioria absoluta), por conseguinte, o parlamentarismo britânico conheceu uma experiência distinta daquela de costume: não mais um parlamentarismo fundado em um governo de só um partido e no papel de comitê diretivo que o *Cabinet* assume em relação à assembleia política (também em razão das profundas divisões no Partido Conservador); mas, sobretudo, uma assembleia política atravessada, na sua maioria, por comportamentos alternados e individualmente também disformes em relação às diretrizes do Governo.

[60] G. DE VERGOTTINI, *Lo* Shadow Cabinet. *Saggio comparativo sul rilievo costituzionale dell'opposizione nel regime parlamentare britannico*, Giuffrè, Milano, 1973; em geral sobre o controle parlamentar no Reino Unido, F. ROSA, *Il controllo parlamentare sul Governo nel Regno Unito. Un contributo allo studio del parlamentarismo britannico*, Giuffrè, Milano, 2012.

Sem prejuízo de que os acontecimentos políticos registrados recentemente pudessem introduzir variáveis não transitórias, o parlamentarismo britânico pode ser enquadrado nas experiências qualificadas como "parlamentarismo majoritário" ou "de prevalência do Governo", cujos aspectos empíricos essenciais são dados por um sistema bipartidário ou bipolar; uma maioria parlamentar estável capaz de expressar um "Governo de legislatura"; uma alternância cíclica na direção do Executivo entre as forças políticas proeminentes. O contexto é integrado por regras constitucionais, escritas ou convencionais, que atribuem ao premier e ao seu Governo uma posição de prevalência nas relações com os outros órgãos de direção política, além de por regras eleitorais que apoiam e consolidam as dinâmicas bipolares.

8.2. A CHANCELARIA ALEMÃ

Entre os parlamentarismos majoritários, a chamada *Chancelaria* da República Federal Alemã representa um modelo exemplar, dotado de interessantes mecanismos de racionalização. A Constituição alemã de 1949 previu uma forma de governo parlamentar que atribui ao chefe de Governo, o Chanceler Federal, um papel político de destaque e poderes relevantes[61].

Antes de tudo, deve ser recordado o caráter federal do Estado alemão; a Lei Fundamental reconhece aos Estados-membros (*Länder*) o Poder Legislativo em vários âmbitos de competência, individualizados com base no critério residual em relação aos setores expressamente destinados à competência legislativa exclusiva do Estado federal[62].

---

[61] Sobre o modelo alemão: M. BARBER CROSBY, *The Making of a German Constitution: A Slow Revolution*, Oxford U.P., Berg, 2004; K. VON BEYME, *Das politische System der Bundesrepublik Deutschland*, 11ª ed., Verlag für Sozialwissenschaften, Wiesbaden, 2010; M. BRAUER, *Der Staat im Recht*, Duncker & Humblot, Berlin, 2013; J. BRÖHMER, *The German Constitution Turns 60*, Lang, Frankfurt a.M., 2011. Em italiano, G. RIZZA, *La Cancelleria nel sistema di governo della Repubblica Federale Tedesca*, Cedam, Padova, 1982; S. FILIPPONE-THAULERO, *Cancellierato. L'esecutivo in Germania tra sfiducia costruttiva, sistema elettorale e partiti*, Le Lettere, Roma, 2009; G. CERRINA FERONI, F. PALERMO, G. PARODI, P. RIDOLA (eds), *I 60 anni della Legge fondamentale tra memoria e futuro*, Giappichelli, Torino, 2012, esp. p. 205 e ss.

[62] *Supra*, cap. VII, §§ 5, 8.

Neste contexto, a forma de governo parlamentar desenhada pelo constituinte atribui uma clara prevalência ao governo do Chanceler. Este é eleito pela Câmara Baixa (*Bundestag*) após proposta do Presidente Federal (o Chefe do Estado), por maioria dos seus membros. No caso de ausência de eleição, a Câmara dispõe de um tempo limitado (14 dias) para eleger um outro candidato à Chancelaria, sempre por maioria absoluta. Findo este prazo, é eleito o candidato que obtenha a maioria relativa dos votos; em tal caso, porém, é remetida ao Presidente Federal a decisão sobre a alternativa entre proceder à nomeação ou dissolver o *Bundestag*. O mecanismo que se descreveu é concebido para assegurar ao Chanceler uma posição de proeminência no seio do Governo, justificada pela peculiar legitimação que provém da eleição parlamentar (que, contudo, não se estende aos outros membros do Governo). Uma vez eleito, cabe ao Chanceler a tarefa de determinar a direção política governamental.

Com o fim de garantir a estabilidade e a autonomia do Governo, a Constituição previu alguns institutos destinados a dotar de maior resistência a relação de fidúcia que decorre da investidura parlamentar do Chanceler. Em particular, este pode ser destituído quando o *Bundestag*, no momento de votar a censura, estiver em condição de expressar, contemporaneamente e por maioria absoluta, um novo Chanceler; trata-se do bem conhecido instituto da "censura construtiva", voltado a evitar que produzam-se formalmente crises de governo sem uma alternativa concreta e imediata. Em contrapartida, quando o Chanceler elabora a questão de confiança e o *Bundestag* a rechaça, o chefe do Governo pode solicitar ao Presidente Federal a declaração do "estado de emergência legislativa"; em virtude deste instituto, o Chanceler governa por um semestre apenas com o apoio da segunda Câmara, o *Bundesrat*. Ademais, para facilitar a estabilidade da relação de confiança, a lei eleitoral prevê uma cláusula de proteção de 5 % para impedir a excessiva fragmentação na arena parlamentar e apoiar um pluripartidarismo temperado.

Em razão da natureza federal da República Alemã, o Parlamento é bicameral; contudo, a relação de confiança instaura-se somente com a investidura do Chanceler por parte do *Bundestag*. Faz-se exceção para as matérias de preponderante interesse dos *Länder*, sobre as quais as duas Câmaras exercem a função legislativa de modo paritário; para o restante, a Câmara política tem um papel proeminente: de fato, uma lei aprovada pelo *Bundestag* não pode ser rejeitada pelo *Bundesrat*; este pode apenas fazer um veto suspensivo. Em tal caso, uma segunda votação por maioria qualificada do *Bundestag* é suficiente para a aprovação definitiva da lei contestada[63].

O modelo alemão, por outro lado, não circulou. Não se encontram outros ordenamentos que o tenham tomado como parâmetro digno de imitação.

8.3. A CIRCULAÇÃO DO PARLAMENTARISMO E SUAS DECLINAÇÕES

O modelo majoritário, chamado também de "modelo Westminster", tem o seu paradigma na experiência do Reino Unido; contudo, ele é difundido não só entre os países de tradição anglo-saxã (Austrália, Canadá, Nova Zelândia), mas também em alguns países da Europa continental (Alemanha, Espanha, Suécia, Grécia). A forma de governo nestes sistemas é fortemente caracterizada por um fator extrajurídico, vale dizer, a existência de uma nítida maioria decorrente das eleições políticas. Esta circunstância determina a formação de Governos estáveis, de modo geral capazes de durar por toda a legislatura, e homogêneos quanto à direção política buscada. Ademais, no plano jurídico, o Governo é investido de poderes diretivos da atividade parlamentar e, no interior dele, a posição prevalente do Primeiro-Ministro encontra o seu fundamento político no fato de que este é o *leader* do partido ou da coalizão que venceu as eleições. Neste sistema, a oposição parlamentar exerce poderes institucionalizados e destinados a tornar possível a alternância de direção do país.

O modelo não majoritário ou consensual é também fundado em um dado político: a existência de um sistema caracterizado por multipartidarismo, fraturas étnicas ou religiosas, divisões político-ideológicas, todas condições que impõem a busca de uma democracia de tipo consensual. Nestes sistemas, geralmente o êxito das eleições políticas não dá lugar a maiorias claras, mas a coalizões heterogêneas das quais surgem Governos instáveis e de curta duração. O Primeiro-Ministro

---

[63] No que concerne ao papel do Tribunal Constitucional Federal, remete-se ao cap. X, seção I, esp. § 6.2.

é chamado principalmente à mediação política, mais do que à direção; a condução política é o resultado de amplos acordos e de grandes compromissos parlamentares. A oposição geralmente não goza de um estatuto peculiar e carece dos instrumentos necessários a conseguir eficazmente a alternância. Onde a fragmentação dos interesses e a heterogeneidade da organização social atingem níveis elevados, fala-se de um "multipartidarismo extremo". Nestes casos, o sistema político é articulado em vários partidos, portadores de interesses conflitantes, até contemplar os chamados partidos antissistema, que se posicionam nas alas extremas do sistema. Em tais circunstâncias, após as eleições políticas, formam-se coalizões heterogêneas, as quais, de um lado, excluem os partidos antissistema e, do outro, dão lugar a Governos frágeis e a políticas sem a estabilidade necessária para produzir efeitos favoráveis. Este tipo de experiência caracterizou a Itália da denominada I República, a França da IV República, bem como a Bélgica, a Dinamarca e a Holanda. Na base das coalizões de governo, está um compromisso político entre as forças parlamentares que, como se dizia acima, confia ao Governo uma função de mediação entre os partidos que o sustentam, em detrimento da função diretiva da atividade da Assembleia política.

Em alguns casos, frente à exigência de enfrentar situações excepcionais, foram formadas grandes coalizões capazes de incluir todos ou pelo menos os maiores partidos da arena parlamentar, superando com isso a dialética maioria-oposição. Experiências deste gênero ocorreram na República Federal da Alemanha (1966-1969; 2005-2009; 2013-2017), na Áustria (1949-1966, 1987-1999, de 2006 até hoje), na Bélgica (1946-1965, 2011), na Dinamarca (1945-1971), na Holanda (1946-1967).

§ 9. *A FORMA DE GOVERNO SEMIPRESIDENCIALISTA:*
   O MODELO FRANCÊS E SUAS IMITAÇÕES

9.1. O *ARQUÉTIPO FRANCÊS*

A França da segunda metade dos anos 50 do século passado era atravessada por turbulências de natureza política e institucional tais que determinaram o fim da IV República e o advento, com a Constituição adotada em 1958, da V República. Especial incidência tiveram, naquela fase histórica, a Guerra da Argélia, que ameaçava propagar-se também em território francês, e o desvio assemblear do Parlamento; um Parlamento assolado por uma multiplicidade de partidos e posições políticas, incapaz de tomar decisões definitivas. Neste contexto, fez-se apelo a uma personalidade excepcional como a de Charles de Gaulle a fim de que governasse a situação contingente e desenhasse a futura ordem constitucional da França[64]. Sobre estas bases nasceu a vigente Constituição francesa de 1958, na qual eram já delineadas as características essenciais da forma de governo semipresidencialista; características integradas pela importante reforma de 1962, que entregou ao povo soberano a eleição direta do Presidente da República[65].

Em termos teóricos, a forma de governo semipresidencialista apresenta três elementos constitutivos: a eleição direta por sufrágio universal do Presidente da República, que é Chefe do Estado e chefe do Executivo; a atribuição ao Presidente da República de importantes poderes e a sua independência do Parlamento em ausência de uma relação de confiança; um Governo, guiado por um Primeiro-Ministro, que deve gozar da confiança do Parlamento. Combina os aspectos pertencentes a dois distintos modelos de forma de governo: o presidencialista, para a eleição direta do Chefe do Estado; e o parlamentar, para a relação de confiança entre Governo e Parlamento[66].

[64] M. MORABITO, *Histoire constitutionnelle de la France de 1789 à nos jours*, 13ª ed., Lgdj, Paris, 2014; O. DUHAMEL, *Histoire constitutionnelle de la France*, Seuil, Paris, 1995; M. GUILLENCHMIDT, *Histoire constitutionnelle de la France depuis 1789*, Economica, Paris, 2000; S. RIALS, *Textes constitutionnelles français*, Puf, Paris, 2010.

[65] Primeiro, realmente, o Presidente era eleito por um conselho eleitoral composto por membros de direito (senadores, deputados, conselheiros dos Municípios com mais de 9.000 habitantes, etc.) e por membros designados para a ocasião, representando os Municípios menores. Sobre a mudança, v. M. DUVERGER, *La VIᵉ République et le Régime présidentiel*, Fayard, Paris, 1961 (e ID., *Echec au Roi*, Albin Michel, Paris, 1978).

[66] Além dos manuais institucionais, ver M. DUVERGER *La monarchie républicaine*, Laffont, Paris, 1974. Sobre o semipresidencialismo, entre tantos texos sobre tema, M. DUVERGER (ed.), *Les régimes semi-présidentiels*, Puf, Paris, 1986; R. ELGIE, *Semi-Presidentialism in Europe*, Oxford U.P., Oxford, 1999; ID., *Semi-Presidentialism: Sub-Types and Democratic Performance*, Oxford U.P., Oxford-New-York, 2011; R. ELGIE, S. MOESTRUP, *Semi-Presidentialism Outside Europe: A Comparative Study*, Routledge, London-New York, 2007; D. SAMUELS, H. SHUGART, *Presidents, Parties, Pri-*

Ademais, a arquitetura nesta forma de governo apresenta um dado de todo peculiar: a estrutura diárquica ou bicéfala do Executivo. Como chefe do Governo, realmente, está o Presidente da República, o qual recebe a investidura democrática diretamente do povo; mas no Governo tem assento também um Primeiro-Ministro que recebeu a sua investidura com a confiança parlamentar.

O fundamento teórico requer estar integrado pelos traços constitucionais que delineiam a experiência francesa da V República. Em particular, merece ser salientado o âmbito dos poderes que a Constituição atribui ao Presidente e que ele pode exercer sem a autorização do Governo, logo, com base em decisões autônomas: ele nomeia o Primeiro-Ministro e, por proposta deste, nomeia e destitui os Ministros; pode submeter a *referendum* cada projeto de lei concernente à organização dos poderes públicos; dissolve a Assembleia Nacional; envia mensagens ao Parlamento; remete ao Conselho Constitucional uma lei antes da sua promulgação, a fim de que seja verificada a sua legitimidade constitucional; nomeia três componentes do Conselho Constitucional; preside as reuniões do Conselho de Ministros; exerce poderes excepcionais e adota as meditas que entenda necessárias quando a independência da nação, a integridade do território ou a execução dos compromissos internacionais sejam ameaçados de maneira grave e imediata, assim como quando o regular funcionamento dos poderes públicos constitucionais seja interrompido[67].

---

me Ministers: A Framework for Analysis, Cambrige U.P., Cambridge, 2010; R. ELGIE, S. MOESTRUP, YU-SHAN WU (eds), *Semi-Presidentialism and Democracy*, Palgrave Macmillan, London, 2011. Na doutrina italiana, L. PEGORARO, A. RINELLA (eds) *Semipresidenzialismi*, Giappichelli, Torino, 1997; A. GIOVANNELLI (ed.), *Il semipresidenzialismo: dall'arcipelago europeo al dibattito italiano*, Giappichelli, Torino, 1998; A. CANEPA, *Il sistema semipresidenziale. Aspetti teorici e di diritto positivo*, Giappichelli, Torino, 2000, e o mais recente M. VOLPI, *Il semipresidenzialismo tra teoria e realtà*, Bup, Bologna, 2014; na doutrina politológica, S. CECCANTI, O. MASSARI, G. PASQUINO, *Semipresidenzialismo. Analisi delle esperienze europee*, il Mulino, Bologna, 1996; M.G. PASSARELLI, *Monarchi elettivi? Dinamiche presidenziali in Francia e Portogallo*, Bup, Bologna, 2008.

[67] Em especial sobre a forma de governo da V República Francesa, além das obras já citadas de M. Duverger, v. J. GICQUEL, *Essai sur la pratique de la Ve République*, 2ª ed., Lgdj, Paris, 1977; P. AVRIL, *Le régime politique de la Ve République*, 4ª ed., Lgdj, Paris, 1979; D. CHAGNOLLAUD, J.-L.

Sobre o funcionamento equilibrado do sistema exerce uma influência determinante a real configuração do sistema político que decorre do êxito das duas eleições políticas com sufrágio universal: a do Presidente da República e a dos membros do Parlamento, em especial da Assembleia Nacional (a Câmara Baixa), que expressa a confiança ao Primeiro-Ministro e ao seu Governo.

Quando a mesma coalizão política vence ambas as competições eleitorais, o Presidente, *leader* da coalizão, registra a máxima expansão dos poderes que lhe são conferidos pela Constituição. Com efeito, nomeará Primeiro-Ministro um homem de sua confiança e desenvolverá plenamente as funções da ação de governo e, indiretamente, do Parlamento, tendo em conta o apoio incondicionado da "sua" maioria parlamentar. Quando, ao contrário, o Presidente da República é expressão de uma coalizão diferente da que venceu as eleições ao Parlamento, o Primeiro-Ministro será a expressão da confiança daquele Parlamento, determinando-se, assim, as condições de uma "coabitação" com a consequente redução dos poderes do Presidente a favor do papel do Primeiro-Ministro. Claro, portanto, que a diarquia do Executivo pode ter uma tendência oscilante: a depender das circunstâncias políticas, o pêndulo indicará como predominante o papel do Presidente ou do Primeiro-Ministro[68].

QUERMONNE, *Le gouvernement de la France sous la Ve République*, Fayard, Paris, 1996; O. DUHAMEL, *Vive la VI République*, Seuil, Paris, 2002. Entre os manuais mais recentes, cf.: PH. ARDANT, B. MATHIEU, *Droit constitutionnel et institutiones politiques*, Lgdj, Paris, 2015; L. FAVOREU ET AL., *Droit Constitutionnel*, 18ª ed., Dalloz, Paris, 2015; H. PORTELLI, *Droit Constitutionnel*, 11ª ed., Dalloz, Paris, 2015. Na doutrina italiana, M. VOLPI, *La democrazia autoritaria. Forma di governo bonapartista e V Repubblica francese*, il Mulino, Bologna, 1979; A. GIOVANNELLI, *Aspetti della V^a Repubblica da De Gaulle a Mitterrand*, Giuffrè, Milano, 1984; M. CALAMO SPECCHIA, *Les trois âges del settennato*, Giappichelli, Torino, 2002; P. COSTANZO, *La "nuova" Costituzione della Francia*, Giappichelli, Torino, 2009; na espanhola, com caráter divulgativo, J. TAJADURA TEJADA, *La V República francesa*, Un. de Navarra, Pamplona, 1997.

[68] M. DUVERGER, *Bréviaire de la cohabitation*, Puf, Paris, 1986; P. ARNON, *Au-delà de la cohabitation: vers une démocratie nouvelle*, Albatros, Paris, 1987; F. LUCHAIRE, G. CONAC, *Le droit constitutionnel de la cohabitation: bilan juridique d'une expérience politique: 23 mars 1986-8 mai 1988*, Economica, Paris, 1989; M.A. COHENDET, *La Cohabitation: leçons d'une expérience*, Puf, Paris, 1993; D. AMSON, *La cohabitation politique en*

Para limitar a possibilidade de que se produzam as condições de coabitação, com uma reforma constitucional do ano 2000, o mandato presidencial foi alterado de sete para cinco anos (art. 6.1 da Constituição), desvinculando-o, assim, do mandato parlamentar; ademais, a reforma de 2008 estabeleceu o limite de dois mandatos consecutivos (art. 6.2 da Constituição).

9.2. EXPORTAÇÃO UNIDIRECIONAL

O bom funcionamento desta forma de governo –e a satisfatória prova que deu de si na experiência da V República Francesa– depende em grande parte do senso de responsabilidade das personalidades protagonistas da vida política francesa, da cultura política dominante, das convenções constitucionais e das práticas eficazes. O conjunto das regras constitucionais, de fato, poderia encontrar uma interpretação e aplicação tais a determinar o bloqueio institucional.

É o que se verificou naqueles países da Europa Centro-Oriental que, após a queda do Muro de Berlim e com o início dos processos de democratização das Repúblicas satélites da ex-União Soviética, consideraram poder apropriar-se das virtudes da experiência francesa, transmitindo, nas suas novas Constituições, as mesmas fórmulas ditadas pela Constituição de 1958. Em especial, salientam-se a Constituição romena de 1991 e a "pequena Constituição" polaca de 1992[69]; traços do semipresidencialismo francês são detectáveis também nas novas Constituições que naquela fase histórica estavam se formando na Bulgária, Lituânia, Ucrânia, Eslovênia e Croácia (mas observam-se também na Moldávia e na Macedônia)[70].

France: La règle de deux, Puf, Paris, 2002; A.X. FOURNIER, *La dynamique du pouvoir sous la Ve République: Cohabitation et avenir des institutions*, Presses de l'Un. du Québec, Québec, 2008; S. BOYRON, *The Constitution of France: A Contestual Analysis*, Hart, Oxford-Portland, 2013; S.G. LAZARDEUX, *Cohabitation and Conflicting Politics in French Policymaking*, Palgrave Macmillan, New York, 2015.

[69] A. RINELLA, *La forma di governo semi-presidenziale*, cit., p. 236 e ss.

[70] Ver M.A. ORLANDI, *Quando il semipresidenzialismo passa all'Est*, cit.; S. BARTOLE, *Riforme costituzionali nell'Europa centro-orientale*, cit.; S. BARTOLE, P. GRILLI DI CORTONA (eds), *Transizione e consolidamento democratico nell'Europa centro-orientale*, cit.

Comumente são enquadradas na categoria da forma de governo semipresidencialista também outras experiências constitucionais, em particular Portugal e Finlândia, e, por outro lado, Áustria, Irlanda, Islândia. Em todos estes ordenamentos, o Presidente da República é eleito por sufrágio universal; varia, porém, notavelmente, o papel que ele exerce em razão das características do sistema político e das convenções constitucionais. Deste modo, em nenhum deles o Presidente acaba assumindo um papel tão relevante como o do Presidente francês. Ou melhor, em alguns casos (Portugal e Finlândia), assume um papel determinante na formação do Governo apenas nas situações em que o Parlamento não consiga expressar uma maioria definida; nos outros casos (Áustria, Irlanda, Islândia), mesmo sendo eleito por sufrágio universal, mantém uma posição marginal e de segundo plano, essencialmente de garantia e representação.

Também na América Latina, a introdução conjunta, em alguns ordenamentos, de um órgão executivo (Governo) distinto daquele diretamente eleito (Presidente) e a previsão da moção de censura aos Ministros ou, inclusive, ao Governo, poderia fazer pensar –além da "parlamentarização" dos sistemas presidenciais sobre os quais reflete D. Valadés– em uma espécie de transição através (ou em direção a) do semipresidencialismo[71]. Em particular, destaca-se que «varios países de Sudamérica, a partir de la tercera década del siglo xix, por influencia primordialmente inglesa, comenzaron a incluir en sus Constituciones algunos matices o controles propios del sistema parlamentario. Por ejemplo, la Constitución de Chile de 1833 admitió que los Ministros podían simultáneamente ser legisladores, y la facultad del Congreso de acusar constitucionalmente a los Ministros y destituirlos del cargo. Otro ejemplo lejano es la Constitución de Perú de 1856 que incorporó disposiciones como la creación del Consejo de Ministros y la responsabilidad de éstos por las resoluciones que hubiesen aprobado en dicho Consejo. La Constitución de 1860 de ese mismo país agregó, además, aspectos como que el Congreso examinaba los actos del Presidente al concluir su periodo constitucional, y si no los aprobaba por lesionar la Constitución o la ley, fincaba la correspondiente responsabilidad, así como la responsabilidad so-

---

[71] Vide *sub* § 7 nota 45 e ss.

lidaria, colegiada e individual de los Ministros». Na América Latina, lembra J. Carpizo, «en diez Constituciones se encuentra la figura de la interpelación. Voto de confianza existe en Perú y Uruguay, aunque en la realidad opera excepcionalmente. En cambio la institución de la censura es aceptada en 12 países, con diversas consecuencias: Argentina, Bolivia, Colombia, Costa Rica, Ecuador, El Salvador, Guatemala, Panamá, Paraguay, Perú, Uruguay y Venezuela»[72]. E o Governo como órgão "externo" e distinto do Presidente existe na Argentina e no Brasil, enquanto um Presidente do Conselho nomeado pelo Presidente da República com funções de porta-voz e de coordenação com os outros membros do Governo é previsto pela Constituição peruana de 1994[73].

O semipresidencialismo, enfim, *ratione imperii* foi implantado e, em alguns casos, ainda existe também em algumas ex-colônias francesas e em muitos ordenamentos islâmicos[74].

9.3. A CIRCULAÇÃO DO PROTÓTIPO NA EUROPA CENTRO-ORIENTAL: DA TRANSIÇÃO À CONSOLIDAÇÃO

À época da transição, em seis dos países que experimentaram profundas transformações democráticas nos anos 90, as respectivas Constituições previram a eleição do Presidente da República por sufrágio universal direto. Assim, enquanto na Letônia, na Estônia[75], na Hungria, nas Repúblicas Tcheca

[72] J. CARPIZO, verbete *Forma de gobierno presidencial*, cit., p. 198.
[73] Arts. 122 e 123.
[74] Cf. M. OLIVIERO, *La recezione del modello semipresidenziale nei paesi arabi*, in L. PEGORARO, A. RINELLA (eds), *Semipresidenzialismi*, cit., p. 253 e ss., e *supra*, § 3.4.
[75] Em 1992, a Estônia adotou, para a eleição do Chefe de Estado, um sistema transitório misto: a lei eleitoral relativa à primeira eleição do Presidente da República tinha previsto que se nenhum candidato obtivesse a maioria dos votos com sufrágio universal, incumbiria ao Parlamento eleger o Chefe de Estado, escolhendo entre os dois candidatos que tivessem o maior número de votos. Isso ocorreu, respectivamente, em 20 de setembro de 1992 e em 6 de outubro de 1992. Contudo, a Constituição de 28 de junho de 1992 já tinha estabelecido para o futuro que o Presidente seria eleito pelo Parlamento (*Riigikogu*) com escrutínio em três turnos ou, em caso de fracasso, por uma Assembleia composta pelos membros do *Riigikogu* e pelos representantes dos Conselhos Locais (art. 79 da Constituição).

e Eslovaca o Chefe de Estado é eleito pelo Parlamento, na Polônia, na Romênia, na Bulgária, na Croácia, na Eslovênia e na Lituânia, é eleito diretamente pelo povo. Posteriormente, em 1999, também a República Eslovaca optou pela eleição direta do Chefe de Estado, devido ao *impasse* do Parlamento, que não lograva eleger um Presidente da República. As atribuições dos Presidentes em exame cobrem praticamente toda a gama dos poderes presidenciais possíveis em um regime democrático, ainda que com diversas diferenciações. A questão que se põe é se seria possível encontrar traços da circulação do protótipo francês de semipresidencialismo nas Constituições dos países da Europa do Leste. Convém, porém, considerar a questão de forma gradual.

a) Em primeiro lugar, constata-se uma ampla circulação, entre as Constituições das neodemocracias do Leste, de esquemas e modelos ocidentais. É conhecida a significativa influência que a comunidade internacional dos Estados de democracia ocidental exerceu nas nascentes democracias. O peso dos organismos internacionais sobre a transição do Leste compreende-se facilmente se consideradas as implicações que decorrem do reconhecimento internacional dos novos regimes: no plano político (independência e identidade nacional) e no plano econômico (apoio ao desenvolvimento). O papel que poderíamos chamar de *"tutor"* que a comunidades dos Estados ocidentais, em vários níveis, assumiu em relação à transição das democracias do Leste europeu não poderia ser isento de implicações também no plano jurídico-formal. Uma vez proclamada a adesão aos princípios e aos valores fundamentais típicos das democracias ocidentais, para os constituintes do Leste europeu, não havia muitas escolhas, se não a de "importar", adequando-os, os modelos constitucionais organizativos que, no Ocidente, permitiram transformar exatamente aqueles princípios e valores em realidade. Em outras palavras, de um lado, a "transição negociada" entre representantes fracos dos regimes anteriores e representantes fortes do novo pluralismo democrático, inspirados nos modelos ocidentais; do outro, a "transição guiada" pelas influentes diretivas internacionais, tornaram praticamente obrigatória a importação dos modelos constitucionais consolidados nos ordenamentos de democracia ocidental[76].

[76] V. cap. IV, § 6.

b) Esta difundida importação dos modelos do Oeste surgiu, contudo, não de forma homogênea quanto aos conteúdos. Isso se torna evidente se considerada a esfera das relações entre os órgãos de governo, ou seja, se observados os modelos de formas de governo. Em tal segmento do processo de recepção do Ocidente, de fato, o fenômeno das adequações dos modelos originários é considerável. De um lado, as formas de governo recepcionadas nas novas Constituições do Leste parecem muito híbridas em relação aos modelos originários, em consequência das adequações introduzidas; do outro, porém, encontram-se algumas significativas linhas gerais de tendência. Assim, por exemplo, a posição central reconhecida ao Parlamento consta de uma grande parte das Constituições consideradas[77]. Esta tendência geral tem evidentes razões histórico-políticas: de fato, representa um sinal de ruptura com o regime passado, porque consagra a democracia representativa e rechaça o vínculo do mandato imperativo. Como consequência, aos institutos de democracia direta não é reconhecido um amplo espaço. Não desprovida de influência sobre esta orientação de parlamentarizar os regimes foi também a preocupação de evitar o crescimento de poderes pessoais de *leaders* carismáticos. A contrapartida a esta tendência, porém, foi uma difundida instabilidade dos Governos; mas, evidentemente, outros fatores concorreram para isso, como, por exemplo, a fragmentação e a instabilidade dos sistemas partidários.

c) Considerada esta tendência geral, deve-se focar a atenção na questão que colocamos no início: são encontráveis *traços* de semipresidencialismo francês nas Constituições do Leste europeu à época da transição? A resposta é genericamente afirmativa, mas é necessária uma série de advertências.

Antes de tudo, somente de traços pode-se efetivamente falar. De fato, não se encontram, em algumas das Constituições do Leste, a clonagem do protótipo francês: a reprodução, isto é, em todos os seus aspectos peculiares do modelo semipresidencialista da V República francesa. É, ao contrário, possível encontrar aqui e ali elementos e características típicas da experiência constitucional francesa, a partir da modificação constitucional de 1962. Naturalmente, não é suficiente a iden-

---

[77] Evidencia bem esta tendência geral S. BARTOLE, *Riforme costituzionali nell'Europa centro-orientale*, cit., p. 141.

tificação isolada deste ou daquele elemento; para poder configurar-se um caso de circulação de modelo por importação em um ordenamento constitucional, é necessário que seja recepcionado na Constituição um conjunto de elementos típicos do protótipo, concatenados entre si de modo coerente em relação à logica em que é formado o modelo de origem.

Nos países do Leste, a eleição direta do Chefe de Estado parece estar carregada, desde a origem, de um conjunto de significados. Entre os mais evidentes, está o carisma do qual geralmente parecem dotados os *primeiros* Presidentes; investidos do alto cargo diretamente pelo povo, eles representaram –ainda representam– o símbolo da afirmação da identidade nacional de um povo e da sua independência. O nexo entre modalidades de eleição do Chefe de Estado e a esfera das suas atribuições assumiu maior peso em dois casos precisos: aqueles elaborados pelas Constituições polaca e romena. Nestas duas Constituições, onde se prevê a eleição direta do Chefe de Estado, a amplitude e a relevância dos poderes reconhecidos aos respectivos Chefes de Estado parecem deixar delinear um efetivo aspecto bicéfalo do Executivo. Indicações neste sentido decorrem da consideração dos atos não sujeitos à assinatura ministerial e dos poderes presidenciais em regime de emergência. A fase da consolidação das democracias nos países da Europa Centro-Oriental marca uma difundida tendência à busca de novos e mais ponderados equilíbrios entre as instituições de governo em matéria de titularidade e exercício dos poderes de direção política.

À primeira fase, mais propriamente qualificável como "de transição", na qual os modelos constitucionais ocidentais tiveram grande influência nas mudanças dos regimes, seguiu-se uma fase de consolidação da democracia, no âmbito da qual algumas revisões constitucionais recuperaram, de forma geral, características parlamentares em detrimento das primeiras soluções presidencialistas. Naturalmente, estas linhas de evolução incidiram sobre a forma de governo, determinando, frequentemente, uma passagem de um incerto semipresidencialismo a um parlamentarismo racionalizado. Pareceu, assim, que o modelo de referência dos países considerados não fosse mais o semipresidencialista de origem francesa, mas, sobretudo, um modelo parlamentar de tipo europeu-continental, que soube combinar criptotipos e tradições parlamentares próprias com algumas características do modelo parlamentar alemão.

Sobre as democracias da Europa Centro-Oriental nos últimos vinte anos, é útil desenvolver algumas breves considerações conclusivas: a) o modelo constitucional francês, em particular na espécie da sua forma de governo semipresidencialista, registrou uma circulação fragmentária e dessincronizada entre as Constituições dos países da Europa Centro-Oriental após a queda do Muro de Berlim; b) a importação do modelo semipresidencialista francês, bem longe de conseguir os objetivos desejados, mostrou não dar certo na prática, gerando conflitualidade e desequilíbrio entre as instituições e, em última análise, instabilidade do sistema político; c) as contramedidas adotadas –na fase de consolidação– no plano constitucional foram todas no sentido de conter o papel do Chefe de Estado, a favor da conexão político-institucional Governo-maioria parlamentar.

Em última análise, o modelo semipresidencialista francês exerceu a sua máxima influência na fase de transição para a democracia dos países da Europa Centro-Oriental. Mostrou todas as suas peculiaridades originais –e, por conseguinte, a sua não aptidão à plena adaptação em ordenamentos distintos do da V República– na fase de consolidação da democracia nestes mesmos países, até o ponto de ser substancialmente eliminado de seus ordenamentos, salvo algumas (raras) exceções[78].

§ 10. *"HIPERSEMIPRESIDENCIALISMO": O SISTEMA DE GOVERNO DA FEDERAÇÃO RUSSA*

Após a adoção da Constituição de 1993, debateu-se se a nova forma de governo da Federação russa poderia ser assimilada ao semipresidencialismo francês ou se devesse considerar-se presidencialista.

Limitando-se a uma observação puramente formal, a presença dos dois elementos que caracterizam a forma de governo semipresidencialista (vale dizer, a eleição direta de um Presidente da República dotado de importantes poderes e a relação

---

[78] A. RINELLA, *Transizioni costituzionali e circolazione del modello semipresidenziale*, in M. CALAMO SPECCHIA (ed.), *La Costituzione Francese – La Constitution Française*, 2 vols., Giappichelli, Torino, 2009, I, p. 383 e ss.

de confiança Parlamento e Governo) pode induzir a uma conclusão simplista: a Rússia é semipresidencialista. O verdadeiro problema é que as fórmulas do semipresidencialismo francês não se enquadram em um terreno fertilizado e enriquecido por valores das democracias ocidentais. É preferível, portanto, reconhecer que se trata de um dos casos nos quais a recepção de um modelo constitucional exemplar é apenas aparente. No caso da Federação Russa, exatamente pelos seus precedentes, a aplicação de categorias elaboradas com referências às democracias pluralistas de matriz liberal não parece adequada; realmente, não foi cumprida, no tecido político-institucional do país, a introdução daqueles princípios democráticos dos quais a Constituição de 1993 parece estar impregnada[79].

Com base no art. 80 da Constituição, o Presidente da Federação da Rússia é o "Chefe de Estado" e representa a Rússia nas relações internacionais e no interior do ordenamento: enquanto tal, age em nome de todos os poderes federais em relação aos órgãos de governo dos sujeitos federados. É eleito por sufrágio universal pelos cidadãos da Federação por seis anos e por não mais de dois mandatos consecutivos. O ordenamento federal funda-se na unidade do poder estatal (art. 5 da Constituição); poder que é exercido, com base na divisão entre Poder Legislativo, Poder Executivo e Poder Judiciário (art. 10 da Constituição), pelo Presidente da Federação, pela Assembleia Federal (por sua vez dividida em duas Câmaras: a *Duma* de Estado e o Conselho da Federação), pelo Governo e pelos Tribunais da Federação.

O sistema constitucional atribui ao Presidente da Federação uma evidente posição de proeminência, que a praxe política reforçou posteriormente. O poder presidencial pareceria situar-se à fora e sobre a clássica tripartição dos poderes. Ele «é o garante da Constituição da Federação da Rússia e dos direitos e liberdades do homem e do cidadão. Conforme a modalidade estabelecida pela Constituição da Federação da Rússia ele adopta medidas para garantir a soberania da Federação da Rússia, a sua independência e integridade territorial, assegura

---

[79] Exatamente pelas razões explicadas no texto, a denomina "hiper-semipresidencialista" M.F. Massó Garrote, *Las formas de gobierno*, in D. López Garrido, M.F. Massó Garrote, L. Pegoraro (eds), *Derecho constitucional comparado*, Tirant lo Blanch, Valencia, 2017, p. 468 e ss.

o funcionamento concertado e a colaboração entre os órgãos do poder do Estado» (art. 80 da Constituição). Como "coordenador" dos poderes do Estado, «em conformidade com a Constituição da Federação da Rússia e com as leis federais determina as orientações básicas da política interna e externa do Estado»; em outros termos, exerce o poder de direção político-constitucional e o exercita de maneira exclusiva exatamente em virtude da função de enlace da atividade dos outros órgãos de governo que a Constituição lhe atribui.

É impressionante o arsenal dos seus poderes (art. 83 da Constituição): a) nomeia, com o consentimento da *Duma*, o Presidente do Governo da Federação Russa; b) tem o direito de presidir as sessões do Governo da Federação; c) decide sobre as demissões do Governo da Federação; d) por proposta do Presidente do Governo da Federação, nomeia e destitui do cargo os Vice-Presidentes do Governo da Federação e os Ministros Federais; e) apresenta ao Conselho da Federação as candidaturas para nomeação dos juízes da Corte Constitucional da Federação, da Suprema Corte da Federação, da Alta Corte Arbitral da Federação e, também, a candidatura a Procurador-Geral da Federação; propõe ao Conselho da Federação a destituição do cargo de Procurador-Geral da Federação; nomeia os juízes dos outros Tribunais federais.

Especialmente: no que atine ao poder e à função legislativa, tem a iniciativa legislativa e pode exercer o poder de veto, que pode ser superado apenas com o voto da maioria de 2/3 de cada Câmara. Contornando eventuais oposições à sua política por parte da *Duma*, pode, então, adotar decretos e decisões, desde que não estejam em desacordo com as leis federais.

O papel prevalente do Presidente da Federação é verificado também em relação ao Governo, seja no que concerne à sua formação, seja quanto à sua cessação. Pode dissolver antecipadamente a *Duma* quando esta não expresse a confiança ao Governo proposto pelo Presidente ou revogue a confiança ao Governo em exercício (arts. 111 e 117 da Constituição). Ele nomeia, com a aquiescência da Duma, o Presidente do Governo e, por proposta deste, nomeia e destitui os Ministros. No caso de voto de censura por parte da *Duma*, o Presidente pode rechaçar o voto e confirmar Governo em exercício ou, ao contrário, anunciar a demissão do Governo. Se a *Duma*, nos três meses posteriores, ainda profere voto de censura ao Governo que permaneceu em exercício, o Presidente pode optar entre a demissão do Governo ou a dissolução antecipada da *Duma*. Enfim, o Presidente tem um poder autônomo de revogação do Governo quando o considere incapaz de implementar a direção política por ele mesmo determinada (art. 117.2 da Constituição).

A praxe acentuou ainda mais a proeminência do Presidente, dando lugar, assim, a um sistema de governo que não parece poder enquadrar-se em um dos modelos verificados nos sistemas democráticos. A experiência da Federação Russa parece, pois, atender a categorias próprias; o recurso a específicos componentes constitucionais inspirados em outras experiências de governo responde a necessidades funcionais, mas não determina a assimilação da Rússia às clássicas formas de governo; sobretudo, confirma a peculiaridade do sistema russo e a sua não idoneidade a ser encaixado nas classificações tradicionais[80].

§ 11. **UM MODELO NÃO EXPORTÁVEL: A FORMA DE GOVERNO DIRETORIAL SUÍÇA**

«A "forma de governo diretorial" é entendida como uma específica forma de articulação do poder estatal caracterizada por uma nítida prevalência do Legislativo sobre o Executivo, que acaba sendo quase que um mero executor da vontade assemblear. Na prática, porém, esta forma de governo é, entre as muitas, a que mais sofre de escassa abstração, pela tendência do modelo a se confundir com um caso concreto, o da Suíça, único ordenamento a adotar esta forma de organização do poder em época contemporânea. Com efeito, o estudo da forma de governo diretorial coloca em evidência a unicidade do modelo, obrigando a examinar algumas outras experiências somente do ponto de vista diacrônico, estando já "extintas" há tempo. Assim, pode-se certamente recordar a experiência da Consti-

---

[80] Sobre o tema, vejam-se: M. GANINO, *Dallo zar al presidente. Ricostruzione del modello di governo della Russia fra trasformazioni costituzionali e continuità*, Cuesp, Milano, 1999; ID., *Russia*, cit.; T.M. NICHOLS, *The Russian Presidency*, Palgrave, New York, 2001; J.R. RAVIOT, *Démocratie à la russe. Pouvoir et contre-pouvoir en Russie*, Ellipses, Paris, 2008.

tuição francesa de 1795 (ano III) –na qual está contido o próprio arquétipo da forma de governo diretorial–, além daquelas, geralmente transitórias, de alguns países sul-americanos do início do século XIX (Colômbia, Venezuela, Equador, México, Argentina e Chile) e, de especial relevância, o *Colegiado* uruguaio de 1918 e de 1952»[81].

A forma de governo chamada diretorial é, portanto, típica da Suíça. Trata-se de uma solução institucional que, de um lado, decorre do caráter federal do ordenamento helvético e, do outro, baseia-se no princípio da colegialidade da função de governo (de onde a expressão a "governo diretorial").

A estrutura essencial do modelo contempla um Parlamento bicameral, denominado Assembleia Federal, que elege os sete membros do diretório, o Conselho Federal, o qual desenvolve funções de governo e, ao mesmo tempo, de Chefe do Estado. Embora a Assembleia Federal eleja o Conselho Federal, não é prevista de alguma forma a destituição do mandato ou a censura parlamentar; nem, ao contrário, o diretório pode determinar a dissolução antecipada da Assembleia. Desta forma, entre os dois órgãos determina-se uma clara separação no curso da sua vida institucional, que lhes assegura a respectiva estabilidade.

Esta forma de governo singular deve ser lida à luz das condições peculiares da Confederação Helvética. Trata-se de um país articulado em uma pluralidade de comunidades étnicas, linguísticas e religiosas que encontraram, ao longo do tempo, uma composição equilibrada das respectivas relações. A Constituição de 1848, reformada estruturalmente no ano 2000, desenhou um sistema federal que reconhece amplas autonomias aos Cantões: exercem funções legislativas, administrativas e jurisdicionais. Ademais, a particular conformação demográfica e étnica da Suíça facilitou a persistência de formas de intervenção direta dos cidadãos no governo da coisa pública (através de Assembleias cidadãs), de controle da atividade dos órgãos representativos (através do instituto da destituição

---

[81] S. GEROTTO, *Forma di governo direttoriale*, in L. PEGORARO (ed.), *Glossario di diritto pubblico comparato*, cit., p. 131 e ss. Sobre o diretório suíço, J.-F. AUBERT, *Traité de droit constitutionnel suisse*, cit.; H. KRIESI, *Le système politique suisse*, Economica, Paris, 1995; A. AUER, G. MALINVERNI, M. HOTTELIER, *Droit constitutionnel suisse*, cit.

dos titulares dos órgãos eletivos), bem como de participação ativa na produção das normas (através da iniciativa popular em matéria de revisão constitucional e através do instituto do referendo)[82].

A Assembleia Federal, cujos membros são eleitos por quatro anos, é bicameral: o Conselho Nacional representa proporcionalmente a população dos Cantões; o Conselho dos Estados é formado pelos representantes dos Cantões (dois de cada um), escolhidos segundo regras estabelecidas pelos próprios Cantões. Vige um bicameralismo paritário na produção das leis e dos decretos federais. Alternadamente, cada ano, um componente do Conselho Federal é investido das funções de Presidente Federal. Os sete membros do diretório são escolhidos da maneira a representar equitativamente as diversas realidades étnicas, religiosas, geográficas e políticas.

Contribui ao bom êxito do modelo de governo o fato de o sistema político suíço ser tradicionalmente bastante homogêneo: não se verificam rupturas ideológicas significativas entre os principais partidos, os quais normalmente colaboram nas coalizões de governo; as relações entre grupos étnicos e religiosos, concebidas com tolerância recíproca e respeito, baseiam-se em um complexo e consolidado equilíbrio. Em última análise, a fórmula diretorial do governo assegura um poder dividido entre os distintos componentes da sociedade helvética, de acordo com o princípio federalista da "unidade na diversidade".

§ 12. *Uma tentativa abandonada: a forma de governo "semiparlamentar" (ou "do premier") em Israel; a singular experiência da África do Sul*

Entre 1992 e 2001, Israel experimenta um sistema de governo completamente singular. A tentativa de reforma que introduziu, em 1992, a eleição do Primeiro-Ministro era a de colocar um freio na fragilidade dos Governos israelenses e de assegurar à política do país um cenário mais estável. Esta

---

[82] Cf. F. Fleiner, *Le referendum et l'initiative populaire en Suisse*, in *Ann. Inst. int. dr. publ.*, Paris, 1930, p. 282 e ss.; S. Bagni, *Il popolo legislatore*, cit., cap. III, § 3.3.1; ver, também, *infra*, cap. IX, seção I, § 7.1.

finalidade foi confiada a alguns mecanismos destinados a reforçar a figura do Primeiro-Ministro: a) o Primeiro-Ministro é eleito diretamente; b) as eleições políticas do Parlamento (*Knesset*) são feitas simultaneamente às do Primeiro-Ministro; c) ambos os órgãos duram quatro anos em exercício; d) o Primeiro-Ministro escolhe e nomeia os Ministros; e) o Parlamento pode revogar a confiança tanto em relação ao Primeiro-Ministro quanto a cada um dos Ministros; em qualquer caso, a queda do Governo determina novas eleições políticas; f) o Parlamento que, por maioria absoluta, vote a censura ao Primeiro-Ministro pode ser dissolvido ou, com a mesma maioria absoluta, pode autodissolver-se; g) o Primeiro-Ministro pode dissolver o Parlamento que obste a política do Governo e, ao mesmo tempo, pode renunciar e convocar novas eleições.

As tentativas de classificar esta experiência constitucional ofereceram soluções diversas: alguns autores sugeriram colocar a experiência israelense em uma tipologia à parte[83]; outros, ainda, vislumbraram uma forma especial de presidencialismo, onde o Primeiro-Ministro, como chefe do Executivo, seria comparado ao Presidente eleito[84]; não faltando aqueles que julgaram a experiência israelense assimilável ao parlamentarismo, marcando o peso da relação de confiança entre Governo e Parlamento, bem como o poder de dissolução antecipada atribuído ao Primeiro-Ministro[85].

A dificuldade de enquadrar a experiência constitucional israelense é também ligada à sua breve duração, que não permitiu a consolidação de práticas e interpretações das regras constitucionais. Contudo, além desta circunstância, a combinação de componentes provenientes de modelos constitucionais distintos torna ambígua a forma de governo vigente em Israel entre 1992 e 2001. A expressão "semiparlamentar" tenta delinear uma classe específica, partindo do fato de que falta uma diarquia no Executivo (como, contrariamente, ocorre nos semipresidencialismos) e de que as características

---

[83] R. ELGIE, *The Classification of Democratic Regime Types: Conceptual Ambiguity and Contestable Assumptions*, in *Eur. journ. pol. research*, n. 33, 1998, p. 219 e ss.

[84] A. LIJPHART, *Patterns of Democracy*, cit., p. 144 (da 1ª ed.).

[85] G. SARTORI, *Comparative Constitutional Engineering*, cit., p. 130 e ss.

parlamentares, ainda que não no estado puro, são ainda prevalecentes[86].

A Constituição da República da África do Sul (1996) delineia, por sua vez, um Executivo com caráter monocrático, cujo Chefe de Estado é também chefe do Governo; este é eleito pela Assembleia Nacional, a Câmara Baixa do Parlamento, entre os seus membros, recém-empossada após as eleições políticas. O sistema de governo previsto pela Constituição *ad interim* de 1993, adotada para permitir a transição do sistema de governo discriminatório e racial baseado no princípio do *apartheid* ao sistema democrático e pluralista, tinha privilegiado a lógica da cooperação política instaurando um "governo dividido" entre todas as forças políticas do país. Depois de longas tratativas, ao modelo Westminster ou de democracia majoritária, por razões ligadas à exigência de assegurar uma transição pacífica, preferiu-se um modelo de democracia consensual fundado no princípio do *power-sharing*.

A Constituição de 1996, estritamente ligada à de 1993, que tinha traçado os seus fundamentos, ditando os "princípios constitucionais", tinha a tarefa de instaurar um regime democrático que poderíamos definir "normal". Entretanto, tendo em vista circunstâncias históricas, políticas e sociais do país, optou-se por uma solução de tipo parlamentar, mas com uma série de correções que a transformam em uma experiência bastante singular. Com efeito, atribui ao Presidente da República um papel nevrálgico: eleito, como se dizia, pela Assembleia Nacional, ele é Chefe do Estado e chefe do Executivo; garante a Constituição como lei suprema do Estado e assegura e promove a unidade da nação.

O primeiro dado que sobressai é o estreito liame que vincula o Presidente ao Parlamento: ele expressa politicamente a Assembleia Parlamentar, que pode destituí-lo em determinados casos. Por sua vez, o poder de dissolução da Assembleia pelo Presidente é limitado a casos objetivos de impossibilidade de funcionamento da Assembleia ou em caso de autodissolução.

[86] L. PRIMICERIO, *La forma di governo semiparlamentare. Aspetti teorici e realizzazioni pratiche*, Giappichelli, Torino, 2007; F. RESCIGNO, *Scritti sul sistema istituzionale israeliano*, Maggioli, Rimini, 1996, p. 15 e ss.; T. GROPPI, E. OTTOLENGHI, A.M. RABELLO (eds), *Il sistema costituzionale dello Stato di Israele*, cit., p. 79 e ss.

Alguns poderes confiados pela Constituição ao Presidente no que atine ao Parlamento (aprovação e assinatura dos projetos de lei, encaminhamento em razão de legitimidade constitucional, impugnação frente à Corte Constitucional, convocação em sessão extraordinária da Assembleia Nacional) não alteram a impressão de que as relações entre os dois órgãos atribuem à Assembleia Parlamentar um papel predominante. Diversamente, no âmbito do Executivo, o Presidente da República tem um papel dominante: nos termos da Constituição, ele é o titular do Poder Executivo e o exerce com os membros do *Cabinet*, implementando a legislação nacional, desenvolvendo a política nacional, coordenando as funções dos departamentos do Estado e das administrações, preparando os projetos de lei. Ele é o chefe do Governo e nomeia os seus membros, um Vice-Presidente e os Ministros, escolhendo-os entre os integrantes do Parlamento. Nesta fase, a relação entre Governo e Parlamento é mediada pelo Presidente; na fase em que o Governo está em exercício e na eventualidade de uma crise, o Parlamento retoma o poder: com efeito, o art. 92 da Constituição declara que os membros do Governo são responsáveis coletiva e individualmente em relação ao Parlamento; este pode votar a censura ao Governo, excluindo o Presidente; em tal caso, este deverá formar um novo Governo. Quando, contudo, a censura é votada por maioria absoluta face ao Presidente, o Governo todo é demitido (art. 102 da Constituição).

Se, ao lado da leitura formal do texto constitucional, for conjuntamente feita a observação da vida política, percebe-se que os elementos formais típicos do parlamentarismo frequentemente deixaram o terreno do concreto funcionamento a uma lógica mais propriamente presidencialista; naturalmente, a personalidade e o papel político de um Presidente como Nelson Mandela tiveram um peso muito relevante, o que impede um enquadramento exato da experiência sul-africana entre os conhecidos modelos de formas de governo[87].

[87] Sobre a forma de governo na África do Sul, vejam-se: A. JOHNSON, S. SHEZI, G. BRADSHAW, *Constitution-Making in the New South Africa*, Leicester U.P., London, 1993; M. NICOL, *The Making of the Constitution: The Story of South Africa's Constitutional Assembly, May 1994 to December 1996*, Abc, Johannesburg, 1993; E. HASSEN, *The Soul of a Nation: Constitution Making in South Africa*, Oxford U.P., Cape Town, 1998; H. KLUG, *Con-*

§ 13. *O FORTALECIMENTO DO EXECUTIVO E DIVISÃO DOS PODERES: DIREÇÃO POLÍTICA ATIVA, ÓRGÃOS DE GARANTIA E EQUILÍBRIOS RECÍPROCOS NAS DEMOCRACIAS CONTEMPORÂNEAS*

O Estado de democracia pluralista registrou, no curso do século XX, uma profunda transformação político-social. A expansão das finalidades do Estado e a necessidade de coordenação do exercício das funções políticas incidiram profundamente no significado da separação dos poderes.

As modernas democracias reposicionaram, gradualmente, as clássicas funções do Estado, para assegurar a consecução de uma multiplicidade de objetivos políticos predeterminados. Uma concepção rígida da separação entre os poderes do Estado pareceu inconciliável com a necessidade de coordenar uma pluralidade de ações determinadas por poderes distintos e, contudo, necessariamente interdependentes entre si. Do ponto de vista do método de governo, foi sendo configurada sempre mais claramente uma função de direção política, capaz de predeterminar os objetivos e as finalidades políticas; os atos de exercício da função legislativa e da função executiva, portanto, respondem a uma lógica de coordenação recíproca em prol da consecução dos objetivos prefixados.

Nas experiências constitucionais modernas, a função de direção política assumiu um papel decisivo: explica-se na determinação das linhas fundamentais da ação política do Estado, seja no interior do ordenamento, seja nas relações internacionais. Os instrumentos dos quais se vale para a sua atuação são, principalmente, os atos colocados em práticas pelos poderes do Estado (leis, decretos, regulamentos, tratados interna-

---

stituting Democracy: Law, Globalism and South Africa's Political Reconstruction, Cambridge U.P., Cambridge, 2000; P. ANDREWS, S. ELLMANN, *The Post-Apartheid Constitutions: Perspective on South Africa's Basic Law*, Witwatersrand U.P., Johannesburg, 2001. Na literatura italiana, vejam-se, entre outros, L. PEGORARO, A. RINELLA, *La nuova costituzione della Repubblica del Sudafrica*, cit.; A. RINELLA, *La recente esperienza costituzionale del Sudafrica: il* Constitution Act 1996 *e i caratteri della forma di governo*, in L. MEZZETTI, V. PIERGIGLI (eds), *Presidenzialismi, Semipresidenzialismi, parlamentarismi*, cit., p. 515 e ss.; R. ORRÙ, *La costituzione di tutti*, cit.; V. FEDERICO, *Sudafrica*, il Mulino, Bologna, 2009.

cionais, atos administrativos de natureza política). É óbvio que a consecução das finalidades políticas gerais do Estado é subordinada à organicidade e à continuidade da direção política e à eficácia da coordenação entre as diversas funções. Em tal sentido, portanto, deve registrar-se uma evolução do princípio da separação dos poderes, com a atenuação da rigidez da divisão das funções e da busca de formas de coordenação recíproca entre os órgãos constitucionais superiores[88]. Em particular, enquanto nas democracias presidenciais incluem-se, frequentemente, formas de controle, de colaboração e de divisão da direção política, nos parlamentares a exacerbação do peso desta função determinou algumas tendências.

A primeira é uma tendência monista, no sentido de que foi sendo fortalecida a relação Governo-maioria parlamentar no interior da qual se determinaram os conteúdos da direção política. Esta é melhor aplicada (em relação à dualista) a uma concepção atenuada da separação dos poderes e ao reconhecimento da superioridade de um órgão constitucional sobre os outros quanto à determinação dos objetivos políticos prevalecentes. Neste contexto, o Chefe de Estado tende –pelo menos normalmente– a assumir um papel sempre mais puramente representativo e alheio à determinação da direção política.

Uma segunda tendência que se verifica é a voltada a "racionalizar" a relação entre Governo e Parlamento: trata-se, em regra, de medidas e mecanismos que atuam no sentido de tornar estável a relação de confiança e, consequentemente, assegurar maior governabilidade. Pertencem ao quadro destas medidas as modalidades de investidura do Governo, os mecanismos de regulação da relação de confiança (condições da moção de censura e implicações da questão de confiança), os requisitos e as causas justificadoras da dissolução antecipada do Parlamento.

A expressão mais evidente do parlamentarismo contemporâneo é, contudo, reconhecida no reforço do papel do Governo e, em especial do Primeiro-Ministro: a função de direção política tende a se concentrar no Executivo, que a exerce com

---

[88] Para a configuração do conceito de direção política, T. MARTINES, verbete *Indirizzo politico*, in *Enc. dir.*, XXI, Giuffrè, Milano, 1971, p. 134 e ss.; ID., *Diritto costituzionale*, 10ª ed. revista por G. SILVESTRI, Giuffrè, Milano, 2000, p. 150 e ss., p. 251 e ss.

o suporte funcional da maioria parlamentar. Jogam a favor desta evolução fatores distintos: a organização ministerial e administrativa; a rede das relações diretas com os sindicatos, as organizações sociais e econômicas, a sociedade civil em geral; a competência em matéria de relações internacionais e, na Europa, a participação, por meio dos mesmos membros do Governo, nos órgãos da União Europeia; o sistema de informação. Por isso, o Executivo não se limita a dar execução a decisões alheias (as parlamentares), mas é órgão governante, que determina os objetivos da ação política do Estado e coordena a sua atuação[89]. A atenuação da nítida separação entre os poderes do Estado é percebida também no que atine às outras funções.

O Presidente da República, por sua vez, colabora para assegurar os equilíbrios constitucionais do sistema, na sua posição de órgão constitucional *super partes*; em linha geral, não participa da determinação da direção política. Ocorrendo particulares circunstâncias políticas, o Chefe de Estado pode assumir um papel muito mais relevante, mas quase sempre devido à sua posição de garante do correto e regular desenvolvimento da vida constitucional do país.

Em geral, qualquer que seja a forma de governo, a necessidade de garantir as múltiplas finalidades do Estado determinou, entre outras coisas, uma hipertrófica produção legislativa e uma correlata deterioração da qualidade da legislação[90]. Não apenas se destaca o fenômeno das chamadas leis-medida (leis que, em vez de apresentarem um conteúdo geral e abstrato, dispõem para o caso concreto e em relação a sujeitos determinados, assumindo, com isto, a substância de um ato administrativo), mas, sobretudo, a "crise da lei", típica das democracias pluralistas, que incidiu de modo consistente na separação dos poderes. Mais precisamente, a produção das leis que decorrem da busca de difíceis compromissos e sínteses artificiosas, não raramente reenvia a determinação do signi-

---

[89] Sobre as atuais transformações, R. ALBERT, *The Fusion of Presidentialism and Parliamentarism*, in *Am. journ. comp. law*, n. 57, 2009, p. 531 e ss.; S. PRYCE, *Presidentializing the Premiership*, St. Martin's-Macmillan, New York-London 1997; D. VALADÉS, *La parlamentarización de los sistemas presidenciales*, cit.; A. DI GIOVINE, A. MASTROMARINO (eds), *La presidenzializzazione degli esecutivi nelle democrazie contemporanee*, cit.

[90] *Supra*, cap. V, seção II, § 7, e seção III, § 1.

ficado pontual das disposições ao ato de aplicação. Isso põe nas mãos da administração, primeiramente, e da jurisdição, depois, uma margem de interpretação e de discricionariedade que não lhes caberia, tendo em vista a tradicional separação entre os poderes do Estado. A aplicação da lei torna-se, sempre mais frequentemente, o momento no qual se determina o significado da própria lei[91].

O acentuar-se da função de direção política, conjuntamente com a tenência monista, é geralmente contrabalançado pelos institutos de garantia constitucional: destacam-se, em especial, a função de garantia constitucional da Constituição (em regra confiada a uma Corte Constitucional) e as disposições constitucionais em tema de revisão, total ou parcial, da própria Constituição. Em ambos os casos, trata-se de mecanismos destinados a conter os riscos de uma "tirania da maioria".

§ 14. *Classificações dúcteis: entre presidencialismo e parlamentarismo (e entre formas de Estado com ou sem separações dos poderes)*

As páginas anteriores dão a medida de como não é fácil orientar-se entre as formas de governo do passado e as atuais. Não só o conceito é dinâmico –basta pensar na evolução do Reino Unido– mas, sobretudo, os fenômenos híbridos são sempre presentes e o encaixe das várias experiências em esquemas rígidos não dá conta da distinção de funcionamento.

Reino Unido, de um lado, e Itália, Bélgica, França da IV República, do outro, são, por exemplo, caracterizadas pela presença simultânea de elementos característicos identificados pela doutrina para incluir todos estes Estados na forma de governo parlamentar: presença de um órgão neutro no ápice (Rei ou Presidente), legitimação direta apenas do Parlamento, relação fiduciária entre Câmaras (ou, pelo menos, uma Câmara) e Governo. É, contudo, claramente evidente que se trata de experiências profundamente distintas.

O presidencialismo estadunidense e os latino-americanos e asiáticos compartilham os elementos determinantes representados pela dupla legitimação (das Câmaras e do Presidente),

[91] V. cap. IV, § 14, e cap. V, seção II, § 5.4.5.

pela inexistência do Governo como órgão externo distinto do Presidente, pela ausência de vínculo fiduciário entre Parlamento e Executivo. O papel distinto dos partidos, o enfraquecimento dos freios e contrapesos, a ausência de *mid-term elections* fora dos Estados Unidos (salvo exceção), além de outros fatores indicados, impedem, porém, que o modelo, uma vez exportado, colha os mesmos resultados e funcione de maneira análoga.

Também para o sistema semipresidencialista, resulta difícil associar na mesma classe ordenamentos que, à primeira vista, manifestam as características típicas do país que melhor do que qualquer outro representa o modelo de referência, é dizer, a França: dupla legitimação do Parlamento e do Presidente; Executivo bicéfalo, representado seja pelo Chefe de Estado, seja pelo Governo; vínculo fiduciário. Como foi dito, a Rússia –que também apresenta tais requisitos– implementa, no máximo, um hipersemipresidencialismo[92]; a Irlanda como um "semipresidencialismo intermitente"[93]; na Áustria e Finlândia, o papel do Presidente é quase só de fachada, não obstante a legitimação direta.

Muitos autores, por isso, pensaram, para colocar em ordem, em misturar critérios jurídicos com cânones politológicos (por exemplo, o número e a natureza dos partidos)[94], ou de simplificar (formas de governo monistas, formas de governo dualistas; ou também "presidenciais" e "presidencialistas"[95]), e, sobretudo, de subclassificar, especialmente em relação à forma de governo parlamentar (por exemplo, a prevalência do *premier*, do Governo, da Assembleia). Isso, porém, quase sempre sem prejuízo da permanência das características consideradas

---

[92] Ou "superpresidencialismo": cf. S. HOLMES, *Superpresidenzialismus and its Problems*, in *East Eur. const. rev.*, n. 4, 1993, e n. 1, 1994, p. 356 e ss.; sobre as dificuldades classificatórias, ver, também, M. GANINO, *Dallo zar al presidente*, cit., p. 155 e ss.

[93] N. OLIVETTI RASON, *Un semipresidenzialismo "intermittente": il caso irlandese*, in L. PEGORARO, A. RINELLA (eds), *Semipresidenzialismi*, cit., p. 167 e ss.

[94] L. ELIA, verbete *Governo (forme di)*, cit., p. 635 e ss.

[95] M. VOLPI, *La classificazione delle forme di Stato e delle forme di governo*, cit., p. 439 e ss. Naturalmente esta distinção perde toda a sua conotação em castelhano e em outras línguas.

indefectíveis: única ou dupla legitimação, presença ou não de um Governo como órgão constitucional distinto do Presidente, existência ou não do vínculo fiduciário.

Também estas propostas têm esteio, mais que na existência de fronteiras intransponíveis, em "graus de pertinência", no pertencimento maior ou menor a uma classe, ou melhor, à aderência maior ou menor a um arquétipo, a um modelo exemplar ao qual se refere institivamente (o Reino Unido para a forma de governo parlamentar, os Estados Unidos para a presidencialista, a França para o sistema semipresidencialista). Não obstante, isso vale, geralmente, no interior de classes previamente individualizadas e aceitas. Como classificar, porém, um ordenamento quando inclusive as características essenciais (os elementos determinantes, diríamos) misturam-se? Quando, por exemplo, em um *corpus* originariamente "presidencialista" o Governo assume relevância externa e, ao lado de institutos parlamentares de controle, introduz-se, pouco a pouco, a moção de censura a cada Ministro e, depois, exatamente ao próprio Governo (como em algumas experiências latino-americanas acima sinalizadas)[96]; ou quando a dissociação entre texto e funcionamento concreto é evidente, como no caso da Rússia; ou quando a legitimação direta atua em relação ao Primeiro-Ministro ao invés do Presidente?

Assumindo como elemento pertinente das classificações das formas de governo (ao lado daqueles tradicionais) o deslocamento do poder de direção e a intensidade dos controles recíprocos entre quem os detém, surge, de novo, a interferência entre o conceito de forma de Estado e o de forma de governo; ademais, entrecruzam-se também os de formas de governo e de famílias jurídicas, se assumido como critério sistematizador destas últimas a tripartição entre *rule of traditional law, rule of political law, rule of professional law*[97].

Nas formas de Estado contemporâneas, caracterizadas pela concentração do poder (ditatorial, totalitária, socialista, das autocracias nacionalistas), os traços distintivos das formas de governo que também as caracterizam transitam entre a maior ou menor concentração do poder em relação aos sujei-

---
[96] *Supra*, § 7.
[97] *Supra*, cap. II, seção I, § 4.

tos que o detêm (chefe único, Governos, juntas militares, partido-guia, conselhos sob diversas denominações, Assembleias mais ou menos decisivas, etc.). Na forma de Estado liberal-democrática ou constitucional, as distinções entre as formas de governo baseadas nas características formais supra elencadas são mais fáceis. Também neste caso, há um *continuum* com a forma de Estado (por exemplo, a dupla legitimação do Parlamento e do Chefe de Estado frequentemente é acompanhada de um elo mais estreito com a coletividade, através de instrumentos de democracia direta solicitados desde cima: ver França). Em particular, assumindo como elemento pertinente a titularidade da direção de governo (ou política), não é difícil vislumbrar uma linha de continuidade entre experiências presidencialistas, semipresidencialistas, diretorais, parlamentares, neoparlamentares, mensuráveis mais em termos quantitativos que qualitativos. O reforço dos Executivos, que hoje se encontra por todos os lugares, é fenômeno que, no âmbito da democracia liberal, perpassa qualquer forma de governo, inclusive a estadunidense, que, mais do que qualquer outra, limita o Poder Executivo. (Devido às exigências econômicas, militares, do terrorismo, etc., assiste-se a derrogações sempre mais frequentes, inclusive das regras caracterizantes da forma de Estado, como a suspensão do *habeas corpus*, a instituição de jurisdições especiais, a invasão da *privacy*, etc.)

Sobretudo, porém, nota-se a ligação das formas de governo, classificadas com critérios (também) quantitativos e "de prevalência", com as famílias jurídicas.

É demonstrada a propensão, nas famílias onde o *political law* não deu lugar ao *professional law*, a privilegiar a concentração do poder, a rechaçar ou limitar o seu controle, qualquer que seja a forma de governo formalmente codificada nas Constituições. A classe é dinâmica, como são as formas de governo que a expressam: parlamentarismo e presidencialismo, com suas variantes. É o caso de alguns ordenamentos da América Latina, onde, como dito, o parlamentarismo tenta tímidas incursões, introduzindo formas de controle sobre o Executivo e, inclusive, sobre institutos que o caracterizam (Governo autônomo e relação fiduciária), mas também do sistema que caracteriza a Federação russa. No primeiro caso, a forma de governo imitada do protótipo estadunidense inicialmente acentuou o excesso do componente presidencial, mas, nos últimos anos, este sofreu algumas atenuações em favor dos componentes "parlamentares"; no segundo, o semipresidencialismo, apenas formalmente codificado pela Constituição, foi efetivado em formas diárquicas já não tradicionais (Parlamento *vs* Executivo, Executivo bicéfalo), assim como em uma concentração do poder de direção política em uma só pessoa que, por vezes, assumiu, nos últimos vinte anos, o papel de Chefe de Estado ou de chefe do Governo, a depender do que lhe permitia a Constituição (sendo a *Duma* um espectador um pouco marginal destas dinâmicas).

O poder de direção, portanto, não depende somente das relações entre órgãos consagrados em nível jurídico-constitucional. Também as análises jurídicas mais formais não ignoram o papel das convenções constitucionais para emoldurar as formas de governo (especialmente a britânica)[98].

Nas formas de Estado autocráticas e, em geral, nas com concentração do poder, a distribuição do poder de direção parece bastante limitada, ainda que se possam encontrar distinções significativas. Basta pensar na dicotomia Rei-*Duce* na Itália fascista, em relação à monopolização do mesmo na Alemanha nazista; ou nos equilíbrios entre centro e periferia e entre vários sujeitos institucionais na Iugoslávia de Tito em relação ao bem diferente monolitismo da União Soviética de Stálin ou Breshnev, na forma de Estado socialista; ou, enfim, também nos diversos modelos de ditadura, em alguns dos quais o freio à concentração é representado pela temporariedade do cargo. Uma fusão entre formas de Estado com concentração de poder e as liberais democráticas encontra-se onde a exceção (concentração) torna-se regra, devido a emergências que podem ocorrer (guerra, terrorismo, economia, etc.). A concentração incide na forma de governo, já que é sempre em favor do poder executivo[99].

[98] A forma de governo que mais evoca, por sua denominação, um poder concentrado, é a presidencialista e, entre as experiências concretas, leva a pensar imediatamente nos Estados Unidos da América. Com efeito, em uma escala graduada (que não leve em conta a economia, o cenário internacional e outros elementos que não tenham nada a ver com isso), a forma de governo estadunidense não faz mesmo do seu Presidente o detentor único da direção política. Se ele é considerado o homem mais potente do mundo, isso não depende da forma de governo.

[99] V. *infra*, cap. X, seção II, § 5.

Entre as formas de governo que caracterizam a forma de Estado liberal-democrática (ou pluralista ou constitucional), sem prejuízo de clássicas distinções, manifestam-se, desde a perspectiva "quantitativa" da direção política, várias sobreposições. De um lado, dentro de cada uma delas (presidencialista, semipresidencialista, parlamentar), o critério da única ou dupla legitimação parece evanescente: o Presidente austríaco tem escassos poderes ("competências"), o francês tem muitos; o Presidente mexicano padece de muito menos controles do que o dos Estados Unidos e os freios do federalismo agem de modo débil; o *premier* inglês dirige o Parlamento, enquanto o italiano submete-se aos seus condicionamentos, como também se fortalece em excesso o papel do Chefe de Estado quando a maioria parlamentar não é coesa e o apoio ao Governo é incerto.

Desta perspectiva, poder-se-ia, pois, graduar os vários ordenamentos, historicamente classificados em fases não extemporâneas, em distintas formas de governo baseadas em critérios de compartilhamento do poder de direção política, em alguns casos inclusive superando a variável dirimente representada pela forma de Estado (ou pela família jurídica, no sentido indicado acima).

A atual Federação Russa, desta maneira, seria colocada apenas um pouco antes em relação a experiências totalitárias ou autocráticas, passadas ou recentes (mais certamente muito antes em relação à URSS de Stálin, às teocracias islâmicas ou às autocracias nacionalistas, que também devem relacionar-se com a sua base social de natureza tribal, que, em alguma medida, limita o poder do *leader*). Superado o mosaico das várias formas concentradas, encontram-se modelos de formas de governo parlamentares, presidencialistas ou semipresidencialistas, que compartilham uma forte concentração (e raros controles), prescindindo da forma pré-escolhida.

Como no Estado federal bastam poucas canetadas para acabar com as competências da periferia ou para enriquecer desmesuradamente as do "centro", tornando evanescente a fórmula, assim, nas formas de governo, a mera existência da relação de confiança não pode dar conta do seu funcionamento (mesmo mantendo uma relevância notável). Pode ser o caso dos presidencialismos latino-americanos, africanos ou asiáticos, mas também de alguns parlamentarismos do Leste Europeu, como o húngaro. A zona central da linha é ocupada por sistemas presidencialistas, semipresidencialistas "fortes", parlamentares com prevalência do *premier* ou do gabinete (levando em consideração outros contrapesos, como a descentralização, talvez representada também por uma segunda Câmara): Estados Unidos, França, Reino Unido, Alemanha (um pouco menos). Depois, os parlamentarismos clássicos, onde o Parlamento consegue conservar um papel importante, ou as Repúblicas semipresidencialistas onde a dialética conecta-se o diálogo entre Governo e Parlamento, sendo pouco relevante a legitimação direta do Chefe de Estado (Áustria, Finlândia). Enfim (mas matizando de acordo com os períodos), os sistemas onde o sistema partidário, o eleitoral, o pluralismo e outros fatores condicionam os poderes de direção dos Executivos de modo forte e evidente (desde Israel –mas depende do momento– Itália e Bélgica dos anos 70 até a África do Sul).